レヴィ記講解

スヴェデンボリに啓示された『天界の秘義』による
神学生のための講解

HENRY MACLAGAN　著
岩渕　悟　訳

目　次

凡　例　・・・・・・・・・・・・・・・・・・　iii
訳者序　・・・・・・・・・・・・・・・・・・　vii
簡易な解説
　1　スヴェデンボリ神学理論による聖言解釈の特性　・・　xiii
　2　儀式内容　・・・・・・・・・・・・・・・・　xxiii

レヴィ記
　　序　　　　・・・・・・・・・・・・・・・・　III
　　第 1 章　・・・・・・・・・・・・・・・・　1
　　第 2 章　・・・・・・・・・・・・・・・・　27
　　第 3 章　・・・・・・・・・・・・・・・・　41
　　第 4 章　・・・・・・・・・・・・・・・・　53
　　第 5 章　・・・・・・・・・・・・・・・・　78
　　第 6 章　・・・・・・・・・・・・・・・・　97
　　第 7 章　・・・・・・・・・・・・・・・・　123
　　第 8 章　・・・・・・・・・・・・・・・・　151
　　第 9 章　・・・・・・・・・・・・・・・・　179
　　第 10 章　・・・・・・・・・・・・・・・・　197
　　第 11 章　・・・・・・・・・・・・・・・・　217
　　第 12 章　・・・・・・・・・・・・・・・・　247
　　第 13 章　・・・・・・・・・・・・・・・・　257
　　第 14 章　・・・・・・・・・・・・・・・・　294
　　第 15 章　・・・・・・・・・・・・・・・・　330
　　第 16 章　・・・・・・・・・・・・・・・・　351
　　第 17 章　・・・・・・・・・・・・・・・・　380
　　第 18 章　・・・・・・・・・・・・・・・・　396

第 19 章	・・・・・・・・・・・・・・・・	418
第 20 章	・・・・・・・・・・・・・・・・	446
第 21 章	・・・・・・・・・・・・・・・・	466
第 22 章	・・・・・・・・・・・・・・・・	486
第 23 章	・・・・・・・・・・・・・・・・	510
第 24 章	・・・・・・・・・・・・・・・・	542
第 25 章	・・・・・・・・・・・・・・・・	560
第 26 章	・・・・・・・・・・・・・・・・	598
第 27 章	・・・・・・・・・・・・・・・・	629
訳者後記	・・・・・・・・・・・・・・・・	655

凡　例

1、本文中の参照番号は、断(ことわ)りが無ければ SWEDENBORG Emanuel. *ARCANA CÆLESTIA.* SWEDENBORG SOCIETY, London. の節番号であり、要に応じ第3版 1949. で確認した。日本では『天界の秘義』として知られている。
2、本文中の〔　〕は訳者の補足である。
3、本文中の斜字体は原本に従った。聖句中(欽定訳改訂版)での斜字体はヘブル語原文にはない意訳と思われる。
4、本文中の「ヘブル語原文」には、*BIBLIA HEBRAICA STUTTGARTENSIA (BHS)* を参照した。
5、本文中の「主」は「しゅ」と呼ぶものとする。
6、本文中の神名「イェホヴァ」は、原本の 'Jehovah' を音写したものであり、スヴェデンボリも同じくそれを採用している。なお、マソラ本文(ヘブル語原文)での神名 יְהוָה は「イェフヴ(ワ)ァ」と音写できるが、現今考えられている「ヤハウェ」と母音記号を附している箇所は全く存在しない。
7、原本中の大文字は太字で表した。但(ただ)し 'Divine Truth' や 'Divine Good' など 'Divine' との連語やそれに準ずるものは除く。
8、各章末に訳者が気になる点を「訳者のノート」として付記した。これには、語弊あるかも知れないが訳者の呟(つぶや)きの如(ごと)きものも含まれる。
9、「訳者のノート」において、ヘブル語に付したカタカナの読みは飽(あ)く迄(まで)便宜上のものであり、正確な発音は辞書や文法書で確認されたい。語末の「〜ト」「〜ド」「〜ル」「〜ム」などの殆(ほとん)どは母音[u]を含まない子音である。なお、一部の接頭辞や接尾辞と単語との間に中点（・）を付したが、これも便宜上のものである。

　　ヘブル語動詞の基本形は完了形3人称男性単数であるため、日本語訳で動詞の原形として例示する際は完了（過去）形で表示した。

10、本文中のスヴェデンボリの邦訳著作名は、原本では略語で記されている場合が多く、以下に対応するラテン語名と共に示す。

邦訳名	英訳原本略語	ラテン語名
天界の秘義	A. C.	ARCANA CÆLESTIA
真のキリスト教	T. C. R.	VERA CHRISTIANA RELIGIO
天界と地獄	H. H.	DE CAELO ET DE INFERNO
黙示録講解	A. E.	APOCALYPSIS EXPLICATA
黙示録啓示	A. R.	APOCALYPSIS REVELATA
主の教義	Doct. of the Lord	DOCTRINA NOVÆ HIEROSOLYMÆ DOMINO
霊的経験	———	EXPERIENTIAE SPIRITUALES

主は
　ヨ　ロ　コ　ヒ
は
　び 給うた

そしてモーセから、また預言者らの全てから聖書全てにおいて

　　御自身についての事々(ことごと)を彼らに解(と)き明かされ給(たも)うた

　　　　　　　　　　　　　　　　（ルカ 24:27）

なぜなら他人を愛する者は、律法を成就しているからです

　　　　　　　　　　　　　　　　（ローマ 13:8）

訳者序

　本書は MACLAGAN Henry. *THE BOOK of LEVITICUS INTERPRETED AND EXPLAINED ACCORDING TO ITS SPIRITUAL OR INTERNAL SENSE.* JAMES SPEIRS, London, 1912.の邦訳である。

　本書の「主」とは、主イエス・キリストを指す。また「神」「神的」とは、一神教における神、即ち絶対者（至高者）、並びにそれに属する事柄を指す。

　大凡古今東西の教典、聖典の類いは、内容が理解困難で矛盾を内包するものも少なくないため、我々凡人には雲を掴む如きものである。記された時代背景や文化等を単に知らない為だけとは言えない何かが、読み手の理解を妨げていることを感じるのは訳者のみではないであろう。所謂覚者や預言者は、見聞きした異象、あるいはこの世以外の現象を書き記す訳だが、これを字義通りに即ち自然的に解釈するのが、我々この世に住む者の性である。時々それにより拠ん所ない妄想に陥るのも稀ではないことは、真面目に宗教に携わる者であれば誰でも心当たりがあろう。彼のインドの見神者スンダル・シン Sundar Singh も以下に言っている。曰く、「霊魂が厳かな其瞬間に於いて感ずるものを言語は之を全部表わす事が出来ない。このような真理はよし語らずとも、受け易い心には速に又容易に理解せられる。実際、言葉は真の了解よりも、誤解に導く事がある」（金井為一郎　著訳.『サンダー・シング全集』. 基督教文書伝道会、東京、p363、昭和51年)と。スヴェデンボリもそれに類したことを語っている(『黙示録啓示』961)。聖書も同様であり、実は原文では、内容の矛盾や文法上の不整合、それのみならず字義上誤解を招く際疾い記事も多くあるため、公同で用いられている聖書の全ては多かれ少なかれ意訳されている。字義通り赤裸々に翻訳されると、カオスとなる事は明白だからだ。この事は、聖言に深く携わる機会の多い神学者や牧会者、その一部の者らにとって寧ろ隠れた不信仰の原因として挙げるに充分であ

ろう。中世まで聖書が修道院や図書館の奥深くに安置され、限られた者以外には、閲覧が許されずにいたのは、単にカトリック権威への攻撃を防ぐだけでなく、聖言と神性そのものへの躓きとなるのを恐れたからかも知れない。

　創世記から始まる旧約聖書は、天地創造からユダヤ民族の歴史、そして唯一神の受肉されたイエス・キリストの来臨の予告までが記され、一般的にキリスト教世界では聖典として認められている。しかし、キリスト教徒にとっては、新約聖書の方が教義的にも信仰生活上も理解され易いため、旧約聖書は比して馴染みが薄く重要視しない(2)。事実、創世記を除いては旧約聖書を読んだことのない欧米のキリスト教徒も少なくないようだ。況してパレスティナやオリエントの歴史・文化に明るくない我々東洋人なら尚更であろう。それに対し新約聖書は、ヨハネ黙示録を除けば、心の琴線に触れ感銘を与える記事が少なくなく、信仰生活の実践に多くの示唆を与えてくれる。一方旧約聖書は、字義的にはユダヤ民族の歴史・宗教・文化であり、その中に信仰上某か学ぶものが有るにせよ、時間と空間及び文化の異なる者らにとっては、一民族の歴史・預言・教義(3432)書以上の物ではないのである。ただ主イエス・キリストが来臨されるまでの神の御摂理の記録として「聖書」と呼んでいるに過ぎないであろう。しかし本書を手にする読者なら既に、それが単にそうした物ではなく、創世記からマラキ書まで一貫して主御自身と、人間の魂の再生と救い、天国と教会の事柄、そしてそれら全てが主の人間性の栄化に深く関わっていること以外には何物も記されていない事を(ルカ24: 27、ヨハネ 5: 39)、スヴェデンボリに啓示された聖言の内意と呼ばれる霊的意味により明瞭に確信しているはずである。特に冒頭の創世記では、主イエス・キリストのこの世で出生した時からの霊的状態の成長 ── 主は子供時代には聖言以外からの認識を御自身に浸透させようとは為さらなかった(1461) ── を知るに至ると、斯くも深淵かつ神聖な内容に驚嘆し、畏れを抱かずには居れない。ペテロの如く、「私から離れ下さい、主よ、私は罪深い男です」と主の足下に平伏す場面が思い浮かばれる(ルカ5: 8)。また聖言の正真性については、その矛盾する内容が古くから論じられている。例えばマタイによる福音書第1章とルカによる福音書第3章でのイエスの系図

の相違もその一つだ。これらの記事が果たして主イエスの系図についてか或いは預言者らのものに就いてか定かではないものの、聖言では系図にも霊的意味が隠されている訳であり、この世の自然的な観念のみで聖言について兎や角呟く暇があるのなら、主の御教えを実践することに精進すべきであろう。牧会書簡には「切りのない系図や議論云々」(第1テモテ 1: 4、テトス 3: 9)と記されているではないか。

　主が煩瑣な儀式律法を洗礼と聖餐の二つの聖礼典に集約されるまで、ユダヤ人は成文律法のみならず口伝律法をも遵守せねばならず汲々としていた。しかし儀式を含む律法は、その大半が主に関わった表象的なものであったので、主御自身が来臨された際は不要となったため廃止されたのである。洗礼は魂の再生を記憶されるため、聖餐は全人類に対する主の愛と主に対する人間の相互的な愛が記憶されるためである(4904[3])。結局人は、律法を遵守することは出来ず、またそれにより救われもしない事が明らかとなる。それまで彼らは自らの力で律法を実行できると慢心し、その事が彼ら自身に選民思想を招来したが、律法そのものが、それを知る彼らに自身の罪を突きつける結果となった(マタイ第23章、ローマ 3: 20、ヘブル 7: 19)。とは言え、律法そのものは神聖なものであり(ローマ 7: 12)、主自ら「我は律法を・・・破壊する為ではなく成就するために来た」(マタイ 5: 17)と言い給うている。それは律法が霊的な広義では聖言全体を意味している故に神聖だからであり(6752[2])、聖言は全般的にも個別的にも霊的並びに天的な事柄が意味されており、生命それ自身であられる主に関係しているからである(2)。そして律法の内的なものは、人間の中の善が、内住されている主のみにその功績が帰されるべきものとして信じられねばならない、と言うことである(9211)。実は、この事こそが礼拝の本質であり、信仰の奥義であり、そして本書の基調をなすものである。キリスト教徒でありながら善行を自身に帰し、所謂「神からの報酬」を求めるのであれば、その者は内在する利己的な愛に欺かれているか否か真摯に内省すべきである。入信して日も浅い者ならまだ致し方ないが、それなりの日数を過ぎた信者でそのような者が少なからずいる現実は誠に残念なことだ。報酬とは、善事を為し得ること、また為す事を許され、

それが受け入れられることの中にある事(3956)を覚えるべきである。そもそも人間と言うものは、実行可能と思われる目標を達成することにより、自らの努力を誇示し、自身に栄光を帰し勝ちなものである。これは宗教的な自慰行為とも言えよう。多くのムスリムは、誰かに善行を施されたら、施した相手にではなく、先ず神に感謝の気持ちを捧げる。また、如何なる不幸に遭おうと神に栄光を捧げることを決して忘れない。我々日本人あるいは欧米人には違和感を感じるかも知れないが、しかしこの事は旧・新約両聖書が一貫して教えている事ではないか。この点については彼らの方がキリスト教徒よりも遥かに信仰深いと敬意を抱かざるを得ない。

　字義における律法は、主にモーセ五書に記されている訳だが、レヴィ記はその直前の出エジプト記の後半から敷衍されており、礼拝に特化したものとなっている。道徳律法の中心となるのが十戒であり、これに類似した掟は古今東西どこにでも存在しており(2609)、人間が社会生活を営むに当たり最も基本的、即ち当たり前の決め事と言えよう。とは言え、我々はそれさえも儘守れない罪深い者である。一般のキリスト教徒にとっては儀式律法は冗長かつ退屈なものであろうし、レヴィ記を一読もしない者も少なく無かろう。複雑な儀式は律法から解放されているキリスト教徒にとって、信仰上不要であるだけでなく、寧ろ害となるかも知れない。しかし、主の来臨が律法の全てを一点一画に至るまで完成するためであり、そして律法全体が「隣人を自分のように愛せ」と言う聖句に全うされること(ローマ 13: 8〜10、ガラテヤ 5: 14)を思い出せば、儀式行為一つ一つに何らかの意義が隠されているかも知れぬと、朧げながら予感できよう。つまり、犠牲にする動物の種類や数、奉納する穀物や油、その他諸々の仔細に亘る煩雑な儀式を、精神の面で即ち自身の意識下では与り知らぬ中に成就しているなら、これ良しと、些か手前勝手に期待を抱いたりしていたが、果たして内意と呼ばれる霊的意義によれば強ち間違いではなさそうである。覚えておくべき事は、主は、礼拝と祈りを捧げている人間についてはその者の心情以外には、即ち愛と信仰の内的状態以外の何ものも顧慮されはしないと言うことである(10143[4])。恐らく全ての宗教において、初め儀式行為の意味は知られていた

のであろうが、時代と共にその意義が徐々に忘れられ、形骸化していく。だがユダヤ人は律法を与えられた当初から儀式の意味について教えられてはいない。一般的にその儀式体系は、エジプトやパレスティナ近隣のものを借用したものと考えられている。遥か以前にはそれらの意味が知られていたのであろう。しかし当時に至り、また更に新約時代に至っては、祭司でさえ最早忘れ去ってしまったものと推察する。しかしユダヤ人の中でも仔細な儀式行為の意味について知りたいと思う者がいたに違いない。また儀式に伴う種々の数についても同様である。日本的に言えば数霊と言うことになろうか。主が5千人と4千人にパンを裂かれ、残りのパン屑とその籠の数について弟子達に言及された記事から（マタイ 16: 9～12、マルコ 8: 19～21）、これらの語句と数の関係について弟子達が秘義を教えられていた事は明白である。ユダヤ人にとって最大の関心事である神殿での儀式についても教えられていたに違いない。但しその内容について、聖書の中で記すことは許されなかったものと思われる。

　本書の原本を一読した際、訳者には、著者 Henry MACLAGAN は啓示を受けたのではないかと思われた。しかし読めば分かるが本書は、スヴェデンボリ神学理論を元に非常に精緻な考察の上書かれている。レヴィ記の正真の内意は実際我々が他生に行き、初めて明かされるだろうが、本書の解釈はそれに大きく反れるものではないと思っている。他生での更なる学びのために、この世で予備知識として学習し、その情愛を育んでおく事は、我々にとって無二の霊的資産となろう。このレヴィ記注解書は、スヴェデンボリが主の御慈悲からの啓示により著した『天界の秘義』(67)を参照し構成されたものである。同書は、創世記及び出エジプト記の系統的な霊的注解書であり、1749～1755年、本人61～67歳の間にロンドンにてラテン語で出版されたものである。鈴木貞太郎（大拙）により『天道密意』として初めて日本にその存在が紹介された。本書を読むにあって同書は必読の書であり、未読であれば、先ずそれを一読して頂きたい。邦訳版は、静思社の柳瀬芳意訳、アルカナ出版の長島達也訳（創世記部分のみ）にて既刊され、近年イー・ビックスまたはH.R.B.出版の長尾安博訳が発刊し始めている。その理由は、内意（霊的意味）

により聖言を解釈する場合、その基本的な知識と特性を理解せずには容易に誤謬、そして時に虚偽に陥るからである。『天界の秘義』は段階的に解釈の仕方を指南しているため、是非始めから順を追って読む事を勧める。とは言え、それは浩瀚な書でもあり、読了するのに訳者は1年もかかった。多忙な読者のために、簡易な解説を設けたので、不十分ながら理解に多少なりと資すれば幸甚である。既読の者であればこの解説は一読するに及ばない。

何かの間違いで心ならず本書を手に取られた方の場合、否、世の事象で偶然はないとされているので主の御摂理と言うことになるが(6485)、もし聖言の**霊的解釈に躓くようであれば、本書を始め『天界の秘義』の頁を捲るに時宜を待つことをお勧めする**。多く与えられた者は、多く求められ、鞭打たれるにしても、知らねば少しで済むからである(ルカ 12: 48)。冒瀆とは、知らぬ者が瀆神することではなく、知っている者が瀆神することであり、信仰の奥義を知る者ほど裏切ることが出来、その罪は重い(302, 303, 3398)。これによりキリスト教徒よりも異邦人の方が多く救われている理由となっている(593, 1059³)。寧ろ彼らにとっては、字義の上方に理解が及ばない方が冒瀆を防ぐことになるのであり、その事はエデンの園の東からケルビムと翻る剣の炎が置かれた事により意味されている(創世記 3: 24; 304～313)。しかし救いに必須な事は、聖言の内意を知ることにあるのではなく、字義であろうと単純な心で聖言を信じ仁愛に生きる事にあるのである(1408)。その霊が整っていれば、他生では表現できぬ程の知恵と能力がいずれ与えられるからである(1100, 3436²)。

　　それに対し彼に言い給うた、あなたは主なるあなたの神を愛するものとする、あなたの心全てにおいて、あなたの魂全てにおいて、そしてあなたの思い全てにおいて。・・・
　　あなたはあなたの隣人をあなたの如く愛するものとする。
これら二つの命令に律法全てと預言者らが掛かっている。

（マタイ 22: 37～40）

簡易な解説

　本書を読まれる前に、頻出する儀式についての基本的な霊的意味を予め知っておく事は、円滑な理解に役立つため以下に簡単に記す。そのためには先ず、聖言の霊的解釈における特性について理解しておく事が重要である。スヴェデンボリは啓示により旧・新約両聖書の膨大な箇所を霊的に解説している。とは言え、未解釈の箇所もまた膨大に残っており、この特性を常に意識することはその未解釈の聖言を霊的に理解する上で大いに役立つ。各儀式についての自然的な、即ちこの世における一般的な詳説は、他に多数の書籍があるため、それらを参考にされたい。

1　スヴェデンボリ神学理論による聖言解釈の特性

　言葉一つ一つには、過去から現在までの時代・文化背景が集約され、辞書には表記しきれない程の機微を含んでおり、歴史そのものを担っている。人はそう言った言葉を駆使し、名文を作り上げる。聖言も類似の事が言えよう。そこに存在する言葉は主から発し、三つの天界で把握されるに適応した形を着け、最後に人間に把握される字義を着けると言われるため(6221^2)、当然天使らが一つの言葉とその脈絡から連想する主と天界に関する事柄は、この世で我々が理解する内容よりも遥かに崇高で、我々が聖言から連想する物質的、世俗的な事柄を超越しており(1025^2, 3954)、水が高きから低きに下る如く、内なるものから外なるものへ主からの流入によらなくては、何人もその真の意味するところを知ることは出来ない(5, 161)。なぜなら人間の思考は悉く、感覚に関連している自然性の中に終結しており、何であれこれら自然性から或るいはそれに応じられないものは悉く把握されないからである(2553)。ここではスヴェデンボリ神学による聖言解釈にあたっての極基本的

xiii

な特性について略言する。個々の語句の内意すなわち霊的意味については止めどなく多量で数冊の本になる程であり、本書では取り扱わない。事実、索引だけでも本が出版されている（一場真澄　編集．『天界の秘義　INDEX』個人出版、群馬県、1997年）。

内奥のもの(人) intimum(-us homo)、内なるもの(人) internum(-us homo)、外なるもの(人) externum(-us homo)、etc.

人間の心は**内なるもの(人)**と**外なるもの(人)**とに大別され、両者は明確に区別されている(24)。パウロが言及している「外なる人 ἔξω ἄνθρωπος」と「内なる人 ἔσω ἄνθρωπος」（ローマ 7: 22、第2コリント 4: 16）も類似の概念を指すものと考えられる。これはスヴェデンボリが他生で最も多く会った人物がパウロである事（『霊的経験』4412)を、鑑みれば注目に値しよう。なお内なる人は以下に記す霊的なもの(人)そして天的なもの(人)と呼ばれる内奥のもの(人)により構成される(1577)。外なる人は心の外なるものであり、実は、人間の思考は内なる人ではなく、この外なる人に属している(978)。外なる人の情愛と思考は自然界で適応し、総じてその性質を基調とした性格が形成されている人物を「**自然的なもの(人)** naturale(-is homo)」と呼ぶ(1577, 1893)。これは信仰の善に関係を持ち(9992)、人間の思考は悉くこれに終結しており(2553)、所謂キリスト教世界で一般に「肉」と表現される概念に関係を持つ部分である。内なる人は心の内なるものであり、本来主からの善と真理、換言すれば愛と信仰(とその情愛)を秘匿すべきところであり(268)、総じてその性質を基調とした事柄やそこから性格が形成されている人物を「**霊的なもの(人)** spirituale(-is homo)」と呼ぶ(1577)。霊的な人は**信仰の理解や原理から真理と善を承認し、隣人への仁愛**に特長付けられる(81, 3325[7])。よって内なる人は霊的な人と同じであり、外なる人は自然的な人と同じである(3167)。

ここで「自然」と「霊」と言う言葉の意味について確認して措かなくては

ならない。「自然」は、「自然環境」のそれではなく、「自然科学」のそれである。これは風光明媚(めいび)な自然や「自然体」で表現される無作為(ほど)とは程遠い概念であり、この世の3次元（あるいは時間を含めた4次元）の世界に関する事柄を意味するものである。「霊」は、人間が肉体の死後そこから抜け出して存在する意志体を示す彼の霊または霊魂をも意味するのだが、それのみならず、否、それよりも更に忘れてはならない事がある。それは**隣人への仁愛**に関係する事柄であり、「霊的」とは「仁愛的(よろ)」と解しても宜しい。それに対し下記に説明する「天的」とは、**主への愛**に関係する事柄である。しかし天的なものが主への愛であれ、隣人への仁愛であれ、それらの**善や愛**に関するものを意味する時は、霊的なものはそれらの愛から派生した信仰の**真理や理解**に関するものを意味する(2507)。よって「霊」により意味されるものは、一般的に連想される事柄とは可成(かな)り異なることを憶(おぼ)えておくべきである。

　内なるもの或(あ)るいは霊的な人に内包された**内奥のもの**の性質を基調とし、事柄やそこから性格が形成されている人物を「**天的なもの(人)** caeleste(-is homo)」と呼ぶ(1577, 9992)。天的な人は真理と善を信じ覚知し、愛からの信仰を承認し、**主への愛の善**に関係する(81, 3325[7])。天的な事柄と霊的な事柄は常に番(つがい)の如(ごと)く結合した関係を持つ(1203)。更に内奥のものは**神的なもの** Divinum を内包している。通常自然的なものと霊的なものの2者のみが論じられる時は、霊的なものは天的なものを含む事を前提としている。

　その他。外なる人に属し内なる人と外なる人との媒介となっている**合理的なもの(人)** rationale(-is homo) が存在する(268)。合理的なものは、一般に想像される如く知識と認識から生まれるものではなく、これらの情愛から生まれたものとされ(1895[2])、また合理的な人とは信仰の善と真理を考(ごと)える者であり(1914[4])、この世で一般的に意味するものと大いに異なる。合理的なものは**内的なもの(人)** interius(-or homo)とも呼ばれ(1702[2])、霊または霊魂は内的な人とされている(1594[5], 5427[3])。そして、その内的なものから外側にあるものは**外的なもの(人)** exterius(-or homo)と考えられており、自然的な人とほぼ同義とされ(1909)、この外的なものを介して世的な、そして下記の形体的なもの(人)を考(か)えることができる(1702[2])。

そこで外なるものより更に外部を形成し、この世における種々のものがそれを経て人間の心の中に入って来るところのものに、**感覚的なもの(人)** sensuale(-is homo)と、**形体的なもの(人)** corporale(-is homo)が存在し、外なる人とは区別されている(978)。

これらの概念はこの世での人間の心の構造を示すだけでなく、肉体の死後、霊となっても形体(肉体)的なもの以外は全て引き継がれる(5079^2)。更に天界全体の構造も上述と同様に**度**(段階) gradus と呼ばれる明瞭な界層を形成しており(978^2)、人間の心の構造と自己相似的な関係を持ち、斯くて天界全体は人間に言及している(9496)。

以上を図1に視覚化を試みた。他生では、高いものが内なるものであるため(1735, 8325)、円錐の側面をモデルとした。天界の形は人間であるとされているが(1394, 6605)、自然界にいる我々には到底イメージすることは出来ないし、他生での事柄はこの世の如何なる手段でも表現困難との事なので(545)、この図に固執しない方が良いであろう。いずれ我々が他生へ行けば自ずと知る事となろうし、仮に内なる人などについて理解されずとも救いには必須ではなく、ただ内なる人と外なる人と、善と真理が悉く主から発する事を承認することのみで充分であるからである(978^4)。

善 bonum (愛 amor)と真理 verum (信仰 fides)

善と真理、言い換えれば愛と信仰は、常に共にあるべきとされ、結婚と呼ばれている(55, 747)。もし両者が分離するなら種々の問題が生じ、善(愛)のない真理(信仰)は、即真理でなくなってしまう(3849^2)。また善(愛)は真理(信仰)の生命であり、換言すれば真理(信仰)は善(愛)の器であり(2269^3)、形である(668)。これらに対立する概念が、悪 malum(自己愛または利己的な愛 amor sui)と虚偽 falsum(世俗愛 amor mundi)である。

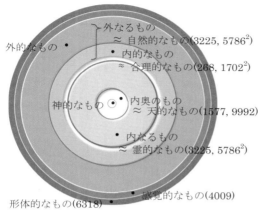

図1．心と天界の構造（上図：再生前、下図：再生後）

円錐をモデルとして、頂点即ち上からその側面を俯瞰したもの。上図は、始めの未再生の状態に相当し、下図は人間の再生した状態として推察される。上図では、霊的なものと自然的なものとの間は隔絶されている。しかし下図では、頂点の神的なものを内包している天的なものが霊的なものに流入し、更に霊的なものが天的なものを内包しながら自然的なものに流入している。部分的に流入がなく、霊的なものと自然的なものが依然隔絶した箇所が存在する。合理的なものは、始め自然的なものの内的なものであるが（上図）、再生に至ると、霊的なもの即ち内なるものに組み込まれる（下図）。

xvii

内意 sensus internus （霊的意味 sensus spiritualis）

　聖言では字義から来る意義の他に内意と呼ばれる霊的意味が存在する。その字義は世の人の為のものであるが、内意は天使らの為のものであり(2242)、聖言の中に神的なものや内意を含まないものは一点一画に至るまで存在しないとされる(1770)。聖言の中で字義と内意が一致している箇所もあるものの、多くは両者の意味するところは全く異なっており(396[3])、字義は謂わば内意の容器の様なものであり、外観に応じ、感覚の欺瞞に応じているため(1408)、読む者の能力に応じて生かされ表現を絶した変化を伴う(1776)。主が聖言に生命を流入させ満たし給わなければ、それは文字に過ぎず(1771[3])、「そは儀文は殺し、霊は活かせばなり」（第2コリント 3: 6）と言われている事も理解できよう。よって聖言を見る者が対立したものの中にいる時、両者が対立して見える理由となっている(3425)。
　但し、内意は聖句に一対一対応とは限らず、後述する「系列」に連関してか聖書の箇所により動揺が見られる。

照応 correspondentia

　「対応」「相応」とも訳される。照応とは或る事柄が霊的なものと自然的なものとの間など、度の異なる間に持つ関係性と言えよう。照応は、次項の表象と密接な関係を持つ。例えば、内なる人の幾多のものが外なる人の中に像をもって表現されると、その時外なる人に現れるものは内なる人を表象しており、そして一致しているものは照応していると呼ばれている(2989)。霊界(他生)では、それが自然界で意味しているものとは全く異なったものを暗示し意味する(2763[2])。

表象 repraesentatio

「表徴」とも訳される。表象とは、霊的なものと自然的なものとの間に照応しているものが存在し、霊的なものから自然的なものの中に発生してくるもの(2987)。主が十字架の受苦を経て栄光を受けるまでのユダヤ教会は表象的教会であったが(3479[2])、時に教会とさえも呼ばれず教会の表象的なものと表現されることもある(2910[3], 4311[6])。旧約聖書に記されている歴史的事柄は悉(ことごと)く表象的なものである(2607)。端的なものとしては、旧新約聖書で記されている奇跡が挙げられよう。それらの奇跡は単に神の全能性を誇示するものではなく、主と天界と教会、延いては救いに関わる全ての事柄が表象されている(6988[3])。また天界では主とその王国を表象したものに満ちており、預言者の書や黙示録においても記されている(1532, 1619~1633)。更に刮目(かつもく)すべき事は、表象的なものにあっては、その人物や事物の性質は些(いささ)かも顧慮されず、それが表象するもののみが顧慮されると言うことである(1409[4])。

表象の変化 表象が意味するところの事柄が、聖書の文中で突然変化する箇所が随所にある。一般にこの事が知られていないため、読み手は混乱し、聖言の聖性に疑念を抱くことも稀(まれ)ではない。話の内容の変化する場面や状態、あるいは事物の印象の肯定的なものから否定的なものへ、またはその逆へと展開する時、同一の語句であってもその主題や内容により内意や表象する事柄がかなり頻繁に変化する(2324[2], 3939)。例えば、「血の花婿」の箇所でのモーセ(出エジプト 4: 24~26)や、モーセ不在時に金の子牛を鋳造したアロン(出エジプト第 32 章)、そして歴代の諸王が時に信仰が篤(あつ)く時に不信仰であったこと(列王記全般)、その他多数。

表意 significatio

言葉が意味を表すことであり、象徴あるいは仏教的には名詮自性(みょうせんじしょう)とも言えよう。表象との関係については、覚知されたものから表意的なものが生まれ、表意的なものから表象的なものが生まれた(1416[5])。しかし他方聖言の表意

的なものは悉(ことごと)く起源を他生の表象的なものから引き出し、その表象的なものはその起源を照応から引き出しているとされ(6048)、錯綜(さくそう)している。最古代や古代の者らは表意的なものにより物事を記したとされ、例えば知性と知恵を示す天馬とそれに纏(まつ)わる知識を示す9人の乙女などが挙げられる(7729)。嘗て古代教会では、表意されるものにより霊的な天的なものを想起(か)したが、しかしこの知識が衰え、斯くてアブラハムからヤコブの子孫のもとに表象的教会が設立されたとされる(1409[2])。

結婚(番)(つがい) conjugium または 対(つい) paris の性質

聖句には殆(ほとん)どと言っていい程以下のものが対になり霊的意味（内意）として記(しる)されている(4137[3], 5502)。即ち、天的なものである主への愛と霊的なものである隣人への仁愛(1203, 2275)、善と真理(683, 2826[10])、またはそれらに対立する概念である自己愛と世俗愛(1691)あるいは悪と虚偽が、また或るいは人間に賦与(ふよ)されている二つの能力である意志と理解である(35, 801)。一つの事柄に屢々(しばしば)二重の表現が為(な)されており、片方の表現は善あるいは天的な事柄に言及し、他方の表現は真理あるいは霊的な事柄に言及している(683, 2173)。聖句では、肯定的事柄であれ否定的事柄であれ、多くの箇所で関連する語句が二つ対(つい)を為しており(747)、これはまた結婚と呼ばれている(683, 747)。

例えば、「楽しさ」が善について「喜び」が真理について述べられている箇所や(4137[3], イザヤ 22: 13 他)、「火」が悪の欲念について「煙」が虚偽について述べられている箇所(1861, 出エジプト 15: 17 他)。しかし本書レヴィ記の儀式における「火」と犠牲を燃やして生じた「煙」は、それぞれ純粋な愛と嘉納(かのう)された宥(なだ)めの香りとして表現されており、これは直ぐ次に記す対立した意義としての関係にある。

対立した意義 sensus oppositus

聖言では言葉が相反する二つの意味で用いられる事は普通である(1232)。ほとんど全ての語句に存在し得ると言って良く一種の反語表現であり、本来の意義か対立する意義か何れかに捉えるべきかは、文脈上肯定的印象か否定的印象かで判断可能である。例えば、「山」と「丘」は、それぞれ主に対する愛である天的な事柄と隣人愛である霊的な事柄を意味するが(795, 詩編 72: 3 他)、その対立した意義では利己的な愛と世俗愛を意味する(1691, イザヤ 40: 4 他)。

系列 series

「連続」とも訳され得る。聖言の記述は取るに足らぬと一瞥される箇所も少なくないが、内意の美しさは聖言を個別と全体を文脈の一つの系列の中に見るときに秩序立って生まれる(1772)。その流れる系列からのそれらの意味は一つの概念を齎すことになる(2953)。このとき聖言は全て関連づけられ、一つの調和を持った美しい系列となる(2102^2)。よって同じ単語でも異なる文脈や取り扱われる主題によってその内意が決定される(4307, 4502)。

系統的な霊的注釈書としてスヴェデンボリは『天界の秘義』並びに『黙示録啓示』『黙示録講解』を著している。前者は、創世記および出エジプト記の、そして後2者はヨハネ黙示録のものであるが、いずれも旧新約両聖書中の他の膨大な聖句をも注釈している。とは言え、未だ啓示されてない箇所も膨大にあり、それを如何に解釈するかが屡々読み手を悩ませる。系列は、時系列は無論のこと、内なるものから外なるものへ、逆に外なるものから内なるものへと話が展開していく文脈の中では、それに整合した意味を持たせ、解釈可能になるという理論である。それは、内意が連結した系列の内に存在しているからである(2102^2)。実際『天界の秘義』では、創世記の各種の系図や、事物が列挙されている箇所にて詳述されているので参考にすることが

出来る。これら以外でも文中で類似の語句が二つ併記されている場合は、前述の対の性質について説明した解釈に従うが、三つの場合は、内奥、内なる(時に内的な)、外なる(時に外的な)事柄の順で、あるいはこの逆の順で、内意が展開しているものと解釈できる。更に四つ以上の場合は、第1、第2…の状態の変化として捉えることができる(創世記第1, 5, 10章他)。本書では第11章の食物規定や第2章の位置づけそのものに就いてなど随所でこの原理が駆使されている。

反復表現 repetitio

同一の事物が繰り返し記されている場合、常にその意義に相違があるが、その意味については内意によらなくては知る事はできない(435, 創世記第1章と第2章)。前述の系列の概念を用いれば内意の推測が可能になる。

心の内部の擬人化、生物形象、擬物化 prosopopoeia

二人の人物が登場する際、二人ではなく実は一人の人物の状態について語られている(1012)。その典型が主についてであり、バプテスマのヨハネとイエスとの問答の場面などがそれである。イエスは神的善、キリストは神的真理かくて主は聖言そのものを意味し(5502)、バプテスマのヨハネは聖言としての主を表象している($5620^{12}, 9372^2$)。必ずしも二人とは限らず3人以上、更には動物や物品の場合も成り立ち、人間の心の種々の部分を表象し意味している。それは人物の持つ名前の語源から事柄を、動物の気性から情愛を、物品の用途から更に外なるものや知識など、夫々の特性から霊的な内容を構成している。例えば創世記のアダム(「男」)とイヴ(「女」)、「蛇」と「知識の木」の記事。一般的に人類の始祖物語と信じられているが、霊的に意味するところは全く異なり、人間の内面の諸事を示している。「男」は合理的なもの、「女」は自己愛、「蛇」は感覚的なもの、また「木」は覚知をそれぞれ

意味している。「女」が「生命の木」ではなく、「知識の木」を食べた事の顛末は周知されているが、当然その内意はそれに応じた独特のものとなっている。詳細は『天界の秘義』の当該記事を参照されたい。そしてアブラハム、イサク、ヤコブは、主の内なる人、合理的な人、自然的な人を示しているが(1893)、また一般に言うところの、御父、御子、聖霊は各々、唯一神の、神的愛の善、神的人間性、発出する神的真理を示し、丁度人間の心、身体、活動がそれらに類似しており、これら三つの概念は唯一の至高者であられる主の三つの主要な属性を意味している(2329²)。この三一性は所謂三位一体の教理と異なるため、他宗派殊にカトリックやプロテスタントから異端視される理由の一つとなっている。

2 儀式内容

我が国において公同で利用されている幾つかの聖書は、各々の儀式の呼び名が異なるため紛らわしく、読み手に混乱を生じさせている。そこで、各々の霊的意味と共に表1に一覧した。霊的意味は、実は、文脈によって、またそれを読む天使らによっても、その理解するところが微妙に変化するので(4279)、ここでは最大公約数的な意味を載せた。原則的に何かを奉納する事は、それが意味する処のものが主に帰される事を意味する。先ず基礎的な儀式要素の意義について確認しておこう。10042 に、概ね全ての儀式に多かれ少なかれ内包されている基本的概念が挙げられており、本書でも頻回に参照されている。

> *I* (10042⁴):　ユダとイスラエル民族において表象的礼拝は、殊に生け贄と燔祭の内に成立している。
> *II* (10042⁵,⁶):　生け贄と燔祭は、主からの信仰の諸真理と愛の諸善とを介して人間の再生を、最高の意義では主の人間性の栄化を意味している。
> *III* (10042⁷~):　生け贄と燔祭による全てのものは、その多様なものに

従い、そのように全ての多様性をもって表象され、それ故多様な種類の動物が命じられた。

儀式の場所

儀式が執り行われる聖域の構成は出エジプト記第26, 27章で確認できる。中心に契約の箱が安置されている至聖所、そして垂幕で隔てられ、その東側に聖所へと続き、この両者全体は一つの天幕で覆われていて、会見の幕屋を構成しており、東に出入口が設けられ帳が掛けられている。そして更に東に中庭が設けられ、それら全体を幔幕により結界が設けられている。至聖所、聖所、中庭は各々、天的、霊的、自然的な各天界を表象したものであり、また内奥、内なる、外なるものの全般的な概念に対応している(9741, 図2)。パウロが言及している「第3の天」とは(第2コリント 12: 2)、天的天界を意味するものと考えられ、至聖所によって表象される。聖域であるこれら三つの主要な領域はまた、人間の心の主要な三つの度の善、即ち主への愛の善、隣人への仁愛の善、そして信仰の善に対応している(9741²)。儀式が執り行われる場所により、人間の心の中の何れかの度における礼拝に、あるいはどの天界に関係しているかが意味されているのである。犠牲獣が、会見の幕屋の前で即ち中庭で屠られ、その血が幕屋の中、即ち聖所や、時に至聖所の中へ持ち込まれ儀式が為されるのも、そのような種々の意味が包摂されている。

参謁

会見の幕屋の入口や、アロンを始め祭司ら、時に至聖所の垂幕の面前に出ることは、それらが意味するところの神聖なものからの承認や吟味、流入などを意味している。

表1 諸儀式

本　書	原本(改訂版) 欽定版	読み ヘブル語原文 原義・関連語	文語・口語訳 新改訳 (新改訳 2017) 新共同訳 (協会共同訳 2018)	霊的意味
全焼の奉納	burnt offering burnt sacrifice/ offering	オーラー עֹלָה 昇る	燔祭 全焼のいけにえ (全焼のささげ物) 焼き尽くす献げ物 (焼き尽くすいけにえ)	愛の諸善からの礼拝
穀物の奉納	meal offering meat offering	ミンハー מִנְחָה 贈り物	素祭 穀物のささげ物 (穀物のささげ物) 穀物の献げ物 (穀物の供え物)	天的愛の善からの礼拝
平安の諸奉納	peace offerings peace offering	シェラーミーム שְׁלָמִים 諸々の平安	酬恩祭 和解のいけにえ (交わりのいけにえ) 和解の献げ物 (会食のいけにえ)	再生の完了と 自由からの礼拝
浄罪の奉納	sin offering sin offering	ハッタート חַטָּאת 罪	罪祭 罪のためのいけにえ (罪のきよめのいけにえ) 贖罪の献げ物 (清めのいけにえ)	悪と虚偽からの浄め (自身が悪と虚偽その ものである事の承認)
罪責の奉納	guilt offering trespass offering	アーシャーム אָשָׁם 罪責	愆祭 罪過のためのいけにえ (代償のささげ物) 賠償の献げ物 (償いのいけにえ)	悪の除去
火により 為された奉納	offering made by fire offering made by fire	イッシェー אִשֶּׁה 火	火祭 火によるささげ物 (食物のささげ物) 燃やしてささげる物 (火による献げ物)	純粋な愛からの礼拝
飲み物の諸奉納	drink offerings drink offerings	ネサーヒーム נְסָכִים 諸々の注ぎ	潅祭 注ぎのささげ物 (注ぎのささげ物) ぶどう酒の献げ物 (注ぎの供え物)	信仰の善からの礼拝
揺らしの奉納	wave offering wave offering	テヌーファー תְּנוּפָה 揺らし	揺祭 奉献物 (奉献物) 奉納物 (奉納物)	主から活かされること
挙上の奉納	heave offering heave offering	テルーマー תְּרוּמָה 挙げる	挙祭 奉納物 (奉納物) 礼物 (礼物)	主に属することの承認
宥めの香り	sweet savour sweet savour	レイアハ　ニホアハ רֵיחַ נִיחֹחַ くつろぎの香り	馨しき香(にほひ)・香ばしいかおり なだめのかおり (芳ばしい香り) 宥めの香り (宥めの香り)	平安の覚知

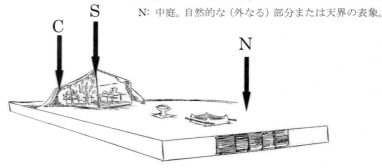

図2．C: 至聖所。会見の幕屋の奥の間。天的な（内奥の）部分または天界の表象。
S: 聖所。会見の幕屋の前の間。霊的な（内なる）部分または天界の表象。
N: 中庭。自然的な（外なる）部分または天界の表象。

生け贄（犠牲）

聖書に記述されている動物は前述の生物形象での如く、人間の心の中の、善であれ悪であれ、種々の情愛とそれに関するものが基本的に意味されている。その中で儀式にて奉納されるものは、無傷でなければならず、即ち善い情愛とそれに関するものであり、人間の中にあるこの善い情愛は、実は、主から賦与されていたものであり、それを主に帰することが奉納により意味されている。例えば羊は仁愛に関するもの、山羊は仁愛の真理（信仰）に関するもの、牛は自然的なものに関するもの、鳩（鳥）は信仰の理解に関するものなどである。しかしこれらは単純に一対一対応ではなく、文脈によって即ち聖書の箇所によって微妙に意味の動揺があり、留意しておく必要がある。しかし生け贄となるこれらの生き物により、漠然とであれ、儀式の意味を予想できよう。また雄は理解を雌は意志を意味するため、それらの言葉が付加されている場合も、それに応じた意義が賦与される。多くの教派では、主の身代わりによる贖罪の教義により、犠牲獣殊に子羊が十字架の主を表わして

いるものと解釈されている。しかし、それでは生け贄の種類やその他の種々の行為について、解釈に限界があることは明らかである。子羊は全般的に無垢を表象する(3519, 3994)。

よって全焼の奉納以外の奉納で生け贄の肉が関係者に食べられたことや、第11章の食物規定の意味するところも自ずと理解できよう。種々の生き物には、種々の度における真理や善の情愛が意味され、それらを食することは、それらの情愛を自身に受け入れ固有のものとする事を意味するのである。

祭具

祭壇を始めとする祭具は、主の人間性における神的な善と真理そのもの、かくて最高の意義では主御自身を表象している(921, 3210)。祭壇の角や基、垂幕などへの犠牲獣の血の付着や注ぎ、撥ね掛けは、それらが意味するものと、血（真理）との結合を意味する。

レプラ lepra

ヘブル語原文でツァーラーァト צָרַעַת、公同で用いられる聖書では「らい病」「重い皮膚病」「規定の病」などと訳されているが、皮膚病変とは異なる概念である事は明らかである。内意としてレプラの意味するところは真理の冒瀆である。始めに皮膚病変としてのレプラについて言及され、その後衣類と革製品に、そして家の壁へと敷衍されている。皮膚は人間の体の最外部を支持する組織であり、外界からの毒害を防ぐものであると同様、霊的な意味としては、心の内にある善を虚偽から守るところの真理を意味しており、よってレプラは真理への冒瀆を意味する。衣類や革製品などの身に着けるものは、霊的には更に外なるもの、即ち諸真理により構築されるところの教義を意味しており、よってそのレプラは教義の冒瀆を意味する。家は人間がその中に住むところの器である。住むべき真の人間は、唯一の神なる主イエス・

キリストのみであり(477)、我々が仮にも真に「人間」と成り得るときは、その御方が内住される時のみである。よって「家」により善の終局的な器が意味され、また壁により虚偽から守る真理が意味されるため、家の壁のレプラにより、終局的な真理の冒瀆が意味される。この事から、空き家に穢れた霊が他の七つの悪霊を呼び寄せた聖句の意味が理解できよう(マタイ 12: 43~ 45)。

安息日

　集会は七日目に持たれる安息日を基本としている。安息日は創世記の冒頭から第2章の3節までに言及され、一般に自然界での天地創造と解されているが、読者も既にご存知のように、その意味するところは、全く異なり、人間の魂の再生について述べられている。「7」は神聖を意味し(433)、よって第2章3節の「安息日」に至り、人間の外なる人が内なる人に服従し、試誘による闘争が止み、斯くて主の御旨に抗わない秩序立った状態が意味されている(84~ 88)。それまで神的真理を意味する「神」が記されていたが、直後の第2章4節をもって初めて神的善を意味する「主」が記されているのである。そこで次の聖句が思い出されよう、「人の子は安息日の主である」(マタイ 12: 8、マルコ 2: 28、ルカ 6: 5)。

三大祭

　諸例祭の中に三大祭が含まれる。三大祭とは、年に3度全ての男子が詣でなければならない祭りであり(出エジプト記 23: 14~ 17, 申命記 16: 1~ 16)、3~ 4月頃種無しパンの祭日と組になった過越、その7週後刈り入れ祭と呼ばれる七週祭、そして10月頃の穫り入れ祭とも呼ばれる仮庵祭である。レヴィ記にあっては第23章の5~ 8, 15~ 22, 33~ 43節に言及されている。その中で七週祭については命名がなく、過越の記事直後の9~ 14節に「刈り入

れ」の語が記されているため紛らわしい。表2にそれらの内意(9286)と共に一覧した。これら三つの祭りは新約時代にあって復活祭、五旬祭(ペンテコステ)、(特にヨーロッパにおける)収穫感謝祭へ継承されている、但し収穫感謝祭については聖書上の典拠はなく、キリスト教会が仮庵祭を踏襲したものとも思われるが明らかではない。

表2　三大祭

時　期 月　名	祭　り	収穫物	霊的意味
3～4月 ニサン	過越・種なしパンの祭日 23：5～8	大麦	虚偽の除去
5月 シワン	刈り入れ祭、七週祭、 ペンテコステ（五旬祭） 23：15～22	小麦 (出エジプト34：22)	善の植え付け
9～10月 チスリ	取り入れ祭(収穫祭)、仮庵祭 23：34～43	ぶどう、オリーヴ	真理と善の獲得

安息年とヨベル（ヨーヴェール）

ヨーヴェール יוֹבֵל は牡羊(の角)を意味する。7年毎の安息の年は、霊的な人における十全な状態を、そして更に7年毎の七つの安息の年の後の50年目の年ヨベルは、天的な善の覚知を示すとされている(8802)。所有地の売却と買い戻しとは、我々人間各々に然るべく賦与されている固有の善(と真理)が試誘の間、疎外されることがあるにしても、ヨベルの年に元の所有者に戻される事により、その善が回復される事が意味される。

THE
BOOK OF LEVITICUS

INTERPRETED AND EXPLAINED

ACCORDING TO ITS

SPIRITUAL OR INTERNAL SENSE

WITH COPIOUS REFERENCES TO THE WRITINGS OF
EMANUEL SWEDENBORG

EXPLANATORY NOTES AND A COMMENTARY

BY THE

REV. HENRY MACLAGAN

"Then opened he their mind, that they might understand the scriptures."—*Luke* xxiv. 45.

"If any man willeth to do his will, he shall know of the teaching, whether it be of God."—*John* vii. 17.

JAMES SPEIRS
BLOOMSBURY STREET, LONDON
1912

それで彼は彼らの分別を開いた、
　　　彼らがその書を理解するために(ルカ　24：45)。

もし誰かが彼の意志を行おうとするなら、
　　　教えについて知るであろう、
　　　　　それが神からのものであるかを
　　　　　　　　　　　　(ヨハネ　7：17)。

序

　『列王記二巻講解』*The Two Books of Kings Explained*（JAMES SPEIRS, 1905）の出版後の 1905 年初頭、この仕事に対しては種々の雑誌に大いに好評を博させて頂いた。この事実は、牧師や友人らの希望も相俟って、筆者をレヴィ記、民数記そして申命記の同様の仕事の企図と完遂に駆り立てたのである。これらの書が選ばれたのは以下の目的による、即ちモーセ五書全ての内なる又は霊的な意味を斯様に公然とし、またモーセの律法全ての内面的な意義を明らかに示さんが為である。

　誠に主に感謝すべし、何となれば、唯一この御方こそが御自身の神聖なる聖言のその隠れた宝を、誰であれ覚知せしめ、解釈せしめ、そして日々生活へ適用せしめるからである。また同じく、前作をそのように高く評価して下さった先の友人らにも当然ながら謝意を表し、今や本巻を**教会**の堂前に添え置くものである。

　とは言え、入門及び解説する上で幾つかの留意点を要する。本書は概して以下の様式にしてある。先ず各章の霊的意味の要約がおかれる、それは読者が内容の概略を初めに知り、そしてそこから、関連した系列（シリーズ）の中に置かれている各節の詳細を学ぶためである。霊的意味は各節の直後へ続き、即ち〔欽定訳の〕改訂版と共にコラム（平行欄）内に記されている。この聖句の利用にあっては、オックスフォード及びケンブリッジ両大学当局に快諾して頂いたが、編集上の全責任は筆者にある。この配置の利点は明らかだ、なぜなら文毎に聖句本文と各節の内なる意味を比較するための手短な手法だからであり、この他に、霊的意味の連続性がどのように一貫したものであるかを適切に表しているからである。そして実際これは、利点が多少あるという程度に留まるものではない。なぜなら、前に来るものと後に続くものとの繋がりの中で心が個別の部分の意味に集中していると、文を確実に見て進むことは必ずしも容易ではないからである。聖言の字義に深く関わる事

なく又それに気に留める風でもなければ、聖言そのものを長い纏まりで読んで内面的な意味を覚知できる事は、疑うことなく霊的に有益であり喜ばしい事である。しかし相対的に現今ではこの能力を持つ者は殆どおらず、そしてこの事はここで補完される助けが貴重なものである事のもう一つの理由となっている。加うるに、規則的に記述された系列により霊的意味の関連性と連続性を理解すべく学ぶ学生にとっては、本文を読む際その意味を順に追うことにおいて斯く助けとなるであろう。そして益々照応に精通するに連れ、また殊に人間の複雑な生命を組み合わせ作り上げる様々な霊的な諸原理を理解してくるに連れ、彼は、彼自らの進歩と再生について霊的な法則に関わりながら自身に明示されている事に気付くであろう。今これらの留意点は、内なる意味を通常の言語で表現し、その関連する所説の価値性を表すために挙げられたが、これと類した著作が効率よく研究され得る方法を指し示すためでもある。そして最後に、この点においてだが、我々も知っているように、スヴェデンボリ自身により記された内なる意味の要約、そしてそこからジョン・クラウズ John Clowes 師（文系修士）、他らにより記された興味深い概要が既にそのように価値あるものと見なされているのだが、それに就いて敢えて慎重に語るとすれば、神的な助力への謙虚な信頼の内にあってこそ完全なる解説がより大いに役立つ、と言えるのである。

　継続的に関連した系列のこの問題から躊躇なく離れる前に、それに関連した刮目し得る異論と異議が一つ二つ挙げられよう。と言うのも、何故そのような考えが天界の秘義 Arcana Coelestia の著作に採用されなかったのかと問われるからである。そこに継続的な系列が与えられている事は明らかではあるが、しかしそのように見える如くにはそれは繋がっていなかったのである。然しながら、その理由もまた明らかである。それは以下による、すなわち、〔『天界の秘義』の〕著者はその赴く儘に各節各文の内なる意味を与え、説明しなければならなかっただけでなく、彼の場合発生する個別の照応について聖言から豊富な典拠を与える必要もあったからである。創世記と出エジプト記において、聖言を特定的にも全般的にも解釈するための手段を斯くの如く用意し、そして時に或る表現の意味するところの実例をもって数頁を扱うことによりこれを為したのである。そして更に、彼の初めの偉大な業績

は、教義と重要な霊的諸原理の解説をもって、他生の生命に関する事の重要さに集中しているのである！　しかし、その〔聖言の〕十全なる系列が連関しており、適切なる配慮で解明され、知性的に表現され得ることを示したのは、正に彼が全般的な要約を与えたという事実である。またこの事は預言書の何れかまたは詩編の幾つかの部分により為されたであろう事は明らかである。何となれば、主はこれを為すに力が与えられるべく摂理し給うたからであり、次のように書かれている、「昭示がもたらされる時が差し迫っている」（『天界の秘義』4402[3]）。

　更に、引き続く著作においても通常の言語で与えられているが、関連した系列が十分な内なる意味を含んではいるものの、それを表現してはいない事を思い出されねばならない。聖言自らの照応の表現のみが双方を為し得るのである。そしてここから、断言するが、どれでも個別の節または文の内なる意味そのものが要約として看做されなくてはならない。なぜなら通常の言語は、神的な、天的なそして霊的な諸真理を十分表現するには適切ではないからである。しかしその一方で、その関連した系列を単に内面的な意味における注釈とは決して看做さぬよう注意せねばならないし、またその限定した所説でもない。と言うのも、この事は大きな過ちとなろう。そこでこれを知るために、『天界の秘義』からここに例証を一つ挙げる。「そして　イェホヴァが彼に語ったようにアブラムが赴いたことは、主がご自身の人間性にあって神的な事柄に前進した事を意味している。」　それならば、これは内なる意味の注釈なのだろうか。それは注釈でも説明でもない。*内なる意味が如何なるものかを述べたものに過ぎない*。そして筆者が類似の所説を為し、また後にそれを説明し注釈している他の全ての箇所でも同様である。それ故、「各節の内容」の全ての所説と共に本書の諸章を通し規則的な様式で、正しく斯くそれは付与されているのである。冒頭からの右手の平行欄（コラム）にあるものは、その系列における継続あるいは引き続くところの内なる意味の所説である。また読者が、或る節の霊的に意味するところの明白な所説を、それらの説明か或いは爾後与えられる注釈か何かと混同しないためにその例証が付与されている。

　本書の次の段は、参照とそれに組み合わせた若干の注解で構成されている。

これらは『天界の秘義』に合わせているが、或る用語の意義がそこに見当たらない場合、または他書からの一節が殊に助けとなると考えられる場合には、その限りではない。参照の順序についても一言説明を要する。レヴィ記1: 7~8の如く、照応から演繹されたものとして内なる意味が詳述され、文末にしばしば区切られて参照が置かれる。しかし他の場合には、複数の参照番号を一緒に配置した方がより利便性宜しきものと分かったので、実際節全体に関係している参照は文末に配置している。それでその順序は概して当該節の用語の順序に従っている。それで、この例はレヴィ記23: 12~13に見ることができる。更に、用語の照応を証明するためには、あるいはスヴェデンボリ自身我らに或る数節の説明を与えている事を示すためには、参照が必ずしも全て挙げられていない事に読者は気づくであろう。が、指摘された箇所は考察中の節に包含されている幾つかの偉大な霊的原理を度々例証しているのだ。また更に、同じ参照が繰り返し挙げられている理由は、それが自然かつ容易という理由だけでなく、用語の一般的な意義が広く適用できること、そしてまた個別の節を調べ展開せんと欲する読者が目の前の個別の照応全てを獲得し得ることを示すからである。

　そしてここで、参照によりまた聖言の字義によりそれらを通して、それ〔照応〕を観察することは適切であろう。聖言は全き照応により書かれたもので、各節に内包され右手の平行欄（コラム）にも述べられているように、霊的意味は真に聖言**からの教義**であり、それらの照応から合理的に演繹されているのである。そしてこれは筆者の私見ではないし、またアイザック・ニュートン准男爵などの科学者が事実から合理的に演繹して確立した物質界の法則の所説、それもまた科学者の私見ではあるのだが、それ以上のものなのである。

　注解の目的は、参照を付すことにより、大抵は教義に関する幾つかの要点を講解するため、あるいはその霊的意味を例証するためである。しかしそれらは参照の後に、各章の最後に置かれ、本書の第4の部分を形成することを意図されている。既に講解された主題の論評を含んでおり、内なる意味を生活の役立ちへの適用を示すためである。そして〔その適用は〕再生において人間の経験に関連するものである。

寛大にもサウスポート Southport のジョセフ・アシュビ Joseph Ashby 牧師に校正刷りを査読して頂き支えられた。その極めて貴重な助力に心よりの感謝を捧(ささ)げる。

H. M.

イースト・フィンチレイ *East Finchley*
　　ロンドン北区
　　　　1911 年 11 月

レヴィ記

第 1 章

霊的意味の要約

1. 主は、自然的並びに霊的善から共に礼拝されねばならない（1, 2節）。
2. しかし礼拝は先ず自然的善から、または情愛からのものであり、時の秩序に従う（3～9節）。
3. 第2に、それは霊的情愛からのものである（10～13節）。
4. そして第3には、低い面における同じ諸情愛からのものである（14～17節）。

各節の内容

1. そして主はモーセを呼び、会見の幕屋から彼に語って、曰く、

2. イスラエルの子らに語り、彼らに言え、汝らの如何なる人であれ主に捧げ物を奉納する*¹ とき、汝らは家畜の群れ、正に牛の群れと小家畜の群れの汝らの捧げ物を奉納するものとする。

1. 主からの流入が、神的真理または聖言により諸天界を介して存在し、それが覚知を与える、

2. そのような流入は**霊的教会**人の教示のためである。主の承認により、またこの御方への諸情愛の聖別により、礼拝の全ての行為においてこれらが自然的並びに霊的でなければならぬ事を彼に

第1章

　3．もし彼の捧げものが牛の群れからの全焼の奉納であれば、彼は無傷の雄を奉納するものとする。かれはそれを会見の幕屋の戸口*2で奉納するものとし、彼が主の御前に嘉納される為である。

　4．また彼はその手を全焼の奉納の頭に置くものとする。然ればそれは彼のための贖いを為す*3に彼のために嘉納されん。

　5．そして彼はその去勢牛を主の御前に屠るものとする。またアロンの子ら、祭司らはその血を差し出し、会見の幕屋の戸口にある祭壇の上の周りにその血を振りまくものとする。

　6．そして彼はその全焼の奉納の

知らしめる為である。

　3．もし善の自然的情愛から主が礼拝され、この御方に全き献身されるならば、それは諸真理または正真の諸真理により虚偽または悪から純粋にされるはずである。そして主のみが人に礼拝する力を諸天界を介した流入により与えて下さる。なぜならこれのみが容認されるからである。

　4．そのような礼拝もまた意志と理解の全力を伴い、**内なるもの**から伝達され、その場合それは主に容認される、なぜならそれにより悪は除かれ**内なるもの**との結合が結果を齎すからである。

　5．更にその上、そのような自然的な情愛は、主礼拝のために自己否定により備えられるはずである。そして善から由来し、かつ其れと結合している諸真理により、天界への入界のために仁愛が外なる方面も内なる方面も主からのものである事が承認されるはずである。

　6．そのような自然的情愛からも

第1章

皮を剥ぎ、幾つかの断片に切るものとする。

また全ての虚偽が分離されるはずである。そしてそれに関する諸真理が、そこでそれら自身の善の秩序の下に主により明瞭に整えられるであろう。

7. そしてアロンの子ら祭司は祭壇に火をつけ、火の上に薪を整えて置くものとする。

7. 善から由来しかつ結合している諸真理によりまた、主は愛から礼拝されるはずだが、同時に自身からのように、あるいは恰も彼の礼拝のために功績を要求したかのように人間によりそれが為される。

8. そしてアロンの子ら、祭司らはその断片、頭、脂肪*4を祭壇の上の火の上にある薪の上に整えて置くものとする。

8. 善から由来し、それと共に結合した真理によってもまた、完全な調整が現れるはずであり、完全な区別が真理と善との間に、そして功績の善と主礼拝における愛の善との間で為されるはずである。

9. しかしその内臓と四肢は水で洗われねばならぬ。そして祭司は全体を全焼の奉納として祭壇で*5燃やし煙にするものとし、それは主への宥めの香りの、火により為された奉納である。

9. しかし外的そして内的な感覚的感情と見解は、悔い改めの業にあってその真理の適用により純粋にされるはずである。それから、自然的な人全体が、善から或いは純粋な愛からの礼拝において主に献身するものと成るであろう。その事は主にあって心地

よく容認せられ、天界的な安息と平安を生むものとなろう。

10. そして全焼の奉納のために、もし彼の捧げ物が、小家畜の群の、羊の、あるいは山羊のものであるなら、彼は無傷の雄を奉納するものとする。

10. 更にまた、もし主礼拝が仁愛からであれ仁愛の信仰からであれ、霊的情愛からのものなら、そして霊的な人が全き主に対し聖別されるなら、それもまた諸真理により悪から純粋にされるはずである。

11. そして彼はそれを主の御前の祭壇の北側の側面*6で屠るものとする。そしてアロンの子ら、祭司らはその血を祭壇の上の周りに振りまくものとする。

11. そしてそのような霊的情愛は、その目的に適合させるよう諸真理により礼拝のために備えられるはずである。それから、善から由来し、それと共に結合した諸真理により、聖なる仁愛は、主からのものであり且つこの御方との結合を促すべきものである事が承認されるはずである。

12. そして彼はそれをその頭と、その脂肪と共に幾つかの断片に切るものとする。そして祭司はそれらを祭壇の上の火の上にある薪の上に整え置くものとする。

12. 諸真理の固有の配列も起こされるはずである。真理は的確に善と区別されるはずである。そして功績の善は、純粋な主礼拝においては愛の善と区別されるはずである。

13. しかし内臓と四肢*7は、彼は水で洗うものとする。そして

13. そして内的そして外的な感覚的感情と見解は、悔い改めの

第1章

祭司はその全体を捧げ、それを祭壇の上で*5燃やし煙にするものとする。それは全焼の奉納であり、主への宥めの香りの、火により為された奉納である。

業にあってその真理の適用により純粋にされるはずである。それから、霊的な人全体が、善から或いは純粋な愛からの礼拝において主に献身するものと成るであろう。その事は主にあって心地よく容認せられ、天界的な安息と平安を生むものとなろう。

14.そしてもし彼の主への捧げ物が鳥の全焼の奉納であれば、その際彼は雉鳩または若い鳩*8の彼の捧げ物を奉納するものとする。

14.そして第3に、もしその主礼拝がその理解からのものであれば、その際それは真理または信仰の善からのもののはずである。

15.そして祭司はそれを祭壇に運び、その頭を捻り*9、祭壇の上で*5燃やし煙にするものとする。そしてそれからの血は祭壇の側面*6に流し出されるものとする。

15.またその場合、それは善の原理からのものであり善そのものからではない。しかしそれは神的愛からの流入により聖化され、そして仁愛は主からのものと承認されるものの、外なる手段においてのみである。

16.そして彼はその嗉嚢をそれの汚物と共に*10取り除き、それを祭壇の傍らの東の部分、灰捨場に投げるものとする。

16.虚偽と悪も又そのような礼拝から分離されるはずであり、利己的な愛とその終局的な瀆聖から生じているものとして定罪されるはずである。

17.そして彼はその翼をそれか

17.しかしそのような礼拝におい

ら引き裂くものとするが、しかしそれを分断せぬものとする。そして祭司はそれを祭壇の上で*5、火の上の薪(たきぎ)の上で燃やし煙にするものとする。それは全焼の奉納であり、主への宥(なだ)めの香りの、火による為(な)された奉納である。

ては主との類似や照応は存在しない。信仰の力と主の承認を介してそのための備えがあるのみである。とは言え、功績の善がその中で愛の善から区別され、そのような礼拝は主によって嘉納され、その御方(おかた)に対し聖別されるはずである。

参照と注解

　1. これまで霊感による旧新約聖書が書かれて以来久しく、その字義的、文法的あるいは歴史的意味を別にして、多かれ少なかれ聖書には霊的そして永遠の事実が記載され、隠された意味が含まれているという信念が存在している。今では創世記の初めの諸章が歴史的なものでない事はそれなりに広く是認(ぜにん)されており、それ故(ゆえ)、必然的にそのような隠された意味を内容しているに違いないと言うことになる。聖言の諸書もまた歴史的なものであるのは明らかだが、しかし遥(はる)かに歴史以上のものに関わっていると言う典拠を提示し得る多くの所説(しょせつ)を内容している。アブラハム、イサクとヤコブ、ヨセフやその兄弟も然ることながら、彼らは創世記と出エジプト記にその生涯が記録された実在の人物というだけでなく、特性を表象したものでもある。そしてこれを受け入れる事によってのみ我々は彼らについて言われた多くの事柄を適切に理解できるのである。例えば、創世記第15～18章に記録されている如(ごと)くアブラハムのイェホヴァとの交流には何か霊的な教えが潜(ひそ)んでいること、また創世記第22章の如くイサクを捧(ささ)げることも同様であることを、誰が分かり得ないだろうか。

第 1 章

　しかしこれとは別に、聖言の爾後の諸書〔レヴィ記以降〕は、前の諸書〔創世記、出エジプト記〕に関する、また〔爾後の諸書〕そのものに関するこの真理を際立った手法で示している。そして斯くも聖言そのものが、自らに神的そして霊的意味が含まれることを確言しているのである。なぜなら詩編 78: 1 に読めよう、「聞け、おお我が民よ、我が律法に。汝らの耳を我が口の言葉に傾けよ。我は箴言の中に口を開き、古の幽玄の言葉を語らん。」それで詩編の残りの部分にイスラエル民族の歴史の概略が、後続しており、聖言ではその歴史全体が同様に箴言でもあり、よって内面的な意味をそこに含んでいることを斯くも証明しているのである。そしてそれだけではない。モーセの律法には文字的意義と同じく霊的意義があることをも率直に指摘している文が幾つか存在する。例えば第 1 サムエル記 15: 22 から下記を挙げられよ、「主の御声に従うこと程に、主は全焼の奉納と犠牲をお喜びになられるか。見よ、従うことは犠牲にまさり、耳を傾けることは牡羊の脂肪にまさる」。そしてこの事はイザヤ書 1: 11〜20 とマタイ 23: 23 で言われた事と関連して、犠牲と同様モーセの律法もまた譬えであることを明示している。

　そして最後に、霊感を受けた諸書が全般的にも個別的にも内なる意味を含んでいる事は、福音書や黙示録においては、取り分け明白である。ここから、次のように我々には言われている、即ちイエスの証が預言者の霊であるのみならず、聖言全体がその内奥の意味においてその御方を扱っており、その意味がその復活の際弟子らが理解するよう主によって彼らに知らしめられたと（黙示録 19: 10、ルカ 24: 27, 45）。それ故使徒の時代直後に引き続く数世紀を生きたキリスト者らが、聖書に内なる意味が含まれる事を信じたはずであり、この事実についての彼らの著作の中で我々が典拠を引照できることもまた驚くに値しないのである。例を一つ二つ挙げよう。イグナティウスは（詩編第 118 編 26 節において）言っている、「神の律法は霊的なものであり、霊的に捉えない者は真の律法を持たない。」アウグスティヌスは断言している、「モーセの著作をその字義で捉える者らは天の王国で学識豊かになりたがらない」（ファウストゥスに対立して[*11] 12 巻 4 章）。そしてモーセの律法の**祭式**と**布告**について言えば、オーリゲネースが

言うには「字義以上の何か別の意味でそれら全てが捉えられるのでなければ...それらは巨大な躓きの岩であり、キリスト教信仰の前進と教化というよりは寧ろその転覆となってしまう」（レヴィ記第7章にて）。またレヴィ記（第3章）の同一の注解の別の部分で彼は言っている、「律法の本書で与えられている犠牲の諸規定は、それらの霊的意味に従って果たされるべきものである。なぜなら正常な或るいは健全な良識のある者なら、牡羊や山羊や子牛が不死で肉体のない神への適切な捧げものであるなどと誰も許容することは出来ないからである。」

　今や、前述の所見から、聖言の凡ゆる部分に内なる意味が存在するのみならず、その意味の解説が、彼エマヌエル・スヴェデンボリの *Arcana Coelestia*『天界の秘義』と題される偉大な著書に与えられた事を承認するよう理知の心が備えられるであろう。彼は自身を主の再臨の伝令官であり、新たなるキリスト教時代体系の教義にあって任命された人類の教授者（『真のキリスト教』779）と称した。両者は共に主からの正真の啓示であり、霊的意味の諸真理のみならず、自然的事柄と霊的事柄との間の普遍的な照応の法則を論証するものである。〔照応の法則は〕聖言がそれに従って構成されているものであり、また主ご自身のみにより構成され得るものなのである。そして更に、そこから、徹頭徹尾霊感を受けた諸書の全てにおいて普遍的法則が適応され、それによって正真の聖言の内なる意味が何処であっても正確に展開されることが明らかに見受けられる時、新たな時代体系の先見者の神的使命は正真で真実なものであり、敬虔にその教えにおいて彼に従う者らは、自身を安全かつ確かな基礎の上に確立している事をもまた看取するであろう。なぜならこの同じ照応の法則を通して、主は全ての人に聖言からの霊的真理を教えられておられるからである（『真のキリスト教』780）。

　故にレヴィ記、民数記そして申命記の諸書の霊的な教えは規則的に途切れない系列の中に今や与えられており、『天界の秘義』から全て証明され、必然的にそこで解説されている個別的な照応のみならず、そこで豊富に例示されている全般的かつ個別的な霊的法則と原理にも依存しているのである。

第 1 章

　これらの前置きをもって我らの最初の節の解説に進もう。主により、あるいはヘブル語にあるようにイェホヴァにより、取り分けその御方の愛に関して神的存在が示されている(2001)。呼ぶことにより流入が示されている(6840)。モーセにより神的真理あるいは聖言が表象されている(7010, 6752)。語ることもまた流入、意志、そして思考を示している(2951)。会見の幕屋により三つの天界が示されている(3540[3])。そして言うことにより覚知が示されている(1791, 1822)。

　個別の人物や場所に適用されて字義で言われたことは、内なる意味では全ての人間や状態について理解されるべき事をここに述べよう。生命は主から直接に、そして諸天界を経て間接に全ての人間の下に流れ入るのである。流入は神的愛から、そして神的真理からのものである。それ故それは人間の中でそれ自身を情愛と思考として表す。そしてそこから彼は自身の状態に従って種々の度における覚知を得る。さて、如何に多くのものが我々が考えている言葉の中に含まれていることか！　*呼ぶ*こと、そして*語る*こと、そして*言う*こと、という表現によりここに指摘されている 3 重の方法で、主は絶えず我々全てに訴えている。また、我々が至高かつ最良の覚知したものから如何に感じ、考え、そして行うかに関し、その御方からの指示が我々には必ずあるのである。さて次の節に進む前に、我々がイェホヴァまたは主について明確な観念を把握しているか否か、一時留まり注意深く考察することが良いのではなかろうか。我々に可能な観念とは何か。

　ヘブル語に従えばイェホヴァに応じた単語は、かつて、そして今も存在しており、また存在すべきもの、即ち自己現存する永遠の神的存在が帰すところの在す御方を意味する単語から由来またはその変化したものであり、その御方の**無限**の完全性にあっては如何なる観念も形を為し得ないのである(出エジプト 3: 14)。そしてこれがその御方に「体も、部分も、あるいは熱情もない」と言う者らがいる理由となっているかも知れない。しかし、兎も角もそれは聖言そのものが正にその御方について言明している確かな理由となっている、即ち「如何なる時も神を見し者なし」（ヨハネ 1: 18）。とは言え、これが単語イェホヴァが意味する全てではない。何となれば以下に読める（イザヤ 43: 10, 11）、「我より前に造られし神あらず、我より後に

もあらず。我、正に我こそイェホヴァ。そして我の他に救い主は在らず。」 ここで留意されたい、我々は先ず主は常に「形作られた神」であったと教えられており、なぜなら自己現存あるいは生命御自身であるものは、凡ゆる生けるものの最も実体的なものであるはずであり、形や性質を伴わない実体はあり得ないからである。然しながら勿論、我々の意識しているもののそれはこの一つの実体だけではない、つまり無限性と神性である。第2に、依然我々の理解を超えた事ではあるが、この「形作られた神」が、我々が意識している生命のより低い度にあって、後に形作られ救い主になられる同一の神である事をこれらの言葉から教えられるのである。なぜなら聖言の古い預言全てがここでの所説を確かなものにしているからである、即ちイェホヴァ御自身がその時の満つるにあって贖い主と救い主に成られると言うことである。証拠に引用一つ或いは二つあれば十分であろう。

「そしてその日斯く言われん、見よ、これぞ我らの神。我らはこの御方を待ち、この御方は我らを救い給わん。これぞイェホヴァ。我らはこの御方を待ち、我らはこの御方の御救いに喜び祝わん」（イザヤ 25: 9）。更に、「見よその日々が来る、イェホヴァは言い給う、我はダビデの上に義しき枝を起こし、彼は王として治め賢く振舞い、そしてその地に審判と義を果たすべし...そしてこれはその御方がそれにより呼ばれる御名、イェホヴァ我らの義」（エレミヤ 23: 5, 6）。そして更に以下に読める、「我はイェホヴァ汝の神。汝は我の他に如何なる神も知るべからず。我をおいて救う者なき故なり」（ホセア 13: 4）。そして新約聖書でこれらを確認できる引用を追えるなら、そのときイエス・キリストである我らの主は、嘗てそして今も顕現されたイェホヴァであられ、真の神観念とは無限の栄光の神的な人間である一人の人物に御父、御子そして聖霊が、あるいは神的三一性全体が体現化した処のそれである事を我々は悟るのである。これはパウロの次の言葉（コロサイ 2: 9）に従っている、「その御方の中に満ち溢るる神格が悉く肉体をなして宿れり。」 何となればその御方について言われている、「汝その御方をイエスと名付くべし、その御方こそ御自分の民を彼らの罪から救われる故なり」（マタイ 1: 21）。また、その御方は「インマヌエル」または「神我らと共に」（マタイ 1: 23）。また、その御方は「全ての者の主」（使徒行伝

10: 36)。また、「その御方は肉において明らかに示され」(第 2〔第 1 の誤りと思われる〕テモテ 3: 16)。また、その御方こそ正に神的本質の像(または形)である(ヘブル 1: 3)。また、その御方の神性から、その御方は御自身の**人間性**にあって一切の力を持たれる(マタイ 28: 18)。また、御**名**は御父、御子、そして聖霊の名である(マタイ 28: 19、使徒行伝 19: 5)。また、その御方の**人間性**はその御方の神性の顕現である(ヨハネ 1: 18)。それ故、その御方が御自身について話されていることも驚くに当たらない、「アブラハムの先より我は**在るなり**」(ヨハネ 8: 58、出エジプト 3: 14)。「我を見し者は御父を見しなり」(ヨハネ 14: 9、イザヤ 9: 6, 7)。「我が**在る**ことを汝ら信ぜずば、汝らは汝らの罪の内に死すべし」(ヨハネ 8: 24)。そして、「我は**アルファ**なり**オメガ**なり、と主なる神は言い給う、今在し、かつて在し、来るべき者、**全能者**」(黙示録 1: 8)。そしてその御方がまた言われている事も加えるなら、「御父は我が内に住み、御業を行い給う」(ヨハネ 14: 10)。そしてまた「その御方は御自分の弟子らに息を吹きかけられ彼らに言い給うた、『汝ら聖霊を受けられよ』」(ヨハネ 20: 22)、それで、肉体の中に魂があるように御父または神的性質がイエスの内にあることを我々は知るであろう。また、御子または**人間性**が栄化されると、それは一人の神的人格にあって御父の顕現が満ち溢れるのである。そして又聖霊はその御方のみから発出するのである。そしてそこから、この事のみがイェホヴァの別の点での不可知性の真の概念であることを我々は一層悟る事となろう。そしてまた、もしそれが受け入れられねば、その時その御方の残りのものは転倒し且つ奇怪な観念となり、あるいは観念が全く無くなるかしてしまう。更にまた、この議論を完了するためには、人間は神の像と似姿とに創造されていることを覚えられたい(創世記 1: 26, 27)、その事から当然ではあるが、神御自身、第一義的に本質的かつ実体的に人間であらねばならないと言うことである。実際もし然うでなければ、その御方は時の満つるにあって最終または最低の本質としての人間には成れなかったであろう。それ故その御方の**人間的自然性**は、世にあって装われてはいるが、本質的かつ実体的に御自分の神性から由来しているのである。即ち、力、知恵、そして有限無限の愛を抽象する事などはあり得ないし、延いては**全能**、**全知**、そ

して**遍在**を抽象する事もあり得ないのである(マタイ 28: 18～20)。また神的三一性のうちの一つの本質は、全体の破壊なしに残りのものから分離されることは出来ない。そしてまた生命と実体の全ての度において神的人間性が存在しなければ、霊的そして自然的**宇宙**は創造され得なかったし、存続もし得ない。

2. これは、以下の意義から窺われる、即ち語ることは流入を示すものとして(2951)。言うことは覚知と斯くなる教示を示すものとして(1791, 1822)。イスラエルは**霊的教会**を示すものとして(3654)。捧げ物を奉納することは主の承認と礼拝を示すものとして(349, 922)。そして家畜の群れ、牛の群れ、小家畜の群れは、自然的そして霊的な情愛をそれぞれ示すものとしてである(5913, 6126)。

本節の霊的意味における三つの主要な事柄は、流入そして延いては啓示は直接的であると同様間接的でもあると言うこと、主礼拝は自由の内に在らねばならぬということ、そして礼拝は本来主の承認の内に在りその御方への献身は心の情愛から成立つという事である。主はイスラエル人らには直接語らず、モーセを通し会見の幕屋から語った。神的真理を手段としなければ、何人も神的生命あるいは愛あるいは善の流入を受け入れることは出来ないのである、なぜなら愛は真理によらなければ性質を持たないからである。そして真理はそれが善からでなければ生命を伴わない。その真理もまた内なる人により受け入れられるように、その系列の中で外なる人の状態にも順応されねばならない。また更に、仮に強いられれば礼拝に何の価値があろうか。イスラエル人らは主への全焼の奉納や犠牲を強いられなかったのである。終わりに一言、愛そのものが自由であり、また自然的及び霊的双方の礼拝全ての本質であることを、誰が悟らないであろうか。主を礼拝する事とは、真にその御方を心を尽くし魂を尽くして内面的にも外面的にも愛することである。

しかしここで或る重要な疑問が当然沸き上がる。前節における留意点で主は神的人格であられる事が表されている。なぜならその御方の本質を顧慮せずには、抽象的な力、知恵、そして愛などのような事柄はあり得ない

し、またそれ故、主を愛する事はこの御方を至高の人格に関して最高度に憧れることだと想像する者もいるであろうから。しかしこれは大きな誤りであろう。その御方を神的人格として考えるのでなければ、神を正しく考えることが出来ないことは真実である。とは言え、我々はその御方を単に一人の人格として礼拝し、愛することが出来ないこともまた同様に真実である。一方、我々はその御方を先ずその本質に関して、そしてそこからその御方の人格に関して礼拝し、あるいは愛さなくてはならない。そして主を愛する事とは、その御方を構成している善と真理を愛し、我々が持っている善と真理に属するもの又は情愛と知性に属するものは、弛まずその御方から我々の内に存在していると言うことの承認を主に意味していることが看取されるであろう。それでこの事は、我々の自然的そして霊的な諸情愛をその御方の奉仕に捧げるべきことが如何様に理解されねばならぬかと言うことである。約言すれば、我々はその御方を愛さねばならない、何となればその御方が先ず我々を愛して下さり、我々がその御方から受けている諸々の情愛と力を正しく用いることによりその御方の愛に報いるとき、その御方は進んで永遠の生命と幸福を我々に分け与えて下さるからである。

3. これは真実である、なぜなら全焼の奉納は特に愛からの礼拝を示し、犠牲は信仰からの礼拝を示している(8680)。牛の群れの捧げ物は自然的善からの礼拝を示している(5913, 6126)。全焼の奉納はまた主への十全な献身または十全な聖化を示している(2776)。雄は真理を示している(725)。無傷は虚偽と悪からの純化を示している(7837)。戸口は主の承認を示している(2356)。会見の幕屋は諸天界を示している(3540)。そして主により嘉納されることは純化のための受け入れを示しているからである(9506[1])。

本節における個別的に刮目すべき点は、聖言の諸真理と悪からの純化を手段とするのでなければ、正真の主礼拝は存在しないと言うことである。もし人間の心が健全でありさえするなら、その者の教義がどうあれ然程重要な事ではない、という意見が今日如何に一般的になっている事か！ しかしここに我々は情愛以上の何かを主礼拝において求められている事を学ぶのである。即ち、正真の真理あるいは教義も無くてはならないのである。

何となれば、或る情愛が教義の虚偽に、動機の不純に、あるいは独善か功績か何かの思考を齎す何らかの行為により汚染されているのに、それがどのようにしてこの御方に捧げられる事が出来るというのか。全き、否である！　自然的善から我々は礼拝するのであるが、それは我々が以前に真理を受け入れた事と、悔い改めの業においてそれを生命へ適応する事を通し、主から受け入れた善で有らねばならない。我々の捧げ物は「完全な、または無傷の雄」でなければならない。その上また、この真の礼拝には何か更なるものを含んでいるのである。我々には、**真理**の影響下に罪の外面的な行為を控えるべき事だけでは不十分である。我々はまた主を戸口として承認すべきなのである(ヨハネ 10: 7-9)。また我々は、それが諸天界を介してその御方の影響下にある事、即ち我々に流れる聖霊の御業により、直接的であれ、あるいは我々の状態に即してであれ、我々が礼拝に如何なる力も持ち得ることを十分に確信せねばならない。なぜなら間接的な流入があるところでは何処でも直接的なものもあるからである(7004)。そしてそれにより主は全般的にもそして最も微細な個別の事でも然るべき関連と秩序にあって全ての事を維持されておられるのである。実に、この御方は全ての者からの礼拝を絶えず喜んで受け入れて下さるのである。けれども、外なる清めと同じく内なる純化がなくては、それはその御方にとって喜ばれず容認される事は出来ない。

4.　以下に根拠を挙げる、手は力を意味している(878)。奉納物の頭に手を置く事は**内なるもの**から**外なるもの**への力の伝達を意味している(10023)。そして贖いを為すために嘉納される事は、主にとって十分心地よいものと喜ばしいことを意味している、なぜならそれにより悪は除かれ**内なるもの**との結合が結果を齎すからである(3節)。また 10042・*II*〔参照〕。
　ここに贖い或いは贖いを為すと訳されているヘブル語の意味は罪のための覆いとなることである。またそれには三つの意義があると言われ、即ち「罪のために償う、怒りを和らげる、そして災厄を忌避する」ことである。事実罪のための覆いまたは償いを生じるものか、怒りを和らげるものか、あるいは災厄を忌避するものか何かを、もし我々が自問するならば、

第 1 章

その時それは正しく理解する助けとなろうか。答えは、勿論字義においてだが、全焼の奉納であり、そして霊的意義では、それにより示される自然的な善の情愛なのである。それで主から受け入れた異なる〔複数の〕度と種々の性質の善の他には、罪のための覆いや贖いが有り得ない事を、実に我々は悟れないのだろうか。のみならず、我々が如何なる個別の悪をも愛し実践し、そして後にそれを神に対する罪として避けることにより悔い改めた時、それの対立する善を承認し受け入れる以外に、罪のための覆いとなり、あるいは罪を取り除くことの出来るものは何もない事を、我々は悟ることが出来ないか。よってこの事を熟考すれば、全焼の奉納と犠牲の真の霊的趣旨を教えられるのである。それらは、我々の善い情愛が聖なる生活上の職責全てにおいて、主の奉仕のために聖別される事を示している。そして今こそ、この献身が如何程に罪のための覆いであり、怒りを和らげるものであり、災厄を忌避するものであるかを我々は悟らねばならない。罪のための覆いや贖いとは、人類全ての罪のためその御方に課した罰としてのキリストの犠牲あるいは死であると、あまりに一般的に信じられてきた。しかしこの誤りは**新時代**の光の前に速やかに消え失せつつある。罪人自身のものであれ、あるいは彼の何か代わりであれ、罪が単に罰により覆われたり取り除かれ得ることは不可能である。罰は悪を抑えはするが取り除かないことは良く知られたことである。悔い改めの実際の業のみがそれを為し得るのである。確かに、誰か人の罪に対し他の者、たとえその他者がその**人間性**における主だとしても、その他者を罰してもこれを果たし得ないのである。これ故に預言者イザヤ曰く、「我らは彼が神に打ち滅ぼされそして苦しめらるると考えたり。されどこの御方は我らの背きのために傷つけられ、この御方は我らの不法のために打ち傷を受けたり。我らの平安のための懲らしめはこの御方の上にあり。そしてこの御方の鞭の跡により我らは癒されたり」（イザヤ 53: 4, 5）。主が人間の買い戻しにおいて人間のために苦しんだことは真実である。しかしその御方の苦しみや死が如何なる意味であれ、悪人らと悪霊ら或るいは御父によってこの御方に課せられた罰であるというのは、真実ではない。繰り返すが、断じて否である！　反対にそれは、その御方が「世をそれ程までにも愛されたため」（ヨハネ 3: 16）、

第1章

　その御方は御自身の**人間性**について御自身が受けられた苦しみを甘受されたのであり、その苦しみは自然的かつ肉体的のみならず、闇の全勢力に対する壮大な闘争を含むものであったのである。そしてその御方がこれを為したのは、人間の内に悪と善の選択の完全な自由を保存することにより人間を悪の絶対的支配から救うためだったのである。そして斯くも極めて崇高な意味では、人間から悪を取り除くことにより人間のための覆い或るいは贖いであるのは嘗ても今も神的愛なのである！　何となれば、**買い戻し**の御業により、人間の解放が取り去られることのないよう永遠に悪は防がれ、そしてこの意味で永遠に覆われ、あるいは除かれ、隠されそして静止させられているのである。しかしまた、崇高な意味において真実なものは各個別のものに関しても真実である。例外はあるものの、主が人間の解放を絶対的に保護し、そして悪へ傾き易い母親由来の生命全てを、栄化された御自身の**人間性**から駆逐した一方、人間の諸悪は人間に永遠に留まるものの、しかし再生した者においては善に関し優勢な状態により諸悪はそのように覆われ或るいは静止させられているため、諸悪は人間に現れたり問題を起こしたりするのを止めるのである(868)。それ故斯く、本節と聖言の他の箇所で覆いと贖いにより普遍的そして個別的意味において趣旨とされている事を我々は悟るのである(第2コリント5: 18, 19)。

　第2に、この贖いがどのように怒りの和らげになり得るのか。主の内に怒りがあると、またはそのような怒りが人間の苦しみにより和らげられる必要があると、我々には何とか考えることが出来るのだろうか。決して出来ない。何となれば無限に完全な主が怒る事は出来ないためであり、次に言ったその御方御自身の言葉に従えば、「我、イェホヴァは変わらぬ。それ故、おおヤコブの子らよ、汝らは滅ぼされてはおらず」(マラキ3: 6)。そして、「復讐するは我にあり、報を為さん」(申命記32: 35)を読めば、苦しみや罰の許容によってさえも、また怒り、憤りそして報復が聖言を通してその御方に帰しているのだが、その聖言における真理の外観によっても、主の慈悲が人間の救いのために備えるものである事を我々が理解すべきである(6997)。それ故、そこで怒りは主から離れる人間の反感を意味し、また内なる人から離れる外なる或るいは自然的な人の反感であり、それは怒りの

外観を生むのである。そしてそれ故、贖いにあって怒りが和らげられる手段は、愛の本質延いては善の伝達と受け入れから悪を拒絶することを通し、人間を神的愛との調和の中へ、また外なる人を内なる人との調和の中へ連れて行くことによるのである。

　そして第3に、災厄が目下の本節そして他の箇所で斯くも頻繁に言及された贖いによって如何にして忌避されているのか。危害を生む事は悪の性質そのものであり、その反対を為すことは善の性質そのものである事を単に考えれば、これは容易に理解できよう。それで、災厄が邪悪な者に襲いかかるに違いないのであり、またそれは善を受け入れる事を通して忌避されねばならない事は不思議ではない。そしてもし我々がこの原理を牛の群の全焼の奉納により示される善の類いに適用するならば、主が与えて下さった自然的情愛と力を人々が単に自己と世の目的のために捧げるとき、人は引き続く不可避な災厄を予期せねばならぬ事が明白になるのである。そしてまた、人がこれ等の節の内なる意味に従ってこれら〔情愛と力〕を主に捧げるとき、ここで記述されているように外なる人と内なる人との結合を通してそれらの災厄を脇へ逸らせ、主との結合を得るであろう。よってここに今なされた見解は、レヴィ記の本章と他の諸章に続く多くの事柄の例証に資するであろう事が看て取れよう。

5. これは斯く証明される、即ち、去勢牛を屠る事は、自己否定により自然的な人における無垢の善からの主礼拝のための備えを示している(10024, 9990)。アロンの子ら祭司らは、善から由来し且つそれと結合した諸真理を示している(9946)。血を差し出すことは、仁愛は主から存在することの承認を示している(10227, 1001)。血を祭壇の周りに振りまくことは、外にも内にも真理と善との結合を示している(10047)。そして会見の幕屋の戸口に、は「天界へ入るために」を意味している(2356, 3540[3])。

本節において犠牲で捧げられた動物の屠殺に2重の意義が含まれている事は興味深い。一方は、古く或いは単なる自然的生命の拒絶であり、他方は新しく或いはより高次の生命の着付けである。なぜなら再生の過程では、我々が「その行いと共に古い人」を脱ぎ捨て、「新しい人」を着なけ

第 1 章

ればならぬ事は明白だからである(コロサイ 3: 9)、そして双方の面で犠牲獣は照応を持つからである。本質的にそれは新しく更に高次の生命を示す。なぜならこれのみが主に献身できるからである。が、完全な生命の受け入れの備えを拒絶することにより、それは相対的に古く、より低次の生命をも意味するのである。罪を犯す魂について言えば、善なるものの拒絶により日々あるいは絶えず死すべし、然れど悔い改める魂もまた悪なるものの拒絶により日々死すべし*12 (エゼキエル 18: 20, 第 1 コリント 15: 21)。そしてこのことは、自己否定を不断に実践することによる人間自身の協働から離れては有り得ないのである。更にまた、アロンの子により表象された善から由来した聖言の諸真理が、再生のこの業において如何程欠くことの出来ないものであるかが分かる。即ち如何にしてこれらの諸真理が善からその力を持つか、そして天界的生命の達成において如何にしてそれらが仁愛をまた真理と善との必要な結合を承認するのか、と言うことである。

6. これは明らかである、なぜなら全焼の奉納の皮を剥ぐ事あるいは皮膚を除く事により、終局的なものにおける虚偽の分離を示している為である(10036)。そして動物を幾つかの断片に切断することにより、善の下での諸真理の配列あるいは上位のものの下での下位の善の配列が示されている(10048)。

ここで、人間の再生の業における何らかの必要な部分に関与しないものである犠牲の捧げものについて、何も説明が与えられていない事は取り分け注目されるべきである。何となれば、単純に礼拝のみの外面的な行いとしてそれら〔犠牲〕の中に何かの価値があったため、天界からの啓示により斯くも説明が与えられていた事を誰も思い巡らすことは出来ないからである。既に見たように主はそのような礼拝を望んではおられず(詩編 40: 6-8)、よって況してやその御方はその細目を望まれない。しかしそれにも拘らず、儀式的なものの各々個別の部分は真の霊的礼拝の、そして斯様に真の天界的生命の必須の部分を意味し表象するために意図されていたのである。そして確かに、虚偽の除去、また善と真理の情愛の秩序ある配列はこれ等には些かもない。しかしこれは主お独りの御業である。人間が協働する際、

第1章

実際その一方か或いは他方を行い得るのはこの御方のみである。我々の宗教的経験の過程でこのような救いを、そしてこのように斯くも完全な状態を思い焦がれなかった事が何と多かったことか！ しかも未だなお、我々は、おそらく、真面目にそれらを実現する努力をしたのではあるが、全て無駄に見えるようだ。それは我々の誰もが「私は過ちから免れており、外なる面でも内なる面でも完全だ」と言わないためである。然しながら、ここで然うであるに違いないことを我々は確信しているのであり、またそれが故に我々は在るが儘に満足し続けるであろう。我々の努力が明らかに不完全であっても遂には成功の王冠を頂くのである。そしてもし、各々日々の生活の行いが如何程この目的に貢献するか悟ることが出来なければ、我々はなお聖言から慰めを得、その理由を知るであろう。それは正に、我々の試みの状態を通して「毒麦」と「小麦」とが我々の中で双方共に成長しなくてはならない様なものである(マタイ 13：30)。この事について我々が何処にいるかを自らは真実に語ることは出来ない。我々の状態は感じたり考えたりするより遥かに良いかも知れないし、あるいは遥かに悪いかも知れない。しかし夫々日々の行為を注意と勤勉を以て為さねばならない事や、もし目的のために耐えるなら我々は救われるはずである事は確かである。それで正当な時が訪れるとき「毒麦」は消え失せるであろうし、「小麦」は納屋に集められるであろうし、そこで我々の状態全ての秩序ある配列が在るであろうし、我々に最も似た者らとの共同体が公正で真実なものと成ろうし、そして誠に我々はその度に従って完全な者となるはずである、正に丁度我々の御父が天界で完全な者であるように。

7. これは次のように論証される。アロンの子らは善由来のそしてそれと共に結合した諸真理を表象している(9946)。火は愛を意味している(934)。祭壇もまた神的善あるいは愛に関しての主礼拝を意味している(9964)。そして整えられた薪は功績の善を意味している(2784)。

8. アロンの子ら祭司らにより、善由来のそしてそれと共に結合した諸真理が示されている(9946)。断片を整えて置くことにより、神的秩序に従う諸

真理と諸善の配列と区別が示されている(10048)。頭により、特に真理に関し内奥の事柄が示されている(10048)。脂肪により特に善に関し同じことが示されている(10033)。薪(たきぎ)により、功績を要求しがちな人間自身からのものとしての功績の善あるいは人間の活動が示されている(2784)。火により主への愛が示されている(934)。そして祭壇により礼拝が示されている(9964)。

9. ここでは、内臓あるいは腸により最低の事柄と斯くも感覚的な感情と外的な見解が、また四肢(しし)により「自然的な人に属する外的な諸々(もろもろ)のもの」と斯くも感覚的な感情と内的な見解が示されている(10049, 10050)。洗いにより純化が示されている(3147)。犠牲を祭壇の上で燃やし煙にする事により、純粋な愛からの礼拝において自然的な人全体を主に献身することが示されている(10052)。火により為(な)された奉納により、純粋な愛からの礼拝がまた示されている(10055)。そして主への宥(なだ)めの香りにより、心地(ここち)よく容認されまた天界的な安息と平安を生むものが示されている(10054)。

本節の字義から、これらの個別的なものが根拠に従って内なる意味を含んでいることが明らかである。なぜならこの御方へ聞き従うという完全な生命は愛から迸(ほとばし)り出て啓蒙された信仰により方向付けられるのであるが、その生命に表現される本当の礼拝以外の礼拝は、主への「宥めの香り」あるいは「安息の匂(にお)い」とは成り得ないからである。そしてここで、参照で述べられたこと全てが明白に表しているように、内なる意味で人間の再生に関係するものは最高の意味では主の栄化に関連していると言うことを覚えておくべきである。しかし更には、取り分け 10053 を見られたし。そして次のことに気付かれよ、主の栄化が**人間性**と**神性**の一体の中に存在するように、人間の再生も、**外なるもの**と**内なるもの**の結合、そして斯くも今まで言われたように、人間全体即ち羊により意味されている霊的な人と同じく去勢牛により意味されている自然的な人を主へ献身することが包摂されているのである。

10. これは明らかである、なぜなら小家畜の群の動物が霊的な情愛を示しているからである(5913, 6126)。羊は仁愛を、そして山羊(やぎ)は仁愛の信仰を

示している(4169)。全焼の奉納は主への十全な献身あるいは聖別を示している(2776)。雄は真理を示している(725)。そして無傷は悪から純粋にされる事を示している(7837)。

11. これは以下の意義から窺われる、即ち動物を屠ることは霊的礼拝の備えを示すものとして(10024, 4169)。祭壇の北側の側面は、その目的に適合された諸真理を示すものとして(9499, 9648)。アロンの息子ら祭司らは、善から由来しそしてそれと共に結合した諸真理を示すものとして(9946)。そしてその血を祭壇の周りに振りまくことは、真理と善との結合及び霊的善あるいは仁愛は主からのものである事の承認を斯く示すものとしてである(10047)。

12. 動物を断片に切ることにより善の下での秩序ある諸真理の配列、あるいは上位のものの下での下位の善の秩序ある配列が示されている(10048)。頭により真理に関して特定的に内奥の事柄が示されている(10048)。そして脂肪により特定された善に関して同一のことが(10033)、断片を整えて置くことにより、上位の下での下位の事柄の実際の配列が示されている。一方動物を断片に切ることによりそのような配列への備えが(10048)、薪により功績の善が示されている(2784)。火により愛が(934)、そして祭壇により礼拝が示されている(9964)。

13. ここで再び、内臓あるいは腸により最低の事柄と斯くも感覚的な感情と外的な見解が示されており、四肢により自然的な人に属する外的なものと斯くも感覚的な感情と内的な見解が示されている(10049, 10050)。洗いにより純化が示されている(3147)。祭壇の上で犠牲を燃やし煙にする事により、純粋な愛からの礼拝において霊的な人全体を主に献身することが示されている(10052)。火で為された捧げものもまた純粋な愛からの礼拝が示されている(10055)。そして主への宥めの香りにより心地よく容認され、また天界的な安息と平安を生むものが示されている(10054)。

14. これは明らかである、なぜなら鳥は、信仰や真理と斯くも理解に関係する霊的事柄を意味しているからである(1826)。そして雉鳩と若い鳩は外的な事柄と内的な事柄、そして斯くも真理と善をそれぞれ意味している(1827)。そしてそれらはまた、それらにより示されている礼拝の状態に付随されるべき無垢を意味している(10132)。

15. これもまた明らかである、なぜなら犠牲を祭壇に運ぶ祭司が、善からの主礼拝を示しているからであるが(9946)、しかしこの場合生命の原理あるいは規定として採用された善を示している。が、それは理解が何であるかを示すところの鳥に関連があるため実際には善ではない(1826)。なぜなら頭を捻る事は、理解のみからの或いは善の*原理*のみからの礼拝によっては、主との永久の結合は存在しない事を示しているからである(8079)。とは言え、祭壇の上で頭を燃やし煙にする事は、なおもこの礼拝が神的愛の影響により内奥をも神聖化されることを示している為である(10052)。そして祭壇の側面に血が流し出されることは、或る外なる道においてのみではあるが、仁愛は主からのものであると承認されることを示している(1001, 10227, 9648, 9499)。

16. これは真実である、嗉嚢をその中の汚物と共に取り除くことが諸々の虚偽と悪をそのような礼拝から分離することを意味している為である(4883, 5174)、そして祭壇の傍らの東の部分、灰捨場に投げることはそのような諸々の虚偽と悪の拒絶を意味している。何となれば投げることは絶滅あるいは拒絶されることを示しているからである(2657)。祭壇の傍らは、礼拝との如何なる関連からも、を示している(9964)。東は善を、しかしここでは対立する意味での悪を示している(7679)。また、灰は諸虚偽を、そして東は諸悪を示し、灰捨場は諸虚偽が諸悪と結合する或る状態を示している(7519, 9723)。よってこれは利己的な愛とその究極的に神聖を穢すことから定罪されている一つの状態である。

17. これは、鳥からその翼を引き裂くも分断しないことが、そのような

第1章

礼拝における主との類似性と照応が何ら存在しない事を示しており、単にその備えを示しているに過ぎないことを考察することにより看て取れるであろう(1832, 4171)、なぜなら裂くことは屠る事と同様、犠牲としての鳥の備えの一部分であったからであり、また最後に与えられた参照が明らかに表しているように、悪における放縦によりその真理の誤解や転倒を介して引き起こされた苦しみと試誘とを示しているからである。と言うのもそれをその翼から裂くことは、信仰の力は悪に譲歩することにより斯くも弱められるが、しかし主の承認と悪への抵抗を通した試誘に打ち勝つことにより強められることを示しているからである(8764)。また、善の一つの*原理*からそのような正真の主礼拝は、善自身からあり得るようには有り得ないからである。現実の善または現実の善の愛だけが主との照応を与え、外なる人を内なる人との調和へと齎すからである(1832)。しかしそれにも拘らず、本節の残りの部分が表すように正真の霊的な献身に導くため、この不完全な礼拝は主により嘉納されるのである。何となれば捧げものを燃やすことにより、主との結合また信仰と仁愛との結合が表象されているからである(10052)。薪により、功績を求めがちな傾向において彼自身からとしての働きが示されている(2784)。火により主への愛が示されている(934)。そして宥めの香りまたは主への安息の匂いにより、礼拝にあって心地よく容認でき天界的安息と平安を生み出すものが示されている(10054)。そして斯くも不完全な礼拝は、礼拝者が内奥的になる*処*の*善または愛の波及する状態*により聖別されているのである。

今本章を概観すると、その一般主題は主礼拝である事を理解するであろう。即ちこの礼拝は連結した自然的そして霊的情愛からでなくてはならず、また先ず初めに自然的情愛から、第2に霊的情愛から、そして第3に更に低い面での同じ諸情愛からでなくてはならないのである。

内意は先ず次のことを述べている、即ち自然的及び霊的礼拝は連結しており、その理由は、再生において主の御業は内奥から霊的なものを通して

自然的な度へ為されている事である。よってまた人間は、その経験に従い自然的な度において自身の生活を始め、そして後に霊的になるという理由から、内意は自然的及び霊的礼拝を詳述しているのである。しかしその自然的な人は内なるもの及び外なるものであり、また霊的なものでもある故、外なる人の礼拝あるいは彼の初めに自覚した自然的及び霊的生命もまた詳述されているのである。

　次に真の主礼拝のための必要条件を学ぶ、それは異なる度にあっても一般的には同じものと考えられているものである。そして、初めに名付けられた本質的要素は極めて重要である。そこには真理が在らねばならず、純潔がなくてはならない。事実諸真理が人間の不純を暴露することは、当然なことながら、純潔が齎される悔い改めの業へとなるのだ。しかしこれらは、それだけでは不十分である。そこに衷心からのその御方と諸天界を介したその御業を承認することにより、主との結合がなくてはならないのである。この後主から内なる人の力強い影響が外なる人の上に在り、両者の和解あるいは一致を生み、そのことは主に容認されると言われているのである。なぜなら内なるものから分離した外なるものの礼拝は然うは有り得ないからである。それ故結合した善と真理が適切かつ十分に顕現されるために、腐敗した「古い」生命の拒絶により備えがなくてはならない。しかしここで、注意を要する特性がある。諸真理によりその目的に適応されるべきと言われていることから、霊的礼拝のための備えは、ここで述べられている自然的礼拝のそれとは区別されている。この所説は5節には見受けられないのだが、思慮深い学生なら確かにこれは自然的礼拝への備えをも伴うことに気付くであろう。それ故それが何故 11 節に現れるかを我々は熟考せねばならない。その理由は、我々の礼拝が内的である程、愛する心からのものと同じく、*啓蒙された精神*からのものであるように益々見えてくるからである。霊的な人は自然的な人よりも諸真理を明瞭に見る。しかし礼拝そのものと比較されるとき、礼拝への備えは依然として不明確以外のものでは決してあり得ないのだ。そしてそれ故この不明確さもまた挙げられている。礼拝を表象している動物は祭壇の*北側*の側面で屠られた。そして「北側」は参照(9648)が表しているように、諸真理に関し不明確さを示し

ている。しかしこの関点について更なる例証には 9736, 10185 を見られたい。

　然しながら次なる場所で、真の礼拝のため他に三つの必要条件があることを我々は学ぶ。悪と虚偽が心と理解からのみならず、生活からも取り除かれねばならない。然うして、凡ゆる感覚的感情と見解の純化が成就され、全ての人の力が異なるものの主により秩序あって配列されることが後に続くのであるが、自然的な人が全的にそのまま支障なく主の奉仕へ献身される為なのである。

　そして最後に、諸情愛に起こることは、本章の終わりに記述されているように、知的な諸々の力に起きなくてはならない。事実、正しく別の特定の象徴のもとでは同一の全般的な過程が再び現れる、即ち顕現された主要な諸真理は理解の意志への服従であり、また外なる人の内なる人への従属であると言うこと。理解のみを介して、あるいは信仰のみを介しての主との結合は不可能なこと。避けられざる結果は即ち、我らの神と共に義を行い、慈悲を愛しそして謙って歩むことにより成り立っている礼拝の聖なる生命にあっては、理解は意志に*従属*せねばならないだけでなく、完全な*調和*の内に在らねばならないと言うことである(ミカ 6: 8)。

訳者のノート

＊1．2節「奉納する」。全章に亘り斯く訳した原本 'offer' のほぼ全てのヘブル語原文の動詞にはヒクリーヴ הִקְרִיב 「近づけた」が用いられている。

＊2．3節「戸口」。全章に亘り会見の幕屋の「戸口」と訳した原本 'door' のヘブル語原文は ペタホゥ פֶּתַח 「入口」。会見の幕屋の入口には戸ではなく、帳が設けてある事は出エジプト記 26: 36, 37 を参照。

＊3．4節「彼のための贖いを為す」。原本 'make atonement for him'、ヘブル語原文は「彼の上に覆う」。

＊4．8節「脂肪」。原本 'fat'、ヘブル語原文は ハッ・パーデル הַפָּדֶר で、腎臓周囲の脂肪を指し、他に 8: 20 にのみ用いられている語。通常「脂肪」は ヘーレヴ חֵלֶב が用いられる。

第 1 章

＊5. 9, 13, 15, 17 節「祭壇(の上)で」。原本' burn ~ (up)on the altar '、ヘブル語原文は「祭壇の方へ」。次章以降も「祭壇(の上)で」の定型文の多くにこのヘブル語の表現が混在している。

＊6. 11, 15 節「側面」。原本' side '、ヘブル語原文は 11 節が イェレホゥ יָרֵךְ「腰」、15 節がキール קִיר「壁」。

＊7. 13 節「四肢」。原本' legs '、ヘブル語原文はケラーアイム כְּרָעַיִם「下腿」または「脛」の双数形。9 節の「四肢」は所有の人称接尾辞が付加されており、その場合複数形か双数形か、文法上判別はできない。前脚か後脚かいずれか一対を意味するものと考えられる。

＊8. 14 節「若い鳩」。原本では' young pigeons '、ヘブル語原文は「鳩の子ら」。

＊9. 15 節「頭を捻り」。日本語では「首を捻る」の方が自然なのかもしれないが、原本、ヘブル語原文とも「頭」なので、「頭」の霊的意義を意識せねばならない事からそれに従った。

＊10. 16 節「汚物と共に」。原本では' with the filth '、ヘブル語原文はベ・ノーツァーターッ・ハ בְּנֹצָתָהּ「羽毛の中の」。

＊11. 注解 1 節 p 7。「マニ教徒ファウストゥスを駁する」*Contra Faustum Manichaecum*。

＊12. 注解 5 節。このセンテンスの後半部分は、これらの引用聖句から理解するのは難しい。

第 2 章

霊的意味の要約

1. 天的愛の最高の度(ど)からの主礼拝が記述されている(1〜3節)。
2. それから内的天的愛あるいは隣人への仁愛からの礼拝の記述が引き続いており、主への純粋な愛である最高の天的善から、そして最低の〔天的善〕からの礼拝と、それが如何様(いかよう)に関連しているかを表している(4節)。
3. そこで諸真理の配列と内奥の天的善の流入についての記事と共に、**自然的なものの内なるものにおける天的善からの礼拝**の類似した記述が引き続いている(5, 6節)。
4. そして最後に、**自然的なものの外なるもの**からの礼拝が記述されており、それはより高次の愛からの礼拝に類似しているが、しかしより低い度(ど)に在ることを表している(7節)。
5. それから、これら全ての度と手段において天的礼拝には幾(いく)つかの個別的なものが含まれている事を表している。即ち、礼拝への力は主に帰さなくてはならない。この御方(おかた)の内奥に由来した天的善からのものである事が承認されねばならない。そしてそれはこの御方(おかた)から実行されなくてはならない。礼拝者もまた真理と善との結合を自身からのものとして実現するであろう。彼はその生命を主の奉仕へ奉献することが出来るであろう。彼は天界の喜びと平安の状態を経験するであろう。彼は善と真理を固有のものと出来るであろう。そして彼は純粋な愛から主を礼拝できるであろう(8〜10節)。
6. 更にこの主礼拝は虚偽を免(まぬか)れていなければならない。それは単なる自然的な歓喜により零落させてはならない。そのような不完全な礼拝は備えの状態のみに属する。そしてそこでの凡(あら)ゆる礼拝は善のための真理の、

また真理のための善の共通の願望であらねばならない。あるいは換言すれば、真理を本当に愛する者は誰でも善になることを願い、心から善になろうと願う者は全て真理をも熱望するであろう(11〜13節)。
7. そしてまた、そのような礼拝の間、備えの状態においては、それは自然的な善からのものであり、そして天的善の影響下にある真理であり、心からの主の承認を包含しているのである(14〜16節)。

各節の内容

1. そして如何(いか)なる者であれ*1 主に穀物の奉納の捧げ物を奉納するとき、彼の捧げ物は精製した小麦粉のものとする。そして彼はその上に油を注ぎ、その上に乳香(にゅうこう)を置くものとする。

2. また彼はそれをアロンの子ら祭司らに持参するものとする。そして彼はそこから、それの精製した小麦粉を、またその油を一掴(ひとつか)み、それの乳香(にゅうこう)全てと共に取り出すものとする。そして祭司はその覚えのものとしてそれを祭壇の上で燃やし煙にするものとし、それは主への宥(なだ)めの香りの、火により為(な)された奉納である。

1. 更に、天的愛の善から主が礼拝されるとき、それはその愛から発する純粋な真理によるはずであり、そしてそこからまた心地(ここち)よい真理の覚知が存在する。

2. そしてこの礼拝は善からの真理により承認されるはずであり、また純粋な真理に関し、それが流れ出るところの善に関し、十全な力を伴うはずである。そして心地(ここち)よい覚知に関しても。そうして主への心が聖別され、真理と純粋な愛からの善とが結合し、それによって礼拝者に喜びと平安が齎(もたら)されるのである。

第2章

3．そして穀物の奉納の残されたものはアロンのものと彼の子らのものとする。それは火により為された主の諸奉納の最も聖なるものである。

4．そして汝が竈で焼いた穀物の奉納の捧げ物を奉納するとき、それは油を混ぜた精製した小麦粉の種なしケーキか、あるいは油を塗った種なしウェファースとする。

5．そしてもし汝の捧げ物が平鍋で焼かれた穀物の奉納であれば、それは種なしで、油を混ぜた精製した小麦粉のものとする。

6．汝はそれを断片に分け、その上に油を注ぐものとする。それは穀物の奉納である。

7．そしてもし汝の捧げ物がフライパンの穀物の奉納であるならば、それは油を添えた精製した

3．そしてこの聖なる礼拝から天的な人は善と真理を固有のものとする。それは純粋な愛からの主礼拝の最高の形である。

4．そして更にまた、主礼拝が内的天的善からのもののとき、それは依然内奥の天的善を含む虚偽のない純粋な善からの礼拝のはずである。あるいはそのような天界的な性質の外なる天的善のはずである。

5．またそのような礼拝が**自然的なものの内なるもの**からのとき、それは虚偽が無く、そして内奥の天的善を含む善由来の真理によるはずである。

6．そしてそのような礼拝には、諸真理の正確な配列、及び諸情愛の斯様なもの、また内奥の善の絶えぬ流入も存在するはずである、なぜならそれが天的礼拝だからである。

7．そして最後に、そのような天的礼拝が**自然的なものの外なるもの**からであるとき、それも

小麦粉で出来たものとする。

8. そして汝はこれらのもので作られた穀物の奉納を主のもとへ持参するものとする。そしてそれは祭司に差し出されるものとして、また彼は祭壇にそれを持参する*2ものとする。

9. そして祭司はその穀物の奉納からそれの覚えのものを取り、そして祭壇の上にそれを燃やし煙にするものとする。それは主への宥めの香りの、火により為された奉納である。

10. そして穀物の奉納の残されたものはアロンのものと彼の子らのものとする。それは火により為された主の諸奉納の最も聖なるものである。

11. 穀物の奉納で、汝らが主に捧げねばならぬものは、断じて種と共に作らぬものとする。何となればパン種は決して、如何なる蜂

また善と結合した、純粋な真理からのはずである。

8. そしてこれら全ての方法において主を礼拝する力はこの御方に帰されるはずである。それは天的善においてこの御方からのものである事を承認されるはずである。そしてそれはこの御方との結合から行使されるはずである。

9. 天的な人もまた、その時その結合を彼自身からのものとして実現できるのであり、それにより彼の生命を主の奉仕へ奉献する力、そして喜びと平安の聖なる状態を受け入れるその力が伴うのである。

10. そしてこの聖なる礼拝から天的な人は善と真理を固有のものとするであろう。それは最も聖なる純粋な愛からの主礼拝であるから。

11. その上、天的愛からの如何なる主礼拝も虚偽に汚染されないはずである。如何なる虚偽もまた如何なる単なる自然的な歓喜

蜜も、主への火により為(な)された奉納として、汝らは燃やして煙にせぬものとするからである。

12. 初物の捧げものとして汝(なんじ)らはそれらを主に奉納するものとする。しかし彼らは祭壇の上の宥(なだ)めの香りのために上り来ぬものとする。

13. そして汝(なんじ)の穀物の奉納の捧げものは、汝(なんじ)は塩で味付けるものとする。また汝(なんじ)は、汝(なんじ)の神との契約の塩を汝(なんじ)の穀物の奉納から欠くことを許さぬものとする。汝(なんじ)の全ての捧げものに汝(なんじ)は塩を奉納するものとする。

14. そしてもし汝(なんじ)が初穂の穀物の奉納を主に奉納するならば、汝(なんじ)は汝(なんじ)の初穂の穀物の奉納のために、穂が出た穀類を火で焙(あぶ)り、その挽いた新しい穂の穀類を奉納するものとする。

もこの礼拝に入り込まないはずだからである。なぜならそれは主への純粋な愛からのものだからである。

12. これらは前進する天的生命の初期の諸状態にあって実際許されるであろう、しかしそれらは、純粋な愛からの礼拝が在(あ)るものとしては、主に容認はされない。

13. そして更にまた、天的愛からの全ての礼拝は如何(いか)なる度であれ、善との結合のための真理の願望を、そして真理との結合のための善の願望を含まねばならない。そしてこれらは決して欠けないはずである、なぜならそれらは、主から来る救いのための人間の願望、そして人間の救いのための主の願望もまた含んでいるからである。

14. そしてまた、主が再生の初期の諸状態に礼拝されるとき、それは無意識ではあるが天的愛から内奥に、天的善の影響下に外なる面で自然的善と真理の形を取り、また善に関して且つ真理に関

第 2 章

して試誘により獲得されるであろう。

15. そして汝はその上に油を置き、そしてその上に乳香を載せるものとする。それは穀物の奉納である。

15. そしてここに、天的愛、そして霊的愛もまた内在するはずである、なぜならそれは正真の天的礼拝だからである。

16. そして祭司はそれの覚えのものを、それの挽いた穀類の部分を、そしてそれの油の部分を、それの全ての乳香を添え燃やし煙にするものとする。それは主への火により為された奉納である。

16. そしてそれ故、そのような礼拝には、真理と善の結合が存在する。そして試誘において獲得された善から、主への幾らかの愛から、そして仁愛全体からの主への聖別が存在し、そしてそれはその愛と仁愛から偽らぬ主の承認を包含しているのである。

参照と注解

1. これは次のことを考慮すれば証明される、即ち穀物の奉納は天的善を示すこと(4581)。精製した小麦粉は善からの真理または愛からの真理を示すこと(9995)。油は天的善を示すこと(2177#)。そして乳香はその香気から、心地よい覚知を示すこと(2177#, 9993*³)。

前章における自然的そして霊的礼拝の記述の後で、本章では三つの天界の秩序に従った天的礼拝が記述されている。そしてこれら三者の間の相違は、義務感から、真理への情愛から、または善の愛から各々の主への従順

さとの間の相違と同じものである。あるいは更に平易な仕方で表現すれば、礼拝においてはそれが聖言にそのように命令されている理由から、自然的善は神的秩序の法則に従順であり、霊的善は隣人への仁愛から従順であり、そして天的善は主への愛から従順である、と言うことである。

2. これは斯く実証される、即ちアロンの子ら祭司は善からの真理を示している(9946)。それにより彼らに持参することは、天的礼拝は善からの真理により、そして然う在るべきものとして承認されることを示している(10227)。一掴みにすることは礼拝の行為に十全な力が伴うことを示している(7518)。その掴んだものを祭壇の上で燃やし煙にする事は、真理を純粋な愛からの善との結合により、主への心を聖別することを示している(10052)。覚えのものは真理に関し礼拝の性質を示し、それはまた記憶をも示している(6888)。そして主への宥めの香りは天界の喜びと平安の状態を示している(10054)。

これら二つの節の関連において、より個別的に*天界の秘義*で穀物の奉納について言われている事を考慮することは申し分ないであろう。所与の最初の参照4581、そして10079でもまた、それが天的善を意味している事が表されている。そして後者には以下の事が述べられている。動物の犠牲は、主には然程喜ばしいものではなく、あるいは諸天界では穀物の奉納が十分喜ばしいものであったため、命令されたのではなく許されたのである。ところが、概してそれら双方も天的善を示したこともまた述べられてはいるが、けれども特定的には犠牲の肉は霊的善を示し、一方穀物の奉納のパンは天的善を示しており、その事から穀物の奉納が相対的に犠牲よりも*高次の意義*を持っていた事が明らかと思われる。しかし2177では新たに異なる説明が与えられている。そこでは以下のことが読める、即ち、犠牲と穀物の奉納は*類似した事柄*を表象していたが、にも拘らず穀物の奉納は*犠牲よりも劣る度*におけるそれを表象したと言うのである。そして延いては*霊的な事柄と外なる教会に属している事柄*を示していて、そのことから穀物の奉納は相対的に犠牲よりも**低次**の意義を持ったと言う事になるのである。

さてこれらの種々で明らかに相反する解釈は当然多くの人に困難を起こ

第2章

す。そして眼下の章の内なる意味を与えることにおいて我々は穀物の奉納がここで天的善或いは霊的善を意味するかを考えて決めなくてはならない、なぜなら明らかに、聖言ではそれは時に一方を時に他方を示しているからである。そしてこの場合内なる意味における事柄の流れは天的善のために我々が決定できるよう可能にするのである。なぜなら明らかに最初の章は自然的善からの礼拝の記述から始まり、そして霊的善からの礼拝の記述に続き、そして終わるのである。一方第 2 章は、その全ての度における天的礼拝の記述に捧げられている。然しながら、2177 において穀物の奉納により霊的礼拝が記述されている理由は、そこでは*精製した小麦粉*は取り分け思考の主題であるからである。これは天的な何かを示すパンと区別されたものとしての「霊的な何か」を示し、そして予め正しく挙げられているものである。それとは別に、後にその章の流れの中で、自然的善は若い去勢牛により記述され、秩序は天的事柄から霊的事柄を通して自然的事柄へ存在すると、言うことになって行く。しかし 10079 では最高の天的善を示すものとしての穀物の奉納のパンと、霊的善を示すものとしての犠牲の*肉*との間に比較が為されている。これは本質的に動物の犠牲による主礼拝が、パンとして見なされた穀物の奉納によって示されるそれよりも、礼拝の下位の状態を示していた事を表すためである。

3. これは、以下の意義から窺われる、即ちアロンと彼の子らは、善にいる者ら、そして善からの真理にいる者らを示すものとして(9946)。それを食べるところの穀物の奉納の残余を持つことは、固有のものとする事を示すものとして(2177, 2187)。火により為された主の諸奉納の最も聖なるものは、そして純粋な愛からの主礼拝の最高の形を示すものとしてである(10129, 10055)。

本節では再生中と再生後の人間の生命の神秘全体が包摂されている。それは、一方では主からの生命の伝達、他方では恰も人間自身のものかの如くに人間によるその〔生命の〕意識的な受け入れを含むからである。主からの生命の流入は実際感覚的には知覚されない、なぜなら内に流れるものは恰もモーセのものの如くであるから。しかし人が天界的善の意識的な器と

なるとき、正しくその善の性質が彼をして、それが彼自身からではなく、絶えず或いは刻々主からのものである事を覚知せしめるのである。これは穀物の奉納での種入れぬものにより示されている純化の結果である。パン種で意味される虚偽と悪の全てのものは(2177#)、ただ、悔い改めの業により、そして試誘における勝利により斯くも取り除かれるにつれて、純粋で聖なる愛と仁愛は適切に悟られ得るのである。それ故ここで暗示された事を教えることは、何と本質上実践的なことか！

4. これは真実である、なぜなら竈で焼かれる物により仁愛であり、そして中間の天界に固有の内的な天的善が示されるからである(7356)。種入れぬ物により虚偽と悪の穢れのないものが示されている(2177#)。ケーキにより結合した善と真理が(2177)、そして隣人に対する愛の善もまた意味されている(7978)。油により天的善が示されている(2177)。そしてウェファースにより外なる天的善が示されている(9994)。

本節で、誰であれ霊的あるいは自然的善から誠に主を礼拝するとき、天的善を介しあるいは天的諸天界を介しての主の御業がそのような礼拝に当然ながら如何様に暗示されているかを、我々は悟ることになる。精製した小麦粉と混ぜられた油は**天的なもの**と**霊的なもの**との結合を意味しているからである。

5. これは斯く証明される。平鍋あるいはフライパンで焼かれた穀物の奉納は自然的なものの内なるものからの礼拝を示している、なぜなら整然と以下に続くからである、即ち内的なまたは霊的な善を示す竈(7356)で焼かれる物は、また種なしの精製した小麦粉と油で混ぜてあり、虚偽を免れ内奥の天的善を含むところの善から由来した真理を示している(2177#, 9995)。

6. これは斯く窺われる。断片に分けることは諸真理の正確な配列と諸情愛の斯くなるものを意味している(10048, 3110#)。その上に油を注ぐ事は内奥の善の流入を意味している(3728, 9780)。そして穀物の奉納は天的礼拝を意味している(4581)。

第 2 章

7. これは、フライパンまたは深鍋で焼かれた穀物の奉納が**自然的なもの**の**外なるもの**からの礼拝を示している事を認めれば明らかである。なぜならそれはその系列、即ち**自然的なもの**の**内なるもの**中で以下に続くからである(7356)。そして油を混ぜた精製した小麦粉は善と結合した純粋な真理を示している(2177#, 9995)。

8. これは、以下の意義から窺(うかが)われる、即ち主へ穀物の奉納を持参することは、礼拝の力はその御方(おかた)からである事を告白することを示すものとして(10227)。祭司へ差し出すことから、それが天的愛または善にあってその御方(おかた)からのものであるのを承認することを示すものとして(9946)。そして祭壇へそれを持参することから、礼拝あるいは寧(むし)ろ礼拝への力はその御方(おかた)から行使(こうし)される事を示すものとしてである(10242, 2342#)。

9. 覚えのものにより真理に関しての礼拝の性質と、情愛または善から活発になる記憶をもまた示されている。そしてここから覚えのものを取ることは、この場合善を真理と結合させることを示し、祭司は善を示している(6888, 7518, 9946#, 1728#)。覚えのものを祭壇の上で燃やし煙にする事はその結合を実現しそこから主を礼拝することを示している(10052)。そして主への宥(なだ)めの香りの火により為(な)された奉納は、主への献身、そして喜びと平安の状態を示している(10055, 10054)。

10. これは次のことを考慮すれば明らかである、即ち穀物の奉納の残されたものがアロンと彼の子らのものである事が、その聖なる礼拝から天的な人は全ての度(ど)の善と真理を固有のものとするであろう事を示している(3節)。そして火により為(な)された主の諸奉納の最も聖なる事柄は、最も聖なる純粋な愛からの主礼拝を示している(3節)。

11. 以下の事実からこの事が窺(うかが)われる、即ち穀物の奉納が天的愛からの主礼拝を示している(4581)。パン種は虚偽を示している(2177#, 2342)。蜂蜜

は、ここではその対立する意味において自然的な歓喜を示している(5260#, 10137 終わり)。そして火により為された主への奉納は純粋な愛からの礼拝を示している(3節)。

12. これは前節に表されているように、パン種と蜂蜜の意義から明白である。

13. これは、以下の意義から明らかである、即ち、塩は善と結合するための真理の願望、そして真理と結合するための善の願望を示すものとして(9207, 10137 終わり)。塩の欠如または中止を起こさない事は結合への願望が決して欠如すべきでない事を示すものとして、なぜなら契約は結合を意味するからである(9207)。そして塩が凡ゆる奉納物と共に奉納されることは、全ての礼拝はこの結合に関係せねばならない事を示すものとして、なぜならそれは、斯くも相互的な、主による救いを求める人間の願望と人間の救いを求める主の願望を含むからである。10300 をも見られたし。

14. これは斯く窺われる。初穂の奉納は再生の一準備状態を示している、つまり真理が善に植え付けられる事であり、その間主礼拝は天的善の状態と比較され、相対的に不完全であり、12 節で記述されている如くパン種と蜂蜜とにより示されるところの虚偽と単なる自然的な歓喜に汚染されているのである(9294～9295)。穀物の奉納は天的愛からの礼拝を示し、それは内奥のものである(4581)。人間はこの状態では未だ天的愛を実現していない(9223, 9300)。火で焙った穂の出た穀類は自然的な人における仁愛の善、あるいは天的善の影響下にある自然的善を示している(9295)。そして挽いた新しい穂の穀類は真理の善、あるいは試誘を介して真理により獲得された善を示している(9295, 6537, 6539)。

15. これは真実である、なぜなら油により天的愛が(2177)、乳香により霊的愛が(10303)、そして穀物の奉納により正真の天的礼拝が意味されているからである(4581)。

第2章

16. 典拠を以下に挙げる、即ち祭壇の上で覚えのものを燃やし煙にする祭司は、純粋な愛から真理と善との結合による主への心の聖別を示している(10052)。挽(ひ)いた穀類は試誘において獲得された善を示している(14節)。油は天的愛を示している(2177#)。乳香は仁愛である霊的愛を示している(10303)。そして主への火により為(な)された奉納は、その愛と仁愛から偽(いつわ)らぬ主の承認を示している(10055)。

今、天的善の異なる種類と度(ど)についてこの短い記事の霊的な教えを実践的に適用することを考えるなら、全ての個人は最小の形における天界であり、また然う成り得(え)るものであり、よって人は普遍的な諸天界において自分の位置に従い主を愛し隣人を愛し、あるいは主に従う力を持つのである。即ち、彼の内奥の愛は天的であり、彼の内的な愛は霊的であり、そして彼の外なる愛は自然的であるかも知れず、彼はその三つの一般的な天界の何(いず)れかに属するであろう。故にここから何人(なんびと)も自身に「私は天的になり得ない」と言うには及ばない、なぜならもし望めば全ての者が善の内に存在し得るからである。そして普遍的な意味で善は天的な原理である。

しかしもしこれが生命（生活）に関わる実践的な真理であれば、それは聖言の理解に関わる実践的な真理をも含んでいる。それは、本章もまた悉(ことごと)く霊的愛または自然的愛に関し各々(おのおの)その度において講解されるであろう事を表しているからだ。それでもし、**全焼の奉納**の記述に限定している本書の第1章が天的礼拝を説明している事を考慮するのなら、**穀物の奉納**の記述に限定している第2章が霊的礼拝を説明しており (2177)、そして**平安の奉納**の記述に限定している第3章が自然的礼拝を説明している事をも考慮する事となろう。そしてこれ全てから次のことが明らかである、即ち三つの章の系列は内なるものであるものから外なるものであるものへ引き続く再生を記述しているのみならず、各章は依然それ自身の度と特定の関係を持ちながら、それ自身の手法で全過程を記述していることである。

第2章

　然しながら、我々は本章を特定的に天的愛に関わったものとして看做していた、即ち第1章には外なるものから内なるものへの系列により、第2章には完成により、その際第3章で我々が知るであろう如く、同時に自然的(ど)な度における人間の十全かつ自由な礼拝を記述しており、そしてその時再生が完了するのである。その系列というものが誠に些(いささ)かも混同することのない道であり、また穀物の奉納が聖言において礼拝のより高いあるいはより低い度を示すであろう、そして事実示しているところの明白な矛盾を、実は斯くも正当なものであると証明できるとは我々にとって喜ばしいことである。その実情は、解釈に必然する如何なる暴行をも受けず、個別の事例において言及(い か)されよう。

　そして今、異なる種類の穀物の奉納については批評せずに、この箇所ではそれに関連して言及された2、3の事柄の実際的な特質を指摘することで十分となろう。初めに、種なしが用いられるべきであった。何故(な ぜ)か。それはパン種により示された虚偽が穀物の奉納により示された善に結合することは矛盾だからである。それ故、自身を全ての虚偽の教義から分離することは教会人の義務である。「汝らパリサイ人のパン種に心せよ、これ偽善(ひ と)なり」（ルカ12: 1）。正真なることは素晴(す ば)らしきことである。安息日の聖所での単なる外なる礼拝とは、見せ掛けや誤摩化(ご ま か)し以外の何であろうか。また他方、そこでの正真の外なる礼拝とは、週日での善き生活の栄光と印(しるし)以外の何であろうか。しかしもし礼拝における虚偽が破滅的であれば、蜂蜜が照応するところの大げさで単なる自然的な情愛は如何程(い か ほど)大きくなるであろうか。現今世界の礼拝者の間で何とそれが多いことか。単なる自然的な歓喜はその性質から時に宗教のリバイバルに伴うことがある。バプテスマのヨハネにより言われている、「彼の食事は蝗(いなご)と野蜜(のみつ)であった」（マタイ3: 4）。しかしそれでも、外なる礼拝における真実の自然的な歓喜が存在し、その歓喜は穀物の奉納に関するモーセのこの律法において禁じられてはいないのである。「その御方(おんかた)は精製した小麦粉をもて彼らをも養い、そして岩より出(いで)たる蜜(みつ)を以(もっ)て我は汝(なんじ)らを飽かしむべし」（詩編81: 16）。岩からの蜜は真理の情愛からの主の聖言における歓喜である。しかしまた一方、善き生活へ導きそして善き生活の結果でもある真実の礼拝では、虚偽の、そして単な

第 2 章

る自然的な歓喜が無いことだけではなく更なる何かが存在し、塩により意義される善への真理の願望、そして真理への善の願望が存在するのである。事実、「汝(なんじ)の捧げ物全てに汝(なんじ)は塩を捧げねばならぬ。」 そしてこの塩は「汝(なんじ)の神の契約の塩」と呼ばれている、なぜなら屢々(しばしば)我々が見てきたように契約は結合を示しているからである。それ故礼拝は慈愛深く正真であり、あるいは善からのもので虚偽の教義から免(まぬか)れていなければならないだけでなく、以下のことを包摂せねばならないのである。即ち、善なるものと真理の結合とまた真理と善なるものの相互的な結合であり、そして同じことであるが、外なる人と内なる人との相互的な結合である。

　そして最後に、今や初穂の穀物の奉納が続くのである。勿論(もちろん)これは一局面下での再生の始まりであるが、しかしまた、再生が他方(もと)の下で完了した時それは天界的生命の始まりとなる。そしてここから、平安の奉納により示される自由からの礼拝がこの系列の中で引き続くところのその位置附(づ)けとなるのである。

訳者のノート

＊1. 　1節「如何なる者であれ」。原本'any one'、ヘブル語原文はネフェシュ נֶפֶשׁ「魂」。

＊2. 　8節「それを持参する」。原本'bring it'、ヘブル語原文は ヒクリーヴ הִקְרִיב「近づけた」または「奉納した」のヴァヴ倒置法による未完了表現。

＊3. 　注解1節。乳香については記載なし。むしろ15節で引用している 10303 を参照されたし。

＃ 　『天界の秘義』の各々の節には当該内容の記載がないか、参照としては飛躍？

第 3 章

霊的意味の要約

1. この章全体の主題は、再生が完了したとき、そして時に再生中の、自由の状態からの主礼拝である。そして自然的善からのそのような礼拝が記述されている(1〜5節)。
2. それで無垢の善からのそのような礼拝は仁愛あるいは隣人への愛に包含されている(6〜11節)。
3. そして最後に、理解を通して判然となった仁愛であるところの信仰の善からのそのような礼拝(12〜16節)。
4. しかし主礼拝の全ての状態において、何人(なんびと)も真理や善を主から独立して自身のものとして固有のものとする事は出来ない(17節)。

各節の内容

1. そしてもし彼の捧(ささ)げ物が平安の諸奉納の犠牲であれば、もし彼が牛の群れのものを捧げるなら、雄であれ雌であれ、彼は主の御前(みまえ)に無傷のものを奉納するものとする。

2. そして彼は彼の手を彼の捧

1. 更に、主礼拝が自由意志からのもので、**外なるものと内なるもの**の結合を斯(か)くも促進し、そしてこの礼拝が真理に関してまたは善に関して自然的な人の情愛からのものであるとき、それは悪か虚偽の如何(いか)なる混合もないはずである。

2. そして**内なるものの力全体**

げ物の頭の上に置き、そしてそれを会見の幕屋の戸口で屠るものとする。そしてアロンの子ら祭司らはその血を祭壇の上の周りに振りまくものとする。

3. そして彼は平安の諸奉納の犠牲から火により為された奉納を主に奉納するものとする。内臓を覆う脂肪、および内臓の上にある全ての脂肪、

4. そして腰部*¹の傍らにある、二つの腎臓と、それらの上の脂肪、そして肝臓の上の大網*²を、腎臓と共に、彼は取り去るものとする。

5. そしてアロンの子らはそれを火の上にある薪の上にある、全焼の奉納の上の祭壇で燃やし煙にするものとする。それは主への宥めの香りの、火により為さ

が**外なるもの**へ伝達されるはずである。そしてその**外なるもの**は、主の承認と、諸天界を介したその御方からの流入により、そのような礼拝のため備えられるはずである。然るに真理と善との結合は結果を齎すはずで、そして主との斯くなる結合である。

3. またそのような自由な礼拝は、愛の原理を介し、結果理解に関し、自然的な人の最低の度における愛の善を介しての主からのものである事が承認されるはずである。また意志に関しそれの最低の度においても〔然り〕。

4. 諸真理とそれの情愛との区別に関しその中間の度において、情愛により真理と善との結合が結果を齎す。そして善と真理との結合が結果を齎す内的な度において、これら種々の善が悉く分離される。

5. そしてまた、それら全体は主に対し聖別されるはずであり、またその御方から発するものとして承認されるはずである。初めは礼拝者により恰も彼自身からの

第３章

れた奉納である。

ように、あるいはそれにより功績を求めるかのように、しかし後にはその御方にとり心地よく容認できる純粋な愛からである、そしてそれは天界的な安息と平安を生むのである。

6. そしてもし主への平安の諸奉納の犠牲のための彼の捧げ物が小家畜の群れのものであれば、雄であれ雌であれ、彼は無傷のものを奉納するものとする。

6. 更に、外なる人と内なる人との結合を促す自由からのこの礼拝が、真理に関しあるいは善に関して、霊的情愛からであるとき、それは悪と虚偽の汚染からも免れているはずである。

7. もし彼が彼の捧げ物のために子羊を奉納するならば、その際彼はそれを主の御前に奉納するものとする。

7. そしてもしそれが無垢の善からであれば、それは主からのものである事が承認されるはずである。

8. そして彼はその手を彼の捧げ物の頭の上に置き、それを会見の幕屋の前で屠るものとする。そしてアロンの子らはそれの血を祭壇の上の周りに振りまくものとする。

8. その御方からのそれ〔無垢の善〕も礼拝への力であり、諸天界を介した流入に従い、然うするよう自身を備えることによる。そして霊的な人と主との結合は斯く結果を齎すはずである。

9. そして彼は平安の諸奉納の犠牲から火により為された奉納を主に奉納するものとする。それの脂肪、脂尾全体を彼は背骨の側

9. 愛の基礎が教え込まれている故、喜びと平安を齎す礼拝においては、この自由もまた内なる天的善に従い、また終局的なものに

第 3 章

から堅く取り去るものとする。そして内臓を覆う脂肪、そして内臓の上にある全ての脂肪、

おける天的善に従い、完全であり、かつ単なる自然的な愛から分離されているはずである。理解に関しても意志に関しても自然的な人の最低の善に従うのである。

10. そして腰部の傍らにある、二つの腎臓とそれらの上の脂肪、そして肝臓の上の大網*2を、腎臓と共に、彼は取り去るものとする。

10. 諸真理とそれらの諸情愛との区別に関しそれの中間の善に従い、その諸情愛により真理と善との結合が結果を齎す。そして善と真理との結合が結果を齎すそれの内的な善に従い、これら種々の善が悉く分離され、

11. そして祭司はそれを祭壇の上で燃やし煙にするものとする。それは主への火により為された奉納の食物*3である。

11. そして全体が主に対し聖別される、なぜならそれらはその御方からの愛の天的原理であるからである。

12. そしてもし彼の捧げ物が山羊であれば、その際彼はそれを主の御前に奉納するものとする。

12. そして更にもし平安を齎すそのような自由な礼拝が信仰の善からであれば、なおもそれは主からのものであると承認されるはずである。

13. そして彼はその手をそれの頭の上に置き、それを会見の幕屋の前で屠るものとする。そしてアロンの子らはそれの血を祭壇の上の周りに振りまくものとする。

13. そして内なる人はこの善の内へ力をもって流れ入り、外なる人は諸天界を介した霊的生命の流入により備えるはずである。そして斯くも更に神的真理は、天的

第3章

善から由来した聖なる諸真理を手段として、神的善と結合されるはずである。

14．そして彼はそれから彼の捧げ物を、正に火により為された奉納を主に奉納するものとする。内臓を覆う脂肪および内臓の上にある全ての脂肪、

14．そして理解に関し及び意志に関し、自然的な人の最低の善を介して神的愛からの礼拝において、主は斯くも承認されるはずである。

15．そして二つの腎臓と、腰部の傍らにある、それらの上の脂肪、そして腎臓と共に＊4、肝臓の上の大網＊2を、彼は取り去るものとする。

15．諸真理とそれの諸情愛とを区別することに関し中間の善を介して、その諸情愛により真理と善との結合が結果を齎す。そして善と真理との結合が結果を齎す内的な善を介して、これら種々の善が悉く分離される。

16．そして祭司はそれらを祭壇の上で燃やし煙にするものとする。それは宥めの香りのための火により為された奉納の食物＊3である。脂肪は全て主のものである。

16．そしてそれらは信仰の善からの礼拝において主へ聖別されるはずである。なぜならこの善は正に神的愛により聖化されており、天界の安息と平安を生むからである。天的善が実施されるところなら何処でも、礼拝においてそれは主からのものである事が承認されなくてはならない。

17．それは汝らの全ての住まいで汝らの代々にわたる絶え間な

17．そしてそれは善の覚知による再生にあって神的秩序の永続

法令*⁵とし、即ち汝らは脂肪も血も食べぬものとする。

する法則である、即ち天的な善も真理も単なる自然的な人によっては彼自身のものとしては固有のものとされ得ない。

参照と注解

1. ここで平安の諸奉納は自由からの主礼拝を意味している(10097)。「外なる人と内なる人との結合を促進する」と言われているのは以下の理由による。先の章で記述されているが、人間が天的状態に入り、結果真理の原理から活動することを止め、そして愛または善から歓喜と感謝をもって自由に活動し始めるとき、この事が外なる人の諸情愛を内なる人のそれらとの結合と調和へと無理なく招き入れる事となる(3987)。93, 95をも見られたし。牛の群れの捧げ物は自然的な人の諸情愛からの礼拝を意味している(5913, 6126)。雄と雌は真理に関してと善に関してとを意味している(725)。そして主の御前に無傷は悪と虚偽の如何なる混合もないことを意味している(7837)。

2. これは以下の意義から明らかと思われる、即ち、彼の手を奉納物の頭の上に置くことは、**内なるもの**から**外なるもの**への力の伝達を示しているものとして(878, 10023)。それを会見の幕屋の戸口で屠ることは、主の承認と諸天界を介した流入により**外なるもの**を備えることを示すものとして(10024, 2356, 3540³)。そして血を祭壇の上の周りに振りまくことは、真理と善との結合及び主との斯くなる結合を示すものとして(9946♯, 10047)。

3. 典拠は以下のとおり。即ち平安の諸奉納は自由からの礼拝を示している(10097)。火により為された奉納は純粋な愛から主を承認することを示す

(10055)。脂肪は善を示す(10033)。内臓または腸を覆う脂肪とそれらの上にある脂肪は理解と意志に関し最低の自然的善を示す、なぜなら完全な人にあって、理解は意志の外側の形と表現であるだけでなく、意志を覆うものでもあるから（10033, 353, 9632）。

 4. これは真実である、なぜなら内臓または腸が善の最低の度を示すため、二つの腎臓がそれらの上の脂肪と共に真理と善の中間の度を示しているからである(10032, 10074, 353)。腰部は真理と善の結合を示す(3915)。肝臓の上の大網は外なる或いは自然的な人の内的な善を示す(10031)。腎臓と共に取り去られ、または分離されたこれらは、以下の節から明らかな様に、これらの種々の善は悉く主の奉仕に対し聖別されることを示している。

 5. ここで、これらの脂肪全てを祭壇に全焼の奉納の上で燃やし煙にするアロンの子らにより、外なる或いは自然的な人に関し、主に対する聖別全体が示されている(10052)。薪の上には、初めの内のそれによる功績の意識からの承認を示している、なぜなら薪は功績の善を意味しているからである(2784)。火の上には、後に純粋な愛からを示す(934)。そして主への宥めの香りの火により為された奉納は、純粋な愛からの礼拝を示し、それは天界的な安息と平安を生むのである(10052, 10054)。

 6. これは次に明示される、小家畜の群れの平安の諸奉納は霊的情愛の影響下での自由からの礼拝を意味している(5913, 6126, 10097)。雄あるいは雌は、真理に関するか或いは善に関するかを意味している(725)。そして無傷は悪と虚偽との汚染から免れていることを意味している(7837)。

 7. これは、子羊の字義が無垢の善を示しているものとして実証される(3994)。この参照において、子羊が仁愛を示すであろうこと、そしてその理由すなわち、このヘブル語原語が子羊と同じく羊を意味していると言うこともまた言われている(4169)。そして主の御前に犠牲を捧げることは、礼拝において主を承認することを示しているのは明らかだ(10227, 9373)。

第３章

　8. ここで、彼の捧げ物の頭にその手を置くことは、主から内奥の諸原理を介して内なる或いは霊的な原理への、礼拝に対する力の伝達を示している（１章４節、10023）。動物を屠ることは礼拝への備えを示しており(10024, 2356#, 35403#)。10025*6、諸天界を介した流入と、主との結合によるのである。祭壇の上の周りに血を振りまくことは霊的な人と主との結合を示している(10047)。

　9. 本節では、火により為された主への奉納は喜びと平安を齎すものを示している、なぜなら愛に立脚しているからである(10055)。それの脂肪は内なる天的な善を示している(10033)。脂尾全体は外なる、あるいは終局的なものにおいてだが、完全な、天的な善を示している(10070, 7837#)。背骨の側から堅く取り去ることは単なる自然的な愛からの分離を示している(10071)。そして内臓を覆う脂肪、そしてそれらの上にある脂肪は、理解に関してそして意志に関して自然的な人の最低の善を示している(３節)。

　10. これは真実である。なぜなら内臓あるいは腸が善の最低の度を示しているため、その上にある脂肪と共なる二つの腎臓は真理と善との中間の度を示しているからである(10032, 10074, 353)。腰部は真理と善との結合を示している(3915)。肝臓の上の大網は外なる或いは自然的な人の内的な善を示している(10031)。そしてこれが腎臓と共に取り去られ或いは分離されることは、以下の節から見られるように、全ての種々の善は主の奉仕に対し聖別されるべきである事を示している。

　11. これもまた真実である、なぜなら祭壇の上で犠牲を燃やし煙にする事は主に対する聖別を示している(10053)。そして主への火により為された奉納の食物あるいはパンは、この御方からの愛の天的原理を示している(276, 10055)。

　12. これは次の意義から理解できよう、即ち山羊は真理の善と同じである

ところの信仰の善を示すものとして(4169)。そして主の御前に捧げられることは、主の承認を示すことは明らかである(10227, 9373)。

13. 奉納物の頭に手を置くことにより、内なる人が外なる人へ、即ちこの信仰の善へ力を伴い流れ入るべきことが示されている(10023)。会見の幕屋の前で動物を屠ることは諸天界を介した流入による備えを示している(10024, 3540$^{3\#}$)。そして祭壇の上の周りに血を振りまくアロンの子らは、神的真理が天的善から由来した聖なる諸真理を手段として神的善と結合されることを示している(10047, 9946)。

14. 典拠は以下のとおり、即ち平安の奉納であった捧げ物は自由からの礼拝を示している(10097)。火により為された主への奉納は、純粋な愛からの主の承認を示している(10055)。脂肪は善を示している(10033)。内臓あるいは腸を覆う脂肪は、理解に関し最低の自然的な善を示している。そしてそれらの上の脂肪は、意志に関し同じものを示している(10033, 353, 9632)。

15. これは真実である、なぜなら内臓あるいは腸は善の最低の度を示しているため、その上の脂肪と共なる二つの腎臓は真理と善との中間の度を示している(10032, 10074, 353)。腰部は真理と善との結合を示している(3915)。肝臓の上の大網は外なる或いは自然的な人の内的な善を示している(10031)。そしてこれが腎臓と共に取り去られ、あるいは分離されることは、以下の節から見られるように、全ての種々の善は主の奉仕に対し聖別されるべきである事を示している。

16. これもまた真実である、なぜなら祭壇で犠牲を燃やし煙にする事は主に対する聖別を示しているからである(10052)。主への火により為された奉納の食物あるいはパンは、この御方からの愛の天的原理を示している(276, 10055)。宥めの香り或いは安息の匂いは、天界的な安息と平安を生むものを示している(10054)。そして主のものである全ての脂肪は、全ての天的善は主からのものである事を示している(10033)。

17. これは以下の意義から実証される、即ち絶え間ない法令は、神的秩序の永続する法則を示すものとして(7884, 7931)。代々にわたるは、善の受け入れによる再生を示すものとして(1041)。食べることは、固有のものとする事を示すものとして(2187)。脂肪は、天的善を示すものとして(10033)。そして血は、神的真理を示すものとしてである(10026)。

　今我々は本章全体における全般的な特徴について若干(じゃっかん)の概評を進める。人間が霊的状態から天的状態へと通過(か)したとき、そして斯(か)く愛が行き亘(わた)るとき、彼は本質的な自由の内に至(いた)ることが明らかである、何となれば自由は全て主たる愛に属するからである。
　とは言え彼の主礼拝が以前は自由ではなかったと思われてはならない。実際そうであったが、十分に自由の内にはなかったのである。どの状態であれ誠(まこと)に主を礼拝するためなら、礼拝者は自由に然(そ)うすることを選ばなくてはならない。そして彼は自身を強いてその単なる自然的な傾向に抗(あらが)って断行してでもこれを為(な)すであろう、そしてその場合屢々(しばしば)自由に礼拝しているようには思われないかも知れない。然(しか)しながら彼を落胆ではなく、忍耐せしめよ。忍耐にあって善き目的を成し遂(と)げることは、そこに正に最良の意味において、本章で犠牲により記述されているところの正真(しょうしん)の自由が隠し置かれているからである。
　だが更に、穀物の奉納のように、これらの平安をなす犠牲は正(まさ)しく今言った不完全な自由の状態を数カ所で記述しているのであろう。屢々(しばしば)我々の霊的な試みと誘惑の過程で我々の内に喜びと平安、そして心労からの解放の好機が沸(わ)き上がる。その解放は、最後には我々の固有のものと成るであろう真の天界的な自由への期待なのである。そのような諸状態にあって我々は感謝と情愛から霊的に駆(か)られ、我々の自由意志の奉納を捧げるか、あるいは感謝と歓喜を活動で表現することで我々の内面的な状態を具現化するはずである。そしてそのような奉納は我々の最後の平安の奉納のようにそれらの度(ど)に

おいて内なる人と外なる人との調和を促さないはずは無いであろうし、それ無しには十全な天界的な自由は存在し存続し得なかったのである。

そしてこれらの見解はもう一つの考察に直接導く。我々の自然的な人が純粋にされるに比例し、真の自由が同じく確立していくのである。そしてこれは、種々の度で我々の霊的純化の役割に斯くも厳密に照応している腸、腎臓そして肝臓など各々の儀式について、何故眼下の章でそのように個別に言及されているかを明示しているのである。事実我々の諸悪は自然的な度に源を発する、そしてそれ故自然的な度にあって我々の浄化の手段が見出されるのである。

注意に値するもう一つの見解は、健康上我々の肉体の保存のための自然的な過程は我々自身の指図の下にはない。何らかの行動により我々はこれらの過程の固有の行程を損なったり促したりもする。しかし我々は決してそれらを指図しないのである。主只御一人がそれを為すのである。そして我々が我々の文字どおりの肉体に関してこの真理を考えるとき、その中に継続的な神的臨在と力の驚くべきそして確固たる現存と普遍性の証拠を見ることが出来る。しかも斯く疑うことなく霊的にである。我々は自身を悪と虚偽から純粋とする事は出来ない。純粋とするのは主只御一人であり、これは種々の方法によるのである。正に現実の天的原理でもある主の徳は、我々の霊的存在の終局的なものにおいてさえ臨在するのである。そしてこの徳は我々を助けるものであり、そして主に対して保存され聖別されるべきものである、なぜならそれはこの御方から来ている為である。これは、腸により表象されている我々の生命のその部分においてさえ、然り一貫して脂肪により示されている。

しかし徳のみでは純粋としない。それは真理により働くのである。そして真理と虚偽を善から識別することにおける真理の役割は、既に見たように二つの腎臓により表象されている。そしてここでは更に、過程を指図することを我々が要求できないと思われる程にもその識別は完全である。主が指図するが、しかし真理と徳との双方に関して我々はその御方と協力する力を持つのである。

そして最後に以下のことが認められねばならない。(a) 人間の純化の過程

第３章

全体は、主からの力の自由な又は自発的な行使により、その御方との完成した永遠の結合に帰結し、再生の主題が自然的な人であれ霊的な人であれ、腸、腎臓そして肝臓の役割により表象されている如く、純化の行程は常に３重の道にあって自然的な人に存在すること。そして (b) 誰にとっても主からの真理であれ善であれ、それを自身の内で生来のものとして持つために受け取ることは永遠に不可能であり、再生した人間はこれらの祝福の継続した器にしか過ぎず、そして斯くもまた、全ての善と完全な霊的な力と自然的な歓喜のために、彼の創造主であり贖い主であり再生主に継続して依存しているのである。

訳者のノート

＊１．　４節「腰部」。原本'loin'、ヘブル語原文は ケサーリーム(複数形) כְּסָלִים、別訳「腿」。

＊２．　４節「大網」。原本'caul'とは胃に起始し、腹部内臓を広範に覆う脂肪膜。ヘブル語原文は ヨーテレト יֹתֶרֶת、「余り物」「突出するもの」の意。

＊３．　11, 16 節「食物」。原本'food'、ヘブル語原文は レヘム לֶחֶם 即ち「パン」。字義からは意味が通らないため多くの聖書訳本では「食物」と意訳されている。しかし原文では犠牲獣を「パン」と呼んでいる。

＊４．　15節「〜と共に」。原本'with'、ヘブル語原文 アル עַל־「〜の上の」。

＊５．　17節「法令」。原本は'statute'、ヘブル語原文は女性名詞 ホゥッカー חֻקָּה 別訳「(自然の)決まり」が用いられている。

＊６．　注解８節「10025」。直前の括弧の中に入るべきものと考える。

＃　　『天界の秘義』の各々の節には当該内容の記載がないか、参照としては飛躍？

第 4 章

霊的意味の要約

1. 天的な人の純化、自然的な度に関し欠陥なしに犯された過失、及びその過程に包含されている主礼拝が記述されている(1～12節)。
2. 霊的な人の純化、同様に礼拝について(13～21節)。
3. 自然的な人の純化、彼らの礼拝、そして彼らの再生が次に取り扱われている。初めに、善へ導く真理の状態について(22～26節)。
4. 次に、生命に原理として採用されている、真理の善の状態、あるいは善の状態について (27～31節)。
5. そして最後に、彼らの内奥の状態であるところの正真の善の彼らの状態について(32～35節)。

各節の内容

1. そして主はモーセに語って、曰く、

1. 覚知を与える神的真理による主からの流入、

2. イスラエルの子供らに語り、言え、為されるべからずとの主が命じられた如何なる事においても、誰かがもし無意識に罪を犯し、それらの一つでも為すなら、

2. そして**霊的教会**人への以下のときにおける啓示、即ち悪の忌避に関し神的真理のそれら個別的なものにおいて無知や過失を介して彼が神的法則を暴行し、そのように意図せず実際罪を犯すとき、

第4章

3. もし油を塗られた祭司が民に罪責を齎す罪を犯すなら、その時彼が犯した彼の罪のため、無傷の若い去勢牛を浄罪の奉納のために主に対し彼に奉納させよ。

3. 同じく例えば、主からの受け入れにより内面的に天的善にいる者は誰であれ、諸真理にはいるが未だ善にはいない、より低次の状態にいる者らに危害を齎すことについて、誤つとき、そのような人物は自然的な人に属している無知の無垢にいる故、彼はその無垢の善から主を礼拝するであろう。その過失は彼に帰されないはずである。そして悪の赦免が起こるはずである。

4. そして彼は去勢牛を会見の幕屋の戸口へ主の御前に連れて行くものとする。そして彼は彼の手を去勢牛の頭の上に置き、去勢牛を主の御前に屠るものとする。

4. そしてこの礼拝は主と諸天界を介したその御方の御業の承認に因るはずである。内なる人から外なる人における無垢の善へ力を伴う流入が在るはずである。そして自然的な人はそのような礼拝のための自己否定により備えられるはずである。

5. そして油を塗られた祭司は去勢牛の血から取り、そしてそれを会見の幕屋に持参するものとする。

5. そして誤った彼は、彼の本質的な善から、自然的な人における無垢の善に関し神的真理を識別するはずであり、それが諸天界を介した主からのものである事を承認するのである。

第 4 章

6. そして祭司は彼の指〔単数〕を血に浸し、そしてその血から七度(たび)主の御前(みまえ)に、聖所の垂(た)れ幕の前に撥(は)ね掛ける*1 ものとする。

6. そして、**自然的なものの**中で真理は善と結合しなければならないという承認の聖なる状態にあって、この善は神的真理により幾(いく)らかの力を伴い神的善から働くはずであり、それらの結合の内奥の状態は現れないにしても。

7. また祭司はその血から、会見の幕屋の中にある主の御前(みまえ)の芳香の祭壇の角々(つのづの)の上に付ける*2 ものとする。そして去勢牛の血を全て、彼は会見の幕屋の戸口にある、全焼の奉納の祭壇の基(もとい)に注ぎ出すものとする。

7. しかしそれにも拘(かか)わらずこの結合の終局的な諸真理においてさえ存在は天的なそして霊的な度(ど)を介して、実に終局的諸真理において、その点で主からのものである事が承認されるはずである。またそれは、類似の承認により完成されるにあたり自然的な度(ど)においても結果を齎(もたら)すはずである。

8. そして浄罪の奉納の去勢牛の全ての脂肪を、彼はそれから取り外(はず)すものとする。内臓を覆う脂肪、および内臓の上にある全ての脂肪、

8. 全ての天的善は、単なる自然的善から、理解と意志とに関しそれの最低の度(ど)においてさえ、区別され分離されねばならないから。

9. そして二つの腎臓と、腰部(かたわ)*3 の傍らにあり、それらの上にある脂肪、そして腎臓と共に*4、肝臓の上(うえ)の大網(だいもう)*3 を彼は取り去るものとし、

9. 諸真理と、真理と善の結合が結果を齎(もたら)すところの諸情愛とを区別することに関しその中間の度(ど)。そして善と真理との結合が結果を齎(もたら)すところの内的な度(ど)、

第4章

10. それは平安の諸奉納の犠牲の雄牛から取り外されねばならぬように。また祭司はそれらを全焼の奉納の祭壇の上で燃やし煙にするものとする。

11. そして去勢牛の皮と、その肉の全て、その頭と共に、およびその四肢*5と共に、その内臓と、その糞、

12. 正に去勢牛全体を彼は宿営の外で、灰が注ぎ出されるところの清めの場に運び出し、それを薪の上に火で燃やすものとする。灰が注ぎ出される所でそれは燃やされる*6ものとする。

13. そしてもしイスラエルの会衆全体が誤ち、またその事が集

10. 正にそれは自由意志からの主礼拝の中にある。そして全てこれら種々の善は主からのものとして全体が聖別されるはずである。

11. しかし単に自然的な真理と善の全て、内奥の、中間の、そして最低の、斯くも絶対的に不純な全てのもの、

12. 排泄物であるものと、事実再生しない自然的な人全体と共に、天界的生命から分離され、そのような分離の活動はそれ本来が純粋になると共に、それらの目的に適ったものとしてそのような事柄を取り除く事とに整合するのである。そして自身に功績を求める斯くも単なる自然的善は邪悪な者の場合にあっては自己愛を介して荒廃するはずであり、また霊的な人の場合にあっては主への愛を介して拒絶されるはずである、なぜならそれは最早役立ちの手段ではない為である。

13. 更に、霊的な人が天的な人と同じく誤ち、未だそれに無知で

第4章

会の目から隠されるなら、そして為されるべからずとの主が命じられたその事柄の何かを彼らが為したなら、罪責がある。

14. 彼らが罪を犯したところのその罪が知られたなら、そのとき集会は若い去勢牛を浄罪の奉納のために捧げ、そしてそれを会見の幕屋の前に連れて行くものとする。

15. 会衆の長老らは主の御前で彼らの手を去勢牛の頭に置くものとする。そして去勢牛は主の御前で屠られるものとする。

16. また油を塗られた祭司は去勢牛の血から会見の幕屋へ持参するものとする。

17. そして祭司は彼の指を血の中に浸し、それを七度主の御前に、

あり、そして斯くも実際の罪が神的秩序の法則に反して犯されたとき、引き続き罪責が存在する。

14. そこで、そのような過失と罪が霊的な人に気付かされたなら、悪が取り除かれるために、彼はその無垢における善への自然的な情愛から主を礼拝するはずである。そしてこれは主とこの御方からの天界的生命を承認することにより為されるはずである。

15. そして内なる人から、自然的な情愛の中へ力を伴い、主の承認と共に流入が存在するはずである。そして自然的な人はそのような礼拝のため、自己否定により備えられるはずである。

16. そして自然的な人の中に働く天的愛の善から、神的真理は無垢の善に関して、それが諸天界を介した主のものである事の承認と共に、識別されるはずである。

17. そして幾らかの力を伴う信仰の**諸真理**において働く天的な善

第 4 章

垂(た)れ幕の前に撥(は)ね掛ける*¹ものとする。

からもまた、真理と善との、あるいは信仰と仁愛との結合が天的諸天界を介した主からのものとして、聖なる状態において承認されるはずである、たとえ霊的な人の内奥の天的生命が未(いま)だ不明確であるにしても。

18. そして彼はその血から、会見の幕屋の中にある主の御前(みまえ)にある祭壇の角々(つのづの)の上に付け*²ねばならぬ。そして血を全て、彼は会見の幕屋の戸口にある、全焼の奉納の祭壇の基(もとい)に注ぎ出さねばならぬ。

18. 霊的度(ど)における真理と善との結合は、礼拝における力を伴い承認されるはずである。そしてそれは**自然的なもの**において十全さと共に、主とこの御方(おかた)の諸天界を介した御業(みわざ)の承認により結果を齎(もたら)すはずである。

19. そしてそれの全ての脂肪を彼はそれから取り外し*⁷、それを祭壇の上で燃やし煙にするものとする。

19. しかし霊的な人の自然的な度(ど)において存在する天的善の如何(いか)なるものも、主からのものとして承認されるべきであり、またその御方(おかた)に対して全体が聖別されるべきである。

20. 彼は去勢牛を以(もっ)て斯(か)く為(な)すものとする。彼が浄罪の奉納の去勢牛を以(もっ)て為(な)したように、これを以(もっ)て為(な)すものとする。そして祭司は彼らのために贖(あがな)いを為(な)すものとし、彼らは赦(ゆる)されるものとする、

20. これは**自然的なもの**の純化と聖化の法則である。それが罪の赦免の場合におけるように、過失の場合にも存在し、主からの善と延(ひ)いては純化に関しその状態は、霊的な人と主との、そして**外なるものと内なるもの**との和解を

第4章

成し遂げるのである。

21．また彼は去勢牛を宿営の外へ運び出し、彼が初めの去勢牛を燃やしたようにそれを燃やす*6ものとする。それは集会のための浄罪の奉納である。

21．そして全ての単に自然的な諸情愛は、天的か霊的な人の何れかに関係するにせよ、それらは自己愛により消滅するため、天界的な生命から分離されるはずである。そして人間全体に関し斯くも悪と過失は取り除かれねばならない。

22．支配者が罪を犯し、為されるべからずとの主、彼の神が命じられた全ての事柄の何れであれ無意識に為し、そして罪責があるとき。

22．更に、信仰の真理にいる誰であれ、無知を介し悪意なしに、悪の罪としての忌避を課する命令を暴行し、そしてそれ故罪責を負うとき。

23．もし彼がそこで犯したところの彼の罪が彼に知らされたならば、彼は彼の捧げ物に、牡で無傷の山羊*8を連れて来るものとする。

23．その際、そのような人物は彼の欠陥を覚知することに関し啓蒙されるとき、彼は彼の信仰の真理から、過失なしに主を礼拝するはずである。

24．そして彼は彼の手を山羊の頭の上に置き、それを彼らが主の御前に全焼の奉納を屠る場所で屠るものとする。それは浄罪の奉納である。

24．そして内なる人は更に、力と共に、彼の信仰の真理の中に流れ入るはずである。そして彼は自己否定により、愛からの主礼拝のために、自身を備えるはずである。そして悪は取り除かれるはずである。

第4章

25. そして祭司は浄罪の奉納の血から彼の指〔単数〕で取り、それを全焼の奉納の祭壇の角々の上に付ける*2ものとし、それの血を彼は全焼の奉納の祭壇の基に注ぎ出すものとする。

26. そしてそれの全ての脂肪を、平安の諸奉納の犠牲の脂肪の如く、祭壇の上で彼は燃やし煙にするものとする。そして祭司は彼のために彼の罪について贖いを為すものとし、そして彼は赦されるものとする。

27. また為されるべからずとの主が命じられた事柄の何れであれ為すにおいて、もし民*9の誰かが無意識に罪を犯すなら、そして罪責があるなら。

28. もし彼が犯したところの、彼の罪が彼に知らされたならば、その時彼は彼の捧げ物に、牝で無傷の山羊*6を、彼が犯した彼の罪のために、連れて来るものとする。

29. そして彼は彼の手を浄罪の

25. そして善の原理から信仰の真理は幾らかの力と共に活気付けられるはずである。そして真理と善との結合が自然的なで起こるはずである。

26. しかし自然的な人に帰属している天的善は主からのものとして承認されるはずであり、その御方に対して自由意志の原理から聖別されるはずであり、またこの方法で悪は取り除かれて赦しが後に続くはずである。

27. 内的なものである信仰の善にいる誰かが、無知を介し悪意なしに、悪の罪としての忌避を課する命令を暴行し、そして斯く罪責あるとき。

28. もし彼の過失が彼に新たに見つかるとき、その際彼が秩序の法則に反し活動した事を承認し、彼は悪あるいは過失の如何なる混合もない彼の信仰の善から主を礼拝するはずである。

29. そして内なる人は力と共に

第4章

奉納の頭の上に置き、浄罪の奉納を全焼の奉納の場所で屠るものとする。

外なる人の中に流れ入るはずである。そして内的な人は愛からの主礼拝のために備えられるはずである。

30．そして祭司はそれの血から彼の指〔単数〕で取り、それを全焼の奉納の祭壇の角々の上に付ける*² ものとし、それの血を全て彼は祭壇の基に注ぎ出すものとする。

30．そして天的善から信仰の善は活発になるはずであり、内的なものの中で幾らかの力と共に真理と結合するはずである。そして更に、真理と善との結合が**自然的なもの**の中にも結果を齎すはずである。

31．そして、脂肪が平安の諸奉納の犠牲から取り去られたように、それの全ての脂肪を彼は取り去るものとする。そして祭司は主への宥めの香りのためにそれを祭壇の上で燃やし煙にするものとする。そして祭司は彼のために贖いを為すものとし、彼は赦されるものとする。

31．丁度自由意志からの偽らぬ崇敬におけるように、そのような礼拝における全ての天的善は悪と過失から分離されるはずである。そしてそれは主に対して聖別されるはずであり、その御方に心地よく容認されるものとなる。そして斯様に悪は取り除かれるはずである。そしてまた外なる人も内なる人へ斯く調和されるはずである。

32．そしてもし彼が浄罪の奉納のための彼の捧げ物として子羊を連れて来るなら、彼は無傷の牝を連れて来るものとする。

32．しかしもしその様な人物が天的愛と内奥の礼拝である処のその無垢から主を礼拝するなら、それは如何なる悪との混合も無いはずである。

第4章

33. また彼は彼の手を浄罪の奉納の頭の上に置き、それを浄罪の奉納のために彼らが全焼の奉納を屠った場所で屠るものとする。

34. そして祭司は浄罪の奉納の血から彼の指〔単数〕で取り、それを全焼の奉納の祭壇の角々の上に付ける*2ものとし、それの血を全て彼は祭壇の基に注ぎ出すものとする。

35. そして、子羊の脂肪が平安の諸奉納の犠牲から取り去られたように、それの全ての脂肪を彼は取り去るものとする。そして祭司は火により為された主の諸奉納の上に、それらを祭壇で燃やし煙にするものとする。そして祭司は、彼が犯した彼の罪に関して、彼のために贖いを為すものとし、彼は赦されるものとする。

33. そして内なる人は力と共に外なる人に流れ入るはずである。そして彼は愛からの真の主礼拝のために備えられるはずである。

34. そして主から無垢における天的善は幾らかの力で活気付けられるはずである。真理は善と内奥で結合するはずである。そしてまた**自然的なもの**において真理と善の十全な結合が存在するはずである。

35. そして斯様に全ての天的善は無垢の善に関し保存されるはずであり、それは礼拝の自由な状態にあって保存される。それは主からのものであると承認されるはずである。そして礼拝において主に対して聖別されるはずである、それは純粋な愛からの主礼拝であるから。そして主からの天的愛により斯様に悪は取り除かれるはずである。礼拝者は主に調和されるはずであり、そして外なる人も内なる人へ〔調和されるはずである〕。その結果悪からの分離の十全な状態となるはずである。

第4章

参照と注解

1. 主により、あるいはイェホヴァにより御自身の愛に関し神的存在が示されている(2001)。語ることにより流入が示されている(2951)。モーセにより神的真理あるいは聖言が表象されている(7010, 6752)。そして曰く、により覚知が示されている(1791, 1822)。
　本節の文言や類似した表現は、屡々聖言に現れ、内意に関して、そうある理由はそれらが新たなる始まりを意味するも、先行するものと共に継続し、そして斯くなる主題の変化、そして或る主題と別の主題との関連をそれらが意味していることが看取されねばならない。この点に及んで、全般的な主題は異なる諸状態での人間による主礼拝であった。そしてこの主題は今も続いている。然るに前の諸章は種々の情愛からの主の崇敬について扱っているが、今続くものは過失と罪の結果として捧げられるべきものとしての、そのような礼拝を記述しているのである。そしてもし我々が、再生の過程での我々自身の経験を省察するなら、内なるそして外なる生命での我々の変化が大抵それらに思考の新たな諸状態、あるいは新たな諸啓示を齎すことを実際見出すはずである。そして斯くも聖言そのものが新たな光の下に多くの箇所で我々に現れるのである、なぜなら悪への絶えざる決然とした抵抗の結果である我々の諸情愛の状態においては、変化全てが我々の真理の覚知を明晰にし、その文言に表現された法則を満たすからである。「幸いなるかな心清き者、彼らは神を見ん。」心清くなることは純粋にされた情愛を持つことである。そして神を見る事とは、結果*真理*を更に明晰に識別することである(7191#)。

2. 根拠は以下のとおり。即ち語ることは啓示を示している(8920)。イスラエルの子供らは**霊的教会**を表象している(3654)。無意識に罪を犯すことは、神的法則を無知と過失を介して暴行することである(9156, 10042・*III*)。為されるべからずと主が命じた事柄は、明らかなように忌避すべき諸悪である。そしてこれらを為すことは罪を犯すことである(5076)。

第 4 章

3. これは以下の意義から明らかである、即ち油を塗られた祭司は主からの受け入れにより天的善にいる者らを示すものとして(9954⁷)。罪を犯すことは、この場合では過失を示すものとして(2 節)。罪責は、ここでは過失の結果すなわち危害を示すものとして(3400)。祭司に関連しての民は、低次の状態にいる者らを示すものとして(6451)。よって民は、真理にいるが未だ善にいない者らを示すものとして(1259)。祭司は、明らかに無知の無垢にいる者を示すものとして(3 節)。罪のための奉納は、その状態での主礼拝を示すものとして(5913, 6126)。無傷の若い去勢牛は、自然的な人における無垢の善を示すものとして(9391, 7837)。そして浄罪の奉納は、過失は問われない事と、赦免が起こる事を示すものとして(3400, 10122)。第 1 章 4 節以下の注釈をも見られよ、そこでは贖いの主題が考察されており、罪の赦しが人間の悔い改めに懸かっていることが、それに加えられよう。即ち悔い改めのその状態における主礼拝であり、そして結果人間が十全に善の状態の中へ、あるいは換言すれば神と人への愛の状態の中へ来ることであり、それが本当の贖いあるいは和解なのである(ローマ 5: 11, 第 2 コリント 5: 19)。

4. これは以下の事を考察すれば理解できる、即ち去勢牛を会見の幕屋の戸口へ連れて来ることは、主とその御方の諸天界を介した御業の承認を示している(2356, 3540³ⁿ)。彼の手をその頭の上に置くことは、内なる人から外なる人における無垢の善に力を伴う流入を示している(878, 10023)。そして主の御前にそれを屠ることは、そのような礼拝のための自己否定による備えを示している(10024, 9990)。

5. これは真実である、なぜなら油を塗られた祭司はその真理と結合した違反者に属する本質的な善を示しているからである(9954⁷)。去勢牛の血は、自然的な人における無垢の善に関した神的真理を示している(10047)。そしてそれを会見の幕屋に持参することは主の承認と、諸天界を介したその御方の影響を示している(2356, 3540³ⁿ)。

第4章

6. ここでは、血の中にその指を浸す祭司によって、神的真理により幾らかの力を伴う神的善からの御業が示されている(7430)。主の御前に血を七度撥ね掛けることにより、**自然的なもの**において真理は善と結合せねばならない事を承認する聖なる状態が示されている(10047, 716)。去勢牛の血であることにより、**自然的なもの**であるものが示されている(5913, 6126)。そしてそれが聖所の垂れ幕の前で撥ね掛けられる事により、結合の内奥の状態は現れないことが示されている(9670, 3207)。

7. 芳香の祭壇の角々に血を付けることは、この結合が天的そして霊的な度を介して、終局的なそれの諸真理の中にさえ存在すること、そしてそこでは主からのものである事を承認されねばならない事を示している(10176, 10208, 2832, 10642)。そして去勢牛の血を会見の幕屋の戸口にある全焼の奉納の祭壇の基に注ぎ出すことは、類似の承認により完全の内に自然的な度にあっても結合は結果を齎さねばならない事を示している(10047, 2356, 3540$^{3\#}$)。

8. これは斯く実証される。去勢牛の脂肪は天的善を示している(10033)。取り去られる事は、第3章4, 5節に明らかなように、単なる自然的な善から区別され分離される事である。そして内臓を覆う脂肪と、それらの上の全ての脂肪は、理解と意志に関し最低の或るいは自然的な度におけるこの善を示している(3章3節)。

9. 腰部の傍らにある二つの腎臓と、それらの上にある脂肪、そして肝臓の上の大網は、次の事を示している、即ち諸真理と、真理と善の結合が結果を齎すところのそれの諸情愛とを区別することに関しその中間の度と、そして善と真理との結合が結果を齎すところの内的な度である(3章4節)。

10. ここで、それは平安の諸奉納の犠牲の雄牛から取り外されねばならぬ様には、正にそれは自由意志からの主礼拝の中にあるように、を示している(10097)。それらを全焼の奉納の祭壇の上で燃やし煙にする祭司は、全てこ

れら種々の善は主からのものとして全体が聖別されることを示している(3章5節)。

11. 去勢牛の皮により、単なる自然的な真理全てが示されている(3540)。その肉により、単なる自然的な善全てが〔示されている〕(10040)。頭により内奥のものが示されている(10048)。四肢により中間のものが示されている(10049, 10050)。内臓により最低のものが示されている(10049)。そして糞により絶対的に不純な凡ゆるものが示されている(10037)。

12. 去勢牛全体によりここでは、再生しない自然的な人全体が示されている(10040)。宿営の外により、天界的生命からの分離が示されている(4236)。清めの場により、分離の活動は純粋である事が示されている(4545, 2625#)。灰が注ぎ出される所により、それらの用に資した事柄の除去が示されている(9723)。薪により功績の善が示されている(2784)。火により愛が示されている(934)。そして燃やすことにより、自己愛を介した荒廃、またはこの場合そうなるものとした主への愛を介した拒絶が示されている(934, 2445#, 2449#)。

13. これは以下の意義から平易である、即ちイスラエルの会衆全体が霊的**教会**を示すものとして(3654)。誤つことが思い違いにより罪を犯すことを示すものとして(9156)。目から隠されている事が、理解における真理の無知を介している事を示すものとして(6721#, 4526)。為されるべからずとの主が命じられたその事柄の何れであれ為すことが、神的秩序に反する罪を犯すことを示すものとして(5076)。そして罪責あることが、過失の意識を示すものとして(3400)。

14. これは以下の理由から明らかである、なぜなら罪が知られる事は、真理の知識から欠陥を見つける事を示しているからである(2230)。若い去勢牛は、犠牲にあっては、自然的な人における無垢の善からの主礼拝を示しているからである(9391)。浄罪の奉納は悪の除去を示しているからである(3400,

10122)。そしてそれを会見の幕屋の前に連れて行くことは、主とこの御方（おかた）からの天界的生命の承認を示しているからである(2356, 3540³#)。

15. 会衆の長老らは、彼らは知恵の主要な特徴を示しているため、全般的に集会に関しては内なる人を示している(6524)。彼らの手を去勢牛の頭の上に置くことは、自然的な情愛の中への力を伴う流入を示している(878, 10023)。主の御前（みまえ）は、主の承認を伴うことを示すことは明らかである(10024)。そして屠られる去勢牛はそのような礼拝のための自己否定による備えを示している(10024, 9990)。

16. この真理は以下を考察すれば明らかと思われる、即ち油を塗られた祭司はその諸真理と結合した違反者の本質的な善を示している(9954)。去勢牛の血は、自然的な人における無垢の善に関しての神的真理を示している(10047#)。そしてそれを会見の幕屋に持参することは、主とこの御方（おかた）の諸天界を介した影響の承認を示している(2356, 3540³#)。

17. ここで、その指を血の中に浸す祭司により、神的真理により、幾（いく）らかの力を伴う神的善からの御業（みわざ）が示されている(7430)。七度（たび）主の御前（みまえ）に血を撥ね掛けることにより、真理が**自然的なもの**の中で善と結合すべきであるという承認の聖なる状態が示されている(10047, 716)。去勢牛の血である事により、**自然的なもの**のものである事が示されている(5913, 6126)。そしてそれが聖所の垂れ幕の前に振りまかれる事により、結合の内奥の状態は現れないことが示されている(9670, 3207)。

18. その血から会見の幕屋の中での主の御前（みまえ）にある祭壇の角々（つのつの）に付けることは、霊的な度における真理と善との結合は礼拝において力と共に承認されねばならぬ事を示している(10176, 10208, 2832, 10642)。そして去勢牛の血を、会見の幕屋の戸（と）口にある全焼の奉納の祭壇の基（もとい）に注ぎ出すことは、主とこの御方（おかた）の諸天界を介した御業（みわざ）の承認により、この結合は**自然的なもの**においても十全さを伴い結果を齎（もたら）すことを示している(10047, 2356, 3540³#)。

第4章

19. これは以下の意義から明らかである、即ち脂肪は天的善を示すものとして(10033)。そして祭壇の上で燃やし煙にする事は、承認、信仰、そして愛により礼拝において主への完全な聖別を示すものとして(10052)。

20. 去勢牛で斯く為すことは、**自然的なもの**の純化と聖化のための法則を示している(9391, 7837#)。彼が浄罪の奉納の去勢牛を以て為したように、彼がこれをもって然う為さねばならぬ事は、それが罪の赦免の場合におけるように、過失の場合にも存在する事を示している(10042・*III*)。祭司は彼らのために贖いを為さねばならず、彼らは赦されねばならぬ事は、主と延いては純化からの善に関しその状態は、霊的な人と主との、そして**外なるもの**と**内なるもの**との和解を成し遂げることを示している(9506¹, 10023, 10042, *II*)。

21. 去勢牛を宿営の外へ運び出すことは、単なる自然的な諸情愛の全ては天界の生命から分離されねばならない事を意味している(10040, 4236)。彼が初めの去勢牛で為したようにそれで為すことは、天的な人のためと同様霊的な人のための同一の事を意味している、なぜなら祭司は天的なものを示し集会は霊的なものを示しているからである(9954⁷#, 3654#)。宿営の外で去勢牛を燃やすことは、利己的な愛による消滅を意味している(934, 2445#, 2449#)。そして集会のための浄罪の奉納は、人間全体からの悪と過失の除去を意味している、集会は外なる人を示しているからである(3654#, 10243)。

22. これは斯く証明される。支配者あるいは君子は主要な諸真理にいる者を、また斯くも信仰の真理にいる者を示す(2089, 8314)。為されるべからずと命じられた事を無意識に為すことは、無知を通して罪を犯すことを示す(9156, 10042・*III*)。為されてはならぬ事柄は罪として忌避されるべき諸々の虚偽と悪である。そして罪責たるべきことは、罪責を負うことである事は明白である。

23. 為された彼の罪が彼に知られることにより、彼の欠陥を覚知することに関し、彼は**真理**により啓蒙されることを示されている(2230)。捧げ物を連れて来ることにより主を礼拝することが示されている(349, 922)。牡の山羊により、信仰の真理が示されている(4169, 725)。そして無傷であることにより過失からの解放が示されている(7837)。

24. 彼の手を山羊の頭の上に置くことは、内なる人が外なる人における彼の信仰の真理に力と共に流れ入ることを示している(878, 10023)。山羊を屠ることは、愛からの主礼拝のための自己否定による備えを示している(10024#, 4169)。彼らが全焼の奉納を屠るその場所では、愛から礼拝する状態で、を示している(2625#, 923)。そしてその浄罪の奉納であることは、そのような礼拝による悪の除去を示している(3400, 10122)。

25. これは以下を考察すれば明らかである、即ち祭司が善の原理を示すこと(9946)。山羊の血が信仰の真理を示すこと(10047#, 4169)。彼の指を血に浸すことが幾らかの力と共に真理の上の善の業を示すこと(7430)。血を祭壇の角々の上に付けることが真理と善との内なる方面での結合を示すこと。そしてそれを全焼の奉納の祭壇の基に注ぐことは、自然的な度での真理と善との結合を示している(10047)。

26. 祭壇の上で燃やし煙にされる脂肪は、自然的な人に帰属する天的善が主からのものであると承認されねばならず、またその御方へ聖別されねばならない事を示している(10033, 10052)。平安の諸奉納の脂肪の如くは、自由意志の原理からを示している(10097)。そして彼のために贖いを為す祭司は、悪の除去を、そして延いては赦しを示している(9506[1], 10042・*II*)。

27. これは明らかである、なぜなら民衆の或る者、あるいはより厳密には、その地の民*7 の或る者は、内的である信仰の善にいる者を示している(2928, 2950)。そして為されるべからずとの主が命じられた事柄の何れであれ為すことにおいて無意識に罪を犯し、そして罪責であることは、無知を通してそ

して如何なる悪意もなく罪を犯すことを示している(5076, 3400)。

28. 彼に知られた彼の罪は、彼の過失が聖言からの真理を用いて見つかるときを示している(2230)。彼の捧げ物に無傷で牝の山羊を連れて来ることは、彼は悪あるいは過失の如何なる混合もない彼の信仰の善から主を礼拝することを示している(349, 922, 4169, 725, 7837)。そしてそれが彼が犯した彼の罪のためであったことは、秩序の法則に反して活動したことの承認を示している(9506, 10023#, 10042・II)。

29. 彼の手を浄罪の奉納の頭の上に置くことは、内なる人が外なる人における信仰の善の中へ力と共に流れ入ることを示している(878, 10023)。そして浄罪の奉納を全焼の奉納の場所で屠ることは、愛からの主礼拝のための内的な人の備えを示している(10024, 4169, 2625#, 923)。

30. それの血を彼の指で取り全焼の奉納の祭壇の角々の上に付ける祭司により、天的善から信仰の善が活発にならねばならず、そして内的なものにおける幾らかの力と共に真理と結合せねばならない事が示されている(9946, 10047#, 4169, 7430#)。そして全ての血が祭壇の基にも注がれる事により、真理と善との結合が**自然的なもの**にも結果を齎す事が示されている(10047)。

31. これは以下の意義から実証される、即ち脂肪は天的善を示すものとして(10003#)。取り去られることは、悪と過失から分離されることを示すことは明らかである(3章4, 5節)。平安の諸奉納は自由意志からの崇敬を示すものとして(10097)。祭壇の上で燃やし煙にする事は、主への聖別を示すものとして(10052)。主への宥めの香り、あるいは安息の匂いは、その御方に心地よく容認できるものを示すものとして(10054)。そして贖いを為す祭司と、彼が赦されることは、悪の除去と外なる人と内なる人との和解を示すものとして(9506[1], 10023, 10042・II)。

32. これは斯く証明される、即ち浄罪の奉納のための捧げ物としての子羊は天的愛と、内奥のものであるところのその無垢を示している(10132)。牝は、真理を示す牡と区別されたものとしての善を示している(725)。そして無傷は如何なる悪との混合もない事を示している(7837)。

33. 彼の手を浄罪の奉納の頭の上に置くことは、内なる人は力と共に外なる人の中へ流れ入らねばならない事を示している(878, 10023)。そして浄罪の奉納を彼らが全焼の奉納を屠る場所で屠ることは、愛からの真の主礼拝のための備えを示している(10024, 2625♯, 923)。

34. 浄罪の奉納の血から彼の指で取り、それを全焼の奉納の祭壇の角々の上に付ける祭司は、主から無垢にある天的善は幾らかの力により活気付かねばならず、また内奥のものにおいて真理と結合されねばならない事を示している(9946, 7430♯, 10207♯)。そして彼が血を祭壇の基に注ぐことは、**自然的なものにおける真理と善との十全な結合**を示している(10047)。

35. これは以下の意義から理解される、即ち脂肪は天的善を示すものとして(10033)。取り去られることは、悪と過失が分離されることを示すものとして明らかである(3章4, 5節)。平安の諸奉納は自由意志からの崇敬を示すものとして(10097)。祭壇の上で燃やし煙にする事は、主への聖別を示すものとして(10052)。火により為された諸奉納は、純粋な愛からの礼拝を示すものとして(934, 10055)。そして彼のために贖いを為し、彼が赦されることは、主からの天的愛による悪の除去、主への調和、また外なる人の内なる人への調和、そして悪から分離された斯くも十全な状態を示すものとして(9506[1], 10023, 10042・II)。

既に簡潔な要約を述べており、今本章全体を全般的に改めて考えることは有益なものとなろう。前の諸章で継続している事は、純粋で、自然的、霊

第 4 章

的、天的な諸情愛からの主礼拝を記述している諸真理に関連した系列であり、実際の全ての礼拝の本質が主と隣人への愛であることを表している。主を礼拝することはその御方を愛することである。そしてこの真理が実現するとき、必然的に何人もこの御方を知らずして主を礼拝することは出来ないという事が結果として生ずる。と言うのも、人を知らずしてどうしてその人を愛することが出来ようか。それが故に、礼拝での主要な事柄の一つは礼拝対象の正確な知識を持つ事である。だが次の疑問が直ぐ沸き上がる、「そのような知識は如何にして得られようか。人間は、自身の周囲にある見える創造物から、主の現存あるいはこの御方が存在そのものである事実を発見できるよう、然う構成されてはいないのか。」確実に否である。と言うのも、この種の観察そのものでは、神の存在を示唆したりこの御方の御性質を露にできるものは何もないのである。これが、斯くも多くの博学の徒が科学と哲学でこの御方の現存を否定してきた、と言う一つの理由である。誰が「捜して」神を見出せようか（ヨブ 11 章 7 節）。それでこの全てから、神観念、この御方の肯定的な知識は、先ず啓示により神御自身から専ら至り得る事となる。何となれば我々は、その御方について人間に考える能力を賦与している神的存在の現存と言うものを殆ど考える事も出来ないし、同時に「神を信じその御方からの啓示を全く信じないことは、不条理で分別のない神を信じることである」という事の結論も下しはしないからである。それ故主が常に御自身を人間に啓示されて来られた事を確信されよう。そしてこの啓示は、交信であれ、時代時代に保存され引き継がれた文書であれ、その形に看做されてきた聖言あるいは、その御方から発する神的真理と我々が呼んでいるものである。そしてこの観点から、今我々には聖言があるので、次の事に気付くであろう、即ち聖言はその内面的な霊と生命とまたその外面的な形の双方に関し、専ら主からのものであるに違いないと言うことである。それ故聖言から主の知識を持ち、目下我々が所有している以上にその御方のより一層広範な知識は聖言のみに照会せねばならないのである。

　よって聖言は、その字義においてさえもそしてその内意において更に個別的にも、我々がその御方を正しく礼拝するために主の御性質を我々に表すのである。その御方は本質的に自己現存する**存在**であり、愛そのものであり

第4章

一体となった知恵そのものである。そしてその御方から人間を喜ばせる全ての愛と理知が常に発出している。そしてこの故に、この御方は凡ゆる善と完全な賜物の**贈与者**であり、変わり易さや移ろう影もないのである。そしてそれ故、もし我々がその御方を礼拝するならば、即ちもし我々がその御方を愛するなら、我々もまたその御方からの贈与者となるであろうし、その御方の善意、その御方の真理とその御方の幸福の出来得るもの全てを、我々の同胞に伝達したいと願うのである。「神を愛し隣人を愛することは善と真理を愛することであり、それらを心から行うことである」(『天界と地獄』16)。そしてこの故に、礼拝によって、儀式や礼式によって或いは諸々の祈祷や賛美によってさえも、聖言を読んだり、そして説教を聞いたり、これらはその御方への愛からの真の主礼拝への助けかあるいはその御方への我々の愛の結果であるのだが、聖所での主への崇敬は意味されないのである。

　しかし今、実際の礼拝が如何なるものか、また常にどう在るべきかのこれら全般的な実例を示す評価と共に、問題の章にはその内意において生命の礼拝についての特別な参照があることに我々は気付く。とは言えその礼拝は、秩序の法則に無知や過失から暴行の罪責ある者らの許に存在するのである。そして確かにこの記述における燦然と輝く偉大な真理の一つは、人類の最低の秩序と同じく最高のもの、それと個人と同じく集団における人類は、誤ち易いものであると言う事であり、愛による彼らの実際の主礼拝のみが彼らをその結果から救えるのである。屢々呼ばれているように、罪の赦免または罪の赦しは、神的秩序の法則に従い、正真の愛を通して悪あるいは過失の除去を実際は意味している(865, 868, 874, etc)。

　次に、四組の過失による違反者に要求された、犠牲の全般的な相似性に我々は気付くであろう。勿論これは彼ら全員への主の愛には外なるものにおいて或る全般的な類似点が有ることを表象しているのである。約言すれば、全ての者は意図せぬ間違いについても悔い改めの業を為さねばならず、そして全ての者は主から、善の彼らの統治愛[*10]により、かつ彼ら自身の如何なる遺伝の善に因らずに、彼らが無垢にいることを認識せねばならない。そして斯くも去勢牛、山羊、そして子羊は、同らにその異なる種類と度に従った無垢の表象的なものなのである。

第4章

だが更に、もし夫々天的、霊的そして自然的な人の許の主礼拝に全般的な相似性があるのなら、特有の相違もまた存在するのである。そしてこれらは本章では、その適切な象徴によって記述されている。よってそれらに我々は注目すべきである。無意識に罪を犯した祭司の場合と集会の場合を比べれば、以下のことを看取する。即ち後者がその違反を知らず後に知らされたと言われている一方、前者はそう言われておらず、そして我々が表したように、このことが祭司らにより示された天的な者らと集会または会衆により示された霊的な者らとの間の性質における一つの相違点を指し示している。天的なものは彼らの過失を善の状態から*覚知*するが、霊的なものは彼らの過失を真理の知識から*発見*せねばならない。天的なものは**最古代教会**の衰退の始まりの前には悪や過失の主因ではなく、そしてまた彼らの再生がより低次の単に自然的な善から霊的善を介して天的善の完全な状態への進歩に在ったと、想像しているような人々もいる。しかし創世記の初めの章にあるように、彼らの再生の記述を注意深く調べれば、それら早期の天的な者らは野生の獣として生き、悪と過失から免れていなかったと言う事実が明らかになる。深みの面の上にある彼らの暗闇は、彼らの再生しない自然的な人の欲念と結果としてその虚偽を示していた(286, 18, 『黙示録講解』294)。霊的な部類と区別されたものとしての天的なものである最古代の人々は(640)、悪と過失の主因であって、**最古代教会**が衰退し始めた時、その自由の濫用により堕落もした者らと等しく共に在ったという事を斯くも我々は理解するのである(146)。真実、悪の起源とその原因はかつて記述されてはいないが、それらは存在するものとして当然の事として考えられている。そして、天的な人の最高の秩序が彼らの完全な状態から徐々に衰退した一方、最低の秩序は全く然うでなかったと実際にどうして想像できようか。この故に問題の章からと同じくこれらの考察から、人間の天的な部類は霊的な部類と同じく誤ち、そして罪の中に陥るかも知れないのである。

しかし今天的なものの礼拝と霊的な諸秩序との間のもう一つの相違点がこれらの記事に指し示されている。理解に関して相違があるのみならず、意志に関しても相違が存在する。天的なものの意志は祭司により、そして霊的なものの意志は長老らにより表象されているからである。即ち、霊的なもの

の意志が真理あるいは知恵である一方、天的なものの意志が善あるいは愛であり、長老らは知恵の主だった要点を示しているからである。そして天的なものの意志は霊的なものの意志よりも更に内的であるよう斯くも明らかと思われるのである。今なお双方の場合において、意志は人の内なるものであり、調和の状態を成し遂げるために外なるものの中へ力と共に流れ入るのである。

そして更にここで第3の注目すべき固有なものは、霊的なものの場合において贖いをする者は長老らではなく、祭司であるという事である。なぜなら霊的天界はその生命を主から天的な天界を介して由来しており、そして天的なものに固有な斯くも純粋な善のみが、人間と主とのそして**外なる人**と**内なる人**との完全な和解に十全な結果を齎し得るからである。

然しながら今支配者または君主、そして一般人、あるいはより正確にはその地の民の場合を見てみる。次に以下の事に気付く、即ち善と結合した真理にいる者らを表象している油を塗られた祭司でさえ罪を犯したとき、彼は民の上に罪責を齎したことを。そして彼が贖いを為したとき、その罪責が両者から取り除かれて終ったであろうと言うことである。無意識とは言え、誰であれその者に依存する者らに罪を犯し、かつ悪影響を及ぼさぬ事が有り得ようか。そしてより内的には、その諸情愛が禁断の小道に彷徨い込み、知的なものが損なわれぬ事が有り得ようか。その上更に、個人が誤ち、その過失が共同体に影響し得ない事があろうか。あるいはより内的には、**自然的なものの外なるもの**における、諸情愛を導くべき知的な原理は、間違っていながら、それらの諸情愛そして正しく人間全体の幸福に影響し得ない事があろうか。これは一つの生命全体としての人間の生命であり、そこでは如何なる個人も全体としての人類への彼の責任から逃れることは出来ないのである。

今やこの支配者あるいは君主が正確に**自然的なものの外なるもの**に照応していることは、彼が無傷の雄の山羊を要求されているのに注目すれば分かることである。去勢牛ではなく、山羊だったのである。なぜなら山羊は、諸情愛のものであるより寧ろ**自然的なものの外なるもの**における知的な原理を示しているからである。また雄であった、なぜなら信仰の真理は支配

的な動機として理解されているからであり、無傷であったのはそのような純粋さと完全性が無垢の状態に属するものとして示すためである。自然的な人には偽りない生命の原理としての信仰の真理以外には何もなく、*意図的に*罪を犯したり、過失に陥ったりはしない。しかしこれとは別に以下のことに気付かねばならない、即ちこの場合には、祭司は彼の指で山羊の血から取りそれを全焼の奉納の祭壇の角々の上に付けねばならず、前のように芳香の祭壇の角々ではなかったし、更に奉納をする人物は**自然的なものの外なるもの**からの礼拝を示すことを表していると言うことである。

　第4の場合の詳述に参ろう。一、二の個別の件において記述が第3の場合と異なることに我々は気付き、注意を要する。この人物は地の民の一人で、彼は内的なものであるところの真理由来の善にいる者らを表象している。この故に彼の奉納は山羊で、雌でありそのような善に照応しているのである。しかし他に関しては彼の礼拝の記述は信仰の真理を示すところの支配者のそれと同じであり、信仰の真理は人間の宗教経験の初期においてその者がそこから進歩するまでその者を治めるのである。しかしそれが原理として善のみに留まることは自然的な人にとって十分ではない。彼らは彼らの度に従って天的になり、善そのものの愛と、それに当然属するはずの無垢へと進まねばならない為である。そして第4の場合において、これが子羊の奉納もまた山羊の奉納と同じ文言で記述されている理由である。よって斯くも本章全体で内意の規則正しい系列を理解できるのである。

訳者のノート

＊1.　6, 17 節「撥ね掛ける」。原本 'sprinkle' で 1: 5, 11, 3: 8, 13 の「振りまく」の原本と同じであるが、ヘブル語原文は前者が הזנ のヒフイール態、後者が ザーラク קרז 。

＊2.　7, 18, 25, 30, 34 節「付ける」。原本 'put'、ヘブル語原文は「与える」。

＊3.　9 節。第3章の訳者ノートを参照。

＊4.　9 節「〜と共に」。原本 'with'、ヘブル語原文 アル עַל 「〜の上の」。

＊5.　11 節「四肢」。原本 'legs'、ヘブル語原文は 1: 9 と同じ。第1章の訳者ノートの

第 4 章

＊7 を参照。

＊6. 12, 21 節「燃やされる」「燃やす」。原本では 'burn' が用いられ、ヘブル語原文では サーラフ שָׂרַף が用いられている。他の節の「燃やして煙にする」にも原本では 'burn' が用いられているが、ヘブル語原文では ヒクティール הִקְטִיר が用いられている。以下の諸章でも同じ様式で訳語を与える。

＊7. 19 節「取り外し」。原本 'take off'、ヘブル語原文は רום を語根とするヤーリーム יָרִים「高くする」。70 人訳では περιαιρέω「周囲のものを取り外す」のアオリスト第 2 形が用いられており、原本改訂版はその影響を受けたのか？

＊8. 23, 28 節「牡/牝の山羊」。ヘブル語原文は セイール / セイーラト イッズィーム שָׂעִיר / שְׂעִירַת עִזִּים「山羊らの（毛の）牡/牝山羊」。

＊9. 27 節「民」、注解 27 節「地の民」。ヘブル語原文は後者。

＊10. p73「統治愛」。原本 'ruling love'。ラテン語原典における 'amor dominans' の訳語と考えられる。統治愛とは、他者を支配する情愛や欲念のことではなく、人各々の真中に内在し、周囲の凡ゆるものを秩序付け統制している主要な愛を意味する(6690)。

＊ 本章における「牛」の訳語については読者に混乱を与える要因と成り得、以下の章で「牛」の記述が現れる毎に注意せねばなるまい。4, 5, 7, 8, 11, 12, 15, 16, 20, 21 節の「去勢牛」は原本では 'bullock'、ヘブル語原文では パル פַּר。10 節の「雄牛」は原本で 'ox'、ヘブル語原文では ショール שׁוֹר。パルとショールの違いについて必ずしも決定的な意見の一致が得られていないかも知れないが、前者パルを去勢していない雄牛、後者ショールを去勢牛と認識されているのが大勢のようである。ちなみに、3, 14 節の「若い去勢牛」の原本は 'young bullock' だが、ヘブル語原文は パル ベン・バーカール פַּר בֶּן־בָּקָר「牛の群れの子の雄牛」。

＃ 『天界の秘義』の各々の節には当該内容の記載がないか、参照としては飛躍？

第 5 章

霊的意味の要約

1. 諸真理の確証〔確固とする事〕について（1節）。
2. 無知の罪について、それらの度に従った不純な諸情愛の勢力を介して（2～13節）。
3. 内なる礼拝における過失について、意志に関して（14～16節）。
   そして理解に関する類似の過失について（17～19節）。

各節の内容

1. またもし如何なる者*¹であれ罪を犯すなら、即ち、彼が見たり知ったりして証でき、懇願*²の声を聞くことにおいて、もし彼がそれを発言しなければ、そのとき彼は彼の悪行を負うものとする。

1. もし霊的教会の如何なる者も神的秩序に暴行を加えるなら、― 覚知を介してであれ、他者から受け入れた知識を介してであれ、彼が彼の理解の証により真理を確証〔確固と〕した後、― それ〔真理〕に従い言動することを拒むことにより、そのとき悪は彼に帰されねばならない。あるいは更に、他の観点から、もし誰かが真理の覚知や知識がありながら、彼自身がそれから離反する性質に気付くに至り、にも拘らずそれに従って言動することを無視する

第5章

なら、そのとき悪は彼に帰されねばならない。

2. あるいはもし如何なる者*¹であれ穢れたものに触れ、それが穢れた獣の屍であれ、穢れた家畜の群れの屍であれ、あるいは穢れた這うものの屍であれ、そしてそれが彼から隠され、そして彼が穢れているなら、そのとき彼は罪責を負うものとする。

2. あるいはもし如何なる者も、僅かに、自然的な人において不純な諸情愛に従って、または彼が自身を契約せしめたところの諸悪に従って活動するなら、彼は依然悪にいるのである。それら〔諸悪〕は内奥、内的あるいは外なるものであれ、そこには如何なる霊的生命もなく、これは無意識のうちに彼に生ずるのである。

3. あるいはもし、彼が人*³の穢れに触れ、彼が穢れている故となっている彼の穢れが如何なるものであれ、かつ彼から隠されているなら、彼がそれを知ると、そのとき彼は罪責を負わねばならぬ。

3. また更にもし、僅かに、如何なる種類であれ、自己と世の生命に基づいているために不純の原因となるその内的な諸悪に従って、誰かが活動し、未だ彼がその悪行に意識していないなら、そのとき彼は彼の不純を知らしめられ、彼が悪にいることを彼は告白するはずである。

4. あるいはもし、悪を為すか、善を為すか、人*³が誓いをもって軽率に発言するであろう如何なる事であれ、誰か*¹がその唇で軽率に誓いを立て、かつそれが彼から隠されているなら、彼がそれを

4. 更に、もし如何なる者も誤解した熱意を通して、彼の過失が何であれ、諸虚偽か或いはそれらに従い生活する意図を伴い諸真理の内に自身を確固とし、それの発見において未だ彼がそれに無

第5章

知るそのとき、彼はこれらの*事柄*の一つに罪責を負うものとする。

5. そしてこれらの*事柄*の一つに彼が罪責を負うとき、彼が罪を犯したところの事を彼は告白するものとする。

6. そして彼は彼の罪責の奉納を、彼が犯した彼の罪のために、小家畜の群れから牝の子羊か山羊*4を浄罪の奉納のために、主へ連れて来るものとする。そして祭司は彼の罪に関するものとして彼のために贖いを為すものとする。

7. またもし彼の実入が子羊*5に足りず*6、そのとき彼は彼の罪責の奉納を、彼が罪を犯したところのそれのために、2羽の雉鳩か、あるいは2羽の若い鳩を、主へ持参するものとする。1羽は浄罪の奉納のために、そして他は全焼の奉納のために。

8. そして彼はそれらを祭司へ持参するものとし、祭司は先ず浄罪の奉納のためのそれを奉納し、そしてその頭をその首から捻

知であれば、彼は自身が悪にいることを承認するはずである。

5. そして故に、彼の個別の欠陥を考慮すれば、それも然う承認することは彼の義務である。

6. そして彼は、悔い改めの業を為し、無垢の内なる善からか或いは外なる善から主を礼拝するはずである。その上、彼の内奥は善にあるため、彼の悪は赦免されねばならず、そして彼は主との結合を持つはずである。

7. しかしもし彼が無垢の天的善でも霊的善の内にもいなければ、彼は内なる又は外なる信仰の善から主を礼拝するはずである。一方では偽りなき悔い改めにより、他方では偽りなき情愛により。

8. そしてこれは善の原理、即ち十全な礼拝に先立つ悔い改めから為されるはずである。悪の故に、内なる人は今なお礼拝におい

第 5 章

ものとし、然れどそれを分断せぬものとする。

9. そして彼は浄罪の奉納の血から祭壇の側面の上に撥ね掛けるものとする。そして残りの血は祭壇の基に流し出されるものとする。それは浄罪の奉納である。

10. そして彼は 2 羽目を規定に従い全焼の奉納のために奉納するものとする。そして祭司は彼のために、彼が犯した罪に関するものとして、贖いを為すものとし、そして彼は赦されるものとする。

11. しかしもし彼の実入が 2 羽の雉鳩か、あるいは 2 羽の若い鳩に足らねば*6、そのとき彼は彼の捧げ物を彼が罪を犯した処のそれのために、10 分の 1 エファの精製した小麦粉を浄罪の奉納のために持参せばならぬ。彼はその上に油を置いて*7 はならず、また彼はそれに上に乳香も置いて*7 はならぬ。それは浄罪の奉納である故。

て外なる人から分離されているから。そしてそのような礼拝は善よりも真理からのものであるため、主との照応が存在しない。

9. 更にまた、その状態に従った霊的な度において善と真理の結合が在らねばならない。またその状態に従って機が熟した自然的な度においても。

10. 真の礼拝は悔い改めにおいて関連された事に後続せねばならない、即ち、神的秩序に従った愛からの礼拝である。そして善の愛は、無分別に行われた悪の除去が斯くも結果を齎し、赦免が後続するであろう。

11. そしてもしそのような人物が信仰の善におらず、それの真理にいるなら、彼の悔い改めと従順を介した主への献身は真理により相当したものとなるはずであり、それは天的愛と霊的真理からは有り得ないからである。なぜなら先ず第一に、それは悪の除去のみを意味し、それに関連する礼拝であるからである。

第 5 章

12. そして彼はそれを祭司に持参するものとし、そして祭司はそこから覚えのものとして彼の一掴みを取り、そしてそれを、火により為された主の諸奉納の上で、祭壇で燃やし煙にするものとする。それは浄罪の奉納である。

13. そして祭司は、彼のために、これらの事柄の何れかにおいて彼が犯した彼の罪について、贖いを為すものとし、彼は赦されるものとする。そして残りは、穀物の奉納の如く祭司のものとする。

14. そして主はモーセに語って、曰く、

15. もし如何なる者であれ侵害し、そして主の聖なる事柄において無意識に罪を犯すなら、その際彼は彼の罪責の奉納を、小家畜の群れの中から無傷の牡羊を、銀でのシェケルによる汝の評価に従い、聖所のシェケルに倣い、罪責の奉納のために、主へ連れて来るものとする。

12. しかし依然それは、正真の主礼拝を表し、そして生命に刻まれ、悪が拒絶されるという、善の原理からのはずである。神的愛は悪に反するからである。

13. そして善はその全ての形において悪の除去の原因となるはずである。赦免が次いで起こるはずである。そして善は、正に天的で霊的な愛からの礼拝における場合である如く固有のものとされるはずである。

14. その上、神的真理により、覚知を与える主からの啓示が存在し、

15. 即ちもし如何なる者も、明らかに愛あるいは善からの内なる礼拝における神的法則を、知らずに暴行するなら、依然彼は主を承認し、内なる或いは霊的な度において無垢の善から悪に汚染されずにその御方を礼拝するはずである。彼と共なる、善が結合しているところの、霊的諸真理の

16. そして彼は聖なる事柄において彼が不適当に行なった事のために賠償するものとし、それに5分の1を加え、それを祭司に与えるものとする。そして祭司は彼のために罪責の奉納の牡羊で贖いを為すものとし、そして彼は赦されるものとする。

17. そしてもし如何なる者＊1も罪を犯し、為されるべからずとの主が命じられた事柄の何れかを為すならば、彼それを知らざれども、彼に罪責あり、彼の悪行を負うものとする。

18. そして彼は小家畜の群れから無傷の牡羊を、汝の評価に従い、罪責の奉納のために、祭司へ連れて来るものとする。そして祭司は、彼が無意識に誤ち、それを知らざるところの事柄について彼のために贖いを為すものとし、そして彼は赦されるものとする。

性質に従うものであり、よって罪責が取り除かれるためである。

16. そして悔い改めが内なる礼拝における彼の過失に関して続いて起こるはずであり、そして更に、真理の幾らかの残りのものが善により固有のものとされるはずである。その上、斯くなる善は悪を取り除くはずであり、赦免が続いて起こるはずである。

17. そして約言すれば、もし如何なる者であれ、所謂悪の拒絶に関する何かについて神的法則を暴行するなら、たとえ彼がそれに気付かないであろうとも彼には罪責があり、そして悪が彼に密着するであろう。

18. そしてそれ故、彼は霊的善、あるいは内なる人における無垢の善から、諸真理に関し彼の状態と性質に従って、そして〔自身が〕悪にいるものとして、主を礼拝しなければならない。そして罪が意志と理解に関し無知を介して起こるとき、善により悪は必要に応じ赦されるはずであり、そして赦免が続いて起こるはずである。

19*⁸. それは罪責の奉納である。彼には主の御前に確かに罪責がある。

19. 全ての礼拝は、多かれ少なかれ、悪や過失に染まる。そしてそれは神的善の探索を免れない。

参照と注解

1. 典拠は以下のとおり、即ち罪を犯すことが神的秩序を暴行することを示し(5076)。懇願の声を聞くことが理解の証により真理を確証〔確固と〕することを示すことは、聞くことにより覚知が意味され(3163, 8361)、声により斯くも理解に訴えるところの真理の布告が意味され(6971)、そして懇願または誓うことにより真理の確証〔確固〕が意味されるからである(2842)。証言は真理による善の確証〔確固〕を示している(4197)。見ることは覚知を示している(2150)。知ることは明らかに知識を示している(2230#)。発言しないことは真理に従って言動することの無視または拒否を示している、何となれば明確に告げない事は言葉と延いては活動により真理を承認しないことを示しているからである(7550)。そして悪行を負うことは、この場合悪が帰されることを示している(9937 終わり)。しかしもう片方の観点からは、誓うことは善と真理からの離反を示している(1423)。

2. これは以下の意義から明らかである、即ち触れることは、諸情愛、そしてまた伝達、解釈、そして受け入れに属するものを示すものとして(4404, 10199)。穢れたものは、不純な或いは悪の情愛を示すものとして(10130)。屍は、霊的生命の欠けたものとして(3900)。穢れた獣、あるいは家畜の群れ、あるいは這うものは、内なる、内的な、そして外なる不純を示すものとして(987, 46, 994)。隠されたものは、無意識のうちに生ずるものを示すも

のとして(6721#)。そして罪責であることは、悪にいることを示すものとして(3400)。

　本節において、欽定版及び改訂版で家畜の群れ cattle と翻訳されているヘブル語は、『天界の秘義』では、原典でラテン語 bestiam から獣 beast と表現されている。一方それらの版〔欽定版及び改訂版〕で beast により表現されている言葉は、『天界の秘義』では創世記 1: 25 の下、原典でラテン語 feram から野生の動物 wild animal と翻訳されている[*9]。そして這うものと表現されている言葉は、レヴィ記の本節と創世記 1: 25 とで同じではない[*10]。しかし今それらの訳を棄却し、ヘブル語のみを本節と創世記 1: 25 で比較すれば、系列において本節で列挙された三つの事柄が創世記で列挙されたと同一であり、そこでは〔創世記 1: 25〕善の諸情愛に照応するも、しかしここでは〔本節〕不純な諸情愛に照応している事が看取されるのである。それでもし前掲の参照(46)や個別的にはそこで引用されている詩編 148 編の第 10 節を注意深く研究するなら、本節の我々の解釈の正しさ、そして旧約聖書の聖言の内意を知性的に開示することにおいては、ヘブル語の知識の重要性をも、我々はより明確に理解する事となろう。次の件も加えることが許されよう、つまり、一方は本節で、他方は創世記並びに詩編 148 編で這うものに使われた彼の二つのヘブル語の語句は、元なる字義においては夫々以下のことを指摘するのである。即ち豊富さとそれらが表すところの被造物の活動であり、そして霊的な意味では、単なる自然的な傾向とそのものを弛まず繰り返す感覚的な諸情愛である。それらはそのものを新たな形に提示し、刺激と法則に反した動揺を起こすべく努力に固執し、実に蛇は主なる神がお造りになった如何なる野の野生の動物よりも狡猾である(創世記 3: 1，天界の秘義 195)と証言するのである。確かに感覚的な事柄の惑わしは多く極めて僭越的である。そして経験は、それらが十分注意をもって回避されるべき事を明示している。

　3. これは真実である、なぜなら、既に明示されたように、触れる事により伝達、解釈そして受け入れが示されるからである。穢れにより霊的不純が示されている。そして動物と区別されたものとしての人の穢れにより、悪と虚

偽を介した内的不純が示されている(10130, 7424)。

4. 誓うことは真理あるいは虚偽を確証〔確固と〕することを示している(2842)。軽率に誓うことは、ヘブル語の意味が明示しているように、誤解した熱意、即ち虚偽から言動することを示している。真理あるいは虚偽を行うことは、それに従って生活することである(5755)。しかしそれを唇で発言することは先ず理解においてそれを確証〔確固と〕する事である(1285)。或る人物から隠れている事とは無知である(6721#)。しかしそれが知らされる事は教示を示している(2230#)。そして罪責であることは悪にいる事を示している(3400)。

5. 本節での内意は直前と殆ど全く同一であることが明らかと思われる。しかしそれは、外面的な罪の告白は、それの原因となる個別の悪の内面的な承認もないなら、無価値なものであり、そしてそれ故この内面的な承認と告白が字義の所説において関連している事が看取されるべきである(2329, 3880)。

6. これは以下のことを考察すれば明らかである、即ち子羊あるいは山羊の罪責の奉納は、内なる或るいは外なる無垢の善からの主礼拝を示している(10132, 4169)。取り分け牝は善を示している(725)。無傷は悔い改めの業に関連して悪と虚偽から純粋である〔穢れない〕ことを示している(7837)。祭司は内奥の善を示している(9946)。そして贖いを為すことは悪の除去と主との結合を示している(9506, 10023, 10042, II.$)。

7. これは以下の意義から証明される、即ち、実入が子羊あるいは山羊に足りない事は、そのヘブル語は一語でそれら何れかを意味するのであるが*5、無垢の天的善か霊的善か何れかでも無いことについて無力を示すものとして証明される(10132, 4169)。罪責とは、この場合は、無知を介した罪を示すものとして(4節)。雉鳩と若い鳩は、内なるそして外なる信仰の善を示すものとして(870, 1827, 10132)。そして浄罪の奉納と全焼の奉納は、夫々、

罪の赦免、そして主との結合を示すものとして(3400, 10122, 8680, 10053)。

8. 本節では、奉納を祭司へ持参することは、この礼拝は善の原理からである事の承認を示している(9946, 10227)。最初の浄罪の奉納のための奉納は、悔い改めが十全な礼拝に先行せねばならない事を示している(3400, 10122)。その頭をその首から捻ることは、礼拝において外なるものから内なるものを分離し、また理解からの礼拝は、鳥により示されるが、恒久的な主との結合を与えないことを示している(8079)。そしてそれを分断しない事は主との照応がないことを示している(1832)。

9. 浄罪の奉納の血を祭壇の側面に撥ね掛けることにより、その状態に従った霊的な度における善と真理の結合が意味されている(9736[#], 10185)。それの残りを祭壇の基に流し出すことにより、その状態に従った自然的な度における十全な結合が示されている(10047)。そして「それは浄罪の奉納である」により、斯くも悪の除去が存在することが示されている(3400)。

10. 2羽目の鳥を規定に従い全焼の奉納のために奉納することは、全焼の奉納の照応から理解されるであろう如く、真の礼拝は悔い改めにおいて関連されたことに後続せねばならない事を意味している(8680, 10053, 第1章14〜17)。そして彼のために贖いを為す祭司と彼が赦されることは、善の愛が結果として、無分別に行われた悪を除去する事に至り、そして赦免が後続するであろう事を意味している(9506, 10042・II)。

11. 彼の実入が2羽の雛鳩かあるいは2羽の若い鳩に足りないことは、そのような人物は信仰の善にいないこと示している(870, 1827, 10132)。彼の捧げ物のために10分の1エファの精製した小麦粉を持参することは、信仰の真理からの礼拝を示している(9995, 10136〜10137)。そして彼がそれの上に油も乳香も置かないことは、先ず第一にそれは悪の除去のみを意味し関連する礼拝である故、礼拝は天的愛と霊的真理からでは有り得ないことを示している(10137)。

12. しかしその捧げ物を祭司に持参することは、この場合礼拝は依然善の*原理*からでなければならない事を示す(9946)。覚えのものとして一掴み取る祭司は、真理からのこの礼拝は正真の礼拝及びその力を表している(6888, 7518)。それを祭壇で燃やし煙にする事は、真理と善との結合による主への聖別を、そして結果生命に刻み付けられることを示している(10052)。そしてその浄罪の奉納であることは、悪は拒絶されることを示している、なぜなら火により意味される神的愛は悪と対立するからである(3400, 10055)。

13. 彼のために贖いを為す祭司は、善はその全ての形において悪の除去の原因となることを意味している(9506[1], 10023, 10042・II)。彼が赦されることは、赦免あるいは悪の除去を意味している(10節)。そして祭司のための残りは、善が固有化されることを意味している(9946, 2177, 2187)。一方それが「穀物の奉納として」と言われていることは、「正に天的で霊的な愛からの礼拝における場合である如く」が示されている(4581, 9995, 第2章1節)。

14. なぜならこれは以下の理由から明らかだからである、イェホヴァにより、この御方の御愛に関し神的存在が示されている(2001)。語ることにより流入が示されている(2951)。モーセにより神的真理あるいは聖言が表象されている(7010, 6752)。そして曰く、により覚知が示されているからである(1791, 1822, 第4章1節)。

15. 如何なる者であれ侵害し、そして主の聖なる事柄において無意識に罪を犯すことにより、即ち、無知を介した罪を意味するところの無意識または過失による罪を犯すことの意義から理解されるであろう如く(9156, 10042・III)、そして主が為さるべからずと命じられた事とは区別されたものとして(第4章2節)、また外なるもの〔礼拝〕におけるそれら〔過失〕と区別されているように内なる礼拝において犯された過失を示すものとしての、主の聖なる事柄の意義から理解されるであろう如く(10149)、もし如何なる者も内なる礼拝における神的法則を知らずに暴行するなら、を示してい

る。罪責の奉納を主へ連れて来ることは、恰も善から、明らかな悪の除去のための礼拝が示されている(3400, 2001#)。牡羊により内なる人における無垢の善が示されている(10042)。無傷により悪に汚染されていない事が示されている(7837)。銀でのシェケルによる汝の評価に従うことにより、彼の許にある霊的諸真理の性質に従うことが示されている(2959)。聖所のシェケルに倣うことにより、善と結合した真理に従うことが示されている(2959)。そして「罪責の奉納のために」により、罪責が取り除かれるために、が示されている(3400)。

16. これは以下の如く窺われる。即ち賠償をすることは悔い改めの業を行うことである(9087, 9097, 9130)。彼が聖なる事柄において不適当に行なったものは、内なる礼拝における過失を示している(15節)。5分の1を加えることは、真理の幾らかの残りのものを示している(649)。それを祭司に与えることは、善による固有のものとする事を示している(10227#, 9946)。贖いを為す祭司は、善が悪を取り除くことを示している(9946, 10042)。そして彼が赦されることは、悪の実際の除去を示している(10節)。

17. これは明らかである、なぜなら罪を犯すことは神的法則を暴行することを示しているからである(5076)。為されるべからずとの主が命じられた事柄は、拒絶されるべき諸悪を示している(第4章2節)。罪責があることは悪にいることを示している(3400)。それを明確に知らないことは事実に無知であることを示している(6721#, 2230#)。そして彼の悪行を負うことは、この場合、悪が彼に密着することを示している(9937)。

18. 小家畜の群れから無傷の牡羊を、汝の評価に従い罪責の奉納のために祭司へ連れて来ることは、霊的善、あるいは内なる人における無垢の善から、諸真理に関し、そして〔自身が〕悪にいるものとして彼の状態と性質に従った主礼拝を示している(15節)。そして彼が無意識にそしてそれを知らずに誤つところの事柄について彼のために贖いを為す祭司、及び彼が赦されることは、罪が意志と理解に関し無知を介して起こるとき、善により悪は必要に

第5章

応じ赦されねばならず、赦免が続いて起こらねばならない事を示している(9946, 10042, 10節)。

19. これは斯くの如く窺われる。即ち罪責の奉納は悪の除去が元になる礼拝を示している(3406#)。そして主の御前に確かに罪責があることは、悪と過失は神的真理を手段とした神的善の探索を免れないことを示している(2001#)。

　精読する者は以下のことに気付くであろう。即ち第4章は、内意で、無知において犯され、そして自然的な人または外なる人における無垢の善からの礼拝により赦されたところの何らかの罪、それは天的な者らと共に始まり、霊的な者らへ進み、そして自然的な者らに終結し、即ち各々の場合で無垢の特有の善を表象している奉納物であるが、その罪について、整然たる解説を提供しているのである。そして今、この第5章では、同一の主題が続いており、前のように夫々天的、霊的、自然的なものを参照しているが、しかし教義に関連しているよりも寧ろ自然的な情愛に関連した過失による罪に関与しているのである。そしてこれは明らかだ、なぜなら第4章では、凡ゆる場合で無意識の過失は、為されるべからずとの主が命じられたそれらの事柄に対峙しているからであるが(2, 13, 22, 27節)、しかし本章では、それは何か穢れたものに触れる事に対峙しており、そして悪を行うにせよ善を行うにせよ、軽率にあるいは衝動から誓いを立てることに対峙しているのである。
　第2に、本章の最初の節は独特に配置、構築されているため、若干の説明を要する。事実、それは霊的意義での全般的な主題の以前の部分の結論を形成するために、そのように配置され又構築されているのである。同時に全般的な主題の引き続く部分への始まり或いは導入である。またそれは一方では真の教義の、また他方では悪と善との間の相違について、無知を介しての罪を意味してはいない。約言すれば、それは理解に獲得された真理が確証〔確固と〕されるべきか否か躊躇の状態、あるいはそれに反する悪と虚偽を記述

第5章

している。ここで表象されている人格は、意志の決定によりそして活動により、厳命の、誓いの、あるいは霊的に*真理を確固とする*声を聞いている。そして彼は又呪いの声を、あるいは霊的に*自身を真理から背ける*声を聞いている。これらの声はどこから発するのか。それらは彼の天国あるいは地獄からの伝達の結果である。我々は全てこれらの声を聞いている。そして我々全ては、真理を我々の言動で誠実に具体化するか否かを決めなくてはならない。実に我々が無意識に犯す罪は多いが、これらは我々を実際は定罪しないであろう。なぜならこの試みの状態では、種々の状態と環境から我々の知力は、真理と虚偽の間を判別し損なうかもしれないけれど、我々の心は正しくなるかも知れないからである。しかし我々が真理を知り悟ったとき、そして斯くもまたそれを意識したとき、即ち、我々がそれを情愛をもって受け入れたとき、然り、愛の油がその上に注がれたとき、我々が自身をそれに背けないよう、そして我々の最後の状態が最初よりも悪くならないよう注意しようではないか。

第3に、それは我々が確定すべき真理や虚偽の場合のみではなく、善や悪の場合でもあるからであり、なぜなら我々は自身において真理を手段としなければ善を、あるいは虚偽を手段としなければ悪を、確固とすることは出来ないからである。そしてそれとは別に、もし我々が善から内面的に真理を確固とするなら、そのとき我々は「我々の悪行を負う」ことはないであろうし、あるいは悪に留まることも無いであろう、たとえ意識せずに穢れた事柄に霊的に接触するに至るにせよ。それ故いま本節がなぜ不慮なる不純についての主題とそれからの清めの手段を導入しているかが理解できるのである。

これ故に2、3、4、そして5節と諸節の秩序の学びを先に進めよう、それらは自然的な人における悪の諸情愛の汚染の結果である違反の系列を記述している。我々全てにそのような汚染があることを、自身の内部の生命を注意深く熟慮し熟視する者であれば、誰も疑うことは出来ない。そして先ず我々は、字義における、それらの悪の諸情愛を示す 屍 なる言葉の用について熟考する。それらは全ての霊的生命を奪われたようなものである。それらは「形無く虚ろ」あるいは「不毛で虚ろ」である(創世記1:2)、なぜならそれらには真理がなく善もなく、しかも尚、それらは再生中の人の見解の中で

第5章

現れる如く、喜びにより自明となるところの彼〔再生中の人〕の生命の一部のようにそれらは実際に見えるのである。彼らが主に属さないが故に現実に死んでいるところの事柄は、諸地獄にとっては最も喜ばしいものである。そしてそれは、類似の地獄的な諸歓喜への傾向は我々自身の中にあるからであり、我々自身の現実の悪のためであり、その悪は悪霊らが我々の中に流し込み、我々に以下のことを信じ込ませることが出来るのである、即ち、かなり以前に真摯に悔い改めた事柄が、かつてと同じく依然活発であり我々に伴っている、と。これは2節、3節の内部の意味で読まれる穢れた事柄に関している。この種の死んだ諸情愛がどのように或いは何時現れるか誰も知ることは出来ない。再生が我々に幾らか進歩せしめたか、あるいはせしめるであろう時でさえ、それらは実際に我々を煽動するのである。そしてそのとき、5節で然うするよう教えられているように、我々が悪以外の何ものでもない事を、もし我々自ら真摯に告白するなら、それは我々には申し分ないであろう。然しながら、既に見たように2節では、用いられている照応により指摘されている、穢れた諸情愛は三つの度のものであり、そして然るべく外なる人に属している。しかし3節ではそれらは、霊的に獣と人との相違に従い、内なるものに属している。3節で人に対するヘブル語がアダムであり、イシュではない事にも気付かれよ、なぜなら前者は善あるいは情愛に照応し、後者は真理あるいは理知に照応するからであり、そして特に情愛はこれらの節の主題だからである。そして今4節に触れ、それが悪を為すか善を為すか唇で軽率に誓いを立てることについて語っていることに気付くなら、それが情愛に従って行動しようとする、理解と結合した意志の衝動的な決断を記述していること、またその軽率な誓いは現実の性質を十分に熟考することなく、あるいはそれ〔衝動的な決断〕が実際悪の情愛であることに気付くこともないことを、我々は悟るであろう。内意における斯くもこれら三つの節は、先ず単に自然的な愛の誘因からの、次に世と自己との更に内的な愛からの、そして最後に、彼は依然無知なのであるが、その行動が悪であれ善であれ外面的な状態や環境から人を行動に駆り立てるところの悪の強く衝動的な力からの、それらの諸悪を確固とするための試誘の過程を記述しているのである。

この点に至るまで、教会人に蔓延り試誘する悪の諸情愛の系列を理解した

ので、礼拝を介して夫々天的、霊的、自然的、あるいは感覚的な人に採用されるべき清めの意味を我々は次に考察しなければならない。そしてこの記事は6節から13節まで展開する。確かに、引き続く子羊や子山羊の、雛鳩と若い鳩の、そして最後には精製した小麦粉の奉納が、下降する秩序において相違するも引き続く礼拝の状態を明確に示していることを、識別し得ない者はいないからである。天的なそして霊的な人の礼拝が共に6節に記述されている。善あるいは真理に関して自然的なものの内なるものを構成するそれらの礼拝は7節。そして自然的なものの外なるものを構成するそれらの礼拝は11節。しかしこれとは別に、考察するに重要な幾つか個別的なものがある。凡ゆる場合で悔い改めがなくてはならず、8節に記述されているように、これが真の礼拝を発せねばならない。悪が十分に取り除かれ善が喜ばしいものとして十分実現され得る前に、前者は忌避されねばならず、後者は義務として為されねばならない。礼拝の不完全な状態の間でもまた、外なる人は内なる人に反する状態にあり、主との照応は存在しない。とは言え、9節で見たように、霊的そして自然的な度に関し真理と善との結合がなくてはならない。然しながら、以下のことを理解されよう、即ち愛あるいは善からの実際の礼拝が起こるまでこの結合は必然的に不完全であること、そして更に、10節に指摘され次章でより十分に記述されている如く、それはその礼拝における儀式に従うのである。愛による主との我々の結合の度は諸悪が取り除かれる処のその度に正確に従う、何となれば、諸悪、そしてそれらから引き続く諸々の虚偽と過失以外にそれを妨げるものは現実に存在しないからである。そして実にこの真理は11節に申し分なく例証されており、そこでは、それが浄罪の奉納であるため、油も乳香も精製した小麦粉の奉納の上に載せてはならぬと言われている。これは、我々の礼拝の低い諸状態は天的そして霊的愛により*影響されない*ことを意味せず、未だ我々が天的あるいは霊的礼拝に十全にない事のみが意味されているのである。正真なる全ての礼拝は何らかの愛からのもので在らねばならない事、そして至高の、あるいは内奥の礼拝は天的愛からのもので在らねばならない事を、我々は真実に知っている。そしてそれ故我々は規則としてそれに影響を及ぼす。しかし我々は現実にその愛の中に単純に入り込みはしないのである、なぜなら我々はそれについて*知*

第5章

るからであり、あるいは正に我々が時の最善を尽くして規則に従い行動するからである。我々は待たねばならない。忍耐せねばならない。目的に努力せねばならない。そこで遂（つい）には憧（あこが）れるその愛を実現する事となろう。以下のことを忘れぬように、即ち、この愛は主から我々のなかに既に存在していること。それは我々の本質的な部分であること。そして実に我々が十全に再生する時それを超越はしない、なぜならそれは我々の正真の個性であるからであり、我々の内にある更なる低次元の諸々の愛が適切な秩序でそれの下（もと）に配列されるためである。

　屢々（しばしば）以下を思うことがある、即ち、我々が生まれるとき、我々の至高の能力は我々の内に主から存在していること※。しかしそれは我々の自由の適切な行使（こうし）とそれを正に実現するか否（いな）かの理由によると言うことである。いずれにせよ、我々は然（そ）うする事によっては生活を始めないことを確信している。また謂（い）わば地上の生命の間、もし言ってみれば偶然我々が幾（いく）らか不明確なそれの覚知を得るならば、別の条件や環境がそれの上に雲を投げかけ、知るのは部分的でしかなく、また愛するのも部分的でしかない事を感じるのである。それにも拘（かか）わらず、我々は 12, 13 節の霊的教えから、最終的に成功が我々を待っているという事、そして我々の外なる人は内なる人と同じく、善または他（ほか）の凡（あ）ゆる人間から我々を区別する歓喜を、具現あるいは固有のものとするであろうと言うことである (黙示録 2: 17)。

　しかし 14 節では、主題を変え、外なる人に関する過失の考察から内なる人に特有なそれらの探求へと通過することを明示している。これが「主の聖なる事柄」と表現されている所以（ゆえん）であり、また第 6 章の 7 節までも含み過失の凡（あら）ゆる場合において、牡羊が内なる人での無垢の善を示すものであり、それが奉納であったことの所以（ゆえん）でもある。何となれば、実際は内意の一般的な主題はこの節で再び閉じるからである。そしてヘブル語で、第 5 章がそれで終わる事は注目すべきである。これは我々を以下のことに気付くよう導くものである、即ち旧約聖書の章と節への分割が、原文、訳本双方とも内面の意味には関係なく、また正に如何（いか）なる知識もなく為（な）されたという事である。目下（もっか）の事例では、ヘブル語の配列が内意の系列に符合していることは全く真実である。しかしこれが常に実際とは限らない、なぜなら創世記第 2 章の冒

第5章

頭の3節は実際には第1章の結論を形成し、そして人が霊的状態から天的状態へ如何様に修了し、斯くも彼の再生の過程を完了することを明示しているからである。それで第2章の4節では新たな主題が始まるのであり、その主題とは人の霊的秩序の再生と区別されたものとしての天的秩序の再生である(89)。

　しかし引き続く中で、我々は今以下のことに気付く、内なる人の諸々の過失は三つの種類に分類される、即ち、15及び16節に記述されているように意志に関連を持つもの、17～19節に見られるように理解に属するもの、そして第6章1～7節に述べられるように行為に関係するものである。外なる人の諸々の過失を理由には起こらないが故に特殊な言及を求められる唯一の事は、奉納物が聖所のシェケルに倣い銀でのシェケルにてモーセの評価に従うという事である。これは我々が既に見たように、以下のことを意味している、即ち善が結合するところの諸真理の性質に一層個別的に従うことにおいて、内なる人における無垢の善からの礼拝は外なる人における類似の礼拝とは異なるのである。冒頭の章の学びで既に理解したように、全ての礼拝は諸真理を手段とし、また諸真理からその性質を持たねばならないが、しかしこれは外なる礼拝では内なる礼拝における様には然程判然とはしていないのである。何となれば、それは礼拝がより内なるものに成るに比例しているからであり、それは一層個別的に諸真理に従う事であると同時に、真理と善との結合がより決定的になることでもある。更にこれに加うるに、礼拝者に伴う無垢の性質と度は強められ純粋にされて来るのである。これ故聖言の内意は字義の一般的な真理と、以下の経験の証を確認するのである。即ち、外なる礼拝は更に*無知*の無垢からのものであり内なる礼拝は更に*知恵*の無垢からのものであると言うことである。

　ここで最後に、理解の諸々の過失に関する解説は、「主の聖なる事柄」と区別されているように、「為されるべからずとの主が命じられた事柄」という表現により、意志の諸々の過失に関するそれと区別されている事が看取されるべきである。

※：然しながら1555を見られたし。

第 5 章

訳者のノート

＊1. 1, 2, 17 節「如何なる者」、4 節「誰か」。原本は何れも 'any one'、ヘブル語原文は ネフェシュ נֶפֶשׁ 「魂」。

＊2. 1 節「懇願」。原本 'adjuration'、ヘブル語原文は アーラー אָלָה 「呪い」。

＊3. 3, 4 節「人」。原本 'man'、ヘブル語原文は アーダーム אָדָם。

＊4. 6 節「〜か山羊」。原本 'or a goat'、ヘブル語原文は オ・セイーラト イッズィーム אוֹ־שְׂעִירַת עִזִּים「〜か山羊の（毛の）牝山羊」。

＊5. 7 節、注解 7 節「子羊」。原本 'lamb'、ヘブル語原文は セー שֶׂה 「羊や山羊」。

＊6. 7, 11 節「実入が〜足りず」。原本 'means suffice not'、ヘブル語原文は前者が「手が触れず」、後者が「手が追い付かず」。

＊7. 11 節「置いて」。2 箇所とも原本はいずれも 'put' だが、ヘブル語原文で用いられている動詞は後者が「与えて」。

＊8. 19 節。聖書により第 6 章 1 〜 7 節が第 5 章 20〜 26 節として編入されているものあり。

＊9. 注解 2 節「beast〜wild animal〜」。Arcana Cœlestia『天界の秘義』の英訳版（例えば John Faulkner Potts 版）の創世記 1:25 の当該箇所を参照。本節で挙げられている 3 者「獣」「家畜」「這うもの」の内、前の 2 者は、順にヘブル語原文で ハッヤー חַיָּה 「生けるもの」、ベヘマー בְּהֵמָה 「獣または家畜」で創世記 1:25 と同じ。それらに Arcana Cœlestia 原典では 'feram' と 'bestiam'、『天界の秘義』の英訳版では 'wild animal' と 'beast' の訳語を与えている、と言うこと。

＊10. 注解 2 節。本節（レヴィ記 5: 2）は、シェーレツ שֶׁרֶץ 「群がるもの」。創世記 1:25 は、レメス רֶמֶשׂ 「這う小生物」。

＃『天界の秘義』の各々の節には当該内容の記載がないか、参照としては飛躍？

第 6 章

霊的意味の要約

1. 信仰の真理に対する諸々の違反が記述されており、それらの為の悔い改め、それでも、内なる人における無垢の善からの主礼拝、そして結果としてその御方との和解である(1~ 7 節)。
2. その御方への純粋な愛からの主礼拝に関係する、あるいは天的な人の礼拝に関係する神的律法(8~ 13 節)。
3. 隣人への愛からの礼拝、あるいは霊的な人の礼拝に関係する同一の事柄(14~ 18 節)。
4. 十全に再生した状態での主礼拝に関する、あるいは諸真理が十全に善と結合される時の律法(19~ 23 節)。
5. そしてまた現実の諸悪の除去を目的とした主礼拝に関する律法(24~ 30 節)。

各節の内容

1*1. そして主はモーセに語って、曰く、

1. 主から神的真理により**霊的教会**人に覚知を与える啓示が存在し、

2. もし誰か*2 が罪を犯し、主に対し侵害し、そしてその隣人に、預かり物や、取引物や、略奪品に

2. 彼が信仰の真理に対する何らかの違反により秩序の諸規則を破り、記憶の中であれ、理解の

第6章

て偽(いつわ)りを弄(ろう)し、その隣人を虐(いた)げたなら、

中であれ、意志の中であれ、自身に帰するか仁愛の善を暴行するかにより、それ〔真理〕を仁愛から分離することにより虚偽化するときは常に、

3. あるいは失われし物を見つけ、そしてそれにて偽(いつわ)りを弄(ろう)し、虚言(きょげん)に誓うなら、その点で罪を犯し、人が行うこれら全てのどれにおいても、

3. あるいは失われていた真の教義を発見または覚知しながら、それを虚偽化し、そのような虚偽化の中に自身を確固とするならば、特にもしそのような諸々の過失が説教や振る舞いの中で表現されるなら、

4. もし彼が罪を犯し罪責あるなら、そのとき以下で在(あ)るものとする。即ち彼が略奪により取ったものや、虐(いた)げにより得たものや、彼に託(たく)された預かり物や、彼が見つけた失われし物を戻すものとし、

4. そこで、彼が内なる面と外なる面に罪を犯したことを告白するとき、主からのものを自身に帰すことや、善の原理を暴行することや、真理を生活に適用することなく記憶に留(とど)めることや、教会に回復された真の教義を腐敗させる事を彼は止(や)めるはずであり、

5. あるいは彼が偽(いつわ)りに誓ったものについて如何(いか)なるものも。正に彼はそれを充分に戻し更にそれに5分の1を加えるものとする。彼が罪責ありと気付かされた日に、彼はそれをそれが帰属する者へ与えるものとする。

5. あるいは彼が自身を偽(いつわ)りの教義の中に確固とすることをも。そしてそれにあって、幾らかの残りのものが彼に移植されるために、悪を忌避する事のみならず真理を実践することにより、彼は悔(く)い改めの業(わざ)を充分に行うはずで

第 6 章

ある。然り、彼は彼の悪の状態を充分に悟るや否や、彼の許にある全ての善と真理を卑下して主に帰すはずである。

6. そして彼は彼の罪責の奉納を主へ連れて来るものとする。即ち小家畜の群れの中から無傷の牡羊を、汝の評価に従い、罪責の奉納のために、祭司へ。

6. そしてこれに鑑み、彼は虚偽から免れた内なる人における無垢の善から主を誠実に礼拝するはずである。そして外なる人における諸真理に明示された如く彼の善の性質に従い、信仰の真理に反した彼の違反の故に、それ〔信仰の真理〕が主からのものである事を承認することによる。

7. そして祭司は彼のために主の御前に贖いを為すものとし、そして彼は赦されるものとする。彼がそれにより罪責ありとされる事について彼が然う行う如何なるものに関して。

7. そして彼の善の状態は、悪の除去と主との和解の原因となるはずである、その本質と性質が如何様であれ、悪は赦免される。

8. そして主はモーセに語って、曰く、

8. 同様に主から神的真理により覚知を与える啓示が存在し、

9. アロンと彼の子らに命じて、言え、これは全焼の奉納の律法である。全焼の奉納は祭壇の上の炉に終夜朝まで在るものとする。そして祭壇の火はそれの上で燃やし

9. 〔その啓示は〕善と、そこから由来する諸真理にいる者らへの流入を介して純粋な愛からの主礼拝に関するもので、不明確な凡ゆる状態においても、また澄明

続けられる*³ものとする。

な凡ゆる状態においても、彼自身からのものとして人の決断によりこの愛は卓越したものと成るはずである。愛は恒久でなければならず、そして決して消されてはならないからである。

10．そして祭司は彼の亜麻布の衣装を着るものとし、また彼の亜麻布の股引を彼の肉の上に履くものとする。そして彼は火が祭壇で全焼の奉納を食い尽くした灰を取り上げるものとし、そして彼はそれらを祭壇の傍らに置くものとする。

10．そして天的な善は信仰の諸真理に判然となるはずである。真理と善の結合もまた内と同じく外にも維持されるはずである。そして礼拝の以前の諸状態ではその役立ちに資するものは何であれ、それにより高揚されるはずである、しかし依然それぞれ従属しているのである。

11．そして彼は彼の衣装を脱ぎ、他の衣装を着、そしてその灰を宿営の外で清めの場に運び出すものとする。

11．しかし諸真理に関する状態の諸々の変化は、善に関する状態の諸々の変化に常に随伴ないし後続するであろう。そして最早役立ちのためには要求されないそのような知識は、天界的生命から分離され、静止している外なる記憶の中に居座り、そこでは悪に汚染されないのである。

12．そして祭壇の上の火はそれの上で燃やし続けられる*³ものとし、それは消えぬものとする。

12．しかし礼拝の内奥は純粋な愛であり、絶えず活動的でなければならず、消滅してはならない。

第6章

そして祭司は薪(たきぎ)をその上で毎朝燃やす*4 ものとする。そして彼は全焼の奉納をそれの上に整えて置くものとし、そしてそれの上で平安の諸奉納の脂肪を燃やし煙にするものとする。

そしてこれは凡(あら)ゆる新しい状態にあって彼自身からのものとして、善にいる者により結果を齎(もたら)されねばならない。諸情愛と諸思考に関する完全な配列は維持されねばならない。そして特に自由と平安の原理からの天的な善は主に帰(き)せられねばならない。

13. 火は絶え間なく祭壇の上で燃やし続けられる*3 ものとする。それは消えぬものとする。

13. 何となれば、人は心から主を礼拝するとき、神的愛と**慈悲**は人と共に常に在(いま)すからである。そして誠に、それらは決して途絶(とだ)えない。

14. そしてこれは穀物の奉納の律法である。アロンの子らはそれを主の御前(みまえ)に、祭壇の御前(みまえ)に奉納するものとする。

14. これらもまた霊的な度(ど)における天的愛からの主礼拝に関する、あるいは仁愛からの礼拝に関する秩序の法則である。それは神的善から由来している神的諸真理から発出する。そしてそれは霊的礼拝である。

15. そして彼はそれから、穀物の奉納の精製した小麦粉の、そしてそれの油の、そしてその穀物の奉納の上にある全ての乳香を、彼の一掴(つか)みを取り上げるものとし、そして祭壇の上でそれの覚えのものとして、主への宥(なだ)めの香りの

15. またそれは善由来の純粋な真理において霊的な人の許(もと)に十全な力の内にも在(あ)るはずである。また加(くわ)うるに、それは天的で霊的な善と真理を真の礼拝においてそれの内に持つはずである。何となれば、内的記憶に刻(きざ)まれている

101

第6章

ために、それを燃やし煙にするものとする。

16. そしてそれの残されたものはアロンと彼の子らが食べるものとする。それはパン種なしで聖なる場所にて食べられるものとする。会見の幕屋の中庭で彼らはそれを食べるものとする。

17. それはパン種と共に焼かれぬものとする。我は、それを火により為された我が諸奉納の彼らの分け前として与けた。それは、浄罪の奉納と同じく、そして罪責の奉納と同じく、最も聖なるものである。

18. アロンの子供らの中で凡ゆる男は、火により為された主の諸奉納から汝らの代々に亘る永遠の

聖なる平安と安息の状態においては、全てが主からのものであると承認されるはずであるから。

16. 斯くもそれ故、善にいる者らとそこから由来する真理にいる者ら、即ち天的並びに霊的な者らは主から善を固有のものとするはずである。善は虚偽から分離された状態で固有のものとされるはずである。即ち聖なる状態で。また精神の自然的な度で、そしてこれ故凡ゆる度においても十全に〔固有のものとされるはずである〕。

17. そして正にそのような固有のものとする状態のための備えにあっては、虚偽との混合がないはずである。それは主から天的で霊的な人への、神的愛と**慈悲**に従った、贈り物である。それは精神の各々の度に適応した内奥の善である。そしてそれは内奥の面で、悪と過失からの救いの嘗ての諸々の状態の中にあるのである。

18. そしてこの天的で霊的な善は意志における善から理解における真理にいる全ての者により

第6章

受けるべきもの*5として、そのものから食べるものとする。それらに触れる者は誰であれ聖なるものとする。

固有のものとされるはずである。それは恰も、永遠への状態の凡ゆる変化における彼ら自身のもののように成るはずである。そして人間により受け入れられ、彼により承認されるものとして、それは神的愛からのものである。然り、そのような善との接触は僅かであろうと、全て聖なる状態を生むのである。

19. そして主はモーセに語って、曰く、

19. 更に一層、神的善から神的真理により覚知を与える啓示が存在し、

20. これは、彼が油を塗られる日に彼らがそれを主へ奉納するものとするところの、アロンと彼の子らの捧げ物である。絶え間無き*6穀物の奉納のための精製した小麦粉の10分の1エファ、朝にその半分、そしてそれの半分は夕に。

20. 天的善にそしてそこから由来した真理にいる者らは、真理と善が親密に結合するそのとき、礼拝にて主を承認するはずである。彼らの許に絶え間ない神的善からの神的真理の残りのものに関する十全さが在るはずである。そしてこれが澄明さと不明確さの双方全ての状態における実状のはずである。

21. 焼き鍋でそれは油と共に作られるものとする。即ちそれが浸され、汝それを中に持参するものとする。焼いた小片にて汝は穀物

21. そしてそのような状態のための備えが、外的な諸真理を手段として天的善により作用されるはずである。その過程で善の下に

第6章

の奉納を主への宥めの香りの為に奉納するものとする。

ある諸真理の秩序ある配列が起こるはずである。そしてそれは、主からのものである事が承認されるはずであり、礼拝において喜びと平安を齎すのである。

22. そして彼の子らの中から彼に代わるものとする油を塗られた祭司は、それを奉納するものとする。永久の法令*5によりそれはそのまま主へ燃やし煙にされるものとする。

22. そして真理へ結合した外なる善は、十全な結合を齎すことにおいて本質的な善へ奉仕するはずである。そして内なるものからのそのような外なる礼拝は永続されるはずである。

23. そして祭司の凡ゆる穀物の奉納はそのまま燃やされる*7ものとする。それは食べられぬものとする。

23. 誠に善からの全ての内奥の礼拝は十全に主に帰されるはずである故、なぜなら人は善を彼自身からは固有のものと出来ないからである。

24. そして主はモーセに語って、曰く、

24. 更に一層、神的善から神的真理により覚知を与える啓示が存在し、

25. アロンと彼の子らに語って言え、これは浄罪の奉納の律法である。全焼の奉納が屠られる場所で浄罪の奉納が主の御前に屠られるものとする。それは最も聖なるものである。

25. 悪からの解放の間の礼拝に関し、善におり、そしてそこから諸真理にいる者らへの流入による。即ち内奥の面でそのような礼拝は純粋な愛からの主礼拝と等しいこと、そしてその様な礼拝のための備えは同一のものであり

第6章

神的愛から存在することである。約言(そくげん)すれば、それは内奥の礼拝の結果である。

26．それを罪のために奉納する祭司はそれを食べるものとする。聖なる場所で、会見の幕屋の中庭で、それは食べられるものとする。

26．また内奥的に善にある者はそれ故外なる面でも善を固有のものとするはずである。それは礼拝の聖なる状態のはずである。またそれは、霊的で天的な人から由来する自然的な人において固有のものとされる筈(はず)である。

27．それの肉に触れるものは何であれ聖なるものとする。そしてそれの血から何(いず)れの衣服にか撥(は)ね掛かるとき、汝(なんじ)はそれが撥ね掛かった箇所*8を聖なる場所で洗うものとする。

27．そして外なる礼拝は内なるものであるものから斯(か)く聖なるもののはずである。そして仁愛の聖なる状態がそのような礼拝において真理と結合されるとき、罪からの純化がその聖なる状態に起こるはずである。

28．しかしそれがその中で濡(ぬ)れる*9陶器は壊されるものとする。そしてもしそれが真鍮(しんちゅう)の器の中で濡れた*9なら、それは磨(みが)かれ、水の中で濯(すす)がれるものとする。

28．しかしそのような礼拝に手段となった単なる自然的な情愛は分離されるはずである。そしてもしそのような自然的な情愛が主からの善であったなら、それは全ての虚偽から、そして全ての悪から純粋にされるはずである。

29．祭司らの中で凡(あら)ゆる男はそれから食べるものとする。それは

29．そして正に善からの凡ゆる真理は斯(か)くそれ自身の善を固有の

105

最も聖なるものである。

30. そして、聖なる場所で贖い
を為すために会見の幕屋に、その
血の幾程をも持ち込まれた浄罪
の奉納は、断じて食べられぬもの
とする。それは火で燃やされるも
のとする。

ものとするはずである。それは内
なるものと結合された外なる礼
拝である。

30. そして仁愛の本質的な原理
からの内的な純化のための主礼
拝は、天界を介して主から発出
し、そしてそれは罪から純粋とさ
れ、それにより外なる人を内なる
人と和解せしめるが、人間に彼自
身のものとして固有のものとさ
れてはならない。そのものが主か
らのものであると承認されるべ
きであり、そしてそのものがその
御方に奉献されるべきである。

参照と注解

1. これは明らかである、なぜならイェホヴァにより御自身の愛についての神的存在が示されているからである(2001)。語ることにより流入が示されている(2951)。モーセにより神的真理、あるいは聖言が表象されている(7010, 6752)。そして曰く、により覚知が示されているからである(1791, 1822, 第4章1節)。

2. 典拠は以下のとおり、即ち罪を犯すことは神的秩序の法則を破ることである(5076)。侵害することは信仰の真理に違反することを示している(9156)。隣人に偽りを弄することは真理を仁愛から分離することにより虚偽化する

ことを示している、なぜなら隣人は善にあるいは仁愛にいる者を示しているからである(6711, 6712)。そしてそれ故、彼に偽りを弄することは、仁愛から真理を分離することである(8087)。預かり物は「凡ゆる役立ちのために取っておかれたもの」、そして斯く記憶にあるものを示している(5299)。手の中に置かれたもの、あるいは換言すれば、他の預かり物(ヘブル語レキシコン)、親睦(欽定版)、取引物、あるいは担保(改訂版)は、理解にあるものを示している(10062#)。略奪品、あるいは暴行により取り去ったものは、人間が自己愛から真理を自身に帰する時の彼による意志の活動を示している(8906)。そして隣人を虐げることは仁愛の善を暴行することを示している(6711, 6712)。

3. 失われし物を見つけることは、真の教義を発見することを示している(9150#)。それにて偽りを弄することは、真の教義を虚偽化することを示しているのは明らかである(8087)。虚言に誓うことは、虚偽であることを確固とすることを示している(2842)。そしてこれらの事柄の何れかの故に罪を犯すことは、説教または振る舞いで悪と虚偽とを表現することを示している(5076, 9156)。

4. これは真実である、「もし彼が罪を犯し罪責あるなら」なる言葉が内なる面でも外なる面でも告白を含意しているからである(5076, 3400)。略奪により取ったものを戻すことは、主からのものを自身に帰するのを止めることを示している(8906)。虐げにより得たものを戻すことは、善の原理あるいは仁愛に最早暴行しないことを示している(6711, 6712)。彼に託された預かり物を戻すことは、生活への適用なしには最早真理を彼の記憶の中で保持しない事を示している(5299)。そして見つけた失われし物を戻すことは、教会に戻された真の教義を最早腐敗させない事を示している(9150#)。

5. 更に、彼が偽りに誓ったものについて如何なるものも戻すことは、偽りの教義の内に確固とされるのを止めることを示している(8087, 2842)。充分に戻すことは悪を忌避することのみならず、真理を実践することにより悔い

改めの業を行うことである(9087, 9097, 9130)。5分の1を加えることは残りのものの移植を示している(649, 5291)。それが帰属するところの彼へ戻すことは、善と真理を主に帰することを示している(8906)。そして罪責ありと気付かされた日は、彼自身の中で悪が悪として悟られる状態を示している(487, 3400, 9133)。

6. これは以下の意義から理解される、即ち牡羊の罪責の奉納は、内なる人における無垢の善からの主礼拝を示しているものとして(3400, 2001, 10042)。無傷は、悪から免れている事を示すものとして(7837)。小家畜の群れの中からは、霊的なものであるものを示すものとして(5913, 6126)。評価に従うことは、外なる人において諸真理に明示されている如く善の性質に従うことを示すものとして(2959)。そして祭司への罪責の奉納は、信仰の真理に対する彼の違反の故を示すものとして(9156*10)。一方祭司へ奉納を連れて行くことにより、信仰の真理は主からのものである事の承認が示されている(3670)。

7. 祭司により彼のための贖いが為される事により、主からの善は、悪の除去と、主との和解の原因となるべき事が示されている(9946, 10042)。彼が赦されることにより赦免が示されている(8393, 9506)。そしてそれにより罪責ありとされる事について彼が然う行う如何なるものにより、悪の本質と性質が如何様であれ、が示されている(3400)。

本節で、内意における過失での犯された罪の主題は一旦閉じられるが、終わりの数節にも同様再び論じられることになる。牡羊が再び指定された奉納物になっているため、全般的な主題は継続しここで結論に至っていることが明らかであるのだが、一方最初の節が新たな主題を指し示していることに注目されよ。これは何故か。その理由は全般的な主題に三つのセクションがあるからである。第1は内なる人の意志に関係を持つもの、第2は理解に関係も持つもの、第3は行為に関係を持つものである。そして2、3節では考察のための六つの異なる過失の系列が存在するのである。即ち振舞いにおけること、諸真理の記憶への受け入れ、理解への〔受け入れ〕、外なる面で意志

第6章

への〔受け入れ〕、内なる面で意志への〔受け入れ〕、外なる面で冒瀆する事と内なる面で冒瀆することにより、最後に当然ながら、それらに対する引き続く警告にも拘らず悪と虚偽を確固とすること、これらの人間の側の受け入れと具体化に従うのである。今や教会内で以下のことが良く知られている。即ち再生の秩序においては、外観が進む分まで、人は、教育の状態から理知の状態を経て引き続き前進し、愛や善の状態へ従順になる。そして結果以下が明らかである、即ち数多くの過失が彼の発達中に生じがちになり、これらは彼が赴く如く彼に波及している状態からその性質を受け入れているのであり、そしてこれ故最初にその諸々の語句がそこに出現する秩序の理由を我々は知るのである。しかしこれらの語句が悔い改めの業を記述している4節と5節で繰り返されているとき、我々は以下に気付くのである。即ち秩序が変化し、その原因が、主からの善の受け入れに関し、全ての人の許にある諸真理の配列がその人に波及している状態に従っているという事である。それ故人が悔い改めの状態へ至るとき、内的事柄が初めに来て、外的事柄はその重要性が2次的であると看做されるのである。そして略奪によりそして虐げにより取られた物が最初に指定され、一方霊的には記憶に関係する事柄は次に述べられている事に斯く気付くのである。そしてこれは重要な教えを含んでいるのである。真の悔い改めは、見解の変化や或るいは単に振舞いの変化というより寧ろ、*動機*の変化である。しかし最も深い諸悪が内部に潜むであろう事は依然確かであり、それで悪の諸状態を確固とする傾向は先に語られている。それ故悔い改めの状態は、経過の状態に過ぎず、それは善を実現するために万事完全の内に成し遂げられねばならないであろう。

これは我々を、厳粛な考察に価するもう一つの問題に向かわせる事となる。それは、5分の1を加えることにより表象されている残りのものの移植である。残りのものを蓄える事とそれらを移植する事とには相違がある。残りのものにより主からの善い諸情愛と真の見解が意味されている。そしてこれらは人間の許に蓄えられねばならない事が言われており、そのとき彼はそれらを意識しないが、然るべき時宜が来るときの明示と役立ちに備え、それらは主により彼の内なる人に保存されるのである。そしてそれが来ると、そのときそれらは移植され根付き、いわば彼の**外なるもの**において、それらは芽

109

第 6 章

吹き花咲きそして実を結ぶのである。これが残りのものの移植であり、それにより人間の再生、即ち彼の主との結合、そして外なる人と内なる人との結合が成し遂げられるのである。そして勿論、この働きは丁度諸々の悪と過失が悔い改められ、そして赦されあるいは赦免されるに比例して進み、結果全ての善と真理は内面的に覚知され、主からのものであると外面的に承認される事になるのである。5節での霊的教えの合理的かつ実践的価値と、それが先行する諸節と後続する諸節と如何様に繋がっているのかを我々は知るのである。然しながら、6,7 節の内容は、それの中にある全ての要点は以前に考察済である通り、必ずしも冗長に説明する必要はない。しかし残りのものの移植(6156)に関しては、精査に価する興味深い参照として、他に 1616, 5897[11], 1737, 2284 が挙げられる。

8. これは明らかである、なぜならイェホヴァにより御自身の愛に関し神的存在が示されているからであり(2001)、語ることにより流入が示されているからであり(2951)、モーセにより神的真理あるいは聖言が示されているからであり(7010, 6752)、そして曰くにより覚知が示されているからである(1791, 1822, 第 4 章 1 節)。

9. アロンと彼の子らに命じ、そして言うことは、善にそしてそこから由来する真理にいる者らの許への流入を示している(5486, 9946)。言うことは覚知を示している(1791, 1822)。全焼の奉納の律法は純粋な愛からの主礼拝に関することを示している(8680)。それが炉に、あるいは薪の上に在ることは、愛が優勢にならねばならない事を示している、なぜなら火を燃やすことは愛の活力を意味するからである(9723[#], 6832[3])。終夜は不明確な凡ゆる状態を示している(6000)。朝は澄明な或る状態を示している(9787)。そして薪の上で燃やし続けられる火は、愛が恒久であらねばならず、また決して消されてはならないと言う、人間自身からの如き彼の決断を示している(2784)。

10. 彼の亜麻布の衣装を着る祭司により、天的善は信仰の諸真理に明らかにされねばならない事が示されている(9946, 9814)。彼の肉の上に着なけれ

ばならない亜麻布の股引により、真理と善との結合が内なる面と同じく外なる面にも維持されねばならない事が示されている(9959, 160, 161)。彼が灰を取り上げることにより、以前の諸状態ではその役立ちに資するものは何であれ、それにより高揚されることが示されている(9723)。そしてそれらを祭壇の傍らに置くことにより、それぞれ従属している事が示されている(9736, 10185)。

11. 彼が衣装を脱ぎ、他の衣装を着ることは、衣装は諸真理を意味することから、諸真理に関する状態の諸々の変化は、善に関する状態の諸々の変化に常に随伴することを示している(9814)。そして祭司は善を意味する(9946)。一方脱ぐ事と着ることは明らかに状態の変化を意味している(3405)。そしてその灰を宿営の外で清めの場に運び出すことは、最早役立ちのためには要求されないそのような知識は、天界的生命から分離され、静止している外なる記憶の中に居座り、そこでは悪に汚染されない事を示している、なぜなら宿営の外により天界的生命からの分離が意味されるからである(4236)。清めの場により、分離の活動は純粋であることが示されている(4545, 2625)。そしてそれによりまた静止しているところの外なる記憶が〔示されている〕(9723)。

12. これは以下の意義から窺われる、即ち、火は純粋な愛であるところの礼拝の内奥を示すものとして(9723)。燃やすことは、そのような礼拝の活動力を示すものとして(9723#, 6832³)。消えない火は、明らかなように愛は消滅させてはならない事を示すものとして。毎朝祭壇で薪を燃やす祭司は、凡ゆる新しい状態にあって彼自身からのものとして、善にいる者によりこれを結果として齎さなくてはならない事を示すものとして(9946, 2784, 7844)。全焼の奉納を整えて置くことは、諸情愛と諸思考に関し完全な配列を示すものとして(5288)。そして薪の上で平安の諸奉納の脂肪を燃やすことは、自由の原理からの天的な善は取り分け主に帰せられるべきである事を示すものとして、なぜなら脂肪は天的善を示すからである(10033, 353)。平安の諸奉納は自由からの礼拝を示している(10097)。そして奉納物または捧げ物とし

て祭壇で燃やし煙にする事は、主に帰することを示している(2776)。

 13. ここで火は神的愛と**慈悲**を示している(1528)。燃やし続けられる事は、人と共に常に在すことを示している(10133)。そしてそれが消えないことは、明らかなように、それらが決して途絶えないことを示している。そしてまた以下のことが明らかである、即ち直前の節で為されているこの記述の繰り返しは字義から見受けられるような単なる強調のためではなく、内意の系列に従い、神的愛と**慈悲**が不変であるという真理を伝えるためなのである。

 14. これは真実である、なぜなら律法により主への愛に関係した諸真理が示されており、それは全焼の奉納により意味され、そして隣人への愛は穀物の奉納により意味されているからである(1121, 2177)。それ故この系列では穀物の奉納により、霊的な度における天的愛、あるいは仁愛からの礼拝が示されている(第2章1, 2節)。それを捧げるアロンの子らにより、霊的礼拝が神的善由来の神的諸真理から発することが示されている(9946)。そして「主の御前に祭壇の御前に」により、天的なものと結合し、そして主から由来した霊的礼拝が示されている、なぜなら「主の御前」はそのような礼拝が主からのものである事を示し(10024)、祭壇は主と主礼拝を示しているからである(9714)。

 15. これは以下の考察から理解される、即ち一掴みを取ることは十全な力の行使を示している(7518)。精製した小麦粉は善由来の純粋な真理を示している(9995)。油と乳香は天的な霊的な善と真理を示している(2177, 10177)。「穀物の奉納の上」は真の礼拝において、を示している(14節)。祭壇の上で一掴みを燃やし煙にする事は、主への聖別と(10052#)、そして全ての善と全ての真理はその御方からのものである事の承認を示している(10055)。宥めの香り或いは安息の匂いは、聖なる平安と安息の状態を示している(10054)。そして覚えのものは内的記憶に刻まれたものを示している(6888)。

 16. 穀物の奉納の残されたものがアロンと彼の子らが食べるためにある事

は、天的並びに霊的なものにより主からの善を固有のものとする事を示している(9946, 2177, 2187)。それがパン種なしであることは、虚偽の状態からの分離を示している(2177#, 2342)。それが聖なる場所で食べられることは、聖なる状態即ち愛と信仰の状態において固有のものとする事を示している(3652#)。そして会見の幕屋の中庭で、は、精神の自然的な度においてを、又これ故凡ゆる度において十全なることを示している、なぜなら中庭により終局的な天界と斯くも自然的な度が示されているからである(9741, 9825#)。そして終局的な度では「全ての内的な事柄はそれらの秩序、そしてそれらの形と関連の内に共に維持され」、そして凡ゆる度に斯くも十全さが存在するのである(9824)。

17. パン種と共に焼かれないことは、正にそのような固有のものとする状態のための備えにあっては、虚偽との混合があってはならない事を示している(8496, 7906)。火により為された奉納のアロンと彼の子らの分け前としてそれが与けられる事は、穀物の奉納により表象されている善は天的で霊的な人への主からの贈り物であることを示している(4397, 9946, 10055)。そしてそれが最も聖なるものである事は、それは精神の各々の度に適応した内奥の善であることを示している(10129, 10042, 9156#)。

18. これは斯く実証される。穀物の奉納は天的で霊的な善を示している(4581, 2177)。アロンの子供らの中の男は善からの真理を示している(725, 9946)。食べることは固有のものとする事を示している(2187)。汝らの代々にわたる永遠の律法あるいは法令は、永遠への状態の凡ゆる変化において、恰も人間自身のものであるかの如き善の受け入れを示している、なぜならこれは天界の秩序に従っているからである(7884, 7931, 9845, 1712)。火により為された主の諸奉納から、は、人間により受け入れられるものとして神的愛から、を示している(10055)。そしてそれらに触れる者は誰でも聖なることは、僅かであれそのような善との全ての接触は聖なる状態を生み出すことを示している(10023)。

19. これは明らかである、なぜならイェホヴァにより御自身の愛に関し神的存在が示されており(2001)、語る事により流入が示されており(2951)、モーセにより神的真理あるいは聖言が示されており(7010, 6752)、そして曰く、により覚知が示されているからである(1791, 1822, 第4章1節)。

20. アロンと彼の子らは、善にそしてそれから由来する真理にいる者らを示している(9946)。捧げ物を携えることは礼拝において主を承認することである(349, 922)。彼が油を塗られる日は、真理が善と密接に結合するときの状態を示している(9954⁷)。絶え間無き穀物の奉納のための精製した小麦粉の10分の1エファは、絶え間ない神的善からの神的真理の残りのものに関する十全さ示している(576, 10136, 10133#)。朝に半分が、そして残りの半分が夕に奉納されることは、澄明さと不明確さの双方全ての状態における事を示している(10255, 6000, 9787)。

21. 焼き鍋で油を混ぜて焼かれる穀物の奉納は、そのような状態のための備えが外的な真理*11 を手段として天的善により作用されねばならない事を示している(8496, 7356, 2177)。それが浸され或るいはずぶ濡れにされるときに中に持参される事は、過程において、あるいは諸真理が善と結合させられるとき、を示しており、精製した小麦粉は諸真理を、油は善を示している(9993)。それが小片に焼かれることは、善の下にある諸真理の秩序ある配列を示している(10048, 3110#)。そして主への宥めの香りは、喜びと平安を齎すところの主の承認を示している(10054)。

22. これは斯く窺われる。アロンに代わるべき油を塗られた祭司は、真理へ結合した外なる善と本質的な善への奉仕を意味している(9954⁷, 10017)。穀物の奉納は結合を齎すものを示している(20節)。そして永久の法令によりそれがそのまま主へ燃やし煙にされる事は、内なるものからのそのような外なる礼拝は永続されねばならない事を示している(18節)。

23. 祭司の凡ゆる穀物の奉納がそのまま燃やされることは、善からの全て

の内奥の礼拝は十全に主に帰されねばならない事を示している(9946, 10055)。それが食べられてはならない事は、人は善を彼自身からは固有のものと出来ない事を示している(2187)。

24. これは明らかである、なぜならイェホヴァによりこの御方の愛に関し神的存在が示されており(2001)、語る事により流入が示されており(2951)、モーセにより神的真理あるいは聖言が表象されており(7010, 6752)、そして曰く、により覚知が示されているからである(1791, 1822)。

25. アロンと彼の子らに語って言うことは、善にいる者らへと真理にいる者らへの覚知を与える流入を示している(9946, 2951, 1791, 1822)。浄罪の奉納の律法は、悪からの解放の間の礼拝に関することを示している(3400#)。全焼の奉納が屠られる場所で浄罪の奉納が屠られることは、そのような礼拝は純粋な愛からの主礼拝と等しいこと、そしてそのような礼拝のための備えは同一のものである事を示している(3400#, 10053, 2625#, 10024)。主の御前は神的愛からを示している(2001)。そして最も聖なることは、内奥の礼拝の結果であることを示している(10129)。

26. それを罪のために奉納する祭司がそれを食べることは、内奥の面で斯く善にある者はそれ故外なる面でも善を固有のものとしなければならない事を示している(9946, 2187)。聖なる場所で食べられる浄罪の奉納は、礼拝の聖なる状態を示している(2625#)。そして会見の幕屋の中庭では、自然的な人において固有のものとする事を示している(9741, 9825#)。

27. それの肉に触れるものは何であれ聖なるものである事は、外なる礼拝は内なるものであるものから聖なるもので在らねばならない事を示しているが、それは以下の意義から窺える如くである、即ち触れることは霊的に交流を示すものとして(4404, 10199)。浄罪の奉納の肉は、外なる礼拝を示すものとして(8682#, 10040#)。そして聖なることは、内なる礼拝に関連した結果における聖性を示すものとして(25, 26節)。浄罪の奉納の血が衣服の

上に撥ね掛けられることは、そのような礼拝において真理と結合された仁愛の聖なる状態を示している、なぜならこの場合血は仁愛を意味しているからであり(1001)、そして衣服は真理を示し(1073)、一方撥ね掛けることは結合を示している(10047)。そして血が降り掛かった箇所を洗うことは、純化を示している(3147)。聖なる場所は聖なる状態を示している(2625#)。

28. これは明らかである、なぜなら陶器は単なる自然的な情愛を示しているからであり(10105)、この場合手段となるところの真理の情愛である(5948)。壊されることは分離されること、または取り除かれることを示している(9163)。真鍮の器の中で濡れたことは、善由来の諸真理を手段としての備えを示していている(10105)。そして磨かれ水で濯がれることは、全ての虚偽と全ての悪からの純化を示している(10105)。

29. 祭司らの中で凡ゆる男はそれから食べることは、善からの凡ゆる真理はそれ自身の善を斯く固有のものとしなければならない事を示している(725#, 9946, 2187)。そしてそれが最も聖なるものである事は、それが内なるものと結合した外なる礼拝を示している、なぜなら浄罪の奉納とは罪からの純化に関与した礼拝を示すからであり(3400#)、また最も聖なるものとは内なる或いは内奥のものを示すからである(10129)。

30. これは真実である、なぜならその血が会見の幕屋に持ち込まれた浄罪の奉納は、内的な純化を含んだ真摯な礼拝を示している(3400#)。血は仁愛を示している(1001)。会見の幕屋に持ち込まれることは、それが諸天界を介した主からのものである事の承認を示している(2356#, 3540³)。聖なる場所で贖いを為すことは、その聖なる状態での外なる人と内なる人との和解を示している(10042, 2625#)。食べられてはならぬ事は、人間に彼自身のものとして固有のものとされてはならない事を示している(2187)。そして火で燃やされることは、主への十全な奉納を示している(10052)。

第6章

　終了したばかりの本章での解説を今直ぐ続けよう。全焼の奉納と犠牲により種々の諸状態と種々の諸環境下での主礼拝が表象されているが、これらに関する神的律法の様々な個別なることを我々は注意深く反省せねばならない。先ず初めに、天的愛からの礼拝に関することである、天的愛は最高の度のもの、即ち主の最も純粋な愛のもの、あるいは彼ら自身のためにあるその御方からの善意と真理のものである。律法〔諸法則〕とは何か。所与の記述に次のことが読み取れる、即ち、先ず第一に、一方で人間への生命の神的流入と、また他方人間の側での協働を差し置いては、そのような礼拝は有り得ないと言うことである。全焼の奉納は、炉で或るいは薪で終夜朝まで在るべく命令された。再生の全過程を通して神的愛は決して人の許に流れ入るのを止めず、彼の内に礼拝への性質を生み出すのである。そしてこれは礼拝者の特有の個性にあって判然たらねばならない。全ての者は彼自身からの如く主を礼拝せねばならない。自発的でない人間の側の故意による真の礼拝は有り得ないのである。全焼の奉納は薪の上に在らねばならない。熱は自然界にあって常に太陽から大気と言う適切な媒介により得られている事に各々気付かれよ。そして霊的にも然うなのであり、神的愛はその受け入れ側の媒介、即ち聖霊と**慰安者**(Comforter) と呼ばれているところの彼の神的真理により、常に人間の許に臨在されておられるのである。「見よ、我 常に代の完了まで汝らと共に在るなり」(マタイ 28: 20)。「終夜朝まで。」神的愛は決して眠らない。しかし、薪あるいは何らかの終局的な内容と同らの形を明らかに持つのでなければ、その熱を意識的に得ることもないのである。これが創造の律法であり、霊的にはそれが同じく再生の律法なのである。今や人間の意志と理解は、丁度彼が自身のものとして主からそれらを行使するときに、その終局的なものと共になる。そして再生—**教会**と主との結合—を構成する天界的結婚が、*固有のものの内に*、あるいは人間自身の生命の実現において、言わば適切に彼に属するものとして結果を齎さねばならない(155, 253)。そして正にこれは人間の生命の偉大な律法である、なぜなら丁度主御自身が頂上におられるように、それの基に位置しているからである。

　取り分け（*par excellence* 仏語）天的と呼ばれているところの、主の至上の愛に関連するもう一つの律法は、それがその状態に応じて調整された形で

117

第6章

飾り立てると共に披露する、美しい衣服にも似た諸真理に表示されていると言うことである。それらは善から由来する諸真理であり、善を表現しており、善と結合されて居るのである。それらが善から由来することは、衣服が祭司の衣服であることにより意味されている。それらが善と表現している事は、それらが状態に応じ変化し、また体の異なる部分のために異なっていると言うことにより示されている。そしてそれらが善と結合されることは、それらが肉の上に存在することにより意味され、肉は既に理解しているように、善を示しているからである。

　天的礼拝に関係する三つ目の律法は、灰の除去という行為に表現されている。それは、以下でなければ人は彼の最高の善の実現に向上することは出来ないという事である、即ちそれに導く諸状態が先ず従属するものとして看做され、後に共に実現された事柄として除外され、しかもなお記憶の中に所謂貴重な遺品として居座るということである。再生の生命において何らかの向上した者で、誰が振り向いて彼の初期の宗教上の生命のそれらの聖なる諸状態を思い出すことが出来ないであろうか。その宗教上の生命の初期のときには、思考と感情の幾つかの形が、それらが実際には塵と灰として現在の正真の経験と比べられたが、善の生命を育むことにおいてその役立ちのために極めて重要だったのではないか。そしてこれらの何れも決して失われないことは確かである。事実、それらは「宿営の外」であり、天界的秩序の一部を形作ることは出来ないが、然しながらそれらは「清めの場に」在り、即ちそれらは悪と虚偽の事柄の一部としては見なされ得ないのである。それら初期の諸状態の記憶は心地よいものであるが、とは言え概して、我々の完了の状態にあってはそれは静止しているのである。

　更に、天的礼拝の四つ目の律法は、それが内奥のものから常に維持されねばならない事である。これもまた人間により彼自身からの如く行われなくてはならない事であり、それがより低次の諸情愛の秩序ある配列を生むことであり、それが平安と安息の状態に内奥の愛を判然とせしめる事であり、そしてこれが人間により成し遂げられ得るという事である、なぜなら主の愛と慈悲は決して衰えず、また消され得ないからである。以下のことを付け加えられよう、即ちこれは善人と同様邪悪な人にも適用できるのである、なぜなら

第6章

以下の事が主の常の骨身惜しまぬ情け深さと慈悲のものだからである。即ちそれら〔主の愛と慈悲〕はその生命を決して失いはしないこと。そしてそれらの体験全ては、それらの条件の改善と、永遠に交際すべき者らの中で彼ら自身の現存の面の上に、益々秩序ある配列へ向かっている事である。

　そして我々は斯くも以下の事を知るのである、即ち、天的礼拝の諸々の法則は直接神的愛から発すること。それらの行為は諸天界を喜びと平安で満たし、最善と成るべく凡ゆる人間の状態と条件へその獲得した特質に従い永遠に影響を及ぼすことである。

　天的礼拝の諸々の法則は取り分け主への愛に関連するが、霊的礼拝の諸々の法則は、像において天的愛であるところの仁愛または隣人愛と特定の関係を持つことに在る。あるいは同じ事ではあるが、天的愛は神的善と関連し、一方霊的礼拝は神的真理と関係している。仁愛の善は媒介としての真理により得られるからである。それ故穀物の奉納を奉納することはアロンの子らの義務であったことが看取されよう。しかし、主への愛と隣人への愛の双方が含まれているため、これが「主の御前」と「祭壇の御前」と言われている事により指摘されているのである。これは、一方では聖言からの諸真理の受け入れと他方主の承認なしには、正真の隣人愛は有り得ないことを、我々に表している。そこで15節に、霊的礼拝が如何様に天的礼拝に連関しているか我々は知るのである。それは礼拝の行為において力を伴い、双方共に具現される事によるのである。仁愛を動機として持つところの真理の原理から隣人に善を為すことは、実際には主を愛することである(マタイ25: 40)。これが、それの油と共に精製した小麦粉の一掴みと全ての乳香を取る事と祭壇の上でそれを燃やすことである。この事に以下の全ての結合が存在する、即ち善行、善からの真理、主への愛、内的には神的真理の聴取と覚知、そして神的愛の力強い影響である。しかし霊的な人は、律法への従順なその単純な行為にあっては、それの内に含まれているこれら全ての事柄を理解も感じもしないのであり、それ故彼が行うところの十分な力を発揮しないのである。そこで次の三つの節はこの事を表している。律法とは、善を為すことにより善を固有のものとする事である。それが彼の生命の部分になるのである。そして実に、恰も彼自身のものであるかの様に主から善と真理とを固有のものと

第6章

する事なしには、真の霊的生命を持たないのである(ヨハネ 6: 53)。ここで*固有の*ものとする事と*固有*の言葉の間の連関に注目されたし、然すれば後続する個別の方向性の理由が知られるであろう。穀物の奉納はパン種なしで聖なる場所、会見の幕屋の中庭で食べられねばならなかった。善を固有のものとする為には、虚偽と悪の拒絶、真理の愛から由来した聖性、そして自然的な度における宗教の生命が存在せねばならない。否更に、そのような固有のものとする為の備えにおいてさえ、魂を滋養し、主の贈り物でもあるところの善と真理のために虚偽と悪は捨て去られねばならない。そしてそれが故に、犯された諸悪のためと不注意の過失のための悔い改めの業においてさえそこでは善が働きかつ人間が共に働き、神聖なる状態が存在するのである。そして斯くも、この聖性の状態は、再生の過程において何であれ善からの真理にいる者全てに属しており、受けるべきもの又は*法令*の表現で表象されている外なる人と、アロンの子らにより示されている霊的な人の中の内なる人との結合の手段なのである。そして主は善の生命の真の礼拝において承認されるとき、全てこれは神的愛の結果である。善と真理の意識が殆ど無ければ、何人も感動することは出来ないからだ。それらは主からのものである故人間の利己とは異なっているように、同時にそれらの聖性の意識を持つことはない。

しかしここで、19 節以降に見られるように、我々には全般的主題におけるもう一つの部分が在る。アロンと彼の子ら、即ち、再生の過程で内面的に善にいる者全てのために、彼らが*油を*塗られるとき、あるいは霊的には、天界的生命の実現において善が最終的に真理と結合されるとき、特別の穀物の奉納が存在するのである。そしてこれは、内意においては、ここで穀物の奉納により表象されている霊的生命や礼拝に関する諸律法の根拠を、最も端的に結論付けている。そしてこの場合、我々は以下のことに気付くのである、残りのものが十全であること、即ち、善の状態からの真理の残りのものであり、澄明であろうと不明確であろうと全ての状態において絶え間ないという事である。然しながら、次の箇所で以下のことに注意されよ、即ちこの完全な天的状態は、焼く事と焼き方により示されているところの、適切な備えの過程により達成されるものである。事実、それは人間の霊的な諸々の経験で

あり、その経験が、善の下にある彼の諸真理の主の御業であるところの知られざる秩序ある配列により、彼が前進すると同じく天的なものへと彼を備えるのである。再生にあっては、我々は自由に活動するため多くを為すと思うであろう。が、しかし実際は主御自身が第1義的であり、実に或る意味そして真の意味でも、唯一の働き手なのである(イザヤ 44: 24)。故にここから、祭司の穀物の奉納の記事は、それに関する三つの重要な律法の所説をもって終えているのである。一人の油を塗られた祭司のみがそれを奉納することが出来た。それはそのまま主へ燃やされねばならなかった。そして祭司の凡ゆる穀物の奉納がそのまま燃やされねばならず、それの如何なるものも食べられる事が出来なかったのは、夫々以下のことを示している、即ち外なる善は結合を促すにあって内なるものに仕えねばならないこと。この状態における礼拝は善をそのまま主に帰していること。そしてこれは礼拝の最低の度における、あるいは終局的な天界における真の夕べである、何となれば善と真理の結合がその許にある天使あるいは人物は、誰であれ善を彼自身のものとして固有のものとする者はおらず、只恰も彼自身の如く固有のものとするからである。

最後に、本章は浄罪の奉納、即ち霊的には、悔い改めの状態中の現実なる諸悪を取り除くための礼拝に関係する諸律法を述べて終えている。先ずこの礼拝は、内奥の善から発している、未だそのような善は実現されてはいないが。故にそれは内奥の礼拝と同一であり、それでそれは「最も聖なる」と呼ばれている。第2に、善は礼拝のその状態において固有のものとされ、固有のものとする状態は聖なるものであり、そしてそれは自然的な度に存在している。第3に、接触により示された全ての自然的諸情愛と、衣服により意味されるそれら〔全ての自然的諸情愛〕に属する思考が、それらにより聖なるものに、そして純粋なものと成ったとされている。第4に、手段となる全ての単なる自然的な情愛は分離されねばならず、一方主からの善は純粋とされねばならない。そして最後に、凡ゆる真理はそれ自らの善を固有のものとせねばならず、一方仁愛の全ての善は*固有のもの*にではなく主に帰されねばならず、人間全体に関し主との十全なる和解と、純粋な愛からその御方への十全な奉献へと斯くも結果を齎すのである。

第6章

　それ故これに鑑み、聖言においては再生の過程の個別のものが、異なる方法で、イスラエルとユダヤ体制の種々の犠牲により、如何様に完全に記述されているかを今や明瞭に理解するのである。

訳者のノート

＊1.　聖書により第6章1～7節が、第5章20～26節に編入されているものあり。

＊2.　2節「誰か」。原本は'any one'、ヘブル語原文は ネフェシュ נֶפֶשׁ 「魂」。

＊3.　9, 12, 13節「燃やし続けられる」。原本'(shall be) kept burning'、ヘブル語原文は ヤーカド יָקַד のホフアル態トゥーカド תּוּקַד、＊4と対照。

＊4.　12節「燃やす」。原本は'burn'、ヘブル語原文はピエル態で ヴィエール בֵּעֵר が用いられている、＊3と対照。

＊5.　18節「受けるべきもの」、22節「法令」。原本は前者が'a due'、後者が'statute'、しかしヘブル語原文は何れも ホク חֹק 別訳「掟」、原義「決意」。第3章訳者のノート＊5と対照。

＊6.　20節「絶え間無き」。原本は、第3章17節の「恒久」と同じく、'perpetual/-ly'。しかしヘブル語原文では本節は ターミード תָּמִיד 「絶えぬ」「常の」。3：17は オーラーム עוֹלָם 「永久の」。

＊7.　23節「そのまま燃やされる」。原本は'be wholly burnt'、ヘブル語原文は「完全になる」。

＊8.　27節「撥ね掛かった箇所」。ヘブル語原文には無し。

＊9.　28節「濡れる」「濡れた」。原本は'sodden'、ヘブル語原文語根 בשל 「煮る」。

＊10.　注解6節「9156」。9156は出エジプト記第22章8節についての解説。本節で「罪責」と訳しているヘブル語原文 アーシャーム אָשָׁם は、その箇所には用いられておらず、別の単語 ペシャア פֶּשַׁע 「反逆」が用いられている。

＊11.　注解21節「真理」。コラムでは複数形。

＃　『天界の秘義』の各々の節には当該内容の記載がないか、参照としては飛躍？

第 7 章

霊的意味の要約

　この興味深い章の全般的な要約は、その終わりの数節にも表記されているが、下記の如くである。
1. 信仰の真理からの主礼拝に関する神的秩序の律法(1〜7節)。
2. 人間が善を恰も彼自身のものかの如く固有のものとする事のみ出来る全般的律法(8〜10節)。
3. 自由からの主礼拝に関する諸律法(11〜36*1節)。
4. 人間が善と真理を全き彼自身のものとして固有のものとする事の出来ない全般的律法(22〜27節)。
5. 人間が主からの彼自身の力を行使する事により、主により活気を与えられ、この御方からのものと承認される時の、霊的で天的な善を固有のものとする事(28〜36節)。
6. 礼拝に関する神的秩序の諸律法の全般的な要約(37〜38節)。

各節の内容

1. そしてこれは罪責の奉納の律法である。それは最も聖なるものである。

1. そして信仰の真理からの主礼拝に言及し、同時に外的な諸悪からの救いに言及した神的秩序の諸法則は、以下の如し。即ちそのような礼拝と、そのような救い

第7章

は、善についての内奥の状態から由来している。

2. 彼らが全焼の奉納を屠る所で、彼らは罪責の奉納を屠るものとする。そしてそれの血を彼は祭壇の上の周りに振りまくものとする。

2. そしてそれ故、そのような礼拝と救いのための備えは、純粋な愛からの主礼拝に類似し、かつ基づいている。そしてこの礼拝と救いにより、真理と善との結合が凡ゆる様式と度において結果を齎す。

3. そして彼はそれの全ての脂肪をそれから奉納するものとする。脂尾、そして内臓を覆っている脂肪、

3. それの全ての善もまた、全ての外的なそして外なる自然的な善さえも、そのまま主に帰せられるべきである。

4. そして腰部*2 の傍らにある二つの腎臓と、それらの上の脂肪、そして肝臓の上の大網*2 を、腎臓と共に、彼は取り去るものとする。

4. 真理の区別あるいは純化と、そして天界的結婚へ導くそれの善もまた、真理の区別を促す内的な自然的善と共に、利己的な善から分離されるべきである。

5. そして祭司はそれらを、火により為された主への奉納のために祭壇の上で燃やし煙にするものとする。それは罪責の奉納である。

5. そしてこれら全ては主に帰せられるべきであり、純粋な愛からの礼拝においてその御方に奉献されるべきである。そしてこれが、それにより外的な悪からの救いが存在するところの礼拝である。

第7章

6. 祭司の内の凡ゆる男はその物から食べるものとする。それは聖なる場所にて食べられるものとする。それは最も聖なるものである。

7. 浄罪の奉納と同じく、罪責の奉納も然り。それらのために同一の律法が在る。それにより贖いを為す祭司は、彼にはそれが在るものとする。

8. そして如何なる人の全焼の奉納を奉納する祭司は、彼が奉納した全焼の奉納の皮を、正にその祭司が己に持たねばならぬ。

9. そして竈で焼かれる凡ゆる穀物の奉納と、フライパンと、そして平鍋で調理される全てのものは、それを奉納する祭司のもの

6. そして仁愛の善から由来する信仰の真理にいる全ての者らは、この礼拝において善を固有のものとするはずである。それは聖なる状態で固有のものとされるはずである。そしてそれは内奥の善の外面的な表現である。

7. そしてこの礼拝は信仰の善からの主礼拝と同一であり、それ故内的な悪からの人間の救いである。一般的に悪からの救いのための同じ法則が存在している。そしてそれによって悪からの救いと主との和解が存在するところの善にいる者らは、この礼拝の善を固有のものとするはずである。

8. その他に、如何なる者であれ、そこから自身全体を主に献身するところの善は、礼拝者により固有のものとされるはずであり、しかしそれの外なるものについてのみか、または恰もそれが彼自身からの如きに過ぎない。

9. そしてこれを固有のものとする事は、真理と善との結合により備えが為される処の、自然的な人においてはその三つの度に

第7章

とする。

10. そして凡(あ)ゆる穀物の奉納は、油と混ぜたものであれ、乾いたものであれ、アロンの全ての子らはもう一人*3と同じく持つものとする。

11. そしてこれが、主に奉納するものとした平安の諸奉納の犠牲の律法である。

12. もし彼がそれを感謝のために奉納するなら、その時彼は感謝の犠牲と共に*4油を混ぜた種なしのケーキと、油を塗った種なしのウェファースと、精製した小麦粉を油で浸し混ぜたケーキを奉納するものとする。

13. パン種を入れたパンケーキと共に*4、感謝のための彼の平安の諸奉納の犠牲と共に*4彼は彼の捧(ささ)げ物を奉納するものとする。

おける礼拝の凡(あ)ゆる媒介的な状態を包摂(ほうせつ)するはずである。

10. そして礼拝の真摯な行為は、それが情愛から自覚したものであれ、情愛を明らかに伴わない信仰の真理からであれ、実際は単外なる面でか、あるいは恰(あたか)もその者自身からの如(ごと)く、人間に属しているのである。

11. これらもまた、凡(あ)ゆる個人的な場合における自由からの主礼拝に関係する神的秩序の諸法則である。

12. もしそのような礼拝が感謝の印であるならば、その時それは虚偽に汚染されず天的善と結合した真理からのはずである。またその三つの度(ど)において、そのような真理は善から由来し、善へ導くのである。

13. そして天的愛に基づく謝意から主を自由に礼拝する者は、また卑下(ひげ)して自身が悪のみであるという彼自身のことを承認し、そして試誘(しゆうかい)を介して主により純粋とされている。

第7章

14. そしてそれの中から、彼は夫々(それぞれ)の捧(ささ)げ物の中から一つを主への挙上の奉納のために奉納するものとする。それは平安の諸奉納の血を振りまく祭司のものとする。

15. そして感謝のための彼の平安の諸奉納の犠牲(ぎせい)の肉は、彼の捧(ささ)げ物の日に食べられるものとする。彼はそれの如何程(いかほど)も朝まで残さぬものとする。

16. しかしもし彼の捧(ささ)げ物の犠牲が誓願か、あるいは随意の奉納であれば、それは彼が彼の犠牲を奉納する日に食べられるものとする。そしてそれの残れるものは翌朝に食べられるものとする。

17. しかし犠牲の肉の残れるものは三日目には火で燃やされるものとする。

14. そしてそれ故(ゆえ)、この天界的状態は主から受けていると告白され、その結果純粋な天界的な善は、そのような礼拝において真理を善と結合させる彼により固有のものとされている。

15. 謝意からの礼拝のこの個別の善もまた天的な愛の下にのみ固有(もと)のものとされ、またもし一方で利己的な愛に汚染されるか、あるいは他方で再生の新しい状態から分離されるなら、そのような善は固有のものとされない。

16. しかし霊的愛または仁愛から発する自由な礼拝において、主が計(はか)らわれるかも知れぬという願いの下に、あるいは自然的愛から、その個別の状態の下のみならず、残りのものを介してその後も永続して、善は各々(おのおの)の場合で固有のものとされるはずである。

17. それにも拘(かか)わらず、審判の過程(ほど)では、善の状態が完成されるとき、単に利己的な善は、最後の諸々の試誘(しゆう)における勝利(かち)を介して消散されるはずである。

18. そして彼の平安の諸奉納の犠牲の肉は何であれ、もし三日目に食べられるなら、それは嘉納されぬものとし、それを奉納した彼に帰負されぬものとする。それは忌むべきものであり、その中から食べる魂は彼の悪行を負うものとする。

19. そして如何なる物であれ穢れた物に触れている肉は食べられぬものとする。それは火で燃やされるものとする。そして肉については、凡ゆる浄い者はそれの中から食べるものとする。

20. しかし主に属する平安の諸奉納の犠牲の肉から食べる魂は、彼の上に彼の穢れがあれば、その魂は彼の民から断たれるものとする。

18. しかしもしこの過程で利己的な善が固有のものとされるならば、主との結合は与えられず、天界的善として帰負されることも有り得ない。何となれば、それはそのような善に徹底的に対立しているからである。そしてそれ〔利己的な善〕の内にいる者は、それを虚偽と結合させる処の彼の悪の状態に留まらねばならないのである。

19. 悪に汚染されている善は何であれ、それを固有のものとする事は合法ではない。それは諸々の試誘により純粋にされるか、あるいは天界的愛により克服されねばならない。しかし悪から純粋にされている凡ゆる者により善は固有のものとされるであろう。

20. そして誰であれ外なる面で自由からの主礼拝において善を固有のものとする者は、内なる面で彼自身を純粋にする事による悔い改めの業を未だ為していないとき、その事により真理と善から全的に分離される。

第7章

21. そして如何なる者であれ、人*5の穢れ、あるいは穢れた獣、あるいは如何なる穢れて忌むべきものなど、如何なる物でも穢れた物に触れ、そして主に属するところの平安の諸奉納の犠牲の肉から食べるとき、その魂は彼の民から断たれるものとする。

22. そして主はモーセに語って、曰く、

23. イスラエルの子供らに語り、言え、汝らは雄牛*6であれ、羊であれ、山羊であれ、脂肪は断じて食さぬものとする。

24. そして自ら死んだものの脂肪と、獣に引き裂かれたものの脂肪は他の何かの用途に用いられよう。しかし汝らはその中から決して食さぬものとする。

25. 何となれば、人々が奉納する火により為された主への奉納の、獣の脂肪を誰であれ食する

21. また内なる面であれ、内的な面であれ、または外なる面であれ、自身を悪に汚染されるが儘にし、依然不敵にも外なる礼拝のみにより主からの善を固有のものとしようとする者は誰であれ、その事により善と真理から分離される。

22. 更に、主から神的真理により啓示が存在し以下を与える、即ち覚知、

23. そして教示を**霊的教会**人に。即ち自然的や霊的状態であれ、あるいは善に導く真理の状態であれ、彼には彼自身から天的善を固有のものとする事は不可能である。

24. また内に霊的生命が無く、あるいは諸々の欲念により傷ついたそれら諸情愛は、手段として用いられるかも知れないが、それらは霊的な人により固有のものとされる事は出来ない。

25. そしてもし誰かが、礼拝において主から固有のものとされ得る善を完全に彼自身のものと

第7章

者は、正にそれを食するその魂は彼の民から断たれねばならぬ*7。

26. そして汝らは、汝らの住む何れにおいても、鳥であれ獣であれ血は決して食さぬものとする。

27. 誰であれ如何なる血をも食するなら、その魂は彼の民から断たれるものとする。

28. そして主はモーセに語って、曰く、

29. イスラエルの子供らに語り、言え、自らの平安の諸奉納の犠牲を主に奉納する者は、彼の平安の諸奉納の犠牲の中から彼の捧げ物を主へ持参するものとする。

30. 彼自らの両手で火による主の諸奉納を持参するものとする。胸と共に脂肪を彼は持参するものとし、胸は主の御前に揺らしの奉納のために揺らされよう。

して不敵にも要求するなら、彼はそれにより教会から分離される。

26. 更に、霊的な人にとって主から受け取る善を完全に彼自身のものとして要求することは、それが知力によってであれ自発的であれ不法である。

27. また外なる礼拝において不敵にも偽善的にこれを行う者は誰であれ、そのために教会から分離される。

28. 主から神的真理により啓示が存在し以下を与える、即ち覚知、

29. そして教示を**霊的教会**人に。即ち自由からの主礼拝の諸状態において、彼は内面的に純粋な善の内に在るはずであり、また彼自らのものとしてその善から活動するはずである。

30. 彼自らの意志と理解の行使により、彼は内面的に純粋な愛から彼自身を主に奉献するはずである。そして天的から霊的な善において彼は礼拝するはずであり、

第７章

　それは霊的善は主から活気づけられる為であり、また斯くも完全になる為である。

　31. そして祭司は脂肪を祭壇の上で燃やし煙にするものとする。しかし胸はアロンのものであり、また彼の子らのものとする。

　31. そして天的善により彼は礼拝において直接主と結合されるはずである。しかし彼の自覚した生活の天的な度においては、霊的善によって彼は仁愛の聖なる原理を実現するのである。

　32. そして右の太腿を汝らは汝らの平安の諸奉納の諸々の犠牲の中から挙上の奉納のために祭司に献上するものとする。

　32. しかし天界的結婚において結合された内奥の天的善と真理は、自由の状態からの礼拝において主御一人にのみに帰されねばならず、その善は受け入れられ、そして役立ちにおいて外なる面で活動的になるであろう。

　33. アロンの子らの内、平安の諸奉納の血と、脂肪を奉納する者は、右の太腿を分け前として持つものとする。

　33. そして内奥の天的な善からの真理は、主から善の生命を直接固有のものとする処のものであり、それにより真理と善との、そして善と真理との結合は礼拝において結果を齎す。ただしその礼拝は幾つもの外なるものにおいては、相対的に不完全である。

　34. 何となれば揺らしの胸と挙上の太腿は、我がイスラエルの子

　34. 何となれば、全ての活力の源泉である処の霊的善と天的善

第7章

供らから彼らの平安の諸奉納の諸々の犠牲の中より取ったからで、イスラエルの子供らからの永久の然るべきもの*8としてそれらを祭司アロンと彼の子らへ与けたのである。

35．これは、彼が祭司職にて主に仕える為それらを差し出した日に、火により為された主への諸奉納の中からのアロンの油を塗る分であり、彼の子らの油を塗る分である。

36．それは、彼が彼らに油を塗った日に、主がイスラエルの子供らの分として彼らに与けられるべきものとして命じられたものである。それは彼らの代々に亘り永久の然るべきもの*8である。

は、悪からの救いの故に自由と喜びからの礼拝において霊的な人により全き主に帰されねばならない。なお、それらは天的で霊的な人により恰も彼自身のものの如く永遠に固有のものとされるべきであり、そしてそれらは彼の天与の諸々の力の行使から由来する。

35．そして神的生命との結合が、内奥の天的な度において、そこでの意志と理解において、斯く結果を齎し、そのとき不完全であっても、主は愛から誠実に礼拝されるのである。そしてそのとき、正真の主礼拝において全ての生命がこの御方からのものである事を、人間は斯くも内奥の面で承認するのである。

36．そして**霊的教会**の凡ゆる者は主からの流入により、次のことを承認できる、即ちその御方との結合による礼拝において内奥の生命はその御方からのものであると言うことである。そして霊的な人は、天界での再生する生命の凡ゆる状態で主を永続的に斯く承認せねばならない。

第7章

　37．これは、全焼の奉納の、穀物の奉納の、そして浄罪の奉納の、そして罪責の奉納の、そして聖別の、そして平安の諸奉納の犠牲の、律法である。

　37．これらは、主の承認と、そしてその全ての度(ど)におけるこの御方(おかた)の礼拝に関係する神的秩序の諸法則である。その度とは天的で霊的な善の受け入れに関するものと、内なる面と外なる面での悪からの救いに関するもの、主との結合に関するもの、そして相対的に不完全な諸状態における自由からの主礼拝に関するものである。

　38．それは、主がモーセにシナイ山で命じられたものであり、その日彼はシナイの荒れ野で、イスラエルの子供らに彼らの諸々の捧(ささ)げ物を主に奉納するよう命じたのである。

　38．そして誠(まこと)にこれらは、善の原理からの神的真理にて教示の状態で始まり、そのとき**神的生命**は教示のそのような状態の不明確さの中で終局的なものへさえも流れ下(くだ)るのである。

参照と注解

　1．これは明らかである、なぜなら罪責の奉納は信仰の真理からの礼拝を意味しているからである(9156*9)。それもまた外的な諸悪からの救いを意味している(3400)。そしてその最も聖なるものである事は、そのような礼拝とそのような救いは善に関し内奥(ないおう)の状態から由来している事を意味している(10129)。

第 7 章

　2. 奉納された動物を屠る事はそのような礼拝のための備えを示している(10024)。彼らが全焼の奉納を屠る所では、そのような礼拝は純粋な愛からの主礼拝に類似しており、それの内に基づいている事を示している(10053, 2625#)。そして血を祭壇で周りに振りまくことは、この礼拝と救いにより真理と善との結合は凡ゆる様式と度において結果が齎されることを示している(10047)。

　3. 全ての脂肪を奉納することは、そのような礼拝の全ての善が主に帰されるべきである事を示している(10033)。脂尾は外的な自然的な善を示している(10071)。そして内臓を覆う脂肪は外なる自然的な善を示している(10029, 10030, 9632)。

　4. 二つの腎臓とそれらの上の脂肪は、真理とそれの善との区別あるいは純化を示している(10032, 10074)。腰部は真理と善との結合を示している(3915)。腎臓と共なる、肝臓の上の大網は、真理の区別を促す内的な自然的な善を示している(10031)。そしてこれらが取り去られ或いは分離されることは、利己的な善からの分離と、それに引き続く主の奉仕への聖別を示している事が明らかである。

　5. 火により為された主への奉納のために祭壇の上でこれらのものを燃やし煙にする祭司は、善のこれら全ての多様性は主に帰されるべきであり、そして純粋な愛からの礼拝においてその御方に奉献されるべき事を示している(10052, 10055)。そしてそれが罪責の奉納である事は、これがそれにより外的な悪からの救いが存在するところの礼拝であることを示している(3400, 10042・III)。

　6. 祭司の内の凡ゆる男がその物から食べることは、仁愛の善から由来した信仰の真理にいる者全てはこの礼拝において善を固有のものとしなければならない事を示している(725#, 9946, 2187)。聖なる場所は聖なる状態を示

している(2625#)。そしてそれが最も聖なるものである事は、それが内奥の善の外面的な表現であることを示している(10129)。

7. 浄罪の奉納と同じく、罪責の奉納も然りなることは、この礼拝は信仰の善からの主礼拝と同一であり、それ故内的な悪からの人間の救いである事を示している(9156, 10042)。それらの為に同一の律法が在ることは、一般的に悪からの救いのための同じ法則を示している事が明らかである。贖いを為す祭司にそれが在ることは、それによって悪からの救いと主との和解が存在するところの善にいる者らは、この礼拝の善を固有のものとしなければならない事を示している(9946, 10042・II, 2187)。

8. 祭司により、如何なる者であれそこから礼拝するところの善が示されている(9946)。全焼の奉納により主への十全な献身が示されている(8680#)。皮により外なるものであるものが示されている(3540)。そして皮を持っている祭司により、外なるものにのみ関し、あるいは恰も彼自身からの如き固有のものとする事が示されている(2187#)。

9. 穀物の奉納は、全焼の奉納が天的礼拝の状態を意味するとき、霊的礼拝の状態を示し、それ故ここではそれは媒介的な状態を示している(2177)。竈、フライパンと平鍋は自然的な或るいは外なる人における善の多様性を示している(7356)。そして、焼くことは自然的な人において真理と善とのそこでの結合により生じる備えを示しており、精製した小麦粉は真理と善の熱を示している(8496, 2177, 934)。

10. 穀物の奉納は天的であれ霊的であれ礼拝の真摯な行為を示している(4581, 2177)。油が混ぜられたことは善あるいは情愛から自覚して、を示している(2177)。乾いている事は情愛が明らかに伴っていない事を示している(8185#)。そしてアロンの全ての子らがそれを持つことは外なる面のみでの固有のものとする事を示している。なぜなら子らは比較的外なるものである諸真理を示しており、そして祭司長としてのアロンは比較的内なるものであ

る善を示しているからである(9946)。

　11. 平安の諸奉納の犠牲の律法により、凡(あら)ゆる個人的事情における自由からの主礼拝に関係した神的秩序の諸法則が示されている(3880, 10097, 10137)。

　12. ここで油を混ぜた種なしのケーキ、油を塗った種なしのウェファース、そして精製した小麦粉を油で浸し混ぜたケーキは、その三つの度(ど)において虚偽に汚染されず善と結合した真理を示し、そのような真理は善から由来し、そこへ導くのである(3880, 7906, 9993, 9994, 9995)。

　13. 感謝のための平安の諸奉納の犠牲と共に奉納されたパン種(だね)を入れたパンケーキは、天的愛に基づく謝意から自由に主を礼拝する者は、彼自身からは彼が悪のみであるという事を承認し、そして試誘(しゆうかい)を介して主により純粋にされた事を示している(7906)。

　14. 夫々(それぞれ)の捧げ物の中から一つを挙上の奉納のために捧げることは、主御一人から受け入れられた善を示している(10097)。そしてそれが祭司のものである事は、純粋な天界的な善はそのような礼拝において真理を善と結合させる者により固有のものとされる事を示している(9946, 10047#)。

　15. 肉が捧げ物の日に食べられることは、謝意からの礼拝のこの個別的な善はその備(もと)えの状態の下にのみで固有のものとされる事を示している(2187, 487)。それの如何程(いかほど)も朝まで残さぬことは、もし一方で利己的な愛に汚染されるか、あるいは他方で再生の新しい状態から分離されるならば、固有のものとされない事を示している(10114～10117, 7860, 8480～8483)。

　16. これは以下の意義から明らかである、即(すなわ)ち誓願が、霊的愛と主が計(はか)らわれるかも知れぬという望みからの礼拝を示すものとして(3880)。随意の奉納は自由からの礼拝を示すものとして(10097)。食べることは固有のものと

する事を示すものとして(2187)。日は状態を示すものとして(487)。そして翌朝はその後も永続して、を示すものとして(3998, 8788)。

17. 三日までの犠牲の残れるものが燃やされることは、**審判**の過程では、善の状態が完成されるとき、単に利己的な善は全て消散されなくてはならない事を示している(8480~8483, 10115, 900)。

18. 本節では、本来天界的な善を示すところの犠牲の肉は、悪用の故に対立する意味すなわち利己的な善を示している(10114)。嘉納されないことは明らかに主との結合がないことを示しており、そしてそれが帰負されない事は天界的善としては帰負され得ないことを示している(9713#, 1813)。然るに忌むべきものである事により、そして悪行を負うことにより、それがそのような善に徹底的に対立していること、またそれの内にいるその者は虚偽と結合させる彼の悪の状態に留まるはずである事が示されている(6052, 7454, 9937)。

19. これは真実である、なぜならここでは肉により明らかに善が示されているからである(10114)。触れることにより霊的に接触が示されている(4404, 10199)。穢れた物により悪の情愛が示されている(10130)。食べられない事により固有のものとされない事が示されている(2187)。火で燃やされる事により、諸々の試誘による純化か、あるいは天界的愛により克服することが示されている(7861, 934)。そして凡ゆる浄い者がそれの中から食べることにより、悪から浄められている凡ゆる者により善を固有のものとされるであろう事が示されている(2187, 10130#)。

20. 平安の諸奉納の犠牲の肉から食べる魂の、自らの上に彼の穢れがあれば、その魂が彼の民から断たれることは以下の事を示している。即ち、外なる面で自由からの主礼拝において善を固有のものとする者は、内なる面で彼自身を純粋にする事により悔い改めの業を未だ為していない時、その事により真理と善からそのまま分離される (2187, 3880, 10097, 10130, 5302#,

3294~ 3295)。

21. 穢れた物に触れることは悪との接触を示している(4404, 10199, 10130)。人、獣、そして忌むべきものとは、夫々内なる面で、内的な面で、外なる面で、を示している(7523, 6052)。そのような状況で犠牲の肉を食べることは、不敵にも外なる面で善を固有のものとしようとする事である(2187)。そして彼の民から断たれることは真理と善から分離されることである(5302#, 3294~ 3295)。

22. これは明らかである、なぜならイェホヴァにより御自身の愛に関し神的存在が示されるからである(2001)。語ることにより流入が示されている(2951)。モーセにより神的真理あるいは聖言が表象されている (7010, 6752)。そして曰く、により覚知が示されているからである(1791, 1822)。

23. イスラエルの子供らに語り、言うことは、そこから覚知するところの**霊的教会**人への教示を示している(7063, 3654, 1791)。食することは固有のものとする事を示している(2187)。脂肪は天的善を示している(10033)。そして牛と羊と山羊は、夫々自然的と霊的善、そして善へ導く真理の状態を示している(5913, 6126, 4169)。

24. 自ら死んだものの脂肪によりその内に霊的生命の存在しない情愛が示され、そして引き裂かれたものの脂肪により諸々の欲念による傷が示されている(4171)。他の何かの用途に用いられる事により、そのような諸情愛は手段として用いられるかも知れない事が示されている(2541, 5148)。そしてそれらが食さられない事により、それらが固有のものとされ得ないことが示されている(2187)。

25. 人々が奉納する火により為された主への奉納の獣の脂肪を食する魂が彼の民から断たれることは、もし誰かが、礼拝において主から固有のものとされ得る善を完全に彼自身のものとして不敵にも要求するなら、彼はそれに

より教会から分離されることを示している(2187, 10055, 5302#, 3294~3295)。

26. 汝らの住む何れにおいても、鳥であれ獣であれ血を決して食さぬことは、霊的な人にとって主から受け取る善を完全に彼自身のものとして要求することは、それが知力によってであれ自発的であれ不法であることを示している(2187, 10033, 40, 46)。

27. どの魂であれ血を食する者が彼の民から断たれることは、外なる礼拝において不敵にも偽善的に善を固有のものとする者は誰であれ、そのために教会から分離されることを意味している(10033, 2187, 5302#, 3294~3295)。

28. これは明らかである、なぜならイェホヴァにより御自身の愛に関し神的存在が示されるからである(2001)。語ることにより流入が示されている(2951)。モーセにより神的真理あるいは聖言が表象されている(7010, 6752)。そして曰く、により覚知が示されているからである(1791, 1822)。

29. これは真実である、なぜならイスラエルの子供らに語り言うことは、**霊的教会**人への覚知を与える教示を示すからである(7063, 3654, 1791)。平安の諸奉納は自由からの主礼拝を示している(10097)。彼の捧げ物を主へ持参することは、彼が内面的に純粋な善の内にいることを示している(2001#)。そして彼の平安の諸奉納の犠牲の中からは、彼自身からのものとしてのその善から活動することを示しているからである(10097)。

30. 彼自らの両手で火による主の奉納を持参することは、彼自らの意志と理解の行使により彼は純粋な愛から彼自身を内面的に主に奉献しなくてはならない事を示している(8066, 10062#, 10055)。胸と共なる脂肪は、天的から霊的な善において彼は礼拝しなくてはならない事を示している(10033, 10087)。そして揺らすことは主からの活気を示している(10083, 10093)。

第7章

31. 祭壇の上で脂肪を燃やし煙にする祭司は、礼拝における天的な善による主との結合を示している(10033, 10052)。そしてアロンと彼の子らのためにある胸は仁愛による主との結合を示している(10087)。

32. 平安の諸奉納の諸々の犠牲の中から挙上の奉納のために祭司に献上される右の太腿(ふともも)は、天界的結婚において結合された内奥の天的善と真理は、自由の状態からの礼拝において主御(おん)一人にのみ帰されるべきであり、その善は受け入れられ、そして役立ちにおいて外なる面で活動的になるであろう事を示している(10092~ 10093, 10097)。

33. アロンの子らの内、平安の諸奉納の血と、脂肪を奉納する者が、右の太腿(ふともも)を分け前として持つことは、内奥の天的な善からの真理は主から善の生命を直接固有のものとする処(ところ)のものであり、それにより真理と善とのそして善と真理との結合は礼拝において結果を齎(もたら)し、その礼拝は外なるものであり相対的に不完全である事を示している(9946, 10047, 10033, 10092~ 10093, 2187)。

34. 揺(ゆ)らしの胸と挙上の太腿(ふともも)は、霊的そして天的善を示している(10087, 10092~ 10093)。イスラエルの子供らから平安の諸奉納の犠牲の中より取られることは、それらは全ての活力の源泉としての主からのものである事を示している(10087, 10092~ 10093)。平安の諸奉納の彼らの諸々の犠牲の中よりは、礼拝が自由からである時を示している(10097)。アロンと彼の子らに与えられる事は、それらが神的善と神的真理であられる主に帰されるべきである事を示している(10277, 9946, 10093)。そしてそれらを祭司アロンと彼の子らに永久(とこしえ)の然(しか)るべきもの、あるいは法令として主が授(さず)けることは、それらが天的で霊的な人により恰(あたか)もそれらが彼ら自身のものの如く永遠に固有のものとされ、彼の天与(てんよ)の力の行使(こうし)から由来することを示している(9946, 7884, 7931, 1712)。

35. これは真実である、なぜなら油を塗る分とは神的生命との結合を与え

るものを示しているからである(9954)。アロンと彼の子らは神的善と神的真理、斯くて意志と理解に関し内奥の天的な度を示している(9946)。火により為された主の諸奉納は、不完全たるも、愛からの誠実なる主礼拝を示している(10055)。そして彼が祭司職にて主に仕えるためそれらを差し出したときの日は、正真の主礼拝において全ての生命がこの御方からのものである事を、人間は斯くも内面的に承認するとき、を示しているからである(10097)。

36. 彼が彼らに油を塗った日に、主がイスラエルの子供らの分として彼らに与けられるべきものとして命じられたものは、**霊的教会**の凡ゆる者は主からの流入により、その御方との結合による礼拝において内奥の生命がその御方からのものである事を承認できる事を示している(5486, 10227, 3654, 10097)。汝ら*10 の代々に亘り永久の然るべきもの、あるいは法令は、霊的な人は、天界での再生する生命の凡ゆる状態で主を永続的に斯くも承認するはずである事を示している(7884, 7931, 9845, 1712)。

37. 全焼の奉納の、穀物の奉納の、浄罪の奉納の、罪責の奉納の、聖別の、そして平安の諸奉納の、律法は、主の承認と、そして全てのその諸々の度におけるこの御方の礼拝に関係する神的秩序の諸法則を示している。その諸々の度とは天的で霊的な善の受け入れに関するものと、内なる面と外なる面での悪からの救いに関するものと、主との結合に関するものと、相対的に不完全な諸状態における自由からの主礼拝に関するものである。ここで種々の典拠と共に付与されているように系列全体の解説から、これは確かなものとなる。

38. シナイ山でモーセに命令する主により、善の原理からの神的真理にて教示の状態での始まりが示されている(7010, 6752, 8753, 5486)。モーセに命令する主により、終局的なものまでへの主からの流入が示されている(5486)。そしてシナイの荒れ野で主へ捧げ物を奉納することにより、教示のそのような状態の不明確さの中での主礼拝が示されている(349, 922, 8753)。

第7章

　本章における各節の証言を今終え、引き続き眼前に、礼拝に関する神的秩序の種々の諸法則を例示するに当たり、有用たらん斯くの如き注釈をもって我々の計画を続行する事とする。蓋し、現今全ての者は、宇宙の**外なるもの**が諸法則により支配されている事を進んで信じるし、仮にそれが然うでないなら、あるいは人間がそれらの諸法則に無知の儘に留まるなら、以下の事を進んで認めてもいる。即ち、結果宇宙は混沌となろうし、あるいは人間と他の凡ゆる被造物や生き物との不調和が自明となろうと言うことを。故にこれより、人間は自然法則を理解し、彼自身をそれと調和させる事により、彼の物質的な慰めと幸福を供給する能力が賦与されている事を我々は知るのである。

　しかし以下が実状であり、我々は確かに又そのことを顧みるよう導かれているのである。即ち、宇宙の**内なるもの**は、**外なるもの**の原因であるはずのものだが、これも諸法則により支配されていると言うこと。そして人間はそれらに精通すべきであり、またそれらに従い生活すべきである事である。何となれば、もし自然的法則への従順により自然的な人が斯く大いに利を得るとするなら、同じく霊的法則への従順により彼は如何程そうなのであろうか。否、その上更に、霊的法則の知識と実践なしには、単なる自然的法則への従順は実際貴重であるものの、果たして人間にとって望ましいこと全てを成し遂げるであろうか。故にその御方がその弟子らに、**先ず**神の国とその義を求めよと忠告したところの福音書の主の御言葉を、怪しむ必要があるのだろうか。

　そして今、その存在が知らされ理解されるべきは、宇宙の**内なるもの**を規定するところの諸法則ではないのか。探究の単なる自然的な如何なる過程によってでもなく、啓示によってである。自然的な人は霊的な諸法則の存在を知り立証することは出来ない、なぜならそれらは彼の能力を超えているからである。そして霊的な人は啓示されるとき霊的諸法則を理解できるのだが、彼自身によってはそれらの*存在*を知ることは出来ない、なぜならそれらは**無限**であられる主に起源を持つからである。また何人も**無限のもの**は理解で

第7章

きず、**無限**から発出したもののみ、その発出しているものが連続的にかつ妥当に調整されているとき、理解できるのであり(ヨハネ 1: 18)、それ故聖言である啓示が既に与えられ、実に絶えず与えられているのである(ヨハネ 1: 1)。そしてこれ故聖言では、照応を介して判然とした霊的生命の諸法則が内包されており、照応により霊的真理が人間に伝えられ、他の如何なる手段によっても伝えられないのである(マタイ 13: 34、詩編 78: 2)。それで目下の章で我々に提示されている諸法則を畏敬と愛情をもって注視する事としよう。

　さて、信仰の真理にいる者らの礼拝を統制している第1の法則は、そのような礼拝は善に関して内奥の状態から発していると言うことである。礼拝者は、意識はしているが、この法則の働きには気付いていないのである、なぜなら善に関する彼の内奥の状態が如何なるものかさえ知らず、主がそれ〔礼拝〕を介して彼に働いていることを覚知することも無いからである。にも拘らず、それはそこに存在するのである(1555)。次なる法則は、この礼拝への備えは純粋な愛からの礼拝への備えに類似している事である。この備えとは何であろうか。それは自己否定であり、諸悪を罪として忌避することであり、そして主の承認である。古い生命は拒絶されるはずであり、その諸々の喜びは放棄されるはずであり、そして真理に従う活動への決断は実行されるはずであり、この最後のものは必然的に主の承認とこの御方への尊敬を含むのである。そしてこれらは、主がそう命じられた故真理に従うはずという原理や規範にのみ依拠するものの、信仰の真理からの礼拝に帰結し、凡ゆる者は真理に従い活動するときそれを意識するであろう。しかしこの場合の第3の法則は、状態に従い真理は善と、あるいは信仰は愛と結合されるはずであると言うことである。そして礼拝者が関する限り、これは従順な生活により結果を齎すと言うことである。しかし主の御業に関しては、この実現された段階において善の状態の下での真理の配列によるのである。何となれば、礼拝者はその従順により結合を確固とし、そして主の秘められた御業により更に高次の礼拝の度への備えにあっては状態の昇華が生み出されるからである。第4の法則は3～5節に記されているが、脂肪により示されているこの礼拝の全ての善、そして腎臓により示されているこれの全ての真理、外的そして

第7章

内的双方が、主に帰されこの御方の礼拝式に奉献されねばならないと言うことである。それ故善から由来する真理にいる者全てが、即ち（後に解説する律法に従い）、外なる面でのみ、あるいは恰も自身からの如くに善を固有のものとするであろう事が後続するのである、なぜなら脂肪と血に関係した場合肉は外なる存在のものを示すからである。第5の法則は、信仰に真理からと信仰の善からの主礼拝は同一であるという事である、なぜならそれら双方とも悪の除去に関係しており、礼拝者の双方の部類とも法則に従い善を固有のものと出来るからである。この法則は8～10節に記され、礼拝の異なる諸状態の下での固有のものとする事へ適用されるべきものと明示されているのである、即ちそれ〔礼拝〕は外なるもののみであるか、あるいは恰も善は人間に彼自身のものとして属する如きものと言うことである。そしてこの全般的な法則は以下のことを表すにここに明記されている、即ち上位の諸天界の天使らでさえ終局的な天界の者らと同じく、生命や愛を完全に彼ら自身のものとして固有のものとする事が出来ないのは、主のみが自存する生命を持つという理由からである。人間は斯くも凡ゆる時宜において生命の源に依存しているのである。が、全ての悪は、生命が実は彼自身に属するという惑わしの下彼の自由な決断の濫用から起こるのである。しかしこの第6の法則は、固有のものとする事の全般的な法則とも呼ばれるであろうが、若干の更なる考察を要する。6節に犠牲の肉に関して「祭司の内の凡ゆる男はそのものから食べねばならぬ」と言われているのは、霊的に以下のことを意味する、即ち未だ実現してはいない善から由来する真理にいる全ての者は善を固有のものとするであろうと言うことである。しかし8節に、祭司が全焼の奉納の皮を彼自身に持たねばならぬ、とまた言われているのは以下のことを意味する、即ち天的な礼拝においてさえも外なる面で、善が人間により専ら固有のものとされる事と同じく、善はそれ自身の終局的な真理をも固有のものとすると言うことである。そしてこの照応の所説のもう一つの様相は次の点である、即ち人間が内なる面で十全に善にいるとき、善を外なる面で固有のものとするだけでなく、これは取り分け肉を食べることにより表象されるのであるが、皮を持つことにより示される終局的な真理をも固有のものとするのである。今やモーセの律法の内意のこれら三つ全ての様相は、理に適っ

第 7 章

た解釈であり、首尾一貫するのである。何となれば、固有のものとする事の十全さには三つの事柄が含まれるからである。先ず第1に我々は、継続的に善と真理との器であるという意識である。第2に、内なるものは外なるものであるものを固有のものとすると言うこと。そして第3に、我々が主と隣人への愛に内なる面で満されるほど、我々の人生の外なる楽しみは終局的な面で更に十全かつ完成したものとなろう。そして今、更に、天的な人と同じく霊的そして自然的な人の許での十全さにあってこの法則の働きを、9，10節の霊的意味が如何に明示しているか我々は理解できよう。「アロンの子ら」がここで霊的と同じく自然的な善からの真理にいる者らを含んでいること、そしてこれが「もう一人と同じく」と言われている理由であることに、注目されよ。また説明で要するように我々が通常の言葉で霊的意味を述べるとき、或る系列を記載する際内包された一真理の様相以上には表現できないのである。

しかし先に進むに、21 節までの内意について若干の所見を述べねばなるまい。参照が明示するように、平安の諸奉納に関する種々の律法は、凡ゆる個々の場合における自由からの人間の主礼拝に関係した神的秩序の諸法則を示しているのである。単純にこの記述を字義で通読するだけでも、表層的に外観する以上のものを所与の傾向が含むはずである事を立証するに十分である。例えば、なぜ告白あるいは感謝の犠牲の肉が捧げられた日にのみ食べられねばならず、一方願掛けと報いの奉納のそれは二日目にも食べられる事が許されたか、字義からは誰が述べることが出来ようか。けれども内意は我々に明らかにして呉れるのである。人間の生命の如何なる度にあっても真の礼拝を実際に構成する唯一のものが存在する。それは即ち、彼自身のための礼拝対象の愛であり、内的ならぬ動機や理由のためでは無いのである。主が在せられるために愛し礼拝することは、この御方が我々に利益を授けて下さったか、あるいは授けて下さりそうと言う理由でこの御方を愛し礼拝する以上に遥かに重要な事である。これ故単に謝意からの礼拝は、我々の生命の如何なる度であれ正真の愛からの礼拝に対し決定的に下位にあるのである。勿論誰によってであれ贈られた祝福に我々は感謝すべきであり、自らを罪有りと認めるであろう者が誰も見出されなくなる程に、忘恩は恥ずべき罪悪

なのである。しかし尚、主はこの御方御自身の御名のために我々に愛してもらいたい訳ではなく、寧ろこの御方の情けが故に我々が余儀なくされているのではあるまいか。その御方の情けは善いものであるが、しかしその*御方御自身*を愛すること、またその御方の情けを手本とすることは更に善いのである。これより、何故に感謝の奉納が愛からの奉納の下位にあり、また何故に前者が後者と区別され、実際の感謝を構成すべく後者に付随されたものと成っているかを、我々は理解するのである。あるいは字義の聖言において、何故我々が感謝の犠牲の肉をそれが捧げられるときの日にのみ食べねばならないか、即ち霊的には、我々の謝意が主への我々の正真の愛から離れてはならないか、という事である。よってこれが実際上 11～15 節の内意の概要であり大意である。しかし感謝の犠牲を別にすれば、平安の諸奉納は誓願を包含している。そして3880を調べれば、それらが天的礼拝から区別されたものとしての霊的礼拝、あるいは主への愛と区別されたものとしての隣人への仁愛からの礼拝を表象していることを明示するべく、引用されている夥しい聖句を見出すのである。そしてそれ故誓願に加えて名付けられた随意の奉納は、自由からの自然的な礼拝を示すのである。さて自由から主を礼拝する事とは、愛からその御方を礼拝することである。故に全ての平安の諸奉納に関し、それらは「純化と聖化のためというよりも寧ろ安息のためであり、また彼らは共に聖なる場所で食べ、そして神聖な礼拝から心の喜びを証してよい」(10114)と言われているのである。よって明らかにそれらは試誘と、また十全に再生した状態における勝利の*後*の愛の自由からの礼拝を表象したのである。そしてそのような諸条件下における善を固有のものとする事は、諸々の犠牲を食べることにより示された。そしてそのような固有のものとする事が過去も現在も継続している事は、初日に残されたものを「翌朝」あるいは二日目に食べることにより示されている。何となれば永遠に向かって人間は天界の善で滋養されることを必要とするであろうし、再生の間は、諸々の試誘の後の平安と安息の状態に引き続き善を固有のものとする事により滋養されるのである。その上更に、12 節に記載されているが、その天的状態において彼は超えて進むことの出来ない三日目あるいは最後の新しい状態である第3の天界へ到達するものの(10114)、彼はその日〔捧げた日〕に

第7章

のみ善を固有のものと出来たのである。然るに他方、霊的な人は、彼が固有のものとする状態あるいは彼が善を実現する諸状態においては、天的状態の「翌朝」を、そして自然的な人は霊的そして天的諸状態の「翌朝」を期待しているのである。そしてこの全ての事から、固有のものと法則が 15 と 16 節で異なって記されている、もう一つの理由を我々は理解するのである。然しながら、善のこの固有のものとする事についての別の諸法則が存在することに今注意を要する。

　これらの初めのものは 17 節に表現されており、それは審判の過程で単なる利己的な善は全て消散されるであろうと言うことである。所与の参照がこれを明示しており、勿論これは正真の善にいる者らへ適用されるのである。しかし次節では邪悪な者に関するもう一つの法則を示している。利己的な善は審判の過程で固有のものとされるやも知れず、そしてその時、それは主と天界的生命との分離のみならず、悪の確定と永続をも引き起こすのである。何となれば、殊に凡ゆる者の許にある**最後の審判**は、その者の自然的世界からの旅立ちの直後から続き、それで人間には最早善と悪との間で選ぶ自由が無く(『天界と地獄』480)、また教えに甘んじる事もなくなるため、彼は永遠に悪の内に留まらなくてはならなくなる。そして次の事を付け加えよう、それが然う在らねばならぬ事は彼自身にとり次善なのである。なぜならそれは彼に善と真理との全体的な分離を供してくれるが、そのような人物には、善と真理はただ拷問を起すだけであるからである。そして第 3 の法則は、引き続く二つの節に含まれているが、善の固有のものとするより悪からの清めが優先されるべき事であり、一方第 4 はその系列を終わらせるものだが、内面的な穢れを兼ねている単に外面的な公正さは偽善と冒瀆であり、善と真理からの分離を必然的に惹起することをも言明しているのである。そして最後に、これら全ての諸法則は、教化の諸状態の間すなわち葛藤の諸状態の間では、善は固有のものとされず、すなわち人間によっては実現されないのであり、しかし教化の後と葛藤の後では、そのとき主は自由と喜びをもって真に礼拝されることを明示しているのである。

　今ここで、自由からの礼拝において善を固有のものとする全般的な主題の更に重要な二つのセクションが後に続く。前者は何人も善や真理を完全にそ

第7章

の者自身のものとして固有のものとする事は出来ないことを教え、またそれにも拘らず後者は、人間は仮も全てが彼自身に依存しているかの如くに行動すべきであると同時に、そう行う全ての力は主からである事を承認することを教え、本章は善への移植を目的とした諸真理において、人間の教化の最初期の状態からの全ての場合における、礼拝の諸法則を全般的に要約して結論づけているのである。また全てこれは第3章での自由からの礼拝に関する教えに調和していることが見出されるであろう。しかしこの件はより個別的なものである。何となれば人間にとり何らかの善や真理を彼自身から固有のものとする事は不可能のみならず、単に自然的な諸情愛、それ故霊的生命を伴わないものであるが、それと諸々の欲念に害われた諸情愛は、手段としては役に立つかも知れないが、固有のものとされ得ないと言われているからである。これにより、再生前の人間の利己と転倒した生命の適切な用と、そして神的摂理が如何にして人間をその生命により更に高次の生命へと導くかを、我々は理解するのである。誠にもし実状が斯うでなければ、我々が如何にして古く腐敗した生命から天界的なそれへ連れ出されるかを理解するのは困難である。更にそれは、自然的生命が先んじ霊的生命が後に続くという全ての人間の経験に従うものなのである。またそれは逆説的に見えるものの、再生もまた先んじ純化が後に続くことも同じく真実である。斯くも世の人は目まぐるしく多彩な生活を送っており、正義を行うと決断するにしても、その者の実際の性向が天界か地獄か何れに向かっているかを知る事は殆ど出来ないのである。然しながら彼に斯く為さしめよ、「主に信頼し善を為せ、然う彼はその地に住まんがため。然れば誠に彼は養われん。*11」 それ故、29～36節の内意に含まれているように、この主題のもう一つ別の様相から、一つの言葉がここで言われる事になろう。その法則とは、人間は全的に彼自身の力からのものとして主を礼拝する以外に救われ得ないと言うことである。奉納を携える彼の両手は彼自身の力からの活動を示している。胸と共なる脂肪は霊的善の（内にある）内面的にある天的善を示している。そして揺らすことは主からの活気を示している。然しながら、我々は自身の中のこれら内的な作用は見も感じもしない。ただ義務を果たした際、不明確な満足感を経験したりするが、これが主の隠された御業の結果なのかも知れ

ない。そしてこれに関連した極(きわ)みには、31 節の霊的教えが何と高尚(こうしょう)であろうか！　何となれば、それは次の事を明示しているからである。即ち、胸により示される善を固有のものとする事すなわち仁愛の具現化が、脂肪により意味される内奥の善が完全に主からのものであり、そして仁愛の生活における彼の奉仕に聖別されるべきものだ、と言うことの衷心(ちゅうしん)からの承認に依存していると言うことである。そして続く次の節でこの真理が強調される事となる、右の太腿(ふともも)を挙上することが、承認そしてまた主との結合を示す一方、アロンと彼の子らがそれを持つことにより、固有のものとする事と引き続く役立ちの生命が示されている。何となれば善は、言葉や行いで表現されるまでは実際固有化されないからである。しかしここで、33 と 34 節で所与の内意で為された留意点二つに説明が求められるであろう。前者では次のことが言われている、即ち内奥の天的真理からの礼拝は、外なるものにおいては、相対的に不完全であり、この事も内なるものであるものに比べ外なる礼拝全てに真実であり、そして終わりの 9946 と以下の 10047 の言葉で言われる事柄により例証されているのである。「主は御自身の人間性を栄化されたように、またその御方(おかた)は人間をも再生なされた。何となれば、主は人間の許(もと)に*内*なる手段による霊魂(かい)を介し善と共に、また外なる手段によるところの見聞(かい)を介して真理と共に流れ入り、そして人間は悪を断念する*限り*主は善を真理に結合なされ、その善は隣人に対する仁愛と主への愛の善になり、その真理は信仰の真理になるのである。*12」　34 節においても、霊的な善と天的な善は「人間の天与(てんよ)の諸々の力の行使から由来する」と言われている。「天与(てんよ)の諸々の力」により、例えば新しい意志と理解を用いる力や(1555)、彼自身からのものとして活動する力など(1712)、主から受け取った諸々の力が意味されている。また、35 節にも斯(か)く言われている、「*不完全であっても、主は愛から誠実に礼拝される*」。そして 36 節では、人間は「内奥の生命は主からのものである事を承認できる」と言うことである。そして約言すれば、アロンと彼の子らの油(あぶら)を塗(ぬ)る分は、全般的に人間に関して、彼の最高の善が主からである事を承認するところの彼に与えられた力以外の何物でもなく、それはその御方(おかた)との結合により、またそこからその善を固有のものとする事に因(よ)るのである。

第 7 章

訳者のノート

* ＊1. '～21' の誤りと思われる。
* ＊2. 4節「腰部」「大網」。第3章4節の訳者のノートを参照。
* ＊3. 10節「もう一人」。ヘブル語原文「彼の兄弟」。
* ＊4. 12, 13節「〜と共に」。ヘブル語原文「〜の上に」。
* ＊5. 21節「人」。原本 'man'、ヘブル語原文 アーダーム אָדָם。
* ＊6. 23節「雄牛」。原本は 'ox'、ヘブル語原文は ショール שׁוֹר。第4章の訳者のノート「牛」についてを参照。
* ＊7. 25節「人々が〜断たれねばならぬ」。ヘブル語原文では「人々」「主」がなく、動詞「奉納する」(「近づける」第2章訳者のノート＊2参照)と初めの「食する」は男性単数扱いだが、「絶たれる」と2番目の「食する」は女性単数扱い。
* ＊8. 34, 36節「然るべきもの」。原本 'a due'、ヘブル語原文は34節が ホク חֹק、36節が ホゥッカー חֻקָּה が用いられている。第3章訳者のノート＊5並びに第6章訳者のノート＊5を参照。
* ＊9. 注解1節「9156」。9156は出エジプト記第22章8節についての解説。本節で「罪責」と訳しているヘブル語原文 アーシャーム אָשָׁם は、その箇所には用いられておらず、別の単語 ペシァア פֶּשַׁע「反逆」が用いられている。
* ＊10. 注解36節「汝ら」。'their'「彼らの」の誤植？
* ＊11. p148。詩編37: 3。
* ＊12. p149。10047³。
* ＊ 34, 35節「与ける」。敬語表現のためにこの様なルビを付した。ルビなしの「与える」も、何れも原本では動詞 give、ヘブル語原文では ナータン נָתַן が用いられている。他章にても同様に扱う。
* ＃『天界の秘義』の各々の節には当該内容の記載がないか、参照としては飛躍？

第 8 章

霊的意味の要約

1. 本章全体の全般的な主題は主の栄化と、同時に人間の再生である(1～5節)。
2. 先ず初めに主については、母親からの**人間性**を脱ぎ捨てることが在り、そして人間については悔い改めによる実際の悪からの純化が存在する(6節)。
3. それで以下が後続する、即ち引き続く秩序にあって神的諸真理の受け入れが在り、そして知恵と啓蒙を与える真理と善との結合が存在する(7～13節)。
4. 自然的な諸情愛もまた、それらが更に高次の諸情愛に調和するために、純粋にされねばならない(14～17節)。
5. その上更に、霊的な諸情愛は全的に主へ聖別されねばならず、斯くも無垢の善は外なる面と同じく内なる面で実現されねばならない(18～21節)。
6. そして今や、再生した人間は善の実現の中へ、斯くて真理により行動する善の生命の中へ、そして当然ながら真理と善との相互的な結合が引き続く仁愛の活動的生命の中へと十全たる任に就くのである(22～30節)。
7. その後悪との如何なる混交もない十全かつ永続して善を固有のものとする事が存在する。そして主の栄化と人間の再生が斯く成就しているのであり、第1に全ての悪からの完全な分離により、また第2に完全な従順における具現化された全ての善と真理の受け入れによるのであり、主からの流入により、そして人間の側での協力により神的秩序の諸法則に従っているのである(31～36節)。

第 8 章

各節の内容

1. そして主はモーセに語って、曰(いわ)く、

2. アロンと彼の子らを彼と共に、また衣服と、塗(お)るための油と、浄罪の奉納の去勢牛と、牡羊2匹と、種なしパンの籠(かご)を取れ。

3. そして汝(なんじ)は会衆全てを会見の幕屋の戸口に集めよ。

4. そしてモーセは主が彼に命じられた如(ごと)くに為(な)した。そして会衆は会見の幕屋の戸口に集められた。

1. 主から神的真理により覚知を与える以下の啓示が存在する、

2. 即ち、天的な善とそこから由来する諸真理に関して。霊的諸真理が天的な善と結合すべきことに関して。自然的善と霊的善が悪から純粋にされるべき事に関して、あるいは外なる人と内なる人との純化に関して。そしてその諸々の度(ど)全てにおいて虚偽から免(まぬか)れた天的善と、受け入れられるところの**感覚的なもの**に関して。

3. 斯(か)くて、人間が天界の生命の喜びへ入るため、彼の諸々の力全てについて主の栄化と人間の再生に関して。

4. そしてこれは、神的善が流入するところへと神的真理により結果を齎(もたら)す。それは主の人間性がその終局的なものまでも栄化され、そして人間が彼の諸々の力全てについて再生されるためであり、天界的な生命の備えとし

5. そしてモーセは会衆に言った、**これは**主が為されるべきものとして命じられた事である、と。

6. そしてモーセはアロンと彼の子らを連れてきて、彼らを水で洗った。

7. また彼は彼に上着を着せ*¹、帯で彼を締め、寛衣で彼を装わせ、エフォドを彼に付け*¹、そして彼は精巧に織られたエフォドの紐で彼を締め、それを彼へとそれと共に縛った。

8. そして彼は彼の上に胸当てを配した。そしてその胸当てに彼は**ウリム**と**トゥムミム**を付けた。

て、主の承認と共に始まるのである。

5. 神的真理あるいは聖言により、主の栄化と人間の再生に関係して、取り分け教会人の許に覚知がまた存在する。

6. そして先ず主に関しては、母親からの人間性を脱ぎ捨てることが、そして人間に関しては悔い改めによる実際の悪からの純化が存在する。

7. 内奥の諸真理すなわち天的並びに霊的諸天界を一つにする媒介の受け入れもまた存在する。これらの諸真理を一つとし、そしてそれらを区別する愛の共通の絆の、霊的王国の内的な諸真理の、そこからの終局的な諸真理の、そしてこれらを結合する共通の絆の〔媒介〕である。

8. 神的善から輝き出る神的真理の啓示もまた存在し、教会人の精神を終局的なものまでも、善と真理の明白な覚知で満たすのである。

第 8 章

9. そして彼は彼の頭の上に大祭司冠を据えた。そして大祭司冠の上には、正面に彼は金の板、聖なる冠を据えた。主がモーセに命じた如くである。

9. 内奥において主からの知恵が存在するものの他にも、そこから終局的なものにおいて、神的善の神的真理への流入に従いその知恵からの、あるいは神的人間性からの啓蒙が存在する。

10. そしてモーセは塗るための油を取り、そして仮庵*² とそこにある全てのものに油を塗り、それらを聖化した。

10. そして更に内奥における神的真理は神的善と結合され、そこから中間の天界におけるそれらの内的な諸々のもの、あるいはそれに照応する再生している人間の精神の内的な諸々のものを聖化するのである。

11. そして彼はそれの中から祭壇の上に七度撥ね掛け、祭壇とその全ての器、そして洗盤とその台、それらを聖化するために油を塗った。

11. 善もまた全ての十全さと神聖さにあって愛からの主礼拝において真理と結合されるのである。そしてこれはそのような結合による主への魂の献身によるのみならず、内的、外的そして外なる、全ての受容する諸真理の聖別にもよるのであり、これらはそれにより純粋で聖なるものになるのである。

12. そして彼はアロンの頭の上に塗る油のものから注ぎ、そして彼を聖化するために彼に油を塗った。

12. しかし就中神的善は自ら主の人間性に流入し活気付けねばならず、そして人間の魂は、最高の度から最低の度に至るまでも

第 8 章

真理へ結合する善を伴うのである。

13. そしてモーセはアロンの子らを連れてきて＊3、彼らに上着を装わせ、彼らを帯で締め、彼らの上に頭飾りを縛った。主がモーセに命じた如くである。

13. また神的真理あるいは聖言の手段により、霊的な人は天的な人と同じく諸真理の内に教示されねばならず、情愛の共通の絆と共に着用されねばならず、そして神的善の神的真理への流入に従い、即ち神的秩序に従い天界的知恵が賦与されねばならない。

14. また彼は浄罪の奉納の去勢牛を連れてきた＊3。そしてアロンと彼の子らは彼らの手を浄罪の奉納の去勢牛の頭の上に置いた。

14. 自然的な人もまた天的な人と霊的な人との、斯くて主との結合を持つために純粋にされねばならない。そしてそれ故力を伴い神的善と神的真理の受け入れが、**天的で霊的なものから自然的なもの**の内に存在せねばならない。

15. また彼はそれを屠った＊4。そしてモーセは血を取り、それを祭壇の角の周りの上に彼の指〔単数〕で付け＊1、祭壇を純粋にし、血を祭壇の基に注ぎ出し、それを聖化した、それのために贖いを為すためである。

15. そして斯くも備えが為されねばならない。自然的な人に適合された神的真理は、状態に応じた主礼拝において力を伴い働かねばならず、斯くて自然的な人は純粋にされねばならない。この純化は人間の感覚的な生命にまでも拡げられねばならない。斯くて自然的な人は霊的な人との調和の

第 8 章

中に入れられねばならない。

16. そして彼は内臓の上にある全ての脂肪と、肝臓の大網*5と、二つの腎臓と、それらの脂肪を取り、モーセはそれを祭壇の上で燃やし煙にした。

16. 最低の度の善全てをも。内的な自然的な善。そしてその善と結合している諸真理を識別する自然的な力は、主に帰されねばならず、この御方に奉献されねばならない。

17. しかし去勢牛と、その皮と、その肉と、その糞を彼は火で宿営の外にて燃やした。主がモーセに命じた如くである。

17. しかし単なる自然的な人は、その虚偽、その利己的な諸情愛と、識別により善から分離された悪い凡ゆるものを伴っており、天界の生命から拒絶され自己愛により食い尽くされる事になる。なぜなら神的諸真理にいる者への神的善の流入に対立しているからである。

18. そして彼は全焼の奉納の牡羊を差し出した。そしてアロンと彼の子らは彼らの手を牡羊の頭の上に置いた。

18. そして更に、内なる人における無垢の善、あるいは仁愛である霊的な善は、純粋にされ主に奉献されねばならない。そしてこの目的のためには天的善とその諸真理を介した主からの力の伝達が在らねばならない。

19. また彼はそれを殺した*4。そしてモーセは血を祭壇の上の周りに振りまいた。

19. そして斯くも備えが為され、神的善と神的真理の結合が**内なるもの**において結果を齎さね

第 8 章

ばならない。

20. また彼は牡羊を部分に切った。そしてモーセは頭と、部分と、脂肪*6を燃やし煙にした。

20. 再生している人間の許に善の諸情愛と諸真理の適切な配列もまた存在せねばならない。そしてこれは内奥の事柄について、外的な事柄について、また全ての天的な善について、主に帰されその御方に純粋な愛から奉献されねばならない。

21. そして彼は内臓と四肢*7を水で洗った。そしてモーセは牡羊全体を祭壇の上で燃やし煙にしたが、それは宥めの香りのための全焼の奉納であり、それは火により為された主への奉納であった。主がモーセに命じた如くである。

21. 更にその上、全ての感覚的で自然的な諸情愛は聖言の諸真理の適用により純粋にされねばならない。そして斯くも内なる人は全的に主へ聖別されねば成らない。何となればそのような聖別により天界的平安と安息が実現されるからである。それは実に、純粋な愛からの主礼拝であり、その御方からの流入によるのであり、また聖言の諸真理への従順を介してその御方との協働作業によるのである。

22. また彼は別の牡羊、聖別*8の牡羊を差し出した。そしてアロンと彼の子らは彼らの手を牡羊の頭の上に置いた。

22. さて第2に、善が真理により働くために、神的真理は諸天界において神的善から発出せねばならない。そしてこの真理の中へ神的善と力を伴った神的真理の

157

第 8 章

流入が存在せねばならない。

23. また彼はそれを屠った*4。そしてモーセはそれの血の中から取り、アロンの右耳の先の上にと、彼の右手の親指の上にと、彼の右足の親指の上にそれを付け*1た。

23. 備えもまた役立ちの遂行のために、聖別された魂からか、あるいは主から下るその力における神的真理の十全さから為されねばならない。天的な度における覚知を、そして再生の過程、または天的な天界にいる者の霊的また自然的な度における知性を与えるのである。

24. そして彼はアロンの子らを連れて来て、モーセはその血から彼らの右耳の先の上にと、彼らの右手の親指の上にと、彼らの右足の親指の上に付け*1た。そしてモーセは血を祭壇の上の周りに振りまいた。

24. 下位の諸天界のために備えられている者の許にある同一の秩序において覚知と理知をも与えるのである。それは、凡ゆる様態と度における礼拝での善の真理との結合を含む双方の場合においてである。

25. そして彼は脂肪と、脂尾と、内臓の上にある全ての脂肪と、肝臓の大網*5と、二つの腎臓と、それらの脂肪と、右の太腿を取った。

25. ただ天的─霊的な全ての善の、外的な〔善〕、外なる〔善〕、そして内的な〔善〕。全ての霊的な真理は区別あるいは純化に資し、そしてその善と結合されている。そして全ての内的真理は天界的結婚においてその善と結合されている。

26. また主の御前に在った種な

26. 全ての内奥の天的善。全て

しパンの籠の中から、彼は種なしケーキを一つ、そして油を塗ったパンケーキを一つ、そしてウェファースを一つとを取り、それらを脂肪に、そして右の太腿(ふともも)の上に置いた。

27. そして彼はその全体をアロンの両手の上と、彼の子らの両手の上に置き、それらを主の御前(みまえ)に揺らしの奉納のために揺らした。

28. そしてモーセは彼らの手からそれらを取り離し、それらを祭壇で全焼の奉納の上で燃やし煙にした。それらは宥(なだ)めの香りのための聖別であった。それは火により為(な)された主への奉納であった。

29. またモーセは胸を取り、主の御前(みまえ)に揺らしの奉納のためにそれを揺らした。それは、聖別*8の牡羊のモーセの分(ぶん)である。主がモーセに命じた如(ごと)くである。

30. そしてモーセは塗るための

の内的な天的善。そしてそれらの器としての**感覚的なもの**における全ての終局的な天的善は、それらの起源を神的善から天界的結婚(かい)を介し得ている事が承認されねばならない。

27. 斯(か)くて天的で霊的な諸天界にある全てのものに伝達されるためであり、また主から活気付くか或るいは活動的になるためである。

28. そして神的真理あるいは聖言を手段として全てこれらの力は、善い生活の礼拝において主へ聖別されねばならず、喜びと平安を齎(もたら)すのである。なぜならそれらは純粋な愛からの主礼拝より発するからである。

29. 引き続き、霊的諸天界で神的諸真理にいる全ての者は、主からの仁愛の活動的な生活を生きるのである。仁愛は霊的な人の、また霊的諸天界の本質的なものであり、主からそこでの神的真理への流入によるからである。

30. その上、天的善と真理につ

第 8 章

油と、祭壇の上にあった血から取り、それをアロンの上に、彼の衣服の上に、彼の子らの上に、彼と共にいる彼の子らの衣服の上に撥(は)ね掛けた。そしてアロン、彼の衣服と、彼の子らと、彼と共にいる彼の子らの衣服を聖化した。

31．そしてモーセはアロンへと彼の子らへ言った、会見の幕屋の戸口で肉を煮れ。そしてそれと聖別の籠(かご)にあるパンをそこで食べよ、アロンと彼の子らはそれを食べるものと、我が言い命(めい)じた如くである。

いてと霊的善と真理について、人間全体が聖化されるために、神的真理の手段により、上位と下位の諸天界における真理と善との相互的な結合が起こらねばならない。

31．そして神的真理により天的な人の許(もと)にと霊的な人の許(もと)に覚知が存在する。即ち神的秩序に従い再生した人間の許(もと)にある、それらの器にあって、主の承認とこの御方(おかた)の諸天界(かい)を介した流入による善を固有のものとする事のために、正に全ての霊的な天的な善の固有のものとする事のためにも備えが為(な)されねばならない。

32．そして肉とパンの残れるものは、汝(なんじ)らは火で燃やすものとする。

32．そして主から固有のものとされない全ての善は自己愛のものであり、拒絶され散らされねばならない。

33．また汝(なんじ)らは汝(なんじ)らの聖別*8の日々が満たされるまで、七日間会見の幕屋の戸口から出ぬものとする。何となれば彼は汝らを七日間聖別する*9ものとする故(ゆえ)。

33．従って人間の再生は、主の栄化(あら)のように凡ゆる様相において十全かつ完成されねばならない。斯くて再生された人間は永遠に天界の生命を享受せねばならない。

34. 今日行われた如く、汝らのために主が贖いを為すよう命じられたのである。

34. 何となれば再生の凡ゆる状態が似姿における過程全体の表象であるのは、人間が全ての悪から救われるためであり、また主へ一致されるためであり、その御方への彼の力全ての完全なる聖別によるのである。

35. そして会見の幕屋の戸口にて汝らは昼夜七日間留まり、汝らが死なぬという主の訓令を遵守するものとする。何となれば我がそう命じた故。

35. その上、再生した人間は主を、そしてこの御方の栄化による人間の救いへの諸天界を介したこの御方の御業を承認することは、決して止めないであろう。そして澄明と不明確さとの凡ゆる状態におけるこの事とは、彼が主の法則を満たし、その御方との協働により霊的な死から救われるであろう事である。

36. そしてアロンと彼の子らは、主がモーセの手により命じられた全ての事柄を行なった。

36. 斯くて主は栄化され、斯くて人間は、神的聖言に記されているように流入と照応に従い完全に再生されるのである。

第8章

参照と注解

1. これは明らかである、なぜならイェホヴァにより御自身の愛について神的存在が示されるからである(2001)。語ることにより流入が示されている(2951)。モーセにより神的真理あるいは聖言(せいげん)が表象されている(7010, 6752)。そして曰(いわ)く、により覚知が示されているからである(1791, 1822)。

2. アロンと彼の子らは天的な善とそこから由来する諸真理を示している(9946)。衣服は天的な善と結合すべき霊的な諸真理を示している(9814)。塗るための油は天的な善を示している(9954, 10011)。去勢牛(お)は外なる人における自然的善を示している(9990)。牡羊は内なる人における霊的善を示している(9991)。そして全焼の奉納と犠牲は悪からの純化を示している(9991)。また種なしパン籠(かご)は、器であるところの**感覚的なもの**の許(もと)にその諸々の度(ど)全てにおいて虚偽から免(まぬか)れた天的善を示している(9996, 10080)。

3. これは以下の意義から窺(うかが)われる、即(すなわ)ち、集めることは主の普遍的な流入の結果としての秩序への配列を示すものとして、また斯(か)くも主の栄化と人間の再生を示すものとして(6338)。会衆全ては人間の全ての情愛と力を示すものとして、なぜならそれは真理と善あるいは信仰と仁愛の全ての事柄を、斯(か)くて全ての**霊的なもの**、または人間の許(もと)にある教会を構成する全ての事柄を示すからである(7830, 7843)。そして会見の幕屋の戸口は、それにより人間が天界的生命への入り口あるいは導入を得ることを示すものとして(2356, 3540[3#])。

4. モーセは神的真理、あるいは聖言を示している(7010, 6752)。命じることは流入を示している(5486)。主あるいはイェホヴァはこの御方(おかた)の愛について神的存在を示している(2001)。会衆は主の人間性と、そして人間の種々の力を示している(7830, 7843)。集められる事はここでは、天界的生命への備

えを示している(6338)。そして戸口は主の承認を示している(2356, 3540³#)。

5. これは明らかである、なぜならモーセは神的真理あるいは聖言を示しているからである(7010, 6752)。言うことは覚知を示している(1791, 1822)。会衆は教会人を示している(7830, 7843)。そして主が為されるべきものとして命じられた事は、前後から平易なように主の栄化と人間の再生を示しているからである。

6. これは斯く窺われる。即ち、アロンと彼の子らは、神的善と神的真理についての主、斯くて主から受けた善と真理ついての人間を示している(9946)。そして水の中で洗うことは、主に関しては母親からの人間的性質を脱ぎ捨てることが、そして人間に関しては悔い改めの業あるいは悪からの純化を示している(10239, 3147, 10002)。

7. 上着は内奥の諸真理、即ち天的並びに霊的諸天界を一つにする媒介を示している(10004)。帯はそれらの諸真理を一つにし、またそれらを区別するところの愛の共通の絆を示している(9828, 10014)。寛衣は霊的王国の内的な諸真理を示している(10005)。エフォドはそこからの終局的な諸真理を示している(9824, 10006)。そしてエフォドの紐はこれらを結合する共通の絆を示している(9824, 9837)。

8. 胸当てにより神的善から輝き出る神的真理が示されている(10007)。そして**ウリム**と**トゥムミム**により、終局的なものまでも善と真理の明白な覚知で満たされた教会人の精神が示されている(9905)。

9. アロンの頭の上に据えられた大祭司冠により、内奥における主からの知恵が示されている(9827, 10008)。そして金の板、聖なる冠により、神的善の神的真理への流入に従い、終局的なものにおけるそこからの啓蒙、あるいは神的人間性からの啓蒙が示されている(9930, 9932, 10009, 2001, 5486, 7010)。

10. これは明らかである、なぜならモーセは神的真理を示しているからである(7010)。彼が油を取る事は神的善との結合を示している(10010~10011)。仮庵（かりいお）とそこにある全てのものに油を塗ることは、中間の天界におけるそれらの内的な諸々（もろもろ）のもの、あるいはそれに照応する再生した人間の精神の内的な諸々のものとの結合をも示している(9594)。そしてそれらを聖化することは、その結果を、即ち神聖さの状態を示しているからである(9820, 9956)。

11. 油を祭壇の上に撥（は）ね掛けることは、善と真理を愛からの主礼拝において結合させることを示している(9954)。七度（たび）は十全さと神聖さ全てにおける事を示している(10127, 716)。そして祭壇とその全ての器、そして洗盤（せんばん）とその台、それらを聖化するために油を塗ることは、そのような結合による主への魂の献身のみならず、内的、外的そして外なる、全ての受容する諸真理の聖別を示し、これらはそれにより純粋で聖なるものになるのである(9954, 10274, 10275, 9820)。

12. アロンを聖化するために彼の頭に油を注ぐことは、就中（なかんづく）神的善は自ら（みずか）主の人間性に流入し活気づけるはずであり、そして人間の魂は、最高の度から最低の度に至（いた）るまでも真理へ結合した善を伴うことを示している(10010, 10011)。

13. ここでモーセは神的真理あるいは聖言を示している(7010)。アロンの子らは天的な人と区別されたものとしての霊的な人を示している(9946)。上着を装（よそお）わせられる事は、諸真理の内に教示されることを示している(9814)。帯は情愛の共通の絆を示している(10014)。彼らの上に頭飾りを縛（しば）ることは、知恵からの理知が彼らに賦与（ふよ）されることを示している(9949, 10016)。そして主がモーセに命じた如（ごと）くは、神的善の神的真理への流入に従う、あるいは神的秩序に従うことを示している(2001, 5486, 7010, 911)。

14. 浄罪の奉納の去勢牛は自然的な人とその純化を示している(10021)。そ

してアロンと彼の子らが彼らの手をその頭の上に置くことは、伝達、変換、それと力を伴う受け入れ、斯くて高次と低次の諸々の力の結合を示している(10023)。

15. 去勢牛を屠ることは備えを示している(10024)。モーセは神的真理を表象している(7010)。自然的な人への適合は去勢牛の血により示されている(10026)。祭壇の角の上に血を付けることは、主礼拝における力を伴う働きを示している(10027, 9964)。指もまた力を示している(7430)。浄罪の奉納としての去勢牛は自然的な人の純化を示している(10024)。祭壇の角での血もまた、終局的なもの又は感覚的な生命にも至る純化を示している(10186)。そして血を祭壇の基に注ぐことは、自然的な人は霊的な人との調和の中へ入れられるはずである事を示している(10028)。

16. ここで内臓あるいは腸の上の脂肪は、最低の度における善を示している(10033, 353, 9632#)。肝臓の上の大網は内的な自然的善を示している(10031)。二つの腎臓とそれらの脂肪は、その善と共に諸真理を識別する自然的な力を示している(10032, 10074, 353)。そして全てを祭壇の上で燃やし煙にする事は、主に帰される事とその御方への奉献を示している(10052)。

17. 去勢牛はこの場合、単なる自然的な人、そして肉、即ちそこからの悪を示している(10035)。皮は虚偽を示している(10036)。糞は識別により、善から分離された悪い凡ゆるものを示している(10037)。火で燃やされる事は天界的生命から、自己愛を介して拒絶されることを示し、宿営の外は地獄を示している(10038)。そして主がモーセに命じた如くは、神的善の神的諸真理への流入に従うことを示している(2001, 5486, 7010)。

18. 牡羊は内なる人における無垢の善あるいは仁愛である霊的善を示している(10042)。全焼の奉納として、は、主への十全な奉献、あるいは十分な再生、斯くて純化を示している(10053)。そしてアロンと彼の子らが彼らの手を牡羊の頭の上に置くことは、主から天的善とその諸真理を介した力の伝

達を示している(9946, 10023)。

19. 牡羊を殺すことは備えを示している(10024)。そして祭壇の周囲に振りまけられた血は、神的善と神的真理との結合が**内なるもの**に結果を齎すはずである事を示している(10047)。

20. 牡羊を部分に切ることは、再生している人間の許での諸善と諸真理の適切な配列を示している(10048)。そしてモーセが頭と、部分と、脂肪を燃やし煙にする事は、内奥の事柄について、外的な事柄について、また実際は全ての天的な善について、主に帰されその御方に純粋な愛から奉献されるはずである事を示している(10052, 10051, 10033)。

21. 内臓と四肢を水で洗うことは、感覚的で自然的な諸情愛は聖言の諸真理の適用により純粋にされるはずである事を示している(10049, 10050, 2702)。牡羊全体を祭壇の上で燃やし煙にする事は、内なる人全体の主への聖別を示している(10052)。宥めの香り、あるいは安息の匂いは、天界の平安と安息がそれにより実現されることを示している(10054)。火により為された奉納は純粋な愛からの礼拝を示している(10055)。そして主がモーセに命じた如くは、聖言の諸真理への従順を介した主からの流入とその御方との協働を示している(2001, 5486, 7010)。

22. これは以下の意義から明らかと思われる、即ち別の牡羊は、善から真理が働くために、諸天界において神的善から発出する神的真理を示すものとして(10057)。そしてアロンと彼の子らが彼らの手を牡羊の頭の上に置くは、神的善と力を伴った神的真理の流入を示すものとして(10058)。

23. 牡羊を屠ることにより、この場合聖別された魂からか或いはその力における神的真理の十全さからの役立ちの遂行のための備えが示されている、なぜなら別の牡羊は聖別の或いは手を満たすものの牡羊と呼ばれたからである(10059, 10060)。血により諸天界における主の神的善から発出する

神的真理が示されている(10060)。アロンの右耳の先の上に付けられた血により、天的な度における善からの真理の十全な覚知が示されている(10061)。それが彼の右手の親指に付けられる事により、霊的な度における知性が示されている(10062)。そしてそれが右足の親指に付けられる事により、再生の過程または天的諸天界にいる者の終局的な或いは自然的な度における理知が示されている(10063)。

24. これは以下の事から実証されている、即ち下位の諸天界にいる者らを示すものとしてアロンの子らの意義から(9946, 10099)。前の節で言われている事から、即ち凡ゆる様態と度での礼拝における善と真理の結合を示すものとして、祭壇で周囲に血を振りまくことから(10047)。

25. 脂肪は全ての天的な、霊的な善を示している(10033)。脂尾は真理の善、あるいは外的な善を示している(10071)。内臓の脂肪は外なる善を示している(10030)。肝臓の上の大網は内的な善を示している(10031)。二つの腎臓とそれらの脂肪は、識別または純化に資し、そしてそれらの善と結合した全ての霊的な真理を示している(10032)。そして右の太腿は、天界的結婚においてその善と結合した全ての内的な真理を示している(10075)。

26. 籠は器としての**感覚的なもの**を示している(9996, 10080)。種なしパンは悪と虚偽から純粋にされているものを示している(9992)。種なしケーキを一つ、あるいはパン一塊は、内奥の天的善を示している(10077)。油を塗ったパンケーキを一つは、全ての内的な天的善を示している(10078)。ウェファースを一つは、全ての終局的な天的善を示している(10079)。そしてそれらが脂肪と右の太腿の上に置かれることは、これらの事柄が天界的結婚を介して神的善からのものである事を示している(10033, 10075)。

27. その全体をアロンの両手の上と、彼の子らの両手の上に置くことは、それらの事柄は主のものであり、斯くてそれらがその御方から伝達されることの諸天界における承認を示している(10082)。そしてそれらが主の御前で

揺らしの奉納として揺らされる事は、主からの活気を示している(10083)。

　28. ここでモーセにより神的真理が示されている(7010)。全てを全焼の奉納の祭壇の上で燃やし煙にする事は、善い生活上の礼拝における主への聖別を示している(10052)。宥めの香り、あるいは安息の匂いのための主への聖別は、喜びと平安の状態を示している(10054)。そして火により為された主への奉納は純粋な愛からの主礼拝を示している(10055)。

　29. モーセが胸を取り主の御前に揺らしの奉納のためにそれを揺らすことは、霊的諸天界で神的諸真理にいる全ての者は主からの仁愛の活動的な生活を生きることを示している(10087, 10089, 10090)。聖別の又は手を満たす牡羊のモーセの分は、仁愛は霊的な人、そして霊的諸天界の本質的なものである事を示している、なぜならモーセは諸天界で神的諸真理にいる者らを示しているからである(10090)。胸は仁愛を示している(10087)。そして満たしの牡羊は、十全に再生された霊的な人のその活動と力における状態を示している(10057)。そして主がモーセに命じた如くは、主から神的真理への流入によることを示している(7010, 5486, 2001)。

　30. モーセにより神的真理が示されている(7010)。アロンと彼の衣服により、上位の諸天界における神的善と神的真理が表象されている(10067)。彼の子らと彼らの衣服により、下位の諸天界における神的善と神的真理が示されている(10068)。撥ね掛けることにより結合が示されている(10067)。血と油、一方は神的真理を他方は神的善を表象しているが、双方が共に用いられる事により、相互的な結合が示されている(10065, 10066, 10067)。斯くて天的善と真理について、また霊的善と真理についての聖化が存在するのである(10069)。

　31. ここで、言うことは覚知を示している(1791, 1822)。モーセは神的真理を示している(7010)。アロンと彼の子らは天的で霊的な人を示している、なぜならそれらは夫々善と真理を示しているからである(9946)。会見の幕屋の

戸口、あるいは聖なる場所で肉を煮ることは、主の承認とこの御方の諸天界を介した影響による善を固有のものとする為の備えを示している(10105, 2356, 3540³⁺)。食べることは固有のものとする事を示している(2187)。肉は霊的な善を、そしてパンは天的な善を示している(10106, 10107)。籠は器または外なる**感覚的なもの**を示している(10107)。アロンと彼の子らがそれを食べることは、天的で霊的な人の許で固有のものとする事を示している。そして我が命じた如くは、神的秩序に従うことを示している(7010, 5486, 10119)。

32. 肉とパンの残れるものが火で燃やされることは、主から固有のものとされない全ての善は自己愛のものであり、拒絶され散らされるはずである事を示している(10114, 10115)。

33. 聖別の日々が満たされるまで七日間会見の幕屋の戸口から出ないことは、主の栄化と人間の再生が凡ゆる点において十全かつ完成されるはずである事を示している(2356, 3540³⁺, 10102⁺, 10103)。何となれば彼は汝らを七日間聖別せねばならぬとは、再生された人間は永遠に天界的状態を享受しなければならない事を示している(10360)。

34. 今日行われた如く汝らのために主が贖いを為すよう命じられた事は、再生の凡ゆる状態が似姿における過程全体の表象であることを示している、なぜなら同じ聖別の諸儀式が七日の各々の日に実施され、そして7の数が「大なり小なり初めから終わりまでの全期間」を示しているからである(10127, 1040)。

35. 会見の幕屋の戸口は、主と諸天界を介したこの御方の御業の承認を示している(2356, 3540³⁺)。昼夜七日間そこに留まることは、十全かつ完成した、またそれ故に永続的な承認を示している(10102, 10103)。昼夜は澄明さと不明確さの凡ゆる状態における事を示している(936)。主の訓令を遵守することは、主の律法を成就することを示している(9149⁺)。死なぬことは霊

的死からの救いを示している(81)。そして「然う我が命じた」は、主との協働を示している、なぜなら強制からでなく同意からの流入に従い活動することが真実に主の訓令または命令を遵守することであり、その事をそれは示しているからである(6105)。

　36. アロンと彼の子らがモーセの手により主が命じられた全ての事柄を行うことは、即ち照応を介して流入と協働により主が斯く栄化され、斯くて人間が再生されることを示している(5486, 6105)。

　概して内意の系列において、本章全体は出エジプト記第29章に類似しているため、当然ながら所与の解説も類似し、双方とも主の栄化と人間の再生を記述している。しかしなお個別について若干の相違が存在し、以下に我々が進めて行くよう言及される事となろう。
　それ故各章とも概説あるいは序文により始まり、即ち出エジプト記では冒頭の3節、そしてレヴィ記では冒頭の5節に亘っていることに注目されよ。双方の序文にあってもまた主は栄化されていて、内的な諸々の事柄を介した主の御業と、外なるものにおける人間の協働により人間は再生されていると言う全般的な真理が内包されている。前者は去勢牛、2匹の牡羊と種なしパンにより、後者は籠により表象されている。第3に以下のことを我々は理解するのである、即ち双方の場合には、犠牲で奉納された物が人間のより高い諸情愛を示しており、それは主から受け、外なるものから内なるものへ人間に外観される如く再生の秩序に従い名付けられたものである。また会見の幕屋の戸口に集められた会衆全体は、天界的生命への道の始まりとしての第一歩で、主の承認において合一された人間のより低い諸情愛を表象していると言うことである。そして最後に我々は以下の事に気付くであろう、即ちアロンと彼の子らが、主から直接発出する神的善と神的真理の、またそれらの原理を感受するものとしての教会人との2重の表象を確証している事である。一方、以下の事柄を表現する崇高な手段として主の御旨を行うことが双方の

序文で強調されている。それは即ち、低い生命から高い生命へ昇華することの、あるいは低い生命の中での高い生命、出エジプト記の初めとレヴィ記の終りに説かれているところのこの従順、愛へ導く手段としての初めであり愛の状態の結果としての終りである、と言う事実に帰すべき配列における相違である。

さて個別の事柄となると、悪と過失からの清めが主の栄化と人間の再生双方における初めの業であり、これはアロンと彼の子らを洗うことにより示されている事を、これら諸章の各々から学ぶことが出来る。然しながら主には、その母方の生命からの悪への傾向のみを別にして、浄化を要する自身の悪は何ら存在しなかったのである。よってこの御方の場合、洗うことはそれらの傾向と母方の生命の全的な除去を示しており、神的起源と形成の故に、最終的に人間の肉体のようには「腐敗を見る」ことの出来なかった**肉体**の終局的な面に下降した真の神的生命そのものと成るのである。何となれば、第1に神的存在により生まれていて、第2にこの御方の生命により形成または系統立てられている本質は、これらの理由から不滅だからである。そしてこれらの考察から、物質のものから区別されたものとして、所謂神的本質たるものの特性を幾つかの点で我々は知り得るであろう(『主の教義』35)。だが一方人間は彼の両親からの悪への遺伝的傾向と同じく実際の悪を持っており、それ故天界的生命を十全に感受するようになる前に、水の照応するところの聖言の外なる諸真理の適用により、これらから継続的に清められることを求めているのである。実に凡ゆる者は、真に或いは完全に「善行を学ぶ」前に先ず「悪を為すことを止める」べきである。また以下のことも知らしめるべきである、即ち人間の場合では悪と過失は実際には廃棄されず、彼の許に永遠に留まり(868)、真摯な悔い改めの結果は、悪の絶対的な破壊ではなく、最早外観されない程にもそれが移し去られると言うことである。

けれど次に我々が学ぶのは、悔い改めによる悪の移し去りとは、聖言を介した主からの天界的諸真理の受け入れと承認と愛である。そしてこれらがアロンと彼の子らの衣服により表象されることは若干の注意を要する。何となればそれらの点ではレヴィ記における記事は出エジプト記のそれと異なるからである。そして聖言の字義は内意に関して明確な目的なしには述べられ

ていないため、これらの変差の意義を探(さぐ)ることは理(かな)に適うことである。我々はその事が以下の状況に基づいていることを信じている、即ち出エジプト記のその章は、教化の下(もと)あるいは善に導く真理の状態にいる者らに関連し主の栄化と人間の再生を記述している一方、レヴィ記でのそれは、善の状態の中へ任(にん)に就(つ)かせられた行為にいる者らに関連し更に詳細に記述している、と言うことである。そしてこのため、取り分け衣服の列挙に関し或いは霊的には諸真理の配列に関しては、レヴィ記での記事は出エジプト記のそれに比べ夫々(それぞれ)更に正確かつ十全なものとなっている。例えばレヴィ記では順序正しく、上着とそれの帯、寛衣、エフォド、そしてエフォドの帯〔紐(ひも)〕、続いて胸当て、**ウリム**と**トゥムミム**、大祭司冠(かん)、金の板。しかし出エジプト記では順序は、上着、寛衣、エフォド、胸当てとエフォドの帯〔紐(ひも)〕、続いて大祭司冠(かんむり)と聖なる冠(かんむり)である。それでは何故(なにゆえ)中帯(なかおび)が省(はぶ)かれているのか。また何故(なにゆえ)ここではエフォドの帯〔紐(ひも)〕の*後*ではなく*前*に列挙されているのか。中帯が霊的王国にける愛の内奥の絆を示しており(9945)、エフォドの帯〔紐(ひも)〕が外なる愛のそこでの絆を示しているため(9895)、それ故外帯〔エフォドの帯〕が言及されている限り中帯(なかおび)の省略は、霊的な人はその初期の経験にあっては外なる諸情愛の影響下により強く、内なる事柄の影響下にはより弱くあることを指しているのである。そしてレヴィ記における双方の帯のそれら適正な順序での列挙は、彼が更に前進した状態において外なる絆よりも内なる絆により導(みちび)かれることを指している、なぜならそのとき内なるものがより完全に治めるからである。そして神的善から輝き出る神的真理を示しているところの胸当てに関してだが、帯が愛の共通の絆を示している次第から、出エジプト記でそれが先に列挙されているのは、再生の初期の諸状態では真理は先行する原理であることを示すためであり、レヴィ記では次に列挙されているのは、後(あと)になれば愛こそが治める力であることを示すためである。何となればそれこそが真の愛であり、また取り分け終局的なもの或いは諸々の行為において表現されたものとしての愛であり、善と真理と共に生命の最低の度(ど)から最高の度(ど)へさえも一体とし縛(しば)り付けるものなのである。そして実に愛が治めるとき別の結果が後(あと)に続く、即ち真理の啓示もまた更に閃(ひらめ)くのである。そしてこれは、**何故(なにゆえ)ウリム**と**トゥムミム**がレヴィ記で個別的に言及され出エジ

第 8 章

プト記では省(はぶ)かれたかを説明しているのである。しかし双方の章で考察するに、大祭司冠(かんむり)と金の板が最後に言及され、それぞれ神的知恵と理性、そして神的人間性からの啓蒙を示している。そして「神的善の神的真理への流入に従い」と言われている、なぜなら出エジプト記の平行箇所では聖なる冠(かんむり)とだけ呼ばれているのに問題の章では金の板はまた聖なる冠(かんむり)とも呼ばれており、善に導く真理の教化の状態にある間は、実際善の中へ任(にん)に就く状態における程には啓蒙は大きくないことを明示しているのである。我々はまた以下の事に気付くのである、即ちヘブル語で、また各単語の照応に従い、「金の板」の表現が善由来の真理を指し、「神聖な冠(かんむり)」の表現が真理由来の善を指し、それ故(ゆえ)前者は善の更なる完全な状態に特有であり、後者は教化の更なる不完全な状態に特有である、と言うことである。一方連結された二つの表現の用法は、問題の章におけるように、十全さにおける真理と善との結合を適切に指摘するものとなろう。しかし最後になるが、出エジプト記の系列での内意の解説においては、個別の省略に外観されるものが顕著に存在する。何となればその章〔出エジプト記29章〕の4～9節の彼の手順に従った引用の後、全く正確にも著者〔スヴェデンボリ〕は各文の霊的な意味(なんじ)を賦与することに取りかかっている。しかし5節の最後の文即ち「そして汝はエフォドの帯で彼を締(し)めねばならぬ」の意味を与えていない。それは9837に従えば「それにより内的な事柄が共に繋(つな)がっているところの全般的な絆」を意味し、また「外面的な絆である、なぜならエフォドは霊的王国の外(ふ)なるものを意味しているからである。」 さて依然(いぜん)字義におけるこの文は考察中であり、5節の終わりに現れるため、それは霊的な意味で発出するところのものと後続(こうぞく)するところのものと首尾一貫するはずであるのに、所与の系列における内意(9999)と、所与の各語義の根拠と説明(10006, 10007)双方において何故(なにゆえ)この省略が為(な)されたのだろうか。何となれば聖言の字義(いか)においては、如何なる過不足もないからである。それでは説明は如何に。10006でエフォドについて言えば、参照としての所与の9824の精読から窺(うかが)われるように、明らかにエフォドの帯が含まれている。それとは別に、9節で繰り返される「アロンと彼の子ら」の帯の言及もまた、5節後半の文の個別的な解説の省略に寄与している。更に、著者が10006で参照している9824の終わりは、

173

省略が不注意ではなかった事を明示している。なぜならそれは出エジプト記29: 5 のこの後半の文と、レヴィ記8: 7 であり、「全ての内的事柄を囲む」意味の表現からエフォドのヘブル語の起源を明示すべく言及されているからである。帯はこの場合エフォドの一部として見なされており、斯くもその内意はエフォドについて言われている事に包含されているのである。

続けてこれら二つの章の別の部分を比較してみると、次いで以下のことを認めるのである、即ち油を塗る事は出エジプト記よりもレヴィ記でより充分に記述されていること。またこの理由は、善の状態の中へ任に就く事は最高から最低まで生命の凡ゆる度の聖化を包摂しているからであり、これは出エジプト記では実にアロンの頭に油を塗ることにより意味され、最高の意味における偉大な真理を表現しているのである。即ち、主の人間性がこの御方の懐妊と出産からのもので、本質的にもその諸々の度全てにおいて全く神性であったと言うことである。しかしまたレヴィ記に記されているように、それのみが栄化の過程により実際かつ十全に神性なものとなり、仮庵とそこにあった全てのもの、祭壇とその器全て、そして洗盤とその台に油を塗ることにより示されているように、引き続く秩序における善と真理と結合を包摂しているのである。そして同じその時の順序でアロンの頭に彼を聖化するために塗るための油を注ぐことによったのである。同一過程の記述の多様性もまた10250 を見られたし。

因みに、それぞれ天的なものから発する神的な霊的なものと、より低次の度における霊的な諸真理を意味するものとして、アロン自身の衣服と彼の子らの衣服の意義の相違に注意しながら、我々は犠牲の考察へと至るのである。この点で以下のことが看取される、即ち自然的な人の純化が双方の章で去勢牛の犠牲とそれに伴う種々の状況により類似の順序で記述されていること。また同じ記事が全焼の奉納としての最初の牡羊により示されている内なる人の清めに適用されることである。これ故個々の記事を詳述する必要はない。しかし別の牡羊の奉納には更なる注意を要する。そもそも２匹の牡羊が奉納された事は奇妙に思われるかも知れない。何となれば双方の場合における牡羊には同じく全般的な照応が有るだろうから。なぜなら人間の二つの異なる状態、即ち初めの牡羊により善へ導く真理の状態と、２匹目により善から発

第8章

出する真理の状態が表象されねばならなかった為である。あるいは換言すれば、再生の過程での人間の生命と、再生の帰結における彼の生命であり、そのとき彼は真理を手段として善から活動する状態の中へ任に就かせられるのである。これよりこの２匹目の牡羊は、満たしの、手を満たす牡羊、あるいは聖別の牡羊と呼ばれている。そして今正に述べるに値する重要な見解がある。字義における各語の照応と意味を単に知るだけ、あるいは大抵の霊的事柄を可成り明確に覚知さえしても、聖言の霊的意義を正確に理解し解釈するには不十分である。何となればより高次の霊感が必要とされる幾つかの個別的な事例が存在することが明らかと思われるからである。そしてこれは例の事情では明白である。実に我々が話しているところの相違を、仮に**著作**〔スヴェデンボリの神学著作群〕が指摘していなかったなら、あるいは大抵の解説者でも主から継続して彼を啓蒙する助けを受けなければ、そして特殊な場合だが、流入であるが故覚知されない霊感により仮に啓示が与えられていなければ、内なる*面*では一節さえもその隠れた意味を見分けることは不可能と思われる。これ故スヴェデンボリのように（『真のキリスト教』779）、主により特別に召命された者を除いては何人も聖言の諸書全体を内意に従い系列の中で敢えて解説すべからざるものと思っている者らもいる。しかし経験は逆を証明した。それは真に、敬虔かつ注意深い学習により通常の方法で、また凡ゆる者を聖言により教え給うことを我々が確信している主への謙遜な信頼にあっては、普通に聖言を学ぶ学生にこれを行う特権が許されざる理由はないのである。然しながら、系列がここで取り扱うものの様な相違が知らされるとき、個別的なこと全てが真理を形作るためにどのように組み合わされるかが疑いなく分かり得る。善からの行動の第２の全般的な結果、即ち諸真理の覚知、それと役立ちの遂行のため終局的な者における諸真理の更なる力強い業を、23 節で我々は斯くも記述したのである。ここで「天的あるいは霊的な諸天界にいる者と同じく再生の過程にいる者について」言うに、善から行動する歓喜の、あるいは如何なる利己的動機の混合なしに善行の歓喜の気配を、前者は確かに時折享受するからである。よって29節の終わりまで引き続く諸節で、善の歓喜の十全なる実現が如何様にして記述されているかが知られる、即ち主からの天的な人によるその十全なる承認と受け

第 8 章

入れ、そして霊的な人の許(もと)にあるその承認と増し加わった活動である。これらの事柄は、それらの諸節で、主へ全的に聖別(ぜんてき)されたところの列挙された事柄の残りと共に、それぞれ太腿(ふともも)の挙上(おかた)*10 と胸の揺らしにより示されている。

ここで我々は取り分け興味深い点に至(いた)る。問題の章の 30 節では、上位の諸天界において、また下位の諸天界においても、神的人間性における神的真理と神的善との相互的な合一(ごういつ)が記述されている。そして必然的にこの節もまた、どの天界に属そうと再生している人間の許での真理と善との相互的な結合を記述している。主に関する限り、神性はそれ自身を人間性に、また人間性はそれ自身を神性に共有的かつ相互的に合一(ごういつ)と為(な)さしめたのである。そして主は世にあって御自身の固有の御力(みちから)によりこれを齎(もたら)したのは、神性はこの御方(おかた)の内に在りこの御方(おかた)の他ならぬ魂または生命を構成したからである(2004)。しかし人間に関する限り、この相互的な合一(ごういつ)はそれを区別するため結合(ごと)と呼ばれている、なぜなら人間自身には主が持った如き生命は何ら無いからである。それ故(ゆえ)、屢々(しばしば)あり得るように人間が彼自身を主に結合させると言われる時、それは外観ではあるのだが(2004²)、それにより以下の事が理解されるはずである。即ち主は、諸科学、諸知識、そして諸真理を手段として人間を御自身へ結合なされ、あるいは換言すれば、再生している人間にあって善は真理を自身に結合し、そして真理は善と相互的に結合されるのである。然(しか)しながらこの秘義の知識により何人(なんびと)もその手を垂(た)らし、神的な御業(みわざ)を無為(むい)に待つに及ばないのである。諸真理を受容する事と悪を忌避することにおいて、依然(いぜん)凡(あら)ゆる人間は自身からの如く行動するはずである。何となれば、これらの状況下のみが主が人間において共有的かつ相互的に真理と善との結合を齎(もたら)すことが出来るからであり、考察中のその節でモーセが血と油双方を取り、それらをアロンと彼の衣服、そして彼の子らと彼らの衣服の上に撥(は)ね掛けることにより記述された如(ごと)くである。しかしここで次のように問われるかも知れない、「この相互的結合は人間の許(もと)にいつ始まるのか」。そこで思うに 6047 を精読すれば、人間が彼自身の意識から全般的に真理を言明し、そしてその言明から彼自身のために個別における諸真理に関して決断し、よってそこから新しい生活を送り始めると直(す)ぐ、それが開始されることは明らかである。よってこれより問題の章では、今までそれと共に学んできた出

第8章

エジプト記に比較されるように、相互的な結合が異なる位置を維持していることは驚くに及ばない。何となればそれは再生している人間の許に永続するからである。しかしそれでも再生が進むようにその人格により様々であろうし、思うにそれの記事が出エジプト記では第2の牡羊の奉納の前に、そしてレヴィ記ではその後に配置されている一つの理由かも知れない。ともあれこれの理由は複数存在し、内意に依拠するのである。そして10067での所与の十分な説明には、この相互的な結合が人間の許に永続すべきことが言明されているが、人間が彼自身からとして彼の諸悪と諸々の過誤を進んで慎むのと正確に比例して、人間にあって主が真理と善を結合なされるという観念を強烈に確固と仕向けるのである。それでこの事は、出エジプト記29：21に記述されているように、相互的な結合は彼の記述されたもの(レヴィ記8：30)に比し十全さと完全さにおいて劣っている。

　然れど本章の残りの部分は、我々が丁度熟考したばかりの相互的な結合の自然な結果としての人間による善を固有のものとする事について語っているが、それはこの固有のものとする事が言わば再生した生命の仕上げの行動であることに注視するのでなければ瞥見するに及ばず、聖別の七日間により示されている如く天使らの不断の経験と同様のものである。そして35節で「汝らが死なぬという主の訓令を遵守」すべき命令を指摘していることは、出エジプト記〔29章〕36節における命令のように同一の全般的な真理を包摂しているのである。その命令とは、去勢牛を浄罪の奉納として宥めの七日間の全ての日々に奉納すること、即ち天界と教会での永遠に至る人間の不断の純化のことである。

訳者のノート

＊1.　7節「着せ」、7, 14, 23, 24節「付け」。原本 'put'、ヘブル語原文は「与える」。
＊2.　10節「仮庵」。原本 'tabernacle'、ヘブル語原文　ミシュカーン מִשְׁכָּן「住処」。
＊3.　13, 14節「連れてきた」。原本 'brought'、しかしヘブル語原文は別の語であり、13節が ヒクリーヴ הַקְרִיב 屡々「奉納した」と訳される語、14節は ナーガシュ

第 8 章

נָגַשׁ のヒフイル態　ヒッギーシュ　הִגִּישׁ の、何れも未完了形 3 人称男性単数のヴァヴ倒置法による完了表現。

＊4.　15, 23 節「屠った」、19 節「殺した」。原本 15, 23 節は 'slew'、19 節は 'killed'。しかしヘブル語原文は同じ言葉。

＊5.　16, 25 節「大網」。3 章 4 節の訳者のノート参照。

＊6.　20 節「脂肪」。原本 'fat'、ヘブル語原文　ハッ・パーデル　הַפָּדֶר、腎臓周囲の脂肪を指し、他に 1: 8 にのみ用いられている。通常「脂肪」は　ヘーレヴ　חֵלֶב が用いられる。

＊7.　21 節「四肢」。原本 'legs'、ヘブル語原文　ケラーアイム　כְּרָעַיִם「脛」の双数形。1: 9, 4: 11 は、所有の人称接尾辞が付いており、その場合複数形か双数形かは文法上区別できない。

＊8.　22, 29, 33 節。「聖別」はヘブル語原文では「満たすもの」。

＊9.　33 節「聖別する」。原本 'consecrate'、ヘブル語原文は「汝らの手を満たす」。

＊10.　p176「挙上」。当該聖句にこの語はない。

＊　「去勢牛」の原本は 'bullock'、ヘブル語原文は　パル　פַּר。4 章の訳者のノート「牛」についてを参照。

＃　『天界の秘義』の各々の節には当該内容の記載がないか、参照としては飛躍？

第 9 章

霊的意味の要約

1. 神性がその人間性に顕示されるために、自然的、霊的そして天的な種々の情愛から主を礼拝するために備えられるべき善の新しい状態にいる者への教示(1〜4節)。
2. 更なる覚知を伴う理解についてと意志について、活動について、この目的のための従順(5〜6節)。
3. それに従って然(しか)るべき秩序と連続性における礼拝(7〜21節)。
4. その結果、即ち、より緊密な主との結合。人間の側での十全な相互的な結合。終局的なものまでの全ての十全さにおける神的愛の顕示と、引き続く十全な啓示であり、深い卑下(ひげ)の状態を生むのである(22〜24節)。

各節の内容

1. そして八日目に以下が生じた、即ちモーセはアロンと彼の子ら、そしてイスラエルの長老らを呼んだ。

2. そして彼はアロンに言った、雄の子牛*¹を浄罪の奉納のために、そして牡羊を全焼の奉納の為

1. 人間が善にいるとき、新しい状態にも以下が起こる。即ち人間の天的、霊的、そして自然的諸々の度(ど)について、主からの神的真理は彼の上に働く。

2. それで天的な善から以下が覚知される。即ち自然的な人においては無垢の善から、真理と結

第9章

に、無傷のものを汝に取り、主の御前に奉納せよ。

合され、人間は自身からは悪以外の何者でもないという承認の内に、主は礼拝されるべきこと。そして内なる或いは霊的な人においては無垢の純粋な善から、全ての善は主からのものであると言う承認の内にあること。

3. そしてイスラエルの子供らに汝は言って、語るものとする、汝らは浄罪の奉納のための牡山羊を取れ。そして全焼の奉納のために、当歳で、無傷の子牛と子羊双方を。

3. 教示もまた霊的—自然的な人に与えられ、それを介して以下の事が覚知される。即ち、人間は自身からは悪以外の何者でもない事の承認の内に、また全ての善は主からのものである事の承認の内に、**外なるものと内なるもの**双方にて全ての十全さと純粋さにおける無垢の善より、主は善と結合した信仰の真理から礼拝されるべきである。

4. そして平安の諸奉納のための雄牛*¹と牡羊を、主の御前に犠牲とするため。また油を混ぜた穀物の奉納を。何となれば今日主は汝らに顕れ給う*²故。

4. しかも自然的な善についてそして霊的な善についても外なる平安の状態からの主礼拝もまた存在すべきであり、霊的な善と天的な善との結合を介する、なぜなら新しい状態においては主が顕示されるべきだからである。

5. そして彼らはモーセが命じたものを会見の幕屋の前に連れ

5. しかも人間が主と神的流入に従って天界を介したその御方

180

第９章

てきた。そして会衆全ては近づき主の御前(みまえ)に立った。

の御業(みわざ)を承認するとき、これは実際起こる。斯くて再生(か)した人間に従属する全ての力は一体となるのである。

6. そしてモーセは言った、これは汝(なんじ)らが行わねばならぬと主が命じられた事柄である。然れば主の栄光(なんじ)が汝らに顕(あらわ)れよう。

6. そして更に、そのような礼拝が主に容認され、それを介して主が顕示されるべきものと、明確(かい)な覚知が神的真理を介(かい)して与えられる。

7. そしてモーセはアロンに言った、祭壇に近づき、汝の浄罪(なんじ)の奉納と、汝(なんじ)の全焼(あがな)の奉納を奉納し、汝自(なんじみずか)らと、民のために贖(あがな)いを為(な)せ。そして民の捧げ物を奉納し、彼らのために贖(あがな)いを為せ。主が命じられた如(ごと)くである。

7. そしてこれ故(ゆえ)、天的善にいる者らの許(もと)に、主は近寄られるべきと言う覚知が存在する。また同時に、人間は自身からは悪以外の何者でもないため値せず、また全ての善は主からのものであると言う承認が存在する。主に関して言えば、その人間性はその神性と一つのものとして承認されるため、また人間に関して言えば、主と共に和解が確立するためである。それは意志と理解双方について、あるいは内なる人と外なる人について、神的流入に従い悪からの赦免(しゃめん)を介(かい)しているのである。

8. そのようにアロンは祭壇に近づき、彼のために在った、浄罪の奉納の子牛*1を屠(ほふ)った。

8. 斯(か)くて天的な善にいる者らは主に近寄るが、それは自然的な人において無垢の善からその

181

第9章

御方を礼拝する備えによるのである。また彼ら自らは悪のみである事の承認によるのである。

9. そしてアロンの子らはその血を彼に差し出した。そして彼は彼の指〔単数〕を血の中に浸し、そしてそれを祭壇の角の上に付け*3、そして血を祭壇の基に注ぎ出した。

9. 一方仁愛にいる者らは、神的真理は主から天的な愛を介したものである事を承認する。それで善からの真理の力により、真理と善との結合は礼拝において確固とされる。そして自然的な人もまた終局的なものにおいて善からの真理の流入を斯く受け入れるのである。

10. しかし浄罪の奉納の脂肪と、腎臓と、肝臓からの大網*4は、彼は祭壇の上で燃やし煙にした。主がモーセに命じられた如くである。

10. しかし全てこの善、そしてそこで結合された真理は、内なるもの外なるもの双方とも、主からのものであると十全に承認され、そしてその御方の奉仕に奉献されるのであり、それは礼拝において善の真理への流入に従うのである。

11. そして肉と皮は、彼は宿営の外で火で燃やした。

11. そして自然的な諸情愛と諸々の力における悪と虚偽の凡ゆるものは、天界的な生命の実現していない者らの許では、分離され利己的な愛と結合されるのである。

第9章

12. そして彼は全焼の奉納を屠った。そしてアロンの子らは血を彼に渡し、そして彼はそれを祭壇の上の周りに振りまいた。

12. 天的な善にいる者らも主を善から礼拝する備えをするが、全ての善はその御方からのものであると言う承認による。そして仁愛にいる者らは、霊的な真理がその御方から天的な愛を介するものである事を承認する。斯くて真理と善との結合は凡ゆる様態と度にあって確固とされ確立されるのである。

13. そして彼らは全焼の奉納を彼に渡した、部分毎と、頭を。そして彼はそれらを祭壇の上で燃やし煙にした。

13. そして神的真理により諸善と諸真理との〔両者の〕異なる配列が終局的な事柄から内奥の事柄へと結果を齎す。そして全ては十全に主に奉献され、それは全ての善がその御方からのものである事の承認によるのである。

14. そして彼は内臓と四肢*5を洗い、そしてそれらを祭壇で全焼の奉納の上に燃やし煙にした。

14. しかし感覚的で形体的なものである最低の善、そして自然的であるところの外的善が、それらが主からのものであると言う衷心からの承認により純粋とされる。それ故それらはその御方に帰され、その御方の奉仕に奉献されるのである。

15. そして彼は民の捧げ物を差し出し、民のために在った浄罪の

15. 内奥における天的な善をも介して、信仰の真理にいる者らは

183

第 9 章

奉納の山羊を取り、それを屠り、それを罪のために奉納した、初めの如くに。

彼らに属する無垢の善から主を礼拝する。それは前述の場合におけるのと同様、彼ら自身を備える事と彼ら自身からは悪以外の何者でもない事を承認することによるのである。

16. そして彼は全焼の奉納を差し出し、それを規定＊6に従い奉納した。

16. そして彼らは全的に主に献身されるのであり、それは全ての善がその御方からのものであり、神的秩序に従う事の承認によるのである。

17. そして彼は穀物の奉納を差し出し、彼の手＊7をそれらから満たし、そして、朝の全焼の奉納の他に、それを祭壇の上で燃やし煙にした。

17. 天的善を介してもまた、主は霊的善と天的善との結合から礼拝される。そしてこれは全ての十全さと力を伴い為される。そして、新しい天界的状態で紛れもない天的な善からと霊的な善からの主礼拝に加えて、そのような結合は主からのものである事が礼拝において承認されるのである。

18. 彼はまた民のために在った、平安の諸奉納の犠牲、雄牛＊1と牡羊を屠った。そしてアロンの子らは彼にその血を渡し、そして彼はそれを祭壇の上の周りに振りまいた、

18. 天的な愛を介してもまた、自然的並びに霊的な諸々の度についての平安と自由の状態で主は礼拝される。それが主から天的善を介するものと承認している霊的真理にいる者らであり、斯くて礼拝における真理と善との結

184

第 9 章

合が結果を齎し確立される。

19. そして雄牛*¹の脂肪。そして牡羊の〔脂肪〕、脂尾と、そして内臓を覆っているそれと、腎臓と、肝臓の大網*⁴。

19. また自然的な人のそして霊的な人の全ての善。全ての外的なそして外なる自然的善。全ての内的な自然的諸真理。そして全ての内的な自然的善。

20. また彼らは脂肪を胸々の上に置き、彼は脂肪を祭壇の上で燃やし煙にした。

20. 聖なる仁愛の善と共にあり、純粋な愛から主に奉献される。

21. そして胸々と右の太腿をアロンは主の御前の揺らしの奉納のために揺らした。モーセが命じた如くである。

21. しかし全ての聖なる仁愛、そして天界的結婚に関係する全ての事柄、斯くも全ての善は共に、主からのものであると天的な人により承認され、そしてその御方により流入と協働に従い活気を与えられるのである。

22. そしてアロンは彼の両手を民に掲げ、彼らを祝福した。そして彼は浄罪の奉納と、全焼の奉納と、平安の諸奉納を奉納することから降りて来た。

22. 斯く神的力をもって内なる人と外なる人との結合が結果を齎す。そして尚も後者は、恰もそれが、彼自身のものであるかの如くに天界での生命を享受するのである。正にそれは全ての悪からの永遠への保護、善から主を礼拝する力、そして完全な平安と安息の状態である。

23. そしてモーセとアロンは、会見の幕屋の中に行き、そして出て来て、民を祝福した。すると主の栄光が全ての民に顕れた。

23. 斯くて神的真理と神的善は主から諸天界を介して発出する。外なる人と内なる人との相互的な結合が斯く存在する。斯くて主は顕示されるのである。

24. そして主の御前から火が出て来て、祭壇の上で全焼の奉納と脂肪を食い尽くした。すると全ての民はそれを見て、彼らは叫び、彼らの顔に倒れた〔平伏した〕。

24. それ故以下が後続する、即ち神的愛が再生した人間の精神と心の中へ下り天界の喜びで彼を満たし、その結果は主からの明確な啓示であり、深い卑下の状態である。

参照と注解

1. 以下が生じることにより、主題における変化が示されている(4978#)。八日目により、新しい状態が示されている(9227)。モーセにより、主からの神的真理が示されている(7010, 6752)。呼ぶことにより、流入斯くて主の御業が示されている(6840)。アロンと彼の子らにより、**天的なものと霊的なもの**が示されている(9946#)。そしてイスラエルの長老らにより、**自然的なもの**が示されている(9421#, 9422#)。

2. 言うことは覚知を示している(1791, 1822)。アロンは天的な善を示している(9946#)。雄の子牛は、自然的な人における無垢の善を示している(2830, 9391)。雄は真理を示している(725)。浄罪の奉納のためは、人間は自身からは悪以外の何者でもない事の承認を示している(3400, 10042)。全焼の奉納のための牡羊は、内なる人における無垢の善を示している(10042)。無傷は

純粋なものを示している(7837)。そしてそれらを主の御前に奉納することは、全ての善はその御方からのものである事の承認を示している(9293)。

3. これは明らかである、なぜならイスラエルの子供らに語る事と言うことは、霊的―自然的な人への教示を示しているからである(2951#, 7304, 4286)。浄罪の奉納のための牡山羊は、その善と結合した信仰の真理を示している(4169, 725)。浄罪の奉納のためは、人間は自身からは悪以外の何者でもない事の承認を示している(3400, 10042)。子牛は**外なるもの**における無垢の善を、そして子羊は**内なるもの**における無垢の善を示している(2830, 9391, 10132)。当歳で無傷は、全ての十全さと純粋さにおいてを示している(7839, 7837)。そして全焼の奉納は、全ての善は主からのものである事を人間が礼拝において承認することを示しているからである(10053, 10055)。

4. 平安の諸奉納のための雄牛と牡羊は、自然的な善についてと霊的な善について外なる平安の状態からの主礼拝を示している(2180, 10042, 10097)。主の御前に犠牲とすることは、承認と礼拝を示している(9293)。油と混ぜた穀物の奉納は、霊的善と天的善との結合を示している(2177)。そして今日主が顕れることは、その新しい状態での主の顕示を示している(9227)。

5. これは以下の意義から明らかと思われる、即ち列挙された犠牲は既に明示されたものとして、命じることは流入を示すものとして(5486)。会見の幕屋は、諸天界を示すものとして(3540³)。そして主の御前に立つ会衆全ては、その御方の御前に再生した人間に従属する全ての力が一体となることを示すものとして(7830, 7843, 3136#, 9293)。

6. モーセが言うことにより、神的真理を介した明確な覚知が示されている(1791, 7010)。主が命じられた事柄により、主からの流入斯くてその御方に容認されるものが示されている(5486)。そして主の栄光が顕れることにより、主の顕示が示されている事は明らかである(5922)。

7. モーセがアロンに言うことは、神的真理から天的善にいる者らの許(もと)での覚知を示している(1791, 7010, 9946)。祭壇に近づくことは、主に近寄ることを示している(921, 6843)。浄罪の奉納を奉納することは、人間は自身からは悪以外の何者でもない故(ゆえ)に値しないことを示している(3400, 10042)。全焼の奉納を奉納することは、全ての善は主からのものである事を示している(10053, 10055)。アロンが彼自(みずか)らと民のために贖(あがな)いを為(な)すことは、主に関して言えば、その人間性はその神性と一つのものとして承認されるため、また人間に関して言えば、意志と理解双方について、主と共に和解が確立するためである事を示している(10042, II)。「汝(なんじ)自身と民のために」は、意志と理解について、を示している、なぜならアロンは善を意味し、民は真理を意味しているからである(9946, 1259)。民の捧げ物を奉納することは、主礼拝と、内なる人と同じく外なる人における和解を示している(6451#)。そして「主が命じられた如(ごと)く」は、神的流入に従うことを示している(5486)。

8. ここで、アロンにより天的善にいる者らが示されている(9946#)。近づくことは、主に近寄ることを示している(921, 6843)。浄罪の奉納の子牛を屠(ほふ)ることは、自然的な人における無垢の善からの主を礼拝する備えを示している(10024, 2830)。そして浄罪の奉納は、人間は自身からは悪以外の何者でもない事の承認を示している(3400, 10042・II)。

9. これは斯(か)く証明される、即ちアロンの子らは仁愛にいる者らを示している、なぜなら彼らは「諸天界における神的善からの神的真理」を示しているからである(9946)。血をアロンに差し出すことは、神的真理は主から天的愛を介(かい)するものである事の承認を示している(9293, 9046#, 10047)。アロンが彼の指を血に浸すことは、善からの真理の力を示している(7430)。血を祭壇の角(つの)に付けることは、礼拝において確固とされた真理と善との結合を示している(10208)。そして血を祭壇の基(もとい)に注ぎ出すことは、自然的な人もまた終局的なものにおいて善からの真理の流入を受け入れることを示している(10047)。

第9章

10. これは下記の如く実証される。脂肪は天的善を示している(10033)。二つの腎臓は、真理を示している(10032)。肝臓の上の大網は、外なる或いは自然的な人の内的善を示している(10031)。祭壇の上で燃やすことは、全ての善は主からのものであり、その御方の奉仕に奉献されるべきである事の十全な承認を示している(10053, 10055)。そして主がモーセに命じられた如くは、礼拝において善の真理への流入に従うことを示している(2001, 5486, 7010)。

11. 宿営の外で肉と皮を火で燃やすことは、自然的な諸情愛と諸々の力における悪と虚偽の凡ゆるものは、天界的な生命の実現していない者らの許では、分離され利己的な愛と結合されることを示している(10035, 10036, 10038)。

12. アロンは、天的な善にいる者らを示している(9946♯)。全焼の奉納を屠ることは、その善からの主を礼拝する備えを示している(10024)。全焼の奉納は、全ての善は主からのものである事の承認を示している(10053, 10055)。アロンの子らが彼に血を渡すことは、仁愛にいる者らは霊的真理が主から天的愛を介したものであると承認することを示している(9946♯, 10047♯)。そして血を祭壇の上の周りに振りまくことは、凡ゆる様態と度において真理と善との結合の確からしさを示している(10047)。

13. 全焼の奉納をアロンに部分毎と、頭を渡すことは、神的真理により諸善と諸真理との〔両者の〕異なる配列が終局的な事柄から内奥の事柄へと結果を齎すことを示している、なぜならアロンの子らは神的真理を示しているからである(9946)。頭を含む部分は、終局的な事柄から内奥の事柄へ至るものを示している(10049〜10051)。そして部分に切ることは、〔両者の〕異なる配列を示している(10048)。そして祭壇の上で燃やすことは、全ては十全に主に奉献され、それは全ての善がその御方からのものであるとの承認によることを示している(10053, 10055)。

14. 内臓と四肢を洗い、それらを祭壇で全焼の奉納の上に燃やすことは、感覚的で形体的である最低の善と自然的である外的な善が、それらが主からのものであると言う衷心からの承認により純粋とされ、それ故それらはその御方に帰され、その御方の奉仕に奉献されることを示している(10049~10051, 10055)。

15. アロンは内奥における天的善を示している(9946[#])。山羊、民の捧げ物は、信仰の真理にいる者らを示している(4169, 725)。それを屠ることは、備えを示している(10024)。それを浄罪の奉納のために奉納することは、彼ら自身からは悪以外の何者でもない事の承認を含む礼拝を示している(3400, 10042)。そして初めの如くは、前述の場合における如くを示していることは明らかである。

16. 全焼の奉納を差し出し、それを規定に従い奉納することは、信仰の善にいる者らは全的に主に献身するのであり、それは全ての善がその御方からのものであり、神的秩序に従うことの承認によることを示している(10055, 7995[#])。

17. アロンは天的善を示している(9946[#])。穀物の奉納は、霊的善と天的善との結合からの礼拝を示している(2177)。手を満たすことは、全ての十全さと力を伴うことを示している(10019)。それを祭壇の上で燃やし煙にする事は、そのような結合は礼拝において主からものであると承認されることを示している(10053, 10055)。そして朝の全焼の奉納の他には、新しい天界的状態で紛れもない天的な善からと霊的な善からの主礼拝に加えてを示している(10134, 10136, 9299)。

18. アロンは天的な愛を示している(9946[#])。雄牛と牡羊を屠ることは、自然的並びに霊的な諸々の度について礼拝への備えを示している(10024, 2180, 10042)。平安の諸奉納は、自由からの礼拝を示している(10097)。アロンの子らは、霊的真理にいる者らを示している(9946[#])。アロンに血を差

第9章

し出すことは、それが主から天的善を介するものである事の承認を示している(9293, 9946♯, 10047)。そして血を祭壇で周りに振りまくことは、礼拝における善と真理との結合が結果を齎し確立されることを示している(10047)。

19. 雄牛と牡羊の脂肪は、自然的な人と霊的な人との全ての善を示している(10033, 2180, 10042)。脂尾と、内臓を覆うそれ〔脂肪〕は、全ての外的なそして外なる自然的善を示している(10071, 10029, 10030)。腎臓は、全ての内的な自然的な諸真理を示している(10032)。そして肝臓の上の大網は、全ての内的な自然的な善を示している(10031)。

20. 胸々の上に置かれた脂肪は、天的な善と仁愛の善との結合を示している(10033, 10087)。そして祭壇の上で燃やし煙にする事は、純粋な愛からの主への奉献を示している(10053, 10055)。

21. ここで胸は全ての聖なる仁愛を示している(10087)。太腿は、天界的結婚に関係する全ての事柄、共に斯くも全ての善を示している(10075)。アロンがそれらを揺らすことは、全ての善が主からのものであると言うことの天的な人による承認を示している(9946♯)。そしてそれらが揺らされる事は、その御方により活気付けを示している(10089)。

22. アロンが彼の両手を民に掲げ彼らを祝福することは、神的力をもって内なる人と外なる人との結合が結果を齎すことを示している(5328, 3514)。彼が浄罪の奉納と全焼の奉納と平安の諸奉納を奉納することから降りて来ることは、なおも外なる人が恰もそれが彼自身のものであるかの如くに天界での生命を享受することを示している(6451♯, 4964♯, 4969)。一方浄罪の奉納、全焼の奉納と平安の諸奉納は、以下のものを夫々示している、即ち全ての悪からの永遠への保護(3400)、善から主を礼拝する力(10053)、そして完全な平安と安息の状態である(10097, 10054)。

第9章

23. モーセとアロンが会見の幕屋の中に行きそして出て来ることは、神的真理と神的善は主から諸天界を介して発出することを示している(7010, 9946#, 3540³, 9927)。モーセとアロン双方が民を祝福することは、二つの意義から明らかな如く内なる人と共なる外なる人についての相互的な結合を示している(3514)。そして主の栄光が顕れることは、斯く主が顕示される事を示している事は明らかである(8427)。

24. 主の御前から火が出て来ることは、神的愛の下降を示している(934, 6499#)。食い尽くすこと即ち貪り食うことは、流入により障害が皆無のときの十全な結合を示している(6834, 10533, 2187, 5149)。全焼の奉納と脂肪は、善とその喜びに満たされた再生した人間の精神と心を示している(10053, 10055, 10033)。民がそれを見ることは、主からの明確な啓示を示している(2150)。そして叫び彼らの顔に倒れることは、深い卑下の状態を示している(8815#, 1999)。‡

‡ 筆者の年齢と緩徐なるも健康上の理由もあり、ここで諸章の注解を不承ながら中断したが、レヴィ記、民数記、そして申命記での証明と簡易な注解を終えるに至った。それは牧師と学生のために有用な参考書を体裁整え創刊するためのものである。1907年3月20日... 申命記における参照が終了、そして注解は1909年2月現在再開。

本章では、八日目により意味される初めの天界的状態の興味深い記述がある。そして、それ故その状態を構成する善のこの最初の実現を省みることは、我々にとり有益であろう。しかし、一度も経験のない状態が如何なるものであり得るか想像することは、当然ながら、再生を只通過する凡ゆる者にとっては困難である。とは言え、何が然うでないかを熟考することから、幾つかの概念がそれにより形成されるであろう。そして先ず第一に、人間がその時最早試誘に甘んじる事はないと言うことを聖言で学んだ全てから我々

は保証されるのである。なぜなら最早彼の精神は分断して居ないからである。何となれば彼の外面の人は今や彼の内面の人に服属しているのみならず、それと調和しており、そしてここの記事では平安の奉納により然るべく示されているところの、平安と安息の状態が存在するからである。

更に、天界では夜がない事もまた、我々が聖言からよく教えられている事である。実に、朝から夕まで日の変化に応じて、全ての多様さと共に状態の変化が存在するのである。しかし天界には夜も存在せず、また冬も存在しないのである。これに対し霊的光と熱の増大が存在する、何となれば問題の章では、その時主が顕示される、と教えているからである。

それで疑い得ない悪と過失からの自由それだけで、この新しい状態は如何に喜ばしいはずであるか。またその中に入る時の到来を我々が如何に渇望していることか。

そこでその記述を順に取り上げよう、それで他の重要な事柄を我々は明確に理解しなくてはならない。全焼の奉納と諸々の犠牲により示されている主礼拝が存在せねばならぬ事は、驚くに当たらない。何となれば善の不変の状態は役立ちの生活におけるその御方の永続的な礼拝であるから。しかしこの礼拝で我々が気付く極めて刮目すべき事柄は、先んずるところの浄罪の奉納が初めに存在することである。さて、天界では人々は罪を犯さないと言うのに、これは何故か。それは、彼らは罪を犯さないのであるが、彼ら自身からは悪以外の何者でもない事を依然承認しているからである。そして正に、そのような承認なくして天界では何人も存在し得ないことが我々に告げられている(868)。それ故天界でさえもこれが最初に為される必要があるのである。しかし善からでなければ、また真理と結合した無垢が存在するのでなければ、何人も真に礼拝することは出来ず、これは子牛により示されている。なぜならそれは自然的な度における無垢の善であり、今や更に高次の諸々の度と調和されているからである。加えて、この礼拝の本質が善であることを認めることが出来る、なぜなら全ての悪と虚偽はこの天界的礼拝では拒絶されることを示すため、脂肪は祭壇の上でのみ燃やし煙にされ、一方肉と皮は宿営の外で火で燃やされたからである。

しかし十全に再生した天的な人は天界では天的な愛そのものからも主を

礼拝し、即ち、主を主であるが故に礼拝し、その礼拝において全ての善はその御方からのものである事を承認するのである。それ故この記事にて天的な人の許にあって、また別の視点からすれば全般的に内なる人の許にあって、天界を構成するものが何であるかを我々は理解するのである。それは主の愛であり、アロンの全焼の奉納と浄罪の奉納により意味され、斯くて外なる面と内なる面での無垢の善である。正にそれこそが無垢の善であるも、知恵からのものであり、無知からではない。

　次に、この霊感を受けた記述を省みるに、天的な人の状態と同じく霊的―自然的な人の状態を考察する。そしてそれらの状態が、同定されては居ないけれど、奉納された動物により示されている相違に照応していることを見出すのである。何となれば浄罪の奉納は山羊であり、全焼の奉納は子牛と子羊であるからである。ここで、天的な人の無垢の外なる善が霊的―自然的な人の許での内的であるものと同一であり、その二つの度が重なり合って連結される手段が斯くも指摘している事に留意されたい。それで天的な人には全焼の奉納のために牡羊がある一方、霊的な人にはこの子牛のみならず同じく子羊もあることは少なからず刮目されるものである。しかも子羊は正しく天的なものの無垢に、そして牡羊は**霊的なもの**の無垢に照応するのである。我々はこの明らかな不一致を如何にして調和させるのか。それは、天的な人の内奥の善が彼の霊的な度において包摂され表現されることを見極めることによるのである。「牡羊」は斯くも「子羊」を包摂し表現している。また霊的―自然的な人の善が天的な人の善を包摂するが、それを表現しない事もまた然り〔見極めることによるのである〕。斯くてこの場合包含されている事柄が言及されている。即ち、「子牛」は「子羊」を包摂するが、それはその固有の外なるものではない、なぜなら「牡羊」がこれ〔固有の外なるもの〕だからである。

　しかしここで我々は、天的な人と霊的―自然的な人とのもう一つの相違点を見出すのである、それは前者が穀物の奉納も平安の奉納も奉納しないことである。それは、霊的―自然的な人により奉納されたそれらのものは、それらの意義において全ての天界と再生した人間全体との合一を包摂しているからである。しかし教示する際は穀物の奉納は平安の奉納の後であるが、一

第9章

方典礼を挙行する際それは全焼の奉納に続くのである。これは、教示の状態にあっては**内なるもの**と**外なるもの**とを合一させる媒介が未だ適用されていないからである。しかし経験が至るとそれが適切に起こるのである。何となれば、主の栄化の場合穀物の奉納により意味されるものは、穀物と油各々の意義から明らかなように、合一させる媒介であるからである。そして人間の場合は、それは結合させる媒介である。それ故、この概要で言及されたこれらの事柄から、如何に個別的かつ正確に聖言の字義が内意の要求を満たすよう配置されているかを我々は理解するのである。そして記述の中では他の要点も既に詳述されているかも知れない。しかし反芻する読者なら彼自身のためにこれらの何かしらのものを理解し得るであろうし、アロンの祝福そして会見の幕屋から出て来る際のモーセとアロンの共なる祝福について、なお若干述べねばなるまい。

さてアロンが彼の両手を掲げ民を祝福することは、主御自身が真に礼拝されるとき教会とそれの個人を御自身に結合なされるのを表象していることは明らかである。しかしモーセとアロンが共に会見の幕屋の中に入り、出て来て再び民を祝福することは、人間と主との相互的な結合を的確に象徴している。なぜならこの場合指導者としての**立法者**と**大祭司**は、神的真理と神的善との受け入れについて教会全体を示しており、また繰り返される祝福は相互的な結合を示しているからである。

そして例の最後の節は、本章全体における力強い説教にとり最も特有な一節である。先ずここで我々はカルメル山でのエリヤの偉大な犠牲を強く思い起こさせられる。「主の御前から火が出で来たり。」実際には主の御前から常に発出し、宇宙における凡ゆる者に影響を及ぼすものは神的な愛である。何となれば神的な愛は間断ないこの御方からの**生命**であり、それ故人間は永遠に滅びないのである。神的生命は霊的な死の原因には成り得ない。そして人間であるが故に、その者の状態と人間としての素質に従いその神的生命を単純に受け入れ得る者は、滅び得ないのである(『天界と地獄』39)。そしてもし我々がこの事実に留まり以下の如く考えるにしても、即ち凡ゆる人間は悪霊の最たる者であり何時までも然う留まるものではあるが(マタイ 25: 46、『天界と地獄』480)、最後には彼自身の生命の面の秩序の中へ必然的に連れ

第9章

て行かれると考えるにしても、それでも彼は秩序の中へ連れて行かれ秩序の状態に留まるのである。なぜならたとえ彼が受けている主の愛に報いることが出来ずとも、主からの生命は彼の内に存在するからである。

さてその愛に報い、そこから嘉納(かのう)される犠牲を主に奉納している天使らについて何を語ろうか。犠牲が食い尽くされるのは最良の意味であり、即ち、破壊される意味ではなく、主に感謝し嘉納(かのう)されるという意味である。なぜならそれらは相互的な愛の証拠であるからである。

「しかし民はそれを見て、彼らは叫び、彼らの顔に倒れた。」 然(しか)りそれは天界では常(つね)のことである。そこでは主の栄光を見ないことは不可能であり、また卑下(ひげ)に満たされないことも不可能である。「幸いなるかな、心の清き者、その者ら神を見る故(ゆえ)。」

訳者のノート

* 1. 2節「雄の子牛」。原本'bull calf'、ヘブル語原文では エーゲル ベン・バーカール עֵגֶל בֶּן־בָּקָר 「牛の群れの子の子牛」。8節の「子牛」は原本で'calf'、ヘブル語原文では エーゲル עֵגֶל。4, 18, 19節の「雄牛」は原本で'ox'、ヘブル語原文では ショール שׁוֹר。
* 2. 4節「顕れ給(たも)う」。原本'appeareth'、ヘブル語原文では完了形「顕れ給(たも)うた」。
* 3. 9節「付け」。原本'put'、ヘブル語原文は「与え(る)」。
* 4. 10, 19節「大網(だいもう)」。第3章のノートを参照。
* 5. 14節「四肢(しし)」。原本では'legs'、ヘブル語原文では ケラーイム כְּרָעַיִם 双数形。前脚か後脚かの一対を意味するのだろう。
* 6. 16節「規定」。原本では'ordinance'、ヘブル語原文では ミシュパート מִשְׁפָּט 「審判」。
* 7. 17節「手」。原本では'hand'、ヘブル語原文では カフ כַּף 「掌(たなごころ)」。
* \# 『天界の秘義』の各々の節には当該内容の記載がないか、参照としては飛躍?

第 10 章

霊的意味の要約

1. 善の生活なしに教義にいる者らは彼らの礼拝を利己的な愛の欲念により冒瀆し、その結果荒廃する。然れど以下が教示されている、即ち礼拝は外なると同じく内なるものであるべきと言うこと。単に外なる礼拝は取り除かれるべきである事。そして冒瀆が起こらぬため、彼らの許ではその二つのものは分離してはならない事(1～7節)。
2. 天的な人は以下のことを教示される、即ち礼拝は真理からでなく善からのもので在らねばならぬ事。両者の区別は真の礼拝と偽りの礼拝との間にて為されるであろう事。そして霊的なものが神的諸真理において教示を受けるために、天的なものが霊的なものの許に流れ入るであろう事(8～11節)。
3. 天的で霊的な人の許での善を固有のものとする事に関して、また前者の側の覚知と、全ての生命が主からのものであると言う後者の承認とに如何にそれが連結しているか(12～15節)。
4. 無垢の善による主との結合が存在せず、それ故悪からの救いのない結果、冒瀆的な礼拝における善を固有のものとしない事についての更なる教示(16～20節)。

各節の内容

1. するとアロンの子ら、ナダブとアビフは各々自分の香炉を取

1. 真実である教義全ては天的善からのものであるものの、聖言

第10章

り、それの中に火を点け、その上に香を置き、彼が彼らに命じなかった奇異の火を主の御前に奉納した。

2. 果たして主の御前から火が出で来たり、彼らを貪り食い、彼らは主の御前に死んだ。

3. それでモーセはアロンに言った、**これこそ**主が言い、語り給うたことだ、我に近づく者らの内に我は聖化され、民全ての前に我は栄化されるであろう、と。そしてアロンは彼の平安を保った*1。

4. そしてモーセはアロンの

から善の教義と真理の教義に居りそれの生命〔生活〕の無い者らは、彼らの主礼拝を悪の諸々の欲念と虚偽の諸々の説得で汚染させ、斯くて彼らは神的流入に対立する利己的な愛から礼拝する。

2. それ故利己的な愛の諸々の欲念、邪悪な者がそれにより主に帰するところの諸々の苦痛が彼らを全的に食い尽くし、そして彼らは全ての善と真理について充分に荒廃する。

3. そして神的真理により、善にいる者らへ、以下のことの覚知が与えられる。即ち斯く生ずるものが邪悪な者と善人とに関係して秩序の諸法則に従うこと。そしてまた礼拝にて主に近寄る者らは、外なる面と同じく内なる面でも然うするべきであり、善と同じく諸真理に関し、あるいは内なる教会人と同じく外なるそれに関し、そう為すべき事である。そして正真の善にいる者らは黙従し、転倒した礼拝を擁護する事は出来ない。

4. しかし神的真理に従えば、そ

第 10 章

叔父ウッズィエルの子ら、ミシャエルとエルザファンを呼び、彼らに言った、近づき汝らの兄弟らを聖所の前から宿営の外へ運び出せ。

5. そう彼らは近づき、彼らを上着のまま宿営の外に運んだ。モーセが言った如くである。

6. そしてモーセはアロンに、そして彼の子ら、エレアザルとイタマルに言った、汝らの頭の髪の毛を解いても、汝らの衣装を引き裂いてもならぬ。汝らが死なぬため、また彼*2 が会衆全てに激怒せぬため。然れど汝らの兄弟、イスラエルの全家を、主が焚き付けた燃やしに嘆き悲しませよ。

7. そして汝ら会見の幕屋の戸口から出ぬものとする、汝らが

れはその最も外なる形における終局的な諸真理と仁愛から由来する諸情愛の任務であり、善い生活による正真の礼拝の限界を超え対立する偽善的な礼拝全てを取り除くためである。

5. そしてこれは実際生じ、その腐敗した諸真理と共なる全ての不純な礼拝は適宜に取り除かれる。

6. 教会の天的で霊的な善と真理にいる者らにより以下の事もまた覚知される。即ち外面的には聖なるものに見えるところの冒瀆的礼拝の除去、あるいは単に表象的な礼拝の除去が、内面的であれ外面的であれ嘆きの原因であるべきではなく、それは**内なるものからの外なるもの**の分離が生じないためであり、また主への反感が後続しないためである。にも拘らず、外なる教会にいる者らは、真の礼拝の喪失について外観上悲嘆に暮れることが許されている。

7. しかし内なる礼拝にいるその者らは、それからは決して分離

第 10 章

死なぬためである。何となれば主の塗るための油が汝らの上にあるが故。そして彼らはモーセの言葉に従い行なった。

されない、何となればこれは霊的な死となろうし、真理を愛しそれを善に結合したような極度の冒瀆の原因となろう故。それ故それは秩序の諸法則を介した、神的摂理に属するものであり、そのような冒瀆が生じてはならない。

8. そして主がアロンに語って、曰く、

8. その上、天的な人の許に啓示と、そこから以下の覚知が存在する、

9. 汝らが会見の幕屋に入るとき、汝も汝と共にいる汝の子らも、葡萄酒も強い酒も飲んではならぬ、汝らが死なぬ為である。それは汝らの代々に亘る永久の法令*3とする。

9. 即ち主礼拝が霊的であれ天的であれ、諸真理からのものであってはならず、全的に善からである事、なぜならこれもまた彼らの許に霊的な死の原因となろう故。それ故また、天的礼拝のこの法則は永遠に看取されねばならぬ事。

10. また汝らが聖俗と清濁の間を区別するためである。

10. 内なるものと結合した聖なる外なる礼拝と分離したそれ〔礼拝〕との間のみならず、天的及び霊的な諸天界—後者は各々不完全であるが—との間の真の区別が為されるためである。

11. また汝らがイスラエルの子供らに、主がモーセの手により彼らに語られた全ての諸法令*3を

11. そしてまた、天的な諸天界が霊的なものに、後者〔霊的なもの〕の状態に適合された善と真理

第 10 章

教えるためである。

と共に流入するためである。それ〔霊的なもの〕は信仰を手段とした仁愛からの礼拝であり、そして相対的に不完全である。

12. そしてモーセはアロンに、残された彼の子ら、エレアザルにとイタマルに語った、火により為された主の諸奉納の残れる穀物の奉納を取り、そして祭壇の傍らでパン種なしでそれを食べよ。何となればそれは最も聖なるものである故。

12. しかしそれは以下の神的秩序の諸法則に従うのである。即ち天的な人は主からの善を彼の生命の全ての度において固有のものとせねばならず、それは純粋な愛からの主礼拝の結果である、なぜならそのような礼拝とそのような善は内奥の礼拝と善であるからである。

13. そして汝らそれを聖なる場所で食べるものとする、なぜならそれは火により為された主の諸奉納の、汝の然るべきものと、汝の子らの然るべきものだからである。何となれば然う我が命じた故。

13. そして善はこの聖なる状態において天的で霊的な諸教会あるいは諸天界双方により固有のものとされる。なぜならそれは当然ながらそれらに属しており、真理からではなく善から、神的流入の結果であるこれを礼拝する為なのである。

14. そして揺らしの胸と挙上の太腿を汝ら浄い場で食べるものとする、汝と、汝の子らと、汝と共にいる汝の娘である。何となればそれらは、イスラエルの子供らの平安の諸奉納の犠牲の中から、

14. そしてそのような流入により、天的な人の知的な原理と自発的原理の双方が活気付けられ、外なるものらにおける諸思考と諸情愛について虚偽と不完全性なしに善が固有のものとされる。そ

第 10 章

汝の然(しか)るべきもの*3、汝の子らの然(しか)るべきもの*3として与えられている故(ゆえ)。

15. 挙上の太腿(ふともも)と揺(ゆ)らしの胸は、彼らが火により為された脂肪の諸奉納と共に携(たずさ)え、それを主の御前(みまえ)に揺らしの奉納のために揺(ゆ)らすものとする。そしてそれは、永久(とこしえ)に然(しか)るべきもの*3として、汝(なんじ)の、また汝(なんじ)と共にいる汝(なんじ)の子らのものとする。主が命じられた如(ごと)くである。

16. そしてモーセは念入りに浄罪の奉納の山羊(やぎ)を探した、すると、見よ、それは燃やされていた。そして彼は残されたアロンの子らエレアザルとイタマルに怒り、曰(いわ)く、

17. 何故汝(なにゆえなんじ)らは浄罪の奉納を聖所の場所で食べなかったのか、それは最も聖なるものであり、会衆

して霊的な人における場合のように、平安と自由の状態からの彼の外なる礼拝が比較的に不完全のときでさえ、これらは人間の内なる面での純粋な諸原理なのである。

15. 何となれば霊的な人の聖なる礼拝の活気は、仁愛と霊的並びに天的な諸天界との間の結合を手段として、純粋な愛からと天的善からのものである。そしてそのような礼拝は、神的秩序に従った永遠の善と真理とについて、主から天的諸天界を介(かい)していると承認されねばならない。

16. しかし人間が自己愛により礼拝を冒瀆するとき、自然的な人における無垢の善がその自己愛を介(かい)して滅ぶという神的秩序にそれは従うのである。そしてその結果、この場合、真理と善について外なる人は神的真理から反(そ)らされ、斯(か)くて以下の覚知が存在するのである、

17. 即ち、悪からの救いのための礼拝の善は聖なる状態にあって固有のものとされるべきであ

第 10 章

の悪行を負い*4、主の御前に彼らのための贖いを為すため、彼*2がそれを汝らに与えたからには。

り、それにより起因する。なぜならこの善は最も聖なるものだからである。そして天的な真理と善を介して主は人間のために悪に対して戦われ、それは人間がその御方と和解するためであり、あるいは換言すれば、外なる人が正真の悔い改めにより内なる人との調和に入れられる為である。

18. 見よ、その血は聖所の中に持ち込まれなかった。我が命じた如く、汝らは確かにそれを聖所で食べねばならなかったのだ。

18. しかし冒瀆した礼拝の場合には神的真理と神的善との結合は存在せず、その結果外なる人と内なる人との間に調和は無い。それでも尚神的秩序に従わなければならない。

19. そしてアロンはモーセに語った、見よ、この日彼らは彼らの浄罪の奉納と彼らの全焼の奉納を主の御前に奉納した。そしてこれらの如くそのような事らが我に降り掛かったのだ。もし我が浄罪の奉納を今日食べていたら、それは主の見るところに宜しかろうか。

19. それ故以下が神的善から神的真理により覚知される。即ち、実に、悪からの救いのためと善の伝達のための虚偽の表象的礼拝が奉納されたが、正に外なるものが内なるものから分離されたとき、それは主との外なる結合を何ら与えはしなかったのである。何となれば冒瀆的礼拝の場合、正にその様な外なる結合は不可能であったから。よってこれより、善を外なる面で固有のものとする事は不敬のその状態にあっては

第 10 章

不可能であった。

20. そしてモーセがそれを聞いたとき、彼の見るところには宜しいとされた。

20. そして神的善からの神的真理によるこの覚知は、よって冒瀆的礼拝における場合の実際の状態に正確に従う。

参照と注解

1. アロンの子らナダブとアビフにより聖言の内なるそして外なる双方の意味における諸教義が示されており、斯くて善の教義と真理の教義であり、文脈が明示する如く、ここではそれの生命の無いものである(9375)。ナダブは*自由と自発的な贈り物*、あるいは*君主*を意味し、斯くて照応により、善と真理でそこから由来した聖言の内なるものを示している。そしてアビフは*我が父は彼*を意味し、斯くて善と真理で、そこからの聖言の外なるものを指している(9670[2#], 1482[#], 3703[3])。アロンの子らは、全般的に善からの諸真理を示している(9946)。火と奇異の火により悪の欲念が示されている(934)。この場合の香は虚偽の説得を示している(9965)。火もまた利己的な愛を示している(934)。そして主が命じられなかったものにより、神的流入に反したものが示されている(5486)。

2. 主の御前から火が出で来てナダブとアビフを貪り食うことは、利己的な愛の欲念、邪悪な者が主に帰するところからの諸々の苦痛が彼らを全的に食い尽くすことを示している(934, 2447, 5149)。そして彼らが主の御前に死ぬことは、邪悪な者は全ての善と真理について充分に荒廃することを示している(7699)。

第 10 章

　3. モーセがアロンに言うことにより、神的真理により善にいる者らへ覚知が与えられる事が示されている(1791, 7010, 9946)。主が語られることは、神的秩序に従っているものである事は明らかである(1728#)。主がこの御方(おかた)に近づく者らにあって聖化されることは、礼拝において主に近寄る者らが外なる面でも同じく内なる面でも然う行うべきである事を示している(9820)。民全ての前でその御方(おかた)が栄化されることは、表面上善にいる者らに関すると同じく表面上諸真理にいる者らに関し、あるいは内なる教会の者らと同じく外なる教会の者らに関し、これが然うあるべきものである事を示している(1259, 3295, 6864)。そしてアロンが彼の平安を維持することにより、正真(しょうしん)の善にいる者らは不本意ながら同意し、転倒した礼拝を守ることは出来ないことが示されている(8176)。

　4. モーセは神的真理を表象している(7010)。呼ぶことは流入を(6840)、また臨在、流入と集注(しゅうちゅう)をも意味している(7955)。ミシャエルとエルザファンは夫々(それぞれ)「求められる者」と「神が守り給(たも)う者」を意味し、そこから終局的な諸真理と諸情愛を示している(3385, 8960, 8964)。ウッズィエルは「神の強さ」を意味し、斯くてまた真理による善の力(ちから)を示し(6343)、また「神の山羊(やぎ)」をも意味し、斯くて無垢(か)における善からの真理の力(ちから)を示している(3519, 7840)。アロンの叔父(おじ)は、天的善を、あるいはその最も外なる形での仁愛を示しており、換言すれば、利己的な愛の優勢により腐敗したものとしてか、あるいは利己的な愛により修飾され又(また)は一時的に影響されたものとしての傍系(ぼうけい)的な天的な善であり、そしてこの場合後者は、それがモーセにより表象された神的真理の影響下にあったと言う事実から、それらが終局的な諸真理において然う振る舞うものと外観されるが如(ごと)くである(3129, 3796, 3803, 9946)。「彼らに言うこと」は、終局的な真理と善におけるそれらの側の覚知を示している(1822)。「近づく」は、状態の調和が存在すべきことを示している(9378)。そして彼らの兄弟らを聖所の前から宿営の外へ運び出すことは、善い生活による正真の礼拝の境界を超えた、対立する全ての偽善的な礼拝の除去を示している(4236)。これより我々は以下のことを学ぶであろう、即(そく)ち、

第 10 章

アロンにより表象された天的善、あるいは主への愛が、その中で判然となるところの心の度に従い種々の形の観を呈することである。また聖言の字義の正真なる終局的諸真理と諸善において、それらが虚偽の礼拝の除去に貢献することにより更に高次の善に仕えることでもある。

5. 彼らが近づき、モーセが言った如く行うことにより、神的真理の口述に従いそれが実際降り掛かることが示されている(9378, 7010)。そして彼らが彼らの上着のまま宿営の外へ運ばれることにより、その腐敗した諸真理と共なる全ての不純な礼拝は取り除かれる事が示されている(4236, 99, 429#)。

6. ここで再び、言うことにより覚知が示されている(1822)。アロン、そして彼の子らエレアザルとイタマルは、教会における天的で霊的な善と真理にいる者らを示している。なぜなら、アロンのこれらの子は自然的な善を意味すべく明示されているが(9812)、ナダブとアビフが彼らの完全性においては霊的善を意味したからには(9810, 9811)、年長の子らによる表象が終わったときでも(10244)、年少の子らが彼らの表象を取った為であり、そして目下の経緯では「イスラエルの全家」が外なる或いは自然的な善にいる者らを示している事が明らかだからである(4286)。頭の髪の毛を解かない事と、衣装が引き裂かれない事は、内面的であれ外面的であれ全く嘆かないことを示している(9960, 4763)。死は、**内なるものからの外なるもの**の分離を示しており、斯くて霊的には死である(272#, 9965)。主*2が会衆全体に激怒しないことは、主への反感が全くないことを示している(5798)。そしてイスラエルの全家が燃やすことに嘆くよう許されることは、外なる教会にいる者らが真の礼拝の欠如のため、外観上、悲嘆に暮れるに甘んじることを示している(4286)。欽定版で「脱帽した *uncover*」、そして改訂版で「解く *let go loose*」と訳されている本節でのヘブル語は、9960 では「剃らない *not shave*」とされており、辞書に従えば*脱帽*することを意味することに留意されよ。

7. アロンと彼の二人の子らにより、内なる礼拝にいる者らが示されている(6節)。会見の幕屋の戸口から出ないことにより、そこから分離されない事

が示されている(2356, 3540³#)。死ぬことにより、**内なるものからの外なるもの**の、そして主からの人間の分離が示されている(10244)。塗るための油が彼らの上に在ることにより、表象、真理と善の結合、斯くて主との結合(9954)、冒瀆が生ずるところの暴虐(3398#)へ任に就くことが示されている。そして彼らがモーセの言葉に従い行うことにより、それにより主が人間を冒瀆から保護するところの神的真理の諸法則への従順が示されている(7010)。

8. イェホヴァは御自身の愛について神的存在を示している(2001)。語ることは流入を示している(2951)。アロンは神的善を表象している(9946)。そして曰く、は覚知を示している(1791, 1822)。

9. これは明らかである、なぜなら会見の幕屋に入ることは、愛、仁愛そして従順からの主礼拝を示しているからである(2356, 3540³#, 9812)。葡萄酒も強い酒も飲まないことは、霊的であれ天的であれ諸真理からは主を礼拝しない事を示している(1072)。ここで以下のことに注視されたい、即ち*葡萄酒*と*強い酒*のような重複表現では、善い意味でも悪い意味でも、本節及びイザヤ5: 22 夫々における如く、一方は霊的であるものに他方は天的であるものに関係するという事である(683#)。アロンと彼の子らは**天的並びに霊的なもの**を示している(9946)。死なないことは、主から分離されない事を示している(10244)。そして汝らの代々に亘る永遠の法令は、神的秩序の外なる法則を示しているからである(7884, 7931, 1041)。

10. 区別することは、両者の相違が為されるべき事を示している事は明らかである。聖俗の間は、内なるものと結合した聖なる外なる礼拝と、分離したところのそれとの間を示している。それは系列から、また聖俗、あるいは俗に対するヘブル語からの由来に従い聖瀆の意義からも外観される如くである(2146#, 2434#, 2190#, 3899#, 10307, 10309, 10310)。清濁は、礼拝そしてまた葡萄酒を飲むことにより示されている真理を固有のものとする事においてもまた、利己的な愛の許に汚染されたものと、そのような愛からの純粋なものを夫々示している(987, 994, 10130)。またそれは「天的並びに霊

的な諸天界の間」と言われている、なぜなら**天的なもの**は**霊的なもの**から「葡萄酒を飲まぬこと」(1072, 2187#)、即ち、真理を善から分離しないこと、により個別的に区別されるからである。

11. **天的なもの**について語られる際イスラエルの子供らに教えることは、外なる方法により理解の中へ受けたものを学び思い出す性質を与える流入を示しており(7007)、この点については『真のキリスト教』8 をも参照されよ。イスラエルの子供らは**霊的なもの**を示している(3654)。諸法令は、天界の秩序から流れ、その状態に適応した諸儀式と諸真理を示している(7884)。そしてモーセの手により主が語ったことは、信仰を手段として仁愛からの礼拝に関係したものを示している、なぜなら主またはイェホヴァは御自身の愛についての神的存在を示しており、**霊的なもの**の許では、仁愛の形を取るからである(2001, 9812#)。またモーセは神的真理を表象しており(7010)、より低い度にあっては信仰の形を取るからである(4448)。

12. モーセが神的真理を表象し(7010)、またアロン、エレアザルとイタマルが後続する諸々の度における天的な善を、あるいはその様な善にいる者らを表象しているため(9812)、モーセがこれら3者に語ることは、神的秩序の諸法則に従う、あるいは流入と照応に従うものを示している(1728, 2951, 1831#, 1832#)。残された彼らと残された穀物の奉納は、教会におけるそれらの残余と、それが腐敗した後の善の残りのものを示しており、本章全体に亘り系列の連続性を明示している(468)。穀物の奉納を食べることは、善を固有のものとする事を示している(2187)。火により為された主の諸奉納からは、純粋な愛からの礼拝の結果を示している(10055)。パン種なしは虚偽から免れていることを示している(2342)。祭壇の傍らは、善からの礼拝の状態における事を示している(9964)。そして最も聖なることは、内奥の礼拝と内奥の善を示している(3210)。

13. 聖なる場所で食べることにより、聖なる状態で固有のものとする事が示されている(2187, 3652)。穀物の奉納がアロンと彼の子らの然るべきもの

である事は、それにより意味されている善が、真理からでなく善から主を礼拝するところの天的並びに霊的な諸教会に適切に属することを示している(4581, 2177, 9946, 7884, 7931)。火により為された主の諸奉納もまた、純粋な愛あるいは善からの礼拝を示している(10055)。そして「然う我が命じられた」ことは、神的流入の結果を示している(5486)。

14. 揺らしの胸と挙上の太腿はそれぞれ天的教会人またはその状態の、人間の知力及び自発的原理を示している(10087, 10090, 10092, 10093)。何となれば知力の*原理*は仁愛であり、自発的*原理*は主への愛であるから。揺らすことは承認による活気付けを示し、挙上することは活動における天的愛からの覚知を示している(10093)。浄い場で食べることは、虚偽と不完全性を伴わず固有のものとする事を示している(2187, 4545#, 2625#)。子らは諸思考を示し、娘らは外なる面での諸情愛を示しているが、一方「汝」がアロンであることから内なるものであるものを示していることは明らかである(489, 9946, 5912)。アロンと彼の子らは、祭司として、内なる面で人間の純粋な諸原理を示している(9946)。然るべきもの、あるいは法令は、神的秩序に従うものを示している(7884, 7931)。そしてイスラエルの子供らの平安の諸奉納の犠牲の中からとは、霊的な人に有り勝ちだが、平安と自由の状態からの外なる礼拝が相対的に不完全のときでさえを示している。なぜなら平安の諸奉納により、平安と自由からの礼拝が示されているからである(10097)。イスラエルの子供らは、アロンと彼の子らの点について、**霊的教会**における外なるものであるものを示している(4286)。そして外なるものであるものは、天的な人に比した霊的な人の礼拝であるため、相対的に不完全なものである。

15. イスラエルの子供らの諸奉納は、霊的な人の聖なる礼拝を示している(922, 3654)。揺らすことは活気付けを示している(10093)。胸は仁愛を、また太腿は善と真理との結合あるいは天界的な結婚を、斯くて霊的並びに天的な諸天界との間の結合を示している(10087, 10075)。火により為された諸奉納は純粋な愛からの礼拝を示している(10055)。脂肪は天的な善を示してい

第10章

る(10033)。それがアロンのものと彼の子らのものである事は、そのような礼拝が主から天的並びに霊的な諸天界を介したものとして承認されるべきものである事を示している(10106)。そして主が命じられた如く永久の然るべきものは、神的秩序に従うことを示している(7884, 2951)。

16. モーセが念入りに浄罪の奉納の山羊を探し、そしてそれが燃やされていた事は、神的秩序に従い、人間が利己的な愛により礼拝を冒瀆するとき、神的秩序に従い、自然的な人における無垢の善がその利己的な愛を介して滅ぶことを示している。何となればモーセにより神的真理が表象され(7010)、そして神的真理は神的秩序だからである(1728)。念入りに探すことは、神的真理について言われたときは、予見と全知を示している(4718, 4719)。山羊は自然的な人における無垢の善を示している(4169, 725#)。なぜならそれは善に結合した信仰の真理を示しているからである。善無しには礼拝は存在しないし、全ての善には無垢が存在するのである(2526, 7840)。そして燃やされていた山羊は、無垢の善が彼の自己愛を介して滅ぶことを示している(9055)。そしてモーセがエレアザルとイタマルを怒ることより、外なる人の神的真理への反感が示されている(5798)。教会が腐敗していたとき、また礼拝が利己的な愛においてそれらにより冒瀆されていたとき、ナダブとアビフによりこれが示されており、それで外なる教会における単純な善が内的な諸真理から悩みと一時的な反感に苦しむのである。ここからそれは「残されたもの」と言われ、霊的には、その許に残っていた者らを意味し(468)、一方「曰く」は彼らの覚知を示している(1791, 1822)。

17. 浄罪の奉納を聖所の場所で食べることは、悪からの救いのための礼拝の善は聖なる状態にあって固有のものとされるべきである事を示している(3400#, 2187, 3652)。最も聖なることは、そのような礼拝が内奥の善からである事を示している(3210)。アロンの子らに与えられたものは、全ての善は主から天的真理と善を介することを示している(5619)。そして会衆の悪行を負い、主の御前に彼らのための贖いを為すことは、主は人間のために悪に対して戦われ、それは人間がその御方と和解するためであり、あるいは、外

なる人が正真の悔い改めにより内なる人との調和に入れられる為である事を示している(9937, 10042・*II*)。

18. その血が聖所の中に持ち込まれない事により、冒瀆的礼拝の場合には神的真理と神的善との結合は存在しないことが示されている(4章5〜7節)。山羊が聖所、即ち会見の幕屋の中庭で食べられない事により(6: 26)、外なる人と内なる人との間に調和が無いことが示されている(9741)。そして「我が命じた如く」により、神的秩序に従うものが示されている(1010, 1728, 2951)。

19. ここで語ることは言う事と同様覚知を示している(1791, 1822)。アロンは神的善を(9946)、そしてモーセは神的真理を示している(7010)。浄罪の奉納と全焼の奉納を奉納することは、悪からの救いと(3400#)、善の伝達(8680)のための表象的礼拝を示しているが、然しながらこれらの奉納は、アロンによってではなく秩序に従い為されたものであり、表象物によっては主との外なる結合を何ら与えはしなかったのである(665#)。この日はその状態において、を示している(487)。「これらの如くそのような事らが我に降り掛かった」ことは、それが冒瀆的な礼拝による結合の不可能性を暗に意味するため、を示している(2節)。そして浄罪の奉納をそのような場合に食べることは、善と真理の代わりに悪の(2187)、斯くて主の宜しくない、あるいは主の御目に善くないもの(2572)を固有のものとする事を表象するものとなろう。

20. モーセが聞くことは、神的善から神的真理による覚知を示している(3163, 7010, 9946)。そしてそれが彼の見るところに宜しい、あるいは彼の目に善いことは、冒瀆的礼拝におけるその場合の実際の状態にそれが正確に従うことを示している、なぜならそれは神的真理と合一した神的善に正確に従う、あるいは全知に従うことを示しているからである(2572)。

第10章

　本章の正に最初の節は、その内なる意味において、人の間ではあまりにも当然すぎる事実を我々の面前に定置している。彼らは利己的な諸原理に基づき主を礼拝している。何となれば利己的な愛はここで語られている「奇異の火」であるから。そして彼らは、兄弟エサウの復讐から逃れるためにシリアに行ったときに以下に言ったヤコブのような者らである。即ち「もし神が我と共におり、我が行くこの道を我に保ち、食するパンと着る衣を与え、もし我が我が父の家に無事に再び来るなら、それなら主は我の神とならん」。しかしそのような礼拝は、ここでヤコブが表象するところの単なる自然的な人にのみ属するものであり、また暫定的に彼から受け入れられるのは、それが本当のキリスト教的礼拝に導くためなのであり、それが確固とされる為ではなく、またナダブとアビフにより虚偽の礼拝者らが象徴されているが、彼らによりここで意味される状態の原因となる為でもないのである。それ故「ヤコブ」が「イスラエル」に、あるいは再生により真に霊的な人に成らないのなら、彼は遂には全く利己的になり、単なる利己的な諸原理により制御されねばならなくなるであろう。そしてこれこそが、系列が明示している如く、主から火が出で来たりナダブとアビフを食い尽くすことにより、また彼らが主の御前に死ぬことにより問題の章で表象されているものなのである。

　さてモーセの言葉とアロンの沈黙を考察することから幾つかの見解が沸き起こってくる。神的真理としてのモーセはそれにより邪悪な者が荒廃されるところの法則を確かなものとし、神的善としてのアロンは黙認する。**秩序**の必要条件に正確に従い発生するところのものは、神的慈愛には反し得ないのである。如何なる人間も取り返しのつかない苦悩にいるなどと我々は想像してはならぬ、何となれば主は諸地獄を治め給うから。

　次に我々は邪悪な者と善人との分離の過程へと熟考しよう。荒廃は誰かの破壊を意味しない。反対に、それは凡ゆる者の不朽の保存と、概して森羅万象の、そして人間の試みの状態における善悪間の平衡の保存を包摂しているのである。これは、違反する祭司らを宿営の向こうへ除く事において包摂されるもの全てである。そして用いられた人物の名前の意味と、それからの照応は、極めて示唆に富むものである。それは真実であり、謂わば、審判において善から分離され、その後邪悪な者と共におり、最終結末に仕え導くので

ある。これはウッズィエルと彼の子らにより示されている。死体が彼らの上着のまま取り除かれた事もまた、荒廃における腐敗した諸真理または諸々の虚偽とそれらの類縁の諸悪との結合を意味しているのである。悪人は諸々の虚偽を愛し、善人は諸々の真理を愛する。何人(なんびと)も天界や地獄で、善を意志し虚偽を思いまたは悪を意志し真理を思う、分割した心を持つ事はできない。然うではなく天界で善意を持っている者には彼の善に和合する真理が与えられるべきであり、一方諸地獄で善意を持っていない者らからは真理が取り除かれるであろう、然(さ)もなくば彼は真理で善人に危害を加えるであろう(マタイ 25: 29)、何となれば福音の言葉を語ったその御方(おかた)はモーセの言葉をも吹き込まれたのである。

しかし邪悪な者の許(もと)にもおけると同じく善人の許(もと)にも、後続する事が明らかとなる。何となれば人間の完全な状態での悪は善から分離されるだけでなく、善（と悪も同様、ここでは言及されていないが）の異なる種類と度は厳密に区別されており、天的な人の善は霊的な人の善には成り得ないのである。人間の生命の諸々の度(ど)はここで充分定義されており、**内なるもの**と**外なるもの**との区別もまた同様である。そしてこれは、諸天界での彼らの幸福が厳密な区別に大いに依存しているからであり、地上における人間の複雑かつ混交した諸状態にあっては、それ〔幸福〕は実現不可能だからである。然(しか)しながら亡くなった兄弟のために内なる人が嘆くのを禁じられ、一方外なる人が嘆くことは奇異に見えはしないのか。それは、主礼拝の冒瀆の結末に悩む悪者には何らの憐れみも内なる人は持たないのに対し、然るに外なる人はそのような憐れみを持つからだろうか。断じて否である。何となればその諸々の度に従った善なるものにおける人物の進歩に比例して、彼の実際の人間味ある憐れみは更に広がり正真のものと成るであろうし、主は至高かつ**至聖**(しせい)であられ、**憐れみ**そのもので在られるからである(ヨハネ 11: 33~39)。それ故(ゆえ)嘆くことへのアロンと彼の子らへの禁止と一般のイスラエル人への許可の理由は、内なる及び天的な人には憐れみが無いからでなく、一層有り余(あま)る憐れみが有るが故(ゆえ)に、死者のために嘆くという諸々の外面的な印や象徴が、極めて内面的に主を愛する者ら、そしてアロンと彼の子らにより意味されている者らに属している正真の愛や憐れみと同じく正真の知識から、如何程(いかほど)性

急に生じているかを彼らは同時に覚知しているからである。よってここでの意味の誤解に用心しよう。イスラエルの全家が行なった様にはアロンと彼の子らが嘆かないことの意味は、頭の髪の毛と衣服の照応が明示している如く、理解に就いてより高い状態の善と真理にいる者らは、より低い状態の状況へ戻ってはならないと言うことである。一方彼らが会見の幕屋の戸口から出ないことは、彼らが意志について然うしてもならない事を示している。会見の幕屋の戸口はここでは、天的な或るいは更に一般的には内なる人の自発的生命の境界を意味しているのである。

　しかしここで引き続く事柄は、同じ全般的な真理に関わり、また更に内的で別の様相下における諸状態に関連してそれを提示するのである。主題となっている事が、天的並びに霊的な諸天界あるいは天的で霊的な人の*礼拝*であることは明確である。しかし我々は我々が学ぶように自然的な人の礼拝に関与していく事ともなろう、なぜなら善あるいは愛から全く離れては礼拝は存在せず、また諸真理からは如何なる礼拝も存在せず、只それらによるのは手段としてのみだからである。然しながらこれは、8040 で解説されている如く出エジプト記 20：22 に一致していないように思われるかも知れない。しかし然うではないのである、なぜなら正しく真理の善が意味され、単に知能的な礼拝は定罪されるからである。そして更に、霊的な人が真理の*原理*から礼拝することが言われるとき、あるいは礼拝が命じられるが故、即ち、彼が真理に従うとき、言葉の原理は何らかの情愛を意味するのである、なぜなら情愛はここでもまた駆動力だからである。しかし天的で霊的な人は、*特に*礼拝では断じて「葡萄酒を飲ま」ず、あるいは諸真理からは礼拝しないのである。これに関連して言われている事の残りは明らかである。だが**霊的なもの**に関係した**天的なもの**の役割は極めて興味深い、と言うのも教える者と同じく教えられる者双方に関し、正しく諸真理における教示が如何ほど然るべく善からのものであり、また然うでなければ成功しない事をそれは明示しているからである。そこで日々の生活にあって成功する教師とは、教えることを愛する人のことである。

　残されたアロンの子らと残された穀物の奉納について言われている事に関しては、教会が腐敗した時におけるその中で善にいる前者らと、固有のも

のとされた後者を、それらが意味している事を我々は理解するのである。そして又この固有のものとされた善が主から霊的で天的な愛を介し、以下のことも然りである。即ち「胸を揺らし太腿を挙上する」ことにより、また引き続く節で「太腿を挙上し胸を揺らす」ことにより、第1に外なる諸状態から内なるものであるその様なものへの配列と順序を指し示す外観上の繰り返しが、また第2に、内なるものであるものから外なるものであるものへの善の完全なる状態の活動における変化が示されている。何となれば引き続く事と同じく、再生にあっては二つの過程が同時に起こるからであり、人間が外面的に**外なるものらから内なるものら**へ前進すると同時に、主が諸天界を介して**内なるものらから外なるものら**へと彼に働き掛けられるからである。主により形成された人間における異なる諸々の面については1555を見られよ。

しかし本章の主題全体に関連して浄罪の奉納の欠けたものに関しては、取り分け2点注目に値する。腐敗した教会にあっては邪悪な者は、山羊により示されているところの自然的な人における無垢の善から主を礼拝することは出来ない。また善は多かれ少なかれ腐敗の全般的な状態のためにこれを行うことから妨げられているのである。何となれば一つの冒瀆の諸々の虚偽と利己的な礼拝は、悔い改めと主からの善による悪からの救いに関する真理を、暴行する原因となるからである。これが、燃やされる山羊と、モーセのエレアザルとイタマルへの怒りにより意味されることである。しかしここで我々は以下の事に留意しよう。即ち一方で神的真理は、そのものにより考察されるなら、善を固有のものとしない事を正しく定罪するものである、なぜなら悔い改めは、虚偽の諸原理の上にあり且つ利己的な諸々の動機からである悪を忌避する事だけだったからである。他方神的善は真理を認識する間、正にその性質から以下のことを覚知するのである。即ち外なる教会で善に実際いる者らは、たとえ虚偽の諸原理の中で悔い改めると公言するとしても、内面的には悔い改めは行なっているのである、と言うのもこれら〔虚偽の諸原理〕は腐敗した教会に蔓延っているからである。よってこの事から然るべき如くには外面的に善を固有のものとする事は有り得ず、審判の将来の状態にのみ可能になるのであり、そのときは対立する諸々の虚偽が諸々の虚偽として見

第10章

られ、そして拒絶されるのである。よって我々は、ナダブとアビフにより表象されている者ら、彼らは偽りの教義と連結した悪の心のために悔い改めようとしない者らで、それとエレアザルとイタマルにより意味される者ら、彼らは真実と思っていた偽りの教義に単に惑わされていた者らで、ここでのこれら両者の間の相違に我々は注目しなくてはならない。ここから我々は以下のことを理解するのである。即ち諸悪を神に対する、また真理と善に対する諸々の罪として忌避することは、習慣としての悔い改めの業において善を正真に固有のものとする事を如何にして起こすかということ。また神的真理と神的善が教会の凡ゆる状態における人間の救いのための配慮に如何にして和合するかと言うことである。

訳者のノート

＊1. 3節「そして～彼の平安を保った」。原本は'held his peace'、ヘブル語原文はヴァッ・イッドーム וַיִּדֹּם（語根 דמם）「そして～動かなかった」。

＊2. 6, 17節「彼」、注解6節「主」。原本は'he'。「主」を意味するのであれば、通常'He'と英訳される。ヘブル語では'he'と'He'の区別はない。因に17節の欽定版（改訂前）では、'God'「神」となっている。

＊3. 9, 11節「(諸)法令」。原本は'statute(s)'、ヘブル語原文は9節で ホゥッカー חֻקָּה 別訳「(自然の)決まり」が用いられている。11節では ホーク חֹק 別訳「掟」が用いられており、14, 15節での「然るべきもの」と同じ語根。

＊4. 17節、「負う」。原本は'bear'、ヘブル語原文は ラー・セート לָשֵׂאת「上げるために」。

＃ 『天界の秘義』の各々の節には当該内容の記載がないか、参照としては飛躍？

第 11 章

霊的意味の要約

1. 教会人により固有のものとされて宜しき善の諸情愛と、その不純さ故に固有のものとされては宜しからぬ悪の諸情愛に関する教示(1～8節)。
2. 固有のものとされて宜しき否か記憶における聖言の諸真理に関しても(9～12節)。
3. 固有のものとされるべきでない悪の諸々の思考が次に詳述されている(13～19節)。
4. それで感覚的並びに形体的な諸々の事柄を固有のものとする事が考察される(20～23節)。
5. 霊的不純さの別の諸原因が、避けるべきものとして明細に記されている(24～28節)。
6. そして不純の諸原因であるところの、最低の種類の感覚的並びに形体的な諸情愛は、固有のものとされるべきではない(29～38そして41～43節)。
7. もしそれが善と真理において荒廃し、それとの接触が状態の変化により取り除かれねばならない処の不純を生むのなら、その秩序ある状態において、固有のものとされて宜しき凡ゆる情愛もまた、不純となるのである(39～40節)。
8. 何となれば主はそれら自身において神聖かつ純粋であり、人類を救う事により、聖くかつ純粋になることを選ぶ凡ゆる者にそれを可能としたからである(44～45節)。
9. これらは、諸々の感情と思考とに於いて純不純に関係する神的秩序の諸法則である。そして善あるいは悪を固有のものとする事、固有のものとしない事に関係してもまた然り(46～47節)。

第 11 章

各節の内容

1. そして主はモーセとアロンに語って、彼らに曰く、

1. 主から神的真理と神的善への流入が存在し、以下を与える、即ち覚知と、

2. イスラエルの子供らに語り、言え、これらは地の上にある全ての獣の中で汝らが食するものとする生ける物らである。

2. 啓示であり、それは**外なるもの**において自身により固有のものとされるべき善に関しての**霊的教会**人へのものである。

3. 獣らの中で何であれ、蹄が分かれ、足が完全に裂けていて*¹、そして食い戻すものを、汝らは食するものとする。

3. 即ち、霊的な外なる或るいは内なる情愛に照応する凡ゆる自然的な情愛である。そして然るべき省察により得られた真理の凡ゆる自然的な情愛である。

4. それにも拘らず食い戻すか、蹄が分かれているか、何れかだけ*²のものを汝らは食さぬものとする。即ち駱駝、なぜなら彼*³は食い戻すが蹄が分かれておらず、彼*³は汝らに穢れたもの故。

4. それであっても、たとえ省察により諸真理を支持し、あるいは霊的な諸情愛に照応していても、固有のものとされ得ない幾つかの諸情愛が存在する。例えば単に利己的な知識愛、なぜならこれは省察により真理を支持するも、しかし霊的な愛に照応していないため、よってそれは不純である。

5. そして兎*⁴、なぜなら彼*⁴は食い戻すが蹄が分かれておら

5. 単に知能による知識愛もまた、確かに省察するが、しかし霊

第 11 章

ず、彼*⁴は汝らに穢れている故。

的な愛と照応を欠き、よってそれは不純である。

6. そして野兎*⁵、なぜなら彼女*⁵は食い戻すが蹄が分かれておらず、彼女*⁵は汝らに穢れている故。

6. 単に感覚的な知識愛もまた同じ理由により不純である。

7. そして豚*⁶、なぜなら彼*⁶は蹄が分かれ、足が完全に裂けている*¹が、食い戻さず、彼*⁶は汝らに穢れている故。

7. そして最後に、富を求める欲深な愛、これは貪欲あるいは他者の物への単に形体的な強欲である、なぜならそれは霊的な愛との照応へ齎されるであろうが、未だそれはこの目的のための諸真理について省察しておらず、よって不純である。

8. それらの肉から汝ら食さぬものとし、それらの死骸を汝ら触れぬものとする。それらは汝らに穢れている。

8. それ故これらの諸情愛は霊的な人により固有のものとされ得るものは全くなく、自らそれらを些かも甘やかすに任せてはならない、なぜならそれらは不純だからである。

9. 諸々の水の中にいる全てのものからこれらを汝ら食するものとする。諸々の水の中に、諸々の海の中に、諸々の川の中に、何れであれ鰭と鱗のあるもの、それらを汝ら食するものとする。

9. また、霊的な人は備えられた神的聖言からの諸真理を固有のものとして良い。それらは霊的な生命において進歩する目的で教化されており、あるいは諸々の終局的なものや善行において具現化

されるか、表現されるのである。そしてこれは、外なる諸真理、内的な諸真理そして内奥の諸真理に関して真実である。

10. そして諸々の水の中で動く全てのものの内、また諸々の水の中にいる全ての生ける創られたものら*7の内、諸々の海の中と諸々の川の中で鰭と鱗を持たぬ全てのもの、それらは汝らに忌わしきものであり、

10. しかし霊的な進歩のために教化されておらずに、その目的のために諸々の終局的なものに具現化されている*8諸真理は、内的、内奥または、外なるものであれ、また只感覚的で形体的であれ、それにより地獄的で不浄なものとされる。

11. そしてそれらは汝らに忌わしきものとする。汝らそれらの肉から食さぬものとし、それらの死骸を汝ら忌み嫌うものとする。

11. 実に、それらは永続的に然う在らねばならない。それらは固有のものとされ得ない。また霊的な人は少しもそれらを甘やかすに任せることはない。

12. 諸々の水の中で鰭と鱗を持たぬ如何なるものも、それは汝らには忌わしきものである。

12. 約言すれば、外なる記憶の中に獲得された如何なるものも、真偽何れであれ、霊的な諸進歩と生命の役立ちに関係なければ、固有のものとされ得ない。

13. そして鳥類*9の中で汝らはこれらを忌み嫌うものとする。それらは食されぬものとし、それらは忌わしきものである。即

13. 次の事柄もまた諸々の思考において地獄的で不浄なものと看做されるべきであり、それらも固有化され得ない。即ち意志、理

第11章

ち鷲と、エジプト禿鷲*10と、鶚。 　　解、そして活動について、合理的能力の濫用から起こる内奥の諸々の虚偽。

14. そして鳶と、隼の類い。

14. 意志について同じ種類の内的な諸々の虚偽と、それらの性質に従った理解について〔の内的な諸々の虚偽〕。

15. 凡ゆる渡鳥の類い。

15. そしてそれらの性質に従った同じ種類の終局的な諸々の虚偽。

16. そして駝鳥と、夜鷹と、鴎と、鷹の類い。

16. 自然的な諸々の力の濫用に関係するものなら何であれまた然りである。即ち、悪からの内奥の諸々の虚偽、悪からの内的な諸々の虚偽、そこでの第1の度の悪からの外なる諸々の虚偽、それらの性質に従った悪からの内奥の諸々の虚偽。

17. そして小梟*11と、鵜と、大梟*11。

17. 悪からの内的な諸々の虚偽、そしてそこでの第2の度の悪からの外なる諸々の虚偽、またそこでの第3の度の終局的な或いは最低の諸々の虚偽。

18. そして角鴟*12と、ペリカンと、禿鷹。

18. 感覚的な諸情愛の濫用に関係するものなら何であれまた然

第11章

りであり、即ち、そこでの第1の度の内奥、内的、そして外なる諸々の虚偽。

19. そして鸛、鷺の類いと、戴勝と、蝙蝠である。

19. それらの性質に従った内奥、内的な、そしてそこでの第2の度の外なる、諸々の虚偽。そしてそこでの第3の度の最低の種類の諸々の虚偽である。

20. 四つの全て*13の上で進む翅のある*9這うもの全ては汝らに忌わしきものである。

20. そして再生しない意志の凡ゆる思考と感情は、霊的生命の外観を持つが、なお下品であり虚偽と悪との結合から活発であり、地獄的で不浄であり、そして固有のものとされ得ない。

21. 然しながら四つの全て*13の上で進む翅のある*9這うもの全ての中で、それらの足の上位に地の上をそれでもって跳ねる脚を持つこれらのものを、汝らは食しても宜し。

21. しかし尚、明らかにこの種類の何らかの諸情愛と諸思考が存在しており、それらは自然的な人における単に感覚的で形体的なものの上に高揚され得るものであり、そしてこれらは固有のものとされて良い。

22. 正しくそれらの内のこれらを汝らは食しても宜し。蝗の類いと、禿蝗の類いと、蟋蟀の類いと、蝗虫の類いである。

22. また例えば、その様なものは、その性質に夫々従った内的及び外的な、意志と理解の最低の善の諸情愛である。

第 11 章

23. しかし四つの足*14 があり翅のある*9 這うもの全ては、汝らには忌わしきものである。

23. しかし感覚的で形体的な諸々の歓喜と快楽全ては霊的生命への従属の内には在らず、なぜならそれらの許には虚偽と悪との結合があるためであり、地獄的で忌わしい事柄として恐怖と看做されるべきである。

24. そしてこれらにより汝らは穢れるものとする。即ちそれらの死骸に触れる者は誰であれ夕まで穢れたものとする。

24. 引き続く習慣もまた不純である。これ故それにおける最小の甘やかしでも不純を生じ、状態の変化によってのみ取り除かれ得るのである。

25. またそれらの死骸の何らかの物を担う者は誰であれその衣装を洗うものとし、夕まで穢れたものとする。

25. またその上、そのような諸悪の正しくその思考は外なるものらの純化を要する。そしてその状態をその終結まで不純にする。

26. 蹄が分かれるも、足が完全に裂けて*1 おらず、食い戻しもしない凡ゆる獣は、汝らに穢れたものである。それらに触れる凡ゆる者は穢れたものとする。

26. 霊的事柄に外なる面で照応するも、内なる面で照応せず、それ故善の目的に神的真理の省察へ導かないところの凡ゆる情愛は、不純である。

27. 何であれ四つの全て*13 で進む全ての獣の内、その爪足*15 の上で進むものは、それらは汝らに穢れている。誰であれそれらの死骸に触れる者は夕まで穢れたもの

27. そして単に自然的で人生行路において霊的情愛との結合に甘んじない凡ゆる情愛もまた不純であり、そのような諸情愛の最小の甘やかしでも、霊的生命を欠

223

28. そしてそれらの死骸を担う者は誰であれ彼の衣装を洗うものとし、夕まで穢れたものとする。それらは汝らに穢れている。

29. またこれらは、地の上を這うところの這うものらの内、汝らに穢れた処のそれらである。即ち鼬*16と、鼠と、大蜥蜴の類いと、

30. 家守と、陸鰐と、蜥蜴と、砂蜥蜴とカメレオン*12である。

31. これらは這うもの全ての内

き、不純の原因となる。それは状態の変化によってのみ取り除かれ得るのである。

28. それとは別に、通常の人生行路でそのような悪の諸情愛を単に考えることは、不純は不可避なため、外なるものらについて純化と、状態の変化もまた必要とする。

29. 感覚的並びに形体的な諸情愛の内、これらの事柄もまた不純である。即ち、感覚的な愛を介した真理の意図的な無知。貪欲。そして正にそれらの性質からの単なる形体的な諸情愛の歓喜であり、

30. 以下のものを伴う、即ちそこから由来した種々の諸悪と諸々の虚偽、つまり内的に諸々の虚偽による善の転倒。内的に諸悪による真理の腐敗。外的に善の転倒。外的に真理の諸々の腐敗。そして欺瞞的な諸々の外観から発生する諸感覚の諸々の惑わしである。

31. 何となればこれらは最低の

第11章

で汝らに穢れたもののそれらである。それらに触れる者は誰であれ、それらが死んでいるとき、夕まで穢れたものとする。

品性の全ての不純な諸情愛である。そしてそれとの僅かの接触でも不純な状態を生み、それは状態の変化のみにより取り除かれ得るのである。

32. そしてそれらが死んでいるとき、その上に落ちる物は何であれ、それは穢れたものとする。木の器であれ、衣であれ、皮であれ、袋であれ、器である如何なるものであれ、それと共に如何なる仕事が為されたものであれ、それは水の中に置かれねばならず、夕まで穢れたものとする。それでそれは浄いとする。

32. そしてそれらの完全な荒廃の状態において、最小の不慮の甘やかしでさえも、そのような甘やかしが内面的や外面的な善や真理の諸々の容器としての意志であれ理解であれ影響を及ぼし、それにおいて不純を生ずるのである。そして役立ちに適用され得るそのような容器は何であれ真理の影響下に置かれ、状態の変化まで不純に留まらねばならず、それはそれがその定められた目的に資するためである。

33. そして凡ゆる土器は、それらの何れであれその中に落ちれば、その中の物は何であれ穢れたものとし、汝らはそれを壊すものとする。

33. 善に密着している虚偽により不浄とされた凡ゆる容器と、これらの最低の諸悪により汚染されたものもまた、その容器のその善はそれ故不純である。そして容器そのものは分離されねばならない。

34. それの中での食されて良い全ての食べ物で水がその表に来

34. そしてその様な諸々の容器の中にある全ての善は固有のもの

第11章

るものは、穢れたものとする。そしてそのようなあらゆる器の中に有る飲んで良い全ての飲み物は穢れたものとする。

35. そしてそれらの死骸のいずれの部分がその上に落ちるところのあらゆる物は穢れたものとする。竈であれ、諸々の壷のための焜炉*17であれ、それは粉々に壊されるものとする。それらは穢れており、汝らに穢れたものとする。

36. それにも拘らず、その中に水の集まるところである泉や窪みは浄いものとする。しかしそれらの死骸に触れるものは穢れたものとする。

37. そしてもしそれらの死骸の何かしらのものが、播かれるべき如何なる播く種の上に落ちるならば、それは浄い。

とされて良いが、しかしその様な悪の虚偽に汚染されているものは、不純である。そして固有のものとされて良い全ての真理はそのとき不純となる。

35. 僅かであれその様な諸悪により汚染されている、外なるあらゆるものもまた不純である。それが固有のものとする事への善の備えのために、あるいは真理の備えのために、資するものであろうと勿ろうと、それは分離されるべきである。それは不純であり、然う在るべく継続しなくてはならない。

36. 然うではあっても、例えば内的や外的な記憶、あるいはその字義における聖言としての善や真理の全般的な容器は、そのような汚染から純粋である。然しながら、極めて僅かであれ霊的生命の欠けたものとの接触を持つあらゆる真理は、不純である。

37. 更に、もし教会人が教示の状態におり、これらの諸悪が彼の思考を汚染するならば、その播かれた真理は尚純粋である。

第11章

38．しかしもし水がその種の上に付けられ、それらの死骸の*何かしらのもの*がそれの上に落ちるなら、それは汝らに穢れている。

38．しかしもし教示の状態において、虚偽が真理に混じり、人間がこの悪からその様な虚偽に与しがちに成るならば、そのとき不純が存在する。

39．そしてもし汝らが食してよい如何なる獣であれ死ぬなら、誰であれそれの死骸に触れる者は夕まで穢れたものとする。

39．またもし固有のものとされてよい如何なる情愛でも、善と真理について荒廃するならば、極めて僅かであれその死んだ情愛の甘やかしは、状態の変化が起こるまで不純である。

40．そして誰であれその死骸から食する者は彼の衣装を洗い、夕まで穢れたものとする。誰であれそれの死骸を担う者もまた彼の衣装を洗い、夕まで穢れたものとする。

40．そして誰であれその死んだ状態においてその情愛を固有のものとする者は、状態の変化が起こるまで不純であり、彼の外なる人は純粋にされねばならない。そして正に彼が自身にその死んだ状態に与し考えるに甘んじるとき、彼は変化まで不純である。

41．そして地の上を這う凡ゆる這うものは、忌わしきものである。それは食されぬものとする。

41．斯くて全般的に、全ての単に感覚的並びに形体的な諸情愛は不純で、固有のものとされては宜しからぬ。

42．腹の上で進むものは何であれ、そして四つの全て*13の上で

42．凡ゆる単に感覚的な情愛。生命の進歩において、悪を伴う虚

第11章

進むものは何であれ、また多くの足を持つものは何であれ、地の上を這う正に全ての這うものは、それらを汝らは食さぬものとする。何となればそれらは忌わしきもの故。

偽と結合しがちな凡ゆる感覚的な情愛。甚だしくその様な凡ゆる感覚的な情愛。そして事実、より高次の生命から分離されている処の凡ゆる感覚的な情愛。これらは固有のものとされ得ない、なぜなら地獄的で不浄だからである。

43. 汝らは、汝らがそれにより不浄となる、這うところの如何なる這うものにより自ら*18を忌わしくせぬものとし、またそれらで自らを穢さぬものとする。

43. 何れであれ単に感覚的な情愛での甘やかしにより霊的な人は故意に自らを腐敗させてはならない。また彼は故意に自らをそれにより不純なものとし、斯くて不浄になってもならない。

44. 何となれば我は主、汝らの神である故。それ故汝ら自らを聖化し、汝らは聖なる者と成れ。何となれば我は聖なる故。地の上を動く這うもので、汝らは汝ら自ら*18をもまた断じて不浄にせぬものとする。

44. 何となれば主は善そのものと真理そのものとが合一しているからである。そしてそれ故人間は彼自身の中でこれらの結合により聖なるものと成るべきである、なぜなら主はその合一により神聖そのものであるから。霊的な人もまた、より高次の生命から分離した如何なる感覚的な情愛によっても自身を不浄と為すべきではない。

45. 何となれば我は汝らの神となるために、汝らをエジプトの地から連れ出した主である故。それ

45. その上、主は贖いの業により、単なる自然的な人との束縛から霊的な人を救い出し給うたの

228

故
ゆえなんじ
汝らは聖なる者とする、何となれば我が神聖
しんせい
である故
ゆえ
。

は、彼らがその御方
おかた
に仕える力を持つためであった。そしてこのため、正
まさ
に主が神聖そのものである如
ごと
く、彼もまた彼の度
ど
において聖なる者となり得
う
るのである。

46. これが、獣の、そして鳥の、そして諸々の水の中で動く*19凡
あら
ゆる生ける創
つく
られたもの*7の、そして地の上を這う*20凡
あら
ゆる創
つく
られたもの*7の律法である。

46. そしてこれらが意志と理解の自然的な諸情愛に関する、また感覚的
かんかくてき
並びに形体的な諸情愛に関する神的秩序の諸法則である。

47. 清濁
せいだく
の間
ま
、並
なら
びに食
しょく
するに良不良の生ける物との間を分
わか
つためであ

47. そしてこれらが意志と理解の自然的な諸情愛に関する、また感覚的
かんかくてき
並
なら
びに形体的な諸情愛に関する神的秩序の諸法則であり、純不純の間と、固有のものとされるに良不良のものとの間を区別するためのものである。

参照と注解

1. これは明らかである、なぜならイェホヴァにより御自身の愛について神的存在が示されているからである(2001)。語ることにより流入が示されている(2951)。モーセにより神的真理、または聖言
せいげん
が表象されている(7010)。アロンにより神的善が示されている(9946)。そして曰く、により覚知が示されているからである(1791, 1822)。

第11章

2. イスラエルの子供らに語ることは、**霊的教会**人への啓示を示している(10355, 3654)。食されるべき生ける物らと獣らは固有のものとされるべき善い諸情愛を示している(44, 2187)。そして地は外なる人を示している(27, 913)。

3. 何であれ蹄が分かれているものは、霊的な諸情愛と照応をもつ諸情愛を示している、なぜなら諸々の動物は諸情愛を意味するからである(44)。蹄は真理の最低の諸情愛を示しており(7729)、そして分かれている事、即ち分割している事は、より高次の諸情愛との照応を示している(1832)。足が完全に裂けているものは、霊的な諸情愛と照応を持つ自然的な諸情愛を示している、なぜなら足は自然的な諸情愛を示しているからである(2162)。そして裂けている事もまた分割を意味する(1832, 4171#, 第1章17節)。最低な、即ち感覚的なもの、並びに自然的なものは、それぞれ外なる及び内なるものの如きものである。そして食い戻す、あるいは〔食べたものを〕上げることは、然るべき省察により固有のものとされた真理の凡ゆる自然的な情愛を示している(3171#, 7607^2, 6183, 6844#, 3661#, 5508#, 2187)。ここで実際には事柄が三つ含まれている事が理解される。照応として、「食い戻しをする」、即ち「食塊を上げる」により示されたところの外なる記憶から知識や真理の理解への高揚。食物の反芻により示されたところの、それの省察による再考。そして斯く反芻された物を再び食べることにより示されたところの、その十全に固有のものとする事である。

4. 食い戻しをするか、あるいは蹄が分かれていて何れかだけのため、食されないそれらの幾つかの動物は、固有のものとされ得ない或る諸情愛を示している、なぜならそれらは省察により諸真理と連関していないためか、霊的情愛と照応がないからである(3節)。駱駝は単なる利己的な知識愛、あるいは報酬のための知識愛を示している(3048, 3816#, 3956#)。そして穢れていることは、霊的情愛と照応しない結果として不純さを示している(10130)。

第11章

5. 兎、あるいは今流行の見解に従えばハイラックス・シリアクス Hyrax Syriacus、あるいは岩狸(ヘブル語ではシャーファン Shaphan*21)により、単なる知能による知識愛が示されている、なぜならそれが順を追い、単なる利己的な知識愛に続いているからである。そして食い戻すが蹄が分かれていない事により、それが確かに省察するものの、**霊的なもの**との照応を欠くことが示されている(3節)。一方それが穢れている事により、そのような知識愛は不純であることが示されている(10130)。

6. 野兎により単なる感覚的な知識愛が示されている、なぜならそれがその系列の第3のものだからである。食い戻すが蹄が分かれていない事により、この知識愛は確かに省察するものの、霊的な愛と照応していない事が示されている(3節)。そしてそれが穢れている事により、それが不純であることが示されている(10130)。然しながら本節と前節で削除を要する困難な問題が提起される。それは岩狸も野兎も反芻する動物ではなく、駱駝のように食い戻しもしないと言うことであり、それでもここではそれら双方とも然うすると言われているのである。然しながら「食塊を上げる」の用語は恐らく駱駝と同じくこれらの動物に適用されると言うのが解釈である、なぜならそれらには頬の窪みに貯めておいた食物の一部を反芻する習慣があるからであり、そしてまた休息のときは、門歯を上下それぞれ動かし、それにより少しずつ齧るためには適しているからである。またそれ故それらは聖なる著者により実際に食い戻しをする動物の中に数えられ、その全てが駱駝を例外として、二つに裂けている或るいは分蹄を持つと言われているのである。この仮説もまた聖言における字義の所説を全く弱めるものではない事は、我々が以下のことを知っているからである。即ち、その終局的意味が内に真理の外観を包摂すること、またそれにも拘らず或る表現には照応する価値が存在することである。なぜなら字義的な所説は歴史的に真実ではないからであり、例えば、太陽が立ち続ける時〔ハバクク 3: 11?〕、あるいは主が御自身の諸々の試誘にて、一時に世界の全ての王国を見るために非常に高い山に連れられた事が言われる時〔マタイ 4: 8〕などである。だが更に個別的には Kitto の *Encyclopædia* の "Shaphan" や "Hare" の項を見られたし、然すればこ

第 11 章

の件がより充分に理解されるであろう。

7. 豚は、貪欲あるいは他者の物への単に形体的な切望であるところの、富を獲得する強欲な愛を示している(1742)。蹄が分かれ足が完全に裂けていることは、霊的な愛の照応に連れ込まれる受容性を示している。そして食い戻しをしない事は、諸真理を省察しない事を示している(3節)。一方穢れていることは、霊的な不純を示している(10130)。

8. それらの肉を食さないことは、霊的な人はそのような諸情愛を固有のものとしては良くない事を示している(2187)。それらの死骸に触れないことは、それらに些かの甘やかしも無いことを示している(4404, 10199, 3900)。そして穢れていることは、霊的な不純を示している(10130)。

9. 諸々の水の中にいる全てのものは、聖言の諸真理を示している(2702)。食することは固有のものとする事を示している(2187)。諸々の魚は諸々の科学知*22 を示している(40, 991)。諸々の魚の諸々の鰭は、人間や動物の足や四肢のように、それにより霊的生命における進歩が為されるところの自然的な諸々の力を示している(4381, 4382, 4383)。鱗は、専ら外なるそれらの事柄であり、この場合諸々の善行(6693)と内奥の諸真理(2702)で各々表現される終局的な諸真理を示している。

10. 鰭と鱗を持たぬ全てのものは、霊的な進歩のために教化されておらず、またその目的のために諸々の終局的なものにおいて具現化されていない、諸真理を示している(9節)。諸々の海、諸々の川と諸々の水の中は、内的、内奥または、外なるものであれ、を示している(9節)。諸々の水の中で動くそれらのものと、諸々の水の中にいる生ける創られたものらは、感覚的並びに形体的な諸々の事柄を示している(40, 41)。そしてそれらが忌わしきものである事は、それらが地獄的で不浄である事を示している(6052, 7454)。

11. それらが忌わしきものであると繰り返されている事は、そのような

諸々の事柄が永続的に地獄的で不浄である事を示している(618#, 5253#)。それらの肉から食(しょく)さぬことは、固有のものとされない事を示している(2187)。そしてそれらの死骸を忌み嫌(きら)うことは、少しも甘やかしが無いことを示している(3900, 6052)。

12. 鰭(ひれ)も鱗(うろこ)も持たぬことは、霊的な進歩と生命の役立ちに関係ないことを示している(9節)。忌わしきものである事は、そのような諸々の事柄が地獄的で不浄であり、それ故(ゆえ)固有のものとされ得ない事を示している(6052)。そしてそれが「外なる記憶の中に獲得された」と言われている、なぜなら霊的意味で、直前の二つの節は内的及び内なるものであるものに関係しているからである。

13. 諸々の鳥あるいは鳥類により合理的及び知能の諸々の事柄、斯(か)くて諸々の思考に関係するものが示されている(40)。忌わしきものは地獄的で不浄なるものである(6052)。食(しょく)されぬものにより固有のものとされない事が示されている(2187)。鷲(わし)により、意志について合理的な能力の濫用から発生する内奥の諸々の虚偽が示されている(3901)。エジプト禿鷲(はげわし)により、理解について類似の諸々の虚偽が示されている(3901#)。そして鶚(みさご)により、生活や活動について類似の諸々の虚偽が示されている、なぜならそれもまた鷲の一つであったからである(3901)。Kitto の "Ozniyah" の項。

14. 鳶(とび)は同じ種類の内的な諸々の虚偽を示している、なぜならそれは鷲に比べるなら下位の序列の猛禽(もうきん)であるからである。そして同じ視点が 隼(はやぶさ) にも適用されて良い、前者は意志に属するものを、後者は理解に属するものを示している事になる(778, 866, 988, ヨブ記 28: 7)。

15. そして凡(あら)ゆる渡鳥(わたりがらす)の類(たぐ)いは、心の内的な度(ど)における終局的な諸々の虚偽を示している(866)。「の類(たぐ)い」が本節と直前の節で、丁度さまざまな種類の動物と鳥が存在するように、霊的に「その性質に従った」、即ち様々な種類の諸情愛と諸々の思考が存在することを示している事は明白である(創世

第 11 章

記 1: 11, 12,　775)。

16. 前の3節が何であれ合理的な諸々の力の濫用に関係したものに言及している如く、本節と次に続く節では自然的な諸々の力の濫用が記されており、また18と19節では感覚的な諸々の力の濫用を取り扱っている事は、その系列から明らかな如くに、列挙された鳥に実際三つのセクションが存在している。この系列では、ここと申命記 14: 12～18では各々が七つで構成されており、14節は例外で後者の書〔申命記〕の並行箇所での三つではなく二つのみである。しかしこれに就いては後に述べる事として、今は3 x 7または21が最も善い意味では完全性と神聖さに、対立した意味では荒廃の完成と冒瀆に照応している事を単純に看取するのである(2788, 433, 5268)。これにより、駝鳥は自然的な心における悪からの内奥の諸々の虚偽を示し(哀歌 4: 3における『概要』*23)、夜鷹は悪からの内的な諸々の虚偽を示し、鴎は悪からの外なる諸々の虚偽を示しており、系列に従いそこでの第1の度の全てである。そして鷹は悪からの内奥の諸々の虚偽を示している(ヨブ記 39: 26)。

17. 小梟は悪からの内的な諸々の虚偽を示し(866, 4967#)、鵜は悪からの外なる諸々の虚偽を示しており、系列に従いそこでの第2の度のものである。そして大梟は終局的なまたは最低の諸々の虚偽を示しており、系列に従いそこでの第3の度のものである(866, 4967#, イザヤ 34: 11)。

18. 角鴟(866, 4967#)、ペリカン(詩編 102: 6)と、禿鷹は、系列に従い感覚的な諸情愛の第1の度における夫々内奥、内的そして外なる諸々の虚偽を示している。

19. 鸛(ゼカリヤ 5: 9)、鷺と戴勝は、系列に従いそこでの第2の度における夫々内奥、内的そして外なる諸々の虚偽を示している。そして蝙蝠は、系列に従いそこでの第3の度における最低の種類の諸々の虚偽を示している(イザヤ 2: 20, 8932, 10582)。

第 11 章

20. 翅のある這うもの全ては、霊的生命の外観を持つが再生しない意志の凡ゆる思考と感情を示している(9331, 8764)。四つの全ての上で進むことは、下品で不浄であるものを示している(247, 248)。そして忌わしきものは、同じく下品で不浄さが確固とした状態を示している(6052)。

21. 四つの全ての上で進む翅のある這うものらは、ここでは単なる感覚的で形体的なものの上に高揚され得る更に低い諸情愛を示している(994)。足の上位に地の上を同時に跳ねる脚を持つことは、単なる自然的なものよりも更に高次の善と真理との交流を示している(10050)。地の上を歩くように跳ねることは、霊的生命における活動と前進を示している(8420)。そして食することは、固有のものとする事を示している(2187)。

22. ここで列挙されている様々な種類の蝗により、その性質にそれぞれ従った内的及び外的な、意志と理解の最低の善の諸情愛が意味されている(7643, 775)。また Kitto の *Encyclopædia* の "Chagab" の項を見られたし。

23. 四つ足があり翅のある這うもの全ては、霊的な生命への従属の内にない感覚的で形体的な諸々の歓喜と快楽を示している、なぜならそれらには虚偽と悪との結合があるためである(9331, 1686)。そして忌わしきものは地獄的で不浄なものを示している(6052)。

24. 「これらにより汝らは穢れるものとする」が、不純であるところの或る習慣を示している事は明らかである(10130)。触れることは霊的に接触あるいは甘やかしを示している(10130)。そして夕までは、一つの状態の終わりと別の状態の始まりを示している(7844)。

25. ここから死骸を担うことにより、霊的生命の欠いたものから、即ち悪から思考することが示されている(8764#, 3900)。衣装を洗うことにより、外なるものの純化が示されている(3147, 1073)。そして夕まで穢れている事

第11章

により、状態の変化までの不純が示されている(10130, 7844)。

26. 蹄(ひづめ)が分かれている獣らは、外なる面で霊的な諸情愛に照応する諸情愛を示している(44, 7729, 1832)。足が完全に裂けていない事は、内なる面で霊的な諸情愛に照応していない事を示している(2162, 1832, 4171#, 3節)。食い戻(く)しをしない事は、善の目的に真理の省察へ導かないことを示している(3節)。穢れているものは、霊的に不純であるものを示している(10130)。そして触れることは霊的に接触を示している(10130)。

27. 何であれその爪足(つめあし)の上で進むものは、甚だしく自然(はなは)的である凡(あら)ゆる情愛を示している(2162, 4403#)。四つの全ての上で進む動物は、悪と虚偽を結合させ、またそれ故(ゆえ)人生行路において霊的な諸情愛との結合に甘んじない情愛を示している(9331, 1686, 8420)。穢れているものは、霊的な不純を示している(10130)。そして死骸に触れることは、霊的生命を欠いた諸情愛との接触を示している(10130, 3900)。一方夕まで穢れていることは、状態の変化までの不純を示している(7844)。

28. 死骸を担(にな)うまたは運ぶことは、通常の人生行路でそのような諸悪を単に考えることを示している(8764#, 3900)。衣装を洗うことは外なる人の純化を示している(3147, 1073)。夕まで穢れていることは、状態の変化までの不純を示している(10130, 7844)。そして「それらは汝(なんじ)らに穢れている」は、**自然的なもの**の内なる及び外なるものについてと、意志と理解の双方について、不純な諸々の事柄に関した真理を確固とする事を示しているのは明らかである(3388#, 6663#)。以下のことにも留意されよ。即ち古くまた死んだ諸状態の「死骸」と接触する諸々の状態が、人生を経てそして多かれ少なかれ審判の過程を経て、善と共に継続することを。そしてこれがまた、夕まで穢れている事により示され、衣装を洗うことが清めの継続した過程を示していることを。

29. 地の上を這うところの這うものらは、感覚的並(なら)びに形体的な諸情愛を

第11章

示している(9231#)。鼬または鼹鼠は感覚的な愛を介した意図的な真理の無知を示している(Kitto, "Choled Weasel"の項、1994#)。鼠は貪欲を示している(938, 954)。そして大蜥蜴は、それらの性質に従い、単なる形体的な諸情愛の歓喜を示している(994, 775)。Kitto、"Isab"の項。

30. ここで列挙された動物らは、形体的な情愛から由来した種々の諸々の悪と虚偽を示している、なぜならそれらの四つは何らかの蜥蜴の類いだったと考えられ、カメレオンは蜥蜴だからである。これ故所与の解釈は、即ち内的に諸々の虚偽による善の転倒であり、内的に諸悪による真理の腐敗であり、外的に善の転倒であり、外的に真理の腐敗であり、そして欺瞞的な諸々の外観から発生する諸感覚の諸々の惑わしである(994)。Kitto、"Anakah"、"Coach"、"Letaah"、"Chomet"、そして"Tinshemeth"または"Chameleon"の項。

31. 穢れた這うものらは、最低の品性の不純な諸情愛を示している(994, 10130)。触れることは霊的に接触を示している(10130)。死骸あるいは死んでいるものは、霊的生命を欠いたものを示している(3900)。そして夕まで穢れていることは、状態の変化までの不純さを示している(7844)。

32. 本節と前節で、死んでいる事もまた、完全な荒廃を示している(6119)。それ故死んでいるものが別のものの上に落ちることは、悪における不慮の甘やかしを示している、なぜならそれは不慮の接触であるから(10130#)。穢れは霊的な不純を示している(10130)。木の器は容器としての意志を示している(643)。衣は容器としての理解を示している(2189)。皮もまた、衣類のように容器としての真理を示し(9215)、そして袋もまた同じものを示し(5489)、斯くてまた前者は理解に関係し後者は意志に関係するが(683#)、然るに語句の初めの一対は比較的外なるものを、そして次の一対は比較的内なるものを示しているのである(9215)。それにより如何なる仕事が為されたところの如何なる器もは、何らかの役立ちに適用され得る容器を示している(1472#)。それを水の中に置くことは、真理による浄めを示している(3147)。夕まで穢

れていることは、状態の変化までの不純を示している(10130, 7844)。そして浄いことは、器により意味される外なる能力がその定められた役立ちに資することが出来る状態を示している、なぜならそれは内なるものとの調和に入れられるからである(1487)。

33. さて土器は、善に密着していない*24虚偽により不浄とされた単なる自然的な容器を示している(10105)。「それらの何れであれその中に落ちれば」は、感覚的な諸情愛により汚染されているものを示している(29, 30節)。穢れていることは霊的な不純を示している、なぜならその容器の善または役立ちは価値が害われて居るからである(10130)。そして器が壊されることは、容器は分離されるべき事を示している(9163)。

34. 食されて良いそれの中での食べ物は、固有のものとされて良いところの容器の善を示している(1480, 2187)。ここで水は諸々の虚偽を示している(10130#)。飲み物は真理を示している(3168)。そして穢れているものは霊的な不純を示している(10130)。

35. 「凡ゆる物」により、以下に続くものから明瞭な如く、外なるものであるものを示しており、死骸は霊的生命が欠けているものを示している(3900)。穢れているものは不純を示している(10130)。竈により、自然的または外なる歓喜や愛、善や悪を示している(7356)。粉々に壊されることは、分離を示している(9163)。そして「穢れているものとする」は、不純の継続を示している事は明らかである。

36. その中に水の集まるところの泉や窪みにより、善や真理の全般的な容器即ち記憶あるいは聖言が示されている(3424, 679)。そして浄いことは、明らかな如く、純粋を示しており、他方死骸に触れる水は、霊的生命を欠いたものとの接触へ入れられた、あるいは汚染された真理を示しており(2702, 3900)、よって穢れている。

37. 播かれるべき処の種は、諸真理における教示の状態を示している(932)。死骸またはその部分がその上に落ちることは、思考における悪による真理の汚染を示している(3900, 32節)。そして浄いことは不純からの自由を示している(10130)。

38. ここでその種の上に付けられる水により、故意に真理と混じった虚偽が示されている(10130, 34節、932)。死骸は、真理を不浄にする悪を示している(3900)。そして穢れは不純を示している(10130)。

39. 食されて良い獣は、固有のものとされて良い情愛を示している(44, 2187)。死ぬことは霊的な死または荒廃を示している(6119)。死骸に触れることはその死んだ情愛における甘やかしを示している(10130, 3900)。穢れていることは不純を示している(10130)。そして夕までは、状態の変化を示している(7844, 28節、注解)。

40. 死骸から食することは、その死んだ状態におけるその情愛を固有のものとする事を示している(2187, 3900)。夕まで穢れていることは、状態の変化までの不純を示している(10130, 7844)。衣装を洗うことは外なる人の純化を示している(3147, 1073#)。そして死骸を担うことは、その死んだ状態に与し考えることを示している(8764#, 3900)。

41. 地の上を這って這うものは、感覚的で形体的な情愛を示している(9331)。忌わしきものは地獄的で不浄なものを示し、斯く不純なるものである(6052)。そしてそれが食されない事は、それが固有のものとされては良くない事を示している(2187)。

42. 腹の上で進むものは、単なる感覚的な情愛を示している(247, 248)。全ての四つの上で進むものは、人生行路において悪を伴う虚偽と結合しがちなもの(1686)。多くの足を持つことは、甚だしく自然的または感覚的なものを示している(2162)。食さぬことは固有のものとしない事を示している(2187)。

そして忌わしきものは、地獄的で不浄なものを示している(6052)。

43. 如何なる這うものにより自らを忌わしくせぬことは、単なる感覚的な諸情愛に故意に甘やかさない事を示している(6052, 9331)。そして自らを穢さぬことは、故意に不純及び不浄にならない事を示している(10130)。

44. 「我は主、汝らの神」は、主は善そのものと真理そのものとが合一していることを示している(2001)。聖化される事と聖なる者であることは、教会人は彼自身の中でこれらの結合により聖なるものと成るべきである事を示している、なぜなら主はその合一により神聖そのものであるから(4211, 8887)。そして這うものにより不浄とならない事は、霊的な人はより高次の生命から分離した如何なる感覚的な諸情愛によっても自身を不浄とするべきではない事を示している(9331, 10130)。

45. イスラエルの子供らをエジプトの束縛から連れ出す主なる神は、単なる自然的な人の束縛からの霊的な人*25 の救いを示している(8866)。そしてイスラエル人の外面上の聖性は、主からの正真の聖性を示している(8788)。

46. 獣と鳥の、そして諸々の水の中と地で動く凡ゆる生ける創られたものの律法は、意志と理解の自然的な諸情愛に関する、また感覚的並びに形体的な諸情愛に関する神的秩序の諸法則を示している(44, 40, 991, 9331)。

47. 清濁の間を分つことは、人間の諸情愛と諸思考において不純であるものを純粋であるものから区別することを示している(10130)。そして食するに良不良の生ける物との間を分つことは、固有のものとされるに良い主からの善い諸情愛と、固有のものとされるに良くない人間あるいは諸地獄からの悪い諸情愛を区別することを示している(2187)。

第 11 章

　興味深くも本章は、全体として、再生の過程における個別的かつ継続的な悪と虚偽からの純化の絶対的必要性を明白に実証している。それはまた特に、あらゆる十全さにそのような純化を伴わないなら、善と真理は主から内なる人を介して自然的な人において固有のものとされ得ない事をも明示しているのである。なる程それ故に、霊的な人は聖言の文体でもって叫ぶ事となろう、「我を探り給え、おお神よ、我が心を知り給え。我を試み、我が諸々の思いを知り給え。我に如何なる邪も在りや否やを見、我を永久の道に導き給え」(詩編 139: 23, 24)。

　しかし主は、凡ゆる人間の個別的な状態を如何なる探りもなしに知り給う。我々の諸情愛、我々の諸思考と諸活動を聖言からの真理の光により日々探りたがるのは、我々自身である。それは我々の純化の過程において、我々が自身を把握し主と協同するためなのである。そして我々が如何程に的確で在らねばならぬかが、丁度引用された聖句からのみならず、聖言のこの部分〔本章〕の内意の個別的なもの全てからも明らかである。

　それ故それを再考する事において、我々は同時に我々自身を吟味しているのかも知れない。まず第 1 に、我々が固有のものとすべきものとすべからざるもののこの記述が、前の腐敗した礼拝の記事を閉じるに際しこの主題について言われ、それに後続している事は刮目に値する。その腐敗した礼拝では、自然的な人における無垢の善の欠如とその善からの礼拝の欠如が考察されている。それは何故か？　なぜなら我々は目下記述されている個別的な方法で純粋にされなければ、神の王国を幼子として受けることが出来ず、また全ての十全さにおいて無垢のその善を固有のものと出来ないからである。

　固有のものとする事は別の源泉からのものを我々の生命に編入することであり、飲食においてそれらの物を自然の諸法則により供給されている我々の肉体の一部とするようなものである。そして糧として適合しないものは何でも飲食できないように、調和しない諸情愛は固有のものと出来ない。即ち霊的な人はこれを為し得ない。この点において我々には二つの事柄が必要であることを系列から悟るのである。我々自身のものにして良い諸情愛については、それらは主から来るものと調和せねばならず、同時に然るべき省察の結果であらねばならない。例えば自然的に親切な性質は主への愛と隣人愛に

第11章

馴染むものではあるが、しかし仮にそれが単に自然的で、識別と省察なしに活動するなら、我々の生命の実質的部分となり得ないし成るべきでもない。また他方、我々は或る情愛を非常に注意深く考えて教化しても良いが、しかし主からの正真の善と馴染まぬが故に我々には良からぬかも知れないのである。よってこれより、我々の霊的糧を取ることに於いて善を正真の真理と、また真理を正真の善と連結させることが、如何に重要かを我々は学ぶのである。軽卒な仁愛は我々には極めて悪しきものであり、意図した身勝手は更に一層悪しきものである。何となれば霊的に前者は「食い戻し」をせず、後者は「蹄が分割」していないからである。

よってこれより系列が明示する如く、利己的な知識愛、単に知能による知識愛、まして感覚的な知識愛は本当には人間を養わず、他者の物への切望もまた然りであり、我々の天界の御父からの善の生命に全く対立したものだからである。

また同じ事が正に聖言から得られた諸真理に関して善を保っている。聖言は霊的真理の無限の巨大な海原であり、それは神的源泉からのもので在るからだ。そして真理の生ける諸原理はそれの中の諸々の魚である。しかしそれらは霊的漸進のため、そして役立ちのため即ち真理と善意のために得られねばならない。しかし他の如何なる理由からの聖言の学びは、不純へと帰結する。

またそれが単なる自然的な知識の巨大な海原の許にある如く、空中の諸々の鳥が照応する事柄の許でも然りである。この点について告げられてはいないものの、我々が全ての浄い鳥から食しても良いという事は真実である(申命記 14: 11)。換言すれば、我々は聖言の純粋な諸真理を自由に固有のものとして良いのである。しかし全ての種類の虚偽化された諸真理と、単なる諸々の虚偽は、同質となっては良くない、なぜならそれらは不純だからである。

次の段落が極めて重要なのは、感覚的な諸情愛に関係しており、そして実生活にて細心の注意を払い監視すべき両者の相違を指示している為である。より高次の生命が真に生きるためには、感覚的並びに形体的と呼ばれているところの人間の最低の諸情愛は、全く以て拒絶されるべきものと、しばしば

第11章

誤って考えられている。しかしこの件を正しく考察するならば、人間は実際には如何なる能力や機能も本質的に悪である生命の受け入れによっては賦与されてはおらず、濫用により悪となるに過ぎないことが明らかとなる。永遠に向けて、人間は天使の如く、完全な人間の生命を作り上げるに必要なそれらの終局的な諸情愛と諸歓喜なしでは存在しないであろう。これ故、四つの全ての上で進み、あるいは四つ足を持ち、這うものらに関しては、個別的な相違である。故に、感覚的な諸歓喜において悪と虚偽の結合が存在するところなら何処であれ、不純が存在するのである。だがそれとは反対に、もし感覚的並びに形体的な諸歓喜に天的並びに霊的な諸歓喜への然るべき従属と調和が存在するなら、終局的な真理と善の真の固有のものとする事が存在するのであり、それが人間を十全かつ完全にするのである。何となれば、「汝らは先ず神の王国と彼の義を求めよ、然すればこれら全てのものは汝らに加えられん」(マタイ 6: 33)と書かれてはいまいか。

そこで直後に続くものから、内なるものを伴わずまた適切な省察を伴わない外なる照応が存在するかも知れない、即ち内なる面での善と真理を伴わない善の表相的な外観が存在するかも知れない。そしてこれが偽善であり詐欺であることが明らかに成らねばならないのである。よってこれより、死骸に触れることにより意味される、そのような邪悪さとの接触から来る僅少な不純をも回避すべき、正しく特定した警告である。また、もしそのような接触が不慮のものであったとしても、不純さは後続し、夕まで即ち状態の変化まで取り除かれ得ないであろう。これに関連して、今考慮されたい。諸々の悪霊により悪の諸々の思考が我々の中で如何程掻き立てられているかを、また再生にあってそのような諸々の思考を我々の生命の無縁のものとして直ちに拒絶することがどれ程必要かを。それは我々が彼ら〔悪霊ら〕が付け上がるに任せ、より更なる大きな悪と不純との結果を齎さぬためである。何となれば我々はそのような諸々の悪の思考、それは恰も過去の悪の諸状態の諸々の死体のようであるが、それらが在ることに責任はないのであるが、なおもそれらに向かって是とする姿勢には責任があるのである。そしてそれとは別に、我々は以下のことを知っている、即ち我々の試みの状態の実際には夕方であるところの収穫まで、毒麦と小麦双方が我々の中で共に伸びるこ

と。またそのとき、天界の自由とその平安における天界的な生命の栄光ある黎明(れいめい)の前に、それらは消え失せるであろうと言うことである。

　ここで最後になるが、我々の永遠の霊的生命に組み入れるに何が良くて、何が良くないか、この記述の後半の霊的意味にて為(な)される両者の厳密な相違を極めて注意深く省察しよう。何となれば真実にも、正真の善と真理は汚染され得ないのである。実際の邪悪と冒瀆もまた聖くかつ純粋なものに変わり得ないが、一方天使的な生命を実現できる程には未だ十分に純粋にされていない個人にあっては、依然これ〔邪悪と冒瀆もまた神聖かつ純粋なものに変わり得ること〕が事実に見えるかも知れない。そして、人は語(る)凡ゆる詰まらぬ言葉から申し開きを審判の日にする事を(マタイ 12: 36)、恐れではなく感謝を以て覚(おぼ)えよう。また次のことをも忘れぬことにしよう、即ち**巨大人***26における割り当てられた機能から我々は決して離れないものの(1276, 1377)、正(まさ)に永遠に、天界そのものの中での、我々の状態の改善のため、斯(か)くて我々の役立ちの広がりのため何かしらの余地が残されるであろう。

訳者のノート

*1.　3, 7, 26 節「足が完全に裂(さ)けている」。原本は 'clovenfooted'、一般的に偶蹄(ぐうてい)である羊、山羊、牛、豚、羚羊(かもしか)が挙げられる。

*2.　4 節「何(いず)れかだけ」。この言葉はヘブル語原文になし。

*3.　4 節「彼」。ヘブル語原文の「駱駝(らくだ)」ガーマール גָּמָל は男性名詞。

*4.　5 節「兎(うさぎ)」「彼」。原本 'coney'、ヘブル語原文 シャーファーン שָׁפָן は男性名詞。

*5.　6 節「野兎(うさぎ)」「彼女」。原本 'hare'、ヘブル語原文 アルネヴェト אַרְנֶבֶת は女性名詞。

*6.　7 節「豚」「彼」。ヘブル語原文 ハズィール חֲזִיר は男性名詞。

*7.　10, 46 節「創(つく)られたもの(ら)」。原本 'creature(s)'、ヘブル語原文はいずれも単数で ネフェシュ נֶפֶשׁ 「魂」または「喉(のど)」。

*8.　10 節及び同注解「具現化されている」。対応する原本の「参照と注解」では否定

第 11 章

の助動詞 'not' が挿入されている！　コラムの方が誤りか？
* 9.　13 節「鳥類」原本 'fowls'、20, 21 節「翅のある」。原本 'winged'。いずれもヘブル語原文では オーフ עוֹף。
*10.　13 節「エジプト禿鷲」。原本 'gier eagle'、ヘブル語原文 ペレス פֶּרֶס。
*11.　17 節「小鳥」「大鳥」。原本は夫々 'little owl' と 'great owl'、ヘブル語原文 コース כּוֹס と ヤンシューフ יַנְשׁוּף。当時は図鑑なるものが無いためこの節のみならず、本章の生物全般に亘り聖書毎に様々な訳が存在する。
*12.　18 節「角鴟」(原本 'horned owl')、及び 30 節「カメレオン」。ヘブル語原文は厳密には前者が ティンシェメト תִּנְשֶׁמֶת、後者が ティンシャーメート תִּנְשָׁמֶת だが、同じ単語と考えられているようである。
*13.　20, 21, 27, 42 節「四つの全て」。ヘブル語原文でも「足」や「脚」の言葉はない。
*14.　23 節「四つの足」。原本 'four feet'、ヘブル語原文の「足」は双数形 ラグラーイーム רַגְלָיִם。4 x 2 = 8 本の足とも解釈可能。
*15.　27 節「爪足」。原本は 'paws'、ヘブル語原文は カフ כַּף「掌」。
*16.　29 節「鼬」。原本は 'weasel'、ヘブル語原文は ホーレド חֹלֶד。
*17.　35 節「諸々の壺のための焜炉」。原本 'range for pots'、ヘブル語原文は ヒーライム כִּירַיִם、キール כִּיר の双数形。壺二つを掛けられる焜炉と推測されているためこの訳 'pots' が与えられたのであろう。
*18.　43,44 節「自らを」。ヘブル語原文は「汝らの魂を」。
*19.　46 節「動く」。原本は 'moveth'、ヘブル語原文は ハー・ローメセト הָרֹמֶשֶׂת、ラーマス רָמַשׂ「這った」の能動分詞女性単数に定冠詞の付いたもの。
*20.　46 節「這う」。原本は 'creepeth'、ヘブル語原文は ハッ・ショーレツェト הַשֹּׁרֶצֶת、シャーラツ שָׁרַץ「(別訳)群がった」の能動分詞女性単数に定冠詞の付いたもの。
*21.　注解 5 節「Shaphan」。*4 を参照。
*22.　注解 9 節「科学知」。原本 'scientifics'、ラテン語 'scientificum' を起源とする語で、ラテン語で「知識」「科学」を意味する 'scientia' から派生した個々の知識を指す概念であり、記憶の中に貯えられ呼び出されるものである事から(9394)記憶知とも訳される。
*23.　注解 16 節「概要」。原本 'Sum. Exp.'。*SUMMARIA EXPOSITIO SENSUS*

第 11 章

INTERNI, TUBINGAE, London, p50, 1860.

＊24. 注解 33 節「善に密着していない」。「各節の内容」右のコラムには否定辞 'not' が欠落している。参照箇所の 10105 によれば「善に密着していない」方が正しいようである。

＊25. 注解 45 節「霊的な人」コラムでは大文字だがここでは小文字。

＊26. p244「巨大人」。原本 ' Grand Man '、参照されている『天界の秘義』でのラテン語は Maximus Homo「最大人」。

＃ 『天界の秘義』の各々の節には当該内容の記載がないか、参照としては飛躍？

第 12 章

霊的意味の要約

1. 教会人の許での真理の播種、懐胎と誕生において、固有のものには不純が、そして内なる面では純粋が存在するという教示が彼に与えられるのは、正に再生の過程における実情の如きである(1～2節)。
2. しかし再生の状態が完成されるとき、終局的なものにおいてさえも純粋が存在する。そして純化の状態は**秩序**の諸法則に従い成し遂げられる(3～4節)。
3. 善の受け入れと承認にあっても純化の状態は善と真理の結合を包摂し、**秩序**の諸法則に従う(5節)。
4. そして純化と再生の状態が完成されると、そのとき主は無垢の善から礼拝されるであろう。主との、あるいは外なるものと内なるものとの和解が存在するであろう。そしてこれは天的並びに霊的な人々双方に起こる(6～8節)。

各節の内容

1. そして主はモーセに語って、曰く、

2. イスラエルの子供らに語り、言え、もし女が種を孕み、男児*1を生むならば、そのとき彼女は七日間穢れているものとする。彼女の

1. 神的真理により主からの啓示が存在し、覚知を与え、

2. **霊的教会**人に、そして彼に以下のことを教える。即ち、教会内で、全世界で、全般的に或るいは個別的に、主からの真理が植え

第 12 章

月の障(きわ)りの不純の日々における如(ごと)く彼女は穢(けが)れたものとする。

付けられ、孕(はら)まれ生まれると、そのとき固有のもの又(また)は**外なるもの**には不純の、そして**内なるもの**には主からの聖性の状態があり、正に再生の過程における如(ごと)くであり、そのとき善は未(いま)だなお真理から分離されており、不純が存在する。

3. そして八日目には彼の包皮の肉は割礼(けが)されるものとする。

3. しかし再生の状態が完成され、霊的生命の新しい状態が始まるとき、全ての不純は**自然的なもの**の終局的なものにおいて、あるいは自然的な度(ど)においてさえも取り除かれる。

4. そして彼女は 33 日間*彼女を純粋にする**2 血にあって続くものとする*3。彼女は、彼女を純粋にする*2 日々が満たされるまで、献饌(けんせん)された物に一切触れず、聖所にも入らぬものとする。

4. そして真理の受け入れと承認に後続する純化の状態は、秩序に従い完成されねばならない。悪からの純化が完全であるまでは、真理は十全に実現されず善も十全に享受されない。

5. しかしもし彼女が女児*1 を生むなら、そのとき彼女の不純における如(ごと)く、彼女は 2 週間穢(けが)れたものとする。そして彼女は 66 日間*彼女を純粋にする**2 血にあって続くものとする*3。

5. しかし善の受け入れと承認の実情においては、純化の状態は善と真理の結合を包摂せねばならない。そして後続する純化の過程もまた秩序に従って完成されねばならない。

第 12 章

6. そして息子もしくは娘のために、彼女を純粋にする*2日々が満たされたとき、彼女は当歳の子羊を全焼の奉納のために、そして若い鳩か雉鳩を浄罪の奉納のために、会見の幕屋の戸口へ、祭司へ連れて行くものとする。

6. そして悪からの純化が真理や善の受け入れと承認のため完成されると、そのとき無垢の善からの主礼拝は完成され永続的と成るであろう、そして無垢の状態による虚偽と悪の赦免あるいは除去は、それに応じて生じるであろう。あるいは主は無垢の善から内なる面でも外なる面でも礼拝されるであろう、それはその御方の、そして善の状態からの諸天界を介したその御方の業との承認によるのである。

7. また彼はそれを主の御前に奉納し、彼女のために贖いを為すものとする。そして彼女は彼女の血の噴泉*4から浄められる*2ものとする。これが雄*1であれ雌*1であれ生むところの彼女のための律法である。

7. そして礼拝の彼の状態においては人間と主との、あるいは**外なるものと内なるもの**との和解または合意が結果を齎すであろう、なぜなら全ての不純は取り除かれるであろうから。そしてこれが、真理と善の受け入れ、承認、そして実現に関する再生の法則である。

8. そしてもし彼女の実入が子羊に足らねば*5、そのとき彼女は2羽の雉鳩か2羽の若い鳩を取るものとする。1羽は全焼の奉納のため、そして他は浄罪の奉納のためである。そして祭司は彼女

8. しかしもし再生中の教会員が生命の働きの完成において天的善から主を礼拝できず、斯くて第3の天界の天使に成れないならば、彼は霊的善から然う行い、第2の或るいは終局的な天界の

のために贖(あがな)いを為(な)し、彼女は浄(きよ)い*² ものとする。

天使に成るべきであり、それは仁愛からの主礼拝により、またその状態に従った悪の除去によるのである。斯くて完成した純化もまた存在する事となろう。

参照と注解

1. これは明らかである、なぜならイェホヴァにより御自身の愛について神的存在が示されているからである(2001)。語ることにより流入が示されている(2951)。モーセにより神的真理、または聖言(せいげん)が表象されている(7010, 6752)。そして曰(いわ)く、により覚知が示されているからである(1791, 1822)。

2. モーセがイスラエルの子供らに語る事と言うことは、**霊的教会人(びと)**への教示を示している(7304, 3654)。種(たね)は主から植え付けられた真理を示している(255, 256, 880)。自然的な懐胎(かいたい)と誕生とは霊的な懐胎(かいたい)と誕生に照応する(2586)。男児は真理を示している(725)。穢(けが)れていることは、霊的な不純を示している(10130)。女は固有のもの、あるいは**外なるもの**を示し(253)、そして夫は**主**あるいは**内なるもの**を〔示している〕(4434)。七日は再生の全過程を示している(2044)。そして「彼女の月(つき)の障りの不純」は、善と真理の分離から発生してくる霊的不純を示している(4161、そして改訂版の欄外記事*⁶)。

3. 八日目に彼の包皮の肉が割礼されることは、再生の状態が完成し、霊的生命の新しい状態が始まるとき、**自然的なもの**の終局的なものに或(あ)るいは自然的な度(ど)においてさえ全ての不純は取り除かれることを示している(9227, 9296³, 2039, 2041)。

4. 33日間彼女を純粋にする血にあって続くことは、諸真理*[7]の受け入れと承認に後続する純化の状態は、**秩序***[8]に従い完成されねばならない事を示している。それは、総体としての真理と善の事柄全て、換言すれば真理と善の完成を示すところの3とその倍数の意義から明らかと思われるからである(4495, 10262, 6024)。そして彼女の純化の日々が満たされるまで、献饌された物に一切触れぬものとし、聖所にも入らぬことは、悪からの純化が完全であるまでは真理は十全に実現されず善は十全に享受されもしない事を示している。それは、真理の実現化を示すところの聖なる物に触れること(10130, 4575#)と、善の享受を示すところの聖所に入り込むこと(10129, 9903)の意義から明らかと思われるからである。また上に説明された如く、純化の完成を示すところの日々が満たされる事も〔然り〕。

5. これは真である、なぜなら女児を生むことは善の受け入れと承認を示しているからである(6677)。2週間穢れていることは、善と真理の結合を包摂する純化の過程を示している(10130, 5194, 4177)。そして66日は、33日と同じく**秩序***[8]に従った完成した純化を示している(4495, 10262, 6024)。

6. 息子もしくは娘のために彼女を純粋にする日々が満たされた時とは、純化が真理や善の受け入れと承認のため完成されるときを示している(4495#, 10262#, 6024#, 725)。当歳の子羊を全焼の奉納のために連れて行くことは、完成され永続的な無垢の善からの主礼拝を示している(10132, 7839)。若い鳩か雉鳩を浄罪の奉納のため連れて行くことは、それに応じた無垢の状態による悪*[9]の赦免を示している(10132)。会見の幕屋の戸口へは、主と諸天界を介したその御方の業の承認による事を示している(2356, 3540³)。そして祭司は善の状態を示している(9946)。

7. 贖いを為すために主の御前に犠牲を奉納することは、礼拝のこの状態においては人間と主との、あるいは**外なるもの**と**内なるもの**との和解または合意が結果を齎すことを示している(1章3節、10042・II)。彼女の血の泉

から浄められる事は、霊的な不純の除去を示している(4545)。雄であれ雌であれ生むところの彼女のための律法とは、真理と善の受け入れ、承認、そして実現に関する再生の法則を示している(2586, 725)。

8. 彼女の実入(みいり)が、恐らく、子羊に足らないことは、天的な愛から主を礼拝する不能性を示している(10132)。2羽の雉鳩(きじばと)か2羽の若い鳩を、1羽は全焼の奉納のため、そして他は浄罪の奉納のために取ることは、霊的な善であるところの仁愛からの主礼拝を示している(10132, 1826, 1827, 10053, 3900#)。祭司が彼女のために贖(あがな)いを為すことは、人間と主との、そして**外なるもの**と**内なるもの**との和解を示している(1章3節、10042・II, 9946)。そして彼女が浄(きよ)くなることは、純化の完成した状態を示している(4545)。

　短い本章の考察は再生、あるいはヨハネ 3:1~15 で「人再び生まれずば神の王国を見る能(あた)わず」、また「人　水と**霊**とから生まれずば神の王国に入る能わず」と主により実に意味深長に語られているよう、新たなる誕生の過程の考察を必然的に含んでいる。ここでは〔表現の〕違いが独特ではあるが繰り返し強調されているのである。現今**キリスト教会**ではこれらの言葉が霊的に意味するところは一般的に理解されている。「肉から生まれるものは肉であり、**霊**から生まれるものは霊」と言われるとき、何が意味されるか、そしてまた正に相反(あいはん)する「肉」と「霊」とが如何(いか)に完全に異なるかを我々は皆明瞭に見分けることが出来る。

　しかし次はあってはならない事で、それは、人が「古い」生命を選び「新しい」生命を拒(こば)むとき、真に対立のこの状態が彼自身により実際に起こされると言うことである。それでも尚(なお)、これに反して彼が「新しい」生命を選ぶとき、その新しい生命は古いものに基礎付けられているのである。何となれば教会は人間の固有のもの或るいは固有の生命の中に形成され、別の方法では形成され得ないからである(252)。これは例の章の初めの教えである。種を孕(はら)むのは女である。しかしここで女は、固有のものにおける教会の如(ごと)く、情

愛を示している。それ故、教会が我々の内で形成されるためには、真理の愛、正にそれ自身のための真理の愛が存在しなければならない。再生するためには我々は真理を愛さねばならない。そして我々が固有のものが斯くも愛するその性質を考察するとき、引き続き生ずるものが何であるかを我々は理解し得る。我々の内で最初に教会が形成されるところの情愛は、純粋な情愛や真理の純粋な愛でもない。

　何となれば、再生全体の間多かれ少なかれ完成までには不純性が存在することに注意されよ。これは聖言が教えている事であり、そして再生した者の経験に従っているのである。そしてその栄化における主でさえもご自身の復活まで、母親から由来した遺伝的生命により影響され続けていた。ならば、このように我々の不純を思うと悲哀を生ずるかも知れない。だがそれであっても、最後には不純の状態がきっと止むという考えから我々は慰めを受ける事としよう、とは言え事実は天界そのものにおいても絶対的な純粋は存在しないのだけれど。即ち、更なる深遠な純粋性が不可能であるように我々は決して純粋には成れないと言うことなのである。

　そして続いて次に息子の概念と娘の概念の相違に我々は気付く。再生には先ず真理〔へ〕の愛の実現化があり、そして後に善が実現される。そして、ここで指摘されている律法上の不純の状態にそのような相違が存在すべきことは表面上奇妙に思われるかも知れない。女児が生まれたときは、何故穢れのそして不純の残りのものの期間が倍増されねばならなかったか。照応においては、2週間あるいは七日の2倍は一般的に同じ意味を持ち、66と33もまた同様である。しかし2倍は重要な過程を指摘している。それは既に我々が理解したように、善が孕まれたときは善と真理との結合が存在するのである。人間は単に真理により主との結合を持つことは全くなく、この様にただ交流により持つのである。とは言え依然真理の愛は道を備えるのである。それ故、この2倍によりここで教えられたところの実践的な真理とは、完全な再生は善と真理の結合を介した主との結合であると言うことである。しかしこの件での我々の役割は何であろうか。それは、この結合が結果を齎すために、我々は首尾一貫して真理に従い、あるいはそれに従い生きるべきであると言うことである。真理と善は正に真理の愛を介して我々の内で潜在的

第 12 章

に結合されるかも知れない。が、善と真理は従順を除いては実際には結合されない。「もし汝ら我を愛せば」主は言い給うた、「我が諸々の命令を保て」〔ヨハネ 14: 15〕。斯くて教会が人間の固有のものの中に現実かつ十全に形成されることが如何なるものかを、我々は理解するかも知れない。なぜならそれは、ここで語られている結合とは善と真理の結婚のみならず、内には善と外には真理との結婚でもあるからであり、あるいは外なる又は自然的な人と内なる又は霊的な人との結合であり、真理の実践を介した不純の除去によるものなのである。

そして今、我々は再生の結果を考察しなければならない。再生が先行する事と、そして純化が後続することは、神的諸秩序の法則である(10239)。実は或る者らには、純化が先行し再生が後続するべきものと思われるかも知れない、なぜなら人間は再生される前に外面的に矯正されねばならないからである。しかし人間は先ず新たに生まれなければ霊的生命を持たないことは明白であり、でなければ霊的に死んだ者が如何にして純粋にされ得るのか。それで真実は以下のとおりである、即ち外なる純化は完成した再生に先行するものの、それでも尚一生涯再生が先ず来て純化が直ぐ後続すると言うことである。そしてこの純化は例の章で八日目での割礼により、そして浄罪の奉納により表象されている。ここでまた我々は以下のことに気付くべきである、即ち正真の主礼拝を表象するところの諸奉納が然るべき順序で言及されていることであり、と言うのも全焼の奉納は浄罪の奉納に先行するからである。それ故再生の結果は、内なる面と外なる面双方で無垢に基礎付けられた天界的な善の状態からの純粋な主礼拝が存在し、完成した純化即ち更なる諸々の試誘の出現を阻む天界での純化のその状態が後続するという事である。何となれば、確かに人は永遠にまでも徐々に純粋にされ続けるのであるが、天界では何人も試誘を受けることは出来ないからである。それでは、地球上での二千年の時が過ぎた今、天界での我々の完全な状態が如何なるものに成っているか如何にして想像できようか。然しながら確かに、再生により我々は今在るのと同じ人物であろうし、今は適切な観念を形作ることの出来ないものの、その知恵と愛の増加並びに強烈さを伴い、巨大人*10における我々の天界的機能の遂行を喜んでいる事であろう。そしてそれが故に、今正に谷の遥

第 12 章

か下にいても、また**審判**を待ってはいても、勇み、そして不撓不屈の忍耐をもって眼前に置かれた競争を我々は走る事としよう〔ヘブル 12：1〕。何となれば我々は以下に拠り頼むからである――

  "All's for the best, be a man but confiding,
   Providence tenderly governs the rest,
   And the frail barque of His creature is guiding
   Wisely and warily, all for the best.
   All's for the best; then fling away terrors;
   Meet all your friends and your foes in the van;
   And, in the midst of your dangers or errors,
   Trust like a child, while you strive like a man."*11

訳者のノート
* 1.　2 節「男児」、5 節「女児」、7 節「雄」「雌」は原本では各々、'man child'、'maid child'、'male'、'femail'。いずれもヘブル語原文では ザーハール זָכָר「雄」と ネケーヴァー נְקֵבָה「雌」。
* 2.　4～6 節「純粋にする」の原本は 'purifying'。7 節「浄められる」の原本は 'cleansed'、8 節「浄い」の原本は 'clean'、いずれもヘブル語原文は טהר を語根とする語。
* 3.　4 節「続くものとする」。原本は 'continue'、ヘブル語原文は テーシェーヴ תֵּשֵׁב で、ヤーシャヴ יָשַׁב「座した」「留まった」の未完了形。
* 4.　7 節「噴泉」。原本は 'fountain'、ヘブル語原文は マーコール מְקוֹר。
* 5.　8 節「実入が～足らねば」。原本は 'means suffice not'、ヘブル語原文は「手が見つけない」。
* 6.　注解 2 節「改訂版の欄外記事」。「彼女の月の障りの不純」の原本は 'the impurity of her sickness'。改訂版ではこの 'impurity' とは別に 'separation'「分離」の欄外記事が与えられている。因にヘブル語原文では デヴォターッ・ハ דְּוֺתָהּ（語根 דוה）で、聖書中本節でしか使用されていない。
* 7.　注解 4 節「諸真理」。コラムでは単数。
* 8.　注解 4, 5 節「**秩序**」。原本は大文字だがコラムでは小文字。
* 9.　注解 6 節「悪」。コラムでの「虚偽」が欠落？

第 12 章

* 10. p254「巨大人」。原本 'Grand Man'、ラテン語 'Maximus Homo'「最大人」。天界全体が主の神的人間性を表象しているため、そのように呼ばれている事については 4219 などで言及されている。
* 11. NORTHROP Henry Davenport. ***CHARACTER SKETCHES FOR BOYS AND GIRLS***, National Publishing CO., 1899, p388. 詩文は読者皆さんで各自訳されたし。

\# 『天界の秘義』の各々の節には当該内容の記載がないか、参照としては飛躍？

第 *13* 章

霊的意味の要約

1. 真理の冒瀆の発見のための秩序の全般的な法則。即ち、もし人間が外なる面で不純におり、そして同時に内なる面で承認と信仰にいるならば、冒瀆が存在し、然うでないと存在しない(1～8節)。
2. 冒瀆の確固とした状態に関して(9～11節)。
3. 全体的な外なる冒瀆と内なる冒瀆との違いと、前者が治癒し得ること(12～17節)。
4. 感覚的な愛からの(18～23節)、世俗愛からの(24～28節)、そして利己的な愛からの(29～37節) 不純と冒瀆に関して。
5. 不純と冒瀆の他の個別的な諸々の実情が考察されている(38～44節)。
6. 冒瀆者の悲しむべき状態の記述(45～46節)。
7. 内なる、内的なまた外なる善か真理いずれかに就いての教義に関する諸法則であり、教義は冒瀆を起こす虚偽から純粋にされるべきこと(47～59節)。

各節の内容

1. そして主はモーセとアロンに語って、曰く、

2. 人間*¹は彼の肉の皮膚に盛り上がり*²か、または瘡蓋*²か、

1. 主から真理にそして善にいる者らへの啓示が存在し、覚知を与える、

2. 即ち、内なる人から由来する外なる人において感覚的、世俗的、

又は鮮やかな斑点*²が在り、彼の肉の皮膚にレプラ*³の疫病*⁴が成れば、そのとき彼は祭司アロンへ、あるいは彼の子ら祭司の一人へ連れて来られるものとする。

3. そして祭司は肉の皮膚における疫病を観察するものとする。そしてもし疫病における毛が白変し、疫病の外観が彼の肉の皮膚よりも深ければ*⁵、それはレプラの疫病である。そして祭司は彼を観察し、彼を穢れていると宣言する*⁶ものとする。

4. そしてもし鮮やかな斑点が彼の肉の皮膚で白くなり、それの外観が皮膚よりも深くなく、それの毛が白変せねば、そのとき祭司は疫病が在る彼を*⁷七日間閉じ込める事とする。

または利己的愛からの、悪の諸情愛あるいは欲念が活発になり、そこで真理の冒瀆を生じると、その時そのような状態の人物は神的善の、あるいはそこから発出している神的真理の影響下に連れて来られる。

3. そして神的真理を手段として神的善から、冒瀆について吟味が内なる人から由来する外なる人の状態により為されるとる。そしてもし、それらの諸情愛からの諸々の虚偽が諸真理をそこで腐敗してしまい、かつ同時にこの腐敗が主の承認とこの御方への信仰が存在している処でもある内なる人からのもので有るならば、そのとき冒瀆が存在する。そしてこれは神的善から不純であると覚知され啓示されるのである。

4. しかし仮にも、自己愛の諸々の欲念が、内なる人から由来している外なる人の諸真理を腐敗してしまい、そしてこの腐敗が外なるもののみであり、それらの諸々の欲念からの諸々の虚偽がそれらの諸真理を転倒していなかったな

第 13 章

ら、その時それらの諸真理における善の働きの影響により、自制の聖なる状態が存在する。

5. そして祭司は彼を七日目に観察するものとする。そして、見よ、もし彼の両目に疫病が留まり、かつ疫病が皮膚(ひふ)に拡がっておらねば、そのとき祭司は彼を更に七日間閉じ込めるものとする。

5. 善の影響がより強く感じられる完成において。そしてもしそのとき悪が制御され、外なる人の諸真理が更には腐敗されなければ、善の影響下で抑制の第2の状態が起こる。

6. そして祭司は彼を再び七日目に観察するものとする。そして、見よ、もし疫病がくすみ、疫病が皮膚にて拡(ひろ)がっておらねば、そのとき祭司は彼を浄(きよ)いと宣言する*8ものとする。それは瘡蓋(かさぶた)である。そして彼は彼の衣装を洗(あら)い、浄(きよ)いものとする。

6. そしてその完成において善の影響は尚(なお)も更に力強く、それでもし腐敗への傾向が更に弱まり、**外なるもの**の諸真理が損(そこ)なわれていなければ、世俗愛を介して腐敗が存在するものの冒瀆は存在せず、諸真理についての純化が後続しなければならない。

7. しかし彼が彼を浄(きよ)めの為(ため)に彼自(みずか)らを祭司へ見せた後、もし瘡蓋(かさぶた)が皮膚に大きく拡(ひろ)がっていれば、彼は彼自(みずか)らを祭司に再び見せるものとする。

7. しかし、全ての完成における引き続く諸状態において、清めのための善からの抑制の影響にも拘(かかわ)らず、もし世俗愛からの腐敗が続くならば、その影響は再び行使(こうし)される。

8. そして祭司は観察するものとし、見よ、もし瘡蓋(かさぶた)が皮膚にて

8. そしてもし、吟味にて腐敗が続き、伸展するなら、そのとき冒

第 13 章

拡がっておれば、そのとき祭司は彼を穢れていると宣言するものとする。それはレプラである。

瀆に帰結し、不純が存在する。再生の過程における善の影響が全く妨害されているからである。

9. レプラの疫病が人間*¹にあると、そのとき彼は祭司に連れて来られるものとする。

9. そしてまた、人間が冒瀆の内にいると、正にそのとき彼は神的善の影響下にいる。

10. そして祭司は観察するものとし、見よ、もし皮膚に白い盛り上がりがあり、毛が白変していて、盛り上がりの中に生々しい肉があるなら、

10. そのとき真理による善からの吟味が存在し、もし外なる人におけるける諸真理が感覚的な欲念により腐敗し、その欲念からの諸々の虚偽がまた諸真理を転倒せしめ、また同時に主の承認とこの御方への信仰が存在するならば、

11. それは彼の肉の皮膚における古いレプラであり、祭司は彼を穢れていると宣言するものとする。彼は彼を閉じ込めないものとする。と言うのも彼は穢れている故。

11. それは、内なる人から由来する外なる人での諸真理の確固とした冒瀆の状態であり、それは結果として不純が存在するところの善からの真理の証である。そのような状態では誰も更に抑制されることは出来ない。そして彼は外なる面と同じく内なる面でも不純である。

12. そしてもしレプラが皮膚に突発して拡がり、祭司に外観されるように、レプラが彼の頭から彼の足までも疫病のある彼の皮膚

12. また、善からの真理の証に従い、内奥であるところの自己の愛から終局的なものである処の感覚的な愛に至るまで、もし誰か

第 13 章

全体を覆う場合。

13. そのとき祭司は観察するものとする。そして、見よ、もしレプラが彼の肉全てを覆ってしまうなら、彼は疫病のある彼を浄い(きよ)と宣言するものとする。それが全て白変しており、彼は浄い。

14. しかし彼に生の*9肉が見える時はいつでも*10、彼は穢れて(けが)いるものとする。

15. そして祭司は生の*9肉を観察し、彼を穢れて(けが)いると宣言するものとする。生の*9肉は穢れて(けが)いる。それはレプラである。

16. あるいはもし生の*9肉が再び転じ、白く変わっているなら、そのとき彼は祭司のもとに来るものとする。

17. そして祭司は彼を観察する

が完全に外なる人における真理の冒瀆の内にいる場合。

13. それで吟味もまた行われ、もし冒瀆が全的で、ただ真理の知識からのみ生じ、内なる承認と信仰からでは全くないなら、そのとき神的善は神的真理により、そのような人物は内面的には冒瀆から純粋であることを覚知するのである。

14. しかしもし内なる承認と信仰とが存在すれば、そのとき不純が存在する。

15. そして神的善は神的真理により、これが然うであると覚知し(そ)言明する。と言うのも真理の腐敗は、承認と信仰があるとき、正真の内なる冒瀆なのである。

16. しかしもし或る人物が(あ)この冒瀆において主を承認しなくなり、その御方への信仰もなくなる(おかた)と、それで冒瀆が外なるもののみであるなら、彼は再び神的善の影響下に来なくてはならない。

17. そしてもし、最早承認と信(もはや)

第 13 章

ものとする。そして、見よ、もし疫病が白変しているなら、そのとき祭司は疫病のある彼を浄いと宣言するものとする。彼は浄い。

仰が存在しないことが神的真理により覚知されるなら、そのとき善から、そのような人物は内なる冒瀆からは純粋であると言明される。

18. そしてそれの皮膚で肉に腫れ物ができ、それが癒えており、

18. そして霊的な人の生命が、諸真理が記憶の中にあるところの外なるものについて、単なる感覚的な愛の不潔と不純により害なわれ、そしてこれが外面的に真理の影響により直されているとき、

19. そして腫れ物の場所に、白い盛り上がり、あるいは赤白い、鮮やかな斑点があると、そのときそれは祭司に見られるものとする。

19. 一方その生命が内面的に留まり、真理がその愛か利己的な愛により腐敗し、それで善が恰も虚偽と連結しているかの如く見えるとき、神的善はその状態に影響を与える。

20. また祭司は観察するものとする、そして、見よ、もしそれの外観が皮膚よりも低く*11、それの毛が白変しているなら、そのとき祭司は彼を穢れていると宣言するものとする。それはレプラの疫病であり、それは腫れ物の中で突発したのである。

20. そしてもし善からの神的真理による調べが、実際何かしらの承認と信仰、更に加うるに、諸々の虚偽による真理の腐敗が存在することを明示する場合。そのとき不純が存在し、真理の冒瀆が感覚的な愛の優勢さから引き起こされる。

第 13 章

21．しかしもし祭司がそれを観察し、見よ、それの中に白い毛が全くなく、それが皮膚よりも低くなく、くすんでいれば、そのとき祭司は彼を七日間閉じ込めるものとする。

22．そしてもしそれが皮膚にて大きく拡がっていれば、そのとき祭司は彼を穢れていると宣言するものとする。それは疫病である。

23．しかしもし鮮やかな斑点がその場所に留まり、かつ拡がっていなければ、それは腫れ物の瘢痕である。そして祭司は彼を浄いと宣言するものとする。

24．あるいは肉にそれの皮膚において火による火傷があり、そして火傷の生々しき肉が、赤白いまたは白い鮮やかな斑点となる場合。

21．しかしもし善からの吟味が、感覚的愛の悪からの諸々の虚偽が真理を腐敗しておらず、そして承認と信仰が全く無くただ外面的な不純のみが存在することを明示するならば、そのとき霊的な人は再生の過程において外なる聖性の状態により抑制されねばならない。

22．そしてもし故意に腐敗の伸展が存在すると、そのとき残りのものの破壊への強い傾向を伴う真理の冒瀆が存在することが、真理による善から証明される。

23．しかしもし利己的な愛による腐敗の影響が阻まれると、感覚的愛の不純の残りのもののみが存在する。そして不純性が全く存在しないことが、善から言明される。

24．そしてまた、諸真理が記憶の中にあるところの外なるものについて、利己的な愛からの世俗愛の熱情により霊的な人の生命が害われ、斯くて恰も善がこれらの愛の何れかからの虚偽と連結している外観が存在する場合。

263

第 13 章

25．そのとき祭司はそれを観察するものとする。そして、見よ、もし鮮やかな斑点の中で毛が白変し、それの外観が皮膚よりも深い場合。それはレプラであり、それは火傷の中で突発したのである。そして祭司は彼を穢れていると宣言するものとする。それはレプラの疫病である。

26．しかしもし祭司がそれを観察し、見よ、鮮やかな斑点に白い毛が全くなく、それが皮膚より全く低く*11 あらず、くすんでいる場合。そのとき祭司は彼を七日間閉じ込めるものとする。

27．そして祭司は彼を七日目に観察するものとする。もしそれが皮膚に大きく拡がっていれば、そのとき祭司は彼を穢れていると宣言するものとする。それはレプラの疫病である。

28．そしてもし鮮やかな斑点がその場所に留まり、且つ皮膚に拡

25．そのとき依然吟味が神的善から為される。そして何かしらの承認と信仰が存在しているにも拘らず、もし利己と世俗の愛からの虚偽が真理を腐敗させたなら、世俗愛の優勢さから真理の冒瀆が間違いなく存在する。それは不純である。そしてそれは残りのものの破壊へ向かう。

26．しかしもし神的真理により神的善から吟味が為されるときに、虚偽が真理を腐敗させておらず、そして承認と信仰が全くなく、ただ外面的な不純のみが存在する場合。そのときまた霊的な人は再生の過程において外面的な聖性の状態により抑制されねばならない。

27．そしてもし、この状態の終結にあって更なる吟味がなされ、故意に腐敗の伸展が存在するならば、そのとき不純が存在し、真理は冒瀆される。

28．しかしもし利己と世俗の愛が阻まれ、腐敗の故意の伸展が全

第 13 章

がっておらず、くすんでいる場合。それは火傷(やけど)の盛り上がりであり、祭司は彼を浄いと宣言するものとする。と言うのもそれは火傷の瘢痕(はんこん)である故(ゆえ)。

くなく、ただ何らかの外面的な不純のみが存在する場合。そのとき、世俗愛が活発であろうとも、内なる不純は何もなく、ただ利己と世俗愛の状態の残りのもののみが存在することを神的善は言明する。

29．そして男あるいは女に、頭の上か髭(ひげ)の上に疫病があるとき、

29．そしてまた、強烈な利己的な愛とその諸々の虚偽から自身の内に真理と善の残りのものを破壊する傾向が霊的な人にある場合。

30．その時祭司は疫病を観察するものとする。そして、見よ、もしそれの外観が皮膚より深く*5、その中に黄色い疎(まば)らな毛があるならば、そのとき祭司は彼を穢(けが)れていると宣言するものとする。それは雲脂(ふけ)*12であり、それは頭または髭(ひげ)のレプラである。

30．その時この傾向について神的善から吟味もまた為(な)される。そしてもし、この場合、何かしらの承認と信仰が存在し、地獄的な利己的な愛からの虚偽が強烈に真理を腐敗させたなら、不純と、この愛とその虚偽から上がってくる堕落の状態からの真理の冒瀆が確かに存在する。

31．またもし祭司が雲脂(ふけ)の疫病を観察するなら、そして、見よ、それの外観が皮膚より深くなく、その中に黒い毛が全く無ければ、そのとき祭司は雲脂の疫病がある彼を七日間閉じ込めるものと

31．しかしもし神的真理により神的善からの吟味が、承認と信仰が実際には存在しないこと、そして真理が全くは荒廃していない事を明示するならば、そのとき神的善から再生の過程における抑

第 13 章

する。

32. そして七日目に祭司は疫病を観察するものとする。そして、見よ、もし雲脂が拡がっておらず、その中に黄色い毛が全く無く、雲脂の外観が皮膚より深くなければ、

33. そのとき彼は剃られるものとするが、しかし雲脂を彼は剃らぬものとする。そして祭司は雲脂のある彼を更に七日間閉じ込めるものとする。

34. そして七日目に祭司は雲脂を観察するものとする。そして、見よ、もし雲脂が皮膚にて拡がっておらず、それの外観が皮膚より深くない場合。そのとき祭司は彼を浄いと宣言するものとする。そして彼は彼の衣装を洗い、浄いものとする。

35. しかしもし雲脂が彼の浄め

制と聖性の状態が存在することになる。

32. しかしこの状態の終結にあっては、吟味が再び神的善から為され、それでもし腐敗の故意の伸展が全く無く、利己的な愛からの強烈な虚偽が真理を腐敗せしめておらず、また他方承認と信仰が何も存在しなければ、

33. そのとき利己的な愛からの諸々の虚偽は拒絶されるべきである、が、その愛そのものは全的には廃棄されず、再生の過程における抑制と聖性の更なる状態が必要である。

34. そして再び、この状態の終結にあって吟味が為される。それで、もし利己的な愛からの腐敗が、**外なるもの**において諸真理が存在し、かつ同時に承認と信仰が全く存在しないところで伸展していなければ、そのとき神的善から内なる冒瀆は全く無いことが言明される。外なる面で純化が生じ、不純は全く存在しない。

35. しかしもし、他方、何らか

第 13 章

の後で皮膚に大きく拡がっている場合。

36．そのとき祭司は彼を観察するものとする。そして、見よ、もし雲脂が皮膚に拡がっているならば、祭司は黄色い毛を探さぬものとする。彼は穢れている。

37．しかしもし彼の両目にあって雲脂が留まり、黒い毛がその中に生える場合。雲脂は癒えており、彼は浄い。そして祭司は彼を浄いと宣言するものとする。

38．そして男*13あるいは女に、彼らの肉の皮膚に諸々の鮮やかな斑点、正に白い諸々の鮮やかな斑点がある場合。

39．そのとき祭司は観察するものとする。そして、見よ、彼らの肉の皮膚における諸々の鮮やかな斑点が鈍い白である場合。それ

の純化にも拘らず、腐敗の故意の伸展が依然存在するならば、

36．そのとき真理により善から、更なる吟味が存在し、もし腐敗が故意に伸展しているなら、利己的な愛からの諸々の強烈な虚偽の存在が無視され、悪とその虚偽との結合による不純が存在する。

37．それで又もし、今や全ての真理の荒廃が生じたために腐敗が強制的に恐れから抑制されることが神的真理から明らかならば、そのとき不純の除去が外面的に存在する。そして神的真理より神的善は、そのような荒廃があるにしても、真理の冒瀆が全く存在しないことを言明するのである。

38．また、如何なる教会員であれ、理解か意志かに利己的な愛の影響、そしてそれからの真理の腐敗が存在するとき。

39．その時また、真理による善の影響が存在し、もしそのような腐敗が外なるもののみで、悪の意図を伴わない自然的な諸々の

第 13 章

は皮疹であり、それは皮膚に突発したのである。彼は浄い。

40. そしてもし男*13 の毛が彼の頭から抜け落ちるならば、彼は禿である。尚も彼は浄い。

41. そしてもし彼の毛が彼の頭の前部から*14 抜け落ちるならば、彼は額禿*15 である。尚も彼は浄い。

42. しかしもし禿げた頭、あるいは禿げた額*15 に赤白い疫病がある場合。それは彼の禿げた頭、あるいは彼の禿げた額*15 に突発したレプラである。

43. そのとき祭司は彼を観察するものとする。そして、見よ、もし疫病の盛り上がりが、肉の皮膚でのレプラの外観の如く、彼の禿げた頭あるいは彼の禿げた額*15

愛の力から生じるなら、根本的な不純は存在しない。

40. そして又もし、人間の許に悪い意図が無く、諸情愛の未だ知られぬ腐敗した状態から生じる、真理を理解できない無能性が存在するならば、これは不純ではない。

41. また、更なる内的な諸情愛に関して、そこでの某かの類似した欠点から、もしこれが起こるなら、不純は全く存在しない。

42. しかし他方、もし内的か内奥の諸情愛について諸真理に不足した者が、虚偽と連結した善の状態により彼の生命を腐敗させもしたならば、これは残りのものの破壊に向かうものだが、その時また彼は彼の許に留まっている僅かの真理の冒瀆の内にいるのである。

43. その時その様な人物は無意識に神的真理により神的善の影響下に連れて来られる。そしてもし内的な或いは内奥の諸情愛について彼の状態が虚偽と連結

268

第 13 章

に赤白い場合。

した善により引き起こされ、斯くて冒瀆された真理の皮相的な外観が存在するならば、

44. 彼はレプラの男であり、彼は穢れている。祭司は彼を穢れていると確かに宣言するものとする。彼の疫病は彼の頭にある。

44. 彼は実際真理を冒瀆して、不純である。そして神的善は神的真理によりこれを、そしてまた彼の状態がその行き蔓延っている利己的な愛から生じている事をも覚知するのである。

45. そして疫病があるレプラの者は、彼の衣装は裂かれるものとし、彼の頭の毛は解かれるものとし、彼は彼の上唇*16を覆うものとし、穢れている、穢れている、と叫ぶものとする。

45. そして冒瀆の罪責のある人間はこの原因を介した真理の喪失のために嘆かねばならない。何となれば彼の記憶の中の諸真理は、善の下での秩序ある方法では配列されていないからである。彼は真理を彼の言葉に具現するよう力付けなかった。そして彼は意志と理解双方について不純である。

46. 彼に疫病がある全ての日々、彼は穢れているものとする。彼は穢れている。彼は独りで居るものとする。彼の住処は宿営の外とする。

46. 然り、冒瀆のこの状態が続く限り彼は不純であり続けなければならない。彼は外なる面でも同様内なる面でも不純である。彼は天界で善人と結びつき得ない。そして彼が地獄で邪悪な者と結びつく事は避けられない。

第 13 章

47. レプラの疫病がある上着もまた、それが羊毛の上着であれ、亜麻の上着であれ、

48. それが縦糸であれ緯糸であれ、亜麻のものか羊毛のものか、革においてであれ如何なる革製のものであれ。

49. もし上着か、革か、縦糸か、緯糸か、如何なる革のもの*17でも疫病が緑がかるか赤みがかるかする場合。それはレプラの疫病であり、祭司に明示されるものとする。

50. そして祭司は疫病を観察し、疫病があるものを七日間閉じ込めるものとする。

51. そして彼は七日目に疫病を観察するものとする。もし上着に、縦糸か緯糸か革か何れか、革が用いられる如何なる務めであ

47. その中で真理が虚偽と混合される教義もまた冒瀆である。そしてこれは善であれ真理であれそれが関係するのであり、

48. 内的な真理か善、外的な真理か善か、または終局的な真理か善かに〔関係する〕。

49. その上、もし理解か意志かの諸々の虚偽により、即ち利己的な愛からと同じく世俗の愛から教義が腐敗する場合。それが内奥、内的であれ終局的であれ、それは冒瀆的な教義である。そしてそれは神的善の影響下に連れて来られなくてはならない。

50. そして神的善からの神的真理によりそれが試されなくてはならない。そしてその内にいる者は誰でも、再生の過程で聖性とそこからの抑制の状態の中へ連れて来られなくてはならない。

51. そしてその状態が徹底したとき、もし腐敗が内なる面か或いは外なる面かの善か真理か何れかについて伸展している場合。

第13章

れ、疫病が拡がっている場合。疫病は腐食性のレプラである。それは穢れている。

52. そして縦糸であれ緯糸であれ、羊毛においてであれ亜麻においてであれ、あるいは如何なる革のものであれ、その中に疫病がある上着を彼は燃やすものとする。何となればそれは腐食性のレプラであるから。それは火の中で燃やされるものとする。

53. またもし祭司が観察するものとし、そして、見よ、疫病が上着に、縦糸か緯糸か、如何なる革のものか、何れかにも拡がっていない場合。

54. そのとき祭司は疫病があるところのものを彼らが洗うことを命じるものとし、彼はそれを更に七日間閉じ込めるものとする。

55. そして疫病が洗われた後祭司は観察するものとする。そして、見よ、もし疫病がその色を変えておらず、疫病が拡がっていな

その性質あるいはその役立ちが如何なるものであれ、それは冒瀆された教義であり確かに不純である。

52. そしてその様な教義は、それが善のものであれ真理のものであれ、確かに拒絶されなくてはならない。内奥、内的な、あるいは外なるものであれ、それは冒瀆された真理であり、意志と理解の双方により拒絶されなくてはならない。

53. しかしもし、善からの真理の光により、誰の許であれ、内なる面か或いは外なる面での善か真理か何れかについて、教義が腐敗し続けていない場合。

54. そのとき主からの善の影響下にそれは純粋にされねばならない。そして再生の過程における、抑制の第2の状態と、聖性の状態が存在するはずである。

55. そして純化が起こるとき、善から吟味が再び為されるべきである。そしてもし残りのものの破壊へ向かう腐敗の性質が外観

第13章

ければ、それは穢れている。汝はそれを火の中で燃やすものとする。露出*18 が内側であれ外側であれ*19、それは腐食である。

と本質について依然同じであるならば、それは不純であり、拒絶されるべきである。それは外的あるいは内的な自然的な人における冒瀆された真理である。

56. またもし祭司は観察し、そして、見よ、それを洗った後、疫病がくすんでいるならば、そのとき彼はそれを上着から、または革から、または縦糸から、または緯糸から裂くものとする。

56. しかし反対に、もし純化の後、腐敗が外なるものだけであるなら、そのとき、それが性質であれ程度であれ、それの故に悲嘆が在らねばならない。

57. そしてもし縦糸か、緯糸か、如何なる革のものか、何れか上着にそれが依然見られるなら、それは突発しているのである。汝はその中に疫病がある処のものを火で燃やすものとする。

57. またもし不純と腐敗が内奥に、内的にまたは外なる面で依然持続しているならば、それは内なるものからの外なる腐敗である。そしてそれは、利己的な愛の結果であるものとして、全くもって拒絶されねばならない。

58. そして汝が洗うものとする、上着、縦糸か、緯糸か、それが如何なる革のものであれ、もし疫病がそれらから離れているならば、そのときそれは2度目の洗いが為されるものとし、浄いとされる。

58. そして純粋にされたところの如何なる性質や度の教義は、もしそれが理知的に純粋ならば、それから保たれたところの動機についてもまた純粋にされなくては成らない。それでそれは全的に純粋である。

59. これが、羊毛や亜麻の上着

59. そして内なる、内的なまた

272

における、縦糸か、緯糸か、如何なる革のものか何れかにおける、それを浄いと宣言するためか、穢れていると宣言するためかの、レプラの疫病の律法である。

は外なる善あるいは真理かについての、教義に関する神的秩序の諸法則が存在し、その教義はそれを冒瀆ならしめる原因となる虚偽から純粋にされるべきものである。

参照と注解

1. これは明らかである、なぜならイェホヴァにより御自身の愛について神的存在が示されているからである(2001)。語ることにより流入が示されている(2951)。モーセにより神的真理、または聖言が表象されている(7010)。アロンにより神的善が表象されている(9946)。そして曰く、により覚知が示されているからである(1791, 1822)。

2. これは以下のことを考察することにより証明される、即ち肉の皮膚が内なる人から由来した外なる人を意味する(9215, 780)。盛り上がり、瘡蓋そして鮮やかな斑点は、各々感覚的、世俗的、そして利己的な愛からの悪の諸情愛を示している(7524, 2240)、なぜなら内意においてヘブル語は下降する系列、即ち諸悪が引き続き更に一層強烈になることを指すため、それは「各々感覚的、世俗的、利己的な愛」と言われているからである(7408, 9394)。レプラの疫病が残りのものの破壊へ向かう真理の冒瀆を示している(6963, 10219)。そして祭司アロンへ、あるいは彼の子ら祭司の一人へ連れて来られることは、神的善の、あるいはそこから発出する神的真理の影響下に連れて来られることを示している(9946)。

3. 彼の肉の皮膚における疫病を観察する祭司は、神的真理を手段として神

的善から、冒瀆について内なる人から由来した外なる人の状態により吟味が為されることを示している(2245, 2246#, 9215, 780)。疫病における毛が白変*20することは、諸々の虚偽により腐敗した終局的な真理を示している(3301, 8459#, 4007#, 第2列王記 5: 27 における *Two Books of Kings Explained*『列王記二巻講解』p427)。疫病の外観が肉の皮膚よりも深いことは、腐敗が主の承認とその御方への信仰が存在しているところの内なる人からのものである事を示している、なぜなら皮膚により外なるものであるものが、そして肉により相対的に内なるものであるものが示されているからであり(9215, 780)、そしてここで包含され意味されている処の生きている肉は、承認と信仰を示しているからである(6963)。レプラは真理の冒瀆を示している(6963)。彼を観察する祭司は、神的善からの覚知と啓示を示している(9946, 2245, 2246#)。そして穢れは霊的不純を示している(10130)。

4. 鮮やかな斑点により利己的な愛の諸々の欲念が意味されている(2節)。彼の肉の皮膚における白により、諸々の虚偽による諸真理の腐敗が示されている(3節)。それの外観が皮膚よりも深くないことにより、外なる腐敗のみが意味されている(9215)。毛が白変しないことにより、利己的な愛から諸々の虚偽による諸真理の内なる腐敗が全くないことが示されている(3節)。祭司により善の働きが示されている(9946)。そして七日間閉じ込めることにより、自制の聖なる状態が示されている(784#, 6854³#, 716)。

5. 彼を七日目に観察する祭司は、抑制の状態の完成においてより強く感じられる善の影響を示している(2245, 2246#, 9946, 2044)。「もし彼の両目に」は、善からの真理の覚知を示している(9946#, 5304)。疫病が留まっている事は、悪が制御されている事を示している(10219)。それが皮膚にて拡がっていない事は、悪が外なる人の諸真理をそれ以上腐敗させていない事を示している(10219, 9215, 4035)。そして祭司が彼を七日間閉じ込めることは、善の影響下に抑制の第2の状態が起こることを示している(784#, 6854³#, 716, 9946)。

6. 祭司が彼を再び七日目に観察することは、抑制のこの第2の状態の完成にあたり善の影響が尚も更に力強いことを示している(2245, 2246#, 9946, 2044)。疫病がくすむことは、腐敗への傾向が更に弱まることを示している(10219)。疫病が皮膚にて拡がらない事は、**外なるもの**の諸真理が害われていない事を示している(10219, 9215, 4035)。祭司が彼を浄いと宣言することは、内なる面では不純が全くない事を示している(4545)。それは瘡蓋であることは、外なる面の不純性を示している(7524, 2240#)。そして衣装を洗い、浄いことは、後続する諸真理についての純化を示している(3147, 4545)。

7. 瘡蓋が皮膚にて大きく拡がることは、世俗愛からの腐敗の継続を示している(7524, 2240#, 4035)。彼自らを祭司へ彼の浄めの為に見せた後は、全ての完成における引き続く諸状態での純化の為の善からの抑制の影響にも拘らず、を示している(5, 6節)。彼が彼自らを祭司に再び見せることは、善の影響が再び行使されることを示している(2245, 2246#, 9946, 9215, 780#)。

8. 祭司が観察することは、善からの更なる吟味を示している(2245, 2246#, 9946)。瘡蓋が今もって皮膚にて拡がっている事は、腐敗の継続と伸展とを、また同時に抑制の諸状態において包含され意味される承認と信仰を示している(7524, 2240#, 4035, 6963)。そして祭司が彼を穢れていると宣言することは、再生の過程で善への対立から上がってくる不純性を示している(6963#, 10130)。

9. レプラの疫病が人間にあるとき彼が祭司に連れて来られることは、誰であれ冒瀆の状態にいるとき、彼は依然神的善の影響下にいることを示している(6963, 9946)。

10. 祭司が観察することは、真理により善からの吟味を示している(9946, 2245, 2246#)。皮膚における白い盛り上がりは、感覚的な欲念による外なる人の諸真理の腐敗を示している(2節)。毛もまた白変することは、更に内的に諸々の虚偽による諸真理の腐敗を示している(3節)。そして盛り上がりの

中の生々しい肉は、主の承認とこの御方への信仰を示している(6963)。

11. 彼の肉の皮膚における古いレプラは、内なる人から由来する外なる人での諸真理の確固とした冒瀆の状態を示している(2348#)。祭司が彼を穢れていると宣言することは、不純の状態に対する善からの神的真理の証を示している(9946, 10130)。彼を閉じ込めないことは、そのような状態では誰も更に抑制されることは出来ないことを示している(784#, 6854⁵#)。そして「彼は穢れている」は、外なる面と同じく内なる面での真理の冒瀆による不純性を示している(10130)。

12. レプラが皮膚に突発して拡がり、皮膚全体を覆うことは、完全に外なる人における冒瀆を示している(6963, 9215, 9632)。そして祭司に外観されるように、彼の頭から彼の足までは、善からの真理の証に従い、内奥であるところの自己の愛から終局的なものであるところの感覚的な愛に至るまでを示している(7442, 2245, 2246#, 9946)。

13. 祭司が観察することは、神的真理による神的善からの吟味を示している(9946, 2245, 2246#)。レプラが肉全てを覆うことは、冒瀆が全的であることを示している(6963, 9632)。肉全てを覆うも、それに影響を及ぼさない事は、ただ真理の知識からのみ生じ、しかし内なる承認と信仰からでは全くないことを示している(9215, 780)。祭司が疫病のある彼を浄いと宣言することは、そのような人物は内面的には冒瀆から免れていることを神的善が神的真理により覚知することを示している(9946, 4545)。全て白変している事は、外なる面で蔓延っている悪からの虚偽を示している(3節)。そしてそれにも拘らず浄いことは、内なる面で冒瀆が全くないことを示している(4545)。

14. 多少とも彼に生の肉が見えることは、内なる面での承認と信仰を示している(780, 6963)。そして穢れていることは、冒瀆の故の不純性を示している(6963, 10130)。

第 13 章

15. 祭司が生の肉を観察し彼を穢れていると宣言することは、神的善は神的真理により不純を覚知することを示している(9946, 2245, 2246#, 10130)。そして生の肉が穢れており、レプラが存在することは、真理の腐敗は、承認と信仰があるとき、正真の内なる冒瀆であることを示している(10130, 6963)。

16. 生の肉が再び白変することは、或る人物がこの冒瀆において主を承認しなくなりその御方への信仰もなくなる事を示している(6963)。白全体は外なる面のみの冒瀆を示している(13節)。そして再び祭司のもとに来ることは、神的善の影響下に再び来ることを示している(9946)。

17. 祭司が観察することは、神的善からの神的真理による覚知を示している(2245, 2246#, 9946)。疫病が全て白変することは、最早承認と信仰が存在しないことを示している(6963, 9632#)。祭司が疫病のある彼を浄いと宣言することは、そのような人物は内なる冒瀆から純粋であると善から言明されることを示している(9946, 4545)。

18. 皮膚で肉に腫れ物ができそれが癒えることは、諸真理が記憶の中にあるところの**外なるもの***21 について霊的な人の生命が単なる感覚的な愛の不潔と不純により害われ、そして尚も外面的に真理の影響により直されている事を示している(7524, 9215, 780, 8365)。

19. 腫れ物の場所に、白い盛り上がり、あるいは赤白い鮮やかな斑点は、害われた生命が内面的に留まっている事を示している、なぜなら白い盛り上がりは感覚的な愛により腐敗した真理を意味し、鮮やかな斑点は利己的な愛により腐敗した真理を意味し、そして赤白いは虚偽に連結した善を意味するからである(2節、6402#, 3300, 8459, 4007)。そして祭司に見られることは、神的善がその状態に影響を与えることを示している(2245, 2246#, 9946, 3節)。

20. 祭司が観察することは、神的善からの神的真理による調べを示している(2245, 2246#)。それの外観が皮膚よりも低いことは、何かしらの承認と信仰が存在することを示してる(9215, 780, 6963)。それの毛が白変することは、諸々の虚偽による真理の腐敗が存在することを示している(3節)。祭司が彼を穢れていると宣言することは、不純が存在することを示している(10130)。レプラの疫病は、残りのものの破壊へ向かう真理の冒瀆を示している(6963, 10219)。そして腫れ物の中で突発することは、それが感覚的な愛の優勢さから生じたことを示している(7524)。

21. 祭司が観察することは善からの吟味を示している(9946, 2245, 2246#)。それの中に白い毛が全くないことは、感覚的愛の悪からの諸々の虚偽が真理を腐敗させていないことを示している(3節)。皮膚よりも低くないことは、承認と信仰が全く無いことを示している(9215, 780, 6963)。疫病がくすみ、あるいは弱いことは、外なるのみの不純を示している(10219, 3493)。ここで「くすむ」は悪の相対的な弱さを示し、そして祭司が彼を七日間閉じ込めることは外なる面での自制の聖なる状態を示している(784#, 6854⁵#, 716, 9946)。

22. 皮膚にて拡がる盛り上がり又は鮮やかな斑点は、故意なる腐敗の伸展を示している(10219#, 9215, 4035)。祭司が彼を穢れていると宣言することは、冒瀆が存在するという真理による善からの証明を示している(9946, 10130)。そして「それは疫病である」は、残りのものの破壊への強い傾向を示している(10219)。

23. 鮮やかな斑点がその場所に留まることは、腐敗の影響が阻まれることを示している(2節、詩編106: 23における4926#)。拡がらないことは、悪の増加や伸展が全くないことを示している(4035)。腫れ物の瘢痕または火傷は、感覚的な愛の不純性の残りのものを示している(7519⁵#, 868#)。そして祭司が彼を浄いと宣言する事は、不純性が全く存在しないことが善から言明されることを示している(4545)。

第13章

24. 皮膚において火による火傷(やけど)がある肉は、諸真理が記憶の中にあるところの外(そと)なるものについて、世俗愛の熱情により害(そこな)われた霊的な人の生命を示している(9055)。そして火傷(やけど)の生々(なまなま)しき肉が赤白いまたは白い鮮やかな斑(あざ)点となることは、恰(あたか)も善がこれらの愛の何(いず)れかからの虚偽と連結している外観を示している(6963, 19 節、9215, 780, 6402, 3300, 8459, 4007)。

25. 祭司がそれを観察することは、神的善からの吟(ぎん)味を示している(2245, 2246#, 9946)。鮮やかな斑(あざ)点の中で毛が白変することは、利己と世俗の愛からの虚偽が真理を腐敗させたことを示している(3節)。それの外観が皮膚よりも深いことは、承認と信仰が存在することを示している(9215, 780, 6963)。レプラは真理の冒瀆を示している(6963)。火傷(やけど)の中で突発したことは、それが世俗愛の優勢さからである事を示している(9055)。祭司が彼を穢(けが)れていると宣言することは、不純が存在することを示している(9946, 10130)。そしてレプラの疫病は残りのものの破壊へ向かう冒瀆を示している(10219)。

26. 祭司がそれを観察することは、神的真理による神的善からの吟味を示している(9946, 2245, 2246#)。鮮やかな斑(あざ)点に白い毛が全くないことは、虚偽による真理の腐敗が全くないことを示している(3節)。皮膚より低くあらず、くすんでいる事は、承認と信仰が全くなく只(ただ)の外面的な不純であることを示している(9215, 780, 6963, 3493, 21 節)。そして祭司が彼を七日間閉じ込めることは、再生の過程において外面的な聖性の状態による抑制を示している(784#, 6854⁵#, 716, 9946)。

27. 祭司が彼を七日目に観察することは、この状態の終結における更なる吟味を示している(2245, 2246#, 9946, 2044)。それが皮膚に大きく拡(ひろ)がることは、故意の腐敗の伸展を示している(10219#, 9215, 4035)。祭司が彼を穢れていると宣言することは、不純を示している(9946, 10130)。そしてレプラの疫病は、残りのものの破壊へ向かう真理の冒瀆を示している(6963, 10219)。

第13章

28. 鮮やかな斑点がその場所に留まることは、利己と世俗の愛が阻まれることを示している（2節、詩編106:23における4926$^{\#}$）。皮膚に拡がっておらずくすんでいる事は、腐敗の故意の伸展が全くなく、ただ何らかの外面的な不純のみを示している（4035、3493、21節）。火傷の盛り上がりは、世俗愛からの感覚的な愛の活動を示している（2節、9055）。祭司が彼を浄いと宣言することは、冒瀆からの不純が全くないことを示している（9946、4545）。そして「それは瘢痕である」、あるいは「火傷の」火の点いた状態は、利己と世俗の愛の状態の残りのものを示している（868$^{\#}$、7519$^{5\#}$、9055）。

29. 男あるいは女に、頭の上か髭の上に疫病があることは、霊的な人に、強烈な利己的な愛とその諸々の虚偽から自身の内に真理と善の残りのものを破壊する傾向があることを示している（257、3301^{7}、10219、718、725）。

30. 祭司が疫病を観察することは、この傾向について神的善から吟味が為されることを示している（9946、2245、2246$^{\#}$、10219）。それの外観が皮膚より深いことは、何かしらの承認と信仰を示している（6963、9215、780）。それに黄色い疎らな毛があることは、地獄的な利己的な愛からの虚偽を示しおり、良い意味では毛は真理を示し、金のような黄色は善、しかしここでは対立した意味で虚偽と悪を示している（3301、8458$^{\#}$、5204）。祭司が彼を穢れていると宣言することは、確かなる不純を示している（9946、10130）。そして雲脂、あるいは頭か髭のレプラは、利己的な愛とその虚偽から上がってくる堕落の状態からの真理の冒瀆を示している（7524、6963、257$^{\#}$、3310$^{7\#}$）。

31. 祭司が雲脂の疫病を観察することは、神的真理による神的善からの吟味を示している（2245、2246$^{\#}$、9946）。皮膚より深くない外観は、承認と信仰が全くないことを示している（9215、780、6963）。その中に黒い毛が全く無いことは、全くは荒廃していない真理を示している（3993、3994）。そして祭司が彼を七日間閉じ込めることは、神的善から、再生の過程における抑制と聖性の状態が存在することを示している（780$^{\#}$、6854$^{5\#}$、716）。

第13章

32. 祭司が彼を七日目に観察することは、この状態の終結における吟味を示している(2245, 2246#, 9946, 2044)。拡がっていない雲脂(ふけ)は、腐敗の故意の伸展が全く無いことを示している(257#, 3310·7#, 4035)。黄色い毛が全く無いことは、強烈な虚偽による腐敗が全く無いことを示している(3301, 8458#, 5204)。そして皮膚より深くない雲脂(ふけ)の外観は、承認と信仰が全く無いことを示している(9215, 780, 6963)。

33. 剃(そ)られることは、利己的な愛からの諸々の虚偽の拒絶を示している(3301)。雲脂(ふけ)を剃(そ)らないことは、利己的な愛そのものは全的には廃棄(はいき)されないことを示している(3301, 7524, 6963, 275#)。そして彼を更に七日間閉じ込めることは、再生の過程における抑制と聖性の更なる状態を示している(784, 6854·5, 716)。

34. 祭司が七日目に雲脂(ふけ)を観察することは、この状態の終りにおける再度の吟味を示している(2245, 2246#, 9946, 2044)。雲脂(ふけ)が皮膚にて拡(ひろ)がっていない事は、利己的な愛からの腐敗が、**外なるもの**において諸真理が存在するところで伸展していない事を示している(257#, 3301·7#, 4035)。それの外観が皮膚より深くないことは、承認と信仰が全くないことを示している(9215, 780, 6963)。祭司が彼を浄いと宣言することは、内なる冒瀆が全くないことを示している(994·6#, 4545)。そして彼の衣装を洗い、浄(きよ)いことは、外なる面での純化と不純性の皆無を示している(3147, 4545)。

35. 雲脂(ふけ)が彼の浄めの後で皮膚に大きく拡(ひろ)がることは、純化にも拘(かか)わらず、腐敗の故意の伸展を示している(257#, 3301·7#, 4035, 3147, 4545)。

36. 祭司が彼を観察することは、真理による善からの更なる吟味を示している(9946, 2245, 2246#)。雲脂(ふけ)が皮膚に拡(ひろ)がっていることは、故意に伸展している腐敗を示している(257#, 3301·7#, 4035)。祭司が黄色い毛を探さないことは、利己的な愛からの諸々の強烈な虚偽の存在が無視されることを示し

ている(3301, 8458#, 5204#)。そして彼が穢れている事は、霊的に不純を示している(10130)。

37. 彼の両目にあって雲脂が留まることは、腐敗が強制的に恐れから抑制されることが神的真理から明らかである事を示している(9946, 5304, 詩編106: 23における4926#)。黒い毛がそれに生えることは、今や真理全ての荒廃が起きたことを示している(3993, 3994)。雲脂が癒えていることは、冒瀆が全くないことを示している(8365)。そして祭司が彼を浄いと宣言することは、神的善が、神的真理によりこれを、また冒瀆の故の不純が全く存在しないことを言明することを示している(9946, 4545)。

38. 男あるいは女に彼らの肉の皮膚に諸々の鮮やかな斑点、正に白い諸々の鮮やかな斑点があることは、教会人の理解か意志かに悪の意図を伴わない利己的な愛の影響が存在するときを示している(7524, 9215, 4035)。そして浄いことは、2, 3節を示している。

39. 祭司が観察することは、真理による善の影響を示している(9946, 2245, 2246#)。彼らの肉の皮膚における諸々の鮮やかな斑点が鈍い白であることは、腐敗が外なるもののみである事を示している(10219#, 3493#)。皮膚に突発した皮疹は、悪の意図を伴わない自然的な愛*22の力あるいは活動を示している(7525#, 9215, 4035)。そして浄いことは、根本的な不純が全くないことを示している(4545)。

40. 男の毛が彼の頭から落ち、彼が禿となり、尚も浄いことは、真理を理解できない無能性は諸情愛の未だ知られぬ腐敗した状態から生じ、結果不純が全くないことを示している(3301^5, 257#, 3301^8, 4545#)。

41. 毛が彼の頭の前部から落ち、彼の額が禿げ、尚も浄いことは、もし更なる内的な諸情愛に関して、そこでの何かしらの類似した欠点からこれが起こるなら、不純は全く存在しないことを示している(9936, 3301^5, 3301^9,

第 13 章

4545[#])。

42. 禿げた頭と禿げた額は、諸真理のない内的及び内奥の諸情愛を示している(257[#]、9936、3301⁹)。赤白い疫病は、善と連結した虚偽、そして残りのものの破壊へ向かうことを示している(19 節、10219)。そしてレプラが突発することは、もし知らされるならその真理を冒瀆する強い性質を示している(6963)。

43. 祭司が彼を観察することは、そのような人物は無意識に神的真理により神的善の影響下に連れて来られることを示している(9946、2245、2246[#])。疫病の盛り上がりが彼の禿げた頭あるいは彼の禿げた額に赤白いことは、内的あるいは内奥の諸情愛について虚偽と連結した善を示している(19 節、10219、257[#]、9936、3301⁹)。そして疫病の盛り上がりが彼の肉の皮膚におけるレプラの外観を呈していることは、冒瀆された真理の皮相的な外観を示している(6963、9215、780)。

44. レプラの男であり、穢れていることは、真理の現実の冒瀆と、不純を示している(6963、10130)。祭司が彼を穢れていると宣言することは、神的真理により神的善がこれを覚知することを示している(9946、10130、2245、2246[#])。そして疫病が彼の頭にあることは、その状態が跋扈している利己的な愛から生じていることを示している(10219、257[#])。

45. 疫病があるレプラの者は、残りのものの破壊へ向かう冒瀆の罪責ある人間を示している(6963、10219)。衣装を裂くことは、喪失した真理のための嘆きを示している(4763)。頭の毛が解かれることは、諸真理が善の下での秩序ある方法では配列されない事を示している(9960^{5#})。上唇が覆われることは、真理を言葉に具現する力のないことを示している(1286、9632[#])。そして「穢れている、穢れている！」と叫ぶことは、意志と理解双方についての不純を示している(10130、683[#])。

第 13 章

46. 彼に疫病がある全ての日々が穢れていることは、冒瀆が続く限りの不純の継続を示している(487[#])。彼は穢れていることは、外なると同じく内なる不純を示している(683[#])。独りで居ることは、天界で善人との結びつきが全くないことを示し (139, 3580)、この語句は対立した意味で用いられている。そして彼が宿営の外に居ることは、地獄での邪悪な者との結びつきを示している(10038)。

47. その中にレプラの疫病がある上着は、その中で真理が虚偽と混合される教義を示している(5006, 6963, 10219)。そして羊毛の上着と亜麻の上着は、それぞれ善に関係するものと真理に関係するものを示している(9470)。

48. 縦糸か緯糸における事は、内的な真理か善を示している(9915)。亜麻の或るいは羊毛のは、外的な真理か善を示している(9470)。そして革、あるいは如何なる革製のものは、終局的な真理と善を示している(9215, 6402)。

49. 上着か革かに疫病が緑がかるか赤みがかるかする事は、理解の諸々の虚偽か意志により、即ち世俗愛からまたは利己的な愛からの腐敗した教義を示している (996[#], 3300, 5006, 9215)。縦糸か、緯糸か、如何なる革のものは、内的、内奥*23 あるいは終局的のものを示している(9915, 9215)。レプラの疫病は、冒瀆され残りのものを破壊しがちなものを示している(6963, 10219)。そして祭司に明示されることは、神的善の影響下に連れて来られることを示している(9946)。

50. 祭司が疫病を観察することは、神的善からの神的真理による試しを示している(2245, 2246[#], 9946)。そして七日間閉じ込めることは、神的善からの聖性と抑制の状態を示している(784[#], 6854^{5#}, 716, 9946)。

51. 七日目に疫病を観察することは、状態の徹底における更なる吟味を示している(2245, 2246[#], 9946, 2044)。上着に、縦糸か緯糸か革かに疫病が拡がっていることは、内なる面か或るいは外なる面かの真理か善か何れかにつ

第 13 章

いての腐敗の伸展を示している(4035, 9915, 9215)。そして革が用いられる如何なる務めであれ疫病が腐食性のレプラであり穢れていることは、その性質あるいはその役立ちが如何なるものであれ、それは冒瀆された教義であり確かに不純であることを示している(5148#, 10219, 6963, 10130)。

52. 上着を燃やすことは、利己的な愛との汚染のためのその様な教義の拒絶を示している(934)。縦糸であれ緯糸であれ、羊毛においてであれ亜麻においてであれ、あるいは如何なる革のものであれとは、内奥、内的な、あるいは外なる如何なるものであれ、を示している(9915, 9215)。疫病は残りのものを破壊しがちなものを示している(10219)。腐食性のレプラは真理の冒瀆を示している(6963)。そして火の中で燃やされる事は、理解と同じく意志についての拒絶である(934, 683#)。

53. 祭司が観察することは神的善からの神的真理による吟味を示している(2245, 2246#, 9946)。疫病が上着に拡がっていない事は、教義が腐敗し続けていない事を示している(4035)。縦糸か緯糸か、如何なる他の革かは、内なる面か或いは外なる面での善か真理についてを示している(9915, 9215)。

54. 祭司が命じることは主からの善の影響下を示している(9946, 5486)。洗うことは純化を示している(3147)。そして更に七日間閉じ込められることは、再生の過程における抑制と聖性の第2の状態を示している(784#, 6854⁵#, 716, 9946)。

55. 疫病が洗われた後祭司が観察することは、純化が起こるとき吟味が再び為されることを示している(2245, 2246#, 9946, 3147)。疫病がその色を変えないことは、残りのものらの破壊へ向かう腐敗の性質がその本質について依然同じであることを示している(996, 3300, 5006, 9215)。疫病が拡がっていない事は、外観について依然同じであることを示している(4035, 9215)。それが穢れていることは不純を示している(10130)。燃やすことは拒絶を示している(934)。腐食は冒瀆された真理を示している(6963)。そして禿げた

頭あるいは禿げた額*19におけることは、外的に或るいは内的にを示している、なぜならヘブル語の表現が上着か革製の何かに適用されており、取り分け**自然的な**外なる或るいは内なるものを指しているからである(257#, 9936)。

56. 祭司が観察することは、神的善から神的真理による吟味を示している(9946, 2245, 2246#)。洗いの後は純化の後を示している(3147)。疫病がくすんでいることは、腐敗が外なるものだけである事を示している(10219, 3493, 21節)。そして上着からか革からか、または縦糸からか緯糸からか、それを裂くことは、腐敗が如何なる性質であれ嘆くことを示している(4763, 9915, 9215)。

57. 縦糸か、緯糸か、革の如何なるもの、何れか上着に疫病が依然見られることは、内奥に、内的にまたは外なる面での不純と腐敗の持続性を示している(10219, 5006, 9915, 9215)。突発することは、内なるものからの外なる腐敗を示している(3708)。そしてその中に疫病がある処のものを火で燃やすことは、利己的な愛の結果であるものとして全く拒絶されるべき事を示している(934)。

58. 上着、縦糸か、緯糸か、それが革の如何なるものであれは、如何なる性質や度の教義を示している(47, 48節)。洗われることは、悪と虚偽から純粋にされる事を示している(3147)。疫病がそれらから離れていることは、理知的な純粋性を示している(10219)。2度目の洗いをすることは、それから保たれたところの動機についての純化を示している(3147, 2841)。そして浄いことは、全体的に純粋であることを示している(4545)。

59. レプラの疫病の律法は、教義に関する冒瀆からの純化に関係した神的秩序の諸法則を示している(6963, 3147, 5006)。縦糸か、緯糸か、革の如何なるものかにおける羊毛や亜麻は、内なる、内的なまたは外なる善あるいは真理かについてを示している(47, 48節)。そしてそれを浄いか穢れていると宣

第13章

言することは、純化かその逆かについての決定を示している(4545, 10130)。

　本章全体の内容をその霊的意味において熟考すると、真理の冒瀆に関係するため、我々はこの悪が如何に普遍的なものであるかと言う考察に先ず導かれていく。と言うのも再生の某かの経験をした者なら如何なる人物であれ、多かれ少なかれその罪責あることを誰が告白しないであろうか。実際、我々は皆その真理を冒瀆しており、即ち、故意にそれを利己的な目的に適用している。ところが同時に我々は主と、真理が継続的にその御方から発出している事を尚も承認しているのである。そして或る程度の見地からこの冒瀆は不可避に思われるものである。何となれば正に我々は真理を恰も我々自身のものとして用いなければならず、我々自身の都合に合わせない訳にはいかないらしいからだ。思うに、他に何の役立ちがあろうか。そして彼にそれが我々に何の役立ちも無ければ、一体それについて懊悩するだけと成りはしないか。

　そこでこれにより、我々が冒瀆の内にいる時といない時を決めることの難しさを一瞥して理解するのである。しかしそれであっても、主はこの点で我々自身以上に我々の状態を知っており、主のみが、外見上と実際の冒瀆との間を区別すべく我々を救い、教える事のできる御方なのである。それ故問題の主題の種々の部分を良く考察し、先ず全般的な法則を把握する事としよう。

　利己的な、世俗的な或るいは感覚的な愛が先導的あるいは支配的な動機となるのを止めるとき、我々は真理を利己的な諸目的のために用いるように見えはするものの、然うはしない。そしてこれは最初のセクションに説明されている。これに関連した問題の第1の教訓は卑下のそれであり、よって問題の第2は主への信頼のそれであり、その御方は最高の意味では、吟味する祭司により表象されている。結局、悪が我々の肉の皮膚よりも深くないかも知れず、神的見地にあっては我々は浄いかも知れないのである。しかしここで我々の吟味の過程をも良く考察する事としよう。それは自制の2重の状態を含んでいる。即ち、我々の自然的な理解と我々の自然的な意志双方は主に奉

第13章

献され或るいは聖別されねばならず、この事は2回七日間閉じ込められる事により表象されている。ここでまた再生全体が記されており、実に長い記述の一部に含まれている事が看取される、何となれば7の数がこれを指しているからである。そして**審判**の過程もまた祭司が3回観察することに含まれ、その症状が続く場合、悪における確定と結果としての善からの全き分離の必要性が存在することを明示している。と言うのも3度目の吟味はこれを意味する、なぜなら善人はそのとき完全なものとされ、邪悪な者は完膚無きまでに荒廃するからであり、彼らの許では最早冒瀆は不可能となるためである。(ルカ 13: 32)。邪悪な者が中間の状態に留まるよりは、善と真理から全く分離してしまった方がまだ良いであろう。

しかし第2と第3のセクションには入念に留意すべき特異性が多少存在している。本文は古いレプラについて語っており、それにより悪の確固とした状態を指し示している。そして、斯く苦しめられている人物は閉じ込められず、なぜならそのような確固とした状態は再生によってではなく、荒廃によって取り除かれ得るからである。それは、真理と善について荒廃した者はそれらを冒瀆することが出来ないからである。さてここで記されている様に、この状態は9013におけるマタイ 12: 31〜33の説明と比較することは有益かも知れない。16〜17節から学ぶ如く、人間が善と悪との間の選択の自由の内にいる限り、正真の悔い改めによっても取り除かれ得ない冒瀆の状態は存在しない。しかし不良の確固とした状態がこれを除外し、決めるのは彼自身であり、主ではないのである。と言うのもその御方は決して不承不承に悪を許したり、免れさせたりはしないからだ。それ故ここでの重大な教訓は、真理に対する偽善により自身を確固とすることに関し、然程に我々は真理を冒瀆していないと言うことに気付くことである。

然しながらこれらのセクションでの別の特性は、至る所レプラの者は浄いと宣言されたことである。なぜならその様な場合は、内なる承認と信仰のない全く外なる冒瀆を表象しているからだ。そしてその様な冒瀆の状態は、それが外なるものだけであるため、癒される、即ち取り除かれるかも知れないと言うことである。しかしこの場合であっても偽善が存在するところでは、悪の確固とした状態に帰着する(第2列王記 5: 27)。更にこれに関連して説

第13章

明を要する点がある。その許に承認と信仰の存在しない者が如何にして浄い或るいは霊的に純粋であると宣言され得ようか。その答えは、彼には内なる冒瀆がないが為にただ純粋であると言うことである。しかし彼は再生に続く純化の内にはいないのである。再生させられる事により然う成り得るだけであり、斯くて承認と信仰を得、同時に悔い改めの業を為すのである。それ故、最後になるが以下のことに我々は気付くべきである、即ち、たとえ承認と信仰なしには内なる冒瀆は存在せず、真理の知識なしには外なる冒瀆も存在せず、また承認と信仰も、真理の知識も冒瀆の原因ではないのであるが、人間の肉欲、利己主義の俗心が実際の原因なのである。そしてこれは次に続くものに理解されるべきである。

何となればこの箇所から37節の終わりまで、これらの愛からの真理の冒瀆は、腫れ物から、火傷から、そして頭と髭におけるレプラの諸像の下個別的に記述されている。然しながら言及された個別的なもの全てを、それらの主要なものが既に説明されたようには考察する必要はない。残りは参照から十分明らかだからである。それとは別に6963の後半に言われている事は、これら個別的なものを詳述する要もない別の理由を供与している。それ故以下のことを省察すれば十分である。即ち諸々の虚偽は悪の諸情愛と同じく、これら種々の部類の真理の冒瀆に加わること。そしてこれら諸々の虚偽はその系列の中で列挙されている白、そして黄色、そして黒い毛によって示されている事である。それは霊的葛藤の中で経験から教会人に知られている、謂わば悪の諸々の愛の個別的な特性もまた、全ての責任となる諸々の冒瀆、それらの普遍性、それらの陰険さ、そしてそれらの精神的な腐敗の性質の十分な指標である。それ故、冒瀆の悪と、過失と、罪は十戒に包摂され、凡ゆる者がその人生を通し全て謹厳に留意すべきものとする警告と対を為しているのである(8882)。

しかしここで頭におけるレプラに関する更なる教示に続いて行き、そこから我々は内なる意味で以下のことを学ぶのである。即ち意志と理解双方に関し、正に利己的な愛の影響下にあっては、我々の内には実際には無くても真理の冒瀆の表面的な外観が存在しているかも知れないと言うことであり、またその様には見えなくとも現実の冒瀆もまた存在するかも知れないと言う

第 13 章

ことである。そしてこれに関しては、我々自らは決めることは出来ない。更にここで、主が我々の現実の状態を知り給い、そして又この御方が我々にそれを啓示し給うことを我々は悟るのである。と言うのも、我々自身の協力なしには悪の状態を免れたり、我々から取り除かれたりする事は全くないことを我々が十分確信するものと成ろうから。然しながら我々が傾斜しがちな或る悪の隠れた凶悪性全てが公然と明らかにされる為という訳ではなく、只それを取り除こうとする我々の率先する意志を保証することで十分なのである。よって再生において主に従うことは我々の義務である。我々の再生は、この点で率先して明示される事と、何らかの判然とした悪の悔い改めによって正に秘められた諸々の欠陥から我々が浄められるよう祈ることによるのであり、その悪は再生していない生命にあって我々の想像以上の遥かに多くの精神的な腐敗を含んでいるのである(詩編 19: 12)。

　それでまた、レプラの者の哀れで見捨てられた状況における有様の下では、内意で知らされた諸真理は何と印象的なことか。冒瀆者は精神と心双方においてその罪責を承認しなければならない。その生命が無秩序であることを彼は悟らねばならない。諸真理を実際には打ち明けることが出来ず、あるいは自身の生命の中に外面上是認した諸真理を具現できないことを彼は感じなければならない。何となれば利己的な愛は内部でそれらを汚染するからである。そして当座は、内なる面で値するその天界的な生命から、彼は実際には分離されていなければならない。彼は彼自らを純粋にすることは出来ないと感じるのである。しかも尚純粋にされる為には神的法則に従わなくてはならない事を彼は悟るのである。それは丁度シリア人ナアマンが予言者に従順となり彼自身をヨルダンで七度洗い浄くなった事と同じである(第 2 列王記 5: 10~ 14)。

　然れど問題の章の後半もまた内意においては極めて興味深いものである。肉の皮膚におけるのと同じく衣服にもレプラが存在し得ることである。即ち、教義は真理そのものと同じく冒瀆されるやも知れないと言うことである。さて、生命が純粋であれば教義は然程重要でないと考える者もいるものと思われる。しかしこれは、重大な欺瞞である、なぜなら諸々の虚偽と混淆されず、また悪い諸々の愛に汚染されていない真の教義のみが我々を現実に純粋な

第13章

さしめ得るからである。よって聖言がこの事を教えている事は驚くに値しない。「主の言葉が純粋な言葉なるは、七度純粋にされた土の炉で練られた銀の如し」（詩編 12: 6）。聖言には虚偽の教義は全く無いものの、真理は利己と世俗の愛の影響下で誤訳により虚偽化され、そしてそこから教義における冒瀆が来たる。これが、参照が明示する如く、緑がかるか赤みがかるものである。そしてここで、それが前述のものと如何様に類似しているか、吟味の過程に気付かれよ。その理由は、純粋にされるべく求めるものは人間であり教義ではないからである。何となれば、もし人間は純粋にされれば、彼は諸々の虚偽を拒絶するが、もし然うでなければ、彼はそれらにしがみ付き彼の悪の状態を確固とするであろう。そしてこれは霊的に火によって燃やされるべきである。それでそれが単に教義ではなく人間であることは、ヘブル語に従い頭、あるいは額について語っている 57 節の後半の箇所*24 から明らかである。よってこれより、心や諸情愛を純粋にする以外に虚偽の教義を免れる術は無いことを我々は悟るのである。これが実は**審判**の方式であり、そのとき善意を持つ者にはそれと一致した真理が与えられるが、しかし善なるものを持たぬ者からは彼が持っている様に見える真理は取り去られるのである。そして又これより、この記述での織り手の業が如何に重要かを悟るのである。それは、織り手の業により、また緯糸により示されている善あるいは天的な原理である。そして真理の上の善の、理解の上の意志の、あるいは**外なるもの**の上の**内なるもの**の業のみが全ての悪と虚偽から解かれた天界のエルサレムの美しい衣服を産み出す事が出来るのである。そのとき結婚の時機が訪れ、教会人は内面的にも外面的にも双方とも永遠に主と結合するのである。

訳者のノート

*1. 2, 9 節「人間」。原本 'man'、ヘブル語原文 アーダーム אָדָם。

*2. 2 節以降「盛り上がり」「瘡蓋」「鮮やかな斑点」。原本 夫々 'rising', 'scab', 'spot'。ヘブル語原文は夫々 セエート שְׂאֵת、サッパハト סַפַּחַת、ヴァヘレト בַּהֶרֶת。

第 13 章

*3. 2節以降「レプラ」。原本は'leprosy'、ヘブル語原文は ツァーラーアト צָרַעַת。'leprosy'の語源はギリシア語のレプロースλεπρόςで原義は「ザラザラした」。ツァーラーアトは宗教的・儀式的観念であり、ハンセン氏病とは明らかに異なるものである。また本章と次章を読み進めると、衣服と家屋にもこの言葉が使われている事から、字義の理解を超えた霊的意義が隠されていることは、聖書を真摯に読む者にとって直覚できるものであろう。

*4. 2節以降「疫病」。原本は'plague'、ヘブル語原文は ネガァ נֶגַע 原義は「接触」。

*5. 3節他「深い」。原本は'deeper'、ヘブル語原文は アーモーク עָמֹק。字義的には病変が表皮を透けて深くに見えるという事であろうか。

*6. 3節以降「穢れていると宣言する」。原本は'pronounce ~ unclean'、ヘブル語原文にはティッメー טִמֵּא「穢した」が用いられている。

*7. 4節「疫病が在る彼を」。原本は'*him that hath* the plague'、ヘブル語原文は「疫病を」。

*8. 6節以降「浄いと宣言する」。原本は'pronounce ~ clean'、ヘブル語原文にはティハル טִהַר「浄めた」が用いられている。

*9. 14～16節「生の」。原本は'raw'、ヘブル語原文は形容詞 ハイ חַי「生きている」。

*10. 14節「いつでも」。原本は'whensoever'、ヘブル語原文は ウ・ヴェヨーム וּבְיוֹם「そして日々に」。

*11. 20節他「低い」。原本は'lower'、ヘブル語原文は シャーファール שָׁפָל。

*12. 30節以下「雲脂」。原本は'scall'、ヘブル語原文は ネテク נֶתֶק。

*13. 38, 40節「男」。原本は'man'、ヘブル語原文は イーシュ אִישׁ。

*14. 41節「彼の頭の前部から」。原本は'front part of his head'、ヘブル語原文は ミッペアト パーナーヴ מִפְּאַת פָּנָיו「彼の顔の縁から」。

*15. 41～43節「額禿・禿げた額」「禿げた頭」。原本は夫々'forehead bald・bald forehead'、'bald head'。ヘブル語原文は夫々 ギッベーアハ גִּבֵּחַ、ケーレーホウ קָרֵחַ。

*16. 45節「上唇」。原本は'upper lip'、ヘブル語原文は サーファーム שָׂפָם「口髭」。

*17. 49節以降「革のもの」。原本は'thing of skin'、ヘブル語原文は「革の器」。

*18. 55節「露出」。原本は'bareness'、ヘブル語原文は ペヘテト פְּחֶתֶת。

第 13 章

＊19. 55節「内側であれ外側であれ」。ヘブル語原文では42節などの「彼の禿げた頭、あるいは彼の禿げた額」と同じ表現。注解55節ではそのままヘブル語を訳出している。

＊20. 注解3節以下「白い」または「白い毛」の解釈については、創世記30: 32以降の、ヤコブが「ぶち」「まだら」「黒毛」等の羊を自らのものとした記事の内意(3993, 3994)もまた一定の示唆を与えてくれるであろう。即ち、それらにより人間自身が悪と虚偽そのものである事の承認と告白が意味され、「白」により主ではなく自分自身に善の功績を置くことが意味されている。

＊21. 注解18節「**外なるもの**」。注解では大文字だがコラムでは小文字。

＊22. 注解39節「愛」。注解では単数だがコラムでは複数。

＊23. 注解49節「内的、内奥」。コラムとは順序が逆。

＊24. p291「57節の後半の箇所」。注解55節との誤植であろうか。

＃ 『天界の秘義』の各々の節には当該内容の記載がないか、参照としては飛躍？

第 14 章

霊的意味の要約

1. 真理を冒瀆した者の純化のための神的秩序の諸法則、先ず第1に、内なる面で聖言を介した善と真理との諸情愛の純化について(1～7節)。
2. その際外なる面で、そしてその者自身からの如く(8, 9節)。
3. そして第3に、罪責と罪の除去のためと、主への心の聖別のための天的で霊的な善と真理からの主礼拝について(10～20節)。
4. 外なる教会人の許に礼拝の類似した状態がまた存在すべきである(21～32節)。
5. 再生した人間の許での善の終局的な容器における冒瀆への傾向に関する、また純化の手段に関する教示(33～53節)。
6. 種々の方法における冒瀆に関係する神的諸法則の全般的な要約(54～57節)。

各節の内容

1. そして主はモーセに語って、曰く、

1. 主から神的諸真理により啓示が存在し、覚知を与える、

2. これはレプラの者*1の彼を浄める日における律法とする。彼は祭司へ連れて来られるものとする。

2. 真理の冒瀆の状態からの教会、または個人の純化に関係した秩序の諸法則に関して。彼は神的善の影響下に直接連れて来られねばならぬ。

第 14 章

3．そして祭司は宿営から進み出るものとする。また祭司は観察するものとする、すると、見よ、もしレプラの疫病がレプラの者*1に癒えている場合。

4．それで祭司は、浄められるべき者のために生ける浄い鳥2羽と、杉の木と、緋糸*2と、ヒソプを取るよう命じるものとする。

5．そして祭司は鳥の1羽を土器の中で流水*3の上に屠るよう命じるものとする。

6．生ける鳥については、彼はそれと、杉の木と、緋糸*2と、ヒソプを取るものとし、それらと生

3．そして神的善は神的真理を手段として、諸天界を介して働かなくてはならない。そしてもし冒瀆が再生により取り除かれているなら、

4．それで善と結合した真理の諸情愛の再生した人間の魂への主からの流入が存在するはずであり、それにより駆り立てられ、虚偽から純粋である。彼は聖言から善と結合した内的真理、善と結合した外的真理、そして純化の為の外なる真理をもまた恰も彼自身からの如く獲得するはずである。

5．善からもまた、聖言を手段として、あるいは善から活動的な聖言の真理を手段として、以下のことが覚知される。即ち、善の情愛から分離した真理の情愛は自然的な精神におけるその容器の中に霊的生命を伴わず、備えを必要とする事である。

6．その結果善と真理との結合が存在しなければならない。この結合は善の内的な真理、善の外的

第 14 章

ける鳥を流水*³の上に屠られた鳥の血の中に浸すものとする。

な真理、そして聖言からの外なる真理と結合している主から流れ入る善の情愛を介し、そして自然的な人における真理と善との相互的な結合を介している。そのとき聖言の真理の影響を介して自己否定が存在する。

7. そして彼はレプラから浄められるべき者の上に七度撥ね掛けるものとし、彼を浄いと宣言する*⁴ものとし、生ける鳥を開けた野*⁵の中に行かせるものとする。

7. そして冒瀆から純粋にされている者にあって、この結合が神的善から再生の聖なる状態において確固とされると、そのとき完全な純粋と同時に善の愛の天界的生命の享受における完全な自由が存在する。

8. そして浄められるべき者は、彼の衣装を洗い、彼の全ての毛を剃り落とし、彼自身を水で沐浴するものとし、彼は浄いとする。そしてその後彼は宿営の中に来たるも、彼の天幕の外で七日間留まるものとする。

8. これに加えまた、もし彼が純粋に成り得るなら、外なる人は独立して、あるいは彼自身からのように、内なる、内的なそして終局的な、凡ゆる度の諸々の虚偽から純粋にされねばならない。それで利己的な愛を徹底して控えることにより再生の聖なる状態を身に付ける条件で、彼は天界の生命を受け入れ得る者となろう。

9. そしてそれは七日目にあるものとする、即ち彼は彼の毛全てを、彼の頭と彼の鬚髯と彼の両

9. それで、この第１の状態が終わるとき、第２〔の状態〕が続き、そこでは凡ゆる度の外的な諸々

第 14 章

眉、正に彼の毛全てを剃り落とすものとする。そして彼は彼の衣装を洗うものとし、彼は水の中で彼の肉を沐浴するものとし、そして彼は浄いとする。

10. そして八日目に彼は無傷の牡の子羊2匹と、無傷の当歳*6の牝の子羊1匹と、油を混ぜた、穀物の奉納のための精製した小麦粉10分の3エファと、油1ログを取るものとする。

11. そして彼を浄める祭司は、浄められるべき人と、それらの物らを、主の御前に、会見の幕屋の入り口に添えるものとする。

12. そして祭司は牡の子羊1匹を取り、罪責の奉納のために彼〔牡の子羊〕と、油のログを奉納し、それらを主の御前に揺らしの

の虚偽は除かれ、然様、徹底的に、よって純化は凡ゆる度について十全である。

10. そしてその後、天界的生命の新たな状態において、この2重の保証の後に主礼拝が続くべきである。主礼拝は、天的な度においては、無垢とそれの善と結合した真理からのものであり、そして虚偽から免れている。そして霊的な度においては、天的善と結合した善の真理から、斯くて天的善そのものから適用されたものとしての十全さにある。

11. そして神的善の影響下で、教会人は正真の主礼拝により純粋にされるべきである。先ず初めにこの御方を承認する事による、しかもこの御方はその者の再生と救いのために諸天界を介して働き給う。

12. これらの諸情愛の活動性全てがその御方からのものである事が承認されるとき、結果それにより悪の赦免があるところの内

第14章

奉納のために揺らすものとする。

13. そして彼は牡の子羊を、浄罪の奉納と全焼の奉納を彼らが屠る所で、聖所の所で屠るものとする。何となれば、浄罪の奉納と同じく罪責の奉納も祭司のものだからである。それは最も聖なるものである。

14. そして祭司は罪責の奉納の血から取るものとし、祭司は浄められるべき者の右耳の先の上に、また彼の右手の親指の上と彼の右足の親指の上にそれを付けるものとする。

15. そして祭司は油のログから取り、それを彼自らの左手の掌の中に注ぐものとする。

なる人における無垢の真理から、並びに天的な愛から主は礼拝されるのである。

13. しかし無垢の真理からのこの礼拝のための備えは悪の除去によるものであり、また内なる面で、然り、正に精神の内奥の度での天的な善の受け入れなのである。何となればこの方法においては、実際の悪の除去は主からのものである様に、正に無知の無垢の状態においてはそれ〔実際の悪の除去〕は犯された悪にあって然うである〔主からのものである〕。その除去を目的とする礼拝は本質的に聖なるものである。

14. そしてその様な礼拝に含まれている聖なる真理が主から無垢の善を介して発出し、内なる面で真理の原理からの従順により悪を忌避する力を伝達する。内的にも同一のものから。そして外なる面での凡ゆる活動において。

15. 何となれば、意志を介して働く神的善は、実に、力を伴い理解の中に流れ入るからである。

第 14 章

16. そして祭司は彼の右の指〔単数〕を左手にある油の中に浸すものとし、その油から彼の指〔単数〕で七度主の御前に撥ね掛けるものとする。

16. そしてこれは全般的のみならず、個別的にも然り。よってこれより真理を手段とした力を伴う善の受け入れと、彼の中での真理と善との結合は全き主からのものであると言う十全さと神聖さ全てにおける承認が、教会人の許に存在する。

17. そして彼の手の中にある油の残りから祭司は、浄められるべき者の右耳の先の上と、彼の右手の親指の上と、彼の右足の親指の上に、罪潰の奉納の血の上に、付けるものとする。

17. そこから以下が引き続く、即ち、真理のみならず善もまた力を伝達する主から受け入れられる。そのとき人間は冒瀆から純粋とされ、以下にあって力の本質的なものとなる、即ち意志にあっては善の原理からの従順による。理解にあっては内的に真理と善との結合による。そして生活にあっては凡ゆる活動における真理と善との結合による。そしてこの事は正に無知の無垢からの礼拝におけるものである。

18. そして祭司の手*7にある油の残りを彼は、浄められるべき者の頭の上に付けるものとする。そして祭司は主の御前で彼のための贖いを為すものとする。

18. しかしそれのみではない。何となれば、そのような礼拝の結果、善もまた**内奥の人**において、斯くて人間全体において確立されるからであり、その時彼は冒瀆から純粋とされる。斯くて外なる人と内なる人との和解、そして悪

299

第14章

からの主による救いの成就という結果を齎すのである。

19. そして祭司は浄罪の奉納を奉納し、その穢れの故に浄められるべき者のための贖いを為すものとする。そしてその後彼は全焼の奉納を屠るものとする。

19. そしてこの全ては、斯くて主へ和解される者により謙虚に承認される。彼は彼の不純を告白し、今や純粋な愛から主を礼拝するために備えられる。

20. そして祭司は全焼の奉納と穀物の奉納を祭壇の上で奉納するものとする。そして祭司は彼のために贖いを為すものとし、彼は浄いものとする。

20. そして今この事が後に続く。と言うのも、全ての天的な善と、全ての霊的な善は、主からのものであると心から承認されるのであり、その御方の奉仕へ奉献されるからである。悪もまた赦免され、純化の成就が存在する。

21. そしてもし彼が貧しく、それを得ることが出来ねば*8、そのとき彼は、揺らされるべき罪責の奉納のために牡の子羊1匹を、彼のために贖いを為すべく、そして穀物の奉納のために油と混ぜた精製した小麦粉エファの10分の1と油1ログを取るものとする。

21. しかしもし真理を冒瀆した者が内なる教会ではなく外なる教会に属し、斯くて然程の善と真理とを受け入れることが出来なければ、主から活気付けられ得る更に低い面での無知における無垢の善から、依然彼は主を礼拝することができ、悪の除去により主へ和解させられ得るのである。そしてまた彼は、彼の度において、内奥の天的善からのものである処の善と結合した真理から、主を礼拝することが出来るのである。

300

第14章

22. そして彼が得ることの出来る*8ような雉鳩2羽か、若い鳩*9 2羽を。そして1羽は浄罪の奉納とし、もう1羽は全焼の奉納とする。

22. また彼は、悪の除去と善の受け入れ双方に関する彼の状態に従い、信仰の善と真理から主を礼拝することも出来る。

23. そして八日目に彼はそれらを彼の浄めのために祭司に、会見の幕屋の戸口に、主の御前に、持参するものとする。

23. そして彼の生命の新しい状態においては、彼の純化のために、彼はその生命が諸天界を介した主からのものである事を承認し、それをその御方に帰することであろう。

24. そして祭司は罪責の奉納の子羊と、油のログを取るものとし、祭司は主の御前に揺らしの奉納のためにそれらを揺らすものとする。

24. そしてまた彼は、無知の無垢の善全てと内奥の天的な愛の善全てが、彼の礼拝にあって主から彼の許で活気付けられる事を承認するであろう。

25. そして祭司は罪責の奉納の子羊を屠るものとし、祭司は罪責の奉納の血から取り、祭司は浄められるべき者の右耳の先の上に、また彼の右手の親指の上と、彼の右足の親指の上にそれを付けるものとする。

25. それで彼は彼自身を無知における無垢の善から主を礼拝するために備えるであろうし、そのような礼拝に含まれた聖なる真理が主から発出することを承認するであろう。それは、内なる面で真理の、内的な面で真理の、そして外なる面で凡ゆる活動に於ける原理からの従順により、悪を忌避する力を伝達するのである。

第14章

26. そして祭司はその油から彼自身の左手の掌(たなごころ)の中に注ぐものとする。

26. と言うのも更に、主からの神的善の働きは実際、力を伴い理解に流れ入(い)るであろうから。

27. そして祭司は彼の右の指〔単数〕で彼の左手*7にある油から幾許(いくばく)かを主の御前(みまえ)に七度(たび)撥(は)ね掛けるものとする。

27. そしてこれは、全般的のみならず個別的にも〔然(しか)り〕。そしてこの故(ゆえ)に、この教会人の許(もと)に真理を手段とした力を伴う善の受け入れと、彼における善と真理の結合は全(まった)き主からのものであると言う、十全さと神聖さ全てにおける承認とが存在する。

28. そして祭司は彼の右手*7にある油から浄(きよ)められるべき者の右耳の先の上に、また彼の右手の親指の上にと、彼の右足の親指の上に、罪責の奉納の血の所の上に付けるものとする。

28. そこから以下が引き続く、即ち力を伝達する主から受け入れられたものは真理のみならず善でもあり、そのとき人間は冒瀆から純粋にされる。〔それは〕善の原理からの従順により意志における力の本質的なものである。真理と内的な善との結合により理解において。そして凡ゆる活動における真理と善との結合による生活において。

29. そして祭司の手*7にある油の残りを彼は、浄められるべき者の頭(こうべ)の上に付けるものとし、主の御前で彼のための贖(あがな)いを為(な)す

29. しかしそれだけではない。何となればその様な礼拝の結果、善もまた内奥(ないおう)のものにおいて、斯(か)くして人間全体において確立され、

302

第 14 章

ためである。

そのとき彼は冒瀆から純粋とされるからである。斯くて外なる人と内なる人との和解と、主による悪からの救いの成就が結果を齎すのである。

30．そして彼が得ることの出来る＊8ような雉鳩か、若い鳩＊9の1羽を奉納するものとする。

30．そして主は人間の状態に従い信仰の善からか又は信仰の真理から真に礼拝される。

31．正に彼が得ることの出来る＊8ような、1羽は浄罪の奉納のために、別の1羽は全焼の奉納のために、穀物の奉納と共に。そして祭司は主の御前に浄められるべき者のために贖いを為すものとする。

31．内なる面にも外なる面にも双方に、悪の除去のためか善の受け入れのための主礼拝において正に彼の状態に従うのである。斯くて外なる人と内なる人との和解が、純粋にされるべき者の許で主により結果を齎す。

32．これがその者にレプラの疫病があり、彼の浄めに適うものを得ることの出来ぬ＊8者の律法である。

32．そしてこれが、内なる教会ではなく外なる教会に属し、よって天界的な生命を然程十全に受け入れ出来ないが、冒瀆から純粋とされるべき者のための神的秩序の法則である。

33．そして主がモーセとアロンに語って、曰く、

33．真理にそして善にいる者らへ主からの啓示が存在し、覚知を与える、

34．我が汝らに所有として与え

34．即ち、内なる人とそして又

第 14 章

るカナンの地に汝らが来たり入り、我がレプラの疫病を汝らの所有の地の家に置くとき。

外なる人における生命の受け入れにより、分け与えることが主の御旨であるところの天界的な状態を彼らが実現し、なおも彼らの魂の終局的な容器に幾許か冒瀆の度合いが僅かでもあるとき。

35．その時その家を持つ者は祭司へ来て告げるものとする、曰く、家に疫病らしき我に見えるものあり、と。

35．そのとき霊的な斯くなる生命の受け入れにある者は、彼の善の行き亘った状態から、彼自身の中にその生命の破壊への傾向を覚知するであろう。

36．そして祭司は、祭司が疫病を診るために入る前に、彼らが家を空にするよう命じるものとする、家にある全てが穢れたものと為さしめないためである。そしてその後祭司は家を見るため入るものとする。

36．そして彼自らのものとしての如何なる善や真理も、彼には欠けていることを告白すべく導かれるであろう。それは彼の状態に関し彼に明示される為であり、彼が主から持っている善と真理が冒瀆の不純性からその様な明示を介して彼の中に保存される為である。

37．そして彼は疫病を観察するものとする、すると、見よ、もし疫病が家の諸々の壁に緑がかるか赤みがかった窪んだ斑縞*10 を伴い、そしてそれの外観が壁〔単数〕よりも低い場合。

37．それで、神的善から、吟味が為されるはずであり、そしてもし善について外なる容器における冒瀆への、正に、それにより終局的な諸々の虚偽が諸真理として見えると言う、聖なる諸真理の冒瀆への傾向が存在することが

第 14 章

明らである場合。しかし主にあって信仰の十全なる享受が存在するときでさえ、それら〔終局的な諸々の虚偽〕の中に自己高揚の衝動からの思考が存在する故(ゆえ)に善を欠(か)いているのである。

38. そのとき祭司は家から家の戸口へ出て行き、そして家を七日間 閉じ込める*11 ものとする。

38. そのとき神的善は、恰(あたか)もその容器から引き上げられる。そして再生の聖なる状態による純化が導入されるために抑制の状態が後続(こうぞく)する。

39. そして祭司は七日目に再び来るものとし、観察するものとする。そして、見よ、もし疫病が家の諸々の壁に拡(ひろ)がっている場合。

39. そして、この状態の後、更なる吟味が起こる。そして仮にその容器における真理の冒瀆への傾向の拡大が依然あるなら、

40. そのとき祭司は、彼らがその中に疫病がある諸々の石を取り出し、それらを町の外の穢(けが)れの場の中に投げるよう命じるものとする。

40. そのとき神的善からの神的真理を介した流入が不純な諸々の虚偽につき以下のことを啓示する。即ち、その容器から拒絶されるべき事。それらが諸々の地獄からのものであり、そこでは全てが不純であることが承認されるべき事。斯(か)くてそれらが信仰の教義から分離されるべき事である。

41. そして彼は家を内側*12 の周囲に削(けず)らしめるものとし、彼ら

41. その容器はまた、善の影響により、固有のもの又は利己的な

305

第 14 章

は彼らが削り取った漆喰*13 を町の外で穢れの場の中に注ぐものとする。

愛からの虚偽との混合から、正に完全に純粋にされるべきである。そしてこれらの虚偽を密着せしめる悪の情愛そのものは、全てが不純であるところの諸々の地獄へと拒絶されるべきである。

42. そして彼らは別の諸々の石を取り、それらをそれらの石の場所に置くものとする。そして彼は別の漆喰*13 を取るものとし、家に漆喰を塗るものとする。

42. この容器に聖言からの純粋な諸真理もまた挿入されるべきである。そして真理への正真の情愛により、諸真理の内に形成されるよう斯く外観される善と、これらを密着なさしめるべきである。

43. また彼が諸々の石を取り出した後、そして彼が家を削り取った後、そしてそれに漆喰が塗られた後に、もし疫病が再来し、家で突発する場合。

43. たとえ虚偽がその目的のための鍛錬によりそれまでに取り除かれており、また諸真理が善から密着されたとしても、万一冒瀆の悪の再発が存在する場合。

44. そのとき祭司は来たり入り観察するものとする、すると、見よ、もし疫病が家の中で拡がっておれば、それは家の中の腐食性のレプラである。それは穢れている。

44. そのとき神的善はその容器の中により強く流れ入るであろう、そしてもし諸真理の冒瀆の傾向が、又はそれの実際の冒瀆が最小の度合いでも依然存在するなら、それは善が統治する処ではあるが苛立を産むものである。そして不純が存在する。

45. そして彼は家を、それの

45. そして、この場合、その善

306

第 14 章

諸々の石と、それの木材と、家の漆喰*13 全てを壊すものとする。そして彼はそれらを町の外で穢れの場の中に運び込むものとする。

の容器は、その諸々の虚偽とその諸悪について、またそれらの結合による如何なる密着についても拒絶されるべきである。然様、諸々の地獄へ拒絶されるべきであり、次いで真の教義から分離されるのである。

46．更に、家が閉じ込め*11 られている全ての期間に家へ入り込む者は、夕まで穢れているとする。

46．更にまた、彼らの生命がそのような不純な器の中で判然となるに甘んじる者は全て、状態の変化が引き起こされるまで不純である。

47．そしてその家で寝るものは彼の衣装を洗うものとする。そしてその家で食べる者は彼の衣装を洗うものとする。

47．その様な不純の中で、暫くの間でさえも、彼の安逸と安息を取る凡ゆる者は、聖言の真理により純粋とされねばならない。そしてその状態で善を固有のものとしようと企てる凡ゆる者は、同じ方法で純粋にされねばならない。

48．そして家が漆喰を塗られた後も、もし祭司が来たり入り、観察するものとし、すると、見よ、疫病が家の中で拡がっていない場合。そのとき祭司は家を浄いと宣言する*4 ものとする、なぜなら疫病が癒えているからである。

48．諸真理が善から密着為さしめられた後、もし神的善が流れ入り神的真理により吟味もまた為されれば、そしてその容器の中で冒瀆そのものが期せずして伸展していないなら、そのとき善は真理により、それが純粋である事を

307

第14章

啓示する、なぜなら純化は訓戒により結果を齎すから。

49. そして彼は家を浄めるために鳥2羽と、杉の木と、緋糸*2と、ヒソプを取るものとする。

49. よってそれ故純化の手段、即ち、善の情愛と善から活動的な諸真理と、内的な真理と、善と結合した外的な真理とが適用されるべきである。

50. そして彼は鳥の1羽を土器の中で流水*3の上に屠るものとする。

50. また善から聖言を手段として、あるいは善から活動的な真理を手段として以下が覚知される。即ち、善の情愛から離れた真理の情愛は霊的生命を伴わず、その容器、自然的な精神の中に善を受け入れるために備えられねばならない。

51. そして彼は杉の木と、ヒソプと、緋糸*2と、生ける鳥を取り、それらを屠殺した鳥の血の中に、そして流水*3の中に浸し、家に七度撥ね掛けるものとする。

51. そして結果として、主から流れ入り、内的な真理との、そして聖言からの外的な真理と善との結合している善の情愛を介した、善と真理との結合が存在せねばならない事。またこの結合は、純粋にされるべき者においてであるが、再生の聖なる状態で神的善から確固とされるべきである事。

52. そして彼は、鳥の血と、流

52. 斯くて善の容器は、外なる

第 14 章

水*3と、生ける鳥と、杉の木と、ヒソプと、緋糸*2をもって家を浄（きよ）めるものとする。

真理の聖なる情愛により、聖言からの聖なる真理により、善の情愛により、取り分け聖言で善と結合された内的及び外的な真理により、純粋にされるべきである。

53. 然（さ）れど彼は生ける鳥を町の外へ開（ひら）けた野*5の中へ行かしめるものとする。彼は家のために贖（あがな）いを然（そ）う為（な）すものとする。そしてそれは浄（きよ）いとする。

53. さて最後に、善の情愛は天界の生命と内なる及び外なる幸福の十全なる享受の内に完全に自由となる。斯（か）くて外なる善は内なる善と和解し、純粋性の成就が行（ゆ）き亙（わた）る。

54. これが、以下のための律法である。即ち凡（あ）ゆる種類のレプラの疫病のためと、雲脂（ふけ）*14のため。

54. そしてこれらが、真理の冒瀆と、再生の過程で活動的になりそのような冒瀆へ向かう悪の諸情愛に関係する神的秩序の諸法則である。

55. そして衣服*15のレプラのためと、家のため。

55. それにより教義が冒瀆され、そして外なる人での善の諸々の容器が冒瀆される処（ところ）のそれらの悪の諸情愛に関係してもまた〔然（しか）り〕。

56. そして盛り上がりのためと、瘡蓋（かさぶた）のためと、鮮（あざ）やかな斑点のため。

56. 要するに、感覚的な愛、世の愛、そして利己の愛から引き続き冒瀆へと向かう、悪の諸情愛の除去に関係するものであり、

第 14 章

57. それが穢れたとき*16 と、それが清いとき*16 を教える為である。これがレプラの律法である。

57. 真理の冒瀆に関して、意志と理解双方に関連して、教会人がそこから神的秩序に従い如何にして純不純を識別するかを知るためである。

参照と注解

1. これは明らかである、なぜならイェホヴァにより御自身の愛について神的存在が示されているからである(2001)。語ることにより流入が示されている(2951)。モーセにより神的真理、または聖言が表象されている(7010)。そして言うことにより覚知が示されているからである(1791, 1822)。

2. レプラの者の彼を浄める日における律法は、真理の冒瀆の状態からの、教会または個人の純化に関係した秩序の諸法則を示している(6963, 487, 2634#, 4545)。そして彼が祭司へ連れて来られることは、その冒瀆者は神的善の影響下に直接連れて来られねばならない事を示している(9946)。

3. 祭司が宿営から進み出ることは、神的善は神的真理を手段として諸天界を介して働かなくてはならない事を示している(9946, 10038, 2245, 2246#)。レプラの疫病が癒えている事は、再生による冒瀆の除去を示している(10219, 6963, 8365)。

4. 祭司が命じることは、再生した人間の魂への主からの流入を示している(9946, 5486)。生ける浄い鳥 2 羽は、善と結合した真理の諸情愛を示している(776, 9182⁶, 3938⁸, 4545, 5194)。杉の木は善と結合した内的真理を示している(7918)。緋糸は善と結合した外的真理を示している(9468⁹)。そして

310

第14章

ヒソプは純化のための外なる真理を示している(7918)。そしてそれは「恰も彼自身からの如く」と言われている、なぜならこれは「浄められるべき者のために取るよう」という言葉に意味されているからである(6744)。

5. 祭司が命じることは、善からそれに流れ入ることが覚知されることを示している(9946, 5486, 5732)。流れる或いは生ける水は、善から活動的な聖言の真理を示している(3424)。鳥の1羽を屠ることは、善の情愛から分離した真理の情愛は霊的生命を伴わないことの承認による備えを示している(10024, 6767)。そして土器は自然的な精神における容器を示している(5948, 10105#, 3079)。

6. 生ける鳥は善の情愛を示している(9182⁶)。杉の木、緋糸とヒソプは、善の内的な真理、善の外的な真理、そして聖言からの純化のための外なる真理を示している(7918, 9468⁹)。これらを生ける鳥と共に取ることは、聖言の諸真理と共に主からの善との結合を示している。そして全体が流水の上に屠られた鳥の血の中に浸されることは、主からの再生による(9229⁴)、(血により意味されている(7846)) 自然的な人の生命の活気づけを、斯くて真理の影響を介して自己否定が存在している時そこでの真理と善との相互的な結合を示している(10024, 6767, 5節)。

7. レプラから浄化されるべき者の上に七度撥ね掛けることは、この結合は神的善により冒瀆から純粋にされる者において確固とされる事を示している(10047, 716, 4545, 6963, 9946)。彼を浄いと宣言することは、完全な純粋を示している(4545)。そして生ける鳥を開けた野の中に行かせることは、善の愛の天界的生命の享受における完全な自由を示している(7439, 3310, 99, 1869)。

8. 衣装を洗うことは、終局的なものについて外なる人の純化を示している(3147)。全ての彼の毛を剃ることは、内的なものについて同じ事を示している(3301⁵)。彼自身を水で沐浴することは、内なるものについて同じ事を示

している(3147)。浄いことは純粋性の状態を示している(4545)。宿営の中に来ることは、天界の生命を受け入れ得るようになる事を示している(10038)。そして彼の天幕の外で七日間留まることは、利己的な愛を徹底して控えることによる再生の聖なる状態を示している(1293, 1566, 2044)。

9. 七日目はその初めの状態の成就を示している(2044)。彼の頭の毛と彼の鬚髯と彼の両眉全てを剃り落とすことは、凡ゆる度の諸々の虚偽の除去を示している(3301[8])。正に全ての毛を彼の頭から落とすことは、理解と同じく意志について諸々の虚偽の除去の成就を強調的に示している(683[#])。そして彼の衣装を洗い、水の中で彼の肉を沐浴し、そして浄いことは、外なる面でも内なる面でも純化は凡ゆる度について十全であることを示している(3147, 4545)。

10. 八日目は天界的生命の新たな状態を示している(9227)。浄めの二つの期間は繰り返しの故、2重の保証と看做されている(683[#])。無傷の牡の子羊2匹と、無傷の当歳の雌の子羊1匹は、天的な度における虚偽から免れ、十全さ全てにおいて、その善と結合した無垢の真理からの礼拝を示している(2906, 7837〜 7839, 5194[#])。そして穀物の奉納のための、油を混ぜた、精製した小麦粉10分の3エファと、油1ログは、霊的な度においては、天的善と結合した善の真理から、斯くて天的善そのものから適用されたものとしての十全さ全てにある事を示している(2177, 10136, 10137, 2788)。ここで、子羊の奉納が天的な礼拝を示しているため、穀物の奉納は霊的な礼拝を示している事に注意されたし(2177[2], 4581[4])。

11. 祭司は神的善を示している(9946)。浄められることは、霊的に純粋にされることを示している(4545)。諸々の奉納は正真の主礼拝を示している(922)。そして主の御前に会見の幕屋の入り口には、主の承認と、その御方が人間の再生と救いのために諸天界を介して働き給うことを示している(2356, 3540[3#])。

12. 祭司が牡の子羊1匹を取り罪責の奉納のために彼〔牡の子羊〕と、油のログを奉納し、それらを主の御前に揺らすことは、これらの諸情愛の活動性全てがその御方からのものであることが承認されるとき、結果それにより悪の赦免があるところの内なる人における無垢の真理から、また天的な愛から主は礼拝されることを示している(7837, 7838, 3400, 2177, 10083)。

13. 牡の子羊を屠ることは、無垢の真理からのこの礼拝のための備えを示している(10024, 7837, 7838)。浄罪の奉納と全焼の奉納を彼らが屠る所では、悪の除去と、内なる面での天的な善の受け入れのための礼拝の状態を示している(2625#, 3400, 10053)。聖所の所では、正に精神の内奥の度においてを示している(3652³, 3210)。浄罪の奉納のように罪責の奉納が祭司のものである事は、実際の悪の除去が主からのものである様に、正に無知の無垢の状態においては、それは犯された悪にあって然うであることを示している(10042)。そしてそれが最も聖なるものである事は、そのような悪の除去のための礼拝は本質的に聖なるものである事を示している(3210, 10129)。

14. 祭司が罪責の奉納の血から取ることは、そのような礼拝に含まれている聖なる真理が主から無垢の善を介して発出することを示している(12節、10060, 9946)。右耳の先の上にそれを付けることは、内なる面で真理の原理からの従順により悪を忌避する力を伝達することを示している(10061)。彼の右手の親指の上は、内的に同じことを示している(10062)。そして彼の右足の親指の上は、外なる面での凡ゆる活動において同じことを示している(10063)。

15. 祭司は油のログから取り、それを彼自らの左手の掌の中に注ぐことは、意志を介して働く神的善は、実に、力を伴い理解の中に流れ入ることを示している(9946, 2177, 10062)。

16. 祭司は彼の右の指〔単数〕を左手にある油の中に浸すことは、全般的のみならず、個別的における伝達された力を示しており、手の各部も手全体

のように力を示している(7430)。右手と左手を使うことは、真理による善の働きを示している(10062)。油は善を示している(2177)。そしてその油から彼の指〔単数〕で七度主の御前に撥ね掛けることは、彼の中での真理と善との結合は全き主からのものであると言う十全さと神聖さ全てにおける承認を示している(10047, 2044#, 716)。

17. 油は善を示している(2177)。一方血は真理を示している(10060)。罪責の奉納の血の上に油を付けることは、力は真理により善からのものである事を示している。レプラから浄められている者の上にそれを付けることは、真理の冒瀆から純粋にされた者らの許に、を示している(6963, 4545)。右耳の先の上は、善からの従順による意志において、を示している(10061)。右手の親指の上は、内的に真理と善との結合による理解において、を示している(10062)。そして右足の親指の上は、正に無知の無垢からの礼拝にて、凡ゆる活動における真理と善との結合による生活において、を示している(10063, 3400#, 2542#)。

18. 浄められるべき者の頭の上に付けた油の残りは、内奥の人において確立された善を示している(257#, 7859)。頭はまた人間全体を意味している(10011)。そして祭司が主の御前で贖いを為すことは、外なる人と内なる人との和解、そして悪からの主による救いの成就を示している(1章3節、10042・II)。

19. 祭司が浄罪の奉納を奉納し、その穢れから浄められるべき者のための贖いを為すことは、この全てが主に和解される者により謙虚に承認されることを示している　(9939#, 10042)。そしてその後全焼の奉納を屠ることは、結果として純粋な愛から主を礼拝するための備えを示している(10024, 10053)。

20. 祭司が全焼の奉納*17を祭壇の上で奉納し、贖いを為し、そしてレプラの者が浄いことは、以下の承認を示している。即ち、全ての天的な善と全て

第 14 章

の霊的な善は主からのものであり、その御方(おかた)の奉仕へ奉献されること。そのとき悪は赦免され純化の成就が存在すること(10042, 2177, 4545)。

21. 人が余(あま)りに貧しいことは、内なる教会ではなく外なる教会の者を示している(9209)。得ることがない事は明らかに、然程(さほど)の善と真理とを受け入れ得ない事を示している(4372)。罪責の奉納のために牡(おす)の子羊1匹を取ることは、更に低い面での無知における無垢の善からの主礼拝を示している(7837~7839, 3400)。揺(ゆ)らすことは主からの活気付けを示している(10083)。贖(あがな)いを為すことは、悪の除去による主との和解を示している(1章3節、10042・II)。そして穀物の奉納のために油と混ぜた精製した小麦粉エファの10分の1と油の1ログを取ることは、彼の度において、内奥の天的善からのものであるところの善と結合した真理からの主礼拝を示している(2177, 10136, 10137)。

22. 彼が得ることの出来るような雉鳩(きじばと)2羽か若い鳩(わ)2羽は、悪の除去と善の受け入れ双方に関係する彼の状態に従い、信仰の善と真理からの主礼拝を示している(1826, 1827, 3400, 10053)。

23. 八日目は新しい状態を示している(9227)。そして諸奉納を彼の浄(きよ)めのために、祭司に会見の幕屋の戸口に主の御前(みまえ)に持参することは、純化の後で、彼の生命が諸天界を介した主からのものである事を承認する事によりそれをその御方(おかた)に帰することを示している(10042, 2356, 3540³#)。

24. 祭司が罪責の奉納の子羊と油のログを取り、主の御前(みまえ)に揺(ゆ)らしの奉納の為にそれらを揺らすことは、無知の無垢の善全てと内奥の天的な愛の善全ては、彼の許(もと)で主からの彼の礼拝の間活気付けられる事の承認を示している(7837, 7838, 3400, 2177, 10083)。

25. 罪責の奉納の子羊を屠(ほふ)ることは、無知における無垢の善から主を礼拝するための備えを示している(10024)。祭司が血を取ることは、そのような

礼拝に含まれた聖なる真理が主から発出することの承認を示している(12節、10060, 9946)。そして浄められるべき者の右耳の先の上に、彼の右手の親指の上に、そして彼の右足の親指の上にそれらを付けることは、内なる面で、内的な面で、そして凡ゆる活動における外なる面で、真理の原理からの従順により悪を忌避（きひ）する力の伝達を示している(10061～10063)。

26. 祭司がその油から彼自身の左手の掌（たなごころ）の中に注ぐことは、更に、主からの神的善の働きは実際、力を伴い理解に流れ入ることを示している(9946, 2177, 10062)。

27. 祭司が彼の右の指〔単数〕で彼の左手にある油から幾許（いくばく）かを主の御前（みまえ）に七度（たび）撥ね掛けることは、これが全般的のみならず個別的にも行われたことを示している。そしてこの故に、この教会人（ひと）の許に真理を手段とした力を伴う善の受け入れと、彼における善と真理の結合は全（まった）き主からのものであると言う、十全さと神聖さ全てにおける承認とが存在することである(16節)。

28. 祭司は彼の手にある油から浄（きよ）められるべき者の右耳の先の上に、彼の右手の親指の上に、そして彼の右足の親指の上に、罪責の奉納の血の所に付けることは、以下のことを示している。即ち、力を伝達する主から受け入れられたものは真理のみならず、人間が冒瀆から純粋にされるときの善でもあり、善の原理からの従順により意志における力の本質的なものである。真理と内的な善との結合により理解において、そして凡（あ）ゆる活動における真理と善との結合により生活において(17節)。

29. 祭司の手にある油の残りが浄（きよ）められるべき者の頭（つむり）の上に、主の御前（みまえ）で彼のための贖（あがな）いを為すため付けられる事は、そのような礼拝の結果、善もまた内奥のものにおいて、斯くて人間全体で確立され、そのとき彼は冒瀆から純粋とされる事を示している。斯くて外なる人と内なる人との和解と、主による悪からの救いの成就が結果を齎（もたら）すのである(18節)。

第 14 章

30. 彼が得ることの出来るような雉鳩か若い鳩の1羽を奉納することは、主は人間の状態に従い信仰の善からか又は信仰の真理から真に礼拝されることを示している(1826, 1827)。

31. 浄罪の奉納のための1羽と全焼の奉納のための別の1羽は、悪の除去のためと善の受け入れのための主礼拝において正に彼の状態に従うことを示している(3400, 10053)。穀物の奉納と共には、内なる面と同じく外なる面にも、を示している(10節)。そして祭司が主の御前に彼のために贖いを為すことは、外なる人と内なる人との間に斯くて和解が、純粋にされるべき者の許で主により結果を齎すことを示している(10042, 4545)。

32. これがその者にレプラの疫病があり彼の浄めに適うものを得ることの出来ぬ者の律法であるは、内なる教会ではなく外なる教会に属し、よって天界的な生命を然程十全に受け入れ出来ないが、冒瀆から純粋にされるべき者のための神的秩序の法則であることを示している(2634)。

33. これは明らかである、なぜならイェホヴァにより御自身の愛について神的存在が示されているからである(2001)。語ることにより流入が示されている(2951)。モーセにより神的真理が表象されている(7010)。アロンにより神的善が表象されている(9946)。そして曰く、により覚知が示されているからである(1791, 1822)。

34. 主が所有として与えるカナンの地に来ることにより、「内なる人とそしてまた外なる人における生命の受け入れにより、分け与えることが主の御旨であるところの天界的な状態を人間が実現するとき」がここで示されている(1413, 2658)。そして汝らの所有の地の家にレプラの疫病を置くことにより、「彼らの魂の終局的な容器に幾許か冒瀆の度合いが僅かでもあるとき」が示されている(10219, 6963, 1488)、なぜなら外観のみに従い、主は家にレプラを置くと言われているからである(696)。

第14章

35. これは以下の意義から明らかである、即ち、家の持ち主は斯く霊的な生命の受け入れにある者を示すものとして(6690)。祭司に告げるために来て、曰くは、善の行き亘った彼の状態からの覚知を示すものとして(3209, 9946)。そして「家に疫病らしく我に見えるものあり」は、彼自身の中でのその生命の破壊への傾向の覚知を示すものとして(10219, 6963, 1488)。

36. 祭司が命じることは、覚知を与える善からの流入と、斯くて主により導かれることを示している(2951#)。家を空にすることは、彼自らのものとしての如何なる善と真理も彼には欠けている事の告白を示している(17)。祭司が疫病を診るために入ることは、善からの真理による彼の状態に関する明示を示している(9946, 2150, 10219)。そして家にある全てが穢れたものと為さしめない事は、彼が主から持っている善と真理が冒瀆の不純性から彼の中に保存されることを示している(10219, 6963, 10130)。

37. 祭司が疫病を観察することは、神的善から吟味が為されるはずである事を示している(9946, 2245, 2246#)。疫病が家の諸々の壁に緑がかるか赤みがかった窪んだ斑縞を伴うことは、善について外なる容器における冒瀆への、正に、それにより諸々の虚偽が諸真理として見えるも善を欠いているところの終局的な諸真理の冒瀆への傾向が存在することを示している。なぜならそれら〔終局的な諸々の虚偽〕の中に自己高揚の衝動からの思考が存在するからである(10219, 6963, 6419, 2233, 996, 3300, 17)。そして外観が壁〔単数〕よりも低いことは、主にあって信仰の十全なる享受が存在するときでさえもを示しており、ここで壁は皮膚と同じものを表象している(9215, 780#)。

38. 祭司が家から家の戸口へ出て行くことは、神的善は恰もその容器から引き上げられる事を示している(2356)。そして家を七日間閉じ込めることは、再生の聖なる状態が純化により*18 導入されるための抑制の状態を示している(784, 6854⁵, 716)。

39. 祭司は七日目に再び来て観察することは、この状態の後更なる吟味が

起こることを示している(2044, 2245, 2246#)。そして疫病が家の諸々の壁に拡がっている事は、その容器における冒瀆への傾向の拡大を示している(10219, 4035)。

40. 祭司が命じることは、神的真理を介して啓示する神的善からの流入を示している(2951#)。その中に疫病がある諸々の石を取り出すことは、不純な諸々の虚偽はその容器から拒絶されるべき事を示している(643, 10219)。そしてそれらを町の外の穢れの場の中に投げることは、これらの虚偽が諸々の地獄からのものであり、そこから全てが不純であると承認されることを示している(10130, 4744³, 402)。

41. 家が内側の周囲に削られることは、その容器は、善の影響により、固有のもの又は利己的な愛からの虚偽との混合から完全に純粋にされるべき事を示している(9946, 1488, 6669)。そして削り取られた漆喰を町の外で穢れの場の中に注ぐことは、これらの虚偽を密着せしめる悪の情愛そのものは、そこから全てが不純であるところの諸々の地獄へと拒絶されるべき事を示している(6669, 4744³, 402)。

42. 別の諸々の石を取りそれらをそれらの石の場所に置き、別の漆喰を、そして家に漆喰を塗ることは、この容器に純粋な諸真理が聖言から挿入されるべきである事、そして真理への正真の情愛により、諸真理の内に形成されるよう斯く外観される善と、これらを密着なさしめるべき事を示している(643, 6669)。

43. 疫病が再来することにより冒瀆の悪の再発が示されている(10219, 6963)。諸々の石が取り出された後、家が削り取られた後、そしてそれに漆喰が塗られた後は、「たとえ虚偽がその目的のための鍛錬によりそれまでに取り除かれており、また諸真理が善と*¹⁹密着されたとしても」を示している(643, 6669)。ここで以下の事に注意されたい、即ち、家の内側で諸々の壁を削り、斯くて古い漆喰を取り除くことは、皮膚それと同時に犠牲獣の皮

第 14 章

膚と肉との密着の原因たるものを取り除くのと同じ照応的価値を持つと言うことである（10036）。そして当然ながらこれは終局的な虚偽とその悪の拒絶、斯くてそのような拒絶の中に含まれる鍛錬を意味していると言うことである。

44. 祭司が観察するために来ることは、その容器の中へのより強い神的善の流入と、結果たる吟味を示している(9946, 2245, 2246#)。疫病が家の中で拡がっている事は、冒瀆の傾向の伸展、あるいは最小の度合いでの実際の冒瀆を示している(10219, 6963, 4035)。腐食性のレプラは、この場合善が統治するところの孤立を示している(6963)。そして穢れは霊的な不純を示している(10130)。

45. 家をそれの諸々の石に就いてとそれの木材について壊すことは、その諸々の虚偽と諸悪について彼の容器の拒絶を示している(10643, 1488, 643)。それの漆喰全ては、それらの結合による如何なる密着について、を示している(6669)。そしてそれらを町の外で穢れの場に運ぶことは、諸々の地獄への拒絶と真の教義からの分離を示している(4744³, 402)。

46. 家が閉じ込められている全ての期間に、家へ入り込む者が夕方まで穢れていることは、自らの生命がそのような不純な容器において判然となるに甘んじる者は全て、状態の変化が引き起こされるまで不純であることを示している(1488, 6854⁵, 10130, 7844)。

47. 家で寝るものが彼の衣装を洗うことは、そのような不純の中で安逸と安息を取る凡ゆる者は聖言の真理により純粋とされねばならない事を示している(3696, 3147, 1073)。そして家で食べる者が彼の衣装を洗うことは、その状態で善を固有のものとしようと企てる凡ゆる者は同じ方法で純粋にされねばならない事を示している(2187, 3147, 1073, 1488)。

48. 祭司が再び来たり入り観察することは、神的善からの流入と、そこか

らの神的真理による吟味を示している(9946, 2245, 2246♯)。疫病が家の中で拡がっていない事は、冒瀆の伸展が全くないことを示している(4035, 10219, 6963)。彼が家に漆喰を塗った後は、諸真理が善から密着なさしめられた後を示している(643, 6669)。そして疫病が癒えているために祭司が家を浄いと宣言することは、善は諸真理により容器が純粋であるのを啓示することを示している、なぜなら純化は訓戒により結果を齎すからである(9946, 1488, 4545, 10219, 8365)。

49. 家を浄めるために鳥２羽と杉の木と緋糸とヒソプを取ることは、純化の手段、即ち、善の情愛と善から活動的な諸真理と、内的な真理と外的な真理とが適用されるべき事を示している(4545, 1488, 776, 9182[6], 3938[8], 5194)。

50. 鳥の１羽を土器の中で流水の上に屠ることは、善から聖言を手段として、または善から活動的な真理を手段として以下が覚知されることを示している。即ち、善の情愛から離れた真理の情愛は霊的生命を伴わず、それの容器、自然的な精神の中に善を受け入れるために、備えられねばならない(3424, 10024, 6767, 5948, 10105, 3079, 5節)。

51. 杉の木と緋糸とヒソプと生ける鳥を取り、それらを屠殺した鳥の血の中にそして流水の中に浸し、家に七度撥ね掛けることは以下のことを示している。即ち、結果として主から流れ入り、善の内的な真理との、そして聖言からの外的な真理と善とが結合している善の情愛を介した、善と真理との結合が存在せねばならない事。またこの結合は純粋にされるべき者において、再生の聖なる状態で神的善から確固とされるべき事である(9182[6], 7918, 9468[9], 7846, 3424, 9229[4], 10024, 6767, 6節, 10047, 716, 4545, 6963, 9946, 7節)。

52. 鳥の血と流水により家を浄めることは、善の容器は、外なる真理の聖なる情愛と、聖言からの聖なる真理とにより純粋にされるべき事を示してい

る(7846, 3424)。そして生ける鳥と、杉の木、ヒソプと緋糸によりは、善の情愛と共に、取り分け聖言からで善と結合された内的及び外的な真理によることを示している(9182⁶, 51節)。

53．生ける鳥を町の外へ野の中へ行かしめることは、善の情愛は天界の生命と内なる及び外なる幸福の十全なる享受の内に完全に自由とされる事を示している(7439, 3310, 99, 1869, 9182⁶)。そして家のために贖いを為しそれが浄いことは、外なる善は内なる善と和解し、純粋性の成就が行き亘ることを示している(10042, II.$, 1488, 4545)。

54．これが、以下のための律法である。即ち凡ゆる種類のレプラの疫病のためと、雲脂のためは、これらが真理の冒瀆に、そして再生の過程で活動的になりその様な冒瀆へ向かう悪の諸情愛に関係する、神的秩序の諸法則であることを示している(2634, 10219, 6963, 7524)。

55．衣服のレプラのためと、家のためは、それにより教義が冒瀆され、そして外なる人での善の諸々の容器が冒瀆されるところの、それらの悪の諸情愛に関係することを示している(5006, 6963, 1488)。

56．盛り上がりのためと、瘡蓋のためと、鮮やかな斑点のためは、感覚的な愛から、世の愛から、そして利己の愛から引き続き冒瀆へと向かう、悪の諸情愛の除去に関係することを示している(7524, 2240, 2節)。

57．それが穢れたときとそれが浄いときを教えるためであり、これがレプラの律法であることは、意志と理解に関連して教会人がそこから如何にして純不純を識別するかを知るためである事を示している(7007, 10130, 4545, 683, 2634, 6963)。

第14章

　字義における本章の全内容からでも、何らかの隠された意味を含んでいることは極めて明らかである。と言うのも然うでなければ、それを通じ言及されている個別的な諸儀式に、理に適(かな)った説明の余地は何ら無いであろう。よって、照応の法則の光の中で主の聖言が書かれている事を、我々が今知る範囲で、厳(おごそ)かに考察する事としよう。

　先(ま)ず初めに、祭司が宿営の外に出て、レプラの者が癒(いや)えているのを気付くことに注目すべきである。なるほど癒される事は確かに、レプラが取り除かれており、そしてそれ故(ゆえ)、浄めの典礼(きょ)が始まる前に既に人間が純粋であるという事である。が、これは如何(いか)なることか。それは、主のみが真理を冒瀆する罪から人間を救うのであり、外面的な諸儀式や如何(いか)なる外なる礼拝もこれ〔救い〕を結果として齎(もたら)さないと言うことを明示する為(ため)なのである。しかし尚(なお)も、純粋とされる為(ため)には、冒瀆者は諸儀式と諸犠牲により表象されているそれらの事柄を為(な)さねばならず、しかも彼自身からの如くにそれらを為(な)さねばならないのである。それ故(ゆえ)、人間は主により癒された後にその分(ぶん)を尽くすものと我々は早合点すべきではない、然に在らず彼は癒(いや)され続けているからである。

　さて内なる面で冒瀆からの救いの手段は何であるか。それは外的及び内的な真理の諸情愛、あるいは換言(かんげん)すれば、主により人間に与えられた真理と善との諸情愛である。そしてそれらは鳥らにより表象されている、なぜなら霊的な人の新しい生命は理解において形作られるからであり、彼は腐敗した意志を介しては再生されないからである(40)。これらの鳥は生きて浄(きよ)いものであるべきである、なぜなら生命全ては主からのものであり、この御方(おかた)からは純粋なもの以外のものは来ないからである。そしてそれらの1羽が土器の中で流水または生ける水の上に屠(ほふ)られるべきことは、自然的な人の器における自己否定による備えを示すことである。それは、生ける水により示されている処(ところ)の、善と結合した聖言の真理を、あるいは仁愛と結合した信仰を手段として、純粋にされるためである。しかし只(ただ)それだけではない。と言うのも、全般的にただ聖言の真理から満足するだけでは、霊的に純粋に成るであろう者の義務とは言えないからである。彼は経験により、或る個別的な諸真理のみが彼の諸情愛の生命の諸々の異なる度(ど)の純化に適応され、そして

第14章

　我々が既に理解してきたように、これら種々の諸真理が各々杉の木、緋糸そしてヒソプにより意味されていることを、識別し習得もしなくてはならないのである。それで自身の純化のための人間の諸々の努力が主の見えざる御働きにより如何にして助けられているかを入念に注視されたい。何となれば生ける鳥と列挙された他の物を死せる鳥の血に浸すことは、神的な働きの意味深長な表徴だからである。我々は肉において死ぬときは、霊において生きるのであり、それ以外の何ものでもない。そして無論、これは愛による主との結合へ、遂には丁度生ける鳥を開けた野の中に行かせることにより示されたように自由の状態へと導くのである。それ故これは、正に我々の全生涯の間に進行しており、レプラから浄められるべき者に七度撥ね掛けることにより示されている処の、純化の過程の最初の部分なのである。そこで次なる考察に移る事としよう。

　殊にここでは自然的あるいは外なる人についての純化が考察されている。そしてそれの表徴、即ち洗うことと、剃ることと、沐浴することは、説明を殆ど要することの無い程にもよく知られている。そしてそれらは3重である、なぜなら人間の生命自身の各々の度は異なる諸々の度によって構成されるからである。と言うのも、これらの度は全ての被造物の最大のものにも最小のものにも存在することを我々は教えられているからである。しかし上着と、髪の毛と、肉は、過程のこの部分が内面性のないところから起因し、外面性の中からの神的な働きに照応していることを明示するために列挙されているのである。それ故これは、人が水のみならず霊から生まれねばならぬ事を要求するところの、再生の法則に一致しているのである。そして、未だ詳らかではないものの、外なる人における純化の結果が一般に天界的状態へのその者の導入であることに気付くことが、今我々に求められている。何となればレプラの者が純粋になった場合、宿営の中に来ることは許されても、彼自身の家に入ることは許されないからである。宿営は、善の下での諸真理の配列による秩序について、天界的な状態を示している。しかし家は、最良の意味で、善について詳らかな状態を示し、七日間により意味されている処の再生によって、何人も彼自らの利己的生命を悉く拒絶するのでなければこれを実現できないのであり、斯くて真理に関係すると同じく善について純

第 14 章

粋にされるのである。よってこれより、諸々の虚偽の更に個別的な拒絶を伴う、第2の洗いと、剃毛と、沐浴が、剃毛に関連した表現として明示している事は明らかである。典礼の第2の部分が斯く終了する。が、まだ我々は第3のものを熟考しなくてはならない。

そしてここで八日目が天界の生命の新しく十全なる状態を示していることは明らかである。それにおいて主は凡ゆる度における善から真に礼拝され、個々の奉納によりそして取り分け血と油の適用により示されている如きである。それは本文が記述しているのと同じく正確に〔為され〕、神的な真理と善が今も人間や天使に如何に十全かつ徹底的に行き亘っているかを明示する最も意味深長な方法なのである。しかしこれらの犠牲に参照を付した際、既に充分説明済のものを繰り返す必要はない。ただ次のことを思い出されよ、即ち天界でさえ依然罪責の奉納と浄罪の奉納が存在すること、あるいは換言すると、人間そのものが間違い易く、悪以外の何者でもなく、主によって継続的に善の内に保たれていると言うことである。何となれば2匹の牡の子羊により、各々無垢の真理が示されており、それにより承認が為されるからである。一方牝の子羊により無垢の善が意味され、それは霊的に全焼の奉納、あるいは主への全き聖別を構成しているのである。斯くて我々は、先にも理解していたが今は更に際立つ様式において以下のことを理解するのである。即ち、贖いを為すところの善あるいは愛が如何様なものであるか、尚もまた同時にそれが真理により如何にして結果を齎すかである。さてそれ故に、日々の生活において我々は原理としての愛に優先権を与えるのである。主との我々の和解が徹底されるために、手段としての真理の必要性を、また善からの真理は我々の諸々の活動の中へ入り込まねばならない事を忘れぬものとしよう。と言うのも、血が撥ね掛けられ油が塗られたのは、*右*の耳、*右*の手そして*右*の足であることに注目されたい。またそれのみならず、扱われているのが、耳の*先*、手の*親指*、足の*親指*であること。それは善なるものが我々の真理と結合し、これら双方が共になり我々の諸々の活動においてまた終局的なものにも現れることを明示するためである。これは主を信頼し善を行うに適切な方法である。しかし先きへ進む前に15〜16節でのこれへの序文に留意されたし。理解への意志の内的な働きが存在する。意志が主から善を受

け入れるのは、丁度祭司が油のログを取りそれを彼自らの左手の掌の中に注ぐようなものである。さて注ぐことは流入を示し(第２列王記 4: 4、と3728)、左手は理解を示し、よってそれ故、左手の掌の中の油は真理にあって判然となった善である。それで右手の指を左手の中の油に浸すことは、直後に続くものにより記述されている如く、人間が善と真実を諸々の終局的なものの中に齎すことの出来る前に、意志と理解の結合と相互的な働きにより、如何様にして力が人間に来たるかを明示している。何となれば人間は外なる方法により、即ち、聖言を読み教えられることにより、真理を彼の理解の中に受け入れるからだ。しかし内なる方法によっては、即ち、流入により善は彼の意志の中へ〔受け入れる〕。斯くてそれらを実践する前に、彼は承認により主との結合を持つことが出来るのである。

　それ故、天界の生命へ導くべく尽力するにあたり、教会人をこれらの内省によって大いに鼓舞させよう。然しながら、この方法にあってもまた有益たる本章の爾余で、更に何かしら語られるべきものが尚残っている。

　人が冒瀆から救われるとき、彼は諸天界にあってさえも、子羊により意味されている無垢の内なる善から主を礼拝できる程には霊的に余りに貧弱かも知れない。しかし、それにも拘らず、彼は低い面でこれを行うことが出来るのである、と言うのも天界は三つ存在するから。それ故、再生により終局的な天界にのみ適合した者にとっては、霊的か天的か何れかに昇って適することは出来ない。そして、実に然うする欲求さえも持とうとしないのである。最後には凡ゆる者が彼自らの天界に永遠に留まることに満足するのである。そして永遠の進歩への能力もまた存在する。さて、雉鳩２羽か若い鳩２羽を第２の牡の子羊と牝の子羊のための代用により、そして本章ではそれに見合った安価な穀物の奉納により、それは諸々の犠牲よりも僅かな度合いでの礼拝を表象しているのであるが、そのような礼拝が意味されているのである。しかし穀物の奉納については既に説明済であり、立ち止まるに及ばない。また、この記述の残りは前と同じであるため、ここで我々が学ぶことは人間の再生が何の点において類似しているかと言うことを付け加えるだけで充分である。全ての人類が創造による主の像と似姿であり、そして再生により然う成り得る故にこの事が生じたのである。さて聖言の内意から斯く引

第14章

き出された知識の実践的な価値とは、我々各々が自らの能力を発展するよう、しかし自身に見合うよりも一層優れていると思われるものに成らねばならない等と言う幻想に惑わされぬよう、主との協同作業により希求すべき事なのである。要するに、我々各々は自身の可能性を超えて熱望するよりも、むしろ幼子のように神の王国を受ける者と成ろうではないか。でなければ善なるものよりも偉大さを希求するようになろう。

　だが最後に、我々の家におけるレプラについて何を語ろう。我々の体や精神を冒す病気について思うことは全く容易であるが、しかし家における病気については考えることは難しい、殊にこの主題における著者らはレプラが感染性でないとの見解にいるからである。然しながら、霊的には事実は異なる。家は精神における善の終局的な器を示している。そしてそれ故これは如何なる内的な不純によっても冒され易いかも知れない。何となれば、**内なるものが外なるもの**を形作るというのが法則だからである。そして我々全ては我々自らの霊的な家々を建てるよう求められており、そして我々にとり善なる事とは、それらを砂の上に建てるのではなく、岩の上に確立するであろうと言うことである。それでこれより、諸々の衣服と家とは異なり、正に感覚的並びに形体的な諸情愛について霊的に浄められる事の重要性なのである。

　よって丁度ここで、我々の面前に偉大な業がある。そして浄めの過程が全般的に冒瀆からの救いの為のそれと、外面的には同じであるのを看取することは興味深い。しかし、最善の動機の許で照らされた判断から、我々が語る優しい言葉も、我々が為す善行さえも、実に如何程多くが尚も利己の思考に穢れていることか！　そして正真の諸情愛、生ける諸真理、主との密接な結合、罪への死、そして天界的生命の輝かしい自由を措いて何が我々を純粋にすることが出来ようか。体の諸々の機能と力の弛まぬ訓練において我々が永遠に生きなくてはならない事は事実である。それ故、地上と同様、天界では弛まぬ純化を要するはずであり、それは我々の頭、我々の手、我々の足、そしてまた我々が着る衣類の全く不可避かつ適切な役立ちを介して、我々が愛する真理と我々が愛する善を冒瀆しない為なのである。それでこの事が問題の章の後半における記述を支持しているのである。良く留意する事としよう。

第 14 章

訳者のノート

* 1. 2, 3 節「レプラの者」。原本 'leper'、ヘブル語原文では、2 節が צרע のプアル態分詞 ハッ・メツォーラーア הַמְצֹרָע「レプラにさせられた者」。3 節は 13: 44, 45 と同じくパアル態受動分詞 ハッ・ツァールーア הַצָּרוּעַ「レプラにかけられた？者」。どちらも似たような意味だが。

* 2. 4, 6, 49, 51, 52 節「緋糸」。原本 'scarlet'、ヘブル語原文は シュニー トーラアト שְׁנִי תוֹלַעַת「蠕虫（ぜんちゅう）の緋色（ひ）」。

* 3. 5, 6, 50~52 節「流水」。原本 'running water'、ヘブル語原文は マイム ハッイーム מַיִם חַיִּים「命の水」。

* 4. 7, 48 節「浄（きよ）いと宣言する」。原本 'pronounce ~ clean'、ヘブル語原文には ティハル טִהַר「浄（きよ）めた」が用いられている。

* 5. 7, 53 節「開（ひら）けた野」。原本 'open field'、ヘブル語原文は「野の面（おもて）（顔）」。

* 6. 10 節「当歳（とうさい）」。原本 'first year'、ヘブル語原文は「一歳の娘」。

* 7. 18, 27 ~ 29 節「手」。原本 'hand'、ヘブル語原文は「掌（たなごころ）」。28 節の「右手」の「右」の言葉はヘブル語原文には無い。

* 8. 21, 22, 30~32 節「得ることの出来る / 出来ぬ」。ヘブル語原文は「手の追いつく / 追いつかぬ」。

* 9. 22, 30 節「若い鳩」。ヘブル語原文は「鳩の子ら」。

* 10. 37 節「窪（くぼ）んだ斑縞（まだらじま）」。原本は 'hollow strakes'、ヘブル語原文は シェカアルーロート שְׁקַעֲרוּרֹת、ここだけでしか使用されていない言葉。

* 11. 38, 46 節「閉じ込める」。ヘブル語原文では、第 13 章のレプラの者の「閉じ込め」と同じ言葉。

* 12. 41 節「内側」。原本は 'within'、ヘブル語原文は「家から」。

* 13. 41, 42, 45 節「漆喰（しっくい）」。原本 'mortar'、ヘブル語原文は アーファール עָפָר「塵（ちり）」。

* 14. 54 節「雲脂（ふけ）」。原本 'scall'、第 13 章 30 節以下と同様、ヘブル語原文は ネテク נֶתֶק。

* 15. 55 節「衣服」。原本 'garment'、ヘブル語原文は ベゲド בֶּגֶד、それまでに原本で 'clothes'「衣装」と訳されている言葉と同じ。

第 14 章

＊16. 57 節「とき」。ヘブル語原文は「日々」。
＊17. 注解 20 節「全焼の奉納」。この直後の「穀物の奉納」についてのコメントが脱落。
＊18. 注解 38 節「... 状態が純化により」。コラムでは言い回しが逆だが、大意に差は感じられない。
＊19. 注解 43 節「善と」。' with good '、しかしコラムでは ' from good '。
＃ 『天界の秘義』の各々の節には当該内容の記載がないか、参照としては飛躍？

第 15 章

霊的意味の要約

1. 感覚的な、世俗的な、あるいは利己的な愛の諸悪から流れる虚偽の結果であるところの、霊的不純な諸状態において(1〜15節)。
2. 真理とそれ自らの善との不結合から起こる不純性において。そのような不純による諸真理の粗悪化。そして再生の間のこの結合に連関した善と真理双方の純化の必要性(16〜18節)。
3. 再生の間の悪の虚偽から起こる自然的な情愛の不純性において(19〜24節)。
4. 再生の過程にいない者の許での悪の虚偽から起こる自然的な情愛の不純性において(25〜30節)。
5. そのような虚偽による善の汚染の故に霊的な死が存在しないために、悪の虚偽からの純化の必要性において(31節)。
6. 章全体の教えの全般的要約(32, 33節)。

各節の内容

1. そして主はモーセにとアロンに語って、曰く、

1. 主から真理にそして善にいる者らへの啓示が存在し、覚知を与える、

2. イスラエルの子供らに語り、そして彼らに言え、誰であれ男は

2. そしてそこから**霊的教会**人への教示、それにより彼は以下の

第 15 章

彼の肉から出る漏出があるときは、彼の漏出の故に彼は穢れている。

ことを覚知する、即ち如何なる者であれ感覚から、世俗愛から、あるいは利己的な愛から考えるとき、この故に彼の思考は悪からの虚偽であり彼は不純である。

3. そしてこれが彼の漏出における彼の穢れとする。彼の肉に彼の漏出が流れる*¹にせよ、あるいは彼の肉に彼の漏出が止まっている*²にせよ、それは彼の穢れである。

3. そしてこれが思考における虚偽あるいは不純の起源である。悪が虚偽と結合しているにせよ、あるいは恰も、それから分離されているにせよ、それは虚偽の起源である。

4. 漏出ある者が臥す凡ゆる寝床は穢れたものとする。そして彼が座す凡ゆる物*³は穢れたものとする。

4. そしてこれらの低下した愛からの思考に汚染された、凡ゆる自然的な情愛や教義は不純である。そのような思考により確固とされるこれらの愛からの凡ゆる情愛もまた不純である。

5. そして誰であれ彼の寝床に触れる者は、彼の衣装を洗い、彼自ら水で沐浴し、夕まで穢れたものとする。

5. そのような単に自然的な情愛や思考への極めて僅かな接触もまた、外なる面でも、内なる面でも純化を要し、状態の変化が起こるまで不純の原因となる。

6. そして漏出ある者が座した如何なる物*³もそれに座す者は、彼の衣装を洗い、彼自ら水で沐浴し、夕まで穢れたものとする。

6. 自身を悪の実践や虚偽の教義の内に確固とし易い凡ゆる者もまた、一般的に腐敗した教会や誰であれ個人も然うしたため、外

第 15 章

なる面と内なる面とで、あるいは思考と情愛について純粋にされねばならず、そして状態の変化が起こるまで純粋には成り得ない。

7. そして漏出ある者の肉に触れる者は彼の衣装を洗い、彼自ら水で沐浴し、夕まで穢れたものとする。

7. そしてもし誰かが情愛により彼自身を、感覚的、世俗的または利己的な愛から起こる教義の虚偽の内にいる別の者と結合させるなら、彼は外なる面と内なる面で純粋とされねばならず、そのような純化を介した状態の変化まで不純であろう。

8. そしてもし漏出ある者が浄い者の上に唾をかける場合。そのとき彼は彼の衣装を洗い、彼自ら水で沐浴し、夕まで穢れたものとする。

8. 尚も更に、もし誰かが悪からのそのような虚偽にいて、そうでない別の者の生命を故意に腐敗せしめるなら、その別の者は外なる面と内なる面で純粋とされねばならない。彼は状態の変化なしには純粋となり得ることもない。

9. そして漏出ある者がその上に乗る鞍は何であれ穢れたものとする。

9. 悪からのその様な虚偽との接触により汚染された知力において、真理の凡ゆる容器もまた不純である。

10. そして彼の下にあった如何なる物もそれに触れる者は誰であれ夕まで穢れたものとする。そ

10. 同じ方法で、汚染された意志において、善の凡ゆる容器は状態の変化まで不純である。またそ

332

第 15 章

してそれらの物を運ぶ者は彼の衣装を洗い、彼自ら水で沐浴し、夕まで穢れたものとする。

の様な汚染の単なる思考でさえ、それが必要に見えるとしても、状態の変化により外なる面と内なる面での純化を要求する。

11. そして漏出ある者がその両手を水で濯がず触れた者は誰であれ、彼は彼の衣装を洗い、彼自ら水で沐浴し、夕まで穢れたものとする。

11. もし悪からの虚偽にいる者が、双方に共通した何らかの情愛により、純粋な者と霊的に接触するに至るならばまた、彼は彼自身を外面的に純粋にせねばならない。そしてその様な接触は外なる面と内なる面で純化を要し、それにより状態の変化もまた〔要する〕。

12. そして漏出ある者が触れる所の土器は、壊されるものとする。そして凡ゆる木の器は水で濯がれるものとする。

12. そして悪からのその様な虚偽に僅かに汚染されただけの、真理の最低の諸々の容器でさえ、拒絶されねばならない。また善の最低の諸々の容器は、同じ事情の下、真理を介して純粋とされねばならない。

13. そして漏出ある者が彼の漏出から浄められると、そのとき彼は彼自らに彼の浄めのために七日を数え、そして彼の衣装を洗うものとする。そして彼は彼の肉を流水*4で沐浴するものとし、彼は浄いものとする。

13. そして悪の虚偽から純粋にされるべき者は、再生の過程を経ねばならない。善から活動的となった真理を手段として、外なる面と内なる面で彼自身を純粋にし、それで彼は純粋にされるであろう。

第 15 章

14. そして八日目に彼は彼に雉鳩(きじばと)2羽(わ)か、若い鳩*5 2羽(わ)を取り、主の御前(みまえ)に会見の幕屋の戸口へ来て、それらを祭司に与えるものとする。

14. そして彼の新しい状態において彼は、信仰の善あるいは真理から主を礼拝し、諸天界を介して主から、斯(か)くて善について彼の状態から、これらを彼が受け入れることを承認するであろう。

15. そして1羽(わ)を浄罪の奉納のために、他を全焼の奉納のために、祭司はそれらを奉納するものとする。そして祭司は彼の漏出(みつ)のため主の御前(みまえ)に彼のための贖(あがな)いを為すものとする。

15. そして善のこの状態から彼は真に礼拝するであろう。第1に、悪が取り除かれるために、そして第2に彼が主に献身するために。またこの方法において、神的善から、悪からの虚偽が取り除かれるであろう、そして外なる人と内なる人との間の和解が結果を齎(もたら)すであろう。

16. そしてもし受精(いか)の如何なる男の種(たね)も彼から出るなら、そのとき彼は彼の肉全てを水で沐浴(もくよく)し、夕まで穢(けが)れたものとする。

16. 更に、再生の行程において、如何(いか)なる者の許(もと)での神的真理の種(みずか)が、その自らの善と結合していない事によって粗悪化されるとき、善へ導く真理の状態がその終わりに至(いた)るまで、そのような人物は善の原理から真理を生活へ適用する事により、完全に純粋にされねばならない。

17. そして受精の種(たね)が付いているところの、凡(あら)ゆる衣服と、凡(あら)ゆ

17. そして外なる〔真理〕であれ内なる〔真理〕であれ、人間の

334

第 15 章

る革は水で洗われ、そして夕まで穢れたものとする。

許での真理の凡ゆる状態は、その中で真理とその自らの善とが結合する情愛が転倒されており、純粋にされねばならない。しかし善へ導く真理の状態がその終わりに至るまでは、完全に然うではない。

18. 男が受精の種と共に臥した女もまた、彼らは彼ら自ら水で沐浴し、夕まで穢れたものとする。

18. そして結合のための真理の種を受け入れる過程にある善の凡ゆる自然的な情愛は、それが霊的な情愛に照応することから、過程においては相対的に不純である。そして双方の情愛は、真理と善との十全な結合により状態の変化が結果を齎すまで、真理により純粋にされるよう要求する。

19. そしてもし或る女に漏出があり、そして彼女の肉における彼女の漏出が血であれば、彼女は七日間彼女の不純の内にいるものとする。そして彼女に触れる者は誰であれ夕まで穢れたものとする。

19. 如何なる自然的な情愛も再生中の状態において利己的な愛の悪からの虚偽により腐敗したとき、その自然的な情愛は再生されねばならない。そしてそれにおける極めて僅かな甘やかしも善へ導く真理の状態の終わりまで不純である。

20. 彼女が彼女の不純の内にその上に臥す凡ゆる物は穢れたものとする。彼女がその上に座す

20. その自然的な情愛により汚染された凡ゆる教義もまた不純である。そして虚偽により確固と

第 15 章

凡ゆる物もまた穢れたものとする。

21. そして誰であれ彼女の寝床に触れる者は、彼の衣装を洗い、彼自ら水で沐浴し、夕まで穢れたものとする。

22. そして誰であれ彼女がその上に座す如何なる物*3にも触れる者は、彼の衣装を洗い、彼自ら水で沐浴し、夕まで穢れたものとする。

23. そしてもしそれが寝床、あるいは彼女が座す如何なる物*3の上にある場合、彼がそれに触れるとき、彼は夕まで穢れたものとする。

24. そしてもし如何なる男も彼女と臥し、彼女の不純が彼の上に有るなら、彼は七日間穢れたものとする。そして彼が臥す凡ゆる寝床は穢れたものとする。

されたその情愛の凡ゆる状態は不純である。

21. そして極めて僅かな度合いでもその虚偽の教義により影響された凡ゆる者は、その状態の終わりまでに、外なる面と内なる面で純粋にされねばならない。

22. 自身を悪の実践またはそこから由来した教義の内に確固とし易い凡ゆる者もまた、状態の満了まで外なる面と内なる面で純粋にされねばならない。

23. そして万一悪からのその虚偽が、誰であれその自然的情愛の影響下に来る者の許での真理や善の教義を汚染させるなら、彼は状態の変化が起こるまで不純である。

24. そしてもし真理にいる如何なる者でも彼自身をその情愛と結合し、その虚偽が彼を汚染するなら、彼は再生の聖なる状態を通過せばならない。そして彼の教義全てがそれにより不純と成るであろう。

第 15 章

25. そしてもし女が彼女の不純な時でなくとも彼女の血の漏出が多くの日々にある場合、または彼女が彼女の不純の時を越え漏出がある場合。彼女の穢れの漏出の全ての日々、彼女は彼女の不純の日々における如くとする。彼女は穢れている。

26. 彼女が彼女の漏出の全ての日々に臥す凡ゆる寝床は、彼女に対し彼女の不純の寝床の如くとする。また彼女が座す凡ゆる物*3は、彼女の不純の穢れの如く、穢れたものとする。

27. そして誰であれそれらの物に触れる者は穢れたものとし、彼の衣装を洗い、彼自ら水で沐浴し、夕まで穢れたものとする。

28. しかしもし彼女が彼女の漏出から浄められるなら、そのとき彼女は己に七日を数えるものとし、その後彼女は浄いものとする。

25. そしてもし如何なる自然的な情愛であれ、悪からの或るいはその状態を通過する事における失敗からの虚偽に汚染されているならば、そのときは再生に導く状態ではない。この状態が続く限り、それは不純であり、正に再生中の状態の如きである。実に一層強く然り。

26. その虚偽にあって、そのような自然的な情愛により汚染された凡ゆる教義は、不純である。そして虚偽により確固とされたその自然的な情愛の凡ゆる状態は、正に再生中の状態の如く、不純である。

27. そしてこれらの虚偽化された諸状態により僅かでも影響された凡ゆる者は不純であり、外なる面と内なる面で状態の終わりまで純粋とされねばならない。

28. しかし仮にその自然的な情愛が虚偽から純粋にされるなら、それは再生の結果として承認されるべきである。何となれば純化は再生に続くからである。

第 15 章

29. そして八日目に彼女は彼女に雉鳩*5 2羽か、若い鳩*5 2羽を取り、それらを祭司へ、会見の幕屋の戸口へ、持参するものとする。

29. そしてその自然的な情愛の、あるいはそれが内に活動的であるところの人物の、新しい状態において、彼は信仰の善と真理から主を礼拝するであろう。また主を、そして諸天界を介したその御方の影響を承認するであろう。

30. そして祭司は1羽を浄罪の奉納のために、他を全焼の奉納のために奉納するものとし、そして祭司は彼女の穢れの漏出のために主の御前で彼女のための贖いを為すものとする。

30. 神的善から悪の除去と主への愛の実現も又あるであろう。そして外なる人と内なる人との和解が悪からの虚偽と、その不純の除去により結果を齎すであろう。

31. 斯く汝らイスラエルの子供らを彼らの穢れから分離するものとする、彼らが彼らの真中にある我が仮庵*6を不潔と為すとき、彼らの穢れの内に彼らが死ぬことである。

31. 斯くて**霊的教会**の凡ゆる会員が純粋にされなくてはならず、悪が霊的死の原因と成らぬためである。その間外なる人と、主から天界の諸原理が確立すべきところの内なる人との間の調和を欠いている。

32. これが、漏出ある者の、そしてその受精の種が自ら出で、その為それにより穢れている者の、律法である。

32. これが利己的な愛から由来した虚偽の除去のための神的秩序の法則である。不純を生むところの、真理と善との天界的結婚の聖性さへの暴虐を防ぐためである。

第15章

33. 自らの不純により月の障りのある女の、また漏出ある者の、男の、また女の、また穢れている彼女と臥す者の〔律法である〕。

33. 天界的結婚のための備えにいる者らからの虚偽の除去のため。全般的に霊的並びに自然的な諸情愛からの悪からの虚偽の除去のため。そして霊的並びに自然的な諸情愛の不純な結合の除去のため。

参照と注解

1. これは明らかである、なぜならイェホヴァにより御自身の愛について神的存在が示されているからである(2001)。語ることにより流入が示されている(2951)。モーセにより神的真理、または聖言が示されている(7010)。アロンにより神的善が示されている(9946)。そして曰く、により覚知が示されているからである(1791, 1822)。

2. イスラエルの子供らに語りそして言うことにより、**霊的教会**人への教示が示されている(7304, 3654)。そしてその肉から漏出がある如何なる男と、それの為に穢れている事により、如何なる者であれ感覚から、世俗愛から、また利己的な愛から考える事とそこからの悪からの虚偽と不純が示されている(10283, 10130#)。正しく所与の二つの事の最初の言及において個別に以下の言葉に留意されよ。即ち、「人間の内に彼自らの意志と彼自らの知性が存在する。彼自らの意志は悪であり彼自らの知性はそれから由来した虚偽である。前者は即ち、彼自らの意志は人の肉により意味され、彼自らの知性はその肉の血により〔意味され〕」*7、そしてそれによる第2の言及から以下のことに注視されよ、即ち、本章の口述で列挙されている*漏出*や*流出*

は、悪の諸情愛から流れる悪の諸々(もろもろ)の思考を示していることは明らかである。

3. 彼の漏出における穢(けが)れは、思考における不純の、換言すれば、虚偽の不純の起源であるところの悪を示している(10130)。そして、彼の肉に彼の漏出が流れるにせよ、止(と)まっているにせよ、悪が虚偽と結合しているにせよ、あるいは恰(あたか)も、それから分離されているにせよ、を示している。なぜならこの場合、流れることは流入の観念を(10130)、そして止まっている事は流入が制限されている観念を(843)示唆するからである。

4. 漏出ある者が臥(ふ)す凡(あら)ゆる寝床が穢(けが)れていることは、これらの低下した愛からの思考により汚染された凡ゆる自然的な情愛や教義は穢(けが)れていることを示している(6188, 10360 終わり、10130)。そして彼が座(ざ)す凡ゆるも物が穢(けが)れていることは、そのような思考により確固とされるこれらの愛からの凡ゆる情愛は不純であることを示している(9422, 10130)。

5. 誰であれ彼の寝床に触れる者が、彼の衣装を洗い、彼自ら水(みずか)で沐浴(もくよく)し、夕方まで穢(けが)れている事は、そのような単に自然的な情愛や思考への極めて僅(わず)かな接触は外なる面でも内なる面でも純化を要し、状態の変化が起こるまで不純の原因となることを示している(10130, 6188, 10360 終わり、3147, 5006, 7844)。

6. 漏出ある者が座(ざ)した如何(いか)なる物もそれに座(ざ)す者が、彼の衣装を洗い、彼自(みずか)ら水で沐浴(もくよく)し、夕方まで穢(けが)れていることは、自身を悪の実践の内に確固とし易(やす)い凡(あら)ゆる者が、一般的に腐敗した教会や誰であれ個人も然うした為、外なる面と内なる面とで、あるいは思考と情愛について純粋にされねばならず、そして状態の変化が起こるまで純粋には成り得ないことを示している(6188, 2 節、3147, 10130, 7844)。

7. 漏出ある者の肉に触れる者は、情愛により自身を、感覚的、世俗的または利己的な愛から起こる教義の虚偽の内にいる別の者と結合させる者を示

第15章

している(10130, 780, 10283, 10130)。彼の衣装を洗い、彼自ら水で沐浴することは、外なる面と内なる面での純化を示している(3147, 5006)。そして夕方まで穢れていることは、状態の変化までの不純を示している(10130, 7844)。

8. 漏出ある者が別の者の上に唾をかけることは、悪からのその様な虚偽の内にいて、そうでない別の者の生命を、真理の諸々の虚偽化により故意に腐敗せしめる事を示している。なぜなら唾をかける事と唾の粘土を作ることは、善い意味では、斯く信仰の善を生み出す真理と善との結合を意味し(6660⁶#＊⁸)、よってそれ故、対立する意味では、別の者の上に唾をかけることは、彼の生命を腐敗せしめる事と虚偽を伴う教義を示している事は明らかである(4835⁴)。彼の衣装を洗い彼自ら水で沐浴することは、外なる面と内なる面での純化を示している(3147, 5006, 683#)。そして夕方まで穢れていることは、状態の変化までの不純を示している(10130, 7844)。

9. 漏出ある者がその上に乗る鞍が何であれ穢れていることは、そのような虚偽との接触により汚染された知性において真理の凡ゆる容器は不純であることを示している(5531, 2761, 2762, 10283, 10130)。

10. 彼の下にあった如何なる物もそれに触れる者と、それらの物を運ぶ者は誰であれ、前者は意志における諸々の容器での汚染を、そして後者はそのような諸々の事柄の単なる思考による汚染を示している(10130, 3079#, 5948, 8764)。衣装を洗い彼自ら水で沐浴することは、外なる面と内なる面での純化を示している(3147, 5006)。そして夕方まで穢れていることは、状態の変化までの不純を示している(10130, 7844)。

11. 漏出ある者にその両手を水で濯がず触れられた者は誰であれは、霊的に悪からの虚偽にいる者あるいは真理を虚偽化する者が、外なる純化なしに双方に共通した何らかの情愛により別の者と接触するに至ることを示している(10283, 10130, 3147)。その一方の者がその衣装を洗い、彼自ら水で

第 15 章

沐浴し、夕方まで穢れていることは、状態の変化までの外なる面と内なる面での純化を示している(3147, 7844)。ここで以下の事に注視されたい、即ち或る共通の情愛による接触を示すことは別の者に触れることであり、そして単に外なる純化を意味することは両手のみを濯ぐことである。初めのものは10130 の冒頭に「他者の意志が同意し一つと為す限り」という言葉から、また第2のものは7442³から実証されており、そこでは足と両手を洗うことが**自然的なもの**の純化に、そして頭を洗うことが**霊的なもの**の純化に関係している。

12. 漏出ある者により触れられた土器は、悪からの虚偽により汚染された、善なしの真理の最低の容器を示している(10105, 10130, 10283)。木の器は善の容器を示している(643)。そして壊される或いは水で濯がれることは、拒絶される事あるいは真理を介して純粋とされる事を示している(9163, 3147)。

13. 漏出ある者が彼の漏出から浄められる事は、悪の愛から真理を虚偽化する者の純化を示している(10283#, 4545)。彼自らに彼の浄めのために七日を数えることは、彼が再生の過程を経ねばならない事を示している(創世記 1 章全般、716)。彼の衣装を洗い彼の肉を流水で沐浴することは、外なる面と内なる面での純化を示している(3147, 5006, 3424)。そして浄いことは霊的に純粋性を示している(4545)。

14. 八日目は新しい状態を示している(9227)。雉鳩2羽か若い鳩2羽を取ることは、信仰の善あるいは真理からの主礼拝を示している(1826, 1827)。主の御前に会見の幕屋の戸口へ来ることは、諸天界を介して主からこれらを彼が受け入れるという承認を示している(2356, 3540³#)。そしてそれらを祭司に与えることは、善について斯く彼の状態から、を示している(9946)。

15. 祭司がそれらを奉納することは、善のこの状態から彼が真に礼拝するであろう事を示している(9946)。1羽を浄罪の奉納のために他を全焼の奉納

第 15 章

のためには、悪が取り除かれるために、そして彼が主に献身するために、を示している(3400, 10053)。そして祭司が彼の漏出のため主の御前に彼のための贖いを為すことは、この方法において、神的善から、悪からの虚偽が取り除かれ、そして外なる人と内なる人との間の和解が結果を齎すであろう事を示している(10283#, 10042・II)。

16. 受精の如何なる男の種も彼から出ることは、ここで「再生の行程において、如何なる者の許での神的真理の種がその自らの善と結合していない事によって粗悪化されるとき」を示している(880, 1798, 4837)。彼の肉全てを水で沐浴することは、善の原理から真理を生活へ適用する事による完全な純化を示している(3147, 1798#, 780)。夕まで穢れていることは、善へ導く真理の状態がその終わりに至るまでの不純を示している(7844, 9274#)。

17. 受精の種が付いているところの、凡ゆる衣服と、凡ゆる革は水で洗われ、そして夕まで穢れていることは以下を示している。即ち、人間の許での真理の凡ゆる状態は、外なるものであれ内なるものであれ、その中で真理とその自らの善と結合する情愛が転倒されており、純粋にされねばならない。しかし善へ導く真理の状態がその終わりに至るまで完全に然うではないこと(9215, 880, 1798, 4837, 3147, 7844, 9274#)。

18. 女は、この場合善の自然的な情愛を、男は真理の霊的な情愛を示している。男に対しここで用いられているヘブル語はイシュ *ish**9 だからである(915)。種は善との結合のための真理を示している(880, 1798)。女はまた自然的な情愛を、男は霊的な情愛を示している(3969 2#, 155#)。彼ら自ら水で沐浴し、夕まで穢れていることは、真理と善との十全な結合により状態の変化が結果を齎すまでの純化を示している(7884#, 9274#, 3147)。

19. 漏出のある女は利己的な愛の悪からの虚偽により腐敗した自然的な情愛を示している(3969#, 155#, 10283#)。彼女の肉における彼女の漏出が血であることは、再生中の状態を示している(10283, 4161)。七日間彼女の不

第 15 章

純の内にいることは、自然的な情愛は再生されるはずである事を示している(創世記1章全般、716)。そして誰でも彼女に触れる者が夕まで穢(けが)れていることは、それにおける極めて僅(わず)かな甘やかしも善へ導く真理の状態の終わりまで不純であることを示している(10130, 7844, 9274#)。

20. 彼女が不純の内にその上に臥(ふ)す凡(あら)ゆる物が穢(けが)れていることは、その自然的な情愛により汚染された凡ゆる教義は不純であることを示している(6188, 10360 終わり、10130)。そして彼女がその上に座(ざ)す凡(あら)ゆる物が穢(けが)れていることは、虚偽により確固とされたその情愛の凡ゆる状態は不純であることを示している(9422, 10130)。

21. 誰であれ彼女の寝床に触れる者は、極めて僅(わず)かな度合いでもその虚偽の教義により影響された凡(あら)ゆる者を示している(10130, 6188, 10360)。彼の衣装を洗い彼自ら水(みず)で沐浴することは、外なる面と内なる面での純化を示している(3147, 5006)。そして夕まで穢(けが)れていることは、状態の変化までの不純を示している(10130, 7844)。

22. 誰であれ彼女がその上に座す凡(あら)ゆる物に触れる者は、自身を悪の実践またはそこから由来した教義の内に確固とし易(やす)い如何(いか)なる者(もくよく)も、を示している(10130, 9422)。衣装を洗い彼自ら水(みず)で沐浴することは、外なる面と内なる面での清めを示している(3147, 5006)。そして夕まで穢(けが)れていることは、状態の満了までの不純を示している(10130, 7844)。

23. それが寝床、あるいは彼女が座(ざ)す如何(いか)なる物の上に有ることは、万一悪からのその虚偽が真理や善の教義を汚染させるなら、を示している(3969², 155#, 10283#, 10360, 9422, 3552)。触れることは影響下に来ることを示している(10130)。そして夕まで穢(けが)れていることは、状態の変化までの不純を示している(10130, 7844)。

24. 如何(いか)なる男も彼女と臥(ふ)すことは、もし如何(いか)なる者も真理にいる者が彼

第 15 章

自身をその情愛と結合しその虚偽〔が彼を汚染するなら、〕*10 を示している(915, 4433)。彼女の不純が彼の上に有ることは、その情愛とその虚偽による汚染を示している(10283#, 10130, 2節)。七日間穢れていることは、再生の聖なる状態を通過することを示している(716, 10130)。そして彼が臥す凡ゆる寝床が穢れていることは、その教義がそれにより不純と成るであろう事を示している(10360, 10130)。

25. 女が彼女の不純でない時に血の漏出が多くの日々にあることは、もし如何なる自然的な情愛であれ再生に導く状態にないときに悪からの虚偽に汚染されているならば、を示している(10283#, 4161)。彼女の不純の時を越えていることは、その状態を通過することにおける失敗から、を示している(創世記1章全般、716#, 487)。彼女の不純の日々の如く彼女に漏出のある全ての日々は、この状態が続く限り不純であり、再生中の状態の如きであることを示している(10130, 4161, 10283#)。彼女が穢れていることは、実に一層強く然うである事を示している(10130)。

26. 彼女が彼女の漏出の全ての日々に臥す凡ゆる寝床が彼女に対し彼女の不純の寝床の如きであることは、その虚偽にあってその様な自然的な情愛により汚染された凡ゆる教義は不純であることを示している(10360, 10283#, 10130)。そして彼女が座す凡ゆる物が彼女の不純の穢れの如く穢れていることは、虚偽により確固とされたその自然的な情愛の凡ゆる状態は、正に再生中の状態の如く不純であることを示している(9422, 10103, 10283#, 4161)。

27. 誰であれそれらの物に触れる者が穢れていることは、これらの虚偽化された諸状態により僅かでも影響された凡ゆる者は不純であることを示している(10130, 10283#)。彼の衣装を洗い彼自ら水で沐浴することは、聖言を介した外なる面と内なる面での純化を示している(3147, 5006, 2702)。そして夕まで穢れていることは、状態の変化までの不純の継続を示している(10130, 7844)。

第15章

28. 彼女が彼女の不純*11から浄められ、己に七日を数え、その後浄いことは、もしその自然的な情愛が虚偽から純粋にされるなら、それは再生の結果として承認されるべき事を示している。何となれば純化は再生に続くからである(4545, 創世記1章全般、716, 10239)。

29. 八日目はその自然的な情愛の新しい状態を示している(9227)。雉鳩2羽か若い鳩2羽を取ることは、信仰の善や真理からの主礼拝を示している(1826, 1827)。またそれらを祭司へ会見の幕屋の戸口へ持参することは、主と諸天界を介したその御方の影響の承認を示している(9946, 2356, 3540[3#])。

30. 祭司が1羽を浄罪の奉納のために、他を全焼の奉納のために奉納することは、神的善から、悪の除去と主への愛の実現が存在するであろう事が示している(9946, 3400, 10053)。そして祭司が彼女の穢れの漏出のため主の御前に彼女のための贖いを為すことは、悪からの虚偽と、その不純の除去による外なる人と内なる人との和解を示している(10042・*II.*, 10130, 10283#)。

31. 斯く汝らイスラエルの子供らを彼らの穢れから分離するものとする事は、**霊的教会**の凡ゆる会員は斯く純粋にされなくてはならない事を示している(3654, 10130, 10283#)。彼らの穢れの内に彼らが死なぬことは、悪が霊的な死の原因と成らぬためを示している(129, 10130)。そして彼らが彼らの真中にある我が仮庵を不潔と為すことは、他方天界の諸原理が主から確立すべきところの、外なる人と内なる人との間の調和が欠乏している事を示している(10130, 3210, 6028)。

32. 漏出ある者の、そして受精の種が自ら出で、その為それにより穢れている者の律法は、利己的な愛から由来した虚偽の除去のための神的秩序の法則であり、不純を生むところの真理と善との天界的結婚の神聖さへの暴虐を防ぐためである事を示している(10283#, 880, 1798, 4837, 2634, 10130)。

第15章

33. 自らの不純により月の障りのある女の、は、再生の過程にいる者らからの虚偽の除去のための法則を示している(2634#, 10283#, 4161)。漏出ある者の、男と女は、霊的並びに自然的な諸情愛からの、全般的に悪からの虚偽の除去のためを示している(915, 10283#)。そして穢れている彼女と臥す者の、は、霊的並びに自然的な諸情愛の不純な結合の除去のためを示している(4433, 10283#, 10130)。

前述の神的真理の個別的なものを再考するに当たり、二つの見解が示唆される、即ち、第1に主が教会の凡ゆる個人を流入と教示とによりお教えになること、第2に漏出のあるこの人間は我々各々が従属する状態の型であることである。何となれば我々は皆神的真理から、内的には何らかの光、あるいは寧ろ何らかの明示を、そして外面的には何らかの教示を持っているからである。そしてそれを思うとき、我々は後者が前者無しには殆ど役に立たないことを識別する事となろう。全ての被造物の中でも、人間のみに賦与された、霊的な光を悟れる能力に祝福あれ！　それにより人間は聖言から諸真理を知り、そこから、自然的自己本位からの虚偽であるものへの思い、その思いはここでは彼の肉から出る漏出により示されているが、その思いが至る範囲を見出し得ることもまた大いなる祝福である。

人間の利己的な心から悪の諸々の思考が発出する(マルコ 7: 21)。しかし人間にはどうする事も出来ない。また、甘やかしにより、そしてその様な悪の諸々の思考を実行に移すべく同意する限りを除き、それには責任はないのである(『真のキリスト教』658)。それに就き熟考されたし。然しながら、これら悪の諸々の思考は邪悪な諸霊から我々に流れ入っており、彼らが然うする理由は、我々自身の中に彼らを引き付ける悪の根が存在するからである。今我々が悟ることが必要なのは丁度この悪の根なのであり、主は聖言により我々にそれを悟らしめ、それは我々の霊的漏出から我々が浄められる為である。

第 15 章

　次に肉に漏出が流れる事とそれに漏出が止まっている事との違いに気付かれたい、なぜなら前者は意志の働きを、後者は意志の不同意を明示している。たとえ後者が良心の影響を抑えることを含んでいるとしても、双方の状態が霊的な不純である事にも気付かれたい。それ故本文が言うように仮にそれらが「止まっている」としても、悪の諸々の思考からの純化は必要なのである。また、それぞれ寝床に臥すこと、あるいは腰掛けに座すことにより示されている、悪の思考の二つの状態が存在する。勿論一つは理解に、他は意志に関係するのである。

　しかし今、我々に流れ込み、そして我々が助長し確固とし易い悪の諸々の思考のために、他の人々が不純に苦しむやも知れぬことを示す幾つかの事例を追って見られたい。然しながらこれは、我々がそのような諸々の思考を言い表すかも知れないからだけでなく、それらが我々を取り巻く霊的雰囲気を汚染し、もし黙していれば、他者らへ確実に伝達されるかも知れないからである。さて、我々がそれの意図なく無意識にさえも害を与えないようにする事は、そのような諸々の想像を抑える上で価値あることである。そして事実は考察されねばならない。偽りの教義は致死的なものであるが、もし再生中の人が飲むなら、深刻には彼を害いはしないものの、しかし霊的な接触があるなら、同じくそれは不純を生むのである。もし或る者がそれにより影響を受ける諸々の虚偽を確固とし易い性質なら、なお一層危険なものと成るであろう。そして自身を情愛によりそのような諸々の虚偽にいる者と結合させる者は、より甚大に彼自身を害う事は確実であろう。況やそのような状態にいる者により故意に不純になる者もまた害を被るのは尚更であろう。そう言う訳でこれは全般的に諸情愛に対してである。そして諸々の思考であれそれに連関した諸々の感情であれ、諸々の知的な事柄について類似の結果を我々は見出すはずである。そしてこれ等は鞍と後続するそれらの物により、その系列における解釈が明示しているように、適切に示されている。一方純化は、真理を手段として、そして夕方と呼ばれる状態の終結に後続し、八日目により表象されるところの、正真の主礼拝によってのみ招来され得るのである。今やこれ等は再生中の人間にとり現実の経験である。そして聖言の照応の言語においてここで記述されている如く、それらを省察することによっ

て、我々は自らの前進を促す事となろう。悪の思考全てに対しより用心深くなり、試みに入らぬよう更に祈り多い者となるであろう。

　今我々は善なるものと真理との天界的結婚の考察に至る訳だが、それは**再生**の達成であるだけでなく、全過程を通して再生を構成するとも言えよう。それ故、この天界の結婚以上に聖で、純粋で、浄いものは有り得ず、それ故また、主とこの御方の教会との結合は結婚に擬えている(黙示録21: 2)。主が御摂理される一人の男と一人の女との真の結婚(マタイ19: 4～6)は、正にこの天界の結婚からその起源を得ており、そしてこの意味では同等に聖なるものであり、純粋であり、浄いのである。にも拘らず、再生の間は、正に双方の意味における結婚に連関して、不純が存在することが看取されねばならない。そして目下の霊的な系列において、これが主題なのである。

　さて神的真理の種が、それ自らの善と結合しない事により無価値なものに至る事がどのような事であるのか。主から発出する神的真理が純粋であるように、我々における善から発出する真理も、それが我々の再生した個性を構成する限り然りである。しかし凡ゆる人間は再生していない個性の許に生まれており、これら双方が共になり、主と異なるものとしての人間の固有性あるいは人間の複合化された生命を構成しているのである(155)。そして人間がその中に生まれる個性は悪とそこからの過誤以外の何ものでもないため、この悪からの虚偽が我々の内において善から受けた真理をどれ程汚染し、実際全ての不純の起源となるかを我々は悟る事となろう。それで、結婚に関係して、諸天使が純粋なように、もし我々が純粋に成ろうと欲するなら、内なる面でも外なる面でも再生されねばならず、斯くて理解と意志双方について純粋にされねばならないのは明らかである(『天界と地獄』367)。そしてこれが目下の教えの要点であり、これに以下が加えられよう、即ちこの崇高な純化が恰も我々自身により概して結果を齎さねばならないと言うことである。何となれば、再生していなければ誰も真で天界的な結婚愛の内にいることは出来ず、その者への主の偉大な愛に報いるのでなければ誰も再生し斯くて永遠に主と結合されることは出来ないからである。要するに、この御方が先ず我々を愛した故に、我々がこの御方を愛するのである。

　しかし本章の残りの部分は、その詳細について個別の考察を要しない、な

第 15 章

ぜならその多くは既に前述したものと同じであるから。故に、不純あるいは分離の期間での漏出のある女と、不純でない時あるいはそれを過ぎた時での漏出のある別の女との間に為された相違いついて、省察するのみで充分である。これから、全く再生しない者もあれば、途中で失敗する者もいることを、我々は学ぶのである。それにより、以下の所説を想起させられる、即ち、「天界における凡ゆる社会はそれに対立する一つの社会を地獄に持つ。そしてまた、その双方に社会は無数に存在する」(『天界と地獄』541, 588 を見よ)。よって主の御言葉に従い、狭き門より入らんがため単に「見つける」のではなく、「**奮闘**」しようではないか(ルカ 13: 24)。

訳者のノート

* 1. 3 節「流れる」。原本 'run'、ヘブル語原文は ラール רך、語根 ריר または רור。
* 2. 3 節「止まっている」。原本 'stopped'、ヘブル語原文は ヘホゥティーム הֶחְתִּים、語根 חתם 「封印した」のヒフイール態の完了形 3 人称男性単数。
* 3. 4, 6, 22, 23, 26 節「物」。原本 'thing'、ヘブル語原文は「器」。
* 4. 13 節「流水」。原本 'running water'、ヘブル語原文は マイム ハッイーム מַיִם חַיִּים「命の水」。
* 5. 14 節「若い鳩」。ヘブル語原文は「鳩の子ら」。
* 6. 31 節「我が仮庵」。原本 'my tabernacle'、ヘブル語原文 ミシュカーニー מִשְׁכָּנִי「我が住処」。
* 7. 注解 2 節「 」内は出典不明。ヨハネ 1: 13 に関連する記事と思われるが、類似の内容はスヴェデンボリの著作に多数あり。
* 8. 注解 8 節「6660[6]」は存在しない。
* 9. 注解 18 節「ish」。ヘブル語 イーシュ אִישׁ。
* 10. 注解 24 節、〔 〕は欠落部分を補足。
* 11. 注解 28 節「不純」。「漏出」の誤り。
# 『天界の秘義』の各々の節には当該内容の記載がないか、参照としては飛躍?

第 16 章

霊的意味の要約

1. 内奥の善の顕示に関して、単なる外なる礼拝が人間により拒絶されたとき主からの啓示が存在する。即ち、外なる面でも内なる面でも悪の除去により、主への献身により、そして諸真理の介入により、それが在らねばならない(1～4節)。
2. 主を承認することにより、選択の自由により、礼拝により、そして悪の拒絶により、内なる面と同じく外なる面で、悪の除去も又あるはずである(5～10節)。
3. この純化の全過程が更に精緻に記述されている(11～22節)。
4. それで以下が後続する、即ち、全ての諸真理は主からである事の正真の承認、純粋な愛からの礼拝の状態、人間の最高の善は主からである事の告白、そして持続する純化は天界的状態を実現するために必要である事の告白である(23～28節)。
5. そして最後に、再生と純化のこの聖なる行程の結果、永遠にまで至る天界の平安と安息の十全なる享受が存在する(29～34節)。

各節の内容

1. そしてアロンの二人の子らの死後、彼らが主の御前に近づき、そして死んだとき、主はモーセに語った。

1. 内なるものを伴わない自己と世の諸々の愛からの外なる礼拝が、偽善的で冒瀆的である故に廃止されるとき、神的真理により

第 16 章

主からの啓示が存在する。

2. そして主はモーセに言った、汝の兄弟アロンに語れ、彼は全ての時に垂れ幕の内側*¹ の聖所の中に、箱の上にある慈悲の座*² の前に来ぬように、彼が死なぬ為である。何となれば、我は慈悲の座*² の上の雲の中に現れるであろう故。

2. そしてこの啓示は外なるもののみならず内なるものでもあり、神的善からの主礼拝において、以下を教えるのである。即ち、教会の凡ゆる状態において、中間の善により霊的な善から区別されている処の天的なものである内奥の善の覚知と悟りの中には人間は入ることが出来ないと言うこと。その中にあって主は在し全ての礼拝を聞きそして受け入れ給い、人間からその心の内での神的法則の受け入れにより悪を取り除かれること。なぜならその理由は、この場合彼は滅ぶからである。とは言え依然主は、人間の諸状態の不明確さ、これも神的慈悲から生ずるのであるが、その中に御自身を啓示されると言うことである。

3. これによりアロンは聖所の中に来るものとする。浄罪の奉納のための若い去勢牛*³ と、全焼の奉納のための牡羊と共に。

3. そしてこの手段により、善にいる者と、その栄化における主御自身は、彼の内奥の生命の中に導かれるのである。彼は、外なる人において、あるいは自然的な度において、そして内なる人においても、あるいは霊的な度においても、

第 16 章

無垢の善により悪から純粋とされねばならない。そして霊的な度においては、彼は愛の善からの十全な献身により主を礼拝せねばならない。

4. 彼は聖なる亜麻の上着を着るものとし、彼の肉の上に亜麻の股引が在るものとし、亜麻の帯で締められるものとし、亜麻の大司祭冠で盛装されるものとする。それらは聖なる衣装である。そして彼は彼の肉を水で沐浴し、それらを着るものとする。

4. そのような清めもまた善からの諸真理により、即ち外的な自然的なものの諸真理により、外なる面で真理と善との結合の教義により、内なる面で諸真理と善とを結合する共通の絆により、そして内奥の面では真理の知性により、結果を齎さねばならない。何となればこれらにより人間は、彼が外なる諸真理の生活への適用により悔い改めの業を行うとき、純粋で聖なるものと為されるからである。

5. そして彼はイスラエルの子供らの会衆から、浄罪の奉納のために牡山羊*4 2匹と、全焼の奉納のために牡羊1匹を取るものとする。

5. その上、外なる人は、それにより悪が取り除かれるところの信仰の諸真理の適用により、また仁愛から主への献身により、諸々の虚偽から純粋とされねばならない。

6. そしてアロンは彼自身のための、浄罪の奉納の去勢牛*3を差し出し、彼自身のためと、彼の

6. また内的な自然的なものは、善からの主の承認を介して悪の除去により純粋にされねばなら

第16章

家のために贖(あがな)いを為(な)すものとする。

7. そして彼は山羊(やぎ)*⁵ 2匹を取り、それらを会見の幕屋の戸口で主の御前(みまえ)に据(す)える*⁶ものとする。

8. そしてアロンは山羊(やぎ)2匹の上に籤(くじ)を投げる*⁷ものとする。一つの籤(くじ)は主のために、もう一つの籤(くじ)はアザゼルのために。

9. そしてアロンは、主のために籤(くじ)が落ちた*⁸ところの山羊(やぎ)を差し出し、彼〔山羊(やぎ)〕を浄罪の奉納のために奉納するものとする。

10. しかしアザゼルのために籤(くじ)が落ちた*⁸ところの山羊(やぎ)は、主の御前(みまえ)に生きたまま据えるものとし、彼のための贖(あがな)いを為(な)すためであり、彼〔山羊(やぎ)〕をアザゼルのために荒野の中へ追い出すためである。

11. またアロンは、彼自身のためである浄罪の奉納の去勢牛*³を差し出すものとし、彼自身の為(ため)

ない。それにより自然的な人と霊的な人との和解が善と真理双方について結果を齎(もたら)す。

7. 一方信仰の諸真理は、それにより主と諸天界を介したその御方(おかた)の働きからのものと承認されるはずである。

8. 何となれば、神的摂理により人間は彼自身のために善と悪、斯くて真理と虚偽(いつわり)の何れかを選ばねばならないからである。

9. それで善の原理から、悪が除かれ拒絶されるために、彼は主を礼拝せねばならない。

10. そして主の御前(みまえ)に、人間は実際自身からは悪からの虚偽の内にいることが承認されねばならない。それは**外なるもの**がその様な虚偽の拒絶の成就により**内なるもの**と和解するためである。

11. しかし、就中(なかんづく)第1に、善にいる者は以下の事を承認しなくてはならない。即ち彼がその善を

第16章

と、彼の家のための贖いを為すものとし、彼自身のためである浄罪の奉納の去勢牛*3を屠るものとする。

主から受け入れるのは、悪が取り除かれ、善について自然的な人の和解が内なる面と外なる面双方でも結果を齎し、斯く彼が主を礼拝するよう備えられる為である。

12. そして彼は、主の御前の祭壇からの炭火で満ちた香炉と、小さく打たれた芳香で満ちた彼の両手*9を取り、それを垂れ幕の内側に持参するものとする。

12. それで主からの善と聖言からの真理、それは礼拝にて心地良く且つ容認され、善の下で細心に配列され且つ区別されているものだが、それの受け入れにより彼は内奥の善の覚知を持つはずである。

13. そして彼は香を主の御前の火の上に置くものとし、香の雲が証の上にある慈悲の座*2を覆うよう、彼が死なぬ為である。

13. それでまた、神的善から真理と善の結合が生じるはずである。斯くなる神的愛と**慈悲**が礼拝者の状態に従った外観において不明確に顕されるためであり、それは神的愛の充分すぎる顕示から霊的な死が後続しないためである。

14. そして彼は去勢牛*3の血から取り、それを彼の指(単数)で東の慈悲の座*2の上に撥ね掛けるものとする。そして慈悲の座*2の前で彼はその血から彼の指(単数)で七度撥ね掛けるものとする。

14. それでまた、純粋にされた自然的善からの真理は神的善から発出する神的真理と結合されるはずである。そしてこれは自然的な人において、主から再生により取得された聖なる状態から力を伴い行われるはずである。

355

第16章

15．それで彼は、民のためのものである浄罪の奉納の山羊を屠り、彼〔山羊〕の血を垂れ幕の内側に持参し、去勢牛*3の血で彼が行なった如く彼〔山羊〕の血で行ない、それは慈悲の座*2の上に、慈悲の座*2の前に撥ね掛けるものとする。

16．そしてイスラエルの子供らの諸々の穢れの故に、そして彼らの諸々の背き、正に彼らの全ての罪の故に、彼は聖所のために贖いを為すものとする。そして彼は、彼らの諸々の穢れの真中に彼らと共に住む会見の幕屋のために然う行うものとする。

17．そして彼が聖所で贖いを為すために入り行くとき、彼が出て

15．自然的な人の外なるもの、あるいは信仰の善にいる者もまた、同じ方法で備えられねばならない。なぜならこの善の真理は、主から天的善によるものと同様であり、内なる面と外なる面でそれ〔天的善〕と結合せねばならないからである。

16．何となれば、実に天的善あるいはその善にいる者らでさえ、神的善と和解させられねばならないからであり、なぜなら外的なものについて、そして内的なものについても人間は自身からは概して不純であり、悪以外の何者でもないからである。よって霊的善またはその善にいる者ら、並びに自然的善またはその善にいる者らの許にも然う在らねばならない。それは、内奥の諸々の事柄から最低の諸々の事柄に至るまで、自身からは彼は悪のみである事を彼の側での承認によって、主が人間の許に現存される為なのである。

17．しかも尚、内奥の善からでその生命と主の生命との和解の

第 16 章

来て、彼自身のためと、彼の家庭のためと、イスラエルの集会全てのために贖いを為して仕舞うまで、会見の幕屋の中に誰も居らぬものとする。

ための、人間による主礼拝は、誠に、内奥の善、内的な善、あるいは最も外なる善と共に、悪や虚偽との如何なる混合をも伴わず、全的に彼自身からの如くでなければならない。

18. そして彼は主の御前に在る祭壇へ出て行き、それのための贖いを為すものとする。そして去勢牛*3の血からと、山羊の血から取り、それを祭壇の周りの諸々の角の上に付けるものとする。

18. そしてこの結果として、神的善からの天的善が、そのとき人間の許での諸々の終局的なものへ流れ下るであろう、また聖なる礼拝における真理と善との結合が聖言の字義の神的諸真理を手段として十全さと力を伴いそこで共有的かつ相互的に結果を齎すであろう。

19. そして彼はその血からそれの上に彼の指(単数)で七度振りまき、それを浄め、それをイスラエルの子供らの諸々の穢れから聖と看做すものとする。

19. そしてこれは、実に再生の聖なる状態において、自らの状態に従った人間により、純化によりそして礼拝により力の行使を介して、成し遂げられるはずである。それは教会人が彼の再生していない状態において成り勝ちな、不純性全てからの救いが存在する為である。

20. そして彼が聖所と、会見の幕屋と、祭壇のための贖いを為し終えたとき、彼は生ける山羊を

20. それ故今や、再生の状態が、内なる、内的な、そして外なる人と主との和解により、十全に成就

第 16 章

差し出すものとする。

したとき、彼は主の御前に以下を承認するであろう。即ち諸々の地獄からの自然的な人において悪からの虚偽の流入により、彼が如何程悪に満ちているか、と言うことである。

21．アロンは彼の両手をその生ける山羊の頭の上に横たえ、彼〔山羊〕越しにイスラエルの子供らの全ての悪行と、全ての彼らの背き、正に全ての彼らの罪を告白するものとする。そして彼はそれらを山羊の頭の上に置く*10 ものとし、そして彼を用意できた人の手により荒野へ送り去らせるものとする。

21．そして内奥の彼の状態から、意志と理解の力を尽くして、彼は以下の事を覚知し告白するであろう。即ち、信仰の善に対立し、信仰の真理に対立し、そして聖なる仁愛そのものに対立する不法に関係した全体と凡ゆる部分について、彼は罪責あること。にも拘わらず、彼は主により悪を拒絶し、そして神的人間性の力を介して、それを彼自身からそれがそこから流れ込んで来るところの地獄へ分離することが出来ること。

22．そして山羊は彼の上に彼らの悪行全てを人里離れた地へ担うものとする。そして彼は山羊を荒野の中に行かせるものとする。

22．そしてこれは主により買い戻しの業を介して行われるはずであり、虚偽もまた悪と共に分離され、善と真理の無い者らのみの許に留まる。

23．そしてアロンは会見の幕屋の中に来たり入るものとし、彼が

23．それで善にいる者は天界の生命の享受の中へ来るはずであ

第 16 章

聖所の中に行ったときに彼が着た、亜麻の衣服を脱ぐものとし、それらをそこに残すものとする。

24. そして彼は聖なる場所*11で彼の肉を水で沐浴し、彼の衣服を着、出で来たり、彼の全焼の奉納と民の全焼の奉納を奉納し、彼自身のためと民のための贖いを為すものとする。

25. また浄罪の奉納の脂肪を彼は祭壇の上で燃やすものとする。

26. そして山羊をアザゼルの為に行かせる者は彼の衣装を洗い、彼の肉を水で沐浴するものとし、その後彼は宿営に来たり入るものとする。

27. そして聖所で贖いを為すた

り、そして以下の事を承認するはずである。即ち再生がそれにより今も今までも結果を齎している処の全ての聖なる諸真理は、彼自身からの如くにそれらを用いるよう余儀なくされたとしても、それらは主からのものであり、彼自身からではないと言う事を。

24. また、その聖なる状態において彼は純粋な愛からの礼拝の諸状態を介して、今や主とそして互いに和解している内なる人と外なる人双方について、彼自身を純粋にし続けるはずである。

25. しかし彼は衷心から、天的な善全てを主へ帰すであろう。

26. そして神的人間性からの流入を介するも、彼自身からの如くに、悪からの虚偽を斯くも拒絶する凡ゆる者は、以下のことを承認するはずである。即ち、彼は外なる面でも内なる面でも持続的な純化を要し、それは彼が天界的な状態に入りそして留まるためであること。

27. しかし従順であるところの

第 16 章

めにその血が持ち込まれた処の、浄罪の奉納の去勢牛*3と、浄罪の奉納の山羊は宿営の外に運び出されるものとする。そして彼らは火でそれらの皮と、それらの肉と、それらの糞を燃やすものとする。

自然的な人の善と、信仰の真理である処のそれの真理は、再生と結果として生じた純化の期間に霊的な人により実現されたものであり、凡ゆる見せかけの真理や善と、再生の過程でそれと繋がった全ての悪と虚偽を伴っているため、天界的な状態からもまた分離されるべきであり、純粋な天界的な愛の力により全的に拒絶されるべきである。

28. そしてそれ等を燃やす者は彼の衣装を洗い、彼の肉を水で沐浴するものとし、その後彼は宿営に来たり入るものとする。

28. そして正に拒絶のこの過程の後で、彼自身からの如く、全種類の諸々の悪と虚偽を伴う諸外観を斯くも拒絶する者は、天界の状態を十全に実現する前に、外なる面で依然更に純粋にされるべきである。

29. そしてそれは汝らへの永遠の法令*12とする。第7の月に、その月の第 10 の日に汝らは汝らの魂を悩ましむるものとし、生粋の者、または汝らの内に寄留する余所者は、仕事は決して為さぬものとする。

29. そしてこれは、再生の行程において、信仰と仁愛の聖なる状態における、外なる人の純化についての神的秩序の永遠の法則である。そのとき善と真理の残りのものが、諸々の試誘における勝利とそこからの天界の平安と安息の実現を介して、そこに十全に植え付けられるべきである。そしてこれは内なる教会人と外なる教

第 16 章

会人(かいびと)とに等しく当てはまるのである。

30. 何となればこの日に、汝(なんじ)らを浄(きよ)めるために、汝(なんじ)らのための贖(あがな)いが為(な)されるものとするから。汝(なんじ)らの諸々の罪全てから汝(なんじ)らは主の御前(みまえ)に浄(きよ)いものとする。

30. 何となればこの方法のみにおいて、主の栄化における**人間性**と神性の、再生における人間と主との、そして外なる人と内(うち)なる人との和解が成し遂げられ得(ほど)るからである。そして全過程の結果、天界的な状態における、現実の悪と虚偽と不純全てからの、人間の十全なる救いである。

31. それは汝(なんじ)らへの厳粛な安息(なんじ)の安息日であり、汝(なんじ)らは汝(なんじ)らの魂らを悩ましむるものとする。それは永久(とこしえ)の法令*12である。

31. そして確かにこの天界的な状態は、諸々の試誘(しゆう)における勝利から由来する平安と安息の状態である。更に、それは永遠の状態である。

32. そして、油を塗られるものとされ、彼の父の代わりに祭司となるべく聖別される*13 ものとする処(ところ)の祭司は、贖(あがな)いを為(な)すものとし、亜麻の衣服、正に聖なる衣服を着るものとする。

32. そしてこれは、教会の後続する諸状態における真理との結合により全的に天的な善からの結果を齎(もたら)すべきである。そして主との和解が自然的な人の外的な諸真理の助けと、聖性の状態により結果を齎(もたら)すはずである。何となればそれらの諸真理は善からの聖なるものだからである。

33. そして彼は至聖所(しせいじょ)のために

33. 然(しか)り、正にこの手段により

第 16 章

贖いを為すものとし、彼は会見の幕屋のためと祭壇のために贖いを為すものとする。そして彼は祭司らのためと会衆の全ての民のために贖いを為すものとする。

人間は、天的、霊的、そして自然的な全ての諸天界との調和と、善についてと真理について双方のこれ〔調和〕の中に連れて来られるのである。

34. そしてこれは汝らに恒久の法令*12 とする、イスラエルの子供らのために、年1度の彼らの諸々の罪全ての故に、贖いを為すためである。そして彼は主がモーセに命じた如く行なった。

34. これは、悪についての人間の状態のために、主との和解の永遠の法則である。そしてそれは凡ゆる教会人の許で永続的で在らねばならない。そして、この業において、善は常に主からの真理に従い活動する。

参照と注解

1. 主がモーセに語ることは、神的真理よる啓示を示している(2001, 2951, 7010)。アロンの二人の子らの死は、内なるもの〔礼拝〕を伴わない利己と世の諸愛からの外なる礼拝の廃止を示している(7699, 7738, 934, 2447, 5149, 10章2節)。そして単なる利己的な愛から主の御前に近づくことは、偽善的で冒瀆的である礼拝を奉納することであり、そのため奇異の火の奉納と呼ばれている(934, 3934³, 10287)。

2. ここで、主がモーセに語る事により真理にいる者らへの啓示が示され(7010)、モーセがアロンに語ることにより善にいる者らへの啓示が示され

(9946)、前者は比較的外なる啓示を、後者は内なる啓示を斯く示している(6998, 5121)。汝の兄弟アロンは真理に対する善の血縁を示している(4267)。全ての時に垂れ幕の内側の聖所に、箱の上にある慈悲の座の前に来ないことは、善からの主礼拝において、教会の凡ゆる状態で天的なものであり、中間の善により霊的な善から区別されているところの内奥の善の覚知と悟りの中に人間は入ることは出来ないことを示している(6998, 6901, 2212, 9670)。慈悲の座の前は、その中にあって主は在し全ての礼拝を聞きそして受け入れ給い、人間から悪を取り除かれることを示している(9506)。箱の上にある処のものは、彼の心の内での神的法則の受け入れによる事を示している(10269, 9485, 9818)。なぜなら彼ら*14 が死なぬためは、この場合彼が滅ぶからである事を示している(7699, 7738)。そして我は慈悲の座の上の雲の中に現れるであろう事は、依然主は御自身を人間の諸状態の不明確さ、これも神的慈悲から生ずるのであるが、その中に啓示されることを示している(8106, 9506)。

3. これによりアロンは聖所の中に来ることは、この手段により善にいる者と、その栄化における主御自身は、彼の内奥の生命の中に導かれることを示している(9946, 9670)。そして浄罪の奉納のための若い去勢牛と全焼の奉納のための牡羊は、外なる人において即ち自然的な度において、そして内なる人において即ち霊的な度においても、無垢の善による悪からの純化を示している(9670[6], 9990, 9991)。全焼の奉納のための牡羊の奉納はまた、愛の善からの十全な献身をも示している(10053)。

4. 列挙されている衣服により、そのような純化は善からの諸真理により結果を齎すことが示されている(9670[6])。聖なる亜麻の上着により、外的な自然的なもの*15 の真理*16 が示されている(7601[5])。彼の肉の上に亜麻の股引が在ることにより、外なる面での真理と善との結合の教義が示されている(9960[18], 9961)。亜麻の帯で締められる事により、内なる面で諸真理と善とを結合する共通の絆が示されている(9828)。亜麻の大司祭冠により、内奥の面では真理の知性が示されている(9827)。衣服が聖なることにより、善と結

第 16 章

合した、あるいは善を目的として維持された諸真理が示されている(2146#)。そして彼の肉を水で沐浴することにより、そして衣服を着ることにより、外なる諸真理の生活への適用により悔い改めの業を行うことが示されている(3147, 8914#)。

5. イスラエルの子供らから浄罪の奉納のために牡山羊2匹と、全焼の奉納のために牡羊1匹をも取ることは、外なる人は、それにより悪が取り除かれるところの信仰の諸真理の適用により、そして仁愛から主への献身により諸々の虚偽から純粋とされねばならない事を示している(9670[6], 4169, 725, 10042, 10053)。

6. 会衆に対するアロンにより、外的なものに対する内的なものが示されている、なぜならアロンは善を、会衆は真理を示しているからである(9946, 4547[21#] [*17])。去勢牛により**自然的なもの**における無垢の善が示されている(9990)。浄罪の奉納により、無垢のその善を介した悪の除去のための礼拝が示されている(3400)。そしてアロンが彼自身と彼の家のために贖いを為すことにより、善と真理双方について自然的な人と霊的な人との和解が示されている、アロン自身は善を、彼の家を構成する彼の子らは真理を示すからである(9946)。

7. アロンが山羊2匹を取り、それらを会見の幕屋の戸口で主の御前に据えることは、信仰の諸真理は、それにより主と諸天界を介したその御方の働きからのものと承認されるはずである事を示している(9670[6], 4169, 725, 2456, 3540[3#])。

8. アロンにより言われる時の、籤を投げることにより、神的摂理への依存が示されている(9946, 6494, 3239, 9093[5])。主のための一つの籤により、人間の自由な善の選択が示されている(2001)。そして「退去」を意味するところの[*18]、アザゼルのための一つの籤により、人間の自由な悪の拒絶が示されている(10023)。「人間は彼自身のために善と悪、斯くて真理と虚偽の何れ

かを選ばねばならない」と言われている、即ち、*自由*な選択を遂行せねばならない、なぜならこれはモーセの教示へのアロンの*服従*の中に包摂されており、同時に神的摂理への依存が籤を投げることに包摂されているからである。人間が、彼の生命の凡ゆる活動において、善の原理から行うところのものを行うとき、彼は神的摂理に依存しているのである(詩編37: 3)。

9. アロンが主のために籤が落ちたところの山羊を差し出す事と彼〔山羊〕を浄罪の奉納のために奉納することにより、善の原理から悪が除かれ拒絶されるために人間は主を礼拝せねばならない事が示されている(9946, 9670⁶, 4169, 725#, 3400)。

10. アザゼルのために籤が落ちたところの山羊が、彼のための贖いを為すため、彼をアザゼルのために荒野の中へ追い出すため主の御前に生きたまま据えられる事は、主の御前に人間は実際自身からは悪からの虚偽の内にいることが承認されねばならず、それは**外なるもの**がその様な虚偽の拒絶の成就により**内なるもの**と和解するためである事を示している(9670⁶, 10042・*II*)。

11. アロンが彼自身のためである浄罪の奉納の去勢牛を差し出すことは、就中第1に、善にいる者は彼がその善を主から受け入れている事を承認しなくてはならない事を示している(5619)。去勢牛は**自然的なもの**における無垢の善を示している(9990)。浄罪の奉納は、無垢のその善を介した悪の除去のための礼拝を示している(3400)。アロンが彼自身のためと彼の家のための贖いを為すことは、善と真理双方について、あるいは内なる面と外なる面で、自然的な人と霊的な人との和解を示している。それはアロン自身が善を、そして彼の家を構成する彼の子らが真理を示しているからであり(9946)、なぜなら、アロンが善を会衆が真理を示しているからでもある(4574⁴)。そして彼自身のためであった浄罪の奉納の去勢牛を屠ることは、主を礼拝するための備えを示している(10024)。

注意深い読者ならここで、本節が6節の繰り返しであり、また本章の初め

の10節が全体の序言と要旨であることに気付くであろう。その理由は以下の故である、即ち、主題全体が諸々の悪と虚偽の除去が永続することに関するものであり(10211)、内意において要旨は次の事を明示しているからである。即ち、これが主により先見され摂理されること。そして内なる人、より厳密には自然的な人の内なるものは再生が始まったときに潜在的に悪から救われること。もし人間が最後まで忍びさえすれば、悪からの何らかの試誘が意味される限り彼は十全に救われるであろうし、そのとき彼は善の行き亘った彼自らの状態の中に伝授され或いは任に就かせられる事である。しかし純化が天界そのものにおいても永続され、進行する天界的な生命において永続的な進歩にも包摂されている事もまた忘れられてはならないのである。

12. 主の御前の祭壇からの炭火で満ちた香炉を取ることは、正真の礼拝における主からの善の受け入れを示し、この善は真理の中に具現されその容器の中に入れられているのである(5531, 934, 9714)。香は善からの礼拝において心地よく容認されるところの聖言からの真理を示している(9475)。小さく打たれた芳しい香は、善の下で細心に配列され且つ区別された諸真理を示している(5620, 10303)。そしてこれらの物を垂れ幕の内側に持参することは、そこからの内奥の善の覚知を示している(9670[6])。

13. アロンにより神的善が示されている(9946)。香を火の上に置くことにより、真理と善との結合が示されている事は明らかである(9475, 934)。香の雲が慈悲の座を覆うことにより、神的愛と**慈悲**が礼拝者の状態に従った外観において不明確に顕されることが示されている(9670[6])。慈悲の座が証の上にあることにより、神的愛が聖言の諸真理の中へ流れ込むことが示されている(9506, 9503)。そして死なぬことは、神的愛の充分すぎる顕示から霊的な死が後続しない為である事を示している(7699, 7738)。

14. 去勢牛の血は純粋にされた自然的善からの真理を示している(10026)。それを撥ね掛けることは、結合を示している(10047)。東の慈悲の座の上は、

神的善から発出する神的真理を示している(9506, 9503, 1250)。指は力を示している(7430)。それは自然的な人において言われているのであり、なぜならそれは去勢牛の血であったからである。そして慈悲の座の前で七度は、主からの再生により取得された聖なる状態からを示している(716、創世記1章全般)。

15. 彼が民のためのものである浄罪の奉納の山羊を屠(ほふ)ることは、自然的な人の外なるもの、あるいは信仰の善にいる者は、同じ方法で備えられねばならない事を示している(10024, 9670[6], 4169, 725[#], 4574[4])。血を垂れ幕の内側に持参することは、この善の真理は主から天的善によるものと同様であり人間の状態に適合されている事を示している(9670[6])。そして慈悲の座の上と慈悲の座の前に血を撥ね掛けることは、それ〔この善の真理〕が内なる面でも外なる面でもそれ〔天的善〕と結合せねばならない事を示している(10047, 9506)。

16. 聖所のために贖(あがな)いを為すことは、実に天的善あるいはその善にいる者らでさえ、神的善と和解させられねばならぬ事を示している(3210, 10042・II)。イスラエルの子供らの諸々の穢(けが)れの故(ゆえ)に、そして彼らの諸々の背き、正に彼らの全ての罪の故(ゆえ)には、なぜなら外的なものに就(つ)いてと内的なものに就いて人間は自身からは概して不純であり、悪以外の何者でもない事を示している(10130[#], 9156)。そして諸々の穢(けが)れの真中(まなか)に住む会見の幕屋のためにもこれを行うことは、霊的善にいる者ら、あるいは自然的善にいる者らの許(もと)にも然(そ)う在らねばならず、それは内奥の諸々の事柄から最低の諸々の事柄に至(いた)るまで、自身は悪以外の何者でもないと言うことを彼の側での承認によって、主が人間の許(もと)に現存される為(ため)である事を示している(3530[3#*17], 10153, 10130[#])。

17. アロンが至聖所(しせいじょ)[*19]の中に行ったとき会見の幕屋の中に誰も居(お)らぬことは、内奥の善からの人間による主礼拝は、悪や虚偽との如何(いか)なる混合をも伴わず、全的に彼自身からの如(ごと)くでなければならない事を示している(9946,

第16章

3210, 7424)。そして彼自身のためと、彼の家庭のためと、イスラエルの集会全てのために贖いを為すことは、内奥の善について、内的な善についてそして最も外なる善について、人間の生命と主の生命との和解を示している(10042・II, 9946, 4574[4])。

18. アロンが主の御前にある祭壇へ出て行くことは、神的善からの天的善がそのとき人間の許での諸々の終局的なものへ流れ下るであろう事を示している(9946, 5337, 10001, 10242)。贖いを為すことは外なる人と内なる人との和解を示している(10042・II)。そして去勢牛の血と山羊の血を取りそれを祭壇の周りの諸々の角の上に付けることは、聖なる礼拝における真理と善との結合が聖言の字義の神的諸真理を手段として十全さと力を伴いそこで共有的かつ相互的に結果を齎すであろう事を示している(14, 15 節、10027)。

ここで「聖言の字義の神的諸真理を手段として十全さと力」と言われている理由は、祭壇にはその四隅に四つの角があり、これが成就を示しているからである(9720)。そして神的真理は聖言の字義における成就と十全さである(6943, 9349)。

19. 血を祭壇の上に彼の指で七度撥ね掛ける事と、それをイスラエルの子供らの穢れ*20 から浄め聖と看做すことは、これは実に再生の聖なる状態において、自らの状態に従った人間により、純化によりそして礼拝により力の行使を介して、成し遂げられるはずであり、それは教会人が彼の再生していない状態において成り勝ちな、不純性全てからの救いがある為である事を示している(10047, 14, 15 節、10027, 716, 創世記1章、4545, 10130)。

20. 聖所と、会見の幕屋と、祭壇のための贖いを為し終える事と生ける山羊を差し出すことは、再生の状態が、内なる、内的な、そして外なる人と主との和解により、十全に成就したとき、諸々の地獄からの自然的な人において悪からの虚偽の流入により自身が如何程悪に満たされているかを、人間が主の御前に承認するであろう事を示している(10042・II, 3210, 3540[3#], 10001,

第16章

9670[6])。

21. アロンが彼の両手をその生ける山羊の頭の上に横たえることは、内奥の彼の状態から人間は意志と理解の力を尽くして活動するであろう事を示している(9946, 8066, 10061[#], 10062[#], 10023)。彼越しにイスラエルの子供らの全ての悪行と、全ての彼らの背き、正に全ての彼らの罪を告白することは、信仰の善に対立し、信仰の真理に対立し、そして聖なる仁愛そのものに対立する不法に関係した全てと凡ゆる部分について、彼は罪責あることを覚知し告白することを示している(9156)。それらを山羊の頭の上に置くことは、悪を拒絶しそれを彼自身から分離するための主からの力を示している(10023)。彼を荒野へ送り去らせることは、地獄への拒絶を示している(10023)。そして用意できた人の手によりは、神的人間性の力によることを示している、なぜなら手は力を示しており、人間を救い彼に悪と過失を拒絶せしむる全ての力は神的人間性から発出しており、主は常に彼を救い給うとして居られるからである(878, 6280, 6281)。

22. 山羊が彼の上に彼らの悪行全てを人里離れた地へ担うことは、これは主により買い戻しの業を介して行われるはずである事を示している(9937[8])。そして山羊を荒野の中に行かせることは、悪を伴う虚偽の除去を示している、この場合人里離れたは悪を、そして荒野は虚偽を示しており(683[#])、一方*人里離れ*たと呼ばれている地あるいは荒野により、悪と虚偽が善と真理から分離された儘でいることが示されている。

23. アロンが会見の幕屋の中に来たり入ることにより、善にいる者は天界の生命の享受へ来たり入るはずである事が示されている(3540[3])。そして彼が亜麻の衣服を脱ぐ事とそれらをそこに残すことにより、再生がそれにより今も今までも結果を齎した処の全ての聖なる諸真理は、彼自身からの如くにそれらを用いるよう余儀なくされたとしても、それらは主からのものであり彼自身からではないと言うことの承認が示されている(9670[6], 4節)。

24. 聖なる場所で彼自身 水で沐浴することは、その聖なる状態における純化の持続を示している(3147, 3210)。彼の衣服を着ることは、諸真理を纏うことを示している(4節)。出で来たることは、この場合、新しい生命の活動を示している(1853)。彼の全焼の奉納と民の全焼の奉納を奉納することは、内なる人と外なる人双方について純粋な愛からの礼拝を示している(10053, 4, 5節)。そして彼自身と民のための贖いを為すことは、主と、そして外なる人と内なる人との和解を示している(10042・II)。

25. 浄罪の奉納の脂肪を祭壇の上で燃やすことは、衷心から天的な善全てを主へ帰すことを示している(10033)。

26. 山羊をアザゼルのために行かせる者は至高の意味では主を示しているため、そのように彼は、より低い意味では、神的人間性からの流入を介するも、彼自身からの如くに、虚偽と悪を拒絶する凡ゆる者を示している(9937[8])。彼の衣装を洗う事と彼自身水で沐浴することは、外なる面と内なる面での純化を示している(3147, 5006, 9215)。そして宿営に来たり入ることは、彼が天界的な状態に入りそして留まるためである事を示している(4236)。

27. 浄罪の奉納の去勢牛と、浄罪の奉納の山羊は、再生の間に実現されたものとしての、従順であるところの自然的な人の善と、信仰の真理である処のそれの真理を示している(9990, 4169, 725[#])。聖所で贖いを為すためにそれらの血が持ち込まれることは、真理と善の結合と引き続く純化を示している(10047, 10042・II)。宿営の外に運び出されることは、天界的な状態からの分離を示している(4236)。火で燃やされることは、純粋な天界的な愛の力による拒絶、あるいは利己的な愛による汚染故の定罪を示している(934, 10055)。それらの皮と、それらの肉と、それらの糞は、不純のものを伴う凡ゆる見せかけの真理や善を示している(10085~10087[#])。

28. それらを燃やす者が彼の衣装を洗う事と彼自身水で沐浴する事とその後宿営に来たり入ることは、正に拒絶のこの過程の後で、彼自身からの如く、

第16章

全種類の諸々の悪と虚偽を伴う諸外観を斯くも拒絶する者は、天界の状態を十全に実現する前に、外なる面で依然さらに純粋にされるべきである事を示している(934, 10055, 3147, 4236)。

29. 永遠の法令は神的秩序の永遠の法則を示している(7884)。第7の月に、その月の第10の日に汝らは汝らの魂らを悩ましむることは、再生の行程において信仰と仁愛の聖なる状態における外なる人の純化について、そのとき善と真理の残りのものが十全にそこで植え付けられるべきである事を示している(851, 576, 1947)。仕事は決して為さぬこと、あるいは安息日は、諸々の試誘における勝利とそこからの天界の平安と安息の実現を示している(8889, 8890)。そして生粋の者、または汝らの内に寄留する余所者は、これが内なる教会人と外なる教会人とに等しく当てはまることを示している(7908)。

30. 「この日に、汝らを浄めるために、汝らのための贖いが為されるものとする」は、この方法のみにおいて、主の栄化における**人間性**と神性の、再生における人間と主との、そして外なる人と内なる人との和解が成し遂げられ得ることを示している(10042・II, 4545)。そして「汝らの諸々の罪全てから汝らは主の御前に浄いものとする」は、過程全体の結果は、現実の悪と虚偽と不純全てからの、天界的な状態における人間の十全なる救いであることを示している(4545)。

31. それが人間のための厳粛な安息の安息日であり、彼の魂の悩ましむる事と、永久の法令は、確かにこの天界的な状態は諸々の試誘における勝利から由来する平安と安息のそれであり、永遠の状態であることを示している(8889, 8890, 7884)。

32. 油を塗られるものとされ、彼の父の代わりに祭司となるべく聖別されるものとする処の祭司が贖いを為す事と亜麻の衣服、正に聖なる衣服を着ることは、これは、教会の後続する諸状態における真理との結合により全的

に天的な善からの結果を齎すべき事と、主との和解が自然的な人の外的な諸真理と、それらの諸真理が善からの聖なる故の聖性の状態とのこれらの助けにより結果を齎すであろう事を示している(9946, 9954, 10076, 5912, 10042・II, 7601, 2146#)。

33. 至聖所のために、会見の幕屋のために、祭壇のために、祭司らのためと集会の全ての民のために贖いを為すことは、この手段により人間は、天的、霊的、そして自然的な全ての諸天界との調和と、善についてと真理について双方のこれ〔調和〕の中に連れて来られることを示している(10042・II, 3540³#, 994⁶#, 1259)。

34. これが恒久の法令であることは、それが神的秩序の永遠の法則であることを示している(7884)。イスラエルの子供らのために年1度の全ての彼らの罪故に贖いを為すことは、悪についての人間の状態のために、主との和解と、それが永続することを示している(10042・II, 10211)。そして主がモーセに命じた如く行うことは、この業において善は常に主からの真理に従い活動することを示している(9946, 7010, 2001)。

　本章は*就中(par excellence 仏語) 贖*いの章と呼ばれることが適切であろうし、従って実践として適用するにとても相応しいものでもあり、我々がそれを始めるに当たり幾つかの戒めが存在する。教会人への啓示は引き続くが、それは人間の状態に非常に依存するものである。我々は、真中に聖言が常に在ることは全く以て真実であるものの、同じ光の中でその周知された諸真理を常に理解しているとは限らないのである。さて我々は前もってアロンの子ら、ナダブとアビフの死が、単に外なる礼拝の拒絶を表象することを理解していたが、更に以下のことを確信する事となろう。即ち、このことが我々の場合に起こるときはいつも霊的な大気がより澄明となり、**天界**の**太陽**が我々の頭上に輝き、そして真理を、以前は充分に知っていたと思っていた正

に古い真理を、新たな光の許で理解するであろうと言うこと。我々は知的な手段で我々の心を膨大な諸真理で蓄えようと労苦するやも知れないし、そうする事は当然正しい。けれども我々が単なる形式主義から上に挙げられるときは、それらの栄光の具現にただ至るのみである。それで、もしかしたら我々が時に然うであるように、誤ったものを拒絶することに臆してはならない、とは言え我々は我々の主礼拝において正しいものを保持しているのである。何となればそれによって我々には新しい啓示が在るはずであるから。

　さてここでアロンは善の状態を表象しているが、しかしそれは、それ自身よりも高い神的真理により明示された相対的に外なる善である。そして妙な話であるが、先ず初めに、それが内奥の諸々の事柄の中に入り、それらに或るいは凡ゆる状態に、同時に留まることは出来ないという事を、その真理がこの善に教えるのである。これは何と真であることか。そしてその理由は、我々の霊的な家の土台と下の階は始めに申し分なく設置されていなければならないと言うことである。善の自然的な生活を送れない者は、善の霊的な生活をも送れないであろう。また我々は、霊的な諸真理をそれらの栄光の内に把握し得る前に、雲の如き自然的な諸真理を先ず習得せねばならないのである。しかし人は、聖所により示されている処のその更に高い生命の中へ、如何にして入るのであろうか。勿論それは、悔い改めの業により、そして主の奉仕への全ての諸情愛の奉献により、そして明示された知性と連結した愛の共通の絆を手段とし、然るべき秩序と服従における聖言の全ての貴重なる諸真理の適切な利用によるのである。そしてこれは先ず善から内なる面で、それから真理から外なる面で行われねばならない。この事が、それにより我々が覚知と、恰も実現を渇望するものの些細な予感を有するところの、導入あるいは導入的な状態の前半を通して、我々を進ませるのである。

　それで後半により我々を更なる段階へと進ませるのだが、ところで2匹の山羊に注意が促され、そこで我々は祭司の場合のように、何故それが2匹で牡羊が1匹だけでなければならないか怪しむのである。民のための2匹の山羊と祭司のための1頭の去勢牛は浄罪の奉納として、しかし各々のための1匹の牡羊は全焼の奉納として！　ここで立ち止まり考える事とする。もし我々の記憶が、「キリストである天界の子羊は我々の全ての罪を運び去った」

第16章

と、またそれが、その御方(おかた)が実際人間に帰すべき罪を彼らの代わりに死を被(こうむ)ることにより担(にな)い、全人類のために贖(あがな)いを為(な)された御自身の十字架上の身代わりの犠牲に因るものであったと、厳粛に教えられた時へ我々を遡及(そきゅう)させるなら以下について大いに我々は怪(あや)しむのである。即ち、実になぜこの御方(おかた)が世界の罪を取り除く神の子羊と呼ばれ、なおも贖(あがな)いにおいて卓越(たくえつ)した本章で典礼として斯(か)くも顕著に現れているのが、2匹の山羊であり苟(いやしく)も子羊ではないと言うことだ。そしてこれとは別に、この古くからの対照を考えると、何故(なにゆえ)主のための山羊(やぎ)が籤(くじ)に従い浄罪の奉納のために奉納され、アザゼルのためのそれが生きたまま荒野の中へ送り出されたかもまた我々は怪しむのである。また贖(あがな)いが屠(ほふ)られた去勢牛と山羊(やぎ)の血を撥ね掛けることにより個別的に為(な)されて、他方アザゼルのための山羊に関しては、それが彼のため、あるいは彼越(ご)しに(改訂版)*21、あるいは彼と共に(欽定版)贖(あがな)いが為(な)されたとしか言われていない事に我々は気付く。これらの事柄に分け入ってみよう。あまりに一般的となっている所信(しょしん)に従えば、犠牲獣は人類のために罰を担(にな)う代理としての十字架上の主の犠牲を表象するものとして考えられている。しかし、諸々の全焼の奉納が主への宥(なだ)めの香り、あるいは安息の匂(にお)いと呼ばれ、諸々の犠牲がその御方(おかた)の肉と呼ばれ、それとは別に、正に諸々の浄罪の奉納が最も聖なるものと呼ばれている事からも、これが事実ではないことに僅(わず)かしか省察(せいさつ)されてはいないのである。そしてこれらの考察からそれらが罪の罰を表象していない事は明らかである。「キリストたる我らの過越は我らのために生け贄(にえ)にされん。されば我ら祭りを保つべし」(第1コリント5: 7, 8)とパウロは言わなかったか。それで諸々の全焼の奉納と諸犠牲を寧(むし)ろ人間の最善の諸情愛の主への奉献と、神の子羊として、よってその御方(おかた)の中で聖別され神性と合一した主の**人間性**として看做(みな)すことが、如何程(いかほど)、更に一層理(り)に適(かな)っていることか。事実、子羊は、その無垢(むく)にあっては天的な善の最高の度を、主にあっては神的善あるいは神的人間性を示しており、神的人間性は、全人類を悪の絶対的な力から買い戻して、その御方(おかた)への信仰とその御方(おかた)への愛による再生を介することで、それを自発的に取り除こうとしている凡(あら)ゆる個人から悪を取り除いているのである。それ故他(ゆえほか)でもなくこの方法によって、世界の罪を追い出しているのは、主イエス、真(まこと)の神の**子羊**なのである。

第 16 章

　しかしそれでは何故その御方は問題の章で子羊として、また去勢牛と2匹の山羊として表象されていないのか。それは、子羊だけによっては申し分なく表象され得ることの出来ない、神的真理の或る個別的な諸々のものがここで記述されているからである。主に関係しては、**自然的なもの**の栄化が、その**内なるもの**について、その**外なるもの**について、そして全的に拒絶されたところの母由来の**人間性**について意味されるために、去勢牛と2匹の山羊が存在するのである。一方全焼の奉納のための牡羊により**霊的なもの**が示されたのである。そしてこの全ては更に『黙示録講解』703[43]から明らかになる、なぜなら人間の再生は主の栄化の像であるから。斯くて、もし我々が犠牲として奉納された子羊と、牡羊と、去勢牛と山羊を取るなら、次のことが如何なるものか理解することであろう。即ち、栄化された**人間性**が最高の度から最低の度まで聖言の中で表象されており、そして同じ方法で十全に再生した人間の善の諸情愛もまた、最も説得力ある仕方で2匹の山羊の意味を明示しながら表象されている事である。そして又犠牲に奉納された諸々の動物が、それらが浄罪の奉納のときであっても、罰を被る生け贄を表象し意味し得ることが如何に不可能であるかも。

　そこで今これが、全ての罪から浄めるところの主の血の、そして引き続き仮庵と会見の幕屋の種々の部分に撥ね掛けられる血の研究へと我々を導くのであり、先ず後者を取り扱う事とする。然しながら、前置きが注視されるべきである。何となれば祭壇からの火と芳香を取ること、次に垂れ幕の内側に行くことは、以下のことを明示している。即ち、人間は内奥の善の覚知を持ち得る前に、再生の過程で善と真理との既存の受け入れにより備えられねばならないこと。彼がこの覚知を持つとき、これそのものが善なるものと真理との相対的に外なる且つ不明確な結合を構成すること。そしてその後凡ゆる点において十全な結合が存在するであろう事である。それ故、これらの予備的で一時的な諸体験、記憶を主に感謝しようではないか。なぜならそこから変わらぬ刺激が由来し、我々の将来の状態が完全なものと成るという喜ばしい予感で我々を満たしてくれるからである。またこれに関連した教え、即ち我々は次第に天界的な生活の実現へ導入されねばならず、もし然うでなければ霊的な損害や死を被ることになる事をも又忘れぬものとしよう。だが

第 16 章

　何故か。間違いなく、善や真理や主が我々を害い破壊し得る某かの危険があるからではなく、我々が気付いていない悪と過失についての我々自らの状態こそが災いの原因となるからである。

　しかし主の血は、参照に従い、その御方からの神的真理を意味し、その御方の肉は神的善を意味している。斯くてその二つは共に主の生命を示している。これよりその御方は言っている、「汝ら人の子の肉を食わずその者の血を飲まずば、汝ら汝らの内に命を持たず」（ヨハネ 6: 53）、また「人の子仕えらるるためにあらず、仕うるために、多くの者に己が命を身代金として与えんために来たり」（マタイ 20: 28）。そしてこれら連関した二つの節は以下のことを明示している。即ち、人間は主からの真理と善の受け入れにより霊的に滋養されるのみならず、悪あるいは同等のものから救われもし、同じ諸手段により罪から浄められる事である(黙示録 1: 5)。それ故、主の実際の死や、この御方が肉体的に被った何らかのことや、正にこの御方の諸々の試誘、これらは全地獄に対する諸々の霊的な葛藤であったが、これらが人間を個人的に罪から浄め得るとの思いを抱く者は誰でも甚だ欺かれている。しかし手段としては、この御方の諸々の試誘と勝利により、人類は全体として悪の絶対的な力から永久に救われており、これが**買い戻し**の業なのである。ところが、この偉大な業の結果、取り分け「人の子」の用語により意味される聖言の真理を手段として、自らの生命を先ず外面的に純化する凡ゆる人間は(2814)、そのため肉と血のみならず**聖餐**のパンと葡萄酒により意味された、善なるものと真理の主の生命を受け入れるのである。それにより彼は主との結合と、彼の生命の全ての度についてのこれを有するのである。なぜなら彼の許に、諸々の犠牲獣の血を撥ね掛けることにより示されている真理と善なるものとの結合が存在するからである。そしてそれは**贖**いの大いなる業を構成し、最高の意味では神性と**人間性**との結合そして主においては**人間性**と神性との相互的な結合であり、そしてより低い意味では主と人間との結合そして人間と主との相互的な結合である。それは主の**人間性**が栄化により神性と為されたように、再生により斯く天使とされる者の**内なるもの**と**外なるもの**についての同一の結合もまた包摂している。

　よってこれより、会見の幕屋の全ての部分での犠牲で奉納された諸動物の

第 16 章

血の撥ね掛けにより、贖いを為すことにおけるこの典礼の十分な意義を今我々は理解するのである。しかし尚も考察すべき問題点は、何故この典礼の後にアザゼルのために山羊越しに贖いが為されたかであり、何故その典礼そのものが毎年1回或る日に催されねばならなかったかである。我々は、現実の贖いや和解が構成するもの（第2コリント5：19）の内に、即ち悪からの救いと主からの善の受け入れの内に理解してきた。それでは追放の典礼の中に何が含まれているのか。それは、人間が再生された後、斯くも正に天界そのものにおいて、主が尚も彼を悪から引き止め、彼を善の内に、そして彼がそこにおいて神的人間性から存在するところの、善の堅く行き亘った状態を介した全影響力により維持し給うているのである。と言うのも、これが今も永久も悪をそれ自らの所に留め置き、僅かでも勝るのを防ぎ、そして各々の者を彼自らの役立ちの生命の内に永遠に保護する、偉大な力だからである。これは最善の意味では常の備えにある人間であり、天界にあっては天使そのものであり、そして再生している人間に関しては、それは、そこに彼が存在するところの強く揺るぎない善と真理の原理として表されているのである。今やこれら諸々の観点により山羊の追放に引き続き繰り返された洗いについて或る程度まで説明されている。天界では主が天使らを更に一層継続的に純粋に為さられる。そして地上の教会でも、この御方は、愛する心からその霊的な全焼の奉納を奉納する真摯な礼拝者を内なる面と外なる面で浄められるのである。

　さて最後に、贖いの日が年に1度、第7の月に、安息日である処のその月の第10の日であるべきだった理由は、参照から明らかに看取される。人間の純化は永続的である。それは信仰と仁愛の聖なる諸状態に結果を齎す。そしてそれは安息と平安の永遠の安息日を生むのである、なぜなら天界では全ての霊的葛藤は止み、以下の事実から必要となる処のその種の継続的な純化のみが存在するからである。それは、各天使が彼自身からの如くに自由に活動し続けること。彼は、地上の夕と朝そして春と夏に照応する諸状態の多様性を通過すること。そしてこれらの変遷により、彼は、有限の状態と不可分で中身のない不完全なものらから絶えず益々自由になって行くことである。

第 16 章

訳者のノート

*1. 2節「内側」。原本 'within'、ヘブル語原文は ミッ・ベート מִבֵּית「家から」？ 前置詞 ミン מִן ＋ バイト בֵּית「家」の合成形 ヴェート בֵית で 構成しているように見える。因に通常「家から」は ミッ・バイト מִבַּית。

*2. 2, 13～15節「慈悲の座」。原本 'mercy-seat'、ヘブル語原文は ハッ・カッポーレト הַכַּפֹּרֶת「覆い、蓋」。

*3. 3, 11, 14, 15, 18, 27節「去勢牛」。原本 'bullock'、ヘブル語原文は パル פַּר。第4章の訳者のノート「牛」についてを参照。

*4. 5節「牡山羊」。原本 'he-goat'、ヘブル語原文は セイール イッズィーム שְׂעִיר־עִזִּים「山羊らの（毛の）牡山羊」。

*5. 7節「山羊」。原本 'goat'、ヘブル語原文は セイール שָׂעִיר「（毛の）牡山羊」。

*6. 7節「据える」。原本 'set'、ヘブル語原文は ヘエミード הֶעֱמִיד、語根 עמד の ヒフイール態完了形3人称男性単数「立たせた」。

*7. 8節「投げる」。原本 'cast'、ヘブル語原文は ナータン נָתַן「与えた」。

*8. 9, 10節「落ちた」。原本 'fell'、ヘブル語原文は アーラー עָלָה「上がった」？

*9. 12節「両手」。原本 'hands'、ヘブル語原文はホフェナーヴ חָפְנָיו（ホーフェン חֹפֶן の双数形 ＋ 3人称男性単数所有接尾辞）「両手の窪み」。

*10. 21節「置く」。原本 'put'、ヘブル語原文は ナータン נָתַן「与えた」。

*11. 24節「聖なる場所」、他の諸節「聖所」。両者とも原本は 'holy place'、しかしヘブル語原文では前者が マーコーム カードーシュ מָקוֹם קָדוֹשׁ、後者が ハッ・コーデシュ הַקֹּדֶשׁ。

*12. 29, 31, 34節「法令」。原本 'statute'、ヘブル語原文は ホッカー חֻקָּה が用いられている。第10章 訳者のノート*3を参照。

*13. 32節「聖別される」。原本 'consecrated'、ヘブル語原文は「満たされる」。

*14. 注解2節「彼ら」。「彼」の誤り。

*15. 注解4節「自然的なもの」。この箇所の原本は大文字だが、コラムでは小文字。

*16. 注解4節「真理」。この箇所では単数だがコラムでは複数。

*17. 注解6節「4547」、注解16節「3530」には亜段落は存在しない。

第 16 章

*18. 注解 8 節「「退去」を意味するところの」。アザーゼール עֲזָאזֵל は一般的には原義不明の語であるが、エズアーゼル即ち アーゼール אָזֵל 「立ち去った」エーズ עֵז「山羊」と解釈されている様である。

*19. 注解 17 節「至聖所」。この箇所の原本は 'most holy place'、聖句コラムは 'holy place' 「聖所」。

*20. 注解 19 節「穢れ(単数)」。複数の誤植。

*21. p374「彼越しに(改訂版)」。21 節のことか。

『天界の秘義』の各々(おのおの)の節には当該内容の記載がないか、参照としては飛躍？

第 17 章

霊的意味の要約

1. 主から凡ゆる度の善と真理にいる者らへ以下の啓示が存在する。即ち、彼らの礼拝する力がその御方から諸天界を介したものである事をもし彼らが承認しないなら、彼らは聖なる善と聖なる真理に暴行を加える。なぜなら全ての正真の礼拝は事実善からのものであり、内なる人と外なる人との間に調和が存在するためである(1～5節)。
2. 何となればその様な礼拝のみが真理と善との結合の原因となり、仁愛なき信仰からの礼拝を取り除き、そして絶え間なく永遠だからである(6, 7節)。
3. よってそれ故、如何なる者であれ主を斯く礼拝しない者は、教会からそして神的諸真理から分離される(8, 9節)。
4. 聖なる仁愛を諸々の悪と虚偽との混合により暴行する者は、彼自身を主から背け、彼自身を諸真理から分離する。なぜなら仁愛は教会の生命であり、外なる礼拝は内なる礼拝と調和せねばならないから(10～12節)。
5. 説得の原理から、単なる自然的な善から、あるいは悪により汚染された善からの善や真理を固有のものとする事について(13～16節)。

各節の内容

1. そして主はモーセに語って、曰く、

1. 主から神的真理により啓示が存在し、以下の覚知を与える、

第 17 章

2. アロンと、彼の子らと、イスラエルの全ての子供らに語り、彼らに言え。これは主が命じた事柄であり、曰く、

3. たとえイスラエルの家の人であれ、雄牛や、子羊*¹や、山羊を宿営の中で屠り、あるいはそれを宿営の外で屠り、

4. そして主への捧げ物として主の仮庵*²の御前に奉納するために、それを会見の幕屋の戸口に連れて来なかった場合*³。血はその人に帰するものとする。彼は血を流した。そしてその人は彼の民の中から絶たれるものとする。

5. イスラエルの子供らが、開けた野で彼らが犠牲を為すところの彼らの諸々の犠牲を連れて来るためであり、正に彼らがそれらを主に、会見の幕屋の戸口に、祭司に連れて来て、それらを主への平安の諸奉納の諸々の犠牲のために犠牲にするのである。

2. 即ち、教示が流入と啓蒙により天的な善と真理におり、そして霊的な善と真理にいる者らへ与えられるべきであり、それから以下が理解される。

3. 教会の内外であれ、自然的な善からか、天的な善からか、霊的な善から主を礼拝するよう備える凡ゆる者で、

4. 全ての善がこの御方から内奥の諸原理を介しているために、諸天界を介した主との結合により然うする力を彼が受けていることが、承認されていないこと。その人間は聖なる善と聖なる真理へ暴行を加え、それにより彼自身を天界と教会から分離することである。

5. 何となれば、礼拝における全ての善の諸情愛の歓喜と快楽は、神的善から分離しているように見えるものの、実際は主からのもので、諸天界を介してこの御方との結合と、善の原理を手段としたこれ〔結合〕に因るものであり、それにより完全な自由からの礼拝において外なる人が内なる人

第17章

と調和させられる為である事を、霊的な人が知り、維持すべき事が本質だからである。

6. そして祭司は血を会見の幕屋の戸口で主の祭壇の上に振りまくものとし、主への宥めの香りのために脂肪を燃やすものとする。

6. 斯くて、善から、真理と善との結合が、そのような天的善の承認を介して結果を齎すはずである。なぜならそれは主へ心地よく容認され、全ての試誘からの継続的な安息を生むものだからである。

7. また彼らは、彼らが売春に求めて行くところの、牡山羊らへの彼らの諸々の犠牲を最早犠牲にせぬものとする。これは彼らの代々に亘る彼らへの永久の法令*4とする。

7. また再生した霊的な人は、真理がそれにより継続的に虚偽化されるところの仁愛なき信仰の諸々の虚偽からは、主を礼拝しないはずである。そして天界的生命の行程において外なる礼拝は、永久に内なる礼拝と完全に調和するはずである。

8. そして汝は彼らに言うものとする。たとえイスラエルの家の、又は彼らの真中に寄留する余所者ら*5の人であれ、全焼の奉納や犠牲を奉納し、

8. そして更に、内なる又は外なる、凡ゆる**霊的教会**人の許に神的真理による覚知が存在し、彼らは表向きに、天的あるいは霊的な主礼拝に携わるも、

9. そしてそれを主へ犠牲にするために、会見の幕屋の戸口へそれを連れて来ぬ場合。正にその人

9. それにより、然うする力が諸天界を介し、天界的愛の原理を介した人間と主との結合からであ

382

第 17 章

は彼の民の中から絶たれるものとする。

10. そしてたとえイスラエルの家の、あるいは彼らの真中に寄留する余所者ら*5の人であれ、如何なる仕方でも血から*6食する場合。我は我が顔を血を食するその魂に対し置かん*7、そして彼を彼の民の中から*8絶たん。

11. 何となれば肉の命*9は血の中に在る故なり。そして我は汝らの魂*9のために贖いを為すため、それを汝らに祭壇の上に与えたのである。何となれば命*9の理由に贖いを為すのは血だからである。

12. それ故我はイスラエルの子供らに言った、汝らの魂は断じて血を食さぬものとし、汝らの真中

る事を承認しないなら、教会から分離され神的諸真理に無知になるはずである。

10. 単なる自然的な生命の諸々の悪と虚偽をそれと共に混合することにより聖なる仁愛を暴行するところの、内なる又は外なる何れかの凡ゆる**霊的教会**人。その人間は彼自身を主から背ける、なぜなら彼は真理を冒瀆するからであり、結果全ての諸真理から分離される事になる。

11. 何となれば外なる礼拝は偽らず内なる礼拝と当然調和されねばならぬからである。そして天界の礼拝において然りである。なぜならそこでは神的真理と神的善との結合が存在し、それによって外なる人が内なる人と調和されるから。それは神的真理は人間を悪から浄めるからである、なぜなら、それは**生命**そのものであるところの神的善からのものだからである。

12. そして、内なる人においてか、外なる人においてか、聖なるものに冒瀆的なものを混淆する

第 17 章

に寄留する如何なる余所者*5もまた血を食さぬものとする。

13. そしてたとえイスラエルの子供らの、あるいは彼らの真中に寄留する余所者ら*5の人であれ、狩りで食されるによい如何なる獣や鳥類*10を取る場合。彼はそれの血を注ぎ出し、それを塵で覆うものとする。

14. 何となれば肉全ての命*9について、それの血はそれの命*9の許で同じであるから。それ故我はイスラエルの子供らに言った、汝らは断じて肉の血を食さぬものとする、と。何となれば肉全ての命*9はそれの血だからである。誰であれそれを食する者は絶たれるものとする。

15. そして自身から死ぬところのもの、あるいは獣らに裂かれたところのもの*11を食する凡ゆる

ことが違法であるのを霊的な人が主から教えられることは、この理由である。

13. そしてそれ故、説得の原理から如何なる善の情愛や真理の情愛を固有のものとする処の、内なる或いは外なる凡ゆる**霊的教会**人は、彼自身からは悪以外の何者でもなく、定罪されている事の真摯な承認により、彼は聖なるものを冒瀆から分離するはずである。

14. 何となれば外なる人の正真の生命全ては内なる人における主の神的生命からのものであるから。よってそこからそれは、人間が彼自身に生命を固有のものとする事により冒瀆するのを教えられる事である。何となれば真理において判然とした善は主からの人間の生命であるから。そしてそれを彼自らのものとして要求する者は、彼自身を善と真理全てから分離するのである。

15. そして単なる自然的なものと霊的生命を欠いた処のもの、あるいは不注意にも悪により害わ

第17章

魂*9は、生粋であれ余所者*5であれ、彼は彼の衣装を洗い、彼自ら水で沐浴し、夕まで穢れたものとする。その時彼は浄いものとする。

れた処のものを自身に固有のものとする凡ゆる**霊的教会**人、そして内なる教会の者であれ外なる教会の者であれ、本質的には依然善にいる凡ゆる**霊的教会人**は、聖言を手段として外なる面でも内なる面でも純粋にされるはずである。そしてその様な純化により状態の変化が引き起こされるまで、不純のまま留まるはずである。

16. しかしもし彼がそれらを洗わず、彼の肉を沐浴しないなら、その時彼は彼の悪行を担うものとする。

16. しかしもし彼がこの方法で彼自身を純粋にするのを拒むなら、その時悪は彼の許に留まらねばならない。

参照と注解

1. これは明らかである、なぜならイェホヴァにより御自身の愛についての神的存在が示されているからである(2001)。語ることにより流入が示されている(2951)。モーセにより神的真理、あるいは聖言が示されている(7010)。そして曰く、により覚知が示されているからである(1791, 1822)。

2. モーセが語ることは神的真理による教示を示している(7010, 10355)。アロンには、善にいる者らに、を示している(9946)。彼の子らには、真理にいる者らに、を示している(9946)。イスラエルの全ての子供らには、霊的な善

第17章

と真理にいる者らに、を示している(3654)。そして「これは主が命じた事柄である」と言うことは、それから以下が理解されるところの流入と啓蒙を示している(5486, 5732, 1791, 1822)。

3. 犠牲のために或る動物を屠る如何なる者もは、礼拝するよう備える如何なる者もを示している(10024)。雄牛や、子羊や、山羊は、自然的な、天的な或るいは霊的善を夫々示している(10024, 10132)。そして宿営の中あるいは宿営の外は、教会の内外であれを示している、なぜなら宿営は天界と、そこから教会を示しているからである(10038)。

4. 会見の幕屋の戸口に犠牲を連れて来ないことにより、諸天界を介した主との結合により礼拝する力を彼が受けているのは承認されていない事が示されている(2356, 3540$^{3\#}$)。主への捧げ物として主の仮庵の御前に奉納することにより、全ての善が内奥の諸原理を介して主からのものである事が示されている(349, 922, 9481)。血がその人に帰することにより、そして彼が血を流すことにより、聖なる善と聖なる真理へ暴行することが示されている(374, 683$^{\#}$)。そして彼の民から絶たれることにより、天界と教会からの分離が示されている(5302, 3294, 3295)。

5. イスラエルの子供らにより、霊的な人が示されている(3654)。開けた野で彼らが犠牲を為すところの彼らの諸々の犠牲を主に会見の幕屋の戸口に連れて来ることにより、礼拝における全ての善の諸情愛の歓喜と快楽は、神的善から分離しているように見えるものの、実際は主からのもので諸天界を介してこの御方との結合によることが示されている(349, 368, 369, 2356, 3540$^{3\#}$)。祭司に連れて来られることにより、善の原理を手段としたことが示されている(9946)。そしてそれらを主への平安の諸奉納のために犠牲にする事により、それにより完全な自由からの礼拝において外なる人が内なる人に調和するためが、示されている(10097)。

6. 祭司が血を会見の幕屋の戸口で主の御前に祭壇の上に振りまくことは、

斯くも善から真理と善との結合が結果を齎すことを示している(9946, 10047, 2356, 3540³⁺)。そして主への宥めの香りのために脂肪を燃やすことは、「なぜならそれは主へ心地よく容認され、全ての試誘からの継続的な安息を生むものだからである」ため、主へ帰される天的な善であることを示している(10054, 10033)。

7. 牡山羊らへの彼らの諸々の犠牲を最早犠牲にせぬことは、再生した人は仁愛無き信仰の諸々の虚偽からは最早主を礼拝しないことを示している(349, 922⁺, 4169)。彼らが売春に求めて行くところの、真理がそれにより継続的に虚偽化されるところの、を示している(2466)。そしてこれが彼らの代々に亘る彼らへの永久の法令であることは、天界的生命の行程において外なる礼拝は、永久に内なる礼拝と完全に調和するはずである事を示している(7884, 9789)。

8. 彼らに言うことは神的真理からの更なる覚知を示している(1791, 1822, 7010)。イスラエルの家の人は内なる教会人を示し、彼らの真中に寄留する異邦人らは外なる教会人を示している(3654, 7908)。そして全焼の奉納や犠牲を奉納することは、表向きに、天的あるいは霊的な主礼拝に携わることを示している(923)。

9. 会見の幕屋の戸口へそれを連れて来ないことは、礼拝する力が諸天界を介し人間と主との結合によるのを承認しない事を示している(2356, 3540³⁺)。そしてその人が彼の民の中から絶たれることは、教会からの分離と神的諸真理の無知を示している(5302, 3294, 3295)。一方主の御前に犠牲にすることにより、純粋な愛からの主礼拝が示されていることは明らかである(2001)。

10. イスラエルの家や彼らの真中に寄留する余所者らの如何なる人であれは、内なる或いは外なる**霊的教会**人を示している(3654, 7908)。如何なる仕方でも血から食べることは、単なる自然的な生命の諸々の悪と虚偽をそれ

と共に混合する事により聖なる仁愛を暴行することを示している(1001~1003)。そして主が御自身をその魂に対し置き、彼を彼の民の中から絶つことは、その人間は真理を冒瀆するために彼自身を主から背け、結果全ての諸真理から分離されることを示している(7599, 5302, 3294, 3295)。

11. 肉の命が血の中に在ることは、外なる礼拝は偽らず内なる礼拝と当然調和されねばならぬ事を示している(156, 870#, 1001)。主が血を祭壇の上に与えることは、天界の礼拝において然りであり、なぜならそこでは神的真理と神的善との結合が存在する故であることを示している(10047)。贖いを為すことは外なる人と内なる人とを調和することを示している(10042・II)。そして血が命または魂のために贖いを為すことは、これが然うであるのは、神的真理は人間を悪から浄めるからであり、なぜならそれは**生命**そのものである処の神的善からのものである故を示している(3704, 4180)。

　最後の諸参照を注意深く調べれば、或る状況下で見られた血が仁愛や善を、また別の状況下では信仰や真理を示す事が如何なることかを理解できるであろう。なぜならそれは、主から発出し、或る表現において*神的真理*と呼ばれている処のものは、それの中に人間の生命である善と真理双方を持つからである。

12. 主が、それ故イスラエルの子供らに言うことは、人が主から教えられる事はこの理由である事を示している(3654, 7304)。彼らも彼らの真中の余所者らも血を食さぬことは、内なる人に於いてであれ外なる人や教会に於いてであれ、聖なるものに冒瀆的なものを混淆することは違法であることを示している(1001~ 1003, 7908)。

13. また、イスラエルの子供ら或るいは余所者らは、内なる或るいは外なる凡ゆる**霊的教会**人を示している(3654, 7908)。狩りで取ることは説得の原理から獲得することを示している(3309)。食されるによい獣や鳥類は固有のものとされてよい善や真理を示している(40, 44, 2187)。そしてそれの血を注ぎ出し、それを塵で覆うことは、彼は彼自身からは悪以外の何者でもなく、

第17章

定罪されていることの真摯(しんし)な承認により聖なるものを冒瀆的なものから分離することを示している(1001~ 1003, 9127, 249)。

14. 肉全ての命について、血はそれの命の許(もと)にある一つのもの*12である事は、外なる人の正真の生命全ては内なる人における主の神的生命からのものである事を示している(1001~ 1003, 3704, 4180)。イスラエルの子供らに言うことは、そこから人間は教えられる事を示している(3654, 7304)。如何にしても肉の血を食(しょく)さぬことは、彼自身への生命の固有のものとする事による冒瀆が全く無いことを示している(1001~ 1003, 2187)。肉全ての命はそれの血の中に*13 あることは、真理において判然とした善は主からの人間の生命であることを示している(3704, 4180)。そして誰であれそれを食(しょく)する者は絶たれることは、生命を彼自らのものとして要求する者は彼自身を善と真理全てから分離することを示している(5302, 3294, 3295)。

15. 自身から死ぬところのものを食(しょく)する凡ゆる魂(あ)は、単なる自然的なものと霊的生命を欠(か)いたところのものを自身に固有のものとする凡ゆる人を示している(2187, 4171)。あるいは獣らに裂かれた処(ところ)のものは、不注意にも悪により害(そこな)われた処(ところ)のものを示している(2187, 4171)。彼が生粋であれ余所者であれ、彼が内なる教会の者であれ外なる教会の者であれを示している(3654, 7908)。そして彼の衣装を洗い、彼自ら水で沐浴(もくよく)し、夕まで穢(けが)れ、それで浄(きよ)いことは、聖言を手段として外なる面でも内なる面でも純粋とされ、そしてその様な純化により状態の変化が引き起こされるまで不純のまま留まることを示している(3147, 5006, 10130#, 7844, 4545)。

16. 彼の衣装を洗わず又(また)は彼自身沐浴(もくよく)しないことは、彼自身を純粋にするのを拒(こば)むことを示している(3147, 5006)。そして彼の悪行(あくぎょう)を担(にな)うことは、悪は彼の許(もと)に留まることを示している(9937)。

第17章

　本章の冒頭を熟読する者なら、その中に隠れた、あるいは霊的な意味が存在することを誰が直ちに覚知しないであろうか。何となれば、何処であれ主を礼拝しようと欲する者によって、この御方が真に礼拝される事は出来ないものなのか。そして尚もこの点に就き、会見の幕屋の戸口以外の何処かで諸々の犠牲を奉納しようとする凡ゆる人物に対しては、一つの非常なる厳罰が告発されると言うことに我々は気付くのである。それで、ここで包摂されている内なる意味を我々はどのようにして知るべきであろうか。それは、聖言が書かれているところに従う照応を理解する事によってのみ可能である。実に然うでなければ、我々には指針は皆無である。そしてもし各々読者が歴史的意味から自らの諸々の結論を引き出すのを許されるなら、結果は必ず混乱と誤解のみとなる。それ故教会人は如何程に感謝すべきか、今日これら照応の知識を主が喜んでお与えになったとは。そして聖言そのものが、全般的に、諸犠牲の意味を我々に明示するのである、何となれば我々は以下を主について読むからである。「汝犠牲には歓び給わず、然らずば我それを与えん、汝全焼の奉納に何ら楽しみ給わず。神の諸々の犠牲は砕けたる霊なり、砕けたる且つ悔いたる心を、おお神よ、汝軽しめ給わず」(詩編51: 16, 17)。即ち、実際の諸々の犠牲は主への諸情愛の奉献を含み、これらは種々の動物により示されており、各々は、既に我々が見てきたように、某かの個別的な情愛を示している。その情愛は、確かに望む者なら誰であれ、何時でも何処でも主の奉仕へと聖別することが出来るのである。

　だが更に、諸犠牲の隠れた意味がその様なものである事を知ると、我々は、それらが会見の幕屋の戸口以外は何処であれ奉納されることが何故に出来なかったかを頻りに知りたくなる。それは、諸々の動物のみならず場所が照応するからであり、また諸々の建物もまたそれらの全ての部分と同じく照応しているからなのである。異なる諸々の場所は異なる諸々の状態を表象し、場所から場所への運動は状態の変化を示している。これは至極明白であり、我々が我々の自我に連関してそれに就いて考えるとき、人間は如何なる場所でも主を真に礼拝するかも知れぬが、如何なる状態でもその御方を真に礼拝できる訳ではない事を直ちに認めることが出来る。それでこの事が、禁止と制約の原因である。我々は単なる自然的な状態で主を礼拝することは出来な

第17章

い、その時は我々の心と精神は自己本位、俗心、あるいは単なる快楽に満たされている。凡ゆる人は以下のことを知っており、広く適切に言われている事でもある、即ち我々が主の家に入るときは、そのような事柄の思考を当然棄捨せねばならぬと言う事である。よってここから、雄牛や、子羊や、山羊を、宿営の中や、宿営の外や、開けた野で屠ることにより意味されているものを我々は把握するかも知れないのである。我々の主からの善の諸情愛は、教会内や、教会外で、実体なき礼拝の表面上の外観により、汚染されるかも知れないのである。

　しかし今はそのような見せかけの礼拝に付せられた罰を熟考されたし、「血はその者に帰するものとする。そして彼は彼の民の中から絶たれるものとする」。即ち、諸参照が明示するように、斯くも偽って礼拝する人物は、彼が告白する聖なる諸原理に暴行を加えており、それらから分離されるに至っている。しかも内なる礼拝から分離したこの外なる礼拝が、何と極めて有り触れたものと成っていることか。また真理にあっては、この点で今まで罪責のない者は殆ど存在しない。何となれば我々はサルディスの人々のようであって、彼らは生きるための名は持っていたが、依然死んでいたのである(黙示録 3: 1)。それでは救済の策は何であるか。問題の章では我々に告げている、即ち、我々は我々の諸奉納を会見の幕屋の戸口に連れて来て、そこでそれらを犠牲せねばならないと。事実、唯一の場所、即ち一つの状態しか存在しない、そこにおいて我々は真に主を承認しこの御方を礼拝することが出来るのである。そしてそれは、知識を介し、信仰を介し、あるいは愛を介した、そのものを表出している正真の善の状態である。あるいは換言すれば、それは我々を善に導入する真理の状態であり、斯くも衷心と真理において、もし欲すれば、主を礼拝できる地上の神殿の中に、丁度扉が我々の入るのを許可する様なものである。そしてこの真の礼拝は、祭司が血を振りまき主への宥めの香りのために脂肪を燃やすことにより意味されており、一方先きの偽りの礼拝はそれにより廃止され、明記された偶像礼拝により的確に示されている。よってこれより、教会人に自身の気質について用心させ、直ぐに引き続く礼拝に関する神的法則をその適切な真義で評価せしめよう。そして礼拝の許では、その怠惰にも拘らず、実際彼は黙して精通したものと成る

のである。と言うのも、原理からそして善に成ろうとする願望により主のご命令を守ろうとする、誠実で真剣な努力から離れた真の主崇拝は存在し得ないことを、誰が充分に知らないのか。

　何となれば次の箇所では、聖言のこの部分がここまで取り扱ったところの不注意な礼拝者らが未だ冒瀆者ではないかも知れない、と言うことを我々が許容するにしても、彼らの多くが誤った行程に固執する余り実際そうなるかも知れない事は充分在り得るからである。そして、今引き続くところの血を肉と共に食することもまた、その含蓄されていることは、聖なるものと冒瀆なるものとを混淆することである。善と真理を冒瀆するとは、それらを承認し、信じ、愛し、にも拘らずそれらに反して生活することである。そして既に見て来たように、この悪には多くの度が存在している。或る人は僅かに冒瀆するかも知れないし、深く冒瀆するかも知れない。彼の霊的な病は治るものかも知れないし、治らぬものかも知れない。そしてそれは固陋かつ故意の偽善により一層極めて悪いものに成るかも知れない。それ故我々はその初期に対し入念に警戒しよう。そして或る人物が彼の内に真理の某かの愛が有るのを感じるときは、それが定罪する悪を先ず忌避することにより、それを培うよう彼に精励ならしめよう。その上で、それがその表現であるところの善を真剣に実践することになるのである。何となれば、神的法則と調和して生きることは、凡ゆる方法において、然うすることの単なる告白を為すよりも大きな強みであることを正に我々の全般的な覚知により納得させられるのは確かである。その傍ら、我々は、必然的に廃墟へと導くところの自己本位、俗心あるいは官能に耽ることにより我々自身を汚染するのである。

　だがここで依然考察されるべく残っているこの主題についての或る見解が存在し、それは我々が注意を払った方が全く以て良いはずのものの一つである。それは、疎漏ないし不注意にも善と真理とを無視した挙げ句、あるいは我々のそれらへの故意に暴行した挙げ句、それらを強め、聖言の他の箇所と同じく、我々がここで狩りにより学んでいるものにおいて表象されている処の説得の原理を増し加えるかも知れないのである。「ニムロド」、それは、「主の御前に力ある狩人なりき」と言われており(創世記 10: 9)、これに関

第17章

し我々は以下を読む、「それは彼は多くの者を説得したことを意味する。これは、斯く説得的なものである仁愛から分離した信仰の性質から、また聖言における狩りの意義から現れている。仁愛から分離した信仰はそのように容易に説得する処のものである。人類の大半は内なる諸々の事柄が何かは知らず、ただ外なる諸々の事柄を知るのみであり、そして大多数は諸々の官能、諸々の快楽と諸々の欲念に浸って生きている。そして彼らは彼ら自身と世とを重要視している。それ故彼らはそのような宗教に容易に捕われてしまうのである。...　『見よ、我そこで魂らを狩るための汝らの枕らに抗い、彼らを飛び去らしめん。我それらを汝らの両腕から引き裂かん、そして汝らが狩るところの魂らを放たしめ、正にその魂ら彼らを飛び去らしめん。そして我汝らの頭巾を裂き、我が民を汝らの手から救い出さん。そして彼らは狩りのために再び汝らの手の内に在らざるものとする』(エゼキエル 13: 21*14)。ここでは、以下の事が説明されている。それは、狩りにより意味されているものであり、即ち、それが諸々の説得を手段として、そして彼らが転倒するところの、また彼らが彼ら自らの好みにおいて、また他人の性癖に従って説明するところの諸々の認知を手段として、欺くことである」(1178)。ここより我々は、問題の章が語るところの説得の性質を理解するかも知れない。そしてニムロドが反逆的な、あるいは下りの眠り、あるいは支配する者の眠りを意味することを付加するとき、我々は尚一層明確にそれを理解するかも知れず、以下の状態に零落するのを回避する力に必ずや導かれるであろう。それは、我々自らの不正な立ち位置を更に悪化せしめ、全ての霊的前進にとって極めて必要かつ貴重な自由を他人から取り去る状態なのである。

　ところで都合良く詳述されるかも知れないこの興味深い記述の残りの部分には、また他に幾つかの問題点も存在し、それは以下の事実の如きである。即ち、外なる人の生命は、完全な状態では、内なる人のそれから由来すること。そして取り分けこの理由により冒瀆は避けられるべきであること。それは、試みの状態にいる間この点で自らの不純から浄められない者はその中に留まらねばならないと言う、もう一つの事実と同様である。しかしより高次の生命への励起として、そして内意における主の聖言の学びへの誘因としては、その生命への最終的に到達する目的において、既に言われた処のも

第 17 章

ので当座は足れりとしよう。何となればそれの中に含む神的真理の諸々の個別的なものを注意深く吟味し省察すればする程、今なお目下の行程を忍耐を以て走るよう啓発され激励されるからである。

訳者のノート

＊1. 3節「子羊」。原本は'lamb'、ヘブル語原文は ヘセヴ כֶּשֶׂב 。
＊2. 4節「仮庵」。原本'tabernacle'、ヘブル語原文は ミシュカン מִשְׁכַּן「住処」。
＊3. 4節「～来なかった場合。」。原本は直前の3節からの'What man soever ～, that …'で4節までも連続した文章として解され、3節と4節の間はコンマ(,)が打たれている。しかしヘブル語原文では句点であるソフ・パスーク(:)が置かれ、両節は明瞭に分離されている。実は、このような事は聖書の他の箇所でも散見される。4節の当該部分は完了形、即ち「～来なかった。」。
＊4. 7節「法令」。原本'statute'、ヘブル語原文は ホゥッカー חֻקָּה が用いられている。第10章 訳者のノート＊3を参照。
＊5. 8, 10, 12, 13, (15)節「寄留する余所者ら」。原本は'strangers that sojourn'、但し12節は単数。ヘブル語原文では「寄留する」「余所者」も語根は同じ。また今ここで挙げられている「余所者ら」は全てヘブル語原文では単数。因に 8, 10, 13節「余所者」直後の「人」は、原本'whatsoever man'、ヘブル語原文は イーシュ イーシュ אִישׁ אִישׁ「人、人」。
＊6. 10節「如何なる仕方でも血から」。ヘブル語原文「全ての血を」。
＊7. 10節「魂に対し置かん」。ヘブル語原文「魂の中に与えた」。
＊8. 10節「中から」。原本'from among'、ヘブル語原文は ミッ・ケレヴ מִקֶּרֶב「内臓から」。
＊9. 11, 14, 15節「命」「魂」。原本は夫々'life'、'soul'、ヘブル語原文はいずれも ネフェシュ נֶפֶשׁ「魂」または「喉」。
＊10. 13節「鳥類」。原本'fowls'、ヘブル語原文は オーブ עוֹף「翼/翅のあるもの」。
＊11. 15節「獣らに裂かれたところのもの」。原本'that which is torn of beasts'、ヘブル語原文には「獣」の語はないものの、屡々「獣により裂かれた」意味で用いられている語、テレーファー טְרֵפָה が用いられている。

第 17 章

*12. 注解 14 節「一つのもの」。原本は 'one'、コラムでは「同じである」'all one'。ヘブル語原文は フー הוּא「彼/それ」。
*13. 注解 14 節「血の中に」。コラムにはない 'in' が挿入されており、誤植？ ヘブル語原文はコラムの方が正しい。
*14. p393「エゼキエル 13: 21」。「エゼキエル 13: 20, 21」と思われる。
♯ 『天界の秘義』の各々の節には当該内容の記載がないか、参照としては飛躍？

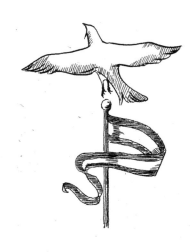

第 18 章

霊的意味の要約

1. 教会人は以下のことを教示される。即ち、単なる自然的な人にも腐敗した教会にも、当然その諸々の悪と虚偽に従って生きてはならないこと。そうではなく、結合した、あるいは寧ろ一体となった**善**と**真理**で在せられる主が、当然礼拝されるべきこと(1～5節)。
2. それ故一般的に、人間は善や真理をそれらに悪や虚偽を結合する事により冒瀆するのは禁じられている(6節)。
3. 個別的なものにあっては、何であれ系列の中に記述されている処の、そしてそれにより腐敗した教会が不浄となり、善も悪も的確に悟ることが出来ないところの、如何なる違法な諸結合によっても、当然彼はそれらを冒瀆すべきではない(7～25節)。
4. それに反し、**霊的教会**人は神的秩序の諸法則に従い生き、諸々の忌わしきものを避けねばならない。それは彼が過度に腐敗せず、正真の善と真理から全的に分離されない為であり、主からの善と真理の天界的結婚の結果である処のこの御方への従順が全く不可能とならない為である(26～30節)。

各節の内容

1. そして主はモーセに語って、曰く、

1. 主から神的真理により啓示が存在し、以下の覚知を与える、

2. イスラエルの子供らに語り、

2. そして**霊的教会**人への教示を。

第 18 章

そして彼らに言え、我は主、汝(なんじ)らの神なり。

それにより彼は以下のことを学ぶ。即ち、主は唯一の神であること、そしてこの御方(おかた)から善と真理全ては結合されていること。

3. 汝(なんじ)らが住んだところの、エジプトの地の行状を求め、汝(なんじ)らは行わぬものとする。そして我が汝(なんじ)らを連れ行くところの、カナンの地の行状を求め、汝(なんじ)らは行わぬものとする。また汝(なんじ)らは彼らの諸法令*1の内に歩まぬものとする。

3. そしてそれ故(ゆえ)に、彼がその中に生まれた処(ところ)の単に自然的な状態の諸々の悪と虚偽に、また**霊的教会**が後続するところの腐敗した教会の諸々の悪と虚偽にも、当然ながら従って生きるべきではないこと。また礼拝は最早(もはや)外なるもの及び偶像礼拝のみで在(あ)ってはならぬこと。

4. 我が諸審判を汝(なんじ)ら行うものとし、我が諸法令*1を汝(なんじ)ら守り、それの内に歩むものとする。我は主、汝(なんじ)らの神なり。

4. それどころか、内なる及び外なる聖言からの諸真理を手段として、そして日々の生活におけるそれへの従順により、主は礼拝されるべきである。そしてこの事は、主が**御自身**を以下のものとして顕示されたからである。即(すなわ)ち結合された善と真理として。善から由来した真理として。そして**内なるもの**と調和した**外なるもの**として。

5. それ故汝(ゆえなんじ)ら我が諸法令*1と、我が諸審判を守(ま)るものとする。それらをもし人*2が行うな

5. そしてそれ故(ゆえ)、人間は初め、外なる礼拝に携(たず)わらねばならず、それは彼がそこから内なるもの

397

第 18 章

ら、彼はそれらの内に生きるものとする。我は主なり。

と成るであろう処(ところ)の諸法則への従順により内なる礼拝に導き、斯(か)くて主を殊(こと)に神的善として承認するのである。

6. 汝(なんじ)らの何人(なんびと)も彼らの裸(はだか)を曝すため、彼の近親であるところの如何(いか)なる者にであれ*³近寄(ちかよ)らぬものとする。我は主なり。

6. その結果、霊的な人は遺伝的あるいはそれとの結合を介した実際の諸々の悪と虚偽による汚染により、聖なる諸真理を冒瀆することは禁じられている。何となれば神的善はそれから由来した善が単独で正当に真理と結合され得(う)ることを要求するからである。

7. 汝(なんじ)の父の裸、正に汝(なんじ)の母の裸(はだか)を、汝は曝さぬものとする。彼女は汝(なんじ)の母である。汝は彼女の裸(はだか)を曝さぬものとする。

7. それ故(ゆえ)遺伝悪と本質的な虚偽との結合を介した直接的な遺伝悪による汚染により、善を冒瀆することは、神的秩序に反している。この虚偽は悪の新たな形の外なる起源である。

8. 汝(なんじ)の父の妻の裸を汝は曝(さら)さぬものとする。それは汝(なんじ)の父の裸である。

8. 外なる人における遺伝悪と結合した虚偽による汚染により、善を冒瀆する事もまた合法ではない。なぜならその様な虚偽は遺伝悪のもう一つの形に過ぎない。

9. 家で生まれた者であれ、国外で生まれた者であれ、汝(なんじ)の姉妹、

9. 内的な遺伝的情愛からか外的な遺伝的情愛からか発出する、

第18章

汝(なんじ)の父の娘、あるいは汝(なんじ)の母の娘の裸、正に彼女らの裸を汝は曝(き)さぬものとする。

10. 汝(なんじ)の息子の娘、あるいは汝(なんじ)の娘の娘の裸、正に彼らの裸を汝は曝(き)さぬものとする。何となれば彼女らのものは汝自(なんじみずか)らの裸である故(ゆえ)。

11. 汝(なんじ)の父の儲(もう)けた、汝(なんじ)の父の妻の娘の裸、彼女は汝の姉妹であり、汝(なんじ)は彼女の裸を曝(き)さぬものとする。

12. 汝(なんじ)は汝(なんじ)の父の姉妹の裸を曝(さら)さぬものとする。彼女は汝の父の近親の女である。

理解における虚偽による汚染により、真理を冒瀆することもまた合法ではない。そしてその虚偽は内なる或るいは外なる人において自発的に活発となっている。

10. 実際の虚偽や悪から湧(わ)き出る悪の情愛による汚染により、真理を冒瀆する事もまた合法ではない。何となればその様な情愛は強められた実際の悪だからである。

11. 外なる人において遺伝悪と虚偽との結合から起こるその悪の情愛による汚染により、真理を冒瀆することもまた合法ではない。何となればこれは、真理が正当に結合し得ない理解における実際の虚偽だからである。

12. 遺伝悪と縁組みされ、しかし内なる人においてそれと直接には結合していない、理解における虚偽による汚染により、真理を冒瀆する事もまた合法ではない。なぜならこれは、遺伝悪の許(もと)での同じ面における虚偽だからである。

第18章

13. 汝は汝の母の姉妹の裸を曝さぬものとする。何となれば彼女は汝の母の近親の女である故。

13. 遺伝悪と縁組みされ、しかし外なる人においてそれと直接には結合していない、理解における虚偽による汚染により、真理を冒瀆する事もまた合法ではない。なぜなら、一方でこれは、外なる遺伝悪の許での同じ面における虚偽だからである。

14. 汝は汝の父の兄弟の裸を曝さぬものとする、汝は彼の妻に近寄らぬものとする。彼女は汝のおばである。

14. 傍系の遺伝悪で汚染することにより、そのような悪と結合した虚偽の媒体を介して、善を冒瀆する事もまた霊的な人にとって合法ではない。なぜならそれはより遠い遺伝的生命の外面的な形だからである。

15. 汝は嫁の裸を曝さぬものとする。彼女は汝の子の妻である。汝は彼女の裸を曝さぬものとする。

15. 彼自らの悪と結合した虚偽による汚染により善を冒瀆することもまた彼にとって合法ではない。なぜならこれはその様な悪の外面的な形だからである。

16. 汝は汝の兄弟の妻の裸を曝さぬものとする。それ*4は汝の兄弟の裸である。

16. 傍系の悪へ結合した虚偽による汚染により、善を冒瀆する事もまた合法ではない。なぜならそれはその様な悪の外面的な形だからである。

17. 汝は或る女と彼女の娘の裸

17. 以下による汚染により真理を

第 18 章

を曝さぬものとする。汝は彼女の子の娘や、彼女の娘の娘を、彼女の裸を曝すために取らぬものとする。彼女らは近親の女らである。それ*4 は邪悪である。

18. そして汝は或る女を彼女の姉妹に、彼女へ競わせるべく、彼女の裸を曝すために、彼女の生涯に他者とは別に、取らぬものとする。

19. そして汝は或る女に、彼女が彼女の穢れにより不純な間は、彼女の裸を曝すために近寄らぬものとする。

20. また汝は汝の隣人の妻と、汝自身を彼女により不浄たらんため、肉に臥さぬものとする*5。

21. そして汝は汝の種の如何なる者も火の中を通らせるためモレクに彼らを与えぬものとし、汝は汝の神の御名を冒瀆せぬものとする。我は主なり。

冒瀆する事もまた合法ではない。即ち、実際の虚偽からの悪によるもの、そこからの虚偽からの悪によるもの、あるいはそこからの悪からの悪によるもの。これらは類縁した諸悪である。そしてそのような汚染は悪の増強である。

18. 同時に理解における異なる傍系の諸々の虚偽による汚染により、真理を冒瀆する事もまた合法ではない。何となればこれは諸々の虚偽の葛藤を生ずるからである。

19. 単なる自然的な情愛の過剰さが原因で虚偽化された真理による汚染により、真理を冒瀆する事もまた合法ではない。

20. 混ぜ物をすることにより教会の善を冒瀆する事もまた合法ではない。それは最大の不純である。

21. 利己的な愛を介して教会の初期の諸真理を虚偽化することにより、然うする事もまた合法ではない。何んとなれば真理は常に畏怖にあって維持されねばなら

第18章

　22. 女との如くには、汝は男と臥さぬものとする。それ*4は忌むべきことである。

　23. また汝は如何なる獣とも、それにより汝自身を不浄たらんために臥さぬものとする*6。また如何なる女も獣の前に、それへ横になるため、立たぬものとする。それ*4は混乱である。

　24. 汝らこれらの事の如何なるものにあっても汝ら自身を不浄ならしむる勿れ。何となればこれら全てにおいて、我が汝らの前から追い出す*7諸国民は不浄である。

　25. そして地は不浄である*8。それ故我はその上のそれの悪行を訪れ*8、地は彼女の住民を吐き出す*8。

　ないからである。なぜならそれは神的善の形であるから。

　22. その上、感覚的な愛からの諸々の虚偽による真理の汚染は違法である。それは最も下品で憎悪すべき汚染である。

　23. そして全般的に、虚偽による善の汚染と同じく、悪による真理の汚染もまた然り。

　24. そして実に、霊的な人は如何なる種類の冒瀆によっても彼自身を不純にさせてはならない。何となれば、これが腐敗した教会における彼らの実践であり、彼らは悪の内に確固とし、神的真理の力により拒絶されるべき者であるから。

　25. そしてこの様にしてその教会は全的に腐敗している。そしてその腐敗の結果を被り、全くもって冒瀆的になり、善や悪も的確に悟ることが出来ないのである。

第18章

26. それ故汝ら我が諸法令*1と我が諸審判を守るものとし、これら忌むべきことの如何なるものも行わぬものとする。生粋の者も、汝らの真中に寄留する余所者*9も。

27. (何となればこれら忌むべきこと全てを、汝らの前にいた、地の人々は行なって、地は不浄である故。)*10

28. 地が汝らの前にいた国民を吐き出した如く、汝らがそれを不浄と為すとき、それが汝らをも吐き出さぬように。

29. 何となれば誰であれこれら忌むべき如何なるものをも行う者、正にそれらを行う諸々の魂は彼らの民の中から絶たれるものとする故。

30. それ故汝らは我が訓令を守るものとし、汝らがこれら忌むべき諸風習*11の如何なるものも行わぬよう、それらは汝らの面

26. しかし真に霊的な人は外なる面でも内なる面でも神的諸法則に従順であり、冒瀆全てを忌み嫌うのである。彼が内なる教会に属そうと外なる教会に属そうと。

27. (何となればこれら諸々の腐敗は利己的愛と世俗愛にいる者らには共通であり、そしてそれらの愛は遺伝から人間の許では初めは活発であり、その際人間は故意に放蕩し実際の悪を選択するのである。)

28. しかし先きの転倒した諸教会が行なったように、彼もまた意図して真理を腐敗せしめる事により冒瀆的となる。

29. 何となれば全ての冒瀆者は、諸真理を理解する能力を剥奪されねばならず、諸真理にいる者らから全的に分離されねばならないからである。

30. それ故霊的な人は従順であらねばならず、先きの腐敗した諸教会のように祭りにも極端に冒瀆的となり、斯くて不純とならぬ

前に行われたのであり、汝らはそれらにおいて汝ら自身を不浄とせぬように。我は主、汝らの神なり。

為である。そして彼は、その内に善と真理とが一つであるところの主のみを礼拝せねばならない。

参照と注解

1. これは明らかである、なぜならイェホヴァにより御自身の愛についての神的存在が示されているからである(2001)。語ることにより流入が示されている(2951)。モーセにより神的真理、あるいは聖言が表象されている(7010)。そして曰く、により覚知が示されているからである(1791, 1822)。

2. イスラエルの子供らに語る事と彼らに言うことは、そこから学ぶところの**霊的教会**人への教示を示している(7010, 3654, 10355, 1791, 1822)。そして「我は主、汝らの神なり」は、主は唯一の神であること、そしてこの御方から善と真理全ては結合されていることを示している(2001)。

3. 汝らが住んだところの、エジプトの地の行状を求めて行わぬことにより、当然ながら、彼がその中に生まれた処の単なる自然的な状態の諸々の悪と虚偽に従って生きるべきではない事が示されている(5755, 5276, 1293)。彼らが連れて行かれたところのカナンの地の行状を求めて行わぬことは、**霊的教会**が後続するところの腐敗した教会の諸々の悪と虚偽に従わないことを示している(1868)。そして彼らの諸法令の内に歩まぬことは、礼拝は最早外なるもの及び偶像礼拝で在るべきではなかった事を示している(8420, 7884, 8357)。

4. 主の諸審判を行い、彼の諸法令を守りそれらの内に歩むことは、聖言を

手段として、あるいは内なる及び外なる諸真理により、そして日々の生活における従順により、その御方を礼拝することを示している(5755, 8357)。そして「我は主、汝らの神なり」は、主が**御自身**を以下のものとして顕示されたからである事を示している、即ち結合された善と真理として、善から由来した真理として、そして**内なるもの**と調和した**外なるもの**として(2001)。

5. それ故、主の諸法令と諸審判を守ることは、人間は先ず内なる礼拝に導く外なる礼拝に携わらねばならぬ事を示している(8357)。それらを行う事とそれらの内に生きることは、彼がそこから内なるものと成るであろう処の諸法則への従順により、を示している(5755)。そして「我は主なり」は、斯く彼は主を殊に神的善として承認するであろう事を示している(2001)。

6. 裸を曝すため、彼と近親であるところの如何なる者にであれ近寄らぬことは、その結果霊的な人は遺伝的あるいはそれとの結合による実際の諸々の悪と虚偽による汚染により、聖なる諸真理を冒瀆することが禁じられている事を示している(6348, 4434, 9960)。そして「我は主なり」は、神的善はそれから由来した善が単独で正当に諸真理[*12] と結合され得ることを要求すること、またその結合の確認をも示している(2001, 7192)。

7. 「汝の父の裸、正に汝の母の裸を、汝は曝さぬものとする」は、遺伝悪と本質的な虚偽との結合を介した直接的な遺伝悪による汚染により、善を冒瀆することが神的秩序に反していることを示している、なぜならこの姦通により善の冒瀆が示されており(6348)、父により遺伝悪が示されており、そして母によりそれと結合した虚偽が示されているからである(3703[20])。「彼女は汝の母である」は、この虚偽は悪の新たな形の外なる起源であることを示している(1815, 1895)。そして「汝は彼女の裸を曝さぬものとする」は、汚染と暴露を示している(9960[10])。

8. 「汝の父の妻の裸を汝は曝さぬものとする」は、外なる人における遺伝悪と結合した虚偽による汚染により善を冒瀆することが合法ではない事

を示している、この姦通によってもまた善の冒瀆が示されており(6348)、父により遺伝悪が示されており (3703[20])、そして父の妻により外なる人におけるそれと結合した虚偽が示されているからである(409, 1369)。そして「それは汝(なんじ)の父の裸である」は、そのような虚偽は遺伝悪のもう一つの形に過ぎない事を示している、なぜなら真理が善の形であると同じく虚偽は悪の形であるから(9637#)。

9. 姉妹は理解における虚偽を示している、良い意味では彼女は知的な真理を示しているからである(1475)。父の娘、あるいは母の娘は、内的な遺伝悪からか外的な遺伝悪からかの発出を示している(568, 1815, 1895)。家で生まれた者や、国外で生まれた者は、内なる或いは外なる人や教会における活動性を示している、なぜならこの例は自国民と寄留者のそれに類似しているからである(8013)。そして姉妹の裸を曝さぬことは、真理の虚偽化とそのような性質の冒瀆は違法であることを示している(6348)。

10. 息子の娘、あるいは娘の娘により、実際の虚偽や悪から湧き出る悪の情愛が示されており、それは息子が虚偽を示しているものとしての、そして娘が悪を示しているものとしての意義から外観されるのである(568)。そしてそれは実際の虚偽と悪と言われている、なぜなら人間自(みずか)らの息子や娘は、彼の父あるいは母の子供らと区別されているため、この事を示している事は明らかである。彼らの裸を曝さぬことは、真理をそのような汚染により虚偽化し冒瀆することは合法でないことを示している(6348)。そして「彼らのものは汝自(なんじみずか)らの裸である」により、この種の悪の諸情愛は実際の悪の増強であることが示されている(313, 494)。

11. 母親でない父の妻は、同時に母親である父の妻のように緊密な関係ではないため、よって前者は外なる人における遺伝悪と結合した虚偽を示していると言われている(8節)。そしてこれより父の妻の娘は外なる人における遺伝悪の情愛を示す事となり、その悪とそこでの虚偽との結合から起こるものである(568)。「彼女は汝(なんじ)の姉妹である」は、この情愛は理解における実際

の虚偽であることを示している(9節、1475)。そして彼女の裸が曝されるべきでない事は、真理はそのような悪による汚染により虚偽化され冒瀆されるべきではない事を示している(6348)。

12. 父の姉妹により、内なる人において遺伝悪と縁組みされるもそれと直接には結合していない理解における虚偽が示されている(3703[20], 1475)。「彼女は汝の父の近親(なんじ)の女である」は、これは遺伝悪の許(もと)での同じ面における虚偽であることを示している(3160)。そして曝されるべきでない裸により、真理はそのような虚偽の情愛による汚染により虚偽化され冒瀆されるべきでない事が示されている(6348)。

13. 母の姉妹により、遺伝悪と縁組みされ、しかし外なる人においてそれと直接には結合していない、理解における虚偽が示されている(1815、1895、1475)。母の近親の女により、外なる遺伝悪の許(もと)での同じ面における虚偽が示されている(3160)。そして曝されるべきでない裸により、真理はそのような虚偽の情愛による汚染により虚偽化され冒瀆されるべきでない事が示されている(6348)。

14. 父の兄弟により、傍系の遺伝悪が示されている(3612)。父の兄弟の妻により、そのような悪と結合した虚偽が示されている(1369)。彼女がおばである事により、この虚偽がより遠い遺伝的生命の外面的な形であることが示されている(3612[#], 4145[#])。そして曝されるべきでない裸により、そのような虚偽でそれを汚染することにより善を冒瀆する事は合法ではない事が示されている(6348)。

15. 嫁により、実際の悪と結合した虚偽が示されている(4843、10490)。彼女が子の妻であることは、その悪の外面的な形を示している(3049[#], 5337[#], 9474[3#])。そして曝されるべきでない裸は、そのような虚偽による汚染により善を冒瀆することは合法ではない事を示している(6348)。

16. 兄弟は傍系の悪を示している(3612)。妻はその悪と結合した虚偽を示している(1369)。兄弟の裸はその悪の外面的な形を示している(9960[18], 3049#, 5337#, 9474#)。そして曝されるべきでない裸は、そのような虚偽による汚染により善を冒瀆することは合法ではない事を示している(6348)。

17. 或る女と彼女の娘は、虚偽とそこから由来する悪を示している(1369#, 568)。彼女の子の娘と彼女の娘の娘は、そこからの虚偽からの悪と、そこからの悪からの悪を示している(568)。それらが類縁した諸悪であることは、彼らは近親者である事により示されている(3160)。曝されるべきでない裸は、そのような諸悪による汚染により真理を虚偽化し冒瀆することは合法でないことを示している(6348)。そしてそれが邪悪であることは、明らかなように、悪の増強を示している。

18. 姉妹は理解における虚偽を示しているため(9節)、二人の姉妹はそれらの諸情愛の許での傍系の諸々の虚偽を示す事となろう(3160#)。彼女と競うこと、あるいは彼女を苛立たせることは、諸々の虚偽の葛藤を示している(6420, 9308)。裸を曝さぬことは、そのような諸々の虚偽による汚染により真理を虚偽化し冒瀆するのは違法であることを示している(6348)。彼女の生涯に他者とは別には、再生中の葛藤する諸感情と諸思考の活動を示している(4366[2])。

19. 自身の穢れのために不純、あるいは分離されている女は、再生の過程中の単なる自然的な情愛の過剰さが原因での虚偽化された真理を示している(10130, 4161)。そして曝されるべきでない裸は、そのような諸々の虚偽化による汚染により真理を冒瀆するのは合法ではない事を示している(6348)。

20. 隣人の妻と、汝自身を彼女により不浄たらんため、肉に臥さぬことは、混ぜ物をすることにより教会の善を冒瀆することは合法ではなく最大の不純であることを示している(6348)。

第18章

21. 如何なる種も火の中を通らせるためモレクに与えぬことは、利己的な愛を介して虚偽化することにより教会の初期の諸真理を冒瀆することは違法であることを示している(1610, 934, 2468[16])。汝の神の名を冒瀆せぬことは、真理は常に畏怖にあって維持されねばならない事を示している。そして殊に、主の内における**人間性**と神性との結合、あるいは神的人間性を付加してもよいであろう(6280, 2001)。そして「我は主なり」は、神的真理は神的善の形であることを示している(2001)。

22. 女との如くには男と臥さぬ事と、それが忌むべきことであるは、感覚的な愛からの諸々の虚偽による真理の汚染は違法であり、最も下品で憎悪すべきことを示している(725, 2056#, 6052#, 6348)。

23. 如何なる獣ともそれにより汝自身を不浄たらんために臥さぬ事と、女が獣の前にそれへ横になるために立たぬこと、それは混乱であることは、全般的に、虚偽による善の汚染と同じく、悪による真理の汚染は冒瀆であることを示している(46, 1326#, 6348)。

24. これらの事の如何なるものにあっても自身を不浄ならしめぬ事は、霊的な人は如何なる種類の冒瀆によっても彼自身を不純にさせてはならない事を示している(10130, 6348)。そして追い出された諸国民は斯くも不浄であることは、これが腐敗した教会の実践であり、それは悪の内に確固とし、神的真理の力により拒絶されるべきものである事を示している(1205, 2657)。

25. 地が不浄であることは、拒絶された教会は全的に腐敗している事を示している(10130)。その上の悪行を訪れることは、その腐敗の結果を被ることを示している(696, 9937)。そして地が彼女の住民を吐き出すことは、それが善や真理も的確に悟ることは出来ないことを示している(9527#, 3705)。

第18章

26. 主の諸法令と諸審判を守り、これら忌むべき事らの如何なるものも行わぬことは、真に霊的な人は外なる面でも内なる面でも神的諸法則に従順であり、冒瀆全てを忌み嫌うことを示している(8357, 6052)。そして生粋の者も汝らの真中に寄留する余所者もは、彼が内なる教会に属そうと外なる教会に属そうと、を示している(8013)。

27. 「これら忌むべきこと全てを汝らの前にいた地の人々が行なった」は、これら諸々の腐敗は利己的並びに世俗的愛にいる者らには共通であることを示している(1205, 693)。汝らの前に居たは、個人としても共同体としても霊的に教会の前の諸状態であり、これより遺伝からの諸状態を示している(8550)。そして地が不浄であることは、自己と世の転倒した諸々の愛から由来した実際の悪を示している(8551, 10130)。

28. 「地が汝らの前にいた国民を吐いた如くそれが汝らを吐き出さぬように、そのとき汝らはそれを不浄と為す」*13 は、先きの転倒した諸教会が行なったように、意図して真理を腐敗せしめる事により霊的な人が不浄となり冒瀆的となることを示している(9527#, 10130)。

29. 「誰であれこれら忌むべき事らを行う者」は、章全体に記述されている如く善と真を冒瀆する全ての者を示している(6052)。そして彼らが民から絶たれることは、諸真理にいる者らからの全的な分離を示している(5302, 1259)。

30. 主の訓令を守ることは、従順であることを示しているのは明らかである(8830#, 8513)。これら忌むべき諸風習の如何なるものも行わぬことは、先きの腐敗した諸教会における如く極端な冒瀆が存在しないためである事を示している(6052, 8550, 8551)。彼ら自身を不浄としない事は、不純とならぬ事を示している(10130)。そして「我は主、汝らの神なり」は、その内に**善**と**真理**とが一つであるところの主のみが礼拝されねばならぬ事を示している(2001)。

第18章

　本章の主題への導入部は、神性が3回も続けて御自身を宣言している事実から極めて意義深い。その理由は、主の人間への啓示が後続しているからである。先ずこの御方は、その内に愛と知恵が一体となっているところの御自身を、一人の神的存在として自然的な人に顕され給う。それ故当然ながら、我々は無限に栄光なる神的な人間としてその御方について自然的に斯く考えねばならない、なぜなら愛と知恵、または善と真理、または情愛と理知が有限な人間を構成するからである。そしてこれは、深い省察なしに単純に考える自然的な人の許のみならず、それを弁える霊的な人の許にも、事実に相違ない。そしてそれが二つ目の例に「善から由来した真理として、そして**内なるもの**と調和した**外なるもの**として」付加されている理由である(4節)。何となれば、自然的な人が霊的にされるとき、彼は諸真理を手段として善の状態へ赴き、彼自身の内で自然的なものと霊的なものとを結合するのである。しかし三つ目の例は、「我は主なり」とのみ言われている、なぜなら彼の従順さにより霊的な人は天的に成り、斯くも真理と善とを合一し、それで真理により善から生活するのである。今や再生した凡ゆる者はこの過程を経なければならず、後続するものに於ける特定された種々の方法にあって、然うする事のみにより彼は彼自身の中で真理を冒瀆し、あるいは善なるものを冒瀆する性癖を克服できるのである。

　然しながら主題全体は先ず数語で提示されており、その中で「我は主なり」の表現が再び繰り返され、一般的な禁令を確認し、そしてまた再生した者の許には善と真理のみが正当に結合し得るのであり、神的存在に於いてそれらが合一する如くである。さて次に、以下の事実に含まれている深遠なる真理を考察する事としよう。即ち、十全に再生した人間は、霊的に裸を曝すことから予てより常に主により保護されていると言う事実である。即ち、彼の生命の遺伝上及び実際上の諸悪は、廃棄され得ず、永久に留まるものの、尚も静止しており、そして暴露され得ないのである。868と9960を較べられたし。そして神的聖言の、それの内的なものに於ける、並びにそこからのそれ

第 18 章

の終局的な諸表現における特性を、至聖かつ純粋であるものとして省察されよ。それは、これらの諸禁令全てを我々が天使的生命の極めて卓越した完全性と純粋性の記述されたものとして的確に看做すためであり、天使的生命は不純性全てから、就中善と真理を如何なる方法であれ冒瀆する可能性から免れているものである。同時にそれは、地上の凡ゆる教会人と天界の凡ゆる天使は、主から離れては、悪以外の何者でもなく、赤裸々な遺伝的状況と獲得した悪の諸状態を積むことにより善と真理を冒瀆する気質となることが承認されるためである。それを、主からの愛と仁愛は覆ったのであり、地上での生命の間に全ての悪と虚偽を公然と廃棄し、全ての善意と真理を愛し実践する者らにあって、凡ゆる個人における再生である善なるものと真理の結婚のために、常に贖いを為すであろう。

そして我々はこれによりここで包摂されている別の見解を考察するよう招来されるのである。それは次のことである。その中で結婚が許されないであろう禁婚親等と一般に呼ばれる、これら違法な連結は強制的に我々に以下のことを想起させるのである。即ち、天界的結婚は主と御自身の教会との結婚であり、斯くて全般的に善なるものと真理の結合であり、個別的にもまた善なるものと真理との結婚と考えられているのである。即ち、凡ゆる善にその対立する悪があり、凡ゆる真理にその対立する虚偽があり、それをもって教会人は彼自身を汚染し斯くて冒瀆を犯さぬためのみならず、凡ゆる善はそれ自らの真理と、そして凡ゆる真理はそれ自らの善と結合しなければならず、他の如何なるものであってもならないのである。なぜならその様なものが真の結婚ではないことは明らかだからである。それ故以下の事が言える。即ち各個人は男であれ女であれ、現実的に生命の異なる形であり繰り返えされることは出来ず、斯くて繰り返されることの出来ない善や真理の異なる形であるため、彼あるいは彼女の真理や善なるものの照応する形の許で、各個人の真なる永遠の結婚が存在することは疑いないのである。また、この性質の肝胆相照らす二つの心は当然分離されてはならず、事実分離できないという、主自らの言葉に従えば、この結婚がもし現世で結果を齎さなくとも、天界で結果を齎すことは確実である。何となればその御方は言い給うた、「神の結び合わせしもの、人離しむる勿れ」（マタイ 19: 4～6）。よってここ

第 18 章

から、以下のことを我々は理解するのである、即ち、凡ゆる者の許での真の結婚は、手に手を取り、謂わば彼の再生を伴って進むのである。また地上での諸々の結婚もまた、如何なる状況であれ、それらが呈する様に神聖なものであり、それ故真の天界的な結婚を表象しているのである。

しかし、善なるものと真理との結婚へのどのような諸暴虐が冒瀆を構成するかを説くことに加え、目下の主題を論ずるに当たり内意は、その何故たるかの諸理由をも与えていることがここで看取されるはずである。然しながら、これら全ては一つの全般的な所説、即ち人間の遺伝的生命は悪以外の何者でもないと言うことに包摂されるのかも知れない。しかし直ちに多数の者らは以下に考えるかも知れない、それは、子供らは確かに彼らの両親から悪の諸々の性向と同じく善のそれらを、そして諸々の虚偽と同じく諸真理をも獲得する善の諸能力をも受け継ぐと言うことを。これは家族にあっては全く明らかではないか。それでは、そのような善の諸々の性向や才能にも拘らず、人間が生来悪以外の何者でもないと言うことは如何なることか。それは、有限な人間で誰も生来から善なるものを所有できる者はおらず、唯一の善なるものの起源が存在し、それは主だからである。この善は子供らには彼らの両親からは受け継がれる事は出来ないからである。それは主から再生を介してしか受け入れられないからである。そして、人間が遺伝により受け入れる所謂善は、そのように受け入れる悪により汚染されるからである。そこでマタイ 19: 17、ヨハネ 3: 5, 6、第 1 列王記 8: 46 を見られたし。

これら全ての見解から、父、母、兄弟、姉妹などの語句は、最善の意味では様々な種類の諸善と諸真理を示し、それは主からの情愛と理知の種々の形と同じ事ではあるものの、何故ここでは様々な種類の諸悪と諸々の虚偽を示しているものとして照応的に取られているかが今やより明らかに理解される事となろう。ここにより主は信じないファリサイ人らに言い給うている、「汝らは汝らの父なる悪魔のものにて、汝らの父の諸々の欲念を汝ら行わん。彼初めより人殺したり、真理に住まわざるは、彼に真理無き故なり。彼偽りを語るとき彼自ずから語る、其は彼は偽り者にて其の父なればなり」(ヨハネ 8: 44)。ここで「汝らの父なる悪魔」により、一般に想像されるような如何なる人物たる悪魔も意味されておらず、然うではなく総体としての

第 18 章

地獄全てと利己的な愛の原理がまた意味されているのである。利己的な愛の原理が地獄、即ち、この愛が全ての悪とそこから由来する虚偽の源泉であることを意味するところの語句　父を為している。それ故この本文は問題の章で語句　父に与えられた意義を正当とするものであり、そこから、その箇所で述べられた親類関係の他の全ての語句に与えられた意義を正当とするのである。それ故我々は主の教会の会員として、ここで象徴されている全ての悪と虚偽に我々自身を我々自身からの如く、真剣に対峙させねばならない。我々自身の内に判然たる如く、それらに対し雄々しく争わねばならない。そして一般的に天界的な諸事を、就中真の結婚愛の聖性と純粋性を、そのような不当な霊的あるいは自然的な諸結合により決して我々自身に冒瀆するに任せてはならない。そしてそれは我々が然うするよう刺激されるためであり、主のこれら他の言葉を思い出してみよう、曰く「我　地の上に平安を送るため来たりと思う勿れ。平安を送るために来たるにあらず、剣なり。其は人をその父に対し、娘をその母に対し、嫁を　姑に対し、不和に措くべく我来たり。また人の仇は彼自らの家の者らなるべし」（マタイ 10: 34〜35*14）。されど十分な説明のためには4843と10490を参照されたし。この二つの例では諸々の語句の適用において相違の存在することが看取される。各々の解釈は異なる時での覚知の状態に従って正当である。双方は全般的に調和がある。そして双方とも最善の意味において、並びに対立する意味において諸々の語句の照応を明示している。

　それ故今や、遺伝悪についての意見を若干付加することにより、聖言のこの部分における我々の瞑想録を実際の悪と区別されたものとして結論付けるのみで無ければならない。だが、その相違は最後の数節で使われている言葉「これら全ての忌むべき事」の中に包含されている。何となれば能く能く以下の事が心されるべきであるから。即ち、丁度両親と祖先から受け継がれた善の状態が、現実に天使的な生命の一部を構成することにより人物を救うところの善では断じてないように、遺伝悪の状態も人物を定罪することは断じてないのである。しかしそれは何故か。なぜなら誰もその子供らの個別的な遺伝的諸条件が何であるかを告げられない事は明らかだからである。彼はそれらの諸条件を避けることは出来ないし、況やこの件について子供らに

は責任は無いのである。何となれば凡ゆる者は、遺伝的性癖から採用し現実に為した悪と、秩序の諸法則への彼自らの暴虐の結果である悪の凡ゆる新しい形にのみ責任があるのである(エゼキエル 18: 20)。しかしこの点については以下の所説が貴重である。「幼くして死に、天界で成人と成った或る者は嘗てこの意見、即ち、彼に在った善は彼自身からのものであり主からのものでは無いという意見にいたため、彼は彼の生来からの諸悪の生命の中に送り戻された、すると私は彼のスフィアから以下を覚知することが許された。即ち、彼には他者を支配する欲望が在ったこと、そして彼が淫らな光を作っており、そのことは彼が遺伝的に諸悪を彼の両親を元に得ていたことである。しかし彼がそのようで在ったと彼が承認するや否や、彼が以前その中にいた天使らの中に再び受け入れられたのである。実に何人も遺伝悪の故に他生で刑罰を被る者はいない、なぜならそれは彼のものでないからである。結果それのために彼は咎められるべきものではない。しかし彼は、彼のものである実際の悪の故に刑罰を被るのであり、前述の如く、結果として実際の生活により彼が遺伝悪を彼自身に固有のものとするに比例しているのである」(2307, 966)。そして再生の行程における単に自然的な善の遺伝的性向もまた、以下から知られよう。「真理の自然的な善は、それが改良されるまでは、霊的な善、即ち信仰の善と仁愛の善ではない。自然的な善は人間の両親からのものであり・・・しかし霊的な善は主からのものである。その理由で人間は霊的な善を受け入れるために再生されねばならない。これが結果を齎す間、初めは、正真の真理そのものからよりも、密着しないような性質のものである別の起源からの諸真理が彼に接合しており、然るに正真の諸真理へ導入する手段として資するのみであり、これらが導入されると、そのとき正真でない諸真理は分離される。・・・それは諸々の果物の如きであり、それらは甘い果汁を受ける前に、初めは苦い果汁で満たされている。正真でない苦い果汁は甘さを導入する手段であり、後者が入ると前者は消え失せるのである。それはまた人間の**自然的なもの**の許にそれが再生する間は斯くの如きものでもある。何となれば自然的な善はそれ自身からはその様なものなので、召使いが主人に仕えるようには、合理的な善に従い、仕えることを快しとしないのであり、それどころか支配権を持とうと欲するのである。それ故応

諾と奉仕の状態へそれが縮小されるために、その情欲が弱まるまで荒廃と試誘の諸状態により悩まされるのである。それで信仰の善と仁愛の流入により主から内なる人を介して、遺伝的に受け入れられた善が徐々に根絶され新しい善がそれの場所に植え付けられるまで、それは和らげられ、そしてその善に信仰の諸真理が染み込まされる。それらは人間の心臓に挿入されている諸々の線維の様であり、それらの線維を介して新しい精髄が導入され、そして新しい心臓が徐々に成長していくのである。」(3470)。それ故字義的並びに霊的な意味において、問題の最後の節に精勤かつ真剣に注意を払い、斯くて善と真理の愛とそれら自らのための有用性への正真の状態から、報酬を刈り入れようではないか。それが主からの、真の天界的な状態であり、再生とそれに続く純化により唯一達し得るものなのである。

訳者のノート

*1. 3～5, 26節「諸法令」。原本'statutes'、ヘブル語原文は ホゥッカー חֻקָּה が用いられている。第10章 訳者のノート*3を参照。

*2. 5節「人」。原本'man'、ヘブル語原文は ハー・アーダーム הָאָדָם。

*3. 6節「近親であるところの如何なる者にであれ」。原本'any that is near of kin to'、ヘブル語原文は「肉の肉親の全てに」。

*4. 16, 17, 22, 23節「それ」。原本'it'、ヘブル語原文は 16, 17, 22節が「彼女」、23節が「彼」。

*5. 20節「肉に臥さぬものとする」。原本'shalt not lie carnally'、ヘブル語原文は「種のために臥すことを与えるな」。

*6. 23節「臥さぬものとする」。原本'shalt not lie'、ヘブル語原文は「臥すことを与えるな」。

*7. 24節「追い出す」。原本'cast out'、ヘブル語原文は שָׁלַח のピエル態分詞男性単数形メシャッレーァハ מְשַׁלֵּחַ「追い出させる」。

*8. 25節「不浄である」、「訪れ」、「吐き出す」。ヘブル語原文では、ヴァヴ倒置法を用いた完了表現。

*9. 26節「寄留する」「余所者ら」。原本は夫々'sojourn''strangers'、ヘブル語原

第 18 章

　　文では語根が同じ。
＊10.　27 節の（　）は欽定版も同様。
＊11.　30 節「諸風習」。原本'customs'、ヘブル語原文は ホゥッカー חֻקָּה「（自然の）決まり」の複数。本書では屡々(しばしば)'statutes'「諸法令」の訳語が与えられている。
＊12.　注解 6 節「諸真理」。コラムは単数形。
＊13.　注解 28 節。言い回しがコラムと少々異なる。
＊14.　p414「マタイ 10 : 34～35」は「マタイ 10 : 34～36」の誤植と思われる。
＃　『天界の秘義』の各々の節には当該内容の記載がないか、参照としては飛躍？

第 19 章

霊的意味の要約

1. 以下に為さねばならない教示が与えられる、即ち、人間は彼自身の中で善と真理を結合すること。それらを崇め愛すること。真の礼拝において彼自身を確固とすること。偶像であるところの利己と世俗の愛を控えること。善を真理の内に顕示されたものとして愛すること。自由において礼拝すること。善を固有のものとすること。**審判**の過程において悪を拒絶すること。そして殊に冒瀆を避けること、と言うのも、これは彼自身を悪の内に確固とするからである(1~8節)。
2. **審判**の期間中、善と真理は、如何なる利己的動機も伴わず仁愛の諸々の業において主に奉献されるべきである(9, 10節)。
3. 重要な霊的諸責務を含む種々の諸禁令(11~18節)。
4. 故意の邪悪さからでは無いものの、再生の行程における善の諸情愛と悪との不当な結合に関して。そして救済法とその結果に関して(19~22節)。
5. 完全な状態において善を固有のものとする事について。その相対的な不完全性。その十全なる実現。そして残りのものの植え付けによるそれの豊かな増大(23~25節)。
6. 種々の諸禁令と真に霊的な人なら断じて拒絶すべきでない諸々の義務に関して(26~37節)。

各節の内容

1. そして主はモーセに語って、曰く、

1. 主から神的真理により啓示が存在し、以下の覚知を与える、

第 19 章

2. イスラエルの子供らの会衆に語り、そして彼らに言え、汝らは聖なるものとする、と。何となれば我、主なる汝らの神は聖なる故。

2. 凡ゆる**霊的教会**人は教示されるべきであること、即ち彼は彼自身の中で真理と善とを結合させねばならない事を彼が理解するためであり、なぜならそれらは主にあって一体となっているからである。

3. 汝らは凡ゆる人、彼の母と、彼の父を畏れるものとし、汝らは我が諸々の安息日を守るものとする。我は主、汝らの神なり。

3. よってそれ故霊的な人は、主からの神的真理と神的善を崇め愛し、そして再生によりそれらの結合を確立しなければならない。何となればこの方法においてのみ真の主礼拝が確固とされ確立されるからである。

4. 汝ら偶像らに頼ってはならず、汝ら自身へ鋳た神々を作ってはならぬ。我は主、汝らの神なり。

4. よってそれ故また彼は主から背き、世俗と利己の愛から湧き上がる諸々の虚偽と諸悪へ献身することを禁じられている。そして彼は善を、それが真理の内に顕示されているため、愛する事のみによって主を礼拝せねばならない。

5. そして汝らが平安の諸奉納の犠牲を主へ奉納する*1 とき、汝らが嘉納されるよう汝らはそれを奉納する*1 ものとする。

5. そしてこの礼拝は完全な自由の内に在らねばならない、なぜならその様な礼拝のみが主に容認されるからである。

第 19 章

6. それは、汝らがそれを奉納する*¹ 同じ日と、翌日に食べられるものとする。そしてもし三日目までに残る物があれば、それは火で燃やされるものとする。

6. そのような礼拝の善もまた教会人によりその初期及び継続的に固有のものとされて良いのである。しかしその様な礼拝において、利己的な愛と世俗愛の性質を持つ情愛は決して固有のものとされるべきでなく、諸々の試誘における勝利を介して**審判**の過程で拒絶されるべきである。

7. そして苟もそれが三日目に食べられるなら、それは忌むべきものである。それは嘉納されぬものとする。

7. そして実に、もし人間が善と同じく、悪を彼自身に固有のものとするなら、その過程において彼は善を冒瀆するのである。そしてその様な冒瀆的な礼拝は嘉納され得ない。

8. しかしそれを食べる凡ゆる者は彼の悪行を負うものとする、なぜなら彼は主の聖なる物を冒瀆した故。そしてその魂は彼の民から絶たれるものとする。

8. そしてこれを行う全ての者は彼ら自身を悪の内に確固とし確立するのである。何となればそれは、そのような人物は真理全てが荒廃した者以外の何者にも成り得ないことは、悪と善を混合することに因るそのような冒瀆の不可避な結果だからである。

9. そして汝らが汝らの地の作物を刈るとき、汝は汝の野の隅々を刈り尽くさぬものとし、又

9. また更に、**審判**において善が実現されるとき、内なる面で、十全なる力を伴ったその終局的表

第19章

汝は汝の作物の落ち穂を集めぬものとする。

10. そして汝は汝の葡萄畑の刈り残りを摘まぬものとし、また汝は汝の葡萄畑の落ちた実を集めぬものとする。汝はそれらを貧しき者のためと余所者*2のために余すものとする。我は主、汝らの神なり。

11. 汝ら盗みをせぬものとする。汝ら偽って振る舞わず、互いに虚言を弄さぬものとする。

12. そして汝は汝の神の御名を冒瀆するため、汝 我が名により偽って誓わぬものとする。我は主なり。

現にあって、それは最早利己的な諸目的へ固有のものとされない。またその善は、外なる面で利己的な諸々の動機により汚染されるべきでもない。

10. その上、霊的善と共にあると同様霊的真理とも共にある。それは自身に帰されるべきでなく、またそこから結果として生ずる善でもない。それは聖なる仁愛であり、それが十全に外なる面で実現されるとき、斯く汚染されるべきものとなる*3。逆にこれらの事柄は、如何なる利己的動機も伴わずに仁愛の諸々の業と仁愛からの信仰*4において主に奉献されるべきである。

11. 何となれば以下のことは、神的秩序に反するからである。即ち、主に属するものを自身に帰すること。真理にいると同時に虚偽にいること。あるいは善にいると同時に悪にいること。

12. 真理を知り、また理解する霊的な人にとって彼自身を偽善によりそれに反し確固とする事もまた合法ではない。何となれば

第 19 章

これは、主が本質的に神的善であることを教えるところの真理を冒瀆することだからである。

13. 汝は汝の隣人を虐げ、彼から奪い取らぬものとする。雇い人の賃金が朝まで終夜汝の許に留まらぬものとする。

13. 霊的な人は仁愛に暴行を加えず、彼の兄弟から彼の信仰の諸真理を剥奪しないはずである。そして報いのために自然的な人において善を行う者は、彼自身をそのような状態に確固とすべきではない、何となれば再生に先立ち、そして自然的生命の不明確さにあってそれは役に立つかも知れないが、天界的な善が実現される時それは拒絶されねばならないから。

14. 汝は聾を呪わず、盲いの前に躓く物を置かぬものとし、然に非ず汝は汝の神を*5畏れるものとする。我は主なり。

14. 霊的な人は善の覚知に、あるいは真理の理解に欠けた者らから彼自身を背けぬものとする。逆に、彼はそのような者らへ愛と仁愛を行使し、斯くて彼自身を善の内に一層強く確立しなければならない。

15. 汝ら審判において不正は断じて行わぬものとする。汝貧しき人物*6を尊ばず*7、力強き人物*6に敬意を払わぬものとする。然に非ず義きにあって汝は

15. そして実に、彼は全ての不義を避けるべきであり、思慮なしに善を行うべきでなく、卓越した諸々の知力のみの行使により真理を促進するべきでもない。だが

第 19 章

汝の隣人を審くものとする。

16. 汝は汝の民の真中の讒謗の者*8の如く上り下り行かぬ*9ものとする。また汝は汝の隣人の血に対して*10 立たぬものとする。我は主なり。

17. 汝は汝の兄弟を汝の心の内で憎まぬものとする。汝必ず汝の隣人を譴責し、彼の故に罪を負わぬものとする*11。

18. 汝復讐せず、汝の民の子供らに対し如何なる恨みも抱かぬものとし、然に非ず汝は汝の隣人を汝自身の如く愛するものと

彼は善全ての支持にあって仁愛と真理が結合して行動しなければならない。

16. 彼は、他の者らが善へ導く真理の状態に尚もいるとき、彼らへの友情を初め装うことにより、その後彼らの諸々の過失を露出させると言う卑劣なことを行なって、仁愛に暴行を加えるはずは無い。また善にいる者らが、主から持っている彼らの善との結合のために必要とする内的真理の受け入れを妨げることにより、彼らの霊的生命を腐敗させるはずも無い。

17. 然り、彼はそれを外面的に実践する一方、内面的に善から背いてはならない。彼は真であるものの愛から誤っているものを定罪するに躊躇しないはずである。また彼は、兄弟の内にそれを認識するとき、自然的な厚情からは悪を免じないはずである。

18. 霊的な人は悪に悪を報いず、あるいは諸々の真理であれ虚偽であれ、利己的な衝動からは他者らの諸々の意見に、対立しない

第 19 章

する。我は主なり。

はずである。しかし彼は全ての事柄において仁愛から行動する筈である。何となれば主は本質的に仁愛だからである。

19. 汝ら我が諸法令*12を守るものとする。汝は汝の家畜の群れを別種で生ませぬものとする。汝は汝の野に2種の種を播かぬものとする。また2種の素材を混淆した衣服を汝に来らせぬ*13ものとする。

19. 霊的な人はまた外なる諸々の事柄における神的秩序の全ての諸法則を遵守しなければならない。彼は、自然的か霊的かの仁愛の善を、それと悪と混淆することにより冒瀆するはずはない。彼は諸々の虚偽との混和により真理を冒瀆するはずはない。また彼は、真の教義と同時に偽りの教義を公言することにより、外面上の二重人格でいるはずも無いのである。

20. そして誰であれ、婢で夫と婚約され、全く買い戻されておらずか、自由が与えられぬ女と肉に臥す*14場合。彼ら*15は罰せられるものとする。彼らは死なせぬものとする、なぜなら彼女は自由ではなかった故。

20. 何となれば、霊的な人の善の諸情愛と自然的な人の不完全な諸情愛とを結合させる凡ゆる者は、これらが未だ十全には諸悪から救われておらず、また全的に自由から行動も出来ない間の再生の行程では、その様な諸々の過失の結果を被るであろうから。とは言え、彼が絶対的に定罪されていないのは、彼は衝動の影響下にいて、霊的な自由において故意の選択から行動した訳ではなかっ

たからである。

21. そして彼は彼の罪責の奉納を、主へ、会見の幕屋の戸口へ、正に罪責の奉納の牡羊(お)を連れて来るものとする。

21. そしてその様な人物は、彼の悪と諸々の過失を取り除く目的で主を礼拝しなければならず、それは以下を承認することによる。即ち、善全てがこの御方(おかた)からのものて諸天界を介しており、そこからこの御方(おかた)との結合が内なる人における無垢(むく)の善により存在すると言うことである。

22. そして祭司は彼のために、罪責の奉納の牡羊(お)をもって主の御前(みまえ)に彼が犯したところの彼の罪のために、贖(あがな)いを為(な)すものとする。そして彼は、彼が犯したところの彼の罪が赦(ゆる)されるものとする。

22. それで善のために、彼が弱さを通して罪を犯し、なおも真摯(しんし)に主を承認しているとき悔い改(あらた)めを介して、外なる人は内なる人と和解されるはずである。斯くて悪は主により赦免(しゃめん)されるであろう。

23. そして汝(なんじ)らがその地に来(き)たり入(い)り、凡ゆる種類の食用の木を植えて、それで汝(なんじ)らそれの実(みな)をそれらの無割礼のものと看做すとき*16、即ち3年それらは汝(なんじ)らに無割礼のものとするとき、それは食(しょく)されぬものとする。

23. そしてまた悔い改(く)めを介した天界的な善の生命の実現においても、真理が生命の諸々の役立ちの為(ため)に種々の方法で善から行使(こうし)されるとき、以下のことが承認されるはずである。即ち、人間の最善の諸々の行動でさえ相対的に不純であること。そして再生中のみならず、天界そのものに於(お)いてさえも、善は継続的に主か

425

第 19 章

らのものであり、利己的な愛から由来するものとしては、人間にも天使にも決して固有のものとされるべきではない事である。

24. しかし4年目にそれの全ての実は、主を賛美するための聖なるものとする。

24. しかしそれにも拘らず、善と真理の十全な結合の状態において、利己的な生命が静止するとき、善は真に実現され、衷心から主へ帰される。

25. そして5年目に汝らはそれの実から食するものとする、それは汝らにそれの増加を生ずるためである。我は主、汝らの神なり。

25. それで以下が後続する、即ち残りのものは、善を固有のものとする事により外なる人に十全に植え付けられるであろう。それは善と真理が豊かに増すためであり、なぜなら主が十全に承認され、人間がより強くその御方への愛に確固とされるからである。

26. 汝ら如何なる物も血と共に食さぬものとし、また汝ら魔術を用いず、占を行わぬものとする。

26. 霊的な人は善をそれに悪を混合する事により冒瀆せず、また虚偽を真理として或るいは悪を善として外観せしむる事により、内なる又は外なる真理をも冒瀆はしないであろう。

27. 汝らは汝らの頭の隅を丸めず、また汝は汝の顎鬚の隅を傷付けぬものとする。

27. 何となれば内なる面で善を悪で、あるいは外なる面で真理を虚偽で腐敗させることは違法で

第 19 章

あるから。

28. 汝らは汝らの肉に死者＊17のため如何なる切り傷も為さず、汝らの上に如何なる印をも刻さぬものとする。我は主なり。

28. 霊的な人は、外面的な苦行により悪を取り除き、あるいは外なる礼拝のみにより不朽の善を促進し得るとは想像もしないはずである。何となれば真の礼拝全ては主からの正真の善に因るものだからである。

29. 汝の娘を、売春婦にして冒瀆してはならぬ。地が淫行に落ち、地が邪悪に満たされぬ為である。

29. よって真理の情愛は虚偽化により冒瀆されるべきではなく、そのような諸々の虚偽化が増して富み、悪がそれにより確固とされない為である。

30. 汝ら我が諸々の安息日を守り、我が聖所を崇めるものとする。我は主なり。

30. しかし他方で、天界的善の状態は永続すべく、天界的真理の状態は常に聖なるべきである、なぜなら主は神聖そのものであるから。

31. 汝ら諸霊に親しき者らにも、魔術師らにも頼ってはならぬ。彼らにより不浄となるため、彼らを探し出しては成らぬ。我は主、汝らの神なり。

31. 霊的な人は、秩序の転倒により、また悪を善のように或いは虚偽を真理の如く見えるようにすることを介して、善を促進するよう努めてもならない。何となれば、そのような諸々の思考を注入する悪霊らは、不純を生ずるに違いないため、抵抗されるべきで

あるから。そして善と真理との結合は人間により確固とされるべきである。

32. 汝 白髪の前では立ち上がり、長老の顔に敬意を払うものとし、汝は汝の神を*5畏れるものとする。我は主なり。

32. 然しながら彼に、その者らの許に成熟している神的知恵を、そして再生の生命において進んでいる者の知性を、承認させ崇めしめよ。然り、彼に神的知恵そのものを崇めさせ、神的善に確立ならしめよ。

33. またもし或る余所者*18が汝らの地に汝の許に寄留する*18なら、汝らは彼を悪しく遇さぬものとする。

33. 霊的な人はまた、教会で教示を求める者らに関係して個別的な注意を払う事となろう、それは彼がそれらの善を促進するのを拒絶しないためである。

34. 汝らの許に寄留*18する余所者*18は、汝らの真中の生粋の者の如く汝らにあるものとし、汝彼を汝自身の如く愛するものとする。何となれば汝らエジプトの地では余所者*18だった故。我は主、汝らの神なり。

34. 何となれば実に、教示を要する者らは善にいる者らのように重んじられるべきであり、仁愛は彼らに対し行使されるべきである。何となれば、凡ゆる者は初め単に自然的な人の束縛の下におり、教示を要するからである。そして善と真理は双方とも主から人間の完成に必要なのである。

35. 汝ら審判において、測り縄*19において、重さにおいて、或るいは

35. 何となれば厳密な公正は、内なる、内的な、そして外なる

量りにおいて不正を断じて行わぬものとする。

36. 義なる*20 天秤、義なる*20 諸々の重り石、義なる*20 エファ、そして義なる*20 ヒンが、汝らに在るものとする。我、汝らをエジプトの地より連れ出した主、汝らの神なり。

37. そして汝ら全ての我が諸法令*12 と、全ての我が諸審判を遵守し、それらを行うものとする。我は主なり。

諸々の事柄の点で、諸真理により、そして諸真理に従った仁愛の行使の内にあるからである。

36. よってそれ故、人間は公平と公正を内なる面で、そして公正と公平を外なる面で実践せねばならない、なぜならこの目的のために主は人類を買い戻したからである。

37. それ故、人間はまた全的に聖なるものでなければならない、即ち外面的に、内面的に、そして凡ゆる行動において。そしてこれは専ら主を本質的に神的善としての承認により結果を齎し得るのである。

参照と注解

1. これは明らかである、なぜならイェホヴァにより御自身の愛についての神的存在が示されているからである(2001)。語ることにより流入が示されている(2951)。モーセにより神的真理、あるいは聖言が表象されている(7010)。そして曰く、により覚知が示されているからである(1791, 1822)。

第 19 章

2. イスラエルの子供らの会衆に語り、そして彼らに*21「我は主、汝らの神なり」と言うことは、凡ゆる霊的教会人は教示されるべきであること、即ち彼は彼自身の中で善と真理とを結合させねばならない事を彼が理解するためであり、なぜならそれらは主にあって一体となっているからである事を示している(7010, 3654, 10355, 1791, 2146#, 2001)。

3. 凡ゆる人、彼の母と彼の父を畏れることにより、霊的な人が主からの神的真理と神的善を崇め愛することが示されている(8897)。安息日を守ることにより、再生によりそれらの結合を確立することが示されている(8889)。そして「我は主、汝らの神なり」により、この方法においてのみ真の主礼拝が確固とされ確立されることが示されている(7192)。

4. 偶像らに頼ることは、主から背き世俗愛から湧き上がる諸々の虚偽と諸悪へ献身することを示している(1205)。鋳た神々を作ることは、利己的愛に関係して同じことを行うことを示している(8869)。そして「我は主、汝らの神なり」は、真理の内に顕示されている為に善を愛することのみによる主礼拝を示している(2001)。

5. 嘉納されるよう平安の諸奉納の犠牲を主へ奉納することは、神的善に関係し、それ故利己的な善からでない自由からの礼拝を示している(10097, 2001, 9506#)。

6. 奉納された同じ日と、翌日に食べられる犠牲は、そのような礼拝の善はその初期及びに継続的に固有のものとされて良いことを示している(2187, 7887, 3998, 8788#)。そして三日目に余されたものが火で燃やされる事は、そのような礼拝において利己的な愛と世俗愛の性質を持つ情愛は決して固有のものとされるべきでなく、諸々の試誘における勝利を介して審判の過程で拒絶されるべきである事を示している(8480〜8483, 10115, 900)。

7. それが三日目に食べられることは、審判の間の固有のものとする事を示

している(2187, 900)。それでそれが忌むべきものである事は、冒瀆的な礼拝を示している(6052)。そしてそれが嘉納されないことは、そのような冒瀆的な礼拝は嘉納され得ないことを示している(9506#)。

8. それを食べ彼の悪行を負う凡ゆる者は、これを行う全ての者は彼ら自身を悪の内に確立することを示している(9965³)。主の聖なる物を冒瀆することは、悪と善を混合することを示している(2187, 6052)。そして彼の民から絶たれることは、全ての諸真理*²²が荒廃したことを示している(5302, 1259)。

9. 作物により審判における善の実現が示されている(9295)。野の隅々を刈り尽くさぬことは、内なる面で、十全さと力を伴ったその終局的表現にあって、利己的な諸目的へそれを固有のものとしない事を示している(10669, 3310, 6188#, 9494)。そして作物の落ち穂を集めないことにより、その善は外なる面で利己的な諸々の動機により汚染されるべきでもない事が示されている(9273, 9146)。

10. 葡萄畑の刈り残りを摘まないことは、霊的善と共にあると同様霊的真理と共にあり、それは自身に帰されるべきでない事を示している(9139, 10669)。葡萄畑の落ちた実を集めないことは、そこから結果として生ずる聖なる仁愛である善は、それが十全に外なる面で実現されるとき、斯く汚染されるべきではない*³ことを示している(9273, 1071, 10669)。そしてそれらを貧しき者と余所者のために余すことは、逆に、これらの事柄は、如何なる利己的動機も伴わずに仁愛の及び仁愛からの信仰の諸々の業において主に奉献されるべき事を示している(4955, 10669)。一方「我は主、汝らの神なり」により、斯く人間は善と真理とそれらの結合において確固とされ確立されるべきことを示している(2146#, 2001, 7192)。

11. 盗みをしないことは、主に属するものを自身に帰することが神的秩序に反することを示している(8906)。偽って振る舞わないことは、真理にいると同時に虚偽にいない事を示している。そして互いに虚言を弄さぬことは、

第19章

善にいると同時に悪にいない事を示している(683#, 8908)。

12. 神の御名を冒瀆するために、主の御名により偽って誓わぬことは以下を示している。即ち、真理を知り又は理解する霊的な人にとって彼自身を偽善によりそれに反し確固とする事もまた合法ではない。何となればこれは主が本質的に神的善であることを教えるところの真理を冒瀆することだからである（8882, 2001, 2842）。そして「我は主なり」は、取り消しの不能の確証を示している(7192)。

13. 隣人を虐げることは、仁愛に暴行を加えることを示している(9196)。彼から奪い取ることは、彼から彼の信仰の諸真理を剥奪することを示している(8906)。雇い人は報いのために善を行う者を示している(8002)。そして賃金が朝まで留まらぬことは、彼自身をそのような状態に当然確固とすべきではなく、なぜなら再生に先立ち、そして自然的生命の不明確さにあってそれは役に立つかも知れないが、天界的な善が実現される時それは拒絶されねばならない事を示している。と言うのも賃金を差し控えないことにより、持続する備えの状態を許可することが示されているからである(3816)。報いのために善を行う状態は単に自然的な状態である(3816)。夜はその状態の不明確さを示している(9787)。そして朝は天界的な善が実現されるときの状態を示している(9787)。

14. 聾を呪わぬことは、善の覚知に欠けた者らから背けられて*23 いない事を示している(9397³)。盲いの前に躓く物を置かぬことは、真理の理解に欠けた者らから自身を背けぬことを示している(2383)。汝の神を畏れることは、そのような者らへ愛と仁愛を行使することを示している(2826)。そして「我は主なり」は、そのような行程により、霊的な人は善の内に彼自身を一層強く確立することを示している(2001, 7192)。

15. 審判において不正を断じて行わぬことは、実に彼は、真理を手段として善に従って行動することにより全ての不義を避けることを示している

第19章

(2258)。貧しき人物を尊ばぬことは、思慮なしに善を行わないことを示している(3820)。力強き人物に敬意を払わぬことは、卓越した諸々の知力のみの行使によっては真理を促進しないことを示している(8315)。そして隣人を正しきにあって審くことは、善全ての支持にあって仁愛と真理が結合して行動することを示している(2258)。

16. 讒謗者の如く上り下り行くことは、他の者らへの友情を初め装うことにより、その後彼らの諸々の過失を露出させると言う卑劣なことを行い、仁愛と真理*24に暴行を加えることを示している(4815, 2967)。なぜなら讒謗すること、あるいは中傷することは、我々が持っている他人についての知識で悪い諸動機から商売するようなものであるから。そしてそのヘブル語は讒謗者を意味するのみならず、行商することを意味する動詞に従属している*8のである。汝の民の真中は、善へ導く真理の状態にいる者らの真中を示している(5312)。汝の隣人の血に対して立つことは、善にいる者らが彼らの善との結合のために必要とする内的真理の受け入れを転倒すること*25により彼らの霊的生命を腐敗させることを示している(2425, 9127, 4926#)。そして「我は主なり」は、それらの善が主からのものである事の確証を示している(7192)。

17. 汝の兄弟を汝の心の内で憎まぬことは、内面的に善から背かないことを示している(3488, 2360, 7542)。必ず汝の隣人を譴責することは、真であるものの愛から誤っているものを躊躇せず定罪することを示している(4700, 2425)。そして彼の故に罪を負わぬことは、兄弟の内に認識されるとき自然的な厚情からは悪を免じないことを示している。この場合「罪を負うこと」は、譴責しない事により誤りを行うことを示しているからである(9937)。そして「彼の故に」が真理を顧慮せず単なる自然的な厚情や仁愛の感情からを示している事は明らかである(2425)。

18. 復讐しないことにより、悪に悪を報いないことが示されている(8223)。汝の民の子供らに対し恨みを抱かぬことは、諸々の真理であれ虚偽であれ、

他者らの諸々の意見に、利己的な衝動からは対立しないことを示している(1259, 489, 8223)。汝の隣人を汝自身の如く愛することは、全ての事柄において仁愛から行動することを示している(2425)。そして「我は主なり」は、主は本質的に愛と仁愛であることを示している(2001)。

19. 主の諸法令を守ることにより、外なる諸々の事柄における神的秩序の全ての諸法則を遵守することが示されている(8357)。汝の家畜の群れを別種で生ませぬ事により、自然的か霊的かの仁愛の善を、それと悪と混淆することにより、あるいは換言すれば、不当な結合により、冒瀆しないことが示されている(5913, 6126, 9182)。野に2種の種を播かぬことにより、諸々の虚偽との混和により、あるいは同時に善の状態に居り善へ導く真理の状態にいることにより、真理を冒瀆しないことが示されている(9274)。そして2種の素材を混淆した衣服を着ないことにより、真の教義と同時に偽りの教義を公言することにより外面上の二重人格でない事が示されている(2576[15], 9274)。

20. 婢である女と肉に臥すことは、霊的な人の善の諸情愛と自然的な人の不完全な諸情愛とを結合させることを示している(6348, 3654[#], 8890)。夫と婚約されていることは、再生の行程にあることを示している(8996)。全く買い戻されていない事は、未だ諸悪から救われていない事を示している(6279)。彼女に自由が与えられぬ事は、全的に自由から行動できない事を示すのは明らかである(892)。彼らが罰せられるものとする、あるいは「審問があるものとする」は、そのような諸々の過失の結果を被ることを示している(696, 2242)。死なせぬことは絶対的に定罪されてはいない事を示している(5605)。そして、なぜなら彼女は自由ではなかった故は、彼は衝動の影響下にいて、霊的な自由において故意の選択から行動した訳ではなかったから、を示している(892)。

21. 彼の罪責の奉納を主へ会見の幕屋の戸口へ、正に罪責の奉納の牡羊を連れて来ることは、以下のことを示している。即ち、そのような人物は、彼

の悪と過失*26 を取り除く目的で主を礼拝しなければならず、それは、善全てがこの御方からのもので諸天界を介しており、そこからその御方との結合が内なる人における無垢の善により存在するのを承認することによると言うことである(3400, 2356, 3540³#, 10042)。

22. 祭司が彼のために罪責の奉納の牡羊をもって贖いを為し、彼が許されることは、善のために、彼が弱さを通して罪を犯し尚も真摯に主を承認しているとき、悔い改めを介して外なる人が内なる人と和解されるはずである事を示している。斯くて悪は主により赦免されるであろう (9946, 10042, 868#)。

23. その地に来たり入ることは、悔い改めを介した天界的な善の生命の実現を示している(3705)。その所で凡ゆる種類の食用の木を植えることは、生命の諸々の役立ちのために種々の方法で善から行使された真理を示している(8326)。それの実をそれらの無割礼のものと看做すことは、人間の最善の諸々の行動でさえ相対的に不純であることの承認を示している(2039⁶)。実が3年無割礼のものとされる事は、再生中のみならず、天界そのものに於いてさえも、善は継続的に主からのものである事を示している(2788, 2039⁶)。そしてそれが食されぬことは、それは利己的な愛からは固有のものとされ得ないことを示している(2187, 2039⁶)。

24. 全ての実が4年目に主を賛美するための聖なるものである事は、それにも拘らず善と真理の十全な結合の状態において、利己的な生命が静止すると、善は真に実現され、衷心から主へ帰されることを示している(10136, 2146#, 8042, 3880⁴#)。

25. それの実から5年目に食することは、それで残りのものが善を固有のものとする事により外なる人に十全に植え付けられるであろう事を示している(5291, 6156, 2187, 8326)。それの増加を生ずることは、善*27 が豊かに増すためを示している(4981)。そして「我は主なり」は、主が十全に承認さ

第19章

れる事と、人間がより強くこの御方(おかた)への愛に確固とされることを示している(2001, 7192)。

26. 如何(いか)なる物も血と共に食(しょく)さぬことにより、霊的な人はまた善をそれに悪を混合する事により冒瀆もしないであろう事が示されている(10033)。そして魔術を用いず、占(うらない)を行わぬことにより、虚偽を真理として或るいは悪を善として外観せしむることにより内なる面で又は外なる面で真理を冒瀆しないことが示されている(7297, 683#)。

27. 汝(なんじ)らの頭の隅(すみ)を丸めず、また顎髭(あごひげ)の隅(すみ)を傷付けぬことは、内なる面で善を悪で、あるいは外なる面で真理を虚偽で腐敗させることは違法であることを示している(3301, 5247³)。

28. 汝(なんじ)らの肉に死者のため如何(いか)なる切り傷も為(な)さず、汝(なんじ)らの上に如何(いか)なる印をも刻(こく)さぬことは、霊的な人は外面的な苦行(くぎょう)により悪を取り除き、あるいは外なる礼拝のみにより不朽の善を促進し得るとは、そのときは未(いま)だ内なる面で聖性は全く存在していないのであるが、そのように想像もしないことを示している(9056, 9386, 81, 272#)。そして「我は主なり」は、真の礼拝全ては主からの正真(しょうしん)の善に因(よ)るものである事を示している(2001)。

29. 地が淫行に落ち、地が邪悪に満たされぬ為(ため)に、汝(なんじ)の娘を売春婦にして冒瀆せぬことは、真理のための情愛は虚偽化により冒瀆されるべきではなく、そのような諸々の虚偽化が増して富み、悪がそれにより確固とされない為(ため)である事を示している(489, 6348, 2905#)。

30. 主の諸々の安息日を守りこの御方(おかた)の聖所を崇(あが)めることは、反対に、天界的善の状態は永続するべく、天界的真理の状態は常に聖なるべきである事を示している(8887, 3210)。そして「我は主なり」は、なぜなら主は神聖そのものであるからを示している(2001, 2190)。

31. 諸霊に親しき者らにも、魔術師らにも頼らぬことは、秩序の転倒により、また悪を善のように或いは虚偽を真理の如く見えるようにする事を介して、善を促進するよう努めないことを示している(7297, 9188)。彼らを探し出さぬことも、彼らでもって不浄とならぬことも、そのような諸々の思考を注入する悪霊らは、不純を生ずるに違いないため抵抗されるべきである事を示している(5610, 10130)。そして「我は主、汝らの神なり」は、善と真理との結合は人間により確固とされるべきである事を示している(2001, 7192)。

32. 白髪の前では立ち上がり、長老の顔に敬意を払うことは、その者らの許に成熟している神的知恵を、そして再生の生命において進んでいる者の知性を、承認し崇めることを示している(6524, 6525)。神を畏れることは、神的知恵そのものを崇めることを示している(2001, 3718, 3719)。そして「我は主なり」は、神的善における確立を示している(2001)。

33. 地に寄留する余所者を悪しく遇さぬことは、教示を求める者らに関係して個別的な注意を払う事と、それらの善を促進するのを拒絶しないことを示している(7908)。

34. 余所者と寄留者が生粋の者の如くであることは、教示を要する者らは善にいる者らのように重んじられるべきである事を示している(7908, 3705#)。寄留者を汝自身の如く愛することは、仁愛は彼らに対し行使されるべきである事を示している(2425)。「汝らエジプトの地では余所者だった」は、凡ゆる者は初め単に自然的な人の束縛の下におり教示を要することを示している(5406, 4749)。そして「我は主、汝らの神なり」は、主からの善と真理双方とも人間の完成に必要であることを示している(2001)。

35. 審判において測り縄において重さにおいて或いは量において如何なる不正をも行わぬことは、厳密な公正は、内なる、内的なそして外なる諸々の事柄の点で、諸真理により、かつ従った仁愛の行使の内にあることを示し

第 19 章

ている(5755, 8357, 3104)。

　36.「義なる天秤、義なる諸々の重り石、義なるエファ、そして義なるヒンを、汝らに在るものとする」は、霊的な人は公平と公正を内なる面で、そして公正と公平を外なる面で実践せねばならない事を示している(3116[#]、3104、10136)。そして「我、汝らをエジプトの地より連れ出した主、汝らの神なり」は、この目的のために主は人類を買い戻したことを示している(8864〜8866)。

　37. 全ての主の諸法令と、全てのこの御方の諸審判を遵守し、それらを行うことは、それ故、外面的に、内面的に、そして凡ゆる行動において、人間はまた全的に聖なるものでなければならない事を示している(8357、5755)。そして「我は主なり」は、これが専ら主を本質的に神的善としての承認により結果を齎し得ることを示している(2001)。

　本章の冒頭での要約を読むと、以下のことが分かるであろう。即ち、初めの8節中に、内意の系列の行程で頻繁に起こる幾つかの事柄が言及されていること。そしてこれが屢々不必要な繰り返しのように思われるかも知れないと言うことである。然しながら主の聖言においてはその様な如何なる繰り返しも存在し得ず、このためその様に思われる箇所は何処であれ我々は、何らかの新たな光においてそして気付くべき重要な何らかの新たな連関において、これらの事柄の或る提示が存在している事を拠り所として良いのである。例えば、以下の事に注視されたい。九つの異なる要点がこれらの諸節に列挙されていること、そして各々が霊的意義における系列の秩序と完全性を明示するような様式で先行しているものに後続していると言うことである。
　しかしこの部分で最も興味深い事は確かに平安の奉納について言われていることである。何となれば、これらの事柄を有るが儘に取り、そして字義からのみ考えるなら、所与の指示に対し如何なる満足たる理由をも見出すこ

第 19 章

とは不可能である。事によると何かしら衛生的諸条件が含まれていたと理解するのは易しいが、しかしこれは違反者に対して断言された破門文の苛烈さを説明していない。然しながら、内部の意味に従えば、これは理解され、更に多くの事柄が理解されるのである。何となれば初日と二日目は人間が自分の**審判**のために備えている状態を示しており、三日目はその**審判**の状態を示しているからである。平安の奉納は、礼拝と固有のものとする事のために、人間が彼の試みの状態の間存在しているところの自由の状態を意味している。しかし外なる人を内なる人との完全な調和へ導くことにある**審判**の過程では、この自由の状態は以前とは同一ではないのである。よってそれは、情愛や愛の自由と同じく、善と悪との間の自由な決定であるがしかし今は専ら確立された統治愛*28の自由である(『天界と地獄』480)。そこで我々はこれに申し分なく注意を払うべきである、何となれば三日目に残っている平安の奉納が何故火で燃やされるべきかを我々は明示されるからである。それは、善の統治愛は**審判**において利己的な愛全てを拒絶し、他方悪の統治愛はそれを採用し、系列が記述しているように、諸々の結果を受ける事となるからである。何となれば火は双方の愛に照応し、その内意において聖言が天使らの陳述を如何様に確かなものとしているかを我々は理解するからである。**審判**の行程で決定するものは統治愛である。我々全てのための教訓はここで明らかである。もし我々が天界へ行くなら、今日と呼ばれる内に働かなくてはならない、何となれば夜が来ると、既に然うしていなかった者で彼の救いをやり遂げ得る者は一人もいないからである。その訳は、内意がそれを如何様に述べているか注目されよ。善人には天界で絶間ない平安の奉納が在るが、しかし天界を選ばなかった邪悪な者には全く無い。6節と8節の霊的な教えを比較し、9節と10節のそれを申し分なく遵守されよ。個別的にその連関を、そして作物の、野の並びに葡萄畑の記述が共に以下のことを明示している事に気付く事となる。即ち、**審判**の主題が、仁愛と信仰が今や如何にして善を伴い行き亘っているか、そして外なる意志と理解とが如何にして内なるものと調和に至っているかを論証するために、継続されているかと言うことである。

次に我々は以下のことを認める。即ち、今引き続く倫理的な教えが字義の

第 19 章

上で非常に重要であること、そしてここから聖言の内意が時に下降し、自身を更に個別的にこの方法で顕示するように思われることである。しかも尚その二つの意味の間には完全な区別が維持されているのである。例えば、主に属するものを我々自身に帰する事と、盗む事とは同じことではない。しかも故意に盗み且つ然うすることを固執する人間は、実際に彼の生命を彼自らのものとして要求し、主への彼の責任を否認することは明らかである。ところが他方、真実に主を承認する者は、盗んだり偽ったり、あるいはここで禁じられている他の如何なる事柄をも故意に行おうとはしないものである。そして我々は、我々自身を善で真の行動の諸原理の上に確立することの方が、然うしない事の結果を恐れるが故に或いはそれらが我々自らの遵奉すべき関心事である神的諸法則の故に諸命令の何れかを遵守することよりも、恰も善の生命への近道かの如くに聢と認めるのである。何となれば、然うする事によって我々が先ず杯のそして鉢の内側を浄めるのは、外側もまた純粋となる為だからである(マタイ 23: 26)。内なる純粋性は外なるところのものの原因である事は霊的意義のみに於いてではあるものの、それでも尚字義的と同様霊的に、内なる浄めと外なる浄めとは疑いなく必要なのである。また更に、雇い人の賃金を終日朝まで保有することに関連した見解に注目することは興味深い。何となれば字義的には、召使いが稼いだ後翌日にその賃金を支払うことで、彼らに多大な損害を与えるとは言い得ず、時に全く問題無いことも我々は理解するからである。しかし霊的には、雇い人の賃金を我々の許に留まらせておく事が、役立ちであるためと言うよりも寧ろ報酬のために、役立つ事柄を行い続けるという事である。これは、勿論予備的な状態として許されるかも知れない。しかし或る人物が役立ちの愛をそれ自らのために実現するとき、報酬を得ていることを尚も能く能く彼が理解しているとしても、彼は最早それのために働かないであろう事は明らかである。なぜなら、より低い度において彼の生命の本質的な役立ちと全く同じ様に必要な他の諸々の役立ちを実行するための手段を、彼の役立ちの愛から彼自身の為にこれにより供し得ることを彼は承知しているからである。何となれば、それを窺い見ると、統治原理としての役立ちの愛にいると同時に、統治原理としての報酬の愛にいることは誰も出来ないからである。よってそれ故、も

第 19 章

し彼が太陽の昇る時の朝のような役立ちの愛にいるなら、相対的に夜の暗闇のような報酬の愛に居続けることは出来ない。だが我々はこれら倫理的・霊的諸法則についての更なる解説は割愛し、不当な諸結合に関して後に続くものを考察しなければならない。

　と言うのも、直ぐ上で明示された事にも拘らず、人間が再生の行程にいる間は、より低次で予備的な諸状態が何かしらの影響を与える事はほとんど不可避であり、然るにより高次の諸状態は尚も優位にあるからである。そして不当な諸結合の原因となるのはこれ、即ち確実に鎮圧されるべきものへの性癖である。よってここから我々は、我々の自然的あるいは霊的な善の諸情愛を、我々の家畜の群れを別種で生ませるところの悪で汚染させるに甘んじるべきではないのである。そして諸情愛の真実なものは、内なる及び外なる知的な諸々の力にもまた適合する。もし真理の諸原理を採用し、または聖言の種を誠実と善の心の地面に播いたのなら、我々は諸々の虚偽をも培ってはならない。何となれば、我々は、より高次の状態を実現すると同時に、より低次の状態に留まる事は出来ず、真の教義と虚偽のそれとを等しく信じることも、また更に進歩した生命の正真の諸真理の許に我々が既に正式に座すところのものに真理の外観を混淆することも、出来ないのである。

　今や我々は皆、この教えの素晴らしい価値を、そしてその役立ちを習わしとすべき事が如何に必要かを感じて理解することであろう。とは言え依然我々は、人生を旅するように、何と不完全であり、我々のより高次の諸感情とより善なる審判が定罪する当の事柄を何と、仕勝ちなことか。そしてこれは、婚約された女中との不当な結合により明示されている。何となれば彼女が、召使いが彼女の女主人にする様に、霊的諸情愛に仕えるべき不完全な自然的諸情愛を意味することは極めて明らかだからである。そして彼女について言われている事は、霊的に考察されるとき、全くもって興味深い。彼女は夫に婚約されており、即ち、我々のもののこれら自然的諸情愛は、単なる力や権威により支配され阻止されるのみならず、それらは天界的結婚へ向け前進している状態において、他方同時に善の正真の自由や悪からの十全な救いには未だ至っていないのである。そして霊的な人が、自身を違法に汚染することや、あるいは彼の生命を今以て不完全な自然的生命と結合することが決定

第 19 章

的に誤っているのは、この為(ため)なのである。さて、これが、我々皆が宗教的経験の行程(ぎょうてい)で行い勝ちなものの真の姿である。暫し表現を変えると、我々は事実、敵を書き換え、彼が我々に甘んじ得(う)るものと信じ込ませた諸々の歓喜の虜(とりこ)と成っているのである(民数記 25: 1〜3)。 然しながら、より善なる性質は自身を断言する。我々は低落しているが、失われてはいない。我々は悔い改め主を礼拝し、更に上位の善が勝利を収めることは、後に続くものから理解したとおりである。それに就(つ)いては、更に解説を要するまでもなく、牡羊の犠牲と、その結果としての贖(あがな)いは、それらの霊的意味について周知の如(ごと)くであるから。

　しかし本章の残りに関しては諸々の連関を描出し、以下を手短(てみじか)に明示するための紙面しか我々にはない。即ち、諸事が字義的には明白な如何なる理由も無しに、何故(なにゆえ)配列のために互いに続発(しゅうはつ)するかということ。試誘に遭(あ)った後では、丁度記述されている様に、我々の状態は高揚されており、我々の天界的状態が将来成るであろうものの更に正確で特異な覚知を我々は持つのである。而(しか)も言うも奇妙だが、それの初めの実現は、恐らく厳密には、我々が予期していたものと非ざるべき事を学ぶのである。著者は嘗(かつ)て、或る聖職者が死別したばかりの息子に関しての説教をするのを聞いた。彼〔息子〕は初め死ぬ時の状態と如何程の若(わか)さかを記していたが、臨終の時が近づくと、その時彼は最早喋(もはやしゃべ)ることが出来ず、手で彼の頭の周(まわ)りに円を描いた。彼自身のために予(あらかじ)め備えられていた栄光の冠(かんむり)を指し示すためである。そして父親は、会衆への講話(こうわ)でこれに言及した時、突如(とつじょ)叫んだのだ「我が哀(あわ)れな愛(いと)しい息子は天にいる！」。多分、彼が天使への完成の状態に恰(あたか)も直ちに変化したかのような思いだったのだ。しかし問題の訓戒のこの部分では我々は以下のことを理解するのである。即ち、正に天界への入り口は、初めは、我々自(みずか)らの不完全性と、今それについて我々が考えているように、我々に善が如何(いか)程多く欠けているかの確かな判断力に随伴するであろう。けれどもこれは、我々の主との十全な結合の予備的な状態に過ぎず、４年目と５年目により夫々(それぞれ)示された残りのものらを固有のものとする事の成就(じょうじゅ)なのである。更に、その理由が外面的には現れない三つ乃至四つの事柄が続くことに気付く。しかしそれは内意にて理解され、多くの種類の諸悪の権限は天界では起こらな

いで有ろうという全般的な真理は明白なものであり、また字義から推察されよう。だが系列に注意されたし。即ち、冒瀆の後続する三つの度が意志と理解について夫々言及されており、真理を故意に虚偽化することに帰結するので結果悪が確固とされる危険性があると言う事が分かるであろう。然しながら、これらは天界では起こり得ない事柄である。反対に、そこでは永遠の安息日が存在し、真理は善と結合し、主のみが礼拝されている。然れど実に、この全ては人間の生命の内奥の度について言われているのである。それで31, 32節で類似したものが中間の度について言われ、終局的な度についての明快な参照が章末にまで引き続いていることが看取される。他方各々の度について言われているものが、厳粛な断言と確認、「我は主なり」により的確に結論付けられている。

　何となれば天界では天使の生命の全ての度は、全般的のみならず個別的に、最も正確に区別されているからである。そしてその上、これら全ての度は、36, 37節の内容により極めて強調的に明示され、終局的なものにおいてそれらの十全さに内在している。それ故以下のことを想起しよう。即ち、この世での我々の生命は天界の生命のために我々に備えるものであること。そしてその結果この系列もまた、更に低次の度において、地上の真の教会の諸状態を記述するのに適していることである。

訳者のノート

＊1． 5, 6節「奉納する」。原本 'offer'、ヘブル語原文語根は זבח で5節が「犠牲にする」、6節が「汝らの犠牲の (単数)」。

＊2． 10節「余所者」。原本 'stranger'、ヘブル語原文は ゲール גֵּר「寄留者」。

＊3． 10節「斯く汚染されるべきものとなる」、注解10節では「斯く汚染されるべきではない」。後者の方が妥当か。

＊4． 10節「仁愛の諸々の業と仁愛からの信仰」、原本は 'works of charity and faith from charity'。注解10節「仁愛の及び仁愛からの信仰の諸々の業」、原本は 'works of charity and of faith from charity'。

＊5． 14, 32節「汝の神を」。原本 '(fear) thy God'、ヘブル語原文 メー・エローヘー・

第 19 章

ハー מֵאֱלֹהֶיךָ「汝の神から」。
* 6. 15 節「人物」。原本 'person'、ヘブル語原文は「顔」。
* 7. 15 節「尊ばず」。原本 'not respect'、ヘブル語原文は「上げず」。
* 8. 16 節「讒謗者」。原本 'tale-bearer'、ヘブル語原文は ラーヒール רָכִיל。語源ラーハル רָכַל「行商した」。
* 9. 16 節「上り下り行く」。原本 'go up and down'、ヘブル語原文は未完了形で テーレーホゥ תֵּלֵךְ「歩いた」「歩き回った」。
* 10. 16 節「血に対して」。原本 'against the blood'、ヘブル語原文は「血の上に」。
* 11. 17 節「彼の故に罪を負わぬ」。原本 'not bear sin because of him'、ヘブル語原文は「彼の上に罪を上げぬ」。
* 12. 19, 37 節「諸法令」。原本 'statutes'、ヘブル語原文は ホゥッカー חֻקָּה が用いられている。第 10 章 訳者のノート＊3 を参照。
* 13. 19 節「汝に来らせぬ」。原本は 'neither shall there come upon thee'、ヘブル語原文「汝の上に上がらぬ」。
* 14. 20 節「肉に臥す」。原本 'lieth carnally'、ヘブル語原文は「種の臥す事を臥す」。
* 15. 20 節「彼らは…せられる」。原本 'they shall be'、ヘブル語原文 (BHK 及び BHS) はティヒェ תִּהְיֶה、היה「存在した」の未完了 2 人称男性単数か 3 人称女性単数。文脈から後者、即ち「彼女」が正しいと思われる。欽定版も後者を採用している。
* 16. 23 節「無割礼のものと看做すとき」。ヘブル語原文「包皮を包皮ありとし」。
* 17. 28 節「死者」。原本 'the dead'、ヘブル語原文は ネフェシュ נֶפֶשׁ「魂」。
* 18. 10, 33, 34 節「寄留する」「余所者」。原本は夫々 'sojourn' 'stranger'、ヘブル語原文では語根が同じ。
* 19. 35 節「測り縄」。原本 'meteyard'、ヘブル語原文は ミッダー מִדָּה。
* 20. 36 節「義なる」。原本 'just'、ヘブル語原文は ツェデク צֶדֶק。
* 21. 注解 2 節。「汝らは聖なるものとする」についての解説が脱落。
* 22. 注解 8 節「諸真理」。コラムでは単数。
* 23. 注解 14 節「背けられて」。コラムでは能動態だが注解では受動態。
* 24. 注解 16 節「真理」。コラムにはない。
* 25. 注解 16 節「転倒すること」。原本は 'perverting'。コラムでは 'preventing'「妨

第 19 章

げること」。

＊26. 注解 21 節「過失」。コラムで複数。

＊27. 注解 25 節「善」。コラムでは「善と真理」、「真理」が脱落？

＊28. p439「統治愛」。第 4 章 訳者のノート＊10 を参照。

＃ 『天界の秘義』の各々の節には当該内容の記載がないか、参照としては飛躍？

第 20 章

霊的意味の要約

1. 利己的な愛による真理の冒瀆について。そしてそれの罪責のある者らへとそれを言い訳する者らへのその結末(1~5節)。
2. 諸霊との違法な霊交(れいこう)の危険性(6節)。
3. 内なる面及び外なる面での、聖なる生活の必要性、そして神的善と神的真理からの背反(はいはん)の結末(7~9節)。
4. 種々の方法における善と真理の冒瀆の結末(10~21節)。
5. 従順の必要性、並(なら)びに神的秩序の霊的諸法則への不従順の危険性(22~24節)。
6. 人間はまた諸情愛と諸思考の純不純を注意深く区別せねばならない。彼は聖であり純粋でなければならない、なぜなら彼は諸悪と諸々の虚偽から分離されたからである。そして彼は内なる面や外なる面で、秩序の諸法則の濫用により善と真理を転倒する者らが彼ら自身を全体的に荒廃せしめる事を想起せねばならない(25~27節)。

各節の内容

1. そして主はモーセに語って、曰(いわ)く、

2. 更にまた、汝(なんじ)イスラエルの子供らに言うものとする、イスラエルの子供らの、あるいはイスラエ

1. 主から神的真理により啓示が存在し、以下の覚知を与える、

2. 教示が霊的教会人(びと)に与えられるべきこと、即ち内なる教会か外なる教会かに属し、真理を利己

第 20 章

ルに寄留する*¹余所者ら*¹の誰であれ、彼の種からモレクに与える者。彼は必ず死に至らしむものとする。地の民は諸々の石*²で彼を石撃ちするものとする。

3. 我は我が顔をその人に対し据え*³、彼を彼の民の中から*⁴絶たん。なぜなら我が聖所を不浄と為し、我が聖なる名を冒瀆するために、彼は彼の種をモレクに与えた故。

4. そしてもし地の民が、その人が彼の種をモレクに与えるとき、如何なる風でもその人から彼らの目を隠し、彼を死に至らしめぬ場合。

5. そのとき我その人に対し、彼の家族に対し我が顔を据えん*³、そして彼と、モレクと淫行を行うべく彼を求めて淫行する全ての者を、彼らの民の中から*⁴絶たん。

的な愛の奉仕に奉献する事によりそれを冒瀆する凡ゆる者は、徹底して荒廃するであろう、即ち全ての諸真理を剥奪され、悪と虚偽が彼らの許に齎す諸々の罰を被るであろう。

3. そのような人物らもまた、彼ら自身から神的善との結合全てと、神的真理の知識全てを剥奪する、なぜなら利己的な愛を介した教会の真理の冒瀆は主からの聖なる善全てと、善の表現であるところの聖なる真理全てを腐敗させるからである。

4. そしてもし教会人が、如何なる風でも、そのような無法を許し、この冒瀆を徹底して拒絶するのでなければ、

5. そのとき彼はまた、個別的にも全般的にも双方、彼自身主からの天界的愛の覚知を失うであろう。そして彼は、利己的な愛を介して真理を虚偽化する全ての者らと共に、教会から分離されるであろう。そして最早諸真理を覚知できなくなるであろう。

第 20 章

6. そして諸霊に親しき者らへと、魔術師らへ、彼らを求めて淫行をするため彼らに、頼る魂は、我は正に我が顔をその魂に対し据え*3、彼を彼の民の中から*4絶たん。

7. それ故汝ら己を聖化し、汝ら聖なる者と成れ。何となれば我は主、汝らの神なればなり。

8. そして汝ら我が諸法令*5を守り、それらを行うものとする。我は汝らを聖化する主なり。

9. 何となれば己の父や己の母を呪う凡ゆる者は必ず死に至らしむものとする、彼は彼の父あるいは彼の母を呪ったからだ。彼の血は彼の上に*6あるものとする。

6. 秩序の濫用により、霊界で邪悪な者との違法な霊交を介して、悪を善の如く見せ、または真理を斯くも虚偽化して、虚偽を真理の如くに外観を呈するよう努める者らもまた、善の覚知を全て失い、最早真理を理解できなくなるであろう。

7. よってそれ故、霊的な人には警戒させ、純粋で聖なる生活を送らせよ、なぜなら真理と結合した善全ての源泉であられる主との結合を、彼は斯く持ち得るのみだからである。

8. そしてこれを彼は内なる面のみならず外なる面でも理解と意志において行わねばならない。なぜなら外なる人は、主からの善により、または主への愛と隣人への仁愛により、内なる人と結合され得るのみだからである。

9. 何となれば自身を神的善と神的真理から背ける凡ゆる者は、彼自身を全体的に荒廃させるからである。彼は故意に双方を拒絶し、彼はそれ故彼自らの虚偽の

第 20 章

10. そして他人の妻と姦通を犯す人、正に隣人の妻と姦通を犯す人は、姦夫と姦婦は必ず死に至らしむものとする。

11. そして自分の父の妻と臥す人は彼の父の裸を曝したのである。彼らの双方は必ず死に至らしむものとする。彼らの血は彼らの上に*6あるものとする。

12. またもし人が彼の嫁と臥すなら、彼らの双方は必ず死に至らしむものとする。彼らは混乱を働いた。彼らの血は彼らの上に*6あるものとする。

13. そしてもし人*7が男*8と、女との如く臥すなら、彼ら双方は忌むべきことを犯した。彼らは必

中に留まらなくてはならない。

10. そしてそれのみならず、教会の善、その外なる善でもその内なる善でも、混ぜ物をする人もまた、善の知識と真理の覚知について充分荒廃するであろう。

11. 加うるに他方、善をそれに利己的な愛との汚染により冒瀆する者は、彼自身の中の善と真理を更に強烈に破壊する。なぜなら彼は彼自身の中で善と悪を混合するからである。

12. そして更に、もし教会人が、彼自らの悪へ結合した虚偽との汚染により善を冒瀆するなら、あるいは換言すれば、もし彼がこの方法で仁愛の聖なる原理を冒瀆するなら、結果は確かに善と真理についての荒廃である。なぜなら更に善と悪が混合され、そのような人物らは彼ら自らの虚偽の中に留まらねばならないから。

13. そして尚も更に、真理をそれと感覚的な愛からの虚偽と結合することにより冒瀆する正に

ず死に至らしむものとする。彼らの血は彼らの上に*6あるものとする。

外なる教会人、それは地獄的な忌むべきものである。そしてその様な人物は全的に荒廃され彼自らの虚偽の中に留まらねばならない。

14. そしてもし人が妻と彼女の母を取るなら、それは邪悪である。彼らは火で燃やされるものとする、彼と彼女ら双方とも。汝らの内に邪悪が断じて在らぬため。

14. もし如何なる者もまた混ぜ物をすることにより教会のその善に接合した真理を冒瀆するなら、その悪に接合した虚偽との汚染により、それは強烈な冒瀆である。全てそのような者は利己的な愛により消滅され、そして教会から斯く分離されねばならず、それが純粋で聖なるものと成るためである。

15. またもし人が獣と臥す*9なら、彼は必ず死に至らしむものとする。そして汝ら獣を惨殺する*10ものとする。

15. また仮にも彼が真理と単なる自然的な人の悪の諸情愛とを結合することにより然うするなら、彼は荒廃し、そしてそれらの自然的な諸情愛もまた然うなるであろう。

16. またもし女が如何なる獣にも近づき、それへ横になるなら、汝は女と獣を屠る*10ものとする。彼らは必ず死に至らしむものとする。彼らの血は彼らの上に*6あるものとする。

16. そしてもし自然的な人における善が虚偽との汚染により冒瀆されるなら、荒廃が同様に後続する。彼らは善と真理全てを剥奪され、虚偽の中に留まらねばならない。

第 20 章

17. そして人が彼の姉妹、彼の父の娘か、彼の母の娘を取り、彼女の裸を見、また彼女が彼の裸を見る場合。それは恥ずべき事*11である。そして彼らは彼らの民の子供らの環視(かんし)の内に絶たれるものとする。彼は彼の姉妹の裸を曝した。彼は彼の悪行(あくぎょう)を負うものとする。

18. そしてもし人が月の障(さわ)りのある女と臥(ふ)し、彼女の裸を曝すなら、彼は彼女の源(みなもと)を裸にし、彼女は彼女の血の源(みなもと)を曝(さら)したのだ。そして彼ら双方とも彼らの民の中から*4絶たれるものとする。

19. そして汝(なんじ)は汝(なんじ)の母の姉妹の、汝の父の姉妹の裸を曝(さら)さぬものとする。何となれば彼は彼の近親を裸にした故(ゆえ)。彼らは彼らの悪行(あくぎょう)を負うものとする。

20. そしてもし人が彼のおじの妻と臥(ふ)すなら、彼は彼のおじの裸を曝(さら)したのだ。彼らは彼らの罪を

17. そして更に、もし内なる教会人(びと)が、意志か理解か何れかから由来(いず)した虚偽を手段として、真理を冒瀆するなら、そのような不敬の故(ゆえ)に、彼は真理と忌むべき虚偽との交互の嫌悪(けんお)の原因となり、教会からの分離が不可避となり、彼は悪の中に確固とならねばならない。

18. 更に、もし教会人(びと)が善か真理かを、それらに虚偽化された諸真理で汚染することにより腐敗させるなら、彼には内的かつ相互的に冒瀆の罪責がある。そしてその様な冒瀆は全的に教会からの分離の原因となる。

19. 利己的な愛に接合した外な(また)る又は内なる理解において、真理を、それと虚偽とを結合することにより腐敗させる事もまた合法ではない。何となればこれは冒瀆であり、虚偽の中に確証を生む事となるから。

20. そしてもし教会人(びと)がそれの善を、それと傍系的善の悪と結合することにより腐敗させるなら、

負うものとする。彼らは子供無しで死ぬものとする。

21. そしてもし人が彼の兄弟の妻を取るなら、それは不純である。彼は彼の兄弟の裸を曝したのだ。彼らは子供無しとする。

22. それ故汝ら全ての我が諸法令*5と、全ての我が諸審判を守り、それらを行うものとする。我が汝らをそこに住まわせる為に連れて行く地が、汝らを吐き出さぬためである。

23. そして汝らは、我が汝らの前に投げ出す、国民の諸風習*12の内に歩まぬものとする。何となればかれらはこれら全ての事を行なった、それ故我は彼らを忌み嫌ったのだ。

24. しかし我は汝らに言った。汝らは彼らの地*13を継ぐものとする、我それを汝らにそれを所有するために与けん、乳と蜜の溢れ

それは冒瀆である。そのような人物らは彼ら自身を悪の中に確固とする。そして彼らの許では、教会は善と真理の増大を伴わない。

21. またもし彼が自然的な人の善を、それとそこでの悪の虚偽と結合する事により腐敗させるなら、それは冒瀆である。そしてその結果善と真理の増大は全く存在しない。

22. それ故教会が冒瀆に服属しないために、霊的な人は外面的及び内面的双方に聖なるもので在らねばならない。

23. 彼は腐敗した教会の諸悪に従ってもまた生活しないはずである。何となればこの教会は真理を冒瀆し、斯くてそれ自身を主から分離したからである。

24. しかし神的善は、霊的な人が内なる面でも外なる面でも天界的生命の受け入れにより安全であることを望んでいる。そこで

る地*13 を。我は、汝らを諸々の民から分離した主、汝らの神なり。

25. それ故汝ら浄い獣と穢れたものの間を、そして穢れた鳥類と浄いものとの間を分け隔てするものとする。そして汝ら汝らの魂らを、獣により、あるいは鳥類により、あるいは土地に群がる如何なるものにもより、忌むべきものと為さぬものとする、それらを我は汝らから穢れたものとして分け隔てた故。

26. そして汝らは我に聖なるものとする。何となれば我、主は聖であり、汝ら我がものであるべく、我は汝らを諸々の民から分け隔てた。

27. 諸霊に親しきか魔術師である人〔男〕か、あるいは女もまた必ず死に至らしむものとする。彼らは彼らを諸々の石*2 で石撃ちするものとする。彼らの血は彼ら

は善に結合した真理と自然的な歓喜が豊富である。そしてそれを介して主は真に礼拝され、教会のそれらは他のものから区別されているのである。

25. またそれ故、意志と理解の双方について純不純のものの間に慎重な区別もまた為されるべきである。そして教会人は、如何なる悪や虚偽により、あるいは善と真理と異なった、そのため不純である処の如何なる感覚的な歓喜により、彼自身を当然ながら腐敗させてはならない。

26. そして霊的な人は純粋で聖なるもので在らねばならない、なぜなら主は純粋と神聖そのもので在られるから。そして主のみが人間を、腐敗した教会の諸悪と諸々の虚偽から救い、彼を再生できるのである。

27. そしてそれ故また、善と真理を内なる面か外なる面で秩序の濫用により転倒させる者らは、彼ら自身を全体的に荒廃させる。彼らは全ての諸真理を剥奪され

の上に＊6あるものとする。　　　　　る。そして彼らは彼ら自らの
諸々の虚偽へ見放されるのであ
る。

参照と注解

1. これは明らかである、なぜならイェホヴァにより御自身の愛についての神的存在が示されているからである(2001)。語ることにより流入が示されている(2951)。モーセにより神的真理、あるいは聖言が表象されている(7010, 6752)。そして曰く、により覚知が示されているからである(1791, 1822)。

2. イスラエルの子供らに言うことは、**霊的教会**人へ与えられるべき教示を示している(7304, 3654)。イスラエルの子供らと寄留者らは夫々内なる及び外なる教会の者らを示している(7908)。彼らの種をモレクに与える者らは、真理を利己的な愛に奉献することにより冒瀆する様なものを示している(1610, 934#, 2468¹⁶)。死に至らしむことは徹底した荒廃を示している(2908)。そして民により諸々の石で石撃ちされることは、全ての真理＊14を剥奪されることを、そして同時に悪と虚偽が彼らの許に齎すところの罰＊14を被ることを示している(1259, 7456)。

3. 主がその御顔をその人に対して据えることは、そのような人物らが彼ら自身から神的善との結合全てを剥奪することを示している(222, 223)。彼が彼の民の中から絶たれることは、その真理の知識全てを失うことを示している(5302, 1259)。なぜなら彼が彼の種をモレクに与えたことは、利己的な愛を介した教会の真理の冒瀆の故を示しているからである(1610, 934#, 2468¹⁶)。主の聖所を不浄と為すことは、主からの聖なる善の腐敗を示している(10130, 3210)。そして主の聖なる名を冒瀆することは、善の表現であ

るところの聖なる真理の腐敗を示している(8882)。

4. 地の民により教会人が示されている(2928, 2950)。如何なる風でもその人から彼らの目を隠すことは、如何なる風でもその様な無法を許すことを示している、なぜならそれは、目を持ちながら見ていないことを示しているから(2701⁴)。種をモレクに与えることにより、利己的な愛を介した教会の真理の冒瀆を示している(1610, 934♯, 2468¹⁶)。そして死に至らしめない事により、そのような冒瀆を徹底して拒絶しないことが示されている(2908, 7456♯)。

5. 主がその人に対し御顔を据えることにより、斯く悪を許す人物は彼自身主からの天界的愛の覚知を失うであろう事が示されている(222, 223)。彼自身に対しそして彼の家族に対しは、個別的にそして全般的に、を示している(9807♯, 1424)。絶たれる事により、教会から分離されることが示されている(5302)。種をモレクに与える事により、利己的な愛を介して真理を虚偽化し冒瀆することが示されている(1610, 934♯, 2468¹⁶)。そして「彼らの民の中から」により、そのような人物は最早諸真理を覚知できなくなるであろう事が示されている(1259)。

6. 諸霊に親しき者らへと魔術師らへ頼る如何なる者により、秩序の濫用により、霊界で邪悪な者との違法な霊交を介して、悪を善の如く見せ、そして虚偽を真理の如くに外観を呈するよう努める者が示されている(7297, 9188)。彼らを求めて淫行をすることにより、真理の虚偽化が示されている(6348)。主が御顔をその魂に対し据えることにより、彼が善の覚知を全て失うであろう事が示されている(222, 223)。そして彼を彼の民の中から絶つことにより、彼が最早真理を理解できなくなるであろう事が示されている(5302, 1259)。

7. それ故汝ら己を聖化し、聖なる者と成ることは、霊的な人は警戒し純粋で聖なる生活を送らねばならない事を示しており(8042)、そして「我は主、

第 20 章

汝(なんじ)らの神なればなり」は、真理と結合した善全ての源泉であられる主との結合を彼は斯(か)く持ち得(う)るのみであること〔を示している〕(2001)。

8. 主の諸法令を守りそれらを行うことは、これを霊的な人は内なる面のみならず外なる面でも理解と意志において行わねばならない事を示している(8357, 683)。そして「我は汝(なんじ)らを聖化する主なり」は、外なる人は主からの善により、または主への愛と隣人への仁愛により内なる人と結合され得るのみである事を示している(2001, 8042)。

9. 父や母を呪うことは、神的善と神的真理から背(そむ)かされている事を示している(379, 8897)。死に至らしむことは全体的な荒廃を示している(2908)。父母を呪うことが繰り返されている事は、善と真理双方の故意(こい)の拒絶を示している(379, 8897, 683#)。そして彼の血が彼の上にあることは、彼は彼自(みずか)らの虚偽の中に留まることを示している(4735[12])。

10. 他人の妻と正に隣人の妻と姦通を犯すことは、外なる面であれ内なる面であれ教会の善に混ぜ物をすることを示している(6348)。そして姦夫(かんぷ)と姦婦(かんぷ)が必ず死に至(いた)らしむことは、善の知識と真理の覚知について充分な荒廃を示している(2908, 18 章 20 節)。

11. 加うるに、自分の父の妻と臥(ふ)す人は、善をそれに利己的な愛との汚染により冒瀆する者を示している(6348, 3703[20], 210#)。父の裸を曝すことはその様な汚染を示している(18 章 7, 8 節)。彼ら双方が必ず死に至(いた)らしむことは、彼は彼自身の中で善と悪を混合するから、彼自身の中の善と真理の破壊を示している(2908)。そして彼らの血が彼らの上にあることは、彼らは彼ら自(みずか)らの虚偽の中に留まることを示している(4735[12]) *15。

12. 人が彼の嫁と臥(ふ)すことは、彼自(みずか)らの悪と結合した虚偽との汚染により善を冒瀆する者を示している(4843, 10490, 18 章 15 節)。彼らの双方は必ず死に至(いた)らしむことは、結果は確かに善と真理についての荒廃であることを示

している(2908)。彼らが混乱を働いたことは、更に善と悪が混合されている事を示している(1326)。そして彼らの血が彼らの上にあることは、そのような者は彼ら自らの虚偽の中に留まらねばならない事を示している(4735[12])。

13. 人が男と女との如く臥すことは、真理をそれと感覚的な愛からの虚偽と結合することにより冒瀆する外なる教会人を示している(725, 6348, 2056, 18章22節)。忌むべきことは霊的に同一のことを示している(6052)。必ず死に至らしむことは全的な荒廃を示している(2908)。そして彼らの血が彼らの上にあることは、彼らは彼ら自らの虚偽の中に留まらねばならない事を示している(4735[12])。

14. その母に関連しての妻により、内なる教会に関連しての外なる教会が示されている(3703[2], 3703[20])。そこからこの場合、妻と彼女の母を取ることは、混ぜ物をすることにより、教会のその善に接合した真理を、その悪に接合した虚偽との汚染により冒瀆することを示している(4843[4], 10490)。「それは邪悪、または大罪である」は、それは強烈な冒瀆である事を示している(9264)。火で燃やされること、彼と彼女ら双方ともは、そのような人物らは結果として、利己的な愛により消滅されることを示している(934)。そして「汝らの内に邪悪が断じて在らぬため」は、善からの悪の分離により、教会が純粋で聖なるものと成るためである事を示している事は明らかである(6571)。

15. 獣と臥す人は、真理を単に自然的な人の諸悪と結合させることを示している(46, 725)。そして双方が死に至らしむことは、荒廃あるいは真理と善との分離の成就を示している(2908, 18章23節)。

16. 女が如何なる獣にもそれへ横になるために近づくことは、もし自然的な人における善が虚偽との汚染により冒瀆されるなら、を示している(46, 725)。女と獣を屠ることは、荒廃が同様に後続することを示している(2908)。彼らが必ず死に至らしむことは、意志と理解について、あるいは内なる人と

外なる人についての荒廃を示している(683#)。そして彼らの血が彼らの上にあることは、彼らは彼ら自らの虚偽の中に留まらねばならない事を示している(4735[12], 18章23節)。

17. 人が彼の姉妹、彼の父の娘か、彼の母の娘を取り、彼女の裸を見、そして彼女が彼の裸を見ることは、意志か理解か何れかから由来した虚偽との汚染による真理の冒瀆と、真理と虚偽との交互の嫌悪を示している(568, 1815#, 1895#, 6348, 6047#)。それが恥ずべき事であることは、そのような冒瀆は忌むべきものを示している事は明らかである。彼らの民の子供らの環視の内に絶たれることは、教会からの不可避な分離を示している(5302, 1259)。彼の姉妹の裸を曝すことは、真理の冒瀆を示している(18章9節)。そして悪行を負うことは、悪の中に確固となることを示している(9937[11])。

18. 人が月の障りのある女と臥し彼女の裸を曝すことは、冒瀆であるところの虚偽化された諸真理との汚染による善か真理かの腐敗を示している(6348#, 18章19節)。彼が彼女の源を裸にすることは、内的な虚偽化と冒瀆を示している(4861)。彼女が彼女の血の源を曝すことは、相互的なものを示している(6047#)。そして彼らの民の中から絶たれることは、そのような冒瀆は全的に教会からの分離の原因となることを示している(5302, 1259)。

19. 汝の母の姉妹の、汝の父の姉妹の裸を曝さぬことは、外なる又は内なる理解において、真理を、それと虚偽とを結合することにより腐敗させることは合法ではない事を示している(6348, 3703[20], 1475, 1815#, 1895#, 18章12, 13節)。近親は利己的な愛に接合した虚偽を示している(3703[2])。そして悪行を負うことは、虚偽の中の確証〔確固〕を示している(9937[11])。

20. 人が彼のおじの妻と臥し、彼のおじの裸を曝すことは、教会の善を、それと傍系的善の悪と結合することにより腐敗させること、それは冒瀆であることを示している(6348, 3612, 1369#, 18章14節)。彼らの罪を負うこと

は、悪の中での確固を示している(9937¹¹, 9156)。そして子供無しで死ぬことは、善と真理の増大がないことを示している(489, 2908)。

21. 人が彼の兄弟の妻を取ることは、自然的な人の善の、それとそこでの悪の虚偽と結合することによるそれの腐敗は、冒瀆であることを示している(3612, 1369, 6348, 18章16節, 10130)。彼の兄弟の裸を曝すことは、その悪の外面的な形を明かすことを示している(9960¹⁸, 3049, 5337, 9474)。そして子供がいない事は、善と真理の増大が全く無いことを示している(489)。

22. 全ての主の諸法令と諸審判を守り、それらを行うことは、霊的な人は外面的及び内面的双方に聖なるもので在らねばならない事を示している(8357, 5755)。そして「我が汝らを連れて行く地が汝らを吐き出さぬため」は、教会が冒瀆に服属しないために、を示している(3705, 9507#)。『黙示録啓示』205#*¹⁶も見られたし。

23. 汝らの前にいた諸国民の諸風習の内に歩まぬことは、腐敗した教会の諸悪に従って生活しない事を示している(1205, 2657)。そして彼らがこれら全てのことを行い忌み嫌われたことは、この教会は真理を冒瀆し、斯くてそれ自身を主から分離したことを示している(1205, 693#, 696#)。

24. 「しかし我は汝らに言った。汝らは彼らの地を継ぐものとする、我それを汝らにそれを所有するために与けん」は、神的善は霊的な人が内なる面でも外なる面でも天界的生命の受け入れにより安全であることを望むことを示している(2001, 3705, 2658)。乳と蜜の溢れる地は、善に結合した真理の豊富さと自然的な歓喜を示している(5620)。「我は主、汝らの神なり」は、これらを介して主は真に礼拝されることを示している(2001)。そして諸々の民からの分離は、教会のそれらは他のものから区別されている事を示している(6653)。

25. 浄い獣と穢れたものの間そして穢れた鳥類と浄いものとの間を分け隔

てることは、意志と理解の双方について純不純のものの間に慎重な区別が為(な)されるべき事を示している(46, 745, 4545#, 10130)。そして我が汝らから穢れたものとして分け隔(へだ)てた、獣により或いは鳥類により、あるいは土地に群がる、あるいは這(は)う如何(いか)なるものにもより、汝らの魂らを忌(い)むべきものと為(な)さぬことは、教会人は如何(いか)なる悪や虚偽により、あるいは善と真理と異なり不純である処(ところ)の如何(いか)なる感覚的な歓喜により、彼自身を当然ながら腐敗させてはならない事を示している(40)。

26. イスラエルの子供らが主に聖なるものであり、なぜならその御方(おかた)は聖であり、彼らがその御方(おかた)のものであるべく彼らを諸々の民から分け隔(へだ)てた故(ゆえ)は以下を示している。即ち、霊的な人は純粋で聖なるもので在(あ)らねばならない、なぜなら主は純粋と神聖そのものであり、そして主のみが人間を腐敗した教会の諸悪と諸々の虚偽から救い、彼を再生できるから(3654, 2190#, 3210#, 6653, 2405#)。

27. 諸霊に親しきか魔術師である人〔男〕や女は、善と真理を内なる面と外なる面で秩序の濫用により転倒させる者らを示している(7297, 9188)。必ず死に至(いた)らしむことは、そのような事が彼ら自身を全体的に荒廃させることを示している(2908)。石で石撃ちされることは、彼らは全ての諸真理を剥奪されることを示している(8799)。そして彼らの血が彼らの上にあることは、彼ら自(みずか)らの諸々の虚偽へ見放(みはな)されることを示している(4735¹²)。

この記事の冒頭に話されている冒瀆の個別的な種類は、最も零落した利己的な諸々の愛による真理と善なるものの破壊において他の種類のものらとは異なっている。何となれば、以下に我々は読むからである、即ち「モレクに種(たね)を与えることは、殺人、憎悪、復讐、姦通そして類似の諸々の事柄、これらは神的な諸々の事柄の代わりに地獄的な虚偽の容認へ導くのであるが、それらについて、聖言の真理を、斯(か)くてそれからの教会の教義の真理を、身

第20章

体の下等な諸々の愛への適用により破壊することである。そのような諸々の虚偽はモレクに与えられた種により意味されている。モレクはアンモンの子らの神で(第1列王記 11: 7)、トフェトと呼ばれたヒンノムの谷に据えられてあって、そこで彼らは彼らの息子らと娘らを火で燃やしたのである」(『黙示録講解』768[25])。これに以下が加うる。即ち、モレクは王を意味し、それ故火により意味される利己的な愛からの支配的な虚偽を示している(1682[#], 934)。谷は低いあるいは低落した状態を示している(1292)。ヒンノムは彼らの豊かさを、それ故この場合転倒した真理の知識を意味する(1694[#])。そしてトフェトは燃やしの場、あるいは焼きぐしにすること、あるいは嫌悪の、を意味する(6669[6#], 4835[4#], 1608[#])。そしてこれら全ての照応から、種を火に通してモレクに与える事により示された邪悪性が更に充分に理解されて良いであろう。しかし諸霊への相談とその意義との連関にも注視されよ、即ちこの偶像崇拝の許では、一方は剥奪された諸情愛の状態を、他方はその結果理解の腐敗を示している。事実、それらは諸冒瀆に関係した二つの全般的な所説として捉えられてよく、而も前章で採用されたものとは異なる秩序下でそれらの個別のものが後続しているのである。今や秩序のこの変化は何らかの霊的真理を指摘するために企図されたことは、我々はそれが何であるかを見出したり、あるいはそれの理由を理解できないかも知れないものの、確かなのである。しかし本章の全般的な主題は、内意において、様々な種類の冒瀆への罰であり、換言すれば、それらにおける放縦の結果である。これらは石撃ち、火刑による死の罰であり、そして一般的には、死に至らしむこと又は彼らの民からの分離であり、彼らの悪行を負うことであり、彼らの罪を負うことであり、そして子供無しに死ぬことであり、それら全てがそれらの霊的意味において理解される事なのである。それ故これら各々につき多少なりとも省察する値はあろう。

　然しながら先ず第一に以下のことを覚えておこう。即ち、この世において或る状況下では気儘な刑罰が存在するものの、人間の現実の霊的生命に関する限りそれ以外の如何なるものでも無く、所謂罰全体は秩序の神的諸法則への冒瀆の自然的な結果であると言うことである。主は何人をも罰せず、悪がその許にそれ自らの罰を齎すのであり、そして何らかの善と役立ちの目的

とするのでなければ、罰は断じて許されてはいないのである。「永遠の罰」(マタイ 25: 46)なるものが存在すると信じる必要もないのである。しかし諸悪霊についてはこの関係付けられた永遠のものが存在するのであり、それが何かを当然知るべきである。それが永遠の苦しみで有り得ないことは確かである。何となれば、主が何らかの役立ちのために許可したものが(696)、終わりのない痛みと苦しみであるなどと如何にして想像できようか。例えば、生きている存在が永続する火の中に留まらねばならない事が、何の役立ちの為であろうか。よってその様な諸表現には何らかの別の解釈を探さねばならぬ事を我々は理解するのであり、そして照応の法則によりそれが与えられるのである。火は、最善の意味では愛を意味する、なぜならそれは愛に照応するからである。そしてこの愛は主と隣人の愛である。しかし対立する意味では、火は利己と世俗の、只それらの為だけの愛を意味し、これらは悪霊を構成する諸々の愛である。にも拘らず、愛全ては、善であれ悪であれ、その中にいる者には喜ばしいのである。そしてこれより、正に悪霊の統治愛*17 が彼には永遠の罰と呼ばれるものでは有り得ないのである、たとえそれが確かに消えぬ火であるにしても。『天界と地獄』480 を見られたし。それでは永遠である罰により何が意味されているか。それは、罰の恐怖から上がってくる永遠の束縛の状態である(『天界と地獄』543)。何となれば、我々の見解では、罰と訳されるギリシア語は、同様に束縛を意味し、これは諸々の地獄の、それらの支配が及ぶ限りの恒久的状態を述べているものである。彼らは苦しみの恐怖により永久に束縛され、そしてこの恐怖は、遂には彼ら自らのスフィアの中でも或るいは彼ら自らの生命の面でも、諸法則に敢えて暴行しようとはしない程までにも強まるのである。如何なる時でも如何なる状態でも、従順である限りは、彼らは如何なる罰の内にもいない。目下の主題のこれら全般的な言説の許で、本章で言及されている特定の諸刑罰をこれから考察していこう。

　死の罰によって全般的に、善なるものと真理の状態から分離した悪と虚偽の状態が意味されている。何となれば我々は以下に読むからである。「全般的に天界が、特定的には永遠の幸福が生命であると呼ばれている理由は、天界では善の知恵と真理の理解が存在し、善の知恵と真理の理解には主からの

第 20 章

生命が存在し、その御方(おかた)から生命全てが存在している。しかし地獄では反対のものが存在する、即ち善の代わりに悪が、そして真理の代わりに虚偽が、そしてそれにより霊的生命は絶え果(は)てている。それ故(ゆえ)地獄では夫々(それぞれ)の死が存在している。何となれば霊的な死とは、悪と虚偽であり、人間の許(もと)で悪であるものを意志し、虚偽であるものを考えることだからである。悪の魔鬼らと霊らは彼らについて彼らが生きておらず、あるいは彼らが死んでいることを聞こうとはしない。何となれば、彼らは意志し考えることが出来るため生命を持っていると言うからである。しかし彼らは言われるのである。即ち、善と真理の内に生命があり悪と虚偽の内には如何(いか)なる生命も存在し得ない、何となれば彼らは反対であるから」(5407)。けれども石撃ちによる死は、我々が既(すで)に理解した如(ごと)く、全ての諸真理の荒廃ないし剥奪を意味し、火刑による死は善全ての荒廃ないし剥奪を意味し、あるいは同じことではあるが、それは利己的な愛により焼き尽くされることである。彼らの民から、あるいは彼らの民の子供らの環視(かんし)の内に絶たれることにより、教会からの不可避な分離、斯(か)くて真理の知識を失うことが示されている。しかしここで我々は、全体的な荒廃(がんぱい)が含意されてはいない事を理解するのである。何となれば人物は、邪悪な諸行為により斯く分離されるかも知れないが、真摯(しんし)な悔(く)い改めによる救いの機会が尚(なお)も残されているかも知れないのである。しかし今は、それぞれ異なる場合で起こる事として、また虚偽の内に確固となる事と悪の内に確固となることを示すものとして、悪行を負う事と罪を負う事との相違にもまた留意されたし。そして最後に、子供無しに死ぬことにより、善と真理の増大は全く存在しないことが意味されている。そしてこれら全ての事例から我々は以下のことを学ぶことは確かである。即ち、悪と虚偽の種々の形における放蕩(ほうとう)の帰結もまた様々(さまざま)であること、そしてここから凡ゆる種類の邪悪さにその固有の罰があり、それは外面的及び内面的にも、それが由来するところの個別的な悪や虚偽の拒絶によってのみ避け得ると言うことである。

然しながらここの記事では、屢々(しばしば)言及され、それ故(ゆえ)その考察を忘れてはならない或る表現が存在する。自分の父や自分の母を呪う人間について、彼が死に至(いた)らしむものとする事のみならず、彼の血が彼の上にあるものとすると言われている。ここで字義において、これは彼が彼自身の上に罰を齎(もたら)した

第 20 章

ことを意味することは明らかであり、勿論同じ事が他の全ての事例にも意味されている。しかし霊的にはこの表現により、全般的に、悪がそれ自身の上にそれの自らの罰を齎し、結果としてそれ自らの虚偽の内に住まわねばならない事が意味されている。何となれば神的善と神的真理を拒絶する者は、彼の父と彼の母を呪うことにより意味されるが、必然的にこれを為すに違いないからである。なぜなら善と真理の結合は再生が本質的に構成する処のものに於けるそれであるからであり、他方悪と虚偽の結合は、自身を再生されるに甘んじない者の生命が構成する処のものに於けるそれであるからである。凡ゆる者に再生される機会があることを確信できよう、何となれば仮にこれが然うでなければ、主の**買い戻し**の業は虚しく、不公正に苦しむ者らがいるであろうから。それ故にまた、定罪された全ての者は、その警告を全て受けているにも拘らず、然うあることを選ぶのもまた明らかである。斯くて我々は以下のことを理解するのである。即ち「彼らの血は彼らの上にあるものとする」と言う繰り返される声明の、字義的並びに霊的双方の意味での十全なる威力。そしてまた、主に関して「彼の血は我らと我らの子供らに在れ」と言った民の絶叫の凄惨な性質であり、それは神的真理全ての即座なる拒絶と、腐敗したユダヤ教会による悪からの諸々の虚偽の採用を示している(マタイ 27: 25, 9127⁶)。

訳者のノート

* 1. 2 節「寄留する」「余所者」。原本は夫々 'sojourn' 'stranger'、ヘブル語原文では語根が同じ。
* 2. 2, 27 節「諸々の石」。原本 'stones'、ヘブル語原文では単数。
* 3. 3, 5, 6 節「据える」。原本 'will set'、ヘブル語原文は、3, 6 節は ナータン נָתַן 「与えた」が用いられ、5 節は スィーム שִׂים 「置いた」が用いられている。
* 4. 3, 5, 6, 18 節「中から」。原本 'from among'、ヘブル語原文 ミッ・ケレヴ מִקֶּרֶב 「腸(または胎)から」。
* 5. 8, 22 節「諸法令」。原本 'statutes'、ヘブル語原文は ホゥッカー חֻקָּה が用いられている。第 10 章 訳者のノート * 3 を参照。

第 20 章

* 6. 9, 11〜13, 16, 27 節「の上に」。原本'upon'、ヘブル語原文は「〜の中に」。
* 7. 13 節「人」。原本'man'、ヘブル語原文は イーシュ אִישׁ、他の諸節の「人」と訳された語も全てこの単語。
* 8. 13 節「男」。原本'mankind'、ヘブル語原文は 18: 22 と同じく ザーハール זָכָר「雄、男」。
* 9. 15 節「臥す」。原本'lie with'、ヘブル語原文は「臥す事を与える」。
* 10. 15 節「惨殺する」原本'slay'、16 節「屠る」原本'kill'。いずれもヘブル語原文は ハーラグ הרג「殺した」が用いられている。
* 11. 17 節「恥ずべき事」。原本'shameful thing'、ヘブル語原文は ヘセド חֶסֶד「慈悲」。意味が通らないため意訳されたものと思われるが、同様の意訳が為されているのが箴言 14: 34 のみ。
* 12. 23 節「諸風習」。原本'customs'、ヘブル語原文は ホゥッカー חֻקָּה「(自然の) 決まり」の複数。本書では屡々'statutes'「諸法令」の訳語が与えられている。
* 13. 24 節「地」2 箇所。両者とも原本'land'、ヘブル語原文では前者が アダーマー אֲדָמָה、後者が エレツ אֶרֶץ。
* 14. 注解 2 節「真理」「罰」。コラムではいずれも複数。
* 15. 注解 11 節。最後の文についての言及は右コラムになし。
* 16. 注解 22 節。『黙示録啓示』には 205 は欠番。204 の誤植と思われる。
* 17. p462「統治愛」。'ruling love'、第 4 章の訳者のノート＊10 を参照。
\# 『天界の秘義』の各々の節には当該内容の記載がないか、参照としては飛躍？

第 21 章

霊的意味の要約

1. 全般的に、善に、そしてそこからの真理にいる者らへの種々の諸禁令(1~9節)。
2. 天的な人と、御自身の栄化における主に関しての類似の諸々の禁令と指示(10~15節)。
3. 善に、そしてそこから由来した真理にいる者らの、生命の再生から十全な発達までの間の諸障害に関して(16~23節)。

各節の内容

1. そして主はモーセに言った、祭司らアロンの子らに語り、彼らに言え、何人も彼の民の中では死者*¹のために己を不浄と為す者が在ってはならぬものとする。

1. 主から神的真理により啓示が存在し、善に、そしてそこから真理にいる**霊的教会**人へ以下の覚知を与える、即ちそのような気質の人達は何人も、霊的生命の全く存在しないところの虚偽により汚染されるのは宜しからぬ。

2. 彼に近い彼の親類、彼の母と、彼の父と、彼の子と、彼の娘と彼の兄弟を除き。

2. 正に天使らによって不可避なそれは除く。何となれば天的真理と天的善において、あるいは霊的真理とそれの情愛において、あるいは霊的善においてそれらは、

第 21 章

3. そして彼に近く、夫が今までいない、彼の姉妹である乙女、彼女のために彼は己を不浄として宜し。

4. 彼は、己を冒瀆するために、彼の民の中で族長でありながら、己を不浄と為さぬものとする。

5. 彼らは彼らの頭の上に禿を作らぬものとし、彼らは彼らの顎髭の隅を剃り落とさず、彼らの肉に如何なる切り付けをも為さぬものとする。

6. 彼らは彼らの神に聖なるものであり、彼らの神の名を冒瀆せぬものとする。何となれば火により為された主の諸奉納、彼らの神のパンを、彼らは奉納を行う故。それ故彼らは聖なるものとする。

3. あるいは理解における霊的真理において純粋であるものの、未だ善と結合しておらず、主の視野に純粋ではない。だがこれを霊的な人は承認するのである。

4. しかしそれにも拘らず、善にいる者は、善が真理全ての本質である故、彼自身を霊的生命の全く無い虚偽で汚染しては宜しからぬ。何となればこれは冒瀆であるから。

5. 善にいる者は、内的あるいは外的な自然的な人において決して真理を伴わないはずはない。彼の自然的な善も、勘違いの原因となる諸々の欺瞞と外観から由来した諸々の虚偽により、価値が害われるはずはない。

6. 斯くて善にいる者らは真理にもまた完全なるはずである。また彼らは神的人間性を否定する事によりその真理を冒瀆するはずはない。何となれば彼らは純粋な愛から主を礼拝し、善全てが神的真理におけるこの御方からのものである事を承認し、そして此

第21章

の為に彼らは聖なる者であるから。

7. 彼らは遊女や瀆神の女を娶らぬものとする。彼らは又その夫から捨てられた女を娶らぬものとする。何となれば彼は彼の神に聖なるものである故。

7. そしてここから、善にいる者にとって彼自身と以下のものと結合させることは違法である、即ち虚偽化された真理。あるいは冒瀆され虚偽化された真理。あるいは仁愛から分離された信仰。何となれば善と真理のみが共に和合し得るからである。

8. 汝それ故彼を聖化するものとする。何となれば彼は汝の神のパンを奉納する故。彼は汝に聖なるものとする。何となれば我主は、汝らを聖化する者であり、神聖である故。

8. それ故、凡ゆる者にこの結合に入らしめ、彼の善が真理における主からのものである事を承認せしめよ。そして人間はこれを為し得る、なぜなら彼は諸真理により善の内に彼自身を確固とすべく主からの力を持っているから。

9. そして如何なる祭司の娘も、もし彼女が遊女を振る舞うことにより己を冒瀆するなら、彼女は彼女の父を冒瀆している。彼女は火で燃やされるものとする。

9. そして善の情愛が、もしそれが虚偽化された真理と結合されるなら、冒瀆されている。それによって善そのものは冒瀆されている。そして善についての荒廃が、利己的な愛を介して続くに違いない。

10. そして己の同胞らの中の大祭司の者は、その頭の上に塗る為

10. 主はまた御自身の**人間性**について神的善と合一した神的真

第 21 章

の油を注がれ、衣服*2を着るため聖別されており*3、彼の頭の髪を解かず、彼の衣装*2を裂かぬものとする。

理であられ、そしてそこから天的な人は、その中で神的善がそこから発出する神的諸真理により顕示されており、内なる面か外なる面かで、諸真理の散らしにより善を散らしはしない。

11. 彼は如何なる屍*4の中に*5も入らぬものとし、彼の父や彼の母のために己を不浄とせぬものとする。

11. そしてその神的人間性における主も、天的な人も、主に関係しては遺伝悪とそこからの虚偽により、また人間に関係しては実際の悪とそれの虚偽の残りのものにより、些かも汚染されはしない。

12. 彼は聖所から出ず、彼の神の聖所を冒瀆せぬものとする。何となれば彼の神の塗るための油の冠*6が彼の上にある故。我は主なり。

12. 善にいる者は、再生した天的な人の様に、然うなることを正に止めるはずはない。また彼は、僅かな度合いであれ、善をそれから真理を分離することにより決して冒瀆するはずはない、なぜなら彼は生活の葛藤において勝利しており、真理と善と斯くも結合させているからである。そしてこの真理は善の完全な表現である。

13. そして彼は妻*7を彼女の処女において娶るものとする。

13. そしてここから主は、御自身の栄化にあって、この御方の教会とそこからの不純性全ての除去により、永遠に結合されてい

第 21 章

る。そして人間は、自身の再生にあって、また不純を伴わず、結合した善と真理にいる。

14. 寡婦(かふ)や、離縁された者や、瀆神(とくしん)の女、遊女(あそびめ)、彼はこれらを娶(めと)らぬものとする。しかし彼自(みずか)らの民の処女は、彼は妻*⁷に娶(めと)るものとする。

14. 再生された人間にとって真理なしに善にいること、あるいは善なしに真理にいることは有り得ない。また彼は彼自身を冒瀆され虚偽化された真理と結合することも出来ない。しかし再生の行程において、彼は悪全てから浄(きよ)められねばならず、遂(つい)には永遠に諸天界で彼自(みずか)らの配偶者と結合されねばならない。

15. そして彼は彼の民の中で彼の種(たね)を冒瀆せぬものとする。何となれば我、彼を聖化する主なり。

15. そして最後に、天的な人もまた、それにより教会がその更なる低次の諸々の度(ど)にあって、増え且つ拡(ひろ)がるところの諸真理を冒瀆するはずはないのである。なぜなら彼は、それにより彼が純粋で聖なるものと成るところの神的善から行動するからである。

16. そして主はモーセに語って、曰(いわ)く、

16. 更に、主から神的真理により啓示が存在し、以下の覚知を与える、

17. アロンに語って、言え、誰であれ汝(なんじ)の種(たね)に属し、彼らの

17. 天的な人に関してか、善にいる人間に関して、彼の再生の行

第 21 章

代々に亘り疵のある者は、彼の神のパンを奉納すべく彼を近寄らせてはならぬ。

程全体に亘り、彼が諸真理により完全にされていない限り、善全てが神的真理を手段として主からのものである事を彼は十全に承認できないこと。

18. 何となれば誰であれ疵のある人は、彼は近寄らぬものとする。盲いや、跛者や、鼻の平らな者*8や、何かしら過ぎたる者や、

18. 何となれば誰であれ、善や真理について内に何か欠点が存在する者は、彼はそれによりその承認が妨げられるからである。例えば以下の如きである、即ち彼が自然的な人において真理か善に無知であるとき。彼の霊的成長が障害されているとき、あるいは彼が彼の知能による諸々の力を自然的な面で誇っているとき。

19. 足の折れたか、手の折れた人や、

19. その自然的な諸情愛が転倒しているか、その霊的な諸々の力が減じている者。

20. 傴僂や、小人*9や、その目に疵*10ありか、黒斑あり*11か、瘡蓋*12ありか、その諸々の石が壊れた者。

20. 自身を霊的諸々の事柄へ高揚する力が弱い者や、諸真理の生活への適用が欠けている者。その知性が弱い者。諸々の虚偽や諸悪で外面的に困っている者。あるいはその許に真理と善とを結合する力が害われている者。

21. 祭司アロンの種に属し、疵

21. 善に、あるいは内なる善の

第 21 章

のある者は何人も、火により為された主の諸奉納を奉納すべく近づかぬものとする。彼に疵有り。彼の神のパンを奉納すべく近づかぬものとする。

真理にいて、尚も外なる面で不足している者は何人も、善全てが神的愛を介して主からのものである事を十全に承認することは出来ない。彼は彼の諸欠点により妨げられている。そして彼は、そのような承認による外なるものについて主と結合されることは出来ない。

22. 彼は、最も聖なるものと、聖なるもの双方から、彼の神のパンを食べるものとする。

22. 彼は、実に意志について且つ理解について内なる面で善を固有のものと出来ている。

23. だがしかし、彼は垂れ幕の中に入らず、祭壇にも近かぬものとする、なぜなら彼には疵が有る故。彼が我が諸聖域*13 を冒瀆せぬためなり。何となれば我、彼らを聖化する主なればなり。

23. しかし彼は未だ全ての諸外観の除去により彼自らの内奥の善を実現すべく備えられていない。また彼の欠点が取り除かれるまでは、彼は真に主を礼拝することも出来ず、そしてもしその善が判然となったなら、彼はそれを冒瀆するであろう。しかし主は御自身の神的善から障害を取り除かれるであろう、なぜならこの御方は人間を最大限に聖化できるからである。

24. 斯くモーセはアロンへと、彼の子らへと、イスラエルの全ての子供らへ語った。

24. そしてこれが、天的な、霊的な、あるいは終局的な諸天界の善にいる人への神的真理の指令

第 21 章

である。

参照と注解

1. 主がモーセに言うことにより、神的真理による神的善からの啓示が示されている(2001, 7010)。言うこともまた流入と覚知と斯くなる啓示を示している(5743)。祭司らアロンの子らに語って言うことは、善にそしてそこから真理にいる**霊的教会**人(びと)への覚知を示している(9946, 2619)。そして彼らの何人(なんびと)も彼の民の中で死者のために己(おのれ)を不浄としない事により、そのような気質の人達は何人(なんびと)も霊的生命の全く存在しないところの虚偽により汚染されるのは宜(よろ)しからぬ事が示されている(10130, 3813, 5407)。

2. 彼に近い彼の親類を除きは、正に天使らに不可避なそれを除くことを示している、なぜなら親類の近いは、ここでは遺伝的な悪と虚偽を、そしてまた人間の、たとえ彼が再生しているとしても、その許(もと)に留まっている実際の悪と虚偽を示しているからである(3703[20], 868)。母は真理についての天的なものを、そして父は善についての天的なものを、そして対立した意味では虚偽と悪について示している(3703[2], 3703[20])。子は真理についての霊的なものを、そして娘は情愛(あい)について或いは仁愛の善についての霊的なものを、そして対立した意味では虚偽と悪もまた示している(568, 9946, 9950)。そして兄弟は霊的善を示しており、ここでは自然的な度(ど)において、教会の外なるもの或いは終局的な天界においてであり、そして対立した意味では悪を〔示している〕(5686, 10490)。

3. 姉妹は自然的な人の理解における霊的真理を、そして対立した意味では虚偽を示している(3160#, 3703[22]#)。処女は純粋(すい)であるものを示している(3081)。彼に近いことは親類に近い事と同じことを示している(3703[20])。夫

第21章

がいないことは、未だ善と結合していない真理を示している(2728)。そして「彼女のために彼は己を不浄として宜しい」ことは、これら諸々の悪と虚偽について、天界は主の視野に純粋ではないこと、そして霊的な人はこれを承認することを示している(10130, 868)。

4. 己を不浄と為さぬことは、それにも拘らず善にいる者は彼自身を悪*14と虚偽で故意か不注意に汚染しては宜しからぬ事を示している(10130)。彼の民の中で族長であることは、善が真理の本質である故、それが真理の上(ヘブル語)*15あるいは上位であることを示している(2148, 9667#, 1259)。そして「彼自身を冒瀆するため」は、これが冒瀆であるのを示している事は明らかである(571, 582)。

5. 彼らの頭の上に禿を作らず、彼らの顎髭の隅を剃り落とさないことは、内的あるいは外的な自然的な人において真理を伴わぬことは無いことを示している(5247³)。そして彼らの肉に如何なる切り付けをも為さぬことは、彼の自然的な善も、勘違いの原因となる諸々の欺瞞と外観から由来した諸々の虚偽により価値が低下されるはずは無いことを示している(9056, 2799²³)。

6. 彼らの神に聖なるものである事は、善にいる者らは真理にもまた完全なるはずである事を示している(2001)。彼らの神の名を冒瀆せぬことは、神的人間性を否定することにより真理を冒瀆しないことを示している(6887, 8882)。火により為された主の諸奉納は、純粋な愛からの主礼拝を示している(10055)。彼らが奉納を行う彼らの神のパンは、善全てが神的真理によりその御方からのものである事の承認を示している(276, 9993, 2001)。そしてそれ故聖なるものである事は、このために彼らは聖なるものであり、即ち善と真理とを結合することを介しているのである(9993, 2001, 2190)。

7. 遊女や瀆神の女を娶らぬことは、善にいる者に対し彼自身と虚偽化された真理とを結合させることは、確固とされていようが未だ確固とされていなかろうが、違法であることを示している(6348)。そしてその夫から捨てられ

た女を娶らぬことは、彼自身を仁愛から分離された信仰(または真理)と結合させない事を示している(4844[16])。そして彼の神に聖なるものである事は、善と真理のみが共に和合することを示している(2190)。

8. それ故彼を聖化することは、善にいる凡ゆる者は真理をそれと結合させるべき事を示している(9946, 2190, 9680)。彼の神のパンを奉納することは、善が真理における主からのものである事の承認を示している(276, 999[3#*16], 2001)。彼は汝に聖なるものである事は、人間はこれを為し得ること、即ち、主からであるべき善を承認できることを示している(9946)。そして「なぜなら我、汝らを聖化する主は、神聖である故」は、なぜなら彼は諸真理により善の内に彼自身を確固とすべく、主からの力を持っているから、を示している(2001, 2190, 9680)。

9. 如何なる祭司の娘により、善の情愛が示されている(6775)。遊女を振る舞うことにより、真理の虚偽化が示されている(6348)。これは、虚偽と汚染された善の情愛であるため冒瀆である(4601[2])。そして火で燃やされることは、善全てについての利己的な愛を介した荒廃が示されている(934)。

10. 己の同胞らの中の大祭司の者は、主はまた御自身の人間性について神的善と合一した神的真理であられ、そしてそこから天的な人は、その中で神的善がそこから発出する神的諸真理により顕示されている事を示している(9946, 9806)。塗るための油が彼の頭の上に注がれる事は、この結合を示している(10010, 10011)。衣服を着るため聖別されることは、神的諸真理により顕示された神的善を示している(9999)。そして彼の頭の髪を解かず彼の衣装を裂かぬことは、内なる面でも外なる面でも諸真理の散らしにより善を散らさぬ事を示している(4247[3#], 4763)。

11. 大祭司が如何なる屍の中にも入らず、彼の父や彼の母のために己を不浄とせぬことは、その神的人間性における主も、天的な人も、主に関係しては遺伝悪と虚偽により、また人間に関係しては実際の悪と虚偽の残りのもの

第 21 章

により、些(いささ)かも汚染されてはいない事を示している(9946, 9806, 10130, 3813, 3703[20])。

12. 聖所から出ずそれを冒瀆せぬことは、善にいる者は再生した天的な人の様に、然うなることを正に止(と)めるはずはなく、また彼は僅(わず)かな度合いであれ、善をそれから真理を分離することにより決して冒瀆するはずは無いことを示している(4144, 3210, 8882, 2001)。彼の神の塗るための油の冠(かんむり)が彼の上にあることは、生活の葛藤(かっとう)における勝利と、そこからの真理と善との結合を示している(9930, 9954)。そして「我は主なり」は、この真理は善の完全な表現であることを示している(2001)。

13. 妻を彼女の処女において娶(めと)ることにより、主は御自身の栄化にあってこの御方(おかた)の教会とそこからの不純性全ての除去により永遠に結合されており、そして人間は自身の再生にあって、また不純を伴わず結合した善と真理にいることを示している(1468, 3081)。

14. 寡婦(かふ)は真理なしの善、あるいは善なしの真理を示している(9198)。離縁された者もまた善なしの真理を示している(4844[16])。瀆神の女、遊女(あそびめ)は、虚偽化された真理を示している(6348)。処女は悪全てから浄められた教会を示している(3081)。そして妻は善と結合した真理、斯(か)くて天界の配偶者を示している(1468)。

15. 彼の民の中で彼の種(たね)を冒瀆せぬことは、天的な人はそれにより教会がその更なる低次の諸々の度(ど)にあって増え且つ広がるところの真理*17を冒瀆するはずが無いことを示している(880, 1259)。そして「我は彼を聖化する主なり」は、天的な人はそれにより彼が純粋で聖なるものと成るところの神的善から行動することを示している(2001, 8042)。

16. これは以下から明らかである、なぜならイェホヴァにより御自身の愛について神的存在が示されているからである(2001)。語ることにより流入が

476

示されている(2951)。モーセにより神的真理、または聖言が表象されている(7010)。そして曰く、により覚知が示されているからである(1791, 1822)。

17. アロンにより善にいる天的な人が示されている(9946)。彼に語ることは神的真理を手段とした教示を示している(7304, 7010)。アロンの種により善からの諸真理にいる者らが示されている(880)。汝らの代々に亘りは、再生の行程全体の間を示している(1041)。疵のあることにより、未だ諸真理により完全にされていない事が示されている(7837)。そして彼の神のパンを奉納すべく近寄らないことは、善全てが神的真理を手段として主からのものである事をそのような者は十全に承認できない事を示している(10042・*II.*, 2165, 2001, 5619)。

18. 誰であれ疵のある人により、誰であれ善や真理について内に何か欠点が存在する者が示されている(7837)。彼が近寄らぬことは、彼はその承認が妨げられることを示している(17 節)。盲いにより真理の無知にいる者が示されている(2383)。跛者の人により自然的な人における善の無知な者が示されている(210, 4302)。小人により霊的成長が障害されている者が示されている(10109 終わり)。そして過ぎたるものや、高すぎる者により、彼の知能による諸々の力を自然的な面で誇っている者が示されている(5658#, 7984³#, 581, 583, 1673³)。

19. 足の折れた者により、その自然的な諸情愛が転倒している者が示されている(9163, 2162)。そして手の折れた者により、その霊的な諸々の力が障害されている*18者が示されている(9163, 5328)。

20. 傴僂により自身を霊的な諸々の事柄へ高揚する力が弱い者が示されている(6952¹, 6952⁶ [ルカ 8: 11〜13], 10550#)。打ち傷のある者により、諸真理の生活への適用が欠けている者が示されている(10303, 431)。その目に疵がある者により知力の弱い者が示されている(7837, 2148)。瘡蓋になっているか、疣で満ちたにより、諸々の虚偽と諸悪で外面的に困っている者が示さ

第21章

れている(7524)。そして睾丸に打ち傷のある*19 ことにより、その許に真理と善とを結合する力が害われている者が示されている(10303, 431, 2173#, 5053, 5060)。

　ここで注意を要する、先の三つの節では10109におけるヘブル語からラテン語への訳に従って証明が与えられており、英訳版〔改定版〕には従っていない、なぜならスヴェデンボリは見神者としての彼特有の立場のために内意の系列を明瞭に覚知し、そしてそこからヘブル語の各語句に意味を見極めて、そのような眼識に従いそれらをラテン語へ訳したのである。そして英訳は〔ヘブル語〕原文に全く一致しているので、語句は所与の配列に取られたのである。よってここから、「鼻の平らな者」の表現は消え、「小人」の語が取って代わり、そして「小人」の語の代わりに本版での如く「打ち傷」の語が現れている。そして本版がヘブル語を訳したように内意を与えることは、真の系列を阻害するであろう事は明白である。スヴェデンボリのヘブル語のラテン語訳を正当とするならば、以下の事もまた刮目して良いであろう、即ち彼により「decurtatus」と、並びに彼の英訳者による「dwarf 小人」と訳された語は、辞書に従えば「短すぎる」または「短くされた」と同義である「切断する」または「引き千切る」を意味すること。また彼により「contusus」と訳された、打ち傷のある又は強打されたを意味する語は、「打たれた又は小さく磨り潰された」を意味することが明示されている事である。

　21. 祭司アロンの種に属する何人も存在しない事により、善に或いは内なる善の真理にいる者は何人も存在しない事が示されている(9946)。疵があることにより、外なる面での不足が示されている(7837)。火により為された主の諸奉納を奉納すべく近づくことにより、善全てが神的愛を介して主からのものである事を十全に承認できることが示されている(10042・II, 10055)。「彼に疵有り」により、彼は彼の諸欠点により妨げられている事が示されている(7837)。そして彼が彼の神のパンを奉納すべく、近づかぬことにより、彼がそのような承認による外なるものに就いて主と結合されるのは出来ないことが示されている(10042・II, 2165)。

第 21 章

22. 彼の神のパンから聖なるものと最も聖なるもの双方を食べることは、彼は実に意志と理解について内なる面で善を固有のものと出来ることを示している(2187, 2165, 3210)。

23. 垂れ幕の中に入らぬことは、彼は未だ彼自らの内奥の善を実現すべく備えられていない事を示している(9670)。垂れ幕は諸外観を示している(2576)。なぜなら彼には疵が有る故に祭壇に近づかぬことは、彼の欠点が取り除かれるまでは彼は真に主を礼拝することが出来ないことを示している(4541, 7837)。「彼が我が諸聖域を冒瀆せぬためなり」は、仮にその善が判然となったなら彼はそれを冒瀆するであろう事を示している(3210, 9670)。そして「我 彼らを聖化する主なればなり」は、主は御自身の神的善から障害を取り除かれるであろう、なぜならこの御方は人間を最大限に聖化できるからである事を示している(2001, 9229)。

24. モーセがアロンへと彼の子らへと、イスラエルの全ての子供らへ語ることは、これが、天的な、霊的な、あるいは終局的な諸天界の善にいる人への神的真理の指令であることを示している(7010, 2951, 9946, 4286)。

　本章は霊的意味において極めて興味深い、なぜなら聖言の種々の部分における教えの敷衍だからである。即ち当然ながら、善の状態を実現する者は、善に導く真理の状態へ、取り分け単なる自然的な人に帰するところの諸々の悪や過失からの不完全な諸状態へ、逆戻りすべきでない事である。あるいはそれは、もう意志しないが故に、最早斯く戻る事の出来ない人間の完全な状態を記述しているものと看做して良いであろう。そしてこの大きな理由は、人間が善の内に確立されると最早諸試誘を被りはしないと言うことである。我々は以下に読む、「諸地獄に対する闘争と諸々の勝利に関すれば、実際はこうである。誰であれ一度それらに打ち勝つ者は継続的に然うする。と言うのも、征服することにより彼はそれらに勝る力を獲得するからであり、なぜ

第21章

ならそれまで彼は愛のものである善と信仰のものである真理を彼自身の内に確固とし、そして彼自身に固有のものとし、それに対しては諸地獄は後になっては如何なるものも敢えて企まないからである。」(8273³)。次に、諸参照が明示するように、祭司は善、そして善にいる者らを示している。それは主が言われるところの、「屋上に居る者に、彼の家にあるそれらの物を取り出さんため下らせてはならず、野に居る者に外套を取らんため戻らせてはならぬ」と言うようなことに関しており、「これらの言葉の意味は、善にいる者には彼自身を信仰の諸々の教義的なものに属するそれらの事柄にそれから振り向かせてはならぬ」ことである(5895⁵)。況してや、善にいる者は不浄の諸原因として言及された種々の事柄により意味された諸々の悪と過失へ、彼自身を振り向かせるべきではない。しかし特殊な或る幾つかの事柄のためには自身を不浄と為して可とすることが言われており、それらは字義においては親類に近い者らにより表象されている。さて、天使らの如く善の内に確立した者は、どの方法にてこれを為すのか。それは、一般的には、彼は彼自身からは悪以外の何者でもない事の真摯な承認によるのであり、そして個別的には、彼の生活上の遺伝的並びに実際的な諸悪が彼に留まっている事の告白によるのである、たとえそれらが今や最早活発ではなく静止していたとしても。それらは留まる、なぜなら人間の性分は、一度知り、考え、言い或いは行なったもので彼の記憶から正しく絶対的に抹消され得るものは何も無いと言う様なものであるからであり、また仮に多くの人達が彼らの記憶の中に同じ、あるいは類似の諸々の事柄を持つとしても、二人として厳密に同じ方法でそれらを然う持つことは出来ないからである。だが何故できないのか。それは凡ゆる者における善は異なるからであり、それ故二人として永遠に至るまで正確に等しいことは有り得ないからである。そしてそれにより人間の許にある諸真理が秩序立って配列され、そこからそれらが自身の生命を持つものは、善である。一方同時に真理は善を限定し、それらの相互的な活動と反応はその様なものである。それではここで例として、真理により、それが真であれ虚偽であれ一般的に知識を理解して良いのであり、また善により、それが善であれ悪であれ一般的に情愛を理解して良いのである。正にこの世において、人間の経験は、これの真理を明示することに向って寄与し

第21章

ている。何となれば我々は、昔々に起きた、実に我々が忘れてしまったと思った諸々の事柄は、特に努めることなしに屢々憶えているものだからである。またこれとは別に、人が語る詰まらぬ凡ゆる言葉に、彼が**審判**の日に申し開きをすることは確かと言えよう(マタイ 12: 36)。それに加うるに、この連関で『天界と地獄』461~469 を参考にして宜しく、有益であろう。

しかし人間が彼の父や彼の母、彼の子や彼の娘、彼の兄弟や彼の姉妹のため彼自身を霊的に斯く不浄と為し、自身は悪以外の何者でもない事を正に天界で絶えず承認し得るために、もし彼の生命の諸々の事柄が斯くも留まるのなら、何の秩序の法則により彼の諸悪が概して依然静止しているのか、問われる事となろう。それは普遍的な法則によるのであり、それは、他生で**審判**の過程を介して悪と善とが分離され、このために諸々の試誘もまた最早生じないのである。よってここから、これらを熟考することにより、善に、正に天界にいる者が何の意味で自身を不浄と為し、何の意味で然う出来ないのかを我々は理解するのである(2, 3, 4, 11 節)。だが勿論、善に斯くて天界にいる霊的な人について言及している本題のこの初めのセクションはまた、善の原理の内にいる地上の霊的な人についても言及している。この点について教えは以下を絶えず承認せねばならないと言うことである。即ち、一方では彼は遺伝上及び実際上の悪により彼自身からはそれらの三つの度において不浄であることを、他方では彼は諸試誘において抵抗し、彼自身を実際の罪の内に甘やかせるに任せてはならない事である。

然しながら、次のセクションは殊に興味深い、なぜならそれは御自身の栄化における主に関してであり、そこから内奥の或いは第3の天界の天的な人に関してであるから。そこで我々は二つの事に気付かなくてはならない。即ち大祭司により表象されている如く主の**人間性**と、全般的に祭司らにより表象されている如く普通の人のそれとの相違であり、そしてまた大祭司により表象された内奥の天界の天的な人と、他の祭司らにより表象された全般的な天的な人との相違である。さて主の人間性と普通の人のそれとの本質的な相違は、主の**人間性**は受胎と誕生により神性だったのに対し、普通の人の**人間性**は妊娠と誕生により有限なことである。ここから主の**人間性**は栄化により**外なるもの**について、または十全さ全てに於いてもまた神性と

第21章

為されたのである、何となれば本質的に神性であるもののみが実際に神性と為され得るからである。一方有限な**人間性**は如何なる過程によっても神性と為され得ることは決してない。また、主の人間性は受胎と誕生により神性であったため、この御方には内なる面で遺伝悪は全く無く、如何なる実際上の悪も無かったのである。しかし外なる面で、あるいは処女であるその御方の母からの遺伝悪のみがあった。他方普通の人には、実際上の悪を別にして、彼の両親からの遺伝による悪がある。そしてこれらの見解が為されているのは、問題の章での以下の理由を明示するためである、即ち一般の祭司が彼の母と彼の父、そして彼の他の近親者らのために彼自身を不浄とする事を許されたのに対し、大祭司がこれを行うことは看過されなかったと言うことである。それは以下を表象すべきだったからである。即ち、凡ゆる普通の人は遺伝上と実際上の悪をその許に永遠までも留め持ち、その事実を彼は再生中も再生後も承認しなければならないが、然るに主は御自身から遺伝的な母方の生命を御自身の栄化により全的に分離され、散らされたのである。なぜならそれは御自身固有の人間的生命の如何なる現実の部分でもなかったからであり、そこからこの御方は諸試誘を耐え忍ばれ、悪の力に打ち勝たれ、そして栄化され又はその人間的生命を正にその終局的な諸々のものまでに神性と為されたのである。それは、凡ゆる普通の人と異なり、この御方が世で持たれた肉体と共に死から甦るためである。この御方はその母やその父のために御自身を斯く不浄とされなかったのであり、あるいは遺伝上の虚偽や悪を霊的に何も残されなかったのである。

しかし次に我々は第3の天界での天的な人と全般的な天的な人との相違を考察しなければならない、それらはまた各々大祭司と他の祭司らにより表象されているものでもある。第3の天界での天的な人について、彼には遺伝上または実際上の悪の残りのものが全く無いと言えようか。断じて然に在らず、なぜなら創造され又は生まれてきた凡ゆる者は再生を求め、再生無しには天界へ入れず、そして彼自身からは悪以外の何者でもない事の承認なしにはそこに留まることも出来ないからである(868)。何となれば**最古代**の民は再生を求めたからであり(286)、彼らは再生しない人の諸々の欲念に悩まされていたのだ(18)。彼らは悪とそれの虚偽を、**最古代教会**をその最良の状

第 21 章

態に構成したところの彼らの子孫に伝え(125)、それ故遺伝上の悪や実際上の悪のために、その教会の凡ゆる構成員も再生を求め、悪を彼の子供らに伝えたのである(151～154)。そしてそこからこの悪は、買い戻しが必要となるほど程にも堆積したのである。それ故**最古代教会**、あるいは第3の天界の天的な人は、遺伝上の悪がない事によっては天的な人とは全般的に異ならないが、しかし理解ではなく意志を介して、あるいは真理ではなく善を介して再生されている事にあって異なっており、善から真理を分離する事もしていない。それ故彼について、聖所から出ず、彼の神の聖所を冒瀆しないとも言われているのである(12節)。そして彼について、彼が彼の父や彼の母のために不浄とならぬものとすると言われるとき、たとえ彼が、天的な人や全般的に善にいる人と等しく、彼自身からは悪以外の何者でもない事を承認する義務があるとしても、それにより彼が遺伝上か実際上の悪か虚偽の残りのものにより汚染されてはいない事が示されている。

本章の最後のセクションに関して、列挙された霊的諸欠点の各々に関係した解釈の方法によって多くがまた言われているであろうが、我々は三つの事実のみに注目する。何人も、諸真理を手段とするので無ければ、彼の度に従っては天的には成れず、あるいは換言すれば、彼の度に従っては善を十全に実現できはしない。未だ不完全な者で何人も然うする事は出来ず、人間に彼の内奥の天使的生命を十全に実現せしめ得る者は主のみである。何となれば天的な人は、第3の天界の天使になる者であるが、たとえ意志を介して再生しているとしても、諸真理を手段として完全にされねばならない。そして中間の天界の天使になるところの霊的な人は、初めに諸真理における教示を受けることによる。然るに終局的な天界の天使に成るだけの者は、彼の天界的生命を構成するところの単純に従順な状態に到達するために、真理の知識に一層多く依存しなければならないのである。よって我々は主に、御自身の聖言の賜物を継続して感謝しよう。

第2に、我々の性格上の諸欠点が、たとえ善を漸進的に固有のものとする事を妨げなくとも、進歩を妨げていることを我々は理解している。我々は、旅をしている様なもので、多くの理由により内奥の生命に従って十全に礼拝できるものではない。何となれば我々は盲い、跛者と言ってよく、多くの様々

第21章

な点で弱いからである。しかし我々は、採用した真理と善との諸原理に留まり、堅く立つなら、常に我らの主の肉を食べ、血を飲むことが出来るのである。

そして第3に、我々の諸々の欠点が何であれ、それらの除去により、もし主を忍耐深く待つよう我々の側に為<ruby>さ<rt>な</rt></ruby>しめるなら、その<ruby>御方<rt>おかた</rt></ruby>は我々を聖なるものとし純粋にすることが出来るのである。何となれば「悪を為す者は絶たれるものとし、然れど主を待ち望む者は地を受け継ぐものとする」からである(詩編37: 9)。

訳者のノート

* 1. 1節「死者」。原本 'dead'、ヘブル語原文は、ネフェシュ נֶפֶשׁ「魂」または「<ruby>喉<rt>のど</rt></ruby>」。
* 2. 10節「衣服」「衣装」。原本 'garments''clothes'、ヘブル語原文は双方とも ベゲド בֶּגֶד。
* 3. 10節「聖別されて」。ヘブル語原文は「彼の手を満たし」。
* 4. 11節「屍」。ヘブル語原文は「死んだ魂」。
* 5. 11節「中に」。ヘブル語原文は「上に」。
* 6. 12節「<ruby>冠<rt>かんむり</rt></ruby>」。原本 'crown'、ヘブル語原文 ネーゼル נֵזֶר、原義は「聖別された」、8: 9 の「聖なる<ruby>冠<rt>かんむり</rt></ruby>」にも使われている語。
* 7. 13, 14節「妻」。原本 'wife'、ヘブル語原文 イッシャー אִשָּׁה 通常「女」と訳されている。
* 8. 18節「鼻の平らな者」。ヘブル語原文は ハールム חָרֻם「鼻の細長く裂けた者」あるいは「鼻の欠陥の者」。
* 9. 20節「<ruby>小人<rt>こびと</rt></ruby>」。原本 'dwarf'、ヘブル語原文は ダク דַּק「<ruby>褻<rt>やつ</rt></ruby>れた」。
* 10. 20節「<ruby>疵<rt>きず</rt></ruby>」。原本 'blemish'、ヘブル語原文は テヴァッルル תְּבַלֻּל、通常「白班」と訳されている場合が多い、ここだけで使用されている語。
* 11. 20節「<ruby>黒班<rt>こくはん</rt></ruby>」。原本 'scurvy'、ヘブル語原文は ガーラーヴ גָּרָב、皮膚の隆起性病変と解されることが多い。他に 22: 22、申命記 28: 27 のみに使用。
* 12. 20節「<ruby>瘡蓋<rt>かさぶた</rt></ruby>」。原本 'scabbed'、ヘブル語原文は ヤッレフェト יַלֶּפֶת、「<ruby>白癬<rt>はくせん</rt></ruby>」とも解されている。他に 22: 22 のみ使用。

第 21 章

*13. 23 節「諸聖域」。原本'sanctuaries'、ヘブル語原文 ミクダーシャイ מִקְדָּשֵׁי 別訳「諸聖所」、いずれにせよ複数形。
*14. 注解 4 節「悪」。コラムでは脱落？
*15. 注解 4 節「の上(ヘブル語)」。意味が難解。「族長」は原本では'chief man'、ヘブル語原文は バアル בַּעַל。עַל が「上」を意味することに関連付けているのかも知れない。
*16. 注解 8 節「999³」は存在しない。
*17. 注解 15 節「真理」。コラムでは複数。
*18. 注解 19 節「障害されている」。原本'impeded'、コラムでは'impaired'。
*19. 注解 20 節「睾丸に打ち傷のある」。原本'being bruised in the testicle'、コラムの「諸々の石」(原本)'stones') は婉曲表現。ヘブル語原文は アーシェホゥ אֶשֶׁךְ「睾丸」と直接表現されている。
\# 『天界の秘義』の各々の節には当該内容の記載がないか、参照としては飛躍？

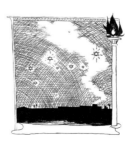

第 22 章

霊的意味の要約

1. 善の内にそしてそこから由来した真理の内にいる者らへの教示、即ち彼らは種々の不純により不浄となるとき主を承認し礼拝できなくなる事であり、それは彼らが冒瀆の罪責有りとならぬ為である(1~9節)。
2. 善を固有のものとする資格のない者らに関して、それは冒瀆が存在しない為である(10~16節)。
3. 善からの礼拝全ては真理により完全にならねばならず、何らかの悪や虚偽のために不完全な礼拝は決して嘉納されない(17~25節)。
4. 冒瀆を避けるための主礼拝に関して更なる個別的なもの(26~33節)。

各節の内容

1. そして主はモーセに語って、曰く、

2. アロンと彼の子らに語れ、彼らは己を彼らが我に献饌するところの、イスラエルの子供らの聖なる諸々の物から分離するよう、そして彼らが我が聖なる名を冒瀆せぬよう*¹。我は主なり。

1. 主から神的真理により啓示が存在し、以下の覚知を与える、

2. 天的で霊的な善にいる者らへの教示を伴い、即ち彼らは不純なとき、**霊的教会**人の許での主礼拝と牧会職から分離されない訳にはいかず、彼らが冒瀆しないためである。なぜなら天的で霊的な善と真理は神的善の表現だからである。

第 22 章

3. 彼らに言え、汝らの代々に亘り、汝らの種全てに属する誰であれ、イスラエルの子供らが主へ献饌するところの聖なる諸物に、彼の穢れを彼の上に持ちながら近寄る者、その魂は我の前から絶たれるものとする。我は主なり。

4. たとえアロンの種の何の人であれ、レプラであるか漏出のある場合。彼は浄くなるまで、彼は聖なる諸物から食べぬものとする。そして死人により穢れている如何なる物*2にも触れる者は誰であれ、あるいは彼からその種が出て行く人、

5. あるいはそれにより穢されるやも知れぬ如何なる這うものか、何であれ穢れが有り、そこから彼が穢れを取るやも知れぬ処の人*3に触れる者は誰であれ、

3. そしてここから天的な人と霊的な人が以下を覚知する、即ち善と真理と聖性全てが主からのものである事の承認により、正真の礼拝においてこの御方に近寄ろうとする者は誰であれ、尚も利己的な諸動機からこれを行うことにより冒瀆する者は、それにより善と真理から、斯くてそれらの起源である、主から分離されると言うことである。

4. 何となれば真理を外なる面か内なる面で斯く冒瀆する者は、彼は善からそれの情愛にいるため、礼拝において利己的な諸動機から行動することを止め、霊的生命が全く無いところでの単に儀式的な礼拝や、善から分離した真理の情愛からの礼拝との僅かな接触をも止めるまでは、善を固有のものとする事は出来ないのである。

5. あるいはそれにより不純であるところの単に感覚的な歓喜、または何の種類であれ不純になり勝ちな如何なる悪も。

6. そのような如何(いか)なるものにも触れる魂は夕まで穢れたものとし、そして彼が彼の肉を水で沐浴(もくよく)せざれば聖なる諸物(しょぶつ)から食べぬものとする。

7. そして日が下(くだ)る*4とき、彼は浄(きよ)いものとする。そして以後彼は聖なる諸物(しょぶつ)から食べるものとする、なぜならそれは彼のパンだからである。

8. それ自身死んでいるか、獣らに裂かれたものを、彼は己(おのれ)をそれにより不浄とすべく食べぬものとする。我は主なり。

9. それ故彼らは我が義務を守るものとする、もし彼らがそれを冒瀆(ぼうとく)しても、彼らがそれの為(ため)に罪を負い、それの中で死なぬ為(ため)であ る。我は彼らを聖化する主なり。

6. そのような行状(ぎょうじょう)は人を状態の変化まで不純にする。そして彼は、悔い改めの業(わざ)にあって真理により純粋とされるまで善を固有のものとする事は出来ない。

7. しかしその状態が利己的な愛の拒絶により過ぎ去っているとき、人物は純粋である。そして彼はそのとき善を固有のものとするであろう、なぜならそれは彼の支配的な歓喜であり、単独で彼の霊的生命を支え得(きえう)るからである。

8. しかし単に自然的である善や、無意識に悪と混合されている様なものは、彼は固有のものとしなくて良い、それは彼を不純にするから。彼の善は全体的に主からであらねばならない。

9. それ故教会人(きょうかいびと)に外なる善と真理とが結合した、内なる善と真理から礼拝せしめよ、彼が悪に陥らず、冒瀆のために荒廃せぬためである。何となれば主からの善のみが人間を聖なるものとするからである。

第 22 章

10. 余所者*5は決して聖なる物から食べぬものとする。祭司のところの寄留者*6や、雇い人は、聖なる物から食べぬものとする。

10. 教会外にいる者には聖なるものである善を固有のものとする事、あるいは単なる自然的な人にとって然うする事は、不可能である。教会内部で単なる自然的な知識にいる者、または利得のために正しいことを行う者もまた、然うする事は出来ない。

11. しかしもし或る祭司が如何なる魂、彼の銭*7の買い物を買うなら、彼はそれから食べるものとする。そして彼の家に生まれたその様な者、彼らは彼のパンを食べるものとする。

11. しかしもし人が真理への従順を介した善の生活により罪から買い戻されたなら、彼はそのとき善を固有のものと出来るであろう。そして内なる面で善にいる全ての者は外なる面で善を固有のものと出来るであろう。

12. そしてもし祭司の娘が余所者*5へ嫁いでいるなら、彼女は聖なる諸物の挙上の奉納から食べぬものとする。

12. そしてもし内なる面で、主から由来した善の情愛にいる如何なる者も、尚もその情愛をそれを利己的な愛の悪と結合する事により冒瀆するなら、そのような者には、主からのものであると覚知される処の善を固有のものとする事は不可能であろう。

13. しかしもし祭司の娘が寡婦か、離縁しているか、また子供が全くおらず、彼女の父の家へ戻って

13. しかしもし善の情愛にいる如何なる者も真理か善を伴わず、何れも不毛であり、尚も善と内な

第 22 章

いるなら、彼女は、彼女の若きにおける如く、彼女の父のパンから食べるものとする。だが余所者*5は決してそれらから食べぬものとする。

14. そしてもし人が無意識に聖なる物から食べるなら、そのとき彼はそれの5分の1をそれに置くものとし、祭司に聖なる物を与えるものとする。

15. そして彼らは、彼らが主へ奉納する*8ところの、イスラエルの子供らの聖なる諸物を冒瀆せぬものとする。

16. そして彼らが彼らの聖なる諸物を食べるとき、然り彼らに罪責を齎す悪行を負わせよ。何となれば我は彼らを聖化する主なればなり。

17. そして主はモーセに語って、曰く、

る交流が存在するなら、再生の初めにおける如く、善は依然固有のものとされて良いのである。しかし単なる自然的な情愛は善を固有のものと出来ない。

14. またもし如何なる者も、無知か不注意から聖なる善を冒瀆するなら、彼には彼自身からは善の残りのものが伴わない事、そして彼は主から善を受け入れる事の承認により、彼は復旧を為さねばならない。

15. そして善にいる何人も、主へ全体的に帰されるべきものを、当然彼自身に帰すことによりそれを冒瀆すべきではない。

16. 何となれば然うする事により彼は責任を負うところの悪の状態を彼自身に齎し、彼の善の受け入れの質を害う。そしてそれ故人間を聖なるものにする善全ては主からのものである事が真摯に承認されねばならない。

17. 更に、主から神的真理により啓示が存在し、以下の覚知を与える、

490

第 22 章

18. アロンと、彼の子らと、イスラエルの全ての子供らに語って、彼らに言え、イスラエルの家に属し、あるいはイスラエルの中の余所者ら*5に属する誰であれ、彼らの誓願の何れか、彼らの随意の諸奉納の何れかであれ、彼らが全焼の奉納のために主へ奉納する彼の捧げ物を奉納する場合。

19. 汝らが嘉納されるためには、無傷の、肉牛*9の、羊*10の、あるいは山羊ら*11の雄を汝らは奉納するものとする。

20. しかし何れであれ傷のあるものは、汝らは奉納せぬものとする。何となればそれは汝らのために容認されぬものとする故。

21. そして誰であれ、平安の諸奉納の犠牲を主へ、誓願を成就するためか、随意の奉納のために、牛の群れからか、小家畜の群れから奉納する場合、嘉納される為にそれは完全なものとする。それの

18. 即ち天的、霊的、そして自然的な善にいる者らへ、彼が内なる教会に属してか、外なる教会に属しても、自由において主を礼拝する凡ゆる者は、悪の除去を目的とし、あるいは謝意の感情から、そして尚も内面的に彼自身全てを主へ献身するよう願うのである。

19. 彼の礼拝が主に容認されるためには、それは、自然的な善について、霊的な善について、あるいは信仰の善について、如何なる利己的または世俗的な動機からも免れていなければならない。

20. しかし仮にそれが自分本位か俗心により汚染されているなら、それは嘉納されることは出来ない。

21. そして自由から主を礼拝するであろう者の場合。意志と理解双方について、あるいは愛から且つ神的摂理への服従から、自然的諸情愛についてか、霊的諸情愛について、斯く外なる人が内なる人

第 22 章

中に全く傷が無いものとする。

22. 盲い又は、折れたもの又は、不具のもの又は、瘤や黒斑*12又は、瘡蓋*12を持つもの、汝らはこれらを主へ奉納せず、それらの火による奉納を祭壇に主へ為さぬものとする。

23. 去勢牛*13であれ、子羊であれ、余分か欠けている如何なるものが彼の部分にあっても、それを汝は随意の奉納のために奉納して宜し。しかし誓願の為にはそれは嘉納されぬものとする。

24. 打ち傷があるか、潰れているか、破れたか、切られた諸々の石*14を持つものを、汝らは主へ奉納せぬものとする。汝らは汝らの地でもまた斯く行わぬものとする。

と調和するために、この礼拝は利己的か世俗的な諸動機との混ぜ合わせを伴わず、完全で在らねばならない。

22. 何となれば主礼拝は当然ながら以下のものから在るべきではないから。即ち無知からか、理解や意志の不完全な諸情愛からか、あるいは感覚的、世俗的または利己的な諸欠点により腐敗した自然的な諸情愛からである。全体的にこれらは主に対し聖別され得ず、あるいは人間の奉仕に十全に奉献され得ないからである。

23. しかし無垢に基礎付けられた外なる或るいは内なる諸情愛は、不完全であっても、礼拝が自由からのものの時、尚も主へ奉献して良い。しかしその様な礼拝は、もし理解と意志により共に確固とされるなら容認されない。

24. そして、愛と知恵、善意と真理、仁愛と信仰、または情愛と知性、それらの天界的結婚への暴行を介して、内なる面か外なる面で不純あるいは聖ならざるその情愛は、内なる面か外なる面で主

礼拝に対し聖別され得ない。

　25．また異邦人の手から、汝らはこれらの如何なる物の汝らの神のパンを奉納せぬものとする。なぜならそれらの腐敗はそれらの内にあり、それらの内には疵がある故。それらは汝らのために嘉納されぬものとする。

　25．そしてまた、真の主礼拝を促すことは、如何なる種類であれ単なる自然的な愛の力の内には存在しない。なぜならそれらは感情でも思考でも不純であり、それ故主との結合を与える事は出来ないからである。

　26．そして主はモーセに語って、曰く、

　26．更に、主から神的真理により啓示が存在し、以下の覚知を与える、

　27．去勢牛*13か、羊*10か、山羊が生まれるとき、その時それは七日間母獣の下にあるものとする。そして八日目から爾後それは、主への火により為された奉納の捧げ物のため嘉納されるものとする。

　27．即ち、凡ゆる初めの自然的な情愛や、霊的な情愛や、真理の情愛は、教会における善の原理の働きを介して純粋にされるべきである事。そしてその時後続している新しい状態においてそれは正真の霊的礼拝における主の奉仕へ奉献されるはずである事。

　28．そしてそれが雌牛*15であれ、牝羊*16であれ、汝らはそれと彼女の若きもの*17を一日で屠らぬものとする。

　28．そしてそれが自然的な人における善であれ、霊的な人における善であれ、前者の善は後者の善と混淆されるべきでなく、新しい霊的生命の状態は、前の状態に後続せねばならない。

第22章

29. そして汝らが主への感謝の犠牲を生け贄とするとき、汝らはそれを汝らが嘉納されるよう生け贄するものとする。

29. 謝意の霊から自由な主礼拝全てにおいてもまた、外なる人と内なる人との結合が在らねばならない。

30. 同じ日にそれは食べられるものとする。汝らは朝までそれを全く残さぬものとする。我は主なり。

30. それの善を固有のものとする事は、その備えの状態にのみ在らねばならない。如何なる利己的な又は世俗的な動機もそれを腐敗させないはずである。何となれば純粋な諸情愛のみが主に帰されるべきであり、なぜならそれらはその御方から来るからである。

31. それ故汝らは我が諸々の命令を守り、それらを行うものとする。我は主なり。

31. そして実に、真の礼拝とは、主の助けにより、内なる面でも外なる面でも神的諸命令への従順によるのである。

32. そして、汝らは我が聖なる名を冒瀆せぬものとする。然にあらず我はイスラエルの子供らの中で聖とされん。我汝らを聖とする主であり、

32. 主からの神的真理は自己に帰されるべきでもなく、斯くて冒瀆されるべきでもない。しかし真の霊的な人は内面的にも外面的にも聖なるもので在らねばならない。そして聖性全ては主から内なる人を介するのであり、

33. 汝らの神となるため、汝らをエジプトの地から連れ出した者なり。我は主なり。

33. そして買い戻しの業を介して人間に伝達されるのであり、各々個別の場合における悪から

494

の実際の救いにより、神的真理の受け入れと諸試誘の葛藤を介するのである。斯くて人間は主を顕現された神的愛として承認できるのである。

参照と注解

1. これは明らかである、なぜならイェホヴァにより御自身の愛についての神的存在が示されているからである(2001)。語ることにより流入が示されている(2951)。モーセにより神的真理、あるいは聖言が表象されている(7010)。そして曰く、により覚知が示されているからである(1791, 1822)。

2. アロンと彼の子らに語ることは、天的で霊的な善にいる者らへの教示を示している(2951, 7010#, 9946)。己をイスラエルの子供らの聖なる諸々の物から分離することは、彼らが主礼拝から分離されない訳にはいかない事を示している(9903, 2776)。そのような礼拝の聖職からもまた〔然り〕、なぜなら真の礼拝全ては、祭司らとしてのアロンと彼の子らに表象されている善により結果を齎すからである(9946)。「彼らが我に献饌するところの」は、そのような礼拝とそのような聖職は聖なるものである事を示している事は明らかである。「不純なとき」と言われている事は、本章の以下から知られるであろう如く、この事が意味されているからである。「彼らが我が聖なる名を冒瀆せぬよう」は、彼らが神的善と神的真理を、そこから発出する天的で霊的な善と真理を彼ら自身の内で冒瀆することにより、冒瀆しないためを、示している(8882)。そして「我は主なり」は、これらが神的善の表現であることを示している(2001)。

第22章

　3. 彼らに言えは、ここから天的な人と霊的な人が覚知することを示している(9946, 1822)。汝らの代々に亘り、汝らの種全てに属する誰であれ、イスラエルの子供らが主へ献饌するところの聖なる諸物に近寄ることは、正真の礼拝において主に近寄ろうとする者は誰であれを示している(9946, 10249, 2776, 9903)。諸犠牲の奉納により表象されている礼拝は、「主の聖なる諸物」であるが、善と真理と聖性全てはその御方からのものである事の承認を包含している(349, 5619, 868)。彼の穢れを彼の上に持つことは、利己的な諸動機の混ぜ合わせにより冒瀆することを示している(8882, 10130)。主の御前から絶たれることは、善と真理から、斯くて主から分離されることを示している(5302, 223)。そして「我は主なり」は、主は善全ての起源であることを示している(2001)。

　4. アロンの種の何の人であれレプラであるか漏出のある場合は、真理を外なる面か内なる面で冒瀆する者は、善からそれの情愛にいる為である事を示している(6963, 10283#, 10130, 10249, 9946)。彼が浄くなるまで聖なる諸物から食べぬことは、彼は礼拝において利己的な諸動機から行動することを止めるまでは善を固有のものと出来ない事を示している(2187, 4545)。死人により穢れている如何なる物をも触れる者は、霊的生命が全くない処での単に儀式的な礼拝との僅かな接触を示している(10130, 5407)。そして彼から種が出て行く人により、善から分離した真理の情愛からの礼拝が示されている(880, 1798, 4837)。

　5. それにより穢されるやも知れぬ如何なる這うものに触れる者は、それにより不純であるところの単に感覚的な歓喜との接触を示している(10130, 746)。そして何であれ穢れが有り、そこから彼が穢れを取るやも知れぬところの人は、何の種類であれ不純になり勝ちな如何なる悪も、を示している(7424#, 10130)。

　6. そのような如何なるものにも触れる魂は夕まで穢れていることは、そのような行状は人を状態の変化まで不純にすることを示している(10130,

7844)。そして彼の肉を水で沐浴するまで聖なる諸物から食べぬことは、彼は悔い改めの業にあって真理により純粋とされるまで善を固有のものとする事が出来ないことを示している(2187, 2776#, 3147)。

7. 日が下るときに彼が浄いことは、状態が利己的な愛の拒絶により過ぎ去っているとき、人物は純粋であることを示している(8615, 8487, 4545)。そして以後彼は聖なる諸物から食べるものとする、なぜならそれは彼のパンだからであるは、彼はそのとき善を固有のものとするであろう、なぜならそれは彼の支配的な歓喜であり、単独で彼の霊的生命を支え得るからである事を示している(2187, 2776, 2165)。

8. それ自身死んでいるか獣らに裂かれたものが己をそれにより不浄とすべく食べぬ事は、単に自然的であるか無意識に悪と混合されている様な善を彼は固有のものとしなくて良く、それは彼を不純にする故を示している(2187, 4171, 10130#)。そして「我は主なり」は、彼の善は全体的に主からのもので無ければならない事を示している(2001)。

9. 主の義務を守ることは、それ故教会人は、外なる善と真理とが結合した、内なる善と真理から礼拝しなければならない事を示している(3382)。彼らがそれのために罪を負わない事は、彼が悪に陥らないことを示している(9156, 9937 終わり)。それの中で死ぬことは、荒廃している、または善と真理全てが剥奪されている事を示している(2908)。もし彼らがそれを冒瀆してもは、冒瀆のために、を示している(8882)。そして「我は彼らを聖化する主なり」は、主からの善のみが人間を聖なるものとする事を示している(2001, 8042#)。

10. 余所者は決して聖なる物から食べぬことは、教会外にいる者には聖なるものである善を固有のものとする事、あるいは換言すれば、単なる自然的な人にとって然うする事は不可能であることを示している(4544)。そして祭司の寄留者や、異邦人の住込人、そして雇い人が食べぬことは、教会内で単

第22章

なる自然的な知識にいる者も、利得のために正しいことを行う者も又これを行うことは出来ないことを示している(8002)。

11. 祭司により買われた者、彼の銭(ぜに)の買い物、あるいは彼の家に生まれたその様な者により、真理への従順を介(かい)した善の生活により罪から買い戻された人、そして内なる面で善にいる全ての者が示されている(5374, 9946, 1708)。そして彼らがパンを食べる事により、固有のものとする事が示されている(2187, 2165)。

12. 異邦人へ嫁(とつ)いだ祭司の娘が聖なる諸物(しょぶつ)の挙上の奉納から食べるのを許されぬことは、もし内なる面で主から由来した善の情愛にいる如何(いか)なる者も、尚(なお)もその情愛をそれを利己的な愛の悪と結合することにより冒瀆するなら、そのような者には主からのものであると覚知されるところの天的な*18 善を固有のものとする事は不可能であろう事を示している(3703¹⁵, 9946, 2173#, 4544, 2187, 10093)。

13. 祭司の娘は善の情愛にいる者を示している(3703¹⁵)。寡婦(やもめ)か、離縁していることは、真理や善を伴わないことを示している(4844¹⁶)。如何なる子供もいないことは、何れも不毛であることを示している(489)。彼女の父の家へ戻ることは、善との内なる交流を示している(3703¹⁵)。彼女の若きにおける如(ごと)くは、再生の初めにおける如(ごと)くを示している(3183)。彼女の父のパンから食べることは、善は依然固有のものとされて良いことを示している(2187, 2165)。そして余所者(よそ)が決してそれらから食べぬことは、単なる自然的な情愛は善を固有のものと出来ない事を示している(4544, 2187)。

14. 如何(いか)なる者も無意識に聖なる物から食べることは、もし如何(いか)なる者も無知か不注意から聖なる善を冒瀆するならを示している(9156, 10042・III, 2187, 2776#)。5分の1をそれに置くことは、彼には彼自身からは善の残(のこ)りのものが伴わない事の承認により、復旧を為さねばならない事を示している(649, 9087, 9097)。そして祭司に聖なる物を与えることは、彼は主から善を

受け入れる事を示している(9946, 10227, 2776#)。

15. 彼らが主へ奉納するところの、イスラエルの子供らの聖なる諸物を冒瀆せぬことは、善にいる何人も主へ全体的に帰されるべきものを、当然彼自身に帰すことにより冒瀆すべきではない事を示している(8882, 2776, 9946)。

16. 彼らに罪責を齎す悪行を負わせることは、然うする事により彼は責任を負うところの悪の状態を彼自身に齎すことを示している(9937 終わり)。彼らが聖なる諸物を食べるときは、この場合善の質が害われるときを示している(2187, 2776#)。そして「我は彼らを聖化する主なればなり」は、人間を聖なるものにする善全ては主からのものである事が真摯に承認されねばならない事を示している(2001, 8042#)。

17. これは明らかである、なぜならイェホヴァにより御自身の愛についての神的存在が示されているからである(2001)。語ることにより流入が示されている(2951)。モーセにより神的真理、あるいは聖言が表象されている(7010)。そして曰く、により覚知が示されているからである(1791, 1822)。

18. アロンと、彼の子らと、イスラエルの子供らに語ることは、天的、霊的、そして自然的な善にいる者らへの教示を示している(9946, 4286)。イスラエルの家に属し、あるいはイスラエルの中の余所らに属する者らは、それぞれ内なる教会に属してか外なる教会に属する者らを示している(3654, 7908)。捧げ物を奉納することは主礼拝を示している(923)。誓願か随意の諸奉納は、悪の除去のために自由からか、あるいは感謝からの礼拝を示している(3880#)。そして全焼の奉納を奉納することは、主への十全な献身を示している(10053)。

19. 無傷の雄は、真理を手段とした善からの、そして如何なる利己的または世俗的な動機からも免れている礼拝を示している(725, 7837)。肉牛の、羊の、あるいは山羊らの、は自然的な善から、霊的な善から、あるいは信仰

第22章

の善からを示している(2180, 2088#, 4169)。そして「汝らが嘉納されるため」は、主に容認されるものを示している事は明らかである(9506)。

20. 傷のあるものを奉納せぬ事と、それが容認されぬことは、もし礼拝が自分本位か俗心により汚染されているなら、それは嘉納されることは出来ない事を示している(7873, 9506)。

21. 平安の諸奉納の犠牲を主へ奉納することは、自由からの礼拝を示している(10097)。誓願を成就するためか、随意の奉納のためは、意志と理解双方について、あるいは愛から且つ神的摂理への服従から、自然的諸情愛についてそして霊的諸情愛について、斯く外なる人が内なる人と調和するために、を示している(3880#, 5913#, 6126#)。そして嘉納されるために完全であり、それの中に全く傷が無いことは、この礼拝は完全であり、利己的か世俗的な諸動機との如何なる混ぜ合わせを伴わないことを示している(7837, 9506)。

22. 盲いや、折れたものや、不具のものや、瘤や黒斑や、瘡蓋を持つものにより、無知からか、理解や意志の不完全な諸情愛からか、あるいは感覚的、世俗的そして利己的な諸欠点により腐敗した自然的な諸情愛からの礼拝が示されている(2383, 9163, 210, 4302, 7524, 21章18～20)。そしてこれらを主へ奉納せず、それらの火による奉納を祭壇に主へ為さぬことは、全体的にこれらの諸情愛は主に対し聖別され得ず、あるいは人間の奉仕に十全に奉献され得ないことが示されている(923#, 10053#, 10055)。

23. 去勢牛であれ、子羊であれ、余分か欠けている如何なるものが彼の部分にあっても、それを汝は随意の奉納のために奉納して宜しとは、無垢に基礎付けられた外なる或るいは内なる諸情愛は、不完全であっても、礼拝が自由からのものの時、尚も主へ奉献して良いことを示している(10021, 10132, 10109終わり#, 581#, 583#, 1673³#, 21章18, 10097, 3880#)。そしてこれらを誓願のためには奉納しないことは、その様な礼拝は、もし理解と意志により共に確固とされるなら容認されない事を示している(3880#,

500

第 22 章

9506)。

24. 打ち傷があるか、潰れているか、破れたか、切られた諸々の石を持つものは、愛と知恵、善意と真理、仁愛と信仰、または情愛と理知、それらの天界的結婚への暴行を介して、内なる面か外なる面で不純あるいは聖ならざる情愛を示している(10303, 431, 2173♯, 5053, 5060, 9163, 9056, 2799²³♯)。そしてこれらを主へ奉納せぬこと、汝らの地でもまた斯く行わぬことは、そのような諸情愛は内なる面か外なる面で主礼拝に対し聖別され得ないことを示している(923♯, 683)。

25. これらの諸物の神のパンを異邦人の手から奉納せぬことは、真の主礼拝を促すことは如何なる種類であれ、単なる自然的な愛の力の内には存在しないことを示している(4544, 878, 2165, 923♯)。それらの腐敗はそれらの内にあり、それらの内には疵があり、そしてそれらは嘉納されぬことは、そのような者は感情でも思考でも不純である事と、それ故主との結合を与えたり持つ事は出来ない事を示している(10420, 7837, 683, 9506)。

26. これは明らかである、なぜならイェホヴァにより御自身の愛についての神的存在が示されているからである(2001)。語ることにより流入が示されている(2951)。モーセにより神的真理、あるいは聖言が表象されている(7010)。そして曰く、により覚知が示されているからである(1791, 1822)。

27. 去勢牛か、羊か、山羊が生まれることは、凡ゆる初めの自然的な情愛や、霊的な情愛や、真理の情愛を示している(2180, 2088, 4169, 264)。それは七日間母獣の下にある事は、それが教会における善の原理の働きを介して純粋にされるべきである事を示している(創世記1章全体、716, 289, 290)。そして八日目と爾後それは、主への火により為された奉納の捧げ物のため嘉納されることは、後続している新しい状態においてそれは正真の霊的礼拝における主の奉仕へ奉献されるはずである事を示している(2044, 923♯, 10055)。

28. それが雌牛であれ牝羊であれ、それと若きものを一日で屠らぬことは、それが自然的な人における善であれ霊的な人における善であれ、前者の善は後者の善と混淆されるべきでなく、霊的生命の状態は前の状態に後続せねばならない事を示している(2180, 2088#, 10024, 487, 2866#)。

29. 主への感謝の犠牲が嘉納されるよう生け贄とされることは、謝意の霊から自由な主礼拝全てにおいて内なる人と外なる人との結合が在らねばならない事を示している(3880#, 9506, 10042・II, 1章3, 4)。

30. 同じ日に食べられることは、それの善を固有のものとする事はその備えの状態にのみ在り得ることを示している(2187, 487)。朝までそれの如何なるものも残さぬことは、それを腐敗させる利己的な動機は全くないことを示している(10114～10117, 7860, 8480～8483)。そして「我は主なり」は、純粋な諸情愛のみが主に帰されるべきであり、なぜならそれらはその御方から来るからである事を示している(2001)。

31. 主の諸々の命令を守りそれらを行うことは、実に、真の礼拝とは内なる面でも外なる面でも主の諸命令への従順によることを示している(3382, 5755)。そして「我は主なり」は、主の助けによる事を示している(2001)。

32. 「汝らは我が聖なる名を冒瀆せぬものとする」は、主からの神的真理は自己に帰されるべきでない事を示している(8882)。「我はイスラエルの子供らの中で聖とされん」は、真の霊的な人は内面的にも外面的にも双方で聖なるもので在らねばならない事を示している(2001, 3654, 4286)。そして「我汝らを聖とする主」は、聖性全ては主から内なる人を介することを示している(2001, 1557#)。

33. 「汝らの神となるため、汝らをエジプトの地から連れ出した者なり」は、買い戻しの業を介して聖性は人間に伝達されるのであり、各々個別の場

第 22 章

合においては、悪からの実際の救いにより、神的真理の受け入れと諸試誘の葛藤を介することを示している(8866, 2001)。そして「我は主なり」は、斯く人間は主を顕現された神的愛として承認できることを示している(2001)。

　目下のものを省察し始めるに当たり、「イスラエルの子供らが、我に献饌するところの彼らの聖なる諸々の物」により、霊的に何が意味されているか、その明確な趣旨を把握する事が必要である。それは系列の中で、主礼拝とその様な礼拝の聖職を意味していると言われている。しかしイスラエル人により主へ奉納された物は現実には、善の情愛を表象していたものであった。そしてそれは人間が礼拝において主の奉仕へ現実に献身し、主からのものである事を承認するものである。何となれば現実の礼拝の全てはその様な献身とその様な承認により構成されているからである。それでその様な礼拝の聖職は、外なる形であり、また其処からそれらの善の諸情愛が果たすべく意図されるところの役立ちの遂行と、及び聖所における主の承認と礼拝との双方に掛かっている。よってここから、祭司らが*彼ら自身*を聖なる諸物から分離することにより、役立ちの遂行において、及び公共の礼拝でのそれらの中で、厳密には自己顕示する如何なる利己的な動機も注意深く分離され拒絶されるべき事が意味されているのである。勿論これは、単に宗教上の聖職者らだけではなく、その会衆の凡ゆる構成員にも適用される。それ故この教えは実に極めて重い教えであり、真剣に考察するに値するものである。何となれば我々が利己的な諸動機に我々が果たす役立ちや我々の礼拝を混合させるが儘に甘んじるなら、そのとき我々の上には我々の「穢れ」が有ることになるからである。そして凡ゆる者は、その凡ゆる言動において多かれ少なかれ、利己的な諸々の思考により何と悩まされ易いことかを経験から知って良かろう。そしてまた我々は皆、もしこれらの利己的な諸々の感情と思考に耽り勢い付くなら、正しくここに至るまで、我々は事実「絶たれている」か神的な臨在から分離されている事を知っている。

第 22 章

　しかし礼拝において聖なる諸物を食べる事によって意味されるところの、善とそこからの真理を固有のものとするのを人間に阻むものとして、その様な不純を構成する幾つかの事柄が言及されている。これらは、既に我々が見てきたように以下のものである。即ち、レプラであり、これは、真理を外なる利己的な諸目的に適応することによる真理の冒瀆を示すものである。漏出、これは、悪の諸情愛から流れる悪の諸思考を意味するものである。そしてこの連関で、善からの礼拝を表象している某かのもので、内なる面では冒瀆について言われているからである。死体や屍との接触により穢れているもの、これは、霊的生命の空虚な、即ち愛の無い情愛を示している。その種が彼から行くもの、これは、善から分離した真理を表象するものとしている。這うもの、これは、単に感覚的であるものを示すものとしている。それ自身から死するもの、これは、善と真理を拒絶する単に自然的な情愛を意味している。また獣らに裂かれたもの、これは、無意識に悪と混合されたものを示している。そしてこれら全てが、霊的な人に善と真理の主の生命を受け入れるのを阻む事を理解するのは容易である。何となれば我々は的確には礼拝し善を固有のものと出来ないし、同時にそれらのもので自発的に汚染され得ることもない。そしてもし不本意に行われるなら、真摯な悔い改めを介したその純化が、それは洗いにより表象されているが、後続されねばならない。しかしここで極めて慎重に注意すべき二つの事柄がある。悔い改めの後でさえ、これが逆説的に見えるが、人間は言われている様には全的に純粋な訳ではない、正にその時までは、即ち完全な意味で**審判**が生じ、彼の中の毒麦が小麦から分離されるまでは。そしてこれが然うである理由は、諸々の過失とそれらが鼓舞する諸悪の余りに性急で暴力的な除去により、善そのものが破壊され、あるいは深刻な損害を被らないためである (マタイ 13: 29)。そして第2には正に再生中に、そして最終的には**審判**において、日が下り行くことにより示されている処の利己的な愛のその拒絶が在らねばならない。何となれば或る意味では日の降下は主への愛の斜陽を意味するが、他方ではそれは利己的な愛の終了をも示すからである。しかし以下に考えられ又は言われるかも知れない、「人間は、自身を愛し、あるいは彼自らの固有の生命から行動することを現実に止めることが出来るのか？」 そして我々は以下に答

第 22 章

えなければならない、即ちこの事は不要であり、実際有害であろうと、なぜなら教会は人間の活気付けられたプロプリウム（固有性）において形成され、然もなくば彼への主の愛に彼は返礼出来ないであろうから。それ故彼は彼自身からの如く行動せねばならず、実に彼の正真の霊的な天界の職務や役立ちに適切に価値を見なければならないのである。しかし彼は、彼が義務を負っている凡ゆるものにおいて利己的になるのを静止する事によってこれを行うことが出来るのみである。それ故悪全ての原因は、自己の固有の愛ではなく、正確には自分本位と呼ばれるそれの転倒である。この問題点の真理は次の聖句の字義的及び霊的意味双方において強く顕されている、「それ故彼らは我が義務を守るものとする、もし彼らがそれを冒瀆しても、彼らがそれのために罪を負い、それの中で死なぬ為である。」〔9節〕 主が我々に授ける生命の適切な役立ちに我々自身継続的に責任を感じなくてはならない事は、我々全てにとって大いなる事なのである。

次に、以下の事が看取されるべきである、即ち、生ずる照応から各文において、所謂自然的に発生する教えが卓越した重要性を明示するには、新たな終止符で今引き続くものの霊的系列を単純に通読すること自体で充分である。教会外の者には再生のそして善を固有のものとする可能性があるかも知れないが、しかし未だ彼は前進することは出来ず、彼の自然的善は霊的になることも出来ないのである。また教会内でこれを行うよう教示の下にのみいる者も出来ないのである、何となればこれら双方は、善の新しい意志の適切な修練、それは人間の主との共同作業に然様に本質であるが、その中には未だ入るに至ってはいないからだ。しかし次に来る二つの事実は非常に異なっており、我々は必ずやそれらの真理を理解する事となる。また引き続く事実の深刻な特性にも気付くであろう。何となればこれは確固とした冒瀆の状態であるから。そしてそれは善の情愛の内にいるよう再生している生命において某かの前進を為した凡ゆる教会員に、当然極めて強力な影響を持つに違いなく、それは彼がここで記述されている如く冒瀆者とならぬためである。しかし善の情愛にいて未だ善や真理の知識の無い者の許では事実は異なり、その理由は明白である。また我々は、所与の最後の事例に記述されている如く、残りのものを介した善の状態からの主の承認により、或る過失が如何に

第22章

治癒されるかもまた容易に理解する事となろう。しかし何時、どのように我々は聖なる事柄を無意識に固有のものとするのか。我々は、我々の側で直接探し求めること無しに、神慮により天界の諸々の影響下へ連れられる事により、実に何回となく生活の中で行なっているのである。それは例えば以下の如くである、即ち我々が或る物語を読むとき、それが娯楽のためだけでも良く、それの何らかのものが予期せぬ善の感情や思考を我々に吹き込むことにより、我々を感動させる。そしてそれは我々の精神の中に残りのものとして蓄えられ、後に然るべき時宜と状態が来るとき、我々の再生した自然的な人に植え付けられるのである。それ故それらの経験を良く省察し、我々の深刻な諸々の葛藤の中で、そして我々の日々の生活の弛まぬ労務の中で、それらの記憶から強さを結集しようではないか。

引き続くセクションの細心の研究から、二つの全般的かつ実践的な諸真理がなお一層充分に確認されて良いであろう。初めに、容認されるよう主を礼拝するためには、その礼拝は善から、あるいは情愛を伴わなければならないだけでなく、それは真理を手段としなければならないのである。そしてこれは雄である捧げ物により意味されている。そして次に、それは諸々の悪と虚偽による汚染から免れていなければならず、これは傷が無いことにより示されている。またその上、これら全般的な諸律法は内なる人の主に対する十全な聖別に言及しているものであり、それは全焼の奉納により示され、同じ方法で意志と理解についての外なる人の献身と同様であり、それは誓願と随意の諸奉納により意味されているのである。それで諸々の疵や虚偽と悪の特定の諸種類のものは注目に値する。何となればそれは六つ有り、初めの三つは精神の霊的な度に言及するもので、後の三つは自然的な度に言及するものであるからだ。と言うのも、盲い、折れた、または不具であることは、腫れ物、黒斑、または瘡蓋が有ることよりも更に深刻な身体上の病であり、結果としてこれらが仮に十分に悪くとも、前者は後者よりも更なる深刻な霊的欠点を意味しているのである。それらの自然的な照応を、聖言の他の箇所でこれら全ての事柄の言及からと同じく、共通の認識から直ぐ理解しない者があろうか。確かに無知な人は盲いのような者であり、その諸情愛が不完全な人は折れた者のようであり、これらの欠点は無いものの未だ霊的生命において

第22章

進歩できず、あるいはその行動において知識や情愛を表せずにいる者は跛者(あしなえ)のような者であり、彼らは容認される様には主を礼拝出来ないのである！そしてまた内なる面で啓発され気質が良く、活気に欠けていない者もまた、以下の事に然うさせるに甘んじる事は出来ない。即ち、腫れ物(はれもの)や瘤(こぶ)に譬えられる彼の単に自然的な諸情愛。黒斑に類似している彼の単に感覚的な諸々の力。あるいは瘡蓋(かさぶた)に譬えられる彼の単に形体的な諸歓喜である。我々はこれら全てが真実であることを理解するし、それ故(ゆえ)聖言をここで眼下に据えられている如(ごと)く、その内意において能(よ)く能(よ)く留意する義務を感じるものである。

しかし今や次の節には見落とされてはならない条件がある。心から、斯くて自由から発出する欠点のある礼拝、これには夫々(それぞれ)去勢牛や子羊により示されている処(ところ)の外なる又(また)は内なる無垢に伴われているものだが、その礼拝は恰(あたか)も完全であるかの如く受け止められている。しかしそれがもし同じく理解により確固とされるなら、容認され得ないのである。そして我々はこれが理に適(かな)っていることを理解する。誓願は最善の意味では、勿論(もちろん)、意志からの理解の決意を、あるいは換言すれば、主が摂理されるかも知れない欣然(きんぜん)たる行いを意味するのだが、しかしここでは不完全な礼拝に連関して、それは理解により確固とされたその礼拝を意味しているのである。そこで3880^{9}を見、以下を注目されたい、即ち、引用聖句では告白は意志に言及しており、誓願は理解に言及していると言うことである。そしてセクションの他の2節に関係しては、天界的結婚に関して、そしてここでは疵(きず)に関して既に言われたことは、充分に例証となっている。

そこで今暫(しば)しこの記述の残りの字義のみを考察してみては如何(いか)がだろうか。そこで生け贄とされる或る動物の誕生について、以下を考えることは容易ではない。即ち、何故(なぜ)それは厳格に七日間それの母獣(ぼじゅう)の下(もと)に留まらねばならず、長くも短くても不可(ふか)であったか。何故(なぜ)それが特に八日目に奉納されるものであったか。そして何故(なぜ)感謝の犠牲がそれが奉納された翌日ではなく同じ日に食べられるべきだったか。他方また、イスラエルの子供らがエジプトの束縛からの彼らの救いを主(おも)な理由に、神的存在に献饌(けんせん)し礼拝するのを要求されるべきであった事は奇妙に思われる。しかし照応の助けにより、そして主からの明示により、我々が内意の中に入ることが出来ると、そのとき何故(なにゆえ)

507

そのような個別の指示が正に主御自身により与えられたかを我々は理解できるのである。それは聖言が、教会の表象的なものに後世続くはずの**霊的教会**の利益となるものとして記されるためであった。何となれば七日間は再生の聖なる状態を示しており、八日目は後続する新たな状態を示しているからである。母親と彼女の若きものとを一日で屠られぬことは、人間の後続する諸状態は当然ながら混同されるべきではない事を示しているのである。感謝の犠牲がそれが奉納された日に食べられ、朝までそれが全く残らないことは、謝意からの礼拝は愛からの礼拝と結合されるべきであり、利己的な愛に汚染されるべきではない事を意味している。エジプトの束縛からの救いの故に、主の諸命令を守ること、またその御名を冒瀆せずその御方に献饌することは、それの中に伴った聖なる諸状態の許での主への従順が、単なる自然的な生命の束縛からの救いを理由とし、その結果愛によるその御方との永遠の結合であるべき事を示している。しかし謝意からの礼拝に関係しては(第7章)、それに続く注釈と同じく、再考察されるのも効ありとして良いであろう。

訳者のノート

＊1. 2節「彼らは己を〜冒瀆せぬよう」。ヘブル語原文は「彼らがイスラエルの子供らの聖なる諸々の物から分離するよう、そして彼らが我に献饌するところの我が聖名を冒瀆せぬよう」。

＊2. 4節「死人により穢れている如何なる物」。ヘブル語原文は「魂の全ての穢れ」。

＊3. 5節「人」。原本 'man'、ヘブル語原文は アーダーム אָדָם、他の多くは イーシュ אִישׁ。

＊4. 7節「下る」。原本 'is down'、ヘブル語原文は「行った」。

＊5. 10, 12, 13, 18節「余所者」。原本 'stranger(s)'、ヘブル語原文、10, 12, 13節は ザール זָר、18節が ゲール גֵּר。前者は規定外の者あるいは異なる者で 10:1 の「異火」で用いられた語、後者は寄留者。

＊6. 10節「寄留者」。原本 'sojourner'、ヘブル語原文は トーシャーヴ תוֹשָׁב「住む者」または「借家人」の合成形。

第 22 章

＊7. 11 節「銭(ぜに)」。原本 'money'、ヘブル語原文は「銀」。
＊8. 15 節「奉納する」。原本 'offer'、ヘブル語原文は「上げる」または「高くする」。
＊9. 19 節「肉牛」。原本 'beeves'、ヘブル語原文は バーカール בָּקָר「牛の群れ(単数)」。
＊10. 19, 27 節「羊」。原本 'sheep'、ヘブル語原文は、19 節が ヘセヴ כֶּשֶׂב の複数形、27 節がその単数形。
＊11. 19 節「山羊(やぎ)ら」。原本 'goats'、ヘブル語原文 イッズィーム עִזִּים で、別訳「牝(め)山羊(やぎ)ら」。
＊12. 22 節「黒斑(こくはん)」「瘡蓋(かさぶた)」。第 21 章 訳者のノート＊11, 12 を参照。
＊13. 23, 27 節「去勢牛」。原本 'bullock'、ヘブル語原文は ショール שׁוֹר。第 4 章の訳者ノートを参照。
＊14. 24 節「諸々の石」。ヘブル語原文には存在しない。
＊15. 28 節「雌牛」。原本 'cow'、ヘブル語原文は ショール שׁוֹר。第 4 章の訳者のノートを参照。
＊16. 28 節「牝(め)羊」。原本 'ewe'、ヘブル語原文は セー שֶׂה「(羊や山羊(やぎ)などの)小家畜」。
＊17. 28 節「それと彼女の若きもの」。原本 'it and her young'、ヘブル語原文は「彼と彼の子」。
＊18. 注解 12 節「天的な」はコラムにはない。
♯ 『天界の秘義』の各々の節には当該内容の記載がないか、参照としては飛躍？

第 23 章

霊的意味の要約

1. 安息の諸状態が後続する悪に対する葛藤(かっとう)の諸状態を内包した、全般的に再生する生命の引き続く諸状態について(1～3節)。
2. 最初の従属の状態は、悪からの救いの一つであり、善と結合した真理の内的な覚知、純化、そして善の下での諸真理の配列を包含する(4～8節)。
3. 第2の従属の状態は真理の、善の内への植え付けのそれである(9～22節)。
4. その結果、啓示に関して(23～25節)。
5. またその結果、悪の絶対的な除去に関して(26～32節)。
6. 第3の従属の状態は善の植え付けのそれであり、絶えず更新される最低から最高の諸原理への平安と安息の諸状態の許(もと)で、成就と聖性全てにおける心の嬉(うれ)しさと喜びを包含する(33～34節)。

各節の内容

1. そして主はモーセに語って、曰(いわ)く、

2. イスラエルの子供らに語り、彼らに言え、主の諸例祭*1を、それを汝(なんじ)らが聖なる諸々(もろもろ)の召集と宣(せん)するものとする、正にこれらは我(わ)が諸例祭なり。

1. 主から神的真理により啓示が存在し以下を与える、即ち覚知、

2. そして教示を**霊的教会**人(びと)に。そこから彼は再生する生命の後続する全般的な諸状態を見極めるのであり、その下で個別的な諸状態が、神的秩序から配列され

第 23 章

　3．六日間仕事が行われるものとする。しかし七日目は厳粛な安息の安息日であり、聖なる召集である。汝ら些かも仕事を行わぬものとする。それは全ての汝らの住居における主への安息日である。

　4．これらは主の諸例祭*¹であり、正に聖なる諸々の召集であり、汝らそれをそれらの定めの時季に宣するものとする。

　5．第1の月、その月の 14 日目で夕に*²、主の過越である。

　6．そして同じ月の 15 日目には

治められるのである。

　3．しかし悪に対する葛藤の諸状態が先行し、全般的に安息と平安の諸状態が後続せねばならない。そこでは全ての諸真理が善から秩序立って配列される。そのとき人間は利己的な諸動機から行動もしないし、試誘を堪え忍ぶことも無いはずである。正に凡ゆる個別的な状態について、善は主から自由に喜ばしく受け入れられる。

　4．そして全般的な状態は従属している事柄をも内包しており、そこでもまた善の下での諸真理の配列が有り、そしてそれを人間は連綿と秩序立てて実現するのである。

　5．そして初めの従属する状態は主による悪からの救いの一つであり、それに於いては愛からの信仰の状態が優勢であり、聖性の状態が随伴しており、意志と理解双方について神的真理への服従を介しているのである。

　6．その時直ちに、その新たな状

第 23 章

主への種なしパンの祭日*³である。七日間汝ら種なしパンを食べるものとする。

態で、諸々の虚偽からの純化、斯くてそれの結果聖性の更なる状態が、適宜に善を固有のものとする事を伴い後続するのである。

7. 初日に汝らに聖なる召集が在るものとする。汝ら決して卑しい仕事を行わぬものとする。

7. それに於いては真理の諸知識は初めに善の下で配列され、その間試誘は存在しない。

8. しかし汝ら火により為された主への奉納を七日間奉納するものとする。七日目には聖なる召集が在る。汝ら決して卑しい仕事を行わぬものとする。

8. 主はそのとき善から自由に承認され、そして継続的に、その結果は諸真理の更なる完全な配列であり、試誘からの一層崇高な自由である。

9. そして主はモーセに語って、曰く、

9. 主から神的真理により啓示が存在し、以下の覚知を与える、

10. イスラエルの子供らに語り、そして彼らに言え、我が汝らに与ける地の中に汝らが来たり入り、それの収穫を刈り入れれば、そのとき汝らは汝らの収穫の初穂の束を祭司へ持参するものとする。

10. **霊的教会**人への流入と教示を介して、諸真理が善の内に、再生する生命の第2の従属した状態の内に植え付けられ始めると、その時それらは自発的従順の原理から秩序立って共に集められ、それが主からである事が承認される。

11. そして彼は汝らのために嘉納されるよう、束を主の御前に揺らすものとする。安息日の翌日

11. そして結果、善から、人間の霊的生命は活気付けられる。彼の礼拝は主に心地よく容認され、

512

に祭司はそれを揺らすものとする。

12. そして汝らが束を揺らす*4日に、汝ら当歳の無傷の牡の子羊を主への全焼の奉納のために奉納するものとする。

13. そしてそれの穀物の奉納は、油を混淆した10分の2エファの精製した小麦粉、宥めの香りのための火により為された主への奉納とする。それの飲み物の奉納は葡萄酒から4分の1ヒンとする。

14. そして汝らパンも、焙った麦も、新しい穂も、この全く同じ日*5まで、汝ら汝らの神の捧げ物を持参するまで、食べぬものとする。それは汝らの代々に亘り汝ら全ての住居*6における永久の法令*7である。

絶間ない聖なる安息と平安の状態に包まれる。

12. そして善のこの最初の状態では、主は無垢の状態から礼拝される、そこでは真理は善の器として承認され、虚偽と悪全ては取り除かれ、そして主の奉仕に対し聖別の十全さが存在する。

13. そしてこの状態において、残りのものを介した十全さにあって、真理と結合した善の内的な受け入れが包摂されている。これは主からの純粋な愛の働きにより、安息と平安のスフィアと言う結果を齎し、そこからそれ自身を外なる面で流し顕示しているのである。そして理解にあって善と結合した真理の外的な状態もまた存在し、それによって教義が高揚され霊的に成るのである。

14. 何となれば善のこの初めの状態が起こるまでは、善は内なる面で、また善と真理の情愛は外なる面で固有のものとされ得ないからである。そのとき主は先ず真実に承認される。それは、その個別的なものらについて永遠への、

第 23 章

再生の継続的な前進のためであり、そして霊的生命の受け入れのための外なる基(もとい)である。

15. そして汝(なんじ)ら安息日の翌日から、汝らが揺(た)らしの奉納の束を持参した日から、汝らに数(なんじ)えるものとする。七つの安息日が成就されるものとする。

15. 善の内への真理の植え付けのこの進行の状態の性質は、それの入門と励起(れいき)の状態から永続的かつ連続的であり、それは悪と過失に対する勝利の更なる状態への聖なる従順によって、安息と平安の何(いず)れかに帰結するのであり、

16. 正に七回目の安息日の後翌日へ汝(なんじ)ら 50 日(なんじ)の数を定めるものとする。そして汝ら新しき穀物の奉納を主に奉納するものとする。

16. それは、善について内なる面のみならず、植え付けのための諸真理の十全な状態について外なる面でも、そしてその様な植え付けが中に生ずるところの真理と結合した内的な善の、永続的な前進を包摂している。斯(か)くて主は礼拝の新たな状態で更に十全に承認されるのである。

17. 汝(なんじ)らは汝(なんじ)らの住処(すみか)*⁶から 10 分の 2 エファの揺らしのパン塊(かい)二つを持ち出すものとする。それらは精製された小麦粉からのものとし、それらは主への初穂(はつほ)のために、パン種と共に焼かれるものとする。

17. それで人間は、実に彼自身からの如(ごと)くに以下を覚知する。即ち、残りのものを介して主により活気付けられた真理と結合した善の情愛から彼が行動すること。理解において善からの真理の純粋な状態が存在すること。それは諸試誘における勝利を介して獲(しゅう)

第 23 章

18. そして汝らパンと共に＊8 当歳の無傷の子羊7匹と、若い去勢牛＊9 1頭と、牡羊2匹を差し出すものとする。それらは主への全焼の奉納であり、それらの穀物の奉納と、それらの飲み物の諸奉納、正に火により為された奉納で、主への宥めの香りとする。

19. そして汝ら浄罪の奉納のために牡山羊＊11 1匹と、平安の諸奉納の犠牲のために当歳の牡の子羊2匹を奉納するものとする。

得されてきたこと。そしてそれは真理の愛を介した善の実現化へ向けた前進であることである。

18. それ故今や、主は、以下を含む天的な内奥の善の働きから承認される。即ち、十全さにおける無垢のそして虚偽から免れている聖なる状態、また主との協同と結合による外なるそして内なる人＊10 における無垢の善、斯くて〔内的な〕善と真理について及び外的な真理と善双方についてのその結合による十全なる聖化、主の人間への純粋な愛を介して御自身からのものであると承認されている全てであり、安息と平安の更なる状態へ帰結する。

19. そしてこれとは別に、この状態で以下の承認が存在する、即ち悪と虚偽全ては主により取り除かれる事。またそれの真理において、内なるそして外なる人＊10 での十全さにおいて、無垢の善全てはその御方から受け入れられる事である。それは主が完全な自由にあって礼拝されるためである。

20. そして祭司はそれらを、初穂のパンと共に*8、主の御前の揺らしの奉納のために子羊2匹と共に*8、揺らすものとする。それらは祭司のために主へ聖なるものとする。

21. そして汝らその同じ日に宣告を為すものとする。汝らに聖なる召集が在るものとする。汝ら決して卑しい仕事を行わぬものとする。それは全ての汝らの住居*6における汝らの代々に亘る永久の法令*7である。

22. そして汝らが汝らの地の収穫を刈るとき、汝は汝の野の隅々を刈り尽くさぬものとし、また汝は汝の収穫の落ち穂を集めぬものとする。汝それらを貧しき者のためと余所者*12のために離れるものとする。我は主、汝らの神なり。

20. 斯くて人間の生命全体は、善の内に真理の初めの植え付けからそれの成就へ至る状態まで、内なる面での善について、そして外なる面での善について主から活気付けられる。そして主が善全ての源泉であると衷心から承認されるのである。

21. そして結果、その状態、即ち、善の下での諸真理の完全な配列と、主礼拝における利己的及び世俗的な諸動機から行動する気質全ての許での諸試誘の静止において、主から十全な啓示が存在する。

22. それ故今や、真理が善の内に植え付けられるとき、内なる面で、十全なる力を伴ったその終局的表現にあって、それは最早利己的な諸目的へ固有のものとされない。またその善は、外なる面で利己的な諸々の動機をもって汚染されるべきでもない。却ってそれらは、如何なる利己的あるいは世俗的な動機も伴わず仁愛と仁愛からの信仰の諸々の業において主に帰されるのである。

第 23 章

23. そして主はモーセに語って、曰く、

23. 主から神的真理により啓示が存在し以下を与える、即ち覚知、

24. イスラエルの子供らに語れ、曰く、第7の月に、その月の初日に、汝らへの厳粛な安息、喇叭吹きの記念日、聖なる召集が在るものとする。

24. そして教示を**霊的教会**人に。そこから彼は以下を覚知する、即ち、信仰の状態、あるいは善に導く真理の状態が善の内への真理の植え付けにより終結に至るとき、聖なる平安の状態が後続し、主からの啓示と善の下での諸真理の再配列を伴うのである。

25. 汝ら決して卑しい仕事を行わぬものとする。そして汝ら火により為された主への奉納を奉納するものとする。

25. そしてその結果、霊的葛藤と、利己的及び世俗的な愛からの行動との静止である。そして同時に純粋な天界的な愛からの主礼拝が存在する。

26. そして主はモーセに語って、曰く、

26. 主から神的真理により啓示が存在し、以下の覚知を与える、

27. 然しながらこの第7の月の十日目に贖いの日あり。それは汝らに聖なる召集とし、汝らは汝らの魂を悩ますものとする。そして汝らは火により為された主への奉納を奉納するものとする。

27. 即ち、真理が善の内に植え付けられるとき、悪の完全な除去もまた存在し、善の下での諸真理の再配列と、人間は自身からは悪以外の何者でもないと言うことの告白を伴っていること。しかしまた、主から、彼はこの御方を純

第23章

粋な愛から礼拝できる事である。

28．そして汝らその同じ日＊5に些かも仕事は行わぬものとする。何となればそれは贖いの日であり、主なる汝らの神の御前に汝らのために贖いを為す故。

28．よってそれ故、その状態で耐えるべき試誘は何もない、なぜならそれは、善と真理双方について主からの、外なる人と内なる人との和解であり、

29．それが何の魂であれその同じ日＊5に悩まされぬなら、彼は彼の民から絶たれるものとする。

29．しかし仮にその状態で如何なる者も、人間は彼自身からは悪以外の何者でもない事を承認する気質でなければ、彼はそのために当面教会から分離されねばならない。

30．そしてそれが何の魂であれその同じ日＊5に如何なる仕事も行うなら、その魂を我は彼の民の中から破壊せん。

30．また仮に如何なる者も全般的に教会のその状態で霊的葛藤に取り組んだり、世俗的並びに利己的な諸動機から行動するなら、嚊かし彼は分離されるに違いない。

31．汝ら些かも仕事は行わぬものとする。それは全ての汝らの住居＊6における汝らの代々に亘る永久の法令＊7である。

31．何となれば人間は再生の進捗にあって、当然ながら利己的並びに世俗的な諸動機から行動すべきでなく、そしてこれは、外なるそして内なる人＊9双方について、そしてまた凡ゆる個別的な状態について、真実である。

第 23 章

32. それは汝らに厳粛な安息の安息日とし、汝らは汝らの魂らを悩ますものとする。その月の九日目に夕に、夕から夕へ、汝らは汝らの安息日を守るものとする。

32. そしてこの状態では天界的な安息と平安の或る予感と、人間は彼自身からは悪以外の何者でもない事の衷心からの承認が存在する。そしてこれは、前の状態から新しい状態への変化の中から上がってくる不明確さにおいて、信仰と仁愛との結合が正に生じるとき結果を齎すのである。何となれば不明確さの諸状態は、主にあっての安息と平安の諸状態に先行せねばならないから。

33. そして主はモーセに語って、曰く、

33. そして更に、主から神的真理により啓示が存在し以下を与える、即ち覚知、

34. イスラエルの子供らに語れ、曰く、この第7の月の15日目に、七日の間主への諸々の仮庵の祭りが在る。

34. そして教示を**霊的教会**人に。そこから彼は以下を覚知する、即ち、真理の内への善の植え付けである処の善の内への真理の植え付けに新しい状態が後続しなければならず、それが主からの再生の業の集大成であること。

35. 初日には聖なる召集が在るものとする。汝ら決して卑しい仕事を行わぬものとする。

35. そしてここから、善の下での諸真理の新たな配列と、凡ゆる利己的及び世俗的な動機の最終的な拒絶の許で諸試誘の終わりが在り、

第 23 章

36. 七日間汝(なんじ)らは火により為された主への奉納を奉納するものとする。八日目(ようか)には汝らへの聖なる召集が在(あ)るものとする。そして汝(なんじ)ら火により為された主への奉納を奉納するものとする。それは厳粛な集会である。汝(なんじ)ら決して卑しい仕事を行わぬものとする。

36. 純粋な愛からの主礼拝の聖なる状態を内包している。即ちその新たな状態における善の下(もと)での諸真理の再配列であり、意志と同じく理解についてもその様な聖なる礼拝に属し、そしてまた外なる人における善の下(もと)での諸真理の秩序ある配列でもあり、正にそこでの利己的及び世俗的な諸動機の拒絶もまた伴っているのである。

37. これらは主の諸例祭*1であり、それらを汝らが聖なる諸々の召集と宣(せん)するものとし、火により為(な)された主への奉納、全焼の奉納と、穀物の奉納、犠牲と、飲み物の諸奉納を、各々それ自らの日に奉納する為(ため)である。

37. そしてこれらは、最も全般的あるいは普遍的状態に含まれた、全般的に再生において善を固有のものとする事が従属している諸状態である。それは凡ゆる者の許(もと)で秩序に従って起こり、それの中で諸真理の新たな配列が以下のために生じるのである。即ち、十全なる聖別による純粋な愛からの主礼拝のため、主の承認による内的善を固有のものとする為(ため)、そして状態に従って霊的真理を固有のものとする為(ため)である。

38. 主の諸々の安息日とは別に、そして汝(なんじ)らの諸々の贈り物とは別に、そして全ての汝らの諸誓(なんじ)

38. 最も全般的あるいは普遍的な状態を別にして、以下の承認である、即ち、善は主からのもので

第 23 章

願とは別に、そして全ての汝らの随意の諸奉納とは別に、それらは汝らが主に与えるところのものである。

39. 然しながら第7の月の 15 日目に、汝らが地の諸々の実りを取り入れたとき、汝らは主の祭日を七日間守るものとする。初日に厳粛な安息〔日〕が在るものとし、八日目に厳粛な安息〔日〕が在るものとする。

40. そして汝らは汝らに初日に立派な木々*13 の実、諸々の棕櫚の枝々*14 と、諸々の大木*13 の諸々の大枝と、小川の諸々の柳を取るものとする。そして汝らは汝らの神なる主の御前で七日間祝うものとする。

41. そして汝らはそれを主への祭日として年に七日間守るものとする。それは汝らの代々における永久の法令*7 である。汝ら第7の月にそれを守るものとする。

ある事。人間は諸真理の内に確固とされて良い事。そして主礼拝は、善全てがこの御方に帰すことにおいて全く自由の状態からのもので在らねばならない事。

39. よってそれ故仁愛と結合した信仰の十全さのこの最終的な新たな状態で、善の諸々の業において実り多く為される時、成就と聖性全てにおいて心の嬉しさと喜びが存在し、最低の諸原理から最高の諸原理まで絶えず更新され平安と安息の諸状態を伴う。

40. それ故また、この状態において、以下が存在する。諸真理、即ち霊的、合理的、自然的、そして感覚的な諸真理からの善の全種類の享受。そしてまた心とそれに連結した理解から、主にあって祝うことの十全かつ聖なる状態である。

41. そしてこの状態は、**外なる諸々のものに就いてと内なる諸々のもの双方に就いて**、再生した人間の許での永続する聖なる状態であるはずである。然り、それは再生の諸状態の集大成であ

第 23 章

り、信仰による承認から始まり愛からの享受に帰結するのである。

42. 汝ら七日間諸々の小屋*15に住むものとする。イスラエルにおける生粋の全ての者は諸々の小屋*15に住むものとする。

42. そして実にこれは、凡ゆる度の教会人、即ち善の内に確立された処の、内なる教会人と外なる教会人の天的な状態である。

43. 汝らの代々が、我がイスラエルの子供らを諸々の小屋*15に住まわせた事、そのとき我が彼らをエジプトの地の中から連れ出したことを知るためである。我は主、汝らの神なり。

43. 斯くて凡ゆる者は以下の事を知って良いであろう。即ち主からの善の聖なる状態は**霊的教会**人に属するものであり、そのとき彼はその御方により単なる自然的な人の束縛から救われるのである。それは彼が、永遠に至る善と真理の結合により、心と理解においてその御方を承認するためである。

44. そしてモーセはイスラエルの子供らに主の諸例祭*1を布告した*16。

44. そしてそれは神的摂理のものであり、啓示が再生のこの聖なる過程に関し為され、その中で善が聖言における喜びと嬉しさの許に固有のものとされるのである。

522

第 23 章

参照と注解

1. これは明らかである、なぜならイェホヴァにより御自身の愛についての神的存在が示されているからである(2001)。語ることにより流入が示されている(2951)。モーセにより神的真理、あるいは聖言が表象されている(7010)。そして曰く、により覚知が示されているからである(1791, 1822)。

2. イスラエルの子供らに語り彼らに言うことは、**霊的教会**人がそこから見極めるところの彼らへの教示を示している(10355, 3654, 1791#, 1822)。主の諸例祭は再生する生命の後続する諸状態を示している(9294)。それらを聖なる諸々の召集と宣することは、その下で全ての諸真理がそれらの善に従い秩序立てて配列されるところの、を示している(7891)。そして「正にこれらは我が諸例祭なり」は、神的秩序に従うこと、を示している(5288#, 37#, 10133#)。

3. 六日間仕事が行われるものとする事は、悪に対する葛藤の諸状態が先行しなければならない事を示している(8888)。七日目が厳粛な安息の安息日であることは、全般的に安息と平安の諸状態が後続することを示している(84, 8889)。聖なる召集は、その中にあって全ての諸真理が善から秩序立って配列されることを示している(7891)。些かも仕事を行わぬことは、そのとき人間は利己的な諸動機から行動もしないし、諸試誘を堪え忍ぶことも無いことを示している(8890, 8888)。「それは主への安息日である」は、善が主から自由に喜ばしく受け入れられる事を示している(8889, 2001)。そして「全ての汝らの住居における」は、凡ゆる個別的な状態についてを示している(471)。

4. これらが主の諸例祭であり、汝らがそれらの定めの時季に宣するものとする処の正に聖なる諸々の召集であることは、全般的な状態が従属している事柄を内包し(9294)、そこでは善の下での諸真理の配列が存在し(7891#)、

そしてそれを人間は連綿と秩序立てて実現することを示している（5288, 37#, 10133）。

5. 第1の月、その月の 14 日目で夕に、が、主の過越であることは、初めの従属する状態が主による悪からの救いの一つであることを示している(7867)。第1の月、その月の 14 日目は、愛からの信仰の状態が優勢であり、聖性の状態が随伴しているときを、示している(859, 7900)。そして夕に、あるいは夕方〔複数〕との間は、意志と理解双方について神的真理への服従を介している事を示している、なぜならそれは単に利己的な愛の支配の目的であり、主の御旨への従順の始まりだからであり(7844)、又なぜなら語られた従順は、意志から発出し、理解により案内されるからである(8750[3])。

6. 同じ月の 15 日目は、その新たな状態において、を示している(8400, 9296[5])。種なしパンの祭日は諸々の虚偽からの純化を示している(9287, 9294)。そして七日間種なしパンを食べることは、それの結果聖性の更なる状態を示している(716)。食べることは適宜に善を固有のものとする事を示している(2187)。

7. 初日に聖なる召集が在り、決して卑しい仕事を行わぬことは、それに於いては真理の諸知識は初めに善の下で配列され、その間試誘は存在しない事を示している(7891, 8888, 8890)。

8. 火により為された主への奉納を七日間奉納することは、主はそのとき善から自由に承認されることを示している(923#, 10055, 716)。七日目に聖なる召集が在ることは、諸真理の更なる完全な配列を示している(7891)。決して卑しい仕事を行わぬことは、試誘からの一層崇高な自由を示している(8888, 8890)。そして継続は、七日間生け贄をすることにより示されている。なぜなら 7 は聖性と安息と平安のみならず、十全さと成就をも示しているからである(10127)。

第23章

9. これは明らかである、なぜならイェホヴァにより御自身の愛についての神的存在が示されているからである(2001)。語ることにより流入が示されている(2951)。モーセにより神的真理、あるいは聖言が表象されている(7010)。そして曰く、により覚知が示されているからである(1791, 1822)。

10. イスラエルの子供らに語りそして彼らに言うことは、**霊的教会人**への教示を示している(10355, 3654, 1791#, 1822)。主により与けられた地の中に来たり入りそれの収穫を刈り入れることは、諸真理が善の内に、再生する生命の第2の従属した状態の内に植え付けられ始めるときを示している(9294#, 3705)。収穫の初穂の束を祭司へ持参することは、そのとき諸真理は自発的従順の原理から秩序立って共に集められ、それが主からである事が承認されることを示している(995#, 10083)。

11. 嘉納されるよう束を主の御前に揺らすことは、善から人間の霊的生命は活気付けられるか主により活動的にされる事を示している(9295)。嘉納されることは、彼の礼拝が主に心地よく容認されることを示している(9506)。安息日の翌日に束を揺らすことは、善による真理の活気付けが絶間ない安息と平安の状態にあって包まれることを示している(84, 8889, 3998, ヨハネ14: 27, 16: 33)。

12. 束が揺らされる日に当歳の無傷の牡の子羊を主へ奉納することは、善のこの最初の状態では主は無垢の状態から礼拝され、そこでは真理は善の器として承認され、虚偽と悪全ては取り除かれ、そして主の奉仕に対し聖別の十全さが存在することを示している(3994, 725, 7837, 7839, 349, 923)。

13. 穀物の奉納が油を混淆した10分の2エファの精製した小麦粉であることは、この状態において、残りのものを介した十全さにあって、真理と結合した善の受け入れが包摂されている事を示している(2177, 5194, 576)。宥めの香りのための火により為された主への奉納は、主からの純粋な愛の働きにより安息と平安のスフィアと言う結果を齎し、そこからそれ自身を外な

る面で流し、顕示している事を示している(10055, 10054)。そしてそれの飲み物の奉納が葡萄酒から4分の1ヒンであることは、理解にあって善と結合した真理の外的な状態が存在し、それによって教義が高揚され霊的になる事を示している(10137, 10262, 4581[5], ヨハネ 2: 1〜11)。

14. パンも焙った麦も新しい穂もこの全く同じ日まで食べぬことは、善のこの初めの状態が起こるまでは、善は内なる面でまた善と真理の情愛は外なる面で固有のものとされ得ないことを示している(5212, 9295)。汝らの神の捧げ物を持参することは、主が先ず真実に承認されるときを示している(349, 923)。そしてそれが汝らの代々に亘り汝ら全ての住居における永久の法令であることは、それがその個別的なものらに就いて永遠への、再生の継続的な前進のため、そして霊的生命の受け入れのための外なる基であることを示している(7884, 9845, 471)。

15. 数えることは諸状態の性質を検証することを示している(10217)。揺らしの束を持参することは、善の内への真理の植え付けの進行の状態の初めを示している(9294, 9295)。翌日は、永続的かつ連続的であるものを示している(3998)。束を揺らすことは活気付けを示している(10083)。そして七つの安息日が成就されることは、悪と過失に対する勝利と、安息と平安の聖なる状態を示している(716, 8889, 8890)。

16. 七回目の安息日の後翌日へ50日の数を定めることは、善について内なる面のみならず、植え付けのための諸真理の十全な状態について外なる面でも永続的な前進を包摂している事を示している(2252, 3998)。そして新しき穀物の奉納を主に奉納することは、そのような植え付けが中に生ずるところの真理と結合した内的な善と、斯くも主が礼拝の新たな状態で更に十全に承認されることを示している(2177, 349)。

17. 汝らの住処から10分の2エファの揺らしのパン塊二つを持ち出すことは、それで人間は、残りのものを介して主により活気付けられた真理と結

第23章

合した善の情愛から、彼が行動することを、実に彼自身からの如くに覚知することを示している(9295, 5194, 576)。それらが精製された小麦粉からのものである事は、理解において善からの真理の純粋な状態が存在することを示している(2177)。それらがパン種と共に焼かれることは、それが諸試誘における勝利を介して獲得されたことを示している(8496, 7906)。そしてそれらが主への初穂のためである事は、それが真理の愛を介した善の実現化へ向けた前進である事を示している(9295, 10083)。

18. パンと共に子羊7匹を差し出すことは、それ故今や、主は天的な内奥の善の働きから承認されることを示している(349, 10132)。7匹は聖なる状態を示している(716)。当歳は十全の状態を示している(7839)。無傷は虚偽から免れている事を示している(7837)。若い去勢牛1頭と牡羊2匹は、外なるそして内なる人における無垢の善を示している(9391, 10042)。2匹は結合を、斯くて内なる人の側では主について、協働を示している(5194)。全焼の奉納はその結合による十全なる聖化を示している(10053)。穀物の奉納と飲み物の諸奉納は、内的な善についてと真理について、及び外的な真理と善双方についてを示している(2177, 10137)。火により為された奉納は、主の人間への純粋な愛を介して御自身からのものであると承認されている全てを示している(10855)。そして主への、宥めの香り、あるいは安息の匂いは、安息と平安の更なる状態へ帰結することを示している(10054)。

19. 浄罪の奉納のために牡山羊1匹が奉納されることは、また、悪と虚偽全ては主により真理や信仰を手段として取り除かれる、と言うこの状態での承認が存在することを示している(4169, 725, 3400)。そして平安の諸奉納の犠牲のための当歳の牡の子羊2匹は、それの真理において、内なるそして外なる人での十全さにおいて、無垢の善全ては主から受け入れられ、それは完全な自由にあって主が礼拝される為である事を示している(349, 10132, 5194, 725, 7839, 10097)。

20. 祭司がこれら全ての物を揺らすことにより、斯くて人間の生命全体が

内なる面での善について、そして外なる面での善について、主により活気付けられるか活動的にされるか、あるいは刺激されることが示されている(9295, 10083, 10079)。束の揺らしは善の内への真理の植え付けの始まりを示し、初穂のパンの揺らしはその様な植え付けの十全さを示している(11節、20#, 9223)。そしてそれらが祭司のために主へ聖なるものであることは、主が人間により固有のものとされた善全ての源泉であると衷心から承認されることを示している(8042#, 2187#, 6148⁷)。

21. その同じ日に宣告を為すことは、結果、その状態において主から十全な啓示が存在することを示している(8802#, 8815)。聖なる召集が在ることは、善の下での諸真理の完全な配列を示している(7891)。如何なる卑しい仕事も行わぬことは、試誘*17の静止を示している(8890, 8888)。そして全ての汝らの住居における汝らの代々に亘る永久の法令は、主礼拝における利己的及び世俗的な諸動機から行動する気質全てが消滅したことを示している(7884, 471, 9845)。

ここで以下のことに注意されよ、即ち、14節の最後では「代々」が「住居」の前に来ていて、全般的な諸状態から個別的な諸状態までの進歩を指し示しており、本節では順序が逆であって、真理が十全に善の内に植え付けられると、そのとき人間は全般的なものらの下で秩序だった配列における個別的なものらの内に在ると言うことである。

22. 収穫が刈られるときに野の隅々を刈り尽くさず、また落ち穂を集めぬことは、今や、真理が善の内に植え付けられるとき、内なる面で十全なる力を伴ったその終局的表現にあっては、それは最早利己的な諸目的へ固有のものとされず、これは外なる場合でも然うである事を示している(9295, 10669, 3310, 6188#, 9494, 9273, 9146, 第19章9節)。そしてそれらが貧しき者と余所者のために離れられ、主が神であることは、却ってそれらは、如何なる利己的あるいは世俗的な動機も伴わず、仁愛と仁愛からの信仰の諸々の業において主に帰されることを示している(4955, 10669, 2146#, 2001, 7192, 第19章10節)。

23. これは明らかである、なぜならイェホヴァにより御自身の愛についての神的存在が示されているからである(2001)。語ることにより流入が示されている(2951)。モーセにより神的真理、あるいは聖言が表象されている(7010)。そして曰く、により覚知が示されているからである(1791, 1822)。

24. イスラエルの子供らに語って曰く、は**霊的教会**人がそこから覚知するところの彼らへの教示を示している(10355, 3654, 1791#, 1822)。第7の月に、その月の初日に厳粛な安息が在ることは、信仰の前進する状態、あるいは善に導く真理の状態が、善の内への真理の植え付けにより終結に至るときを示している(851, 893, 894)。厳粛な安息または安息日は、聖なる平安の状態が後続することを示している(851)。喇叭吹きの記念日は、主からの啓示を示している(8802, 8815, 6888, 8620)。そして聖なる召集は善の下での諸真理の再配列を示している(7891)。

25. 決して卑しい仕事を行わぬことは、霊的葛藤と、利己的及び世俗的な愛からの行動との静止を示している(8888, 8890)。そして火により為された主への奉納は、同時に純粋な天界的な愛からの主礼拝を示している(10055)。

26. これは明らかである、なぜならイェホヴァにより御自身の愛についての神的存在が示されているからである(2001)。語ることにより流入が示されている(2951)。モーセにより神的真理、あるいは聖言が表象されている(7010)。そして曰く、により覚知が示されているからである(1791, 1822)。

27. 第7の月の十日目が贖いの日であることは、真理が善の内に植え付けられるとき、悪の完全な除去もまた存在することを示している(2075, 10042・*III*)。それが聖なる召集であることは、善の下での諸真理の再配列を示している(7891)。魂を悩ますことは、人間は自身からは悪以外の何者でもないと言うことの告白を示している(1937, 1947)。そして火により為された主への奉納は、主から、人間は純粋な愛から礼拝できる事を示している

第23章

(10055)。
　ここで所与の参照において以下の事に注意されたい。即ち、魂を悩ますことは、自己強制を意味するものと明示されている。しかしそれにも拘らず、この自己強制が、それ〔魂〕の許に予備段階として、人間は彼自身からは悪以外の何者でもなく、彼自身からの如く主の諸命令を守ることによりこの御方から善を行い得るのみであると言う告白を齎すことは明白である。斯くて、「汝らは汝らの魂を悩ますものとする」の表現は、内意においては、人間は彼自身からは悪以外の何者でもないと言う告白を含んでいるのである。そしてそれは又1937[1]で語られた真の卑下を含んでおり、それ無しでは人間は適切に告白を為すことは出来ないのである。

　28. 同じ日に如何なる仕事も行わぬことは、それ故その状態で耐えるべき試誘は何もないことを示している(8888, 8890)。そしてそれが、主なる汝らの神の御前に汝らのために贖いを為すための贖いの日であり、それが善と真理双方について主からの、外なる人と内なる人との和解であることを示している(10042・*III*, 683[#], 2001)。

　29. 何の魂であれその日に悩まされぬなら彼の民から絶たれることは、仮にその状態で如何なる者も、人間は彼自身からは悪以外の何者でもない事を承認する気質でなければ、彼はそのために当面教会から分離されねばならない事を示している(1937, 1947, 10042・*III*., 5302, 1259)。

　30. 何の魂であれその日に如何なる仕事も行うなら彼の民の中から破壊されることは、仮に如何なる者も全般的に教会のその状態で霊的葛藤に取り組んだり、世俗的並びに利己的な諸動機から行動するなら、嘸かし彼は分離されるに違いないことを示している(8888, 8890, 5302, 1259)。

　31. 些かも仕事は行わず、そしてそれが汝らの代々に亘る永久の法令であること、云々は、人間は再生の進捗にあって、利己的並びに世俗的な諸動機から当然ながら行動すべきでなく、そしてこれは外なるそして内なる人、そ

してまた凡ゆる個別的な状態双方について真実であることを示している(8888, 8890, 7884, 471, 9845)。

32. それが厳粛な安息の安息日であることは、この状態において天界的な安息と平安の或る予感が存在することを示している(851)。魂を悩ますことは、人間は彼自身からは悪以外の何者でもない事の承認を示している(1937, 1947, 27節)。その月の九日目に夕に、夕から夕へ、安息日を守ることは、これは前の状態から新しい状態への変化の中から上がってくる不明確さの中で、信仰と仁愛との結合が正に生じるとき、結果を齎す事を示している。何となれば不明確さの諸状態は主にあっての安息と平安の諸状態に先行せねばならないからである (2075, 7844, 851)。

33. これは明らかである、なぜならイェホヴァにより御自身の愛についての神的存在が示されているからである(2001)。語ることにより流入が示されている(2951)。モーセにより神的真理、あるいは聖言が表象されている(7010)。そして曰く、により覚知が示されているからである(1791, 1822)。

34. イスラエルの子供らに語り、曰くとは、**霊的教会**人がそこから覚知するところの彼らへの教示を示している(10355, 3654, 1791#, 1822)。この第7の月の15日目に、諸々の仮庵の祭りが在ることは、新しい状態が真理の内への善の植え付けであるところの善の内への真理の植え付けに後続しなければならず、それが主からの再生の業の集大成である事を示している(9294, 9295, 9296⁵, 716)。

35. 初日が聖なる召集であり、決して卑しい仕事が行われぬことは、ここから善の下での諸真理の新たな配列と、凡ゆる利己的及び世俗的な動機の最終的な拒絶の許で諸試誘の終わりが存在することを示している(7891, 8888, 8890)。

36. 「七日間汝らは火により為された主への奉納を奉納するものとする」

第23章

は、純粋な愛からの主礼拝の聖なる状態を示している(716, 10055)。八日目が聖なる召集であることは、その新たな状態における善の下での諸真理の再配列を示している(9296⁵, 7891)。再び火により為された主への奉納を奉納することは、意志と同じく理解についても、斯くて相互的であるところの、聖なる礼拝を示している(9296⁵)。「それは厳粛な集会である」は、外なる人における善の下での諸真理の秩序ある配列を示している(7891)。そして決して卑しい仕事を行わぬことは、正にそこでの利己的及び世俗的な諸動機の拒絶を示している(8888, 8890)。

37. これらが主の諸例祭であることは、これらが全般的に再生において善を固有のものとする事が従属している諸状態を示している(9294)。それらが聖なる諸々の召集と宣されることは、それの中で諸真理の新たな配列が生じることを示している(7891)。火により為された主への奉納を奉納することは、純粋な愛からの主礼拝を示している(10055)。全焼の奉納は十全なる聖別を示している(10053)。穀物の奉納と犠牲は、主の承認により内的善を固有のものとする為を示している(2177, 4581, 10079 終わり)。そして各々それ自らの日における飲み物の諸奉納は、状態に従って霊的真理を固有のものとする為を示している(10137, 10262, 4581⁵, 487)。

38. 主の諸々の安息日とは別に、は、最も全般的あるいは普遍的な状態を別にして、を示している(84, 8889)。諸々の贈り物は、善は主からのものである事の承認を示している(5619)。汝らの諸誓願とは別に、は、人間は諸真理の内に確固とされて良い事を示している(3880#)。汝らの随意の諸奉納とは別に、は、主礼拝が全く自由の状態からのもので在らねばならない事を示している(3880#, 10097)。そして主へ与えられるものは、善全てがこの御方からのものである事の承認を示している(5619)。

39. 第7の月の15日目は、仁愛と結合した信仰の十全さの最終的な新たな状態を示している(9294, 9295, 9296⁵, 2044#, 851#)。取り入れられた地の諸々の実りは、信仰と仁愛が善の諸々の業において実り多く為されるときを

示している(7690)。主の祭日を七日間守ることは、成就と聖性全てにおける心の嬉しさと喜びを示している (9286, 9287, 2044#, 716)。そして初日が厳粛な安息〔日〕であり、八日目が厳粛な安息〔日〕であることは、真理と善のそして善と真理との相互的な結合を介して、最低の諸原理から最高の諸原理まで絶えず更新される平安と安息の諸状態を示している(84, 8889, 9296 5))。

40. 初日に立派な木々の実、諸々の棕櫚の枝々、諸々の大木の諸々の大枝と、小川の諸々の柳を取ることは、この状態において、諸真理、即ち霊的、合理的、自然的、そして感覚的な諸真理からの善の全種類の享受が在ることを示している(9296 6))。そして汝らの神なる主の御前で七日間祝うことは、心とそれに連結した理解から主にあって祝う事の十全かつ聖なる状態を示している(2001, 2044#, 716)。

41. それを主への祭日として年に七日間守ることは、この状態は永続する聖なる状態であるはずの事を示している(2044#, 716)。汝らの代々における永久の法令は、外なる面で永続的である事を示している(7884)。そして第7の月にそれを守ることは、内なる面で永続的である事を示している(851#)。第7の月はまた、再生の諸状態の集大成が信仰による承認から始まり愛からの享受に帰結することを示している(851#)。

42. 七日間諸々の小屋に住む事と、イスラエルにおける生粋の全ての者が諸々の小屋に住むことは、実にこれが凡ゆる度の教会人、即ち善の内に確立された処の、内なる教会人と外なる教会人の天的状態であることを示している(9296 6))。

43. 「汝らの代々が、我がイスラエルの子供らを諸々の小屋に住まわせた事、そのとき我が彼らをエジプトの地の中から連れ出したことを知るためである。我は主、汝らの神なり。」は、斯くて凡ゆる者は以下の事を知って良いであろう。即ち主からの善の聖なる状態は**霊的教会**人に属するものであ

り、そのとき彼はその御方により単なる自然的な人の束縛から救われるのである。それは彼が、永遠に至る善と真理の結合により、心と理解においてその御方を承認するためである事を示している(9296⁶, 8866, 2001, 9845)。

44. モーセがイスラエルの子供らに主の諸例祭を布告することは、それは以下の神的摂理のものであり、啓示が再生のこの聖なる過程に関し為され、その中で善が聖言における喜びと嬉しさの許に固有のものとされる事を示している(7010, 3654, 10355, 9294, 2187)。

　本章の主題を考察し始める上で四つの事柄が先ず想起されて宜しかろう。即ち、その字義における聖言、それが構成されている処の諸々の照応、包含される内意、そしてその中で記述されている諸状態の人間の実際の経験である。聖言は今まで書かれた他の凡ゆる書物とは特異である。なぜならそれは照応の諸表現により厳格に構築されており、それらは、それらの組み合わせから帰結した集合的な意味が完全な系列の中で内なる又は霊的な意味を形成していると言うような方法で、配列されているものだからである。そしてそれは、恰も字義が霊的意味を生み出しているかの如くに斯く外観されるかも知れない。しかしこの外観を確固とすることは間違っているであろう。何となれば事実は、外なる又は字義的な意味を生み出すものは主からの聖言の内意だからであり、主が御自身の神的愛から、御自身の神的知恵により、霊界での全てのものを、そしてそこから自然界での全てのものを生み出し、自然的には後者を前者に斯くも照応せしめている事に比較される。そしてこの点に従い聖言について考えれば、神的な御業は正しく創造であり、如何なる点においても人間の所産ではないと言うことを我々は理解するのである。それは単純に且つ現実においても、終局的な形における神的知恵、あるいは神的真理である。それでこれから以下のことが後続する、即ち聖言は終局的な形における神的人間性であり、それは終局的な形における本質的な神的生命あるいは**愛**と同じものであることだ。そして更に、有限な人間性の生命は

必然的に**無限**、斯くて神的人間性の生命からのものであるため、聖言が謂わば正にその性質から、有限な人間らの彼らの再生における全ての状態を記述している事が斯く避けられぬかを我々は理解する。それ故凡人の生命とその変遷を、聖言が記述する以上に完全に記述し得るものは何も無かろう。そしてここで我々は、人間の全般的な経験に従い、再生中の人間の許に葛藤と安息の交互の状態が存在することを、それから学ぶのである。しかし字義から、葛藤の諸状態が安息の諸状態の6倍多いと想像すべきではない。何となればここでは霊的に、諸々の数は諸状態の性質を示しており、それらの量ではないからだ。約言すれば、6は単純に闘争を意味し、7は安息を意味する。そして聖言では、もし紙面が許されれば明示されるだろうが、6と7双方とも異なる点での十全さと成就を示しているのである。斯くて問題の章では、6は葛藤の全ての諸状態を、そして7は安息の全ての諸状態を概括して示しており、それ故ここから、人間の全般的な状態を彼の個別的な諸状態とは区別されたものとしているのである。単に字義から由来した観念に甘んぜず、これに気付くことが重要である、然もないと我々の内意の諸覚知が混乱を来すものとなる。

　しかし我々はここで、安息日が聖なる召集と呼ばれており、字義においては嘗てまた依然今も正しく聖なる召集であることに気付く。然しながら霊的には、この観念は消え失せ、主による善の状態の下での諸真理の秩序の中への配列と、我々は理解すべきである。何となれば善によって全ての諸真理が結合されるからであり、善から諸真理はそれらの生命と活動を持ち、そして諸真理における善に従って人間の性質が存在するからである。そしてそれが「全ての汝らの住居における主への安息日である」と言われている理由である。何となれば人がその家に住む如く、善は真理に住むからである。そして或る人間の個別的な善は他者のそれと異なり、彼の真理もまた然りである。

　しかし全般的な状態は従属するそれらのことを包摂しており、第1に自然的には主による悪からの救いである。そしてこれは、全体としての人類へ、そして各個人へのそれの適応について考察されて良かろう。全ての人間は、主の人間性の装いにより買い戻されて、それにおいて人間を束縛に置くところの地獄の諸々の力に打ち勝ち、斯くて丁度そのとき、失われ掛けていた

第 23 章

善悪の選択の自由を彼に保つのである。「失われ掛けていた」と言われるのは、そのとき人間の許での悪の力が絶対的に優勢に成り始めていたからであり、それでもし主が買い戻しを為された丁度そのときに結果を齎さなかったなら、人類は滅びていたであろう。何となれば人間の安全は善悪の間、あるいは天界と地獄の間の均衡(きんこう)に依存し、選択の自由にあって彼が属する処(ところ)のものによるからである。そして然(しか)るべく考察すれば、以下は明白である。即ち、主の来臨のとき、またこの偉大な買い戻しが成就されていた間、健全な精神の全ての人間は彼らの選択を為(な)す自由を持ち、強(し)いて悪を選択させられる事はなかった。例えば、バプテスマのヨハネの教えは、もし彼に聞く人々が悔(く)い改める力を持たなかったなら、あるいはマタイ 7 章における主の教えは、全般的に仮(かり)にも人間らがそのとき自由の内にいなかったなら、それらの役立ちは何であったろうか。よって人間の自由は絶対的に失われることは今まで決して無かったし、今後も決して無いのである。

しかし全般に於けるのと同じく凡ゆる個人に於いてもまた悪からの救いが存在しなければ成らない。そしてこれは、人間の協働を介して主により結果を齎(もたら)すのである、なぜなら自由とは協働するか否か選ぶことによって成り立つからである。さて個人の場合、この自由意志(こうし)の行使、あるいは自由な決断は過越(すぎこし)の祭りの制定の記事において表象されており、個別的には子羊や山羊(やぎ)を選ぶことにより意味されているのである(7833, 7480)。何となればこれらは人間を救うところの、無垢における主からの善を示しており、そしてそれから食べることは、その善を固有のものとする事を示しているからであり(7849～7850)、一方 2 ヵ所の持ち場で振りまかれた動物の血と各々の家の楣石(まぐさいし)は**自然的なもの**における諸真理の先立つ受け入れを意味するからである。然(しか)しながら、それにより我々が個人的に買い戻される方法を叙述するものとして、これら個別的なものをその重要性のみを指摘したいが為(ため)にここで詳述することは出来ない。そして同じ考えは種なしパンの祭りについて言われている全てのものへ適用され、それは再生の過程における個人的な純化を示している。しかしこの主題の研究から、普遍的な買い戻しと各人の個別的(かくじん)かつ実際的な買い戻しが如何(いか)に正確に連関しているかを、我々は明白に理解するかも知れない。そして以下の事もまた気付くよう注意しなくてはならな

第 23 章

い。即ち、悪からの買い戻しや救いとその結果の純化が、常に人間の許に続いており、斯くて後続するだけでなく同時的な諸々の経験でもあること。我々の中で主によって徐々に啓示されているように、我々は悪を行うことを継続的に止めていかねばならず、そして申し分なく然うするように継続的に学んでいなければならない。

　人間の再生における第２の従属の状態は、我々に次なる特別な注意を促すものであり、ペンテコステの祭りにより表象され、そして善の内への真理の植え付けの状態である。しかしこの表現は悪からの救いのそれとして理解するには、全く平易と言う訳ではない。そしてそれは自然的には「如何にして善の内へ真理が植え付けられるべきか」と問われるやも知れない。答えは極めて簡単だ。諸真理は、人間が真理を意志するとき、そしてそれを愛し、行うとき、善の内へ植え付けられるのである。しかしそれを知らずして、如何に我々は真理を意志し、それを愛し、それを行い得ようか。そしてここから、豊作を結ぶために諸真理が恰も地に蒔かれ注意深く栽培されるにあって、教示の状態が先行しなければならない事は明らかである。それ故収穫の初穂は、再生している人間が自ら学んだ諸真理に従う生活で為した、初期の諸々の努力についての極めて的を得た表徴である。勿論、それがこの第２の祭りとの関連でそれが個別的に然う言及されている理由である。若い頃の単なる衝動からではなく、原理の生命を生活し始めることこそが殊の外貴重である。それで我々は大抵真理を学ぶものだが、その時それに従うことに自身を献身するよう常に整っている訳ではない。だがここで、善の内への真理の植え付けが、悪からの救いと共に始まり、永続すべきことを我々は理解するのである。そして各々の従順な行動は正しい方向における一つの段階である。しかしそれが始まる前に、束を揺らすことにより示されている、主のその承認が存在しなければならない。この揺らしは、神的な働きの結果としての、あるいはそれから直接に流れ出る事としての精神の活動である。過越はユダヤのニサンの月の 14 日目であり、安息日は 15 日目であり、そして揺らしは 16 日目であった。斯く我々は人間の生命の諸状態の連続性を理解するのである。我々は、再生の行程にあって我々の従順により善の内へ真理を絶間なく植え付けるべきである。そして我々は、我々の善と真理の諸情愛を主に

第 23 章

奉献する事によりこの御方を斯く礼拝するべきであり、それが子羊の犠牲により、穀物の奉納により、そして飲み物の諸奉納により意味されているのである。しかし我々は、善の内への真理の十全な植え付けを示し且つ印すべき最後を飾る祝祭には未だ到達していない。然うする某かの霊的な数えは存在している。何となれば数えることは我々の諸状態の性質の某かを知ることを意味するからだ。「故に我らに我らの日々の数を定めることを教え給え、我らが我らに知恵の心を得られんために」（詩編 90: 12）。我々全ての状態の性質を知り、我々にそれらを多少なりと把握なさしめ得る御方は、主ただ御一人であられる。そしてこの御方が我々全ての状態を配列なされるのであり、我々には出来ないことである。我々の諸状態もまた、そこへの真理の植え付けによる、善における進捗に依存している。そしてここから更に我々は、以下の隠された理由を覚知するかも知れない。即ち、この個別的な数え、揺らしの繰り返し、そして付加され且つ個別的な諸々の犠牲であり、全ては霊的に理解され、そして「十全な啓示、善の下での諸真理の完全な配列、そして主礼拝における利己的及び世俗的な諸動機から行動する気質全てと諸試誘の静止」〔21 節〕に集大成されるのである。しかしこのセクションを閉じる前に、この祭りにおける新しい穀物の奉納の特徴、即ちパン種と共に焼かれる事について一言話しても良かろう。何となれば祭壇の上に奉納される穀物の奉納は（一般的に）パン種を入れて焼かれてはならない事が指摘されており(7906)、それ故この場合、一般的礼拝式に反し、パン種と共に焼かれた新しい穀物の奉納が在らねばならなかった事は刮目すべきである。何故か？それは、善の内への真理の植え付けの*間*、それによって真理が先ず純粋とされるところの真理と虚偽との闘争が存在することを示すためであるのは明らかである。

そして今、善の植え付けを意味する第 3 の祭りに進む前に、喇叭の祭りと贖いの日が介在し、第 7 の月に丁度三つの事柄が起こることに気付く。然しながら字義においては、何故中間の祝賀がその月に、そして列挙された日々に厳粛に在るべきだったかを瞭然と明示するものは何もない。しかし霊的意義はそれを十全に説明している。第 7 の月は、真理の聖なる状態の集大成を表象しているのは明らかであり、その間善の内への真理の植え付けの業が進

第 23 章

むのである。明らかに、それらの参照はこの事を明示しており、その月の初日と十日目の特徴的な意義もまた然りである。所謂特別な啓示は善の内への真理の十全な植え付けに生じる。そして植え付けは、10 の数により示されている残りのものの十全な状態にあって成就されるのである。またその上、必然的に以下が後続する、即ちそのとき贖いの日により意味されている悪の完全な除去が在り、既に第 16 章の解説で考察されたものに関する個別的な諸事であり、それ故ここで更なる言説がその上に為される必要はない。だが然るべく省察すれば、この完全な啓示と悪の除去は、審判の過程の間、人間の実際の経験に従って生ずる事が明白に理解されて良いであろう。何となれば悪が十全に取り除かれねば、真理が我々の中で善に成りはしないのは確かだからである。そしてここから我々は、個人として『天界と地獄』453〜520 に関する限り、その過程の記述の重要性をも学んで良かろう。

　最後になるが、我々が学んだ如く、真理の内への善の植え付けを意味する第 3 の重要な祭りについて、一つ二つ言うにも僅かな紙面しか残されていない。先ず初めに以下を思い出されよ、即ち、第 2 と第 3 の重要な祭りにより示されている我々の生命の二つの状態は、引き続き生ずる我々自らの意識に従っているのだが、前者においては我々は我々の自然的生命における善の状態を実現していないため　（何となれば自然的な人は未だ霊的な人と一つと成っておらず、そこでは悪と過誤との行動に負っているからである）、依然主からの善の植え付けもまた真理の植え付けと同時的であると言うことが事実である。約言すれば我々は同時に水と霊から生まれている。そして仮にこれを丁度旅するように考えるならば、我々には幾度となく、あるいは我々の多くの状態において大いなる慰めとなろう。我々が最終的に天界で実現するところの善が、我々の人生の極めて早期に主によって我々の内に植え付けられる事に何の疑いも無いのであり、それを選ぶ我々の自由の状態の許では些少の支障の有無は関わらないのである(1555)。

　次に、この祭りは善の植え付けを意味する取り入れの祭りのみならず(9296)、諸々の仮庵の祭りとも呼ばれていた。なぜならそのとき人々は七日間天幕に住むからであるが、それは天幕が家の様である事がその理由である。それ故或る者が天幕に住むことは、真理の内に善が住むこと、別の局面にあ

第 23 章

っては内なる人が外なる人の中に住むことを示している(2268, 3613, 3312)。そこから諸々の仮庵の祭りとして以下が理解されて良かろう。即ちこの祝賀は、善が植え付けられると、その時外なる人が内なる人と一つと成り、善が諸々の終局的なものの中に存在することを現実に示していると言うことである。それ故人をして為さしめよ、正に現世にあって彼の内なる状態を善について外なる状態との調和へ齎すよう弛まず尽力せしめよ。それは凡ゆる十全さにおけるその二つのものの一致が、最後には更に容易に成就するためである。

しかし第3に、立派な木々の、そして個別的には棕櫚の木々の実が、この連関で如何様に言及されているか気付かねば成らない。それは、我々の完全な状態にあって我々が内なる面と同じく外なる面でも、十全さの中で善の全ての種類を如何様に享受するかを明示するためであった。しかし字義的には、周知の如く、棕櫚には枝はなく、それによって膨大な枝様の木の葉が意味されている。然しながらこれは、9296[6] から見られるように、その意義に影響を及ぼさないし、葉の意義からも同様である(885)。それでここから、年間の諸々の祭りについて言われているもの全ての内意の研究から、人間の連続する経験について、そして同時的な主の働きと人間の協働について、人間の生命全体が如何程完全に彼の**再生**に内に含まれているかを、我々は見出すのである。

訳者のノート

＊1. 2, 4, 37, 44 節「諸例祭」。原本 'set feasts'、ヘブル語原文は モーアデー מוֹעֲדֵי 「諸会見」。

＊2. 5節「夕に」。原本 'at even'、ヘブル語原文は「二つの夕の間」。本節を含め一般に「夕」と訳されるヘブル語 エレヴ עֶרֶב は夕焼けのみならず朝焼けをも意味する解釈もあり、その場合「二つの夕の間」は夕方から朝までを意味することになる。

＊3. 6節「祭日」。原本 'feast'、ヘブル語原文は ハグ חַג。

＊4. 12節「汝らが束を揺らす」。原本 'ye wave the sheaf'、ヘブル語原文は「(彼が)汝らに束を揺らしむる」。

第 23 章

* 5. 14, 28~30 節「同じ日」。原本 ' this selfsame day '、ヘブル語原文は「その日の骨」。
* 6. 14, 21, 31 節「住居」、17 節「住処」。原本各々 ' dwellings '、' habitations '、ヘブル語原文は何れもモーシャーヴ מוֹשָׁב。
* 7. 14, 21, 31, 41 節「法令」。原本 ' statute '、ヘブル語原文はホッカー חֻקָּה が用いられている。第 10 章 訳者のノート＊3 を参照。
* 8. 18, 20 節「共に」。原本 ' with '、ヘブル語原文は アル עַל־「～の上に」。
* 9. 18 節「去勢牛」。原本 ' bullock '、ヘブル語原文は パル ベン・バーカール פַּר בֶּן־בָּקָר「牛の群れの子の雄牛」。
* 10. 18, 31 節「外なるそして内なる人」、19 節「内なるそして外なる人」。原本各々 ' the external and internal man '、' the internal and external man '、外なる人と内なる人とが調和した人を意味するものと思われる。
* 11. 19 節「牡山羊」。原本 ' he-goat '、ヘブル語原文は セイール イッズィーム שְׂעִיר עִזִּים「山羊の（毛の）牡山羊」。
* 12. 22 節「余所者」。原本 ' stranger '、ヘブル語原文は ゲール גֵּר。
* 13. 40 節「木々」「諸々の大木」。原本 ' trees '、ヘブル語原文は単数形。
* 14. 40 節「枝々」。原本 ' branches '、ヘブル語原文は「掌（複数形）」。
* 15. 42, 43 節「小屋」。原本 ' booths '、ヘブル語原文は スッコート סֻכֹּת 別訳「仮庵 (tabernacle)」。
* 16. 44 節「布告した」。原本 ' declared '、ヘブル語原文は ダーヴァル דָּבַר「語った」が用いられている。
* 17. 注解 21 節「試誘」。コラムでは複数形。
\# 『天界の秘義』の各々の節には当該内容の記載がないか、参照としては飛躍？

第 24 章

霊的意味の要約

1. 霊的な人の状態に適合した天的愛の善は霊的真理全ての起源であり、それは霊的な王国において永続的に光が存在することを目的とする為である(1~4節)。
2. 天的で霊的な善、換言すれば主への純粋な愛と、隣人への、教会人への愛の顕示について。それらは厳密に区別されるべき事。それらが霊的な葛藤により獲得される事。それらが人間の許でのそれらの諸々の容器の中に存在している事。それらが主からのものであると承認されるべき事。それらがそれらの照応する真理により随伴されている事。そしてそれらが人間により固有のものとされる事(5~9節)。
3. 教会に蔓延り、真理、取り分け神的人間性の教義を冒瀆するところの悪から由来した虚偽に関して。この性格に属する者らが、その間外なる束縛により抑制されること。彼らが審判に来たること。そして彼らは定罪されること(10~14節)。
4. 冒瀆に関して。真理と善に行われた損害に関して。そして悪と虚偽が、それにより、それら自らの罰をそれら自身の上に齎すところの、報いの法則に関して(15~23節)。

各節の内容

1. そして主はモーセに語って、曰く、

1. 主から神的真理により啓示が存在し、以下の覚知を与える、

第24章

2. イスラエルの子供らに命ぜよ、明かりのために打たれた純粋なオリーブ油を彼らが汝に持参するよう、燈を継続的に燃やしむるため。

3. 会見の幕屋で証の垂幕の外に、アロンはそれを夕方から朝まで主の御前に継続的に整えるものとする。それは汝らの代々に亘る永久の法令*1とする。

4. 彼は諸々の燈を純粋な燭台の上に主の御前に継続して整えるものとする。

5. そして汝は精製した小麦粉を取り、それの12個のケーキを焼くものとする。10分の2エファが一つのケーキに在るものとする。

6. そして汝はそれらを2列に、1列に六つ*2、主の御前の純粋

2. 即ち霊的教会人の許に主からの流入が存在し、彼の状態に適合した天的愛の善は、霊的真理全ての起源であり、それは霊的王国に絶間なく光が存在するためである事の承認へ彼を導くのである。

3. 何となればこの光は、不明確さと澄明さの凡ゆる状態において、天的善の働きを介し、天的なものから人間の霊的な度へ流れ入る。そしてこれは正に、再生の行程の間とその後の永遠へ、内なるそして外なる人双方に関係している。

4. 何となれば霊的な度は、継続的に主から、虚偽とは不混合の神的真理の特別な容器であるから。

5. また純粋な天的真理は、内に天的善が顕示されたそれでもあり、そこから霊的な善が霊的な人へ向って引き出され、これを介して天的並びに霊的な諸天界は結合されるのである。

6. しかしそれにも拘らず、霊的善は天的な善と区別され、双方は

第 24 章

な卓上に据えるものとする。

7. そして汝は、覚えのため、正に火により為された主への奉納のためのパンに対し、夫々の列の上に純粋な乳香を置くものとする。

8. 凡ゆる安息日の日、彼はそれを継続して主の御前に秩序立って据えるものとする。それはイスラエルの子供らのため*3であり、恒久の契約である。

9. そしてそれはアロンと彼の子らのためとする。そして彼らはそれを聖なる場所で食べるものとする。何となればそれは、永続する法令*1による火により為された主の諸奉納から彼への最も

十全さ全てにおける諸試誘での勝利を介して獲得される。そしてそれらは**霊的教会**人の許でそれらの容器の中にあり、主からのものであると承認される。

7. そしてこれらの諸善は、全般的には信仰の真理であるところの、それらに照応する真理により伴われるべきである。何となれば真理は善の形あるいは表現であり、それを介して善は絶えず記憶の内に存在する。斯くて主は、愛から、そして結合した信仰により、承認され礼拝される。

8. そして天的並びに霊的双方の善は主から人間へ引き出されている。**人間性**の栄化により、これらは人間の許での神的人間性からのものである。そして天的で霊的な善により教会人は主と永遠に結合を持つ。

9. 斯くて天的並びに霊的な人双方は、聖性の状態で主から善を固有のものと出来るようになる。何となれば善は天的な人の正に生命であり、真理の内に直接顕示されているから。そして彼は卓絶

第 24 章

聖なるものであるから。

10. さてその父がエジプト人であった、イスラエル人の女の息子が、イスラエルの子供らの中へ出て来た。そしてイスラエル人の女の息子とイスラエル人の男が共に宿営で闘った。

11. そしてイスラエル人の女の息子は濫りに御名を言い、呪った。そして彼らは彼をモーセへ連れて来た。そして彼の母の名はシェロミト、ダン族の、ディブリの娘であった。

した度において、愛から主を承認し、礼拝できるのである。

10. しかしこれに反し単なる自然的な愛の悪から由来した虚偽は、転倒した**霊的教会**では自分本位であり、継続的に教会に蔓延り、その結果葛藤が生じる。

11. 斯くて教会内の諸々の虚偽、あるいは悪からの諸々の虚偽にいる全ての者は、教会の諸真理、取り分け神的人間性の教義を冒瀆し、そしてそれにより彼らは彼ら自身を主に背き、彼ら自身を悪の内に確固とするのである。そしてそれ故この状態にいる者らは神的真理の審判の下に連れて来られ、教会は彼らの許で斯く終わるのである。そしてその様な状態の外なる起源は、諸感覚の諸々の欺瞞からの、また外面的な見かけから物事を判断するところの単なる自然的な人の想像からの、単なる感覚的で形体的な歓喜である。

12. そして彼らは彼を監禁した、彼らへ主の口にて布告される

12. しかしその間、この性格の者らは、完了の状態が到来するま

第24章

為(ため)である。

13. そして主はモーセに語って、曰(いわ)く、

14. 呪った者を宿営の外に連れ出せ。また彼を聞いた全ての者に彼らの手を彼の頭の上に置かしめよ、そして会衆全てに彼を石撃(いしう)ちせしめよ。

15. そして汝イスラエルの子供らに語るものとする、曰く、誰であれ自(みずか)らの神を呪う者は彼の罪を負うものとする。

16. そして主の名を濫(みだ)りに言う者、彼は必ず死に至(いた)らしむものとする。会衆全ては確かに彼を石撃(いしう)ちするものとする。余所者(よそ)*4も同じく生粋(きっすい)の者も、彼が主の名を濫(みだ)りに言うとき、死に至(いた)らしむものとする。

で外なる束縛により抑制される。

13. 主から神的真理により啓示が存在し、以下の覚知を与える、

14. 即ち、悪と虚偽に確固とした者らの実際の性格は、**審判**の過程で判然と成らねばならず、そしてその時、彼らが不従順を介して彼ら自身を然(そ)う確固とし、それで彼らが彼らの生命の結果へ定罪(ていざい)され、また霊的な人により拒絶されることが、神的真理の証(あかし)により証明(あかし)されるのである。

15. そして以下もまた神的真理の証(あかし)である、即ち、邪悪な生命により自身を主から背(そむ)ける凡(あら)ゆる者は、彼自らの選択により荒廃すること。

16. そして特にこれは、真理を冒瀆(もと)する者らの許では事実である。何となれば、この事は彼らが教会の**外なるもの**に属するにせよ**内なるもの**に属するにせよ、結果として彼らは全ての諸真理を剥奪されねばならないから。なぜならその様な冒瀆は内なる面でも外なる面でも蓋(けだ)し持続し得ず、

546

第24章

取り除かれねばならないからである。

17. そして如何(いか)なる人をも死ぬ程(ほど)までに*5打つ者は、必ず死に至(いた)らしむものとする。

17. その試みの状態の間、悪の生命により真理を拒絶する凡(あ)ゆる者もまた、荒廃を被(こうむ)らねば成(な)らない。

18. そして獣を死ぬ程までに*6打つ者は賠償するものとする。命には命を*7。

18. しかしもし如何(いか)なる者も自然的な人における善の生命を破壊するのみなら、彼は利己的な生命の拒絶と、天界的生命の受け入れにより再生可能である。

19. そしてもし人が彼の隣人にあって傷を引き起こす場合。彼が行なった如(ごと)く、それが彼に行われるものとする。

19. またこれに反し仮(かり)に彼が他人における仁愛を破壊するなら、彼もまた彼自身にあってそれを破壊するのである。

20. 裂け目*8には裂け目*8、目には目、歯には歯を。彼が人にあって傷を起こした如(ごと)く、それが彼に然う返されるものとする。

20. そしてこれは、意志について、理解について、そして外面的な生活についてもまた事実である。何となれば悪はそれ自身の上に変わらず罰を齎(もたら)し、虚偽から行動する者は虚偽(こうむ)の結果を被(こうむ)らねばならぬからである。

21. そして獣を屠(ほふ)る*9者は賠償するものとする。また人*10を屠(いた)る*9者は死に至(いた)らしむものとす

21. 外なる人においてのみ善を破壊する者は悔(く)い改めにより再生可能である。他方それを内なる

547

22. 汝らには、余所者*4にも同じく生粋の者にも、一つの律法が在るものとする。何となれば我は主、汝らの神なる故。

22. そして応報のこの法則は教会内外の者らに等しく適用される、何となれば神的善は神的真理に従い毅然と行動するからである。

23. そしてモーセはイスラエルの子供らに語った、そして彼らは呪った者を宿営の外に連れ出し、彼を諸々の石*11で石撃ちした。そしてイスラエルの子供らは主がモーセに命じた如く行なった。

23. それ故また、**審判**において、悪の虚偽と自身とを結合するに任せることにより悪の内にいる者らを、神的真理は拒絶する以外の何事も出来ない。斯くて地獄の生命にいる者らは、神的善からの神的真理へ従順な天界的生命にいる者らから分離されているのである。

参照と注解

1. これは明らかである、なぜならイェホヴァにより御自身の愛についての神的存在が示されているからである(2001)。語ることにより流入が示されている(2951)。モーセにより神的真理、あるいは聖言が表象されている(7010)。そして曰く、により覚知が示されているからである(1791, 1822)。

2. イスラエルの子供らに命ずることは、**霊的教会**人の許への主からの流

入を示している(5486, 3654)。明かりのために打たれた純粋なオリーブ油をモーセに持参することは、状態に適合した天的愛の善は神的真理を手段として主からのものである事の承認を示している(886, 10303, 7010)。明かりのための油もまた、善は真理の起源であることを示している(9296⁵, 9667[#])。そして 燈(ともしび)を継続的に燃やしむることは、霊的王国に絶間なく光が存在する為(ため)である事を示している(9549, 9550, 10200~ 10202)。

3. 会見の幕屋で証(あかし)の垂幕(たれまく)の外に、アロンがそれを夕方から朝まで主の御前(みまえ)に継続的に整えることは、この光が不明確さと澄明(ちょうめい)さの凡ゆる状態において天的善の働きを介し、天的なものから人間の霊的な度(ど)へ流れ入ることを示している(9946, 10200~ 10202, 9670, 3540³, 10133)。そしてそれが汝(なんじ)らの代々(よよ)に亘(わた)る永久(とこしえ)の法令であることは、再生の行程の間とその後の永遠へ、内なるそして外なる人双方に正に関係して、を示している(7884, 7931)。

4. 諸々(もろもろ)の 燈(ともしび)を純粋な燭台(しょくだい)の上に主の御前(みまえ)に継続して整えることは、霊的な度(ど)は継続的に主から虚偽とは不混合の神的真理の特別な容器であることを示している(9548~ 9550, 10133)。

5. 精製した小麦粉を取り、それの 12 個のケーキを焼くことは、純粋な天的真理は内に天的善が顕示されたそれであり、そこから霊的な善が**霊的なものへ**向かって引き出されることを示している(9995, 2177, 2280[#], 3272)。そして 10 分の 2 エファが一つのケーキに在ることは、これを介して天的並びに霊的諸天界が結合されることを示している(2177, 2280)。

6. それらを 2 列に、1 列に六つ、主の御前(みまえ)の純粋な卓上(たくじょう)に据(す)えることは以下のことを示している。即ち、それにも拘(かか)わらず、霊的善は天的な善と区別され、双方は十全さ全てにおける諸試誘(しゅう)での勝利を介して獲得されること。そしてそれらは**霊的教会**人(びと)の許(もと)でそれらの容器の中にあり、主からのものであると承認されること(5194, 9864, 8888, 9545, 2001, 3272)。

第 24 章

7. 覚えのため、正に火により為(な)された主への奉納のためのパンに対し夫々(それぞれ)の列の上に純粋な乳香を置くことは以下のことを示している。即(すなわ)ち、これらの諸善は、全般的には信仰の真理であるところの、それらに照応する真理により伴われるべきである。何となれば真理は善の形あるいは表現であり、それを介して善は絶えず記憶の内に存在する。斯くて主は愛からそして結合した信仰により承認されること(2177, 10177, 6888, 10055)。

8. それを主の御前(みまえ)に凡(あら)ゆる安息日に、秩序立って継続して据(す)えることは、天的並(なら)びに霊的双方の善は主から人間へ引き出されている事を示している(2177, 8886, 8889)。そしてそれがイスラエルの子供らのためであり、恒久(こうきゅう)の契約であることは、人間性の主の栄化により、これ等は人間の許(もと)での神的人間性からのものである事を示している(8886, 8889)。またこれらにより教会人(びと)は主と恒久(こうきゅう)の結合を持つことも示している(665, 666)。

9. それがアロンと彼の子らのためである事は、天的並(なら)びに霊的な人のための善を示している(9946)。彼らがそれを聖なる場所で食べることは、彼らがそれを聖なる状態で固有のものとする事を示している(2187, 3210)。そしてそれが永続する法令による火により為された主の諸奉納から彼への最も聖なるものである事は、善は天的な人の正に生命であり真理の内に直接顕示されている事と、彼は卓絶した度(ど)において愛から主を承認し礼拝できることを示している(10055, 7884, 7931)。

10. その父がエジプト人であったイスラエル人の女の息子は、単なる自然的な愛の悪から由来した虚偽を示している(1147, 3654, 3703[20], 9391[10])。この悪は転倒した霊的教会内の利己性に起源を持っている(3703 終わり、7488)。イスラエルの子供らの中へ出て来ることは、教会人の許(もと)での悪からの虚偽の流入を示している(7124)。そしてイスラエル人の女の息子とイスラエル人の男が共に宿営で闘(たたか)うことは、虚偽の蔓延(はびこ)と葛藤(かっとう)を示している(1571)。

11. イスラエル人の女の息子が濫(みだ)りに御名(みな)を言い呪うことは以下を示して

いる。即ち、教会内の諸々の虚偽あるいは悪からの諸々の虚偽にいる全ての者らは、教会の諸真理、取り分け神的人間性の教義を冒瀆し、そしてそれにより彼らは彼ら自身を主に背き彼ら自身を悪の内に確固とすることである(1147, 8882, 6887, 379)。モーセへ連れて来られることは、教会の終わりに神的真理の審判の下へ連れて来られることを示している(7010, 931)。そして彼の母の名がシェロミト、ダン族の、ディブリの娘であることは以下を示している。即ち、そのような状態の外なる起源は、諸感覚の諸々の欺瞞からの、また外面的な見かけから物事を判断するところの単なる自然的な人の想像からの、単なる感覚的で形体的な歓喜である、なぜなら母により外なる起源が示されているから(1815, 8897)。名は性質や状態を示している(144, 145)。シェロミトは「我が平安、我が幸福、我が報い」を意味し、それ故、最良の意味では天界の平安、幸福、報償を示すのだが、しかしここでは対立する意味で、単なる感覚的で形体的な幸福や歓喜を示している(4681, 995#)。娘により、場合により善や悪の情愛が示され、ここからこの場所では悪の情愛が示されている(489, 568)。ディブリ*12は、ゲセニウス Gesenius によれば恐らく*雄弁*を意味し、そしてフュルスト Fürst によれば*野からの者*を意味するため*13、斯くてそれは感覚的な諸々の事柄に基づいた見解や、諸感覚の諸々の欺瞞を示している(9987#, 4440)。そしてダンは裁く者を意味するため、良い意味では、正に再生されようとしている者らの許では初めの事柄であり、再生した者らの許では終わりでもある真理の肯定を示している。しかし対立する意味ではここの様に彼は、外面的な見かけから物事を判断するところの単なる自然的な人の想像からの論拠を示している(3923, 6397~6401)。

12. 彼を監禁すること、それが彼らへ主の聖言にて布告される為である事は、その間この性格の人物らが完成の状態が到来するまで外なる束縛により抑制されることを示している(5037, 5096, 4217, 9096)。

13. これは明らかである、なぜならイェホヴァにより御自身の愛についての神的存在が示されているからである(2001)。語ることにより流入が示され

第 24 章

ている(2951)。モーセにより神的真理、あるいは聖言が表象されている(7010)。そして曰く、により覚知が示されているからである(1791, 1822)。

14. 呪った者を宿営の外に連れ出すことは、悪と虚偽に確固とした者らの実際の性格は、審判*14 の過程で判然と成らねばならない事を示している(379, 10038, 10023#)。彼を聞いた全ての者が彼らの手を彼の頭の上に載せることは、神的真理の証による証明を示している(9311, 4197#, 10023)。そして会衆全てが彼を石撃ちすることは、彼らの生命の結果への定罪と、霊的な人による拒絶を示している(6338#, 8799, 7456)。

15. イスラエルの子供らに語りそして曰く、はそれが神的真理の証であることを示している(7010, 10355, 1822)。呪うことは邪悪な生命による主からの背きを示している(379, 8882)。そして彼の悪行*15 を負うことは、彼自らの選択により荒廃することを示している(9937 終わり)。

16. 主の御名を濫りに言う者を必ず死に至らしむことは、特にこれは真理を冒瀆する者らの許では事実である事と、結果として彼らは全ての諸真理を剥奪されねばならない事を示している(8882, 6887, 2908)。会衆全てが彼を石撃ちすることは、虚偽の罰と教会による拒絶を示している(6338#, 8799, 7456)。余所者も同じく生粋の者もは、彼らが教会の外なるもの*15 に属するにせよ内なるもの*16 に属するにせよ、を示している(7908)。そして彼が主の名を濫りに言うとき必ず死に至らしむ事は、なぜならその様な冒瀆は内なる面でも外なる面でも蓋し持続し得ず、取り除かれねばならないから、を示している(8882, 6887, 2908)。

17. 如何なる人をも死ぬ程までに打つ者は必ず死に至らしむ事は、その試みの状態の間、悪の生命により真理を拒絶する凡ゆる者は荒廃を被らねばならない事を示している(8902, 4251, 2908)。

18. 獣を死ぬ程までに打つ者が賠償すること、命には命を、は、もし如何な

る者も自然的な人における善の生命を破壊するのみなら、彼は利己的な生命の拒絶と、天界的生命の受け入れにより再生可能であることを示している(4251, 7424, 9097, 9048, 9049)。

19. もし人が彼の隣人にあって傷を起こす場合、彼が行なった如く、それが彼に行われることは、もし如何なる者も他人における仁愛を破壊するなら、彼もまた彼自身にあってそれを破壊することを示している(7837, 10490, 9048, 9049)。

20. 裂け目には裂け目、目には目、歯には歯をは、これは、意志について、理解について、そして外面的な生活についての危害に関してもまた事実であることを示している(9163, 2148, 6380)。そして「彼が傷を起こした如くそれが彼に然う返される」ことは、悪はそれ自身の上に変わらず罰を齎し、虚偽から行動する者は虚偽の結果を被らねばならぬ事を示している(9048, 9049)。

21. 獣を屠る者は賠償するものとし、人を屠る者は死に至らしむことは、以下を示している。即ち、外なる人においてのみ善を破壊する者は悔い改めにより再生可能であること、他方それを内なる人においても破壊する者は荒廃せねばならない事である(8902, 9097, 7424, 2908)。

22. 余所者も同じく生粋の者にも一つの律法が在り、そして「我は主、汝らの神なり」は、以下を示している。即ち、応報のこの法則は教会内外の者らに等しく適用されること。何となれば神的善は神的真理に従い毅然と行動する故であること(9048, 9049, 6887, 2001)。

23. モーセがイスラエルの子供らに語ることは、神的真理は、**審判**において、悪の内にいる者らを拒絶する以外の何事も出来ないことを示している(7010, 2951, 3654)。呪った者を宿営の外に連れ出し、彼を諸々の石で石撃ちすることは、悪を悪の虚偽と結合するに任せることを示している(379,

第 24 章

10023, 10038, 6338[#], 8799, 7456)。そしてイスラエルの子供らが主がモーセに命じた如く行うことは、地獄の生命にいる者らが、神的善から神的真理へ従順な天界的生命にいる者らから分離されている事を示している(3654, 7010, 2001, 5486)。

　全ての事柄が起因するところの普遍的な諸原理を知るとき、我々はそこから由来する全ての個別的なものを理解するにあって更に有利な立場にいる事になる。また主からの善と真理はそれらの普遍的な諸原理である。さて、これらの語句が教会の**著作群**に斯くも極めて頻繁に用いられている事はこの為なのである。そして某かの方法で、善と真理の形式なくして我々が思い付くものなど、創造において何も存在しない。だが先ず第 1 に、善は働きにおける愛以外の何ものでもない。殆どの人々は、彼らが愛する諸々のものを以て善の諸々のものとし、彼らの愛に一致し、それを実現し、それを表現するそれらのものをもって真の諸々のものとするのである。

　それ**故愛**は、その普遍的なものと呼ばれるに相応しいであろう。何となれば主は愛であられ、自己存立する唯一の御方であられる主から、全ての事物が発しているからだ。しかし神的愛が全ての事物の起源であることを理解すれば、愛がそれ自身を人間の中の種々の方法で全般的に表すことにも我々は気が付くのである。斯くて我々は神的愛の何らかの瞭然たる定義を尋ね求めるよう導かれる。それを我々は斯く看做す。即ち、それは幸福、喜びそして歓喜を如何なる利己的な動機もなしに分け与える愛であり、または周知の言葉で言えば、それは人類から天界を形成する愛である。それ故神的善は、この愛の顕示であり、最高の意味では問題の章で純粋なオリーブ油により示されているのである。聖言にはこれを明示する興味深い文章が数節ある。例えば第 8 章 10~12、第 1 列王記 1: 39、第 2 列王記 4: 2~7、そしてルカ 10: 34 を確かめられたし。それでイスラエル人が油を持参することにより、人間が主から全ての善を受け入れるという人間の側での承認が示されている。それが打たれることは、状態への適合を示している。それが明かりの為であ

第 24 章

る事は、善は真理の起源であることを意味する。そしてそれが継続的に燃えることは、既に明示したように、絶間なく善の状態からの霊的な光を示している。それで、それが個人的に適合する限りは、我々は問題の初めのセクションにおける教えの重要性を斯く理解するのである。そしてこれは後続する諸節の内容から個別的に明白だ。そしてここで明かりが垂幕の外側に現れた一つの理由にも注意されよ。霊的な人は善とそれの真理を彼自らの役立ちの為として継続的に持たねばならず、彼はそれらを凡ゆる状態において彼自身からの如く装っている様に見えねばならない。しかし同時に彼は、垂幕の後ろにまた絶えず働いている力が存在することを知っており、もし彼が弁えていれば、必然的に彼の理解力の上にある、神的な神秘の中には入り込もうとしないのである。決して到達し得ない某かの高みを野心から喘ぎ求めることなく、また他方、自身の固有の位置の下に落ちることを最早恐れることなく、我々各々が自らの天界を享受し、永遠への自らの役立ちにおいて前進することを考えると、如何に恭悦なことか。また殊に終わりの言葉、「汝らの代々に亘る永久の法令」にも注目されよ。何となれば法令により、取り分け内なる生命の状態から帰結する外なる生命の状態が意味されるからである。十全なる再生の前には外なる並びに内なる人の間に試誘と呼ばれる絶間ない葛藤が存在する。しかし後には天界でこの類いの葛藤は存在せず、平安で永続する調和が存在するのである。これは、我々が旅するように、奮闘努力するに値しないのだろうか。真実、然り値するのだ。そしてそれ故に我々は、これらの言葉をその内面の意義で熟視することにより、我々の試みの状態では強さと勇気を収穫して良いのである。だが今は第 2 のセクションに取り掛からねばならない。

初めに以下の事が気付かれるべきである。即ち、この記述の中では、パンは確かにその真理に先立つものであり、天的善を意味するものであるが、尚も諸々の燈に明かりを点すことがパンの前に取り扱われているのである。これは何故か。それは、全般的な主題が**霊的天界**と、**霊的教会**と、そしてそこでの神的諸原理の顕示だからであり、また主から正に**天的天界**へ発出するものが正確には神的真理であり、その中で神的善が天的な人の状態に適合しているからである。何となれば然もなくば、主への善や愛は主から人間

555

第24章

により受け入れられる事が出来なかったからだ。と言うのも、正に天的な人の許ではこれは事実であり(ヨハネ 1: 18)、況して真理により善の状態へ導かれる霊的な人では尚更そうである。それ〔善〕は斯くなる主への愛である天的な人を際立たせる愛であり、仁愛あるいは隣人への愛である霊的な人を際立たせるそれである。

今やこれらの注意点が明瞭に示された。即ち、垂幕の外側の全ての事物が、霊的な人に関係するものと、天的天界を間接を介して彼に来たる神的な事柄の彼の諸覚知を表象したことが如何なる事かだ。そしてこれは、それが自覚されるなら、極めて意義深く実践的な趣旨を有している。何となれば以下が明らかだからだ。即ち、主への愛なしには真の仁愛は有り得ず、正真の信仰と仁愛なしには真の自然的な親切や善も有り得ないからであり、また正に最低の天界的な歓喜は高次のもの無しには存在し得ず、他方悪はそれらの濫用によってのみ生ずるからである。

それでこのセクションの内容の実践的な価値に関しては、本章冒頭の概略での各要点を注意深く考察すれば充分にこれを明示する事となろう。

何となれば完全な生命は的確な区別を為し、同時に諸々の事物との固有の連関を理解する事のみにより獲得され得るからである。6の数字により示された葛藤がない事は喜んで引き受けられるものだが、人は必然的に単なる自然的なものに留まらねばならない。純粋な卓台により意味された不浄からの免れに在りながら、自然的な生命から離れた霊的並びに天的な生命は存在し得ない。我々は善をその照応する真理なしに持つことは出来ないし、主への礼拝と祈祷を、乳香の匂いにより斯くも相応しく示されたものを持つまでは、それらが心地よく容認されるよう渇望し適切に奉ることも出来ないのである。真の礼拝者は、真理を火により示された天界の愛の熱情とに結合させねばならない。彼は彼が現実に愛している最高のものを意に止めているのである。彼が幾分なりとも彼の更なる高次の生命とその天界の秩序を実現し得るのは、安息日により意味される、葛藤からの自由の諸状態においてのみである。これ以外の何ものも、契約により象徴とされる、主との結合を与えはしない。彼はこの生命の善を固有のものとするのであり、それは従順を愛しむ聖なる諸状態において、食べることにより示されている。そして一言で

第24章

言えばこの固有のものとする事は、愛からの彼の内なる崇敬の十全さであり、その愛は彼の談話、彼の振る舞い、そして役立ちの絶えざる生活の中で表現されており、それにより彼は他人と別個のものとして区別されるのである。

　天界の善と真理とそれらの結果の起源を考察することから、今我々は、悪と虚偽とそれらの結果の起源を熟視すべく取り掛かる事とする。これは確かに然う愉快な事ではないが、やはり必要な事だ。なぜなら対立するものは、対比される時、各々互いの性質を露にするからである。また善の状態から悪の性質は理解されようが、しかし悪の状態から善の状態は理解されることは出来ない。だがそれにも拘らず邪悪な人間の理解は、もし彼が選ぶなら、彼が改良され再生される様な方法で善と真理を覚知するよう啓蒙されるかも知れないのだ。なぜなら人間に生まれている凡ゆる者は、この事実により再生のための能力を備えているからである。しかし何人も善か悪かを選ぶに強いられる事は出来ない。それ故悪と地獄の起源は主からではなく、人間からであり、彼の自然的な諸々の力の濫用に因るのであり、この事実は問題の主題の中では、イスラエル人の女の息子の父がエジプト人である事により記述されているのである。他に9391に参照されている箇所を見られたし。

　しかしイスラエル人の女の息子は、丁度真理が善から由来している如く、彼の父方起源のために、悪から由来した虚偽である。よってここから、聖言では悪魔と呼ばれている自分本位である処の悪の原理に関して、主は以下に言われている。即ち「彼は初めより人殺しで、真理の内に住まわざりき、彼の内に真理在らざればなり。彼詐りを語るとき、彼は彼自ら語る。何となれば彼は詐り者にてそれの父なればなり。」(ヨハネ 8: 44)。さて虚偽の起源を明示する別の観点からのものとして、これに優って明確なものは何もない。イスラエル人の女が最良の意味では真理の情愛を、そして彼の息子が真理そのものを示す事に申し分なく留意すべきであり、それで我々は後に続く冒瀆を能く能く理解するはずだ。何となれば、もし某かの方法で真理を承認しなければ、何人もそれを冒瀆する事は出来ないからである。そしてこれが、葛藤が宿営、即ち教会で生ずるものとして記述されている理由だ。しかし宿営はまた天界をも意味しているため、実に黙示録12: 7で平易に述べられている如く、天界で戦いが存在する事がここから想起されよう。しかしこ

第24章

の戦いにより「過ぎ去った先きの天界」即ち過ぎ去った腐敗した教会における葛藤が意味されるのである(『黙示録啓示』548)。そして同じ事が本章で言及されている葛藤により意味されている。然しながら天界そのものにおいて葛藤は存在し得ない、なぜならそこでは凡ゆる者が主の御助けにより全ての試誘で打ち勝っており、外なる人は内なる人と永久に調和しているからである。

　ところでこの興味ある記事の残りの個別的なものには、見解の大半は前の諸章の解説で既に例証済であり、内意の全般的な系列は所与の諸参照で言われたものと繋っていて、それらを可成り明らかにしたので、入り込むに及ばない。しかし更にもう一つ。結びの数セクションでは、人間が悔い改めと、そこからの純化の業により救われるかも知れない事の重大性から、神的並びに霊的諸法則への諸々の暴虐が存在する事を極めて明らかにしている。他方悪の諸状態の内に確固とする事は天界的生命から永遠の分離を生ずる。それ故次のことは申し分ないことである、即ち我々は、内意がここで我々の眼前に据えているものを真剣に省察すべきこと、そして首尾一貫した生活により我々自身を正義の内にそして神的諸法則そのもののため不屈の固守の内に確固とするであろう事を熱心に決意すべきこと。何となればこの状態のみが永遠の至福を齎し得るからである。と言うのも以下に書かれているから、「打ち勝つ者に我、神の楽園の真中に在る命の木から食らうを与えん」(黙示録2: 7)。

訳者のノート

*1.　3, 9節「法令」。原本いずれも 'statute'、ヘブル語原文は3節が ホゥッカー חֻקָּה、9節は ホク חֹק が用いられている。第10章 訳者のノート*3を参照。

*2.　6節「2列に、1列に六つ」。原本 'in two rows, six on row'、ヘブル語原文は「2列6列」。

*3.　8節「〜のため」。原本 'on behalf of'、ヘブル語原文「〜から」。

*4.　16, 22節「余所者」。原本 'stranger'、ヘブル語原文 ゲール גֵּר 「寄留者」。

*5.　17節「如何なる人をも死ぬ程までに」。原本 'any man mortally'、ヘブル語原文

第 24 章

「アダムの全ての魂を」。
* 6. 18 節「獣を死ぬ程までに」。原本 'beast mortally'、ヘブル語原文「獣の魂」。
* 7. 18 節「命には命を」。原本 'life for life'、ヘブル語原文「魂には魂を」。
* 8. 20 節「裂け目」。原本 'breach'、ヘブル語原文 シェヴェル שֶׁבֶר「破壊」「折ること」。
* 9. 21 節「屠る」。原本 'killeth'、ヘブル語原文 マッケー מַכֵּה、נכה のヒフイール態分詞男性単数「打つ者」の合成形。
* 10. 21 節「人」。原本 'man'、ヘブル語原文「アーダーム」。
* 11. 23 節「諸々の石」。ヘブル語原文単数形。
* 12. 注解 11 節「ディブリ」。原本 'Dibri'、ヘブル語原文 ディヴリー דִּבְרִי 。文法上 ダーヴァル דָּבַר「語った」の命令形 2 人称女性単数で「語れ」であるが、女性単数に対する命令形の用例は士師記 5：12 のみであり、 ダッベリー דַּבְּרִי とされている。
* 13. 注解 11 節「ディブリは ～ を意味するため」。以下が出典と思われる。KITTO John, LINDSAY ALEXANDER William, *A CYCLOPÆDIA of BIBLICAL LITERATURE*, J. B. Lippincott, 1866.
* 14. 注解 14 節「審判」。コラムは大文字。
* 15. 注解 15 節「悪行(あくぎょう)」。原本 'iniquity'、コラムは「罪」(原本 'sin')。
* 16. 注解 16 節「外なるもの」「内なるもの」。コラムは大文字。
\# 『天界の秘義』の各々の節には当該内容の記載がないか、参照としては飛躍？

第 25 章

霊的意味の要約

1. 霊的な人に以下の教示が存在する。即ち主への愛の成就した状態にあっては安息と平安が存在し、それには悪に対する葛藤の十全なる状態とそれに対する勝利が先行し、それの中に自然的な人はそれの正当な諸歓喜を享受する(1~7節)。
2. そして霊的な人の許にある如く、天的な人の許でも然り。再生の成就した状態にあて彼は善と真理の更に強まった状態の中に入る。そこでは完全な自由が存在し、そこでは各々が尚も自らの個別の善の所有を受け継ぎ、そこでは完全な義が存在し、そこでは生活必需品が全て存在し、そしてそこでは彼が彼の善を剥奪されることは有り得ない。なぜなら彼はその中に保たれ主によって悪から救われているからである(8~24節)。
3. 人間が完全な天界的状態の中に正式に入るべく備えられるために、再生の間彼により遵守されるべき種々の諸法則に関して。その全ては彼の絶えず変動する諸状態、斯くて多くの異なった状況における彼の許での真理と善の疎外と買い戻しに関係している(25~55節)。

各節の内容

1. そして主はシナイ山にてモーセに語って、曰く、

1. 神的真理による神的善から発出する主からの啓示が存在し以下の覚知を与える、

2. イスラエルの子供らに語り、

2. 流入により、**霊的教会**人へ、

第 25 章

そして彼らに言え、汝ら我が汝らに与える地に来たり入ると、そのとき地は主への安息日を守るものとする。

3．6年間汝は汝の畑に種播くものとし、6年間汝は汝の葡萄園で剪定し、それの諸々の実のために集めるものとする。

4．しかし7年目には、地のための厳粛な安息の安息日、主への安息日が在るものとする。汝は汝の畑で種播かず、また汝の葡萄園で剪定せぬものとする。

5．汝の作物のそのものから生える物*¹を汝刈り入れぬものとし、汝の裸の葡萄の木*²の諸々の葡萄を汝集めぬものとする。それは地のための厳粛な安息の年とする。

また教示により、主への**愛**の天界的状態にあって安息と平安が存在すること。

3．そして人間が再生している内に以下が先行される。即ち、意志については諸試誘を含み悪に対する葛藤の十全な状態により、その間善の諸知識が培われる。そして理解についてはその間真理の諸知識が吸われ、善の諸々の業が仁愛の原理から実行される。

4．しかしこれらの諸状態が成就されると、そのとき善の愛からの善の天界的な受け入れは安息と平安とを与え、それは全的に神的な愛からのものである。またそのとき人間は、**内なるものか外なるものか**については、真理の状態から善の状態へは進まない。

5．彼は利己的な愛から湧き出る如何なる情愛も、また自己由来の知性により獲得された如何なる真理をも固有のものとしない。何となればその状態は諸試誘からの完全な自由の一つであるから。

第 25 章

6. そして地の安息日は汝らのための糧のためとする。汝のためと、汝の僕のためと汝の女中のためと、汝の雇い人のためと汝の許に寄留する汝の余所者*³のために。

7. そして汝の家畜の群れ*⁴のためと、汝の地にいる獣ら*⁵のために、それの増す全てのものは糧のためとする。

8. そして汝は汝に年々の七つの安息日を、七度7年の数を定めるものとする。そして汝に年々の七つの安息日の日々、正に49年が在るものとする。

9. それで汝大喇叭を第7の月の十日目に広く吹き放つものとする。贖いの日に汝ら喇叭を汝らの全地に遍き広く吹き放つものとする。

6. そしてこの場合、善そのものは魂を滋養する諸真理を生み出す。即ち、これは内なる人について、内的な理解と意志について、そして外的な意志と理解についてである。

7. 他方外なる感覚的で形体的な諸情愛は、然るべき従属する諸々の快楽と歓喜のそれらの豊富さを享受する。

8. しかし天的教会人の天界的状態の性質は、内なるそして外なる善の更に強められた状態であり、また内なるそして外なる善と結合した真理の更に強められた状態でもある。

9. そしてそこから天的善の全般的な覚知は、霊的な人の許で残りのものが十全であるとき、媒介的な諸天使を介して彼に引き出され、その状態は信仰並びに結合した仁愛の一つである。そしてこれは悪の除去により外なる人が内なる人との調和の中に連れて来られるとき生ずる。何となればそのとき真理の覚知は天的な善の

第 25 章

覚知を伴うからである。

10. そして汝らは50年目を献饌し、地に遍くそれの全ての住民へ自由を宣するものとする。それは汝らにヨベルとする。そして汝らは凡ゆる人*6を彼の所有地へ戻すものとし、汝ら凡ゆる人*6を彼の家族へ戻すものとする。

10. それで実に、天的な愛がその十全さと聖性さの中に存在する。そこでは完全な自由の状態が遍く諸天界に行き亘る。それは内奥の天界における善と真理との結婚から起因し、そこから自らの特有の真理と善の実現が各々に来たる。

11. その50年目は汝らにヨベルとする。汝ら種を播かず、その中に自ら生える物*1を刈り入れず、裸の葡萄の木々*2のその中の諸々の葡萄を集めぬものとする。

11. 何となれば中間の天界でも仁愛はそれの十全さの中に受け入れられ、真理から善への如何なる手順も、また意志についてか理解についてか単なる自然的善の如何なる固有のものとする事も無いからである。

12. 何となればそれはヨベルである故。それは汝らに聖なるものである。汝ら畑から出るそれの増すものを食するものとする。

12. そしてこれは終局的な天界でも真実であり、真理が生活において善と結合される処の従順の愛が内奥の善から存在し、その天界の人間がそれの真理を実践する時その善を固有のものとするのである。

13. ヨベルのこの年に汝らは凡ゆる人*6を彼の所有地に戻すものとする。

13. そして各々の天界での完全な愛のこの十全さにあって、凡ゆる者は彼自らの個別的な善を永

遠へ向け享受するのである。

14. そして仮に汝*7或るものを汝の隣人に売るか、汝の隣人の手から買うなら、汝ら互いに*8悪しく遇さぬものとする。

15. ヨベルの後の年々の数に従い汝は汝の隣人から買うものとし、そして産高*9の年々の数に従い彼は汝に売るものとする。

16. 年々の多数に従い*10汝それの値を増すものとし、年々の少数に従い*10汝それの値を減らすものとする。何となれば彼が汝に売るのは産高*9の数である故。

17. そして汝ら互いに*8悪しく遇さぬものとする。然に在らず汝は汝の神を畏れるものとする。何となれば我は主 汝らの神なればなり。

14. そして善は共有的かつ相互的に伝達され受け入れられるものの、如何なる個人にも損失は存在しない。

15. 何となれば彼の内奥における善と真理との結婚による再生にあって善の性質に従い、各々は全てのものの善を享受できるからである。そして主から善並びに結合した真理を各々の人間が受け入れるに従い、彼は善を全ての者に伝達できるからである。

16. また、各個人の善からその許での真理の状態に従い、天界全体への彼の役立ちの力が存在する。そして凡ゆる者の許での真理の性質は彼の善に従っている。

17. また天界では如何なる者も不条理に行動することはない、なぜなら彼は善からの真理により行動することを愛するからである。何となれば彼の許では真理は彼の善の表現であり、丁度主の人間性が神性の表現の如きである。

第 25 章

18. それ故汝ら我が諸法令＊11を行い、我が諸審判を守り、それらを行うものとする。そして汝らは地に安んじて住むものとする。

19. そして地はその実を産するものとし、汝ら汝らの飽くまで食べ、そこに安んじて住むものとする。

20. そしてもし汝ら、我らは7年目に何を食べん、見よ、我らは種も播かず、我らの増すものの為に集めざる、と言うなら、

21. そのとき我は我が祝福を汝らの上に6年目に命じん、それは3年間のための実を生ずるものとする。

22. そして汝ら8年目に種を播き、諸々の実、古い蓄えから食す

18. そしてこの理由により外なる礼拝は正確に内なる礼拝に従う。そして外面的な生活は完全で、虚偽の如何なる浸食からも免れている。

19. そして諸天界では役立ちの不足は全く無い。凡ゆる者は十全さ全てにおいて主からの善を固有のものとする。そして何人も悪の侵入からの危険の内にはいない。

20. そして実に、天使らは彼らの善の状態にあって、彼らは彼ら自身からはそれを受け入れず、即ち固有のものと出来ない事を意識しているものの、

21. 尚も彼らは、再生の業と引き続く純化を介して、流入と照応により主との結合を有している事を知ってもいるのである。そして彼らの天使的生命の凡ゆる状態において善を為し得ることを確信しているのである。

22. 何となれば彼らの永遠の生命は主から継続的に新しくされ、

第 25 章

るものとし、9年目まで、彼女*12の諸々の実が入るまで、汝ら古い蓄えを食するものとする。

そしてここから彼らは諸真理を培い、この御方から永遠へ善を固有のものとする力を持つからである。なぜなら彼らはその御方と3重の結合を持ち、善はその御方から絶えず伝達されるからである。

23. そして地は永続して売られぬものとする。何となれば地は我のものである故。何となれば汝らは我が許で余所者らであり寄留者ら*13である故。

23. また主から天界で受け入れられた善は決して疎んじられる事は出来ない。それは継続的に主の贈りものである。そして諸天使は継続的に、内なる及び外なる、全ての善をその御方から受け入れるのである。

24. そして汝らの所有の全地において、汝ら地のための買い戻しを授けるものとする。

24. そして全天界ではこれは彼らにより承認されている。そしてまた、彼らは継続的に悪から引き止められ主により善の内に保たれている事も。

25. もし汝の兄弟が貧しくなり、彼の所有地の何かを売るなら、そのとき彼の隣にいる彼の血族者*14 が来るものとし、彼の兄弟が売ったものを買い戻すものとする。

25. そして更に、**霊的教会**人の許で真理が不足しているとき、彼が善の内にいるかも知れなくとも、そして試誘の諸状態で、善と真理が暫しの間疎んじられてはいても、そのとき彼は主により、善の原理により、保護され保存されるはずであり、疎外された真理

第 25 章

や善は葛藤における勝利により回復されるはずである。

26. もし或る人にそれを買い戻す者が居らず、彼が豊かになり*15それを買い戻すに足るを見出すなら、

26. しかしもし人間が善の原理の内に居らず、尚も彼が豊富な諸真理を供され、それを介して彼が後に悔い改めの業を為し、斯くて主からの善を現実に受け入れ得る者になるなら、

27. そのとき彼にそれの売却の年々を数えしめ、彼がそれを売った人に余剰分を回復せしめよ。そして彼は彼の所有地に帰るものとする。

27. 彼の善の性質は、再生により善の内に植え付けられた諸真理の性質に従うであろう。そして彼は以下を承認するであろう。即ち、主が彼に耐え得るものに為すところの、そして彼が疎んじたところの善は、現実は主只御一人からのものであり、天界の社会においてそれら〔諸真理〕を介して、彼はその間その全般的な形の中でそれを保存したのである。それでこの場合、再生の主体は彼自らの特定の善の中に十全に入って来るであろう。

28. しかしもし彼がそれを彼自身のために取り戻すことが出来ずば*16、そのとき彼が売ったものはそれを買った者の手にヨベルの年まで留まるものとする。そ

28. しかしもし人間の状態がその様であるなら、即ち再生が、真理や善の疎外を介して遅延せねばならぬなら、その時その様な疎外された真理や善は、彼の生命の

第 25 章

してヨベルにはそれは出て行くものとし、彼は彼の所有地に帰るものとする。

内奥(ないおう)の度(ど)における善と真理の十全な結合の結果啓示が為(な)されるまで、主により彼のために保存されるはずである。そしてその結合のため、善は主から流れ入り、真理は外なる人においてそれと結合されるはずである。

29. そして仮(かり)に人が城壁の町の中の住む家を売るなら、そのとき彼はそれが売られた後、まる1年以内に*17 それを買い戻して宜(よろ)し。まる1年の間彼は買い戻しの権利を持つものとする。

29. その上また、もし教会の教義にて確立され、それにより守(い)られている如何(いか)なる者(もの)の許(もと)でも、差し当たり善が在(あ)るならば、それが疎外されていても、そのとき彼が試(こころ)みの状態にいる間は試誘(しゅう)における勝利により彼は善のその状態を回復して良い。なぜなら彼は善悪の選択の自由の中に依然いるからである。

30. そしてもしそれがまる1年の時間以内に買い戻されねば、そのとき城壁の町の中にある*18 家は買った者へ、彼の代々に亘(よ)り永(わた)続して確かめられる*19 ものとする。それはヨベルにも出て行かぬものとする。

30. しかし仮(かり)にこれが試(こころ)みの状態の間 結果を齎(もたら)さねば、その時その善は再生によりそれを獲得した者に確固とされるはずである。しかしそれを疎んじ、又(また)は拒絶する者により、それは**審判**では固有のものとされ得ない。

31. しかし周(まわ)りに城壁のない村々の家々は国土の諸々の畑と共に*20看做(みな)されるものとする。

31. しかし教会外の善の内に居(い)る者らと、真の教義により保護されていない者らが、善の内にいる

第25章

それらは買い戻されて良く、それらはヨベルに出て行くものとする。

異教徒の中にいる場合。そのような人達は、審判にて啓示が為されるとき、諸真理における教示に耐え得る。なぜなら彼らの許では内奥の度において善は真理と結合されているからである。

32. にも拘らず、レヴィ人らの町々は、彼らの所有地の町々の家々をレヴィ人らは何時でも*21買い戻して宜しい。

32. しかしそれにも拘らず、善からの真理の内に、そして真理の内に実現化された善の内にいる者らは、疎外された真理や善を買い戻す能力の内に継続して存在する。

33. そしてもしレヴィ人らの一人が買い戻すなら*22、そのとき売られた家と彼の所有地の町はヨベルに出て行くものとする。何となればレヴィ人らの町々の家々はイスラエルの子供らの真中の彼らの所有地である故。

33. 何となれば善が真理により活動的となるなら何処であれ、更に審判においては、善が内奥の面で真理と結合されるとき、疎外された善と疎外された真理双方とも回復される。なぜなら真理の内に実現化された善は、確固とされる時、霊的教会人の本質的な生命であるから。

34. しかし彼らの町々の郊外*23の畑が売られるのは宜しからぬ。何となればそれは彼らの永続する所有地である故。

34. 内なる面で真理並びに十全に結合した善にいる者の許にも、外なる善は疎んじられ得ない。と言うのも、この状態から彼はそれが全的に主からのものである事を覚知するからである。

第25章

35. そしてもし汝の兄弟が貧しくなり、彼の手が汝の許で衰える場合。そのとき汝彼を持ち上げるものとする。余所者と寄留者*13の如く彼は汝の許に生きるものとする。

35. そして外なる教会にいて諸真理に不足し、斯くて善を行う力を欠いている者らを支える事は、**霊的教会**人の義務である。そして暫くの間そのような人達は諸真理の無い自然的善から行動するか、あるいは善と真理における教示の行程にいるのである。

36. 汝決して彼から利子や割増し*24を取る勿れ。然にあらず汝の神を*25畏れよ。汝の兄弟が汝の許に生きる為である。

36. 報酬のためにも、世俗的及び利己的な諸動機からも、他人へ善が行われてはならない。だが外なる人は、調和が維持されるために、愛と真理に基づいた聖なる畏れの感覚から助けられるべきである。

37. 汝彼に利子の上に汝の銭*26を与えず、彼に割増しの*24ための汝の糧を与えぬものとする。

37. 何となれば報酬のためか、世俗的あるいは利己的な諸動機から善を行うことは違法であるから。

38. 我は、汝らにカナンの地を与けるため、汝らの神になるため、汝らをエジプトの地から連れ出した主、汝らの神なり。

38. なぜなら主は純粋な愛と真理から行動し、霊的な人を全てのその様な諸動機から買い戻したからである。それは彼が主から善を、そしてそれにより真理もまた受け入れるためである。

第 25 章

39. そして仮に汝の兄弟が汝の許で貧しくなり、汝に身売りする場合。汝は彼を僕夫の如く仕えさせぬものとする。

40. 雇い人の如く、また寄留者*27の如く、彼は汝の許にいるものとする。彼は汝の許にヨベルの年に向かい仕えるものとする。

41. そのとき彼は汝から、彼と彼の許にいる彼の子供らは彼自らの家族へ戻るものとし、彼の父らの所有地へ彼は戻るものとする。

42. 何となれば彼らは、我がエジプトの地から連れ出した、我が僕らである故。彼らは下僕らとして*28売られぬものとする。

43. 汝峻厳をもって彼を治めぬものとする。然にあらず汝の神

39. その上、真理を伴わない外なる人は、彼が霊的な人に服従するとき、単なる利己的な諸動機から制御されるべきではない。

40. そして正に宗教においては、彼は報酬のためか、自然的な気質のみからか行動するものの、これは当分の間許されており、試みの状態の間中続いて良いのである。

41. 尚も善と真理とが霊的な人の許に内奥で十全に結合されると、そのとき自然的な人は善について及び真理について自由となるはずであり、意志と理解双方について霊的な諸動機から霊的な人の如く行動するであろう。

42. 何となれば自然的な人は、単なる自然的な情愛から主により買い戻されており、当然疎んじられるべきではなく、霊的な人により利己的な愛を管理されているからである。

43. 彼は、善から離れた真理により管理されるべきでなく、善と

第25章

を*25畏（おそ）れるものとする。

44. そして汝（なんじ）が持つものとする汝（なんじ）の下僕（げぼく）ら*29と汝（なんじ）の婢（はしため）ら*29について言えば、汝（なんじ）らの周りにいる諸国民から、彼らから汝（なんじ）らは下僕（げぼく）ら*29と婢（はしため）ら*29を買うものとする。

45. 更に、汝（なんじ）らの真中（まなか）に正に寄留（よそ）している余所者（よそもの）*3らの子供らから、彼らから汝らは買うものとする。そして彼らが汝（なんじ）らの地で生んだ汝らの許（もと）にいる彼らの家族からも〔然（しか）り〕。そして彼らは汝（なんじ）らの所有とする。

46. そして汝（なんじ）ら彼らを汝（なんじ）らの後（なんじ）の汝らの子供らのための遺産と為すものとし、所有として保持するためである。彼らから汝ら永久（とこしえ）に汝（なんじ）らの下僕（げぼく）らを取るものとする。しかし汝らの兄弟らイスラエルの子供らを汝らは互いに*8峻厳（おさ）をもって治めぬものとする。

結合した真理により〔管理されるべきである〕。

44. しかし自然的な諸々（もろもろ）の力と悪である諸情愛、あるいはその様なものの内にいる人達は、罰の恐れにより制御（せいぎょ）されて良い。

45. 自然的な人の諸悪からの諸々の虚偽にいるものの教示の下にいる者らもまた、彼らの利己的な諸々の恐れと動機への要求により制御（せいぎょ）されて良い。何となればこれらは教会との繋（つな）がりにより受け入れられた善と真理を促す手段で宜（よろ）しいから。斯（か）くその様な人達は暫（しば）くの間従属的で宜（よろ）しい。

46. 斯（か）くてまた、再生の行程では自然的な情愛は霊的な諸々の力により制御（せいぎょ）されて良く、真に従属的になっても良い。そして実に自然的な諸々の力は継続して従属している。しかし霊的な諸動機から快く従属している自然的な諸々の力は、利己的な諸動機や善を伴わぬ真理から制御（せいぎょ）される

第25章

べきではない。

47．またもし汝の許にいる余所者や寄留者*13が豊かになり*30、汝の兄弟が彼に比し貧しくなり、汝の許にいる余所者や寄留者*13か余所者の家族の家系に身売りする場合。

47．加えて、もし自然的な気質のみから善を行う者ら、あるいは善を伴わない真理の内にいる者らが真理と善の諸知識を豊富に持ち、他方外なる教会人には尚も諸真理に不足し、斯くて善と真理が疎んじられ、諸々の悪と虚偽が、そのような自然的な諸気質の蔓延を介して力を持つ場合。

48．彼が売られた後でも彼は買い戻されて宜しい。彼の兄弟らの一人が彼を買い戻しても宜しい。

48．斯く被る者らに尚も買い戻しは可能である。何となれば彼らが愛する単純な善の真理への従順により救われるかも知れないから。

49．あるいは彼のおじか、彼のおじの子が彼を買い戻して宜し、あるいは彼の家族の彼の*31近親の誰かが彼を買い戻して宜し。あるいはもし彼が豊かになる*30なら、彼は自身を買い戻して宜しい。

49．あるいは傍系的な外なる善か真理により。あるいは彼らの状態と同質の如何なる種類の善により。あるいはもし彼らの許で真理と善の諸知識が増すなら、彼らは彼ら自身を買い戻すかも知れない。

50．そして彼は、彼を買った者の許で、彼が彼に身売りした年からヨベルの年までを計算するものとする。そして彼の売り値*32

50．そしてその様な買い戻しは、試みの状態の間中、再生の行程で達成されるべきである。又彼らの生命の性質は以下に従うで

第 25 章

は年々の数に従うものとする。雇い人の時に*33 従い彼は彼の許にいるものとする。

51. もし尚も多くの年があるなら、それらに従い*10 彼は彼が買われた銭*26 から彼の買い戻し値を返済するものとする。

52. そしてもしヨベルの年まで僅かの年しか残っておらずとも、そのとき彼は彼の許で計算するものとする。彼の年々に従い*10 彼は彼の買い戻し値を返済するものとする。

53. 年毎の雇い人の如く、彼は彼の許にいるものとする。彼は汝の視野に彼を峻厳をもって治めぬものとする。

54. そしてもし彼がこれらの手段によっても買い戻されぬなら、その際もヨベルの年には彼は出て行くものとする。彼、そして彼の

あろう、即ち後続する諸状態における真理の善に。そして善の獲得における利己的な諸動機の優勢さに。

51. そしてこれらの影響に従い、彼らは以下を承認するであろう。即ち、主によって自由に彼らに与えられる神的諸真理を手段として、彼らは悪から救われ善の内に守られている事。

52. そして仮にその状態が、真理と善との結合がより内奥の面で遠くはない様なものであれば、彼らの性質は、彼らの生命が主からのものである事の承認の度合いに従うであろう。

53. そして後続する諸状態において利己的な諸動機の影響に比例し彼らの全般的な状態が存在するはずである。自然的な人もまた霊的な人に優勢となるに甘んじるはずはない。

54. そしてもし善の内にいるその様な自然的な人らが、これらの経験により教会において諸々の虚偽の力から買い戻されない場

574

許での彼の子供らは。

合。尚も**審判**においては、彼らは善の内にいるため、真理は共有的かつ相互的に内奥でそれと結合されるであろう。

55. 何となれば我には、イスラエルの子供らは僕らである故。彼らは、我がエジプトの地から連れ出した我が僕らである。我は主汝らの神なり。

55. 何となれば**霊的教会**人らは内なる面でも外なる面でも主の僕らであるから。そして主は、内なる人である者らと外なる人である者ら双方を買い戻されたのである。よってそれ故、この御方は、教会人にあって真理と結合した善全ての唯一の源泉として礼拝されるべきである。

参照と注解

1. 主がシナイ山にてモーセに語って、曰くは、主から神的真理により神的善から発出する啓示が存在することを示している(2001, 2951, 7010, 1822, 8399)。

2. イスラエルの子供らに語り、そして彼らに言うことは、**霊的教会**人の許での流入と、教示をもまた示している(2951, 10355)。主のより与えられた地に来たり入ることは、天界的な状態の中に入ることを示している(3705)。そして主への安息日を守ることは、安息と平安の状態を示している(87)。

第25章

　3．6年間畑に種播き葡萄園で剪定し、それの実を集めることは、次のことを示している。即ち、人間が再生している内に以下が先行され、意志については諸試誘を含み悪に対する葛藤の十全な状態により、その間善の諸知識が培われる。そして理解についてはその間真理の諸知識が吸われ、善の諸々の業が仁愛の原理から実行される(8888, 737, 9272, 9273, 9277)。

　4．7年目に地のための厳粛な安息の安息日、主への安息日が在り、畑が種播かれず葡萄園が剪定されない事は、次のことを示している。即ち、これらの諸状態が成就されると、そのとき善の愛からの善の天界的な受け入れは安息と平安とを与え、それは全的に神的な愛からのものである。またそのとき人間は、**内なるものか外なるもの**かについては、真理の状態から善の状態へ進まない(9274, 9272, 9277)。

　5．そのものから生える物を刈り入れず、裸の葡萄の木の諸々の葡萄を集めず、それが地のための厳粛な安息の年であることは、次のことを示している。即ち、この状態にあって人間は、利己的な愛から湧き出る如何なる情愛も、また自己由来の知性から獲得された如何なる真理をも固有のものとしない。なぜならその状態は諸試誘からの完全な自由の一つであるから(9278, 9279)。

　6．地の安息日が糧のためである事により、善そのものは魂を滋養する諸真理を生み出すことが示されている、なぜなら安息日は諸真理により形作られる処の善の状態を意味しているからである(8889)。そして善と真理は人間の正真の霊的な糧である(680)。「汝」により、霊的な人そのもの、斯くて**内なるもの**が示されている(2節、3654)。僕と女中により内的な理解と意志が示されている(2541, 2567)。雇い人により報酬のために善を行う者が示されるが、しかしこの場合外的な善の意志である、なぜなら良い意味で用いられているからである(8002)。そして余所者が寄留することにより、あるいは在留異邦人が寄留することにより、異邦の者であるが同時に教示の下に居り、斯くて外的な理解が示されている(8002)。

7. 家畜の群れにより感覚的な諸情愛が示されている(6049♯)。獣ら、あるいは地にいる生ける被造物らにより、形体的な諸情愛が示されている(46)。それは系列に従い「感覚的」そして「形体的」と言われている。そしてそれの増す全てのものは糧のためである事により、列挙された諸情愛が、然るべき従属する諸々の快楽と歓喜のそれらの豊富さを享受することが示されている(680)。

8. 年々の七つの安息日を、七度7年の数を定めること、そして年々の七つの安息日の日々、正に49年が在ることは、次のことを示している。**天的教会**人の天界的状態の性質は(8802)、内なるそして外なる善の更に強められた状態であり、また内なるそして外なる真理の更に強められた状態でもある事は、以下のものの意義から外観される如きである、即ち、7の数は聖なるものを示すものとして(716)。年々は個別的な状態を、そして日々は全般的な諸状態を示すものとして、斯く初めの2重の表現は内なる人に関係するものとして、また第2のもの〔2重の表現〕は外なる人に関係するものとしてである。と言うのも内なるものらの中にあるそれらは個別的なものらの中にあり、外なるものらの中にあるそれらは全般的なものらの中にあるからである(488, 3513♯, 3739♯)。二組の2重表現は夫々意志と理解に関係するものを示すものとして(683)。そして49は99のように初期の結合を示すものとしてである(1988, 2252)。

9. 大喇叭を第7の月の十日目に広く吹き放つことは、そこから天的善の、あるいは主への愛の全般的な覚知は、霊的な人へ引き出されることを示している(716, 8802, 2075, 851♯)。そして贖いの日にこれを行うことは以下を示している。即ち、悪の除去により外なる人が内なる人との調和の中に連れて来られるときであり、何となればそのとき真理の覚知は天的な善の覚知を伴うからである(10042 II, 8802)。10により残りのものの十全な状態が示されている一方(3107)、第7の月により信仰並びに結合した仁愛の状態が示されている(851♯)。

第 25 章

10. 50年目を献饌し、地に遍くそれの全ての住民へ自由を宣することは、それで実に天的な愛がその十全さと聖性さの中に存在し、そこでは完全な自由の状態が遍く諸天界に行き亘ることを示している(2252, 8042, 892)。それがヨベルであることは、「内奥の天界における善と真理との結婚から起因する」ことを示している(8802)。そして凡ゆる人を彼の所有地へ、凡ゆる人を彼の家族へ戻すことは、そこから自らの特有の真理と善の実現が各々に来たることを示している(2028, 2029, 7833, 3239#)。

11. 50年目がヨベルであることは、中間の天界でも仁愛はそれの十全さの中に受け入れられる事を示している(2252)。種を播かず刈り入れもしない事は、この状態にあっては真理から善への手順は全く無いことを示している(9274, 9272, 9277)。自ら生える物を刈り入れず、裸の葡萄の木々の諸々の葡萄を集めぬことは、意志か理解について単なる自然的善を固有のものとする事が全くない事を示している、なぜなら穀物は善を示しているからである(3580)。裸の葡萄の木は善を伴わない真理を示している事は明らかであり(1071#)、集めることは固有のものとする事を示している(9273)。

12. それがヨベルであることは、これは終局的な天界でも真実であることを示している(2252)。この天界の内奥の善は従順の愛である(9812)。それが聖なるものである事は、生活における善と真理との結合を示している(2146#)。そして畑から出るそれの増すものを食することは、その天界の人間がそれの真理を実践するときその善を固有のものとする事を示している(2187, 3310)。

13. ヨベルのこの年に凡ゆる人が彼の所有地に戻ることは、完全な愛のこの十全さにあって、凡ゆる者は各々の天界にあって、彼自らの個別的な善を永遠へ向け享受することを示している(2028, 2029, 7833, 3239#)。

14. 如何なるものも売り買いし、互いに悪しく遇さぬことは、善は共有的

かつ相互的に伝達され受け入れられるものの、如何(いか)なる個人にも損失は存在しないことを示している(5886, 2967, 9196)。

15. ヨベルの後の年々(としどし)の数に従い、汝の隣人(なんじ)から買うことは、以下を示している。即ち、彼の内奥*34における善と真理との結婚による再生にあって善の性質に従い、各々は全てのものの善を享受できる(10217, 8802, 2967)。そして産高(さんだか)の年々(としどし)の数に従い彼(なん)が汝に売ることは、主から善並びに結合した真理の各々人間の受け入れに従い、彼は善を全ての者に伝達できることを示している(10217, 5212♯, 5886)。

16. 年々(としどし)の多数に従いそれの値を増す事と、年々(としどし)の少数に従いそれを減らすことは、各個人の善からその許(もと)での真理の状態に従い天界全体への彼の役立ちの力が存在することを示している(6172, 6285, 2966♯, 2967)。そして「何(なん)となれば彼が汝(なんじ)に売るのは産高(さんだか)の数である故(ゆえ)」は、凡(あら)ゆる者の許(もと)での真理の性質は彼の善に従っていることを示している(10217, 5212♯, 5886)。

17. 互いに悪しく遇(あ)さぬことは、天界では何人(なんびと)も不条理に行動しないことを示している(9196)。汝の神を畏(おそ)れることは、善からの真理に従い行動することを示している(2826⁵)。そして「我は主 汝*35の神(なんじ)なればなり」は、彼の許(もと)では真理は彼の善の表現であり、丁度(ちょうど)主の人間性が神性の表現の如(ごと)くであることを示している(2001, 3049)。

18. 主の諸法令を行うことは、外なる礼拝は正確に内なる礼拝に従うべきである事を示している(2001, 7884)。その御方(おかた)の諸審判を守りそれらを行うことは、同一のことを、前の所説(しょせつ)が外なる人に、後の所説(しょせつ)が内なる人に関係(かんけい)することを示している(8357)。そして地に安んじて住むことは、虚偽の如何なる浸食(まぬか)からも免(まぬ)れていることを示している(4480, 10160)。

19. 地がその実を産することは、諸天界では役立ちの不足は全く無いことを示している(3705, 7690)。飽(あ)くまで食べることは、凡(あら)ゆる者は十全さ全て

において主からの善を固有のものとする事を示している(2187)。そしてそこに安んじて住むことは、何人も悪の侵入からの危険の内にはいない事を示している(4480, 10160, 683#)。

20. 「そしてもし我ら*36が、我らは7年目に何を食べん、見よ、我らは種も播かず、増すものの中で集めぬのだ、と言うなら」は、実に、天使らは彼らの善の状態にあって、彼らは彼ら自身からはそれを受け入れ、または固有のものと出来ない事を意識しているが、を示している。なぜなら「我ら*36が〜と言うなら」により、善い人間あるいは天使の覚知が意味されるからである(1822)。「何を食べん」は、彼らは彼ら自身の善を固有化のものと出来ないと言うことの彼らの許での思考を意味している(2187)。「7年目に」は、善の彼らの十全な状態に、を示している(9274)。そして種も播かず、集めもしない事は、彼ら自身からは彼らは真理を獲得もせず善を固有のものともしない事を示している(9272, 9273)。

21. 主が御自身の祝福を6年目に命じ、それが3年間のための実を生ずることは、以下を示している。即ち、彼らが流入と照応により主との結合を持っている事を知ってもいて(5486, 3514, 3017)、再生の業と引き続く純化を介し(8888, 8891)、そして彼らの天使的生命の凡ゆる状態においては主から善を為し得るを確信している事である(913#)。

22. 8年により彼らの永遠の生命は主から継続的に新しくされる事が示されている(2044, 9227)。種を播く事と諸々の実から食することにより、ここから彼らは諸真理を培いこの御方から善を固有のものとする力を持つことが示されている(9272, 2187)。古い蓄えにより主からの永遠への残りのものの善が示されている(5299, 5370, 1854#)。9年により主との3重の結合が示されている(2075, 2788[10#])。そしてその諸々の実が入るまで古い蓄えを食することにより、善は主から絶えず伝達される事が示されている(913, 5299, 5370, 1854#)。

23. 地が永続して売られぬことは、主から天界で受け入れられた善は決して疎んじられる事は出来ないことを示している(3705, 4758)。地が主のものである事は、善が継続的に主の贈りものである事を示している(3705)。そしてイスラエルの子供らがその御方の許では余所者らであり寄留者らであることは、諸天使が継続的にその御方から内なる及び外なる全ての善を受け入れることを示している(8002)。

ここで以下の事が注意されるべきである。即ち、本文「余所者らと寄留者ら」で訳されたヘブル語は、最後の参照〔8002〕では「寄留者らと在留異邦人ら」と訳され、寄留者らは在留異邦人らよりもイスラエル人と親密な関係にあったため、それは前者が教示の下にあり後者が然うでなかったからだが、それ故に寄留者らは内なるものであるもの、在留異邦人らは外なるものであるものを夫々示している。

24. 汝らの所有の全地において地のための買い戻しを授けることは、以下を示している。即ち、全天界ではこれは彼らにより承認されている事。そしてまた、彼らは継続的に悪から引き止められ主により善の内に保たれている事である(3705, 8002, 2966, 10218)。

25. 「もし汝の兄弟が貧しくなり」は、**霊的教会**人の許で真理が不足しているとき、彼が善の内にいるかも知れなくとも、を示している(2360, 9209[7#])。彼の所有地の何かを売ることは、試誘の諸状態での善と真理の暫しの間の疎外を示している(3705, 4758)。試誘の諸状態で暫しの間それが言われているのは、主からの善は再生している者の許では実際には疎んじられていないからである(23節)。彼の最近親者が来て彼の兄弟が売ったものを取り戻すことは、主により善の原理による保護と保存、そして試誘における勝利を介した疎外された真理や善の回復を示している(3703[2], 2937, 2966)。

26. 「もし或る人にそれを買い戻す者がいない」ことは、善の原理の内にいない者を示している(3703[2])。豊かになることは、豊富な諸真理を供されることを示している(10227)。それを買い戻すに足るを見出すことは、それ

を介して彼が後に悔い改めの業を為し、斯くて主からの善を現実に受け入れ得る者になることを示している(2937, 2966, 10152)。

27. それの売却の年々を数えることは、彼の善の性質が再生により善の内に植え付けられた諸真理の性質に従うであろう事を示している(10217, 3705, 4758, 2937)。彼がそれを売った人への余剰分を回復することは、以下の承認を示している。即ち、主が彼に耐え得るものに為すところの、そして彼が疎んじたところの善は、現実は主只御一人からのものであり、天界の社会においてそれら〔諸真理〕を介して、彼はその間その全般的な形の中でそれを保存したこと(9087, 9097, 2966, 3705, 4758)。そして「彼は彼の所有地に帰るものとする」は、彼は彼自らの特定の善の中に十全に入って来るであろう事を示している(3705)。

28. それを彼自身のために取り戻すことが出来ないことは、彼の状態は再生が遅延している様である事を示している(9087, 9097, 2966, 3705)。彼が売ったものは、諸真理の欠点を介し嘗て疎んじられ、かつ疎んじられ続けているものを示している(4758)。彼が売ったものがそれを買った者の手にヨベルの年まで留まることは、以下を示している。即ち、その様な疎外された真理や善は、彼の生命の内奥の度における善と真理の十全な結合の結果啓示が為されるまで、主により彼のために保存されるはずであること(3705, 4758, 878, 2964, 2966, 8802)。そしてヨベルにそれが出て行き、彼が彼の所有地に帰ることは、その結合のため善がその主から流れ入り、真理が外なる人においてそれと享受されるはずである事を示している(8802, 2028, 2029, 7833#, 3239#)。

29. 人が城壁の町の中の住む家を売ることは、教会の教義にて確立されそれにより守られている如何なる者の許での善の疎外を示している(2233, 4758, 402, 6419)。それが売られた後まる1年の間それを買い戻す力を持つことは、以下を示している。即ち、それが疎外されていても、そのとき彼が試みの状態にいる間は試誘における勝利により彼は善のその状態を回復し

第 25 章

て良いこと(2966, 2906, 4758)。そしてまる1年の間彼は買い戻しの権利を持つことは、なぜなら彼は善悪の選択の自由の中に依然いるから、を示している(2966, 2906, 683#)。ここで、善悪の選択の自由は、まる1年により示された試みの状態にのみ帰属することに注意されたい(『天界と地獄』479, 480#)。

30. 1年の時間以内に買い戻されないことは、買い戻しが試みの状態の間結果を齎さないことを示している(2966, 2906)。その城壁の町の中の家が買った者へ彼の代々に亙り永続して確かめられる事は、その善は再生によりそれを獲得した者に確固とされるはずである事を示している(2232#, 6419, 402, 984, 2964, 1041)。そしてそれはヨベルにも出て行かぬことは、善はそれを疎んじ或いは拒絶する者により審判では固有のものとされ得ないことを示している(8802)。

31. 周りに城壁のない村々の家々が国土の諸々の畑と共に看做されることは、教会外の善の内にいる者らと、真の教義により保護されていない者らが、善の内にいる異教徒の中にいることを示している(2233, 3271, 7407, 620)。そしてそれらが買い戻されヨベルに出て行くことは、以下を示している。即ち、そのような人物らは、審判において啓示が為されるとき、諸真理の教示に耐え得る。なぜなら彼らの許では内奥の度において善は真理と結合されているからである (2966, 8802)。

32. レヴィ人らの町々は善から由来した諸真理を示している(402, 6716)。彼らの所有地の町々の家々は真理の内に実現化された善を示している(2233, 402, 6716)。そしてレヴィ人らがそれらを何時でも買い戻すことは、彼らが疎外された真理と善を買い戻す能力の内に継続して存在することを示している(6716, 2966, 3705, 2233#, 9150)。

33. レヴィ人らの一人が買い戻すことは、善が真理により活動的となるなら何処であれ、を示している(6716, 2966)。売られた家と彼の所有地の町が

ヨベルに出て行くことは、更に**審判**においては、善が内奥の面で真理へ結合されるとき、疎外された善と疎外された真理双方とも回復されることを示している(2233, 402, 2029, 8802)。そしてレヴィ人らの町々の家々がイスラエルの子供らの真中(まなか)の彼らの所有地であることは、真理の内に実現化された善は、確固とされる時、**霊的教会**人(びと)の本質的な生命であることを示している(2233, 402, 6716, 2028, 2029, 3654)。

34. 彼らの町々の郊外の畑が、彼らの永続する所有地である故(ゆえ)売(な)られぬ事は、以下のことを示している。即ち、内なる面で真理並びに十全に結合した善にいる者の許(もと)での、外なる善は、それを彼自身に帰(き)することにより疎(うと)んじられ得ない。何となれば、彼はそれが全的に主からのものである事を覚知するからである(7407, 6078#, 402, 4758, 6148, 2029)。

35. 「もし汝(なんじ)の兄弟が貧しくなり、彼の手が汝(なんじ)の許(もと)で衰える〔揺(ゆ)らぐ〕場合」は、外なる教会にいて諸真理に不足し、斯(か)くて善を行う力を欠いている者らを示している(1222#, 2360, 9209, 878)。彼を持ち上げることは、彼を支えることを示すのは明らかである(3901², 6343)。そして余所(よそ)者と寄留者の如(ごと)く生きることは、暫(しば)くの間そのような人達は諸真理の無い自然的善から行動するか、あるいは善と真理において教示の行程にいることを示している(8002)。

第23節の下での注釈で言われているものに従(もと)えば、本節では「余所者と寄留者」の代わりに「寄留者と余所者、あるいは在留異邦人」と読むべきであろう、勿論(もちろん)内意(しょせつ)の所説も逆になり、即ち、「そのような人物らは善と真理において教示の行程にいるか、あるいは諸真理の無い自然的善から行動する」となる。確かに霊的意味では、ここ23節双方で比較的内なるものは比較的外なるものに先行すべきことを文脈から希求(ききゅう)されるように思われる。

36. 決して彼から利子や割増しを取らないことは、報酬のため、あるいは世俗的及び利己的な諸動機から善が行わるべきではない事を示している(9210)。神を畏(おそ)れることは、外なる人は愛と真理に基(もと)づいた聖なる畏(おそ)れの感

覚から助けられるべきである事を示している(2826)。そして「汝の兄弟が汝の許に生きるためである」は、調和が維持されるため、を示している(1222#, 290)。

37. 彼に利子の上に汝の銭を与えず、割増しのための汝の糧を与えぬことは、報酬のためか世俗的あるいは利己的な諸動機から善を行うことは違法であることを示している(9210)。

38. 「我は、汝らにカナンの地を与えるため、汝らの神になるため、汝らをエジプトの地から連れ出した主、汝らの神なり」は以下を示している。即ち、なぜなら主は純粋な愛と真理から行動し、霊的な人を全てのその様な諸動機から買い戻したからである。それは彼が主から善を、そしてそれにより真理もまた受け入れるためである(2001, 2966, 3705)。

39. 「もし汝の兄弟が汝の許で貧しくなり、汝に身売りする場合。汝は彼を僕夫の如く仕えさせぬものとする」は、真理を伴わない外なる人は、彼が霊的な人に服従するとき、単なる利己的な諸動機から制御されるべきではない事を示している(1222#, 9209, 6142, 6143, 8974)。

40. 雇い人また寄留者の如く、あるいはより正確には、雇い人また在留異邦人の如く、その雇い主の許にいることは、正に宗教においては報酬のためにか、自然的な気質のみからか彼は行動するけれども、を示している(8002)。そしてヨベルの年まで仕えることは、これは当分の間許されており、試みの状態の間中続いて良いことを示している(8802)。

41. 彼が彼と彼の許にいる彼の子供らがヨベルに出て行くことは、善と真理とが霊的な人の許での内奥で十全に結合されると、そのとき自然的な人は善について及び真理について自由となるはずである事を示している(8802, 489, 2966)。彼自らの家族へと彼の父らの諸々の所有地[*37]へ彼は戻ることは、意志と理解双方について霊的な諸動機から霊的な人のように行動するで

第 25 章

あろう事を示している(7833, 3239#, 2028, 2029)。

42. 主がエジプトの地から連れ出し給う、この御方の僕らであり、下僕らとして売られぬことは、自然的な人は単なる自然的な情愛から主により買い戻されており、当然疎んじられるべきではなく、霊的な人により利己的な愛を管理されている事を示している(7038#, 8866, 4758, 8974)。

43. 峻厳をもって彼を治めず汝の神を畏れることは、善から離れた真理ではなく、善と結合した真理により管理されるべきである事を示している(6148#, 4180)。

44. 周りの諸国民の下僕らと婢らにより、自然的な諸々の力と悪である諸情愛が示されている(8890, 1868)。そして下僕らと婢らのために彼らを買うことにより、その様なものは罰の恐れにより制御されて良いことが示されている(7998, 7999, 3718#)。

45. 寄留している余所者らの子供らにより、自然的な人の諸悪からの諸々の虚偽にいるものの、教示の下にいる者らが示されている(1147, 8002)。「彼らから汝らは買うものとする。そして彼らが汝らの地で生んだ汝らの許にいる彼らの家族からも」は、そのような者らは彼らの利己的な諸々の恐れと動機への要求により制御されて良いことを示している(7998, 7999, 3718#, 1215, 1145, 1708)。そして彼らが所有である事により、それらは教会との繋がりにより受け入れられた善と真理を促す手段で宜しく、斯くその様な人達は暫くの間従属的で宜しいことが示されている(2028, 2029)。

46. 彼らを彼らの後の彼らの子供らのための遺産と為すことは、斯くてまた、再生の行程では自然的な諸情愛*38 は霊的な諸々の力により制御されて良く、真に従属的になっても良いことを示している(1799, 1802)。「彼らから汝ら永久に汝らの下僕らを取る」は、実に自然的な諸々の力は継続して従属したものである事を示している(2567⁷)。そして汝らの兄弟らイスラエ

ルの子供らを互いに峻厳をもって治めぬことは、霊的な諸動機から快く従属している自然的な諸々の力は、利己的な諸動機からや善を伴わぬ真理から制御されるべきではない事を示している(4286, 6148#, 4186)。

47. 寄留者である余所者により、あるいは寄留者である在留異邦人により、教示の下におり、善を伴わない真理の内に斯くおり、また同時に自然的な気質のみから行動する者が示されている(8002)。豊かになる事は、善と真理の諸知識を豊富に持つことを示している(10227)。兄弟は外なる教会人を示している(1222#)。貧しくなる事は、諸真理に不足することを示している(10227)。そしてその寄留者、その余所者に身売りすることは、斯く善と真理が疎んじられ、諸々の悪と虚偽がそのような自然的な諸気質を介して蔓延することを示している(4758)。

48. 「彼が売られた後でも彼は買い戻されて宜しい。彼の兄弟らの一人が彼を買い戻しても宜しい。」は、以下を示している。即ち、斯く被る者らに尚も買い戻しは可能であり、何となれば彼らが愛する単純な善の真理への従順により救われるかも知れないから(4758, 2966, 1222#)。

49. 彼のおじか彼のおじの子は、傍系的な外なる善か真理を示している(3612, 489)。彼の近親の誰かは、彼らの状態と同質の如何なる種類の善を示している(3703[2])。「もし彼が豊かになるなら」は、もし彼らの許で真理と善の諸知識が増すなら、を示している(10227)。そして買い戻されることは、生活への真理の適用を介した悪からの救いを示している(2966)。

50. 彼を買った者の許で彼が彼に身売りした年からヨベルの年までを計算することは、そのような買い戻しは試みの状態の間中再生の行程で達成されるべきである事を示している(10217, 2937, 4758, 8802, 2252)。彼の売り値が年々の数に従うことは、彼らの生命の性質は後続する諸状態における真理の善に従うことを示している(2966)。そして雇い人の時に従い彼が彼の許にいるものとする事は、善の獲得における利己的な諸動機の優勢さに従い遅

延が在るであろう事を示している(8002)。

51. もし多くの年があり、それらに従い彼が買われた銭（ぜに）から彼の買い戻し値を返済することは以下を示している。即ち、これらの影響に従い主によって自由に彼らに与えられる神的諸真理を手段として、彼らは悪から救われ善の内に守られている事を承認するであろう(2966, 10217)。

52. そしてもしヨベルの年まで僅（わず）かの年しか残っておらずとも、それらに従い彼の許で彼の買い戻し値を計算することは以下を示している。即ち、そしてもし彼の状態が、真理と善との十全な結合がより遠くはない様なものであれば、彼らの性質は彼らの生命が主からのものである事の承認の度合いに依然従うであろう事を示している(2966, 10217)。

53. 年毎（ごと）の雇い人（ごと）の如く彼の許（もと）にいて、彼を峻厳をもって治（おさ）めぬことは以下を示している。即ち、後続する諸状態において利己的な諸動機の影響に比例し彼らの全般的な諸状態が存在するはずである。自然的な人もまた霊的な人に優勢となるに甘んじるはずはない事である(8002, 487, 488, 6148#, 4180)。

54. もし彼がこれらの手段によっても買い戻されぬなら、ヨベルの年には彼、そして彼の許（もと）での彼の子供らが出て行くことは以下を示している。即ち、もし善の内にいるその様な自然的な人らがこれらの経験により教会において諸々の虚偽の力から十全に買い戻されない場合。尚（なお）も**審判**においては、彼らは善の内にいるため、真理は凡（あら）ゆる十全さにおいて共有的かつ相互的に内奥でそれと結合されるであろう(2966, 8802, 2252, 489)。

55. イスラエルの子供らが主の僕（しもべ）らであることは、**霊的教会**人（びと）らは内なる面でも外なる面でも主の僕（しもべ）らであることを示している(3654, 1713, 7038)。エジプトの地から連れ出されることは、主は内なる人である者らと外なる人である者ら双方を買い戻されたことを示している(8866)。そして「我は主汝（なんじ）

らの神なり」は、この御方(おかた)は教会人(びと)にあって真理と結合した善の唯一の源泉として礼拝されるべきである事を示している(2001)。

　省察(せいさつ)すれば、本章と引き続く二つ〔の章〕がレヴィ記全体の内意における系列の集大成であることは、極めて明白に窺(うかが)われよう。何となれば今目下(もっか)の主題は、凡ゆる点と凡ゆる度における人間の再生(あら)の十全(あら)さであるからだ。よってそれを注意深く考察していこう。
　通常の安息日や安息の日は、再生の成就の表象であり、そのとき全ての霊的な葛藤(かっとう)が終わることは、キリスト者には全般的に良く知られている事である。そしてそのため天界そのものは永遠の安息日と呼ばれていた。そして正(まさ)しく永遠の安息日である、何となればそこでは人間は、全ての試誘(しゆう)からの安息の、また結果として永遠の主礼拝の、永遠なる状態にいるからである。しかし一部の者らが然うしたように以下の如(ごと)く想像すべきではない。即ち、天界での平安と安息の状態が無活動の永続した状態であるとか、天使らは聖所での奉仕や、主を賛美し外なる面で礼拝する事のために永久(とこしえ)に雇われているとか、である。これは真実から程(ほど)遠い。天界の平安と安息は、霊的な闘争からの自由であり、そこでの絶えざる礼拝は様々(さまざま)な種類の役立ちの実行における善なる生命の礼拝であり、役立つことの歓喜からであり、そして正真の役立ちの性質を的確に見極める知恵を伴うものである。一方それと同時に、以下を結論することは全く理に適っている。即ち、天使的な生命には諸々の時宜(じぎ)と状態が存在し、そこで人々が集(つど)うのは、主の一体と成った栄光のため、神的な諸事における教示のため、そして全ての善が主からのものである事と、この御方(おかた)が御自身の子供らの賛美を嘉納(かのう)される事の一般的な実現化において共有の愛を表現するためである。なぜならそれらはその御方(おかた)の神的知恵と愛に対する彼らの正真の感謝の現実的表現であり、彼らが不断に返礼できる様(おかた)その御方(おかた)が為(な)し給(たも)うているからである、そしてその御方(おかた)にとっては、自己栄光の如何(いか)なる思いからも賛美や礼拝を喜ぶからではない。何となれば天使ら自身さえも確かにその様な諸々の事柄のためには賛美も名誉も栄光にも

第 25 章

歓喜せず、寧ろそれらから身を背けるからである。と言うのも全ての現実の祝福は主からのものであり、単純に諸名誉に歓喜することは我々自身に潜伏する愛の確からしい指標なることを、彼らは能く能く承知しているからである。況や神的存在は賛美と栄光を求めはしない。

　さてここで、通常の安息日が完全な天界的状態を示しているなら、安息年あるいはヨベルは尚更である。一言で言えば、それらは天界的状態の増強を示しており、或る意味では全般的な安息日と他の二つのものは、最低、中間そして最高の諸天界の状態を表象しており、本章の全内容からそれなりに窺える次第である。

　しかしこの安息年で生じた三つの事柄がある。それらの二つはこの記事で言及されており、即ち、種播きと刈り入れの終止と、土地に自然発生する農産品を貧者と動物に与えること、他方三つ目が全ての負債からの解放であったのであり、申命記 15: 1〜 3 で命じられている。では、これら三つの制定の霊的な趣旨を考察する事としよう。第 1 に、畑及び葡萄園での種播きと刈り入れ、そして他の勤労が在ったであろう 6 年は、我々が既に理解した如く、霊的葛藤の人間の諸状態を、そして 7 年目は安息と平安の状態を意味する。しかしこれが含意する全てではない、なぜなら種播きと刈り入れの 6 年は、諸真理における我々の精神の培いにより我々が導かれる状態を、そして知識の愛から善の諸原理の採用を、そして主と隣人の正真な愛に対する義務感の下での善の実践をも意味しているからである。そして 7 年目はその愛の完全な実現と、結果として前の状態の終止を示している (9271)。そして無論、葛藤の状態と培いの状態は同等である。しかしこう考えられるかも知れない、天界的状態では精神の培いは存在しないのか、と。確かに存在する、しかしそれは、我々が善く成るべく知識を獲得し我々の諸力を発展させるのではなく、善の個別的な愛の結果として、謂わば、我々自らの働きにそして全般的な役立ちにあって、斯くて愈々完全に成る目的でこれらの事柄を行うはずなのである。

　それで第 2 に天界の生命は、系列が明示している如く、内なる及び外なる、あるいは霊的並びに自然的な全ての善き事柄の享受における自由を内包している。または換言すれば、それは凡ゆる善き事柄を固有のものとする為の

第 25 章

霊的な人と同じく自然的な人における自由である(5～7節)。そして第3に、自由の更なる状態が、諸々の負債からの解放により示されており、それは以下を意味している、「主からのものであると承認された真理への従順の凡ゆる状態は、善の愛からの従順の状態となる。そして、真理の原理からの強制的な従順は止む、なぜなら今や愛は凡ゆる行動への動機だからである。しかも仁愛が行き亘るところでは自己強制からの自由が後続する」(申命記 15:1～3〔の内意〕)。しかしこれに就いては孰れ充分に語るはずである。

　第2のセクションに来ると、ここではヨベルを考察しなければならない。それは天的な人や天界の完全な状態を、そしてそこから霊的な人や天界のそれをも詳細に表象しており、系列が構成され配列されている様式から窺える如くである。何となれば後者は前者に依存するからである。そして一方に当てはまるものは他方にも関連するのと同じく、より遠く、完全となった自然的な人に、あるいは終局的な天界に関連するのである。この事は、喇叭吹きにより、贖いの日と第7の月の十日目に然うすることにより表象されている。これは何故か。それは神的な諸事の啓示やより明確な覚知と言うものは常に悪の除去、殊に絶対的な除去に後続するからであり、と言うのも善はそのとき主から流れ入り、残りのものが齎され、そして信仰の状態が十全かつ完成されるからである。

　そして結果を見られたし、またそれが如何に喜ばしいか実現を試みられよ。人間全体のための完全な自由が存在する。即ち、内奥にあって又そこから外面的にも主との十全な結合、そして自然的な面で全ての善き事柄の十全なる享受が存在するのである。またそれがヨベルであると3回言われている理由である。そして凡ゆる者の自らの所有地への帰還が、彼自らの善の各々により何とその実現を見事に象徴していることか。天界は一種の巨大人[*39]であり、各天使はそこで彼自らの職務をそれ〔所有地〕の中に持ち、それを棄てようとは決して欲しないであろう。実に、売り買い、即ち、我々が当然保たねば成らぬものの引き離しと、暫定的にのみ我々のものと成るであろうものの獲得とが終世今までにあり、然しながら全てが、我々の内面の生命の深い休息の中での、正しい感情と思考の不思議な合一に依存しているのである。我々はそれを知ることが無く霊的には極めて貧しい者であったが、尚

第 25 章

も極めて豊かである。けれども我々は今、我々の家庭と我々の特性へ戻ってきたのだ、それらを更に失うことは決してしまい。そして我々のヨベルには不義は全く無いであろうし、何人もその兄弟に悪しく遇しはしないであろう、なぜなら我々の生命は愛と知性にあって完成するであろうから(17節)。そして次の二つの段階に注意されたい。何となればそれらが、天界では悪も虚偽も我々を悩ますものは全く無く、十全なる享受が存在するであろう事を、我々に保証するからである。また、そのセクションの終わりに続く諸論点は殊の外興味深い。天使ら、あるいは凡ゆる度の天的なものは、彼らの主への依存を意識しており、この御方が彼らに必要な全ての事柄を与え給うことを知っている。即ち、彼らの善は疎外されたり、他の誰かの善にも成り得ないこと。それが主のものであること。彼らには彼ら自身からは善と知識は全く無いこと。そして彼らはこのことを継続的に承認できることである。完全になった人間の全ての状態と、未だ完全ならぬ人間が申し分なく励む諸状態が存在するのである。

　今我々は、興味深い本章の後半に記述されている種々の諸法則の考察に至るが、それは内なる面で再生に関係するものである。そして初めのセクションでは二つの異なる事例を有している。即ち、自身の血族者により買い戻された貧しい兄弟と、血族者のいない者である。前者は善の内にいて再生の間それを疎んじる者を、そして後者は善の伴わない真理の内にいて同じことをする者を示している。しかし我々は悪に譲歩するとき善と真理とを疎んじるものであり、我々が前進しているときや、あるいは然うし始めた以前は、これを行い易いものである。そして律法は各々の場合で何が起こるかを教えている。しかし買い戻す者とは何者か。それは主であり、善については我々の内奥の状態を介して、斯くて我々自らの天使的社会の全般的な善を介して働いておられるのである(3703[2])。然しながら凡ゆる人間は、もし行使するのを選ぶなら善のための能力を持つ、と言うのも全ては既に買い戻されており、それ故善悪の間で選択することが出来るからである(2966)。そしてここから第2の場合では、豊かに成った貧しい人間がその力を持ち、主を承認し悔い改めの業を為すことにより彼の諸真理を適切に役立たせるかも知れない。そしてこの方法で彼自身を買い戻すように外観されるのである。しかし

第25章

27節で記述されている過程を観察し、それが以下の教えに如何に全般的に和合しているか注視されよ。即ち、「買い戻し値は受け入れについてもまた、人間の許で、それが受け入れの度合いと同等の者の許で、言明されている、」(2966)。そしてそれを売った相手への余剰分を返還することが、「主が彼に堪えせしめた善は現実には主御一人からのものであり、天界の社会でそれをその全般的な形の中に暫しの間保存した者らを介している事の承認を示している事は、」8685から窺われる。そこでは以下のことが明示されている、詰り、人間が彼自らの善の状態の中に入り来るとき彼の許に、主からの直接及び間接双方の流入が、即ちその御方からは直接にまた天界を介しては間接に存在し、そしてこの前に、あるいは「暫しの間」には直接の流入のみが存在するのである。依って、再生した人間が彼自らの天界の社会の中で且つ介して善の彼の状態を如何様に実現するかを斯く我々は理解するかも知れない。そしてこの説明は、28節で記述されている如く、遅れた再生の場合に於いてはそれが如何程に同一であるかをもまた明示している。

　然しながら次のセクションを吟味すれば、それが比較的に更に外なる者らの許での疎外された善の買い戻しに言及していることが明白となる。けれどもそれの本質的な真理とは、一年全体により示されている自然的生命の間中、あるいは試みの状態の間中にあっては買い戻しのみが存在する事は明らかである。試みの状態とは、凡ゆる者が善と悪との間で選択する自由の内にいると言うことである。そしてその状態は自然的な生命に限られている、なぜならそれは終局的なものであるから。そしてそれは、再生は創造のように、最初の或いは最高の諸原理の働きからのものであり、最後の或いは最低の諸原理との協働であり、他の如何なる方法にあっても結果を齎し得ないと言う事を常に覚えられねばならない。この真理に関しては『天界と地獄』470～483を見られよ、そこではそれが聖書から、道理からそして経験から確認される。しかしレヴィ人らについては、彼らの町々や家々が何時でも、即ち字義に従えば、規定された年を越えて買い戻されて良いと言われている。が、これは全般的な真理として矛盾するように思われるかも知れない。それでも然うではないのである、なぜならこの関連でレヴィ人は既に或る程度まで善に、あるいは時々呼ばれている如く真理の善にいる者を、斯くて前進す

第 25 章

る者を示している。よってそれ故、「何時でも」の表現は、試みの期間中如何なる状態において、を意味すべく訳されねばならない。その期間は、ヨベルの意義から明らかな如く、或るヨベルからもう一つのヨベルまでの年々により表象されてもいる。そしてレヴィ人らについて更に、彼らの町々の郊外の畑が売られるのは全く宜しからぬと言われている事は、内なる面で善と真理との十全な結合が存在するところでは外なる善は疎外され得ないことを示すためである、なぜならこの結合は我々が既に理解している如くヨベルが表象しているからである。

しかしこれらの注釈を敷衍するに及ばない、それは後続する種々の諸法則が主人らと彼らの僕らに関係付けられ、全てがヨベルと関係しているためである。そして結論において全般的に某かのものを評するだけで事足りるであろう。さてここで所与の心得から以下が極めて明瞭に窺われる。即ち、人が彼らの同胞らを奴隷にすることは神的秩序に従っておらず、神的愛の性格と一貫してもおらず、斯くてイスラエル人らは僕夫を持ち、彼らを売り買いするのを許されなかったのである。なぜならそれが主の御旨に合っていたからであり、然るにそう行動するのが彼らの自然的な気質だった為である。そしてここで指示された諸律法は、彼らの単なる自然的な愛を統御し、調整しそして和らげるよう意図されたことは明らかだ。何となればそれは、彼らが妻を離縁させるよう許されている如く、これらの場合でも丁度同じであるから。それは彼らの心の頑冥さの故である(マタイ 19: 8)。そしてこの事を、内意の啓示により確固とされている福音書等における正に主の平易な教えから、我々は更に容易に理解するのである。

何となればその意味は以下を教えているからである。即ち、確かに諸天界では主人らと僕らとの様な諸々の区別が存在するものの、尚そこでは政体全ては共有の愛のそれであり、主人らは僕らを愛し彼らを愛から監督し案内しており、そして僕らは主人らを愛し愛から従順を許しているのである。よってこれは、力を持ち世界中の富みを所有する欲念から、全てのものを征服の下に保とうと欲する利己的な愛から生ずる支配愛の中から更に起こり出て来るものとは、極めて異なった種類の政体である。そしてこの考察から我々は、ここで列挙され主張されている全ての霊的な諸法則が如何程崇高で

第 25 章

益あるものかを理解せずにはいられない。また個別的には以下が看取されるべきである。即ち、暫しの間にせよ恒久的にせよ、支配する原理としての利己的な愛にいる者らは、主と隣人への愛を介しては支配され得ない。それは彼らが実現しなかったし、実現しようとも決して欲しないものであり、それ故彼らは彼ら自らの生命の面における秩序に従い生きる煩わしさから彼ら自らの恐怖により強制されているのである。そして彼らがこれを行うとき、最終的には各々疑わずに行うのであるが、彼らが最早煩いはしないと信じることは当然である。何となれば天使らと同じく諸々の地獄を治めるのは主御自身であられ、双方の場合でこの御方の政体は神的愛と神的知恵の政体であるからであり、天界の形成と人類からのそれの保存以外に何ものをも目的としないからである。

　それ故我々が依然試みの状態に留まる間、以下のことを選び、またその選択の内に我々自身を確固としよう。即ち、我々が天界の愛により治められ、その愛から凡ゆる人間の魂の永遠の福利に仕える事もまた確かなものとなろう。それは、凡ゆるものにおけるのと同じく、彼の状態に従い、正に主の像と似姿になる事によるのである。

訳者のノート

＊1.　5, 11 節「自ら生える物」。原本 'That which groweth of itself'、ヘブル語原文はサーフィーアハ סָפִיחַ「零れた仁から生える物」の合成形。

＊2.　5, (11)節「汝の裸の～木(々)」。原本 'thy undressed ~'、ヘブル語原文 ネズィーレ・ハー נְזִירֶךָ「汝の聖別されたもの(ナージール)」。11 節は複数。

＊3.　6, (45)節「余所者(ら)」。原本（単数）'stranger(s)'、ヘブル語原文 トーシャヴ תוֹשָׁב「滞在者」。

＊4.　7 節「汝の家畜の群れ」。原本 'thy cattle'、ヘブル語原文 ヴェヘムテ・ハーベヘムテハー בְהֶמְתְּךָ「汝の獣（家畜）」。

＊5.　7 節「獣ら」。原本 'beasts'、ヘブル語原文は単数で ハッヤー חַיָּה「生けるもの」。

＊6.　10, 13 節「凡ゆる人」。原本 'every man'、ヘブル語原文 イーシュ אִישׁ「人」。

＊7.　11 節「汝」。ヘブル語原文は複数形「汝ら」。

第 25 章

*8. 14, 17, 46 節「互いに」。原本 14, 17 節が 'one another'、46 節が 'one over another'。ヘブル語原文は、14 節が「人、その兄弟を」、17 節が「人、その隣人を」、46 節が「人、その兄弟において」。

*9. 15, 16 節「産高(さんだか)」。21 節「実」、3, 22 節「諸々の実(それぞれ)」と共に夫々原本は 'crops'、'fruit'、'fruits'。しかしヘブル語原文は、7, 12, 20 節の「増すもの」(原本 'increase')と同じく テヴーアート תְּבוּאַת「収入」「産出(ただ)」。但し 15, 16 節は複数形。

*10. 16, 51, 52 節「従い」。原本 'according'、ヘブル語原文「口へ」。

*11. 18 節「諸法令」。原本 'statutes'、ヘブル語原文は ホッカー חֻקָּה が用いられている。第 10 章 訳者のノート*3 を参照。

*12. 22 節「彼女の」。女性名詞 エレツ אֶרֶץ「地」と思われる。

*13. 23, 35, 47 節「余所者(ら)～寄留者(ら)」。原本 'stranger(s)～sojourner(s)'、ヘブル語原文「寄留者(ら)～滞在者(ら)」。

*14. 25 節「彼の隣にいる彼の血族者」。原本 'his kinsman that is next unto him'、ヘブル語原文は「彼の血族である彼の買い戻す者」。

*15. 26 節「彼が豊かになり」。原本 'he be waxen rich'、ヘブル語原文は「彼の手が届く」。

*16. 28 節「彼が～取り戻すことが出来ずば」。原本 'be not able to'、ヘブル語原文は「彼の手が充分なるを見出(みいだ)さずば」。

*17. 29 節「それが売られた後、まる1年以内に」。原本 'within a whole year after it is sold,'、ヘブル語原文は「その売却から年の終わりまで」。

*18. 30 節「城壁の町の中にある」。原本 'that is in the walled city'、ヘブル語原文は「城壁の無い町の中にある」אֲשֶׁר־בָּעִיר אֲשֶׁר־לֹא חֹמָה。一般的には、否定語ロー לֹא を所属の前置詞 ロー לוֹ「彼の/には」の誤記と解釈し、Qere קְרֵי (ケレー) (実際には「クリー」と発音) 即ち口伝(くでん)として訳文の立場を取っている。原本の筆者もそのように解釈しているようである。実は、この2語、即ち לֹא と לוֹ に関連した意訳?は多くの訳本で頻繁(ひんぱん)になされている。

*19. 30 節「確かめられる」。原本 'be made sure'、ヘブル語原文は カーム קָם「立った」のヴァヴ倒置法による未完了表現「立つだろう」。

*20. 31 節「国土の諸々の畑と共に」。原本 'with the fields of the country'、ヘブル語原文は「地の畑(単数)の上に」。

第 25 章

*21. 32 節「何時でも」。原本 'at any time'、ヘブル語原文は オーラーム עוֹלָם「永遠に」。
*22. 33 節「もしレヴィ人らの一人が買い戻すなら」。原本 'if one of the Levites redeem'、ヘブル語原文は「レヴィ人らから買い戻すところのもの」。
*23. 34 節「郊外」。原本 'suburbs'、ヘブル語原文は ミグラシュ מִגְרָשׁ「放牧地」。
*24. 36, 37 節「割増し」。いずれも原本は 'increase' だが、ヘブル語原文は前者が タルビート תַּרְבִּית、後者が マルビート מַרְבִּית「法外な数」。
*25. 36 節「汝の神を」。原本 '(fear) thy God'、ヘブル語原文 メー・エローヘー・ハー מֵאֱלֹהֶיךָ「汝の神から」。
*26. 37, 51 節「銭」。原本 'money'、ヘブル語原文は「銀」。
*27. 40 節「寄留者」。原本 'sojourner'、ヘブル語原文はトーシャーヴ תוֹשָׁב「住民」。
*28. 42 節「下僕らとして」。原本 'as bondmen'、ヘブル語原文は「僕の売却から」。
*29. 44 節「下僕ら」「婢ら」。原本 'bondmen' 'bondmaids'、ヘブル語原文はいずれも単数形。
*30. 47, 49 節「豊かになり」。原本 'be waxen rich'、ヘブル語原文は「手(単数)が上がる」。
*31. 49 節「彼の」。原本 'unto him'、ヘブル語原文は「彼の肉の」。
*32. 50 節「値」。原本 'price'、ヘブル語原文は「銀」。
*33. 50 節「時に」。原本 'to the time'、ヘブル語原文は「日々に」。
*34. 注解 15 節「内奥」。コラムでは小文字。
*35. 注解 17 節「汝」。「汝ら」の誤植？
*36. 注解 20 節「我ら」。「汝ら」の誤植？
*37. 注解 41 節「諸々の所有地」。コラム及びヘブル語原文は単数。
*38. 注解 46 節「諸情愛」。コラムでは単数。
*39. p490「巨大人」。原本 'grand man'、ラテン語は 'Maximus Homo'「最大人」。
\# 『天界の秘義』の各々の節には当該内容の記載がないか、参照としては飛躍？

第 26 章

霊的意味の要約

1. 人間は以下に命じられている、即ち、如何なる利己的な或いは如何なる世俗的な情愛にも自身を献身せぬよう、然うではなく就中主を天的な愛から礼拝するようにと。なぜならもし彼が従順なら、平安と静謐の諸状態と彼の全ての試誘における保護を含む、凡ゆる霊的な祝福を享受するであろうから。何となれば主は御自身の民と共に住まわれ、諸々の役立ちの活動的な生命が行き亘るからであり、と言うのも、その御方は買い戻しの業を成し遂げられたからである(1～13節)。
2. しかし反対に、もし霊的教会人が不従順で主とこの御方の諸法則を拒絶するなら、そのとき彼は全種類の災難を被るであろう事が、秩序立って記述されている(14～39節)。
3. しかし尚その零落した状態にあっても、彼らの邪悪さを告白し、衷心から悔い改める全ての者らは、再び主に受け入れられるであろう。と言うのも、この御方は買い戻しの業を齎し、聖言を手段として人間に彼の生命の凡ゆる状態に適した諸真理を豊かに供し給うたからである(40～46節)。

各節の内容

1. 汝らは汝らに諸々の偶像らを決して作らぬものとし、また汝らは汝らに彫像や柱をも立て

1. その上、霊的な人は如何なる利己的な情愛や、正に教会が存在するところの、内なる人や外なる

第26章

ぬものとし、汝ら如何なる象った石をも、それに平伏すために、汝らの地に置かぬものとする。何となれば我は主 汝らの神なればなり。

2. 汝ら我が諸々の安息日を守り、我が聖所を尊ぶものとする。我は主なり。

3. もし汝ら我が諸法令*¹の内に歩み、我が諸命令を守りそれらを行うなら、

4. その時我はそれらの季節に汝らの諸々の雨を与えん、そして地は彼女の増すものを産する*² ものとし、野の木々*³はそれらの実*⁴を産する*²ものとする。

5. そして汝らの脱穀は葡萄の収穫まで至るものとし、葡萄の収穫は種播きの時まで至るものとする。そして汝らは汝らのパンを充分に食し、汝らの地に安んじて住むものとする。

人においてそこから由来した如何なる虚偽への礼拝にも彼自身を献身せぬよう、そしてそれらへの奴隷に成らぬよう命令されている。なぜなら主御一人のみが礼拝されるべきだからである。

2. よってそれ故、就中主は天的な愛から、そこから発出する聖なる真理を手段として礼拝されるべきである。何となれば主への愛は全ての礼拝の本質であるから。

3. そしてもし教会人が外面的及び内面的にも神的秩序の諸法則に従い生活するなら、

4. そのとき彼は、彼の状態に従い主から神的諸真理の流入を受けるであろう。そして諸真理は善から増大されるであろうし、他方善は諸真理により再び実を結ぶものとなる。

5. 善の実現化もまた再生を介して、神的諸真理の受け入れと同等となろう。そして神的諸真理の受け入れは善の中での真理の播種と〔同等〕。そして善を固有のものとする事は十全となろう。

第 26 章

他方天界的生命の状態は、悪や過失の蚕食から安全となろう。

6. そして我 地において平安を与えけん、汝ら横になり、何人も汝らを案じせしめぬものとする。そして我 悪しき獣らを地から終わらせん、また剣は汝らの地を通り過ぎぬものとする。

6. 平安もまた精神に浸透し、静謐は生命に行き亘るであろう。如何なる悪や虚偽も不安を与えないであろう、何となれば悪の諸熱情が全的に取り除かれ、破壊的な諸々の虚偽が最早教会での荒廃の原因とは成らないであろうから。

7. そして汝らは汝らの敵らを追うものとし、彼らは汝らの前で剣により*5倒れるものとする。

7. そして諸々の試誘が正に起きるとき、善の愛は諸悪を散らすであろう。また真理の愛は諸々の虚偽を根絶するであろう。

8. そして汝らからの5人は百人を追うものとし、汝からの百人は一万人を追うものとする。そして汝らの敵らは汝らの前で剣により*5倒れるものとする。

8. 何となれば真理の最小の残りのものは諸々の虚偽の夥しさよりも強力になるであろうから。他方善の最小の実現化は悪の全力に抵抗できる。そして神的真理は、凡ゆる対立する再生しない自然的な情愛に対して勝っている事を証明するはずである。

9. そして我は汝らと関わりを持ち、汝らを実り豊かにし、汝らを増大させよう。そして我が契約を汝らと確立せん。

9. そして神的善は魂を内なる面で満たし、そのものを外なる面で顕示するであろう。他方諸真理はそれにより豊富になり、人間は

第26章

主と結合を持つであろう。

10. そして汝ら長く保(も)った古き蓄(たくわ)え*6を食(しょく)するものとし、汝ら新しきものの故に古きを持ち出すものとする*7。

10. その上、善は長く蓄えられた残りのものから固有のものとされるはずである。そして真理は不変で尽(つ)きることの無い更新を介して十全さの内に享受されるはずである。

11. そして我は我(わ)が仮庵(かりいお)*8を汝らの真中(まなか)に据(す)えん*2。そして我(わ)が魂(たましい)は汝(なんじ)らを忌(い)み嫌わぬものとする。

11. 主はまた御自身の民と共に住われるであろう。照応の如何(いか)なる欠乏も天界の諸真理の十全なる覚知を妨げないはずである。

12. そして我は汝らの真中(まなか)に歩み、汝らの神と成(な)らん、そして汝ら我が民と成(な)るものとする。

12. そして諸々の役立ちの活動的な生命が行き亘(わた)るであろう。天界の諸々の祝福の相互的な享受を伴う。

13. 我、汝(なんじ)らが彼らの下僕(げぼく)に成ならぬよう、汝(なんじ)らをエジプトの地から連れ出した主 汝(なんじ)らの神なり。そして我は汝らの軛(くびき)の諸々の棒を砕き、汝らを直立し行かしめた。

13. 何となれば主は、御自身の栄化により、霊的な人を単なる自然的な人の束縛から永遠へ買い戻し給(たも)うたからであり、それは彼がそれへの奴隷と成らぬ為(ため)であった。そして人間の再生へ留まる障害物は何もない。それは、初めは単に自然的である者が、後には真に霊的に成るためである。

14. しかし汝(なんじ)らが我に聞かず、

14. しかし反対に、霊的な人が

第 26 章

これら全ての諸命令を行わぬ場合。

15. そして、汝らが全ての我が諸命令を行わず我が契約を破るために、汝ら我が諸法令を拒み、また汝らの魂が我が諸審判を忌み嫌う場合。

16. 我も又これを汝らに行わん。我 恐怖を汝らの上に、正に消耗と熱病とを定めん、それらは両目を尽きさせ、魂を窶れさせるものとする。そして汝ら虚しく汝らの種を播くものとする、何となれば汝らの敵らがそれを食する故。

17. そして我は我が顔を汝らに対し据えん*2、そして汝らは汝らの敵らの前に打たれるものとする。汝らを憎む者らは汝らを統治するものとする。そして誰も汝らを追わぬときも汝らは逃げるものとする。

不従順になり、これが外なる面のみならず内なる面でもある場合。

15. そして外なる礼拝が無視され、内的な諸真理の学びが軽蔑される場合、それで不従順が内なる面で蔓延り、主との結合が破壊される。

16. そのとき霊的な人は結果を被るであろう、何となれば彼は彼自身の上に神的な諸現実の戦慄を、正に真理についての荒廃と、善を破壊する火炎の諸々の熱情の力を齎すであろうから。それらは全ての諸真理を取り去り、人間から善の凡ゆる原理を徐々に剥奪するであろう。そして最早彼は真理から善へ向上しない、なぜなら生活の諸悪は霊的な成長を破壊するであろうから。

17. また人間はそのとき最早内なる善と真理を把握しなく成るであろう。彼は諸悪がそれらの許に生ずる罰を被るであろう。支配の利己的な愛が蔓延るであろう。そして受難の強烈な諸々の恐怖が神的諸真理の無知から起きている。

第 26 章

18. そしてもし汝らこれらの事柄のために尚も我に聞かぬなら、そのとき汝らの諸々の罪のため我は汝らを更に七度懲らしめん。

18. 実にまた、もし霊的な人が彼の不従順に固執するなら、そのとき彼は彼自身の上に悪と虚偽と徹底した荒廃との結合を齎すであろう。

19. そして我汝らの力の誇りを砕かん。そして我汝らの天*9を鉄として、汝らの地を真鍮として造らん*2。

19. 自己由来の知性の誇りを介してもまた、彼は全ての諸真理を剥奪されるであろう。それと同時に内なる人に就いては混じり気の無い諸々の虚偽が、そして外なる人に就いては単に自然的な諸歓喜が君臨するであろう。

20. そして汝らの強さは虚しく費やされるものとする。何となれば汝らの地は彼女の増すものを産せ*2ぬものとし、地の木々*3もそれらの実*4を産せ*2ぬものとする故。

20. 虚偽はまた善と真理であるものを生じ得ない。なぜなら悪にとって善を生み出すこと、あるいは悪の内に基礎付けられた諸々の虚偽にとって諸真理を生み出すことは不可能であるから。

21. そして汝ら我に抗って歩み、我に聞かぬ場合。我は更に七度諸々の疫病*10を汝らの上に汝らの諸々の罪に従い齎さん。

21. そしてもし霊的な人が、神的愛から公にされたものとして、また神的真理である聖言に表現されたものとしての神的秩序の諸法則に反して生活する事と、それらの諸法則への不従順に尚も一層固執するなら、全き荒廃が彼の剥奪の程度に従い彼に追い

第 26 章

つくであろう。

22. そして我は野の獣*11 を汝らの真中に送らん、それは汝らから汝らの子供らを奪い、汝らの家畜の群れ*12 を滅ぼし、汝らを数において僅かなものとする。そして汝らの諸々の道は荒れ果てるものとする。

22. 何となれば忌わしき悪の諸情愛が彼を占め、それらは彼から全ての無垢、全ての善の自然的諸情愛、そして諸真理から行動する力を奪うであろう。彼の許に真実なる教会の如何なる教義も存在しないはずである。

23. そして仮にこれらの事柄により汝らが我に向かって匡されず、我に抗って歩む場合。

23. そしてもし彼が依然神的諸法則に対立し、外面的に従順なることを断る場合。

24. そのとき我もまた汝らに抗いて歩まん。そして我 汝らを打たん、正に我が、汝らの諸々の罪のため七度も。

24. そのとき彼は彼自身の上に更に強烈な荒廃を齎すであろう。何となれば彼は神的スフィアの真の臨在から責苦を被り、神聖で、純粋で、平和的である全てのものに強烈に戦慄するであろうから。

25. そして我剣を汝らの上に齎さん、それは契約の復讐を果すものとする。そして汝らは汝らの町々の中に共に集められるものとし、我悪疫を汝らの真中に送らん。そして汝ら敵の手に渡されるものとする。

25. 何となれば悪からの諸々の虚偽は彼の許で蔓延り、そのことが主との結合の全ての可能性を破壊し、彼は虚偽の外なる諸々の障壁により縛られるであろうから。残りのものは彼の許で全的に滅ぶであろう。そして悪が彼の上に充分な力を持つであろう。

604

第 26 章

26．我　汝らのパンの杖を折るとき、女10人が汝らのパンを一つの竈(かまど)で焼くものとし、彼女らは汝(なんじ)らのパンを重さで再び渡すものとする。そして汝ら食らうも、満足せぬものとする。

26．そして彼が善の諸情愛について徹底的に荒廃するとき、諸々の虚偽のみが充分に、悪の諸情愛の性質に従った利己的な愛の心から彼のために滋養を供給する。そのような諸悪を固有のものとする事もまた地獄の諸々の愛の継続的な熱望を満足させはしないであろう。

27．そしてもし汝らこれ全てのために我に聞かず、我に抗(あらが)いて歩む場合。

27．そして尚(なお)も再び、もし霊的な人が従順なることを断り、神的諸法則に対立し続けようとする場合。

28．そのとき我怒りの内に汝(なんじ)らに抗(あらが)いて歩まん。そして我はまた汝(なんじ)らの諸々の罪のため汝らを七度(たび)懲(こ)らしめん。

28．その時その様な対立の諸結果が甚(はなは)だ増強されるであろう。何となれば善全てに就(つ)いての荒廃が、そのような生活の自然的な帰結と成るであろうから。

29．そして汝(なんじ)らは汝(なんじ)らの息子らの肉*13 を食(く)らうものとし、そして汝(なんじ)らの娘の肉*13 を汝(なんじ)ら食(く)らうものとする。

29．そして悪は、理解と意志双方について、あるいは思考と情愛について、それ自身を消耗させるであろう。

30．そして我は汝(なんじ)らの諸々の高き所を壊し、汝(なんじ)らの太陽像を切り倒し、汝らの諸偶像の屍(しかばね)の上

30．そして更に、理解からの礼拝の全ての見せ掛けは、意志からの礼拝の全ての見せ掛けと同じく

に汝らの屍らを投げん。そして我が魂は汝らを忌み嫌うものとする。

破壊されるであろう。そして生命の諸々の形骸のみが霊を伴わずに留まるであろう、それは主からの背きの原因となる諸悪における甘やかしを介するのである。

31. そして我は汝らの町々を荒れ野と為さん、そして汝らの諸々の聖所を廃墟へと齎さん、そして我汝らの宥めの香りの諸々の匂いを嗅ぎはするまい。

31. 何となれば諸真理の偽装された秩序ある配列は現実の荒廃として充分に曝されるであろうから。即ち、礼拝の全ての偽装は廃棄されるであろう。平安と安息の、そして礼拝における心地良きものの偽りの諸外観も又これ以上存在しないであろう。

32. そして我は地を廃墟へと齎さん。そしてそこに住む汝らの敵らはそれに驚くものとする。

32. そして廃墟は、全ての善の諸情愛について、正に邪悪な者ら自身の真中で驚きの原因となる事について、然う徹底されるはずである。

33. そして汝らを我 諸々の国民の真中に吹き飛ばさん、そして我汝らの後に剣を抜かん。そして汝らの地は廃墟となるものとし、汝らの町々は荒れ地となるものとする。

33. 斯くて、転倒し腐敗した霊的な人々は諸々の悪と虚偽へと全的に見放されるだろう。また諸々の虚偽は彼らを継続的に追跡するであろう。そして凡ゆる善の情愛は真理について荒れ果てるであろうし、真の教義の知識全ては善について荒廃するであろう。

34. そのとき地は、それが荒れ果てた儘で、汝らが汝らの敵どもの地にいる限り、彼女の諸々の安息日を享受するものとする。正にそのとき地は安んじ、彼女の諸々の安息日を享受するものとする。

35. それが荒れ果てた儘でいる限り、それには安息が有るものとする。汝らがそれの上に住んでいたとき、正に汝らの諸々の安息日にはその許に無かった安息である。

36. そして汝らの残された者らについて言えば、我 彼らの敵らの諸々の地で彼らの心の中に小心を送らん。そして吹き寄せる葉の音は彼らを追うものとする。また彼らは、或る者が剣から逃れる如く、逃れるものとする。そして彼らは誰も追跡せずとも転ぶものとする。

37. そして彼らは、何人も追跡せぬ時も恰も剣の前にいる如く、

34. それで真の霊的な人は、悪全ての抑圧により、天的愛の完全な天界的状態を享受するであろう。そしてこれは内なる面でも同じく外なる面でも真となろう。

35. 何となれば悪全ての抑圧が平安を、腐敗した霊的な人の許で内なる礼拝から分離した外なる礼拝によっては教会が嘗て持つことの無かった当の平安を、齎すであろうから。

36. しかし極めて僅かな程度でも真の教会に跋扈し続ける邪悪な者らについて言えば、彼らは諸悪の中で拒絶される事を介して力全てを失うであろうし、正に信仰の最小の痕跡でも背反の原因となろう。そして彼らは、真理から、恰もそれが破壊的であるかの如く、そして善から、恰もそれが悲惨を生むものの如く、喜んで免れるであろう。

37. 何となれば邪悪な者らは、荒廃にあって、真理と虚偽を区別

互いの上に*14躓くものとする。そして汝らは汝らの敵らの前に立つ力を何ら持たぬものとする。

38．そして汝ら諸々の国民の真中で滅ぶものとし、汝らの敵らの地は汝らを食らうものとする。

39．そして汝らの残された者らは汝らの敵らの諸々の地で彼らの悪行にあって痩せ衰えるものとする。そして彼らの父らの諸々の悪行にあっても又彼らはそれらと共に痩せ衰えるものとする。

40．そして彼らは、彼らが我に対し侵害した彼らの侵害において、彼らの悪行と、彼らの父らの悪行、そしてまた彼らが我に抗いて歩んだが故の以下のことを告白するものとする。

41．我もまた彼らに抗いて歩み、彼らを彼らの敵らの地の中に

することは出来ないから。彼らはまた善と悪との違いも全く把握しないから。

38．何となれば諸悪は互いに破壊的であるから。そして諸々の虚偽は、葛藤により諸々の虚偽の許で徹底的に消耗するから。

39．そして善の極めて僅かな残余は確固とした悪を介して全的に消散されるであろう。そして悪からの虚偽における確証〔確固〕もまた真理全てを散らすであろう。

40．しかし善は、**霊的教会**のこの腐敗した状態にあって、以下を承認するであろう。即ち、彼らは諸々の虚偽の内におり、悪にいる者らの諸々の虚偽からであり、そして又、神的真理に対立したそのような諸々の虚偽に負った真理の無知を介してもいると言うこと。そして又、彼らの実際の諸悪の故に、彼らが真理に反して生きたと言うこと。

41．それ故また、真理が彼らの敵に見え、彼らの上に悪を課した

第 26 章

連れて行った*15。それで仮に彼らの未割礼の心が謙（へりくだ）り、彼らの悪行（あくぎょう）の罰*16を甘受する場合。

と言うことである。しかしもし、悪がそれ自身を罰すること、そして彼ら自身からは不純以外の何者でもない事を善が告白する場合。

42. そのとき我 ヤコブとの我が契約を思い出さん。そしてイサクとの我が契約をも、アブラハムとの我が契約をも我は思い出さん。また地を思い出さん。

42. そのとき彼らは主との結合が可能となるであろう、初めに彼らの自然的な状態を介してその御方（おかた）からの善の受け入れについて。第2に彼らの霊的な状態について。そして第3に彼らの天的な状態について。またその時、彼らは善へ導く諸真理を調度（ちょうど）されるであろう。

43. 地もまた彼らから見放されるものとし、彼女が彼ら無しに荒れ果てた儘（まま）でいる間、彼女の諸々の安息日を享受するものとする。そして彼らは彼らの悪行（あくぎょう）の罰*16を甘受するものとする。なぜなら、正に彼らは我が諸審判を拒（こば）み、彼らの魂*17は我が諸法令*1を忌み嫌った故。

43. しかし悪にいる全ての者は真の教会から分離されるであろう。その教会は、悪から分離している時は、善のその状態にあって庇護されている。そして彼らは生き、彼らの悪の結果を耐え忍ぶはずである。なぜなら、自由から、彼らは内なる面で神的諸真理を拒絶したからであり、そして内なるものから分離した外なる礼拝を捧げる事さえも断（ことわ）ったからである。

44. 然（さ）れどそれ全てにありても

44. しかしそれにも拘（かかわ）らず、主

609

第 26 章

尚(なお)、彼らが彼らの敵らの地にいるとき、徹底して彼らを壊(わ)すため、また彼らとの我が契約を壊(こぼ)すため、我彼らを拒まず、彼らを忌み嫌いはせぬ*18。何となれば我は主彼らの神なればなり。

は、邪悪な者らが荒廃しているとき、彼らを庇護するのを止めはしない。この御方(おかた)は彼らがその様な庇護の欠乏のため徹底して滅ぶのを許されもしない。何となればこの御方は、彼らの生命の開かれていない更に高次の諸々の度(ど)を介して彼らと依然結合して居(お)られるからであり、この結合の故に彼らは永遠に生き続けなければならないからである。何となれば、邪悪な者らは善に堪え得(う)(た)るよう創造され、彼らの更に高次の諸々の度(ど)にあっては完全である故、主は彼らと結合されているからである。

45. しかし我は彼らのために彼らの先祖らの契約を思い出さん、我 彼らの神となるため、我は彼らをエジプトの地から諸々の国民(くにたみ)の環視(かんし)のもと連れ出した。我は主なり。

45. そして主はこの結合のために、邪悪な者らが生きることを許(た)し給う。なぜなら悪の絶対的な束縛からの人類の買い戻しにより、この御方(おかた)は彼らを庇護できるからである。そしてその御方(おかた)から彼らは一層永遠へ彼らの生命を持つのである。

46. これらは、主が御自身*19とイスラエルの子供らとの間にシナイ山でモーセの手により為(な)された*2、諸法令 *1と諸審判と諸

46. そしてこれらが霊的な人のための、外なるものらに就(つ)いて、内的なものらに就(つ)いてと、内なるものらに就(つ)いての秩序の諸法則

第 26 章

律法である。　　　　　　　　　　　　　　　　である。それにより結合が主と人類との間で、この御方(おかた)の神的愛から、この御方(おかた)の神的真理を手段として維持されているのである。

参照と注解

1. 如何(いか)なる諸々(もろもろ)の偶像をも作らぬことは、霊的な人は如何(いか)なる利己的な情愛への礼拝に自身を献身してはならない事を示している(8869)。彫像を作らぬことは、そこから由来した如何なる虚偽をも礼拝しないことを示している(8869)。柱や象(かたど)った石をそれに平伏(ひれふ)すため地に立てぬことは、悪と虚偽とをそれへの奴隷となるために礼拝しないことを示している(10643, 8873)。諸々の偶像と彫像は内なる人に関係があり、諸々の柱と象(かたど)った石は外なる人に関係がある(8106)。そして「何となれば我は主　汝(なんじ)らの神なればなり」は、当然ながら主御一人が礼拝されねばならない事を示している(2001)。

2. 主の諸々の安息日を守り、この御方(おかた)の聖所を尊(たっと)ぶことは、以下を示している。即(すなわ)ち、よってそれ故、就中(なかんづく)主は天的な愛から、そこから発出する聖なる真理を手段として礼拝されるべきである。何となれば主への愛は全ての礼拝の本質であるから(87, 3210, 2001)。

3. 主の諸法令の内に歩み、この御方(おかた)の諸命令を守り、それらを行うことは、もし教会人が外面的及び内面的にも神的秩序の諸法則に従い生活するなら、を示している(8420, 3382, 4258#)。

4. それらの季節に諸々の雨を与えることは、状態に従い主から神的諸真理の流入を受けることを示している(8416)。地が彼女の増すものを産(さん)すること

第26章

は、諸真理は善から増大されるであろう事を示している(2571, 4981)。そして野が彼女の実を産する*20 ことは、善は諸真理により再び実り豊かに成ることを示している(983, 3310)。

5. 脱穀が葡萄の収穫まで至ることは、善の実現化は再生を介して、神的諸真理の受け入れと同等となろう事を示している(6377^4, $4482^\#$)。葡萄の収穫が種播きの時まで至ることは、神的諸真理の受け入れは善の中での真理の播種と同等であることを示している(6377^4, $4482^\#$, 9272)。汝らのパンを充分に食することは、十全な善の固有化を示している(2187, 2165, 2177)。そして地に安んじて住むことは、天界的生命の状態は悪や過失の蚕食から安全となろう事を示している(10160)。

6. 地において平安を与けることは、平安が精神に浸透することを示している(3696)。横になり、何人も案じせしめぬ事は、静謐が生命に行き亘るであろう事と、悪と虚偽が不安を与えないであろう事を示している(3696)。悪しき獣らを地から終わらせる事は、悪の諸熱情が全的に取り除かれるであろう事を示している(3696)。そして剣が地を通り過ぎぬことは、破壊的な諸々の虚偽が最早教会での荒廃の原因とは成らないであろう事を示している(3696, 2799)。

7. 汝らの敵らを追い彼らが汝らの前で剣により倒れることは、諸々の試誘が正に起きるとき、善の愛は諸悪を散らし、真理の愛は諸々の虚偽を根絶するであろう事を示している(2851, $9259^\#$, 2799)。

8. 汝らからの5人が百人を追うことは、真理の最小の残りのものは諸々の虚偽の夥しさよりも強力になるであろう事を示している(5291^2, $2686^\#$)。百人が一万人を追うことは、善の最小の実現化は悪の全力に抵抗できることを示している(576, 2575, $2686^\#$, $683^\#$)。そして汝らの敵らが汝らの前で剣により倒れることは、神的真理は凡ゆる対立する再生しない自然的な情愛に対して勝っているのを証明することを示している(2851, $9259^\#$, 2799)。

第 26 章

9. 主が汝らと関わりを持つことは、神的善は魂を内なる面で満たすことを示している(2001, 10420#)。実り豊かにすることは、外なる面での善の顕示を示している(983)。汝らを増大させることは、諸真理はそれにより豊富になることを示している(983)。そして主が御自身の契約を汝らと確立することは、人間は主と結合を持つであろう事を示している(665)。

10. 長く保った古き蓄えを食することは、善は長く蓄えられた残りのものから固有のものとされるはずである事を示している(2187, 5299, 5370, 1854#)。そして新しきものの故に古きを持ち出すことは、真理は不変で尽きることの無い更新を介して十全さの内に享受されるはずである事を示している(1854#, 8400#, 3768#, 5244#)。

11. 主が御自身の仮庵を汝らの真中に据え、そしてその御方の魂が汝らを忌み嫌わぬことは、以下を示している。即ち、主は御自身の民と共に住われるであろう。また照応の如何なる欠乏も天界の諸真理の十全なる覚知を妨げないはずである(9668, 9784, 7327#)。

12. 主が汝らの真中に歩み、汝らの神と成り、そして汝らがこの御方の民となることは、諸々の役立ちの活動的な生命が行き亘り、天界の諸々の祝福の相互的な享受を伴うことを示している(519, 2001, 1259, 2004)。

13. 「我は汝らをエジプトの地から連れ出した主 汝らの神なり」は、主は、御自身の栄化により、霊的な人を単なる自然的な人の束縛から永遠へ買い戻し給いて、それは彼がそれへの奴隷と成らぬ為であった事を示している(2001, 8866)。そして汝らの軛の諸々の棒を砕き汝らを直立し行かしめる事は、人間の再生へ留まる障害物は何もなく、初めは単に自然的である者が後には真に霊的に成るためである事を示している($1664^{2\#}$, 9496#, 892, 6952#)。

第26章

14. 主に聞かずこの御方の諸命令を行わぬことは、外なる面のみならず内なる面でも不従順になることを示している(2542, 3382)。

15. 主の諸法令を拒むことは、外なる礼拝を無視することを示しており、その御方の諸審判を忌み嫌うことは、内的な諸真理の学びを軽蔑することを示している(8357)。全ての諸命令を行わぬ事は、不従順が内なる面で蔓延ることを示している(3382)。そして契約を破ることは、主との結合が破壊されることを示している(665)。

16. 「我も又これを汝らに行なわん。」は、霊的な人は結果を被るであろう事を示している(696)。恐怖を汝らの上に、正に消耗と熱病とを定めることは、彼は彼自身の上に神的な諸現実の戦慄を、正に真理についての荒廃と、善を破壊する火炎の諸々の熱情の力を齎すであろう事を示している(986, 8364)。両目を尽きさせ、魂を衰れさせる事は、全ての諸真理を取り去り、人間から善の凡ゆる原理を徐々に剥奪することを示している(3820, 1436, 7795#)。そして汝らの種を、汝らの敵らがそれを食する故に虚しく播くことは、最早人間は真理から善へ向上せず、なぜなら生活の諸悪は霊的な成長を破壊するであろうから、を示している(9272, 2851, 5149)。

17. 主が彼の顔を汝らに対し据えることは、人間はそのとき最早内なる善と真理を把握しなくなるであろう事を示している(222, 358)。汝らの敵らの前に打れることは、彼は諸悪がそれらの許に生ずる罰を被るであろう事を示している(7871, 2851)。汝らを憎む者らは、支配の利己的な愛が蔓延るであろう事を示している(2851, 10814)。そして誰も汝らを追わぬときも逃げることは、受難の強烈な恐怖*21 が神的諸真理の無知から起きている事を示している(1689, 270#)。

18. 「そしてもし汝らこれらの事柄のために尚も我に聞かぬなら、そのとき汝らの諸々の罪のため我は汝らを更に七度懲らしめん」は、以下を示している。即ち、実に、もし霊的な人が彼の不従順に固執するなら、そのとき

614

彼は彼自身の上に悪と虚偽と徹底した荒廃との結合を齎すであろう(2542, 696, 433, 10360)。

19. 汝らの力の誇りを砕くことは、自己由来の知性の誇りを介して彼は全ての諸真理を剥奪されるであろう事を示している(8678, 10481#)。そして汝らの天を鉄としてまた汝らの地を真鍮として造ることは、内なる人に就いては混じり気の無い諸々の虚偽が、そして外なる人に就いては単に自然的な歓喜*22が君臨するであろう事を示している(4535, 425)、なぜならここでは鉄と真鍮は対立する意味で取られるべきだからである。

20. 強さが虚しく費やされる事は、虚偽は善と真理であるものを生じ得ないことを示している(3727 終わり)。地が彼女の増すものを産せぬことは、悪にとって善を生み出すのは不可能である事を示している(2571, 4981)。そして地の木々がそれらの実を産せぬことは、悪の内に基礎付けられた諸々の虚偽にとって諸真理を生み出すのは不可能である事を示している(7690)、なぜなら木は善と真理の諸々の覚知と知識を示すが、ここでは対立した意味で、悪と虚偽であるものの諸々の覚知と知識を示しているからである。

21. 主に抗って歩みこの御方に聞かぬことは、神的愛から公にされたものとして、また神的真理である聖言に表現されたものとしての神的秩序の諸法則に反して生活する事と、それらの諸法則への不従順さにおける固執を示している(519, 2001, 2542)。そして主が更に七度諸々の疫病を汝らに汝らの諸々の罪に従い齎すことは、徹底した荒廃が霊的な人に彼の剥奪の程度に従い追いつくであろう事を示している(696, 433, 10361#)。

22. 悪い獣を汝らの真中に送ることは、忌わしき悪の諸情愛が霊的な人を占めるであろう事を示している(3696)。それが汝らから汝らの子供らを奪うことは、彼から全ての無垢を奪うことを示している(5342², 430)。汝らの家畜の群れを滅ぼすことは、彼らから全ての善の自然的諸情愛を奪うことを示している(9135²)。汝らを数において僅かにする事は、彼から諸真理から

行動する全ての力を奪うことを示している(2227)。そして汝らの諸々の道が荒れ果てることは、彼の許に真実なる教会の如何なる教義も存在しないはずである事を示している(2234, 411)。

23. これらの事柄により匡されず、主に抗って歩むことは、神的諸法則への更なる対立と、外面的な不従順を示している(696, 519, 2001)。

24. 汝らに抗って歩むことは、彼自身の上に更に強烈な荒廃を齎すことを示している(696, 519)。汝らを打つことは、彼は神的スフィアからの責苦を被るであろう事を示している、と言うのも彼の諸々の虚偽は神的善と神的真理とに対立しているからである(696, 10510)。そして汝らの諸々の罪のための七度は、神聖で純粋で平和的である全てのものへの戦慄の原因となる徹底した荒廃を示している(433, 10361#)。

25. 剣を汝らの上に齎しそれが契約の復讐を果たすものとするとは、悪からの諸々の虚偽は霊的な人の許で蔓延り、そのことが主との結合の全ての可能性を破壊するであろう事を示している(2799, 665, 8223)。汝らの町々の中に共に集められる事は、彼は虚偽の外なる諸々の障壁により縛られるであろう事を示している(6463#, 402)。悪疫を汝らの真中に送ることは、残りのものは彼の許で全的に滅ぶであろう事を示している(10219)。そして敵の手に渡されることは、悪が彼の上に充分な力を持つであろう事を示している(2851, 878)。

26. パンの杖を折ることは、善の諸情愛について徹底的な荒廃を示している(9163, 9323)。女10人が汝らのパンを一つの竈で焼くことは、諸々の虚偽のみが充分に利己的な愛の心から彼のために滋養を供給することを示している(9716, 409, 8496, 9323, 7356)。汝らのパンを重さで再び渡すことは、悪の諸情愛の性質に従っている事を示している(3104)。そして食らうも満足せぬことは、そのような諸悪を固有のものとする事は地獄の諸々の愛の継続的な熱望を満足させはしないで有ろうことを示している(2187, 8410)。

27. これ全てのために、主に聞かず、この御方に抗って歩むことは、再び、もし霊的な人が従順なることを断り、神的諸法則に対立し続けようとする場合を示している(2542, 519)。

28. 怒りの内に人間に抗って歩み、そして彼の諸々の罪のため彼を七度懲らしめる事は、以下を示している。即ち、その時その様な対立の結果*23が甚だ増強されるであろう。何となれば善全てについての荒廃が、そのような生活の帰結と成るであろうから(519, 696, 10618, 433, 10361♯)。

29. 汝らの息子らの肉をそして汝らの娘の肉をも食らうことは、悪は理解と意志双方について、あるいは思考と情愛について、それ自身を消耗させるであろう事を示している(5149, 8408, 568)。

30. 汝らの諸々の高き所を壊すことは、理解からの礼拝の全ての見せ掛けは破壊されるであろう事を示している(2722)。汝らの太陽像を切り倒すことは、意志からの礼拝全てと同様の事を示している(2441)。汝らの諸偶像の屍らの上に汝らの屍らを投げることは、生命の諸々の形骸のみが霊を伴わずに留まるであろう事を示している(3900¹⁰)。そして「我が魂は汝らを忌み嫌わん」は、背きの状態を示している(3605, 693, 694)。

31. 汝らの町々を荒れ野と為すことは、諸真理の偽装された秩序ある諸配列*24は現実の荒廃として充分に曝されるであろう事を示している(402, 411)。汝らの諸々の聖所を廃墟へと齎すことは、礼拝の全ての偽装は廃棄されるであろう事を示している(9457, 411)。そして汝らの宥めの香りの諸々の匂いを嗅がないことは、〔平安と〕安息の、そして礼拝における心地良きものの偽りの諸外観も又これ以上存在しないであろう事を示している(10054)。

32. 地を廃墟へと齎すこと、そしてそこに住む汝らの敵らがそれに驚くこ

とは、廃墟は、全ての善の諸情愛について、正に邪悪な者ら自身の真中で驚きの原因となる事について、然う徹底されるはずで有ることを示している(411, 2851)。

33. 汝らを諸々の国民の真中に散らすことは、斯く転倒し腐敗した霊的な人々は諸々の悪と虚偽へと全的に見放されるで有ろうことを示している(6361, 1259)。汝らの後に剣を抜くことは、諸々の虚偽は彼らを継続的に追跡するであろう事を示している(2799)。汝らの地が廃墟となることは、凡ゆる善の情愛は〔真理について〕荒れ果てるであろう事を示している(620, 411)。そして汝らの町々が荒れ地となることは、真の教義の知識全ては善について荒廃するであろう事を示している(402, 411)。

34. 地が、それが荒れ果てた儘で、汝らが汝らの敵どもの地にいる限り、彼女の諸々の安息日を享受することは、それで真の霊的な人は、悪全ての抑圧により、天的愛の完全な天界的状態を享受するであろう事を示している(620, 87, 411, 2851)。そして「正にそのとき地は安んじ、彼女の諸々の安息日を享受する」ことは、これは内なる面でも同じく外なる面でも、あるいは意志と同じく理解について、真となろう事を示している(683)。

35. 「それが荒れ果てた儘でいる限り、それには安息が有るものとする。汝らがそれの上に住んでいたとき、正に汝らの諸々の安息日にはその許に無かった安息である」は、以下を示している。即ち、悪全ての抑圧が平安を、腐敗した霊的な人の許で内なる礼拝から分離した外なる礼拝によっては教会が嘗て持つことの無かった当の平安を、齎すであろう事(411, 620, 87, 14〜15節)。

36. 「汝らの残された者らについて言えば」は、極めて僅かな程度でも真の教会に跋扈し続ける邪悪な者らについて言えば、を示している(7564, 7565)。彼らの敵らの諸々の地で彼らの心の中に小心を送ることは、諸悪そして結果としての諸々の虚偽の中で拒絶される事を介した力全ての喪失を

示している(6111, 7272)。吹き寄せる葉の音が彼らを追うことは、正に信仰の最小の痕跡でも背反の原因となろう事を示している(216, 884, 4555)。そして或る者が剣から逃れる如く逃れ、誰も追跡せずとも転ぶことは、以下を示している。即ち、彼らは、真理から恰もそれが破壊的であるかの如く、そして善から恰もそれが悲惨を生むものの如く、喜んで免れるであろう事(1689, 2799, 696)。

37. 何人も追跡せぬときも恰も剣の前にいる如く、互いの上に躓くことは、邪悪な者らは荒廃にあって、真理と虚偽を区別できない事を示している(9163², 2799, 696)。そして汝らの敵らの前に立つ力を持たぬことは、彼らは善と悪との違いを全く把握しないことを示している(7530, 4926⁵, 2851)。

38. 諸々の国民の真中で滅び、そして汝らの敵らの地が汝らを食らうことは、諸悪は互いに破壊的である、そして諸々の虚偽は葛藤により諸々の虚偽の許で徹底的に消耗することを示している(1849, 7655, 620, 2851, 5149)。

39. 汝らの残された者らが汝らの敵らの〔諸々の〕地で痩せ衰えることは、善の極めて僅かな残余が確固とした悪を介して全的に消散されるであろう事を示している(7564[#], 1460²(哀歌 4: 9), 620, 2581[#])。そして彼らの父らの諸々の悪行にあってもまた痩せ衰えることは、悪からの虚偽における確証〔確固〕もまた真理全てを散らすであろう事を示している(7564[#], 1460²(哀歌 4: 9), 9156, 3703²⁰)。

40. 彼らの悪行と彼らの父らの悪行を告白することは、善は**霊的教会**のこの腐敗した状態にあって、彼らは悪にいる者らの諸々の虚偽からの諸々の虚偽の内にいるのを承認するであろう事を示している(9156, 3703²⁰)。彼らが我に対し侵害した彼らの侵害は、神的真理に対立したその様な諸々の虚偽のための真理の無知を介して彼らは誤って閉まったことを示している(9156)。そして主に抗って歩むことは、彼らの実際の諸悪の故に、彼らが真理に反して生きたことを示している(519)。

第 26 章

41. 主が彼らに抗（あらが）って歩み、彼らを彼らの敵らの地の中に連れ行くことは、それ故真理が彼らの敵に見え彼らの上に悪を課（か）したことを示している(2001, 620, 2851)。それで彼らの未割礼の心が謙（へりくだ）ることは、悪がそれ自身を罰することの彼らの告白を示している(7272, 7225, 7418³)。そして彼らの悪行（あくぎょう）の罰を甘受（かんじゅ）することは、彼ら自身からは不純以外の何者でもない事の彼らの告白を示している(7225, 3994#)。

42. ヤコブと、イサクと、アブラハムとの契約を思い出すこと、また地を思い出すことは、以下を示している。即ち、そのとき彼らは主との結合が可能となるであろう、初めに彼らの自然的な状態を介してその御方（おかた）からの善の受け入れについて。第2に彼らの霊的な状態について。そして第3に彼らの天的な状態について。またその時、彼らは善へ導く諸真理を調度（ちょうど）されるであろう(840, 665, 6098#, 620)。

43. 地が彼らから見放される事は、悪にいる全ての者は真の教会から分離されるであろう事を示している(5812#)。彼女が彼ら無しに荒れ果てた儘（まま）でいる間、彼女の諸々の安息日を享受することは、悪から分離しているときの、善のその状態における教会の庇護を示している(87, 620, 411)。彼らの悪行（あくぎょう）の罰を甘受することは、生きる事と彼らの悪の結果を耐え忍ぶことを示している(9937 終わり)。そして主の諸審判を拒（こば）み、この御方（おかた）の諸法令を忌み嫌うことは、内なる面で神的諸真理を拒絶する事と、内なるものから分離した外なる礼拝を捧げるのさえも断（ことわ）ることを示している(9257, 8357)。

44. 彼らが彼らの敵らの地にて拒（こば）まれない事は、それにも拘（かか）わらず、主は、邪悪な者らが荒廃しているとき、彼らを庇護するのを止（や）めはしない事を示している(1875, 620, 2851)。徹底して彼らを壊すため彼らを忌み嫌いはせぬ事は、この御方（おかた）は彼らが庇護の欠乏のため徹底して滅ぶのを許されもしない事を示している(3605, 693, 694, 696)。彼らとの契約を破らないことは、以下を示している。即ち、この御方は、彼らの生命の開かれていない更に高次の

第26章

諸々の度を介して彼らと依然結合しており、この結合の故に彼らは永遠に生き続けなければならないこと(9163, 665, 4364³, 4525)。そして「我は主 彼らの神なればなり」は、邪悪な者らは善に堪え得るよう創造され彼らの更に高次の諸々の度にあっては完全である故、主は彼らと結合されている事を示している(4525, 2001)。

　45. 主が彼らのために、彼らの先祖らの契約を思い出すことは、主はこの結合のために、邪悪な者らが生きることを許し給うことを示している(4525, 2001)。その御方が彼らの神となるため、彼らの先祖らをエジプトの地から諸々の国民の環視のもと連れ出すことは、悪の絶対的な束縛からの人類の買い戻しにより、この御方は彼らを庇護できる事を示している(8866, 10152, 2706)。そして「我は主なり」は、その御方から彼らは一層永遠へ彼らの生命を持つことを示している(2001)。

　46. これらが、主が御自身とイスラエルの子供らとの間にシナイ山でモーセの手により為された、諸法令と諸審判と諸律法である事は、以下を示している。即ち、これらが霊的な人のための、外なるものらに就いて、内的なものらに就いてと、内なるものらに就いての秩序の諸法則であり、それにより結合が主と人類との間で、この御方の神的愛から、この御方の神的真理を手段として維持されている事(8357, 7995, 3654, 8399, 7010)。

　聖言のこの箇所で今我々が再考すべき三つの全般的な見解が存在することは明らかである。即ち、これらは主に、そして聖言に含まれたものとしての神的秩序の諸法則に従順な一貫した生活上の諸々の優位性、人間が不従順により彼自身に齎す諸々の悲惨、そして腐敗した教会や個人の腐敗した状態でさえなければ、それは悔い改めの機会であり再生が未だ至っていないと言うことである。
　しかし以下に注意されたい。即ち、その短い前置きは意義深く、人間の内

第 26 章

における自分自身の、そして世俗的諸事の礼拝への傾向を意味している、他方同時に彼は凡ゆる状態において、主を礼拝し、彼の隣人を愛する力を有していると言うことである。そしてこれは初めから然うであって、即ち、常に然うだった。何となれば人間は悪と善を自由に選ぶよう創造されたからである。そして初めに創造された人間は、或る事を行うことが間違っており、他の事を行うことのみが正しいと言う覚知なしにはこの選択を持ち得なかった。そして彼らは再生の状態ではなく、只その能力の内に創造されたため(18, 95, 125)、また天界では、再生していない、斯くて自身からは悪以外の何者でもないと承認していない天使は一人もいないため(286, 868)、当然ながら以下の結果に成ったのである。即ち、初めに創造された人間どもは霊的な秩序に区別されたものとしての天的な秩序に属していたものの、誰であれ悪の中に陥り、彼らの悪を彼らの子孫に伝えたのである。よってここから、今正に凡ゆる人は再生のための能力を持ち、もし選ぶなら再生出来るのである。

続く二つのセクションの注釈としては以下が看取されるべきである。即ち、字義において、哀願は人間の利己的な原理に対し為されているのは明らかで、善い諸々の事柄は従順な者へ約束され、過酷な諸々の罰は邪悪な者らへ迫っているのである。そしてこれは然うあるべきである。と言うのも、全ての者は初めは単に自然的な状態の中にいるが、それは以下に至る。即ち各々が彼自身から感じ、考え、行動し、時間の秩序の中で如何にして自身のために供し、絶えず人類に降り掛かるやも知れぬそれらの惨禍を如何にして回避するかを先ず考察することが欠かせぬ、と言うことである。何となれば我々は、社会の重荷に成らぬよう我々自身と我々の家族のために供することを出来ずして、他者の繁栄と、人間らの真中にある主の王国の振興に関係する処の更なる高次の役立ちを、如何にして遂行することが出来ようか。我々は骨身を削りながら我々の財産を大事にし、それが然るべく用いられ、浪費されぬよう気をつけているかも知れぬが、然しながら我々自身のために供するにあっても利己的な諸動機から行動する必要は全くない。何となれば正に主御自身が例の場面で「残れる欠片を、何も失われぬよう集めよ」(ヨハネ 6: 12)と仰せになられた際、その様な分別をお命じになった事は刮目すべきではないか。しかし問題の最初のセクションの内意は、我々が如何にしてこれを行

第 26 章

い、尚も統制するものとしての更に高次の諸動機を如何にして持ち続けるか、と言う事を明示している。何となれば、爽やかな雨、木々の実、そして穀物と葡萄酒により表象されているものは、唯一人間を無私にすることの出来る紛れ無きそれらの諸原理だからである。と言うのも、主からの天界的な真理と、自然的な生命において役立った全ての様々な種類の善き行動は、魂を養う生命のパンと、勢いと品格の確かな力を与える神の王国の葡萄酒をもって、全て無私の事柄であり、それは只我々自らの繁栄に関係するものではなく、それら全ての形における主と隣人との愛である。以下は事実である、即ち、実に利己的な人々は正にこれらの事柄を利己的な諸々の目的に適用するかも知れないが、しかし彼らが濫用する当の真実と長所こそが彼らを終始定罪し、彼らの当の性質から彼らを教え更に良い事柄へと掻き立てるに適しているのである。そこで今特に次の点に気付かれたい、即ち、避け難く当然の結果ながら、対立するその多くの外観にも拘らず、善と真理は同等であり、それらの語句の最高かつ最善の意味において平安と無事と安全に住む場を常に齎すのである。

　さて、このセクションを離れる前に、以下について熟考しなくてはならない。即ち、悪に打ち勝つ際の真理の力について。残りのものの植え付けとそれを固有のものとする事について。真の主礼拝について。そして我々がその御方を真に礼拝できる理由について。神的存在が全能であり、この真理を否定する者が殆どいない事は、常識の命ずるところである。全能が何により成っているかは然るべく理解されておらず、少なからぬ者らは、主は何でも出来ると信じている一方で、これが神的愛に一致している何らかのものを意味している事を忘れている。それ故その御方にとって多くの事を行うことは不可能である、なぜなら神的愛としてのその御方の御人格に反する実に多くのものがあるからであり、斯くてその御方は人間の魂を破壊することが出来ないからである。その御方はその人間の魂に向け愛以外のものをもって行動することは出来ない。そして悪霊の最悪の者でさえ生命における彼らの存続をその御方の尽きない愛に負っているのである。そしてこれとは別に、主は誤った事を行うことは出来ない、なぜなら誤ったものは神的知恵からの全てである処の御自身の神的諸法則に反しているからだ。それ故我々は次のこ

第 26 章

とを理解するのである。即ち、我々の天界の御父の全能性とは凡ゆる事を行う力を意味するのではなく、この御方が力全ての起源であると言う事実に在る、なぜならこの御方は生命全ての起源であり、生命の無い力の様なものは存在し得ないからである。その御方が神的愛と同じく神的秩序で在せられる事を我々がもしそれに付け加えるなら、その御方は御自身の秩序に反して行動することは出来ないと言うことが尚一層判然となる。しかし今明らかな如く、力全ての起源であるため、我々は以下を理解するのである。即ち、善人や天使はその御方から力を持っていること。またそれ故邪悪な者は善に対して力を何ら持たぬこと。そしてこれらの考察は、直前に列挙された四つの点の初めのものを説明しているのである。

　それで聖言に、またその結果として教会の**諸著作**に、それに就いて実に多く言われている残りのものが存在する。幼年から生命の終わりまで主はこれらの残りのものを人間の中に継続的に蓄えておられる。そして彼がそれらの善の役立ちを為すにせよ為さざるにせよ、それら〔残りのもの〕が完膚無きまでに破壊されたり失われたり、これは地獄の者らの許では彼らの意識が及ぶ限り事実であるのだが、然う成らぬよう摂理されているのである。それらは凡ゆる善き真実の影響と印象、凡ゆる聖なる情愛と、人々がその生涯の間に持つ凡ゆる敬虔な思考で成り立っている。これらは主により蓄えられ保存されている。それらは、主の霊が働かれるところの再生すべき者の内にある当のそれらの事柄である。それらは水により象徴されている(創世記 1: 2、ヨハネ 3: 5)。そして問題の章は次のことを教えている。即ち、人間が再生するとき、それらが判然となるか彼の外なる人の中に植え付けられるかし、彼の実生活の一部となり、それを豊かにし高揚せしめるのである。そしてこれを固有のものとする事こそ、長く保った古き蓄えを食することにより、また新しきものの故に古きを持ち出すことにより記述されているものなのである。それで結果は如何。それは、神の仮庵が人間の許にあることであり、礼拝が悪全てからの救いの成就を介して正真かつ神聖かつ純粋であることである。それは、周知のとおり、イスラエル人を抑圧するエジプトの束縛からの彼らの救いにより意味されている。

　次のセクションは、比較的長いものであり、腐敗した教会、そしてそれが

第 26 章

その消耗に至るまで通る諸状態に連関して多くの点を語っている、然しながら、全ての個別的なものは先きの注釈で説明されている事を考慮すれば、長く留まる必要はない。しかしそれらの事柄を省察する際、以下のことは覚えておく必要がある。即ち、主は何人の許にも悪と罰とを齎しはしない事。また現実に起こり、列挙された種々の惨禍により表象されている凄まじい諸々の苦難は、悪の諸状態の自然的な帰結であり、斯くて邪悪な者の上に彼ら自身により齎されていると言うことである。そして種々の罰が主に帰され、あるいは御自身がこれらの事を行うと主が言い給う理由は、御自身が自然的霊的双方の宇宙の全ての事柄を制御し給うことを明示するためである。なぜなら悪人らと、悪霊らは、諸々の虚偽と悪の内におり、その事により彼らの精神は弱まり陰鬱になり、主が彼らを実際に罰し、この御方が彼らの諸々の苦難の原因であると思いがちになるからである。そして注意深く省察すれば、彼らがその有様と事情に従い斯く思うことは彼らにとって次善であることが明らかとなろう。何となれば彼らは、この世で依然、外なる悔い改めの状態へ斯く導かれるかも知れず、そして後には正真のものに成るかも知れないからである。そしてもし彼らが他生にあって彼ら自身を悪の中に確固として終っているなら、神が彼らに拷問を課し、あるいはそれを許可し、彼らが某かの秩序への暴虐のために過酷に被るよう指示すると言う信念が、彼らを抑制し、彼ら自らの個別のスフィアにおいて秩序の諸法則への従順の中へ彼らを齎すのに大いに貢献するかも知れないのである。それは彼らをして彼らが為し得る或る役立ちを喜んで遂行せしめる為である。何となれば凡ゆる者は、最終的に、役立ちの某かの形に成らねばならないからであり、これこそが如何なる諸事情や諸条件下であれ神的政体の目的なのである。

しかしここで最後のセクションは熟慮を要する。なぜならそれは、教会の終わりに善にいる者らが悔い改めの機会を持つことを明示しているのみならず、正に自身の確固とした悪の状態にいる邪悪な者らが、彼ら自身に対立している主により依然庇護され、彼らが何かの役に立つ様この御方により彼らの生命の中に保存されていると言うことを明示しているからである。そしてこれが本セクションが成り行きの儘に二つの部分に分かれている理由である。即ち、第1は40〜42節を含み、第2は43〜45節であり、46節が全

第26章

般的な所説であることは明らかである。然しながら6ヶ節全体は一つのセクションに含まれている、なぜならそれらは、神的な性向が善人と悪人の最終状態における彼ら双方への愛と慈悲の一つであることを、一体となり明示しているからである。

更に、ここで与えられた解釈の理由は、以下の考察から理解されよう。即ち、自身の悪行を告白する者らは、悔い改めの業を行う者らであり、斯くて教会の終わりに善の内にいる者らである事は明らかである(40節)。一方自身らにより地が見放されたところの者らは、その間彼女〔地〕が彼ら無しに彼女の諸々の安息日を享受したが、悪の確固とした状態のために自身を教会から分離した者らを示している事が明らかである(43節)。そしてこれが然うであるため、他の全ての語句がそれに従って適用されなくてはならない。それ故例えば、「彼らの悪行の罰」を甘受することは、或る箇所では、彼らは彼ら自身からは不純以外の何者でもないと言う告白を、そして別の箇所では彼らの悪の結末を生き且つ耐え忍ぶことを意味しているのである。そしてまた、44, 45節で邪悪な者に関して言われているものの解釈は、彼らの性格に従っており、43節の後半で記されている如きである。「なぜなら、正に～故」の表現は、内意では意志と共に理解について、また内なる面と外なる面について彼らの状態における確認を含んでいる。と言うのも諸審判は内なるものであるものに関係し、諸法令は外なるものであるものに関係しているからである。

それでここから、我々は以下を理解するのである。即ち、このセクションの二つの部分の比較が主題を如何様に例示しているか。そしてそれにより、主の愛と慈悲が最悪の人間に至るまでも如何ほど永久に拡がり持続するかを、我々は覚知でき、或る程度まで悟ることが出来るのである(ルカ13: 34, 35)。

訳者のノート

＊1. 3, 43, 46節「諸法令」。原本 'statutes'、ヘブル語原文 3, 43節は女性名詞 ホゥッカー חֻקָּה 別訳「(自然の)決まり」の複数。46節は男性名詞 ホーク חֹק 別訳「掟」

第 26 章

の複数。

＊2. 4, 20 節「産する」、11, 17 節「据えん」、19 節「造らん」、46 節「為された」。原本 4, 20 節 'yield'、11, 17 節 'set'、19 節 'make'、46 節 'made'、ヘブル語原文は全て「与える」。

＊3. 4, 20 節「木々」。原本 'trees'、ヘブル語原文は単数。

＊4. 4, 20 節「それらの実」。原本 'their fruit'、ヘブル語原文は ピリョー פִּרְיוֹ、פְּרִי に所有の 3 人称男性単数人称語尾がついているものと思われ「彼の実」。但し一般的にはここでは、意味上の所有者である「地」が女性名詞であることから女性単数と解釈されている様である。

＊5. 7, 8 節「剣により」。原本 'by the sword'、ヘブル語原文は「剣へ」。

＊6. 10 節「古き蓄え」。原本 'old store'、ヘブル語原文には「蓄え」に相当する単語はない。

＊7. 10 節「持ち出すものとする」。原本 'shall bring forth'、ヘブル語原文は トーツィーウー תּוֹצִיאוּ、יצא のヒフィール態未完了形 2 人称男性複数「出さしむであろう」。

＊8. 11 節「仮庵」。原本 'tabernacle'、ヘブル語原文は ミシュカーン מִשְׁכָּן「住処」が使われている。

＊9. 19 節「天」。原本 'heaven'、ヘブル語原文は複数。

＊10. 21 節「疫病」。原本 'plagues'、ヘブル語原文は マッカー מַכָּה「打撃」「殺戮」。

＊11. 22 節「獣」。原本 'beast'、ヘブル語原文は ハッヤト חַיַּת「生けるもの」(חַיָּה の合成形)。

＊12. 22 節「家畜の群れ」。原本 'cattle'、ヘブル語原文は ベヘーマー בְּהֵמָה (別訳「獣」) が用いられている。

＊13. 29 節「肉」。原本 'flesh'、ヘブル語原文も単数。

＊14. 37 節「互いの上に」。原本 'one upon another'、ヘブル語原文「人はその兄弟の上に」。

＊15. 41 節「連れて行った」。原本 'brought'、ヘブル語原文は完了形＋ヴァヴ倒置法による未完了表現「連れて行くだろう」。

＊16. 41, 43 節「彼らの悪行の罰」。原本 'punishment of their iniquity'、ヘブル語原文では「罰」'punishment' に対応する単語はない。

第 26 章

＊17. 43 節「彼らの魂」。ヘブル語原文も原本同様「魂」は単数。
＊18. 44 節「彼らを忌み嫌いはせぬ」。原本 'neither will I abhor them'、ヘブル語原文は完了形。
＊19. 46 節「御自身」。原本 'him'、文脈上「主」を指すものと思われ「御自身」の訳語を与えた。しかし然うであれば 'Him' の誤植ということになる。もし「主」でなければ「モーセ」を指すのかも知れない。ヘブル語原文は 'him' と 'Him' の区別はできない。
＊20. 注解 4 節「野が彼女の実を産する」。コラムと微妙に異なる。
＊21. 注解 17 節「恐怖」。コラムでは複数。
＊22. 注解 19 節「歓喜」。コラムでは複数。
＊23. 注解 28 節「結果」。コラムでは複数。
＊24. 注解 31 節「諸配列」。コラムでは単数。
＃ 『天界の秘義』の各々の節には当該内容の記載がないか、参照としては飛躍？

第 27 章

霊的意味の要約

1. 意図して意志と理解の同意の上、主に献身する凡ゆる者は、主からの真理における善の受け入れに就いて彼の性質か状態に従って評価される(1~8節)。
2. 主の奉仕への内的な自然的な諸情愛の奉献と、それらの性質の評価に関して(9~13節)。
3. 外的な自然的な諸情愛に関係した同様のこと(14, 15節)。
4. 主の奉仕への真理について外的な自然的な人の奉献と、異なっている境遇におけるそれの評価に関して(16~25節)。
5. 殊に、何人も善を自身に当然として帰してはならない、なぜならそれは全的に主からのものだからである。不純な自然的な善は、主からのものではなく、正真の善により置き換えられるべきである。疎んじられるべき、あるいは利己的な諸目的へ適応されるべき主からの善は決して存在しない。全ての残りのものは主からのものであると承認されねばならない。人間の許にある善と真理の全ては主からのものであると残りのものにより承認されねばならない。そして何人も自己由来の知性から、彼自らの性質を評価するに任せてはならない(26~33節)。
6. そしてこれら全ては、主の純粋な愛と慈悲から離れた霊的な人のための、神的真理の中への神的善の流入からの神的秩序の諸法則である(34節)。

第27章

各節の内容

1. そして主はモーセに語って、曰く、

1. 更に、主から神的真理により啓示が存在し、以下の覚知を与える、

2. イスラエルの子供らに語り、そして彼らに言え、或る人が誓願を成し遂げん*1 とするとき、その人ら*2 は汝の評価により主の為のものとする。

2. 即ち、意志と理解と共に同意の上意図して主に献身する凡ゆる者は、主からの真理における善の受け入れに就いて彼の性質か状態に従って評価されることを、霊的な人は教示されねばならない。

3. そして汝の評価は、男*3 であれば20歳*4 から正に60歳*4 までとし、正に汝の評価は聖所のシェケルに倣い、銀50シェケルとする。

3. 斯くて真理と善の知性にいる者らは、それらを介して諸試誘に堪える能力の内にいるのだが、神的真理に従い、試誘により善と結合されるべき処の真理の受け入れについて十全な状態の内にいる。

4. もしそれが女*3 であれば、そのとき汝の評価は30シェケルとする。

4. しかし知識なしに真理の情愛からそれの知性にいる者らには、諸試誘に堪える能力はより少なく、然う完全に主を礼拝することは出来ない。

5. そして仮にそれが5歳*4 から

5. 更に、真理と善について無知

第 27 章

正に 20 歳*⁴ までなら、そのとき汝の評価は、男*³ であれば 20 シェケル、女*³ には 10 シェケルとする。

6. また仮にそれが 1 ヶ月齢*⁴ から正に 5 歳*⁴ までなら、そのとき汝の評価は男*³ であれば銀 5 シェケルとし、女*³ には汝の評価は銀 3 シェケルとする。

7. そして仮にそれが 60 歳*⁴ から上の場合。もしそれが男*³ であれば、そのとき汝の評価は 15 シェケル、女*³ には 10 シェケルとする。

の状態にあって、主を礼拝し或いはこの御方に献身する者らは、善への彼らの情愛の故に救われているのだが、諸真理についての不足から悪との闘争の内にはいない。しかし彼らの性質は、もし善の情愛の内にのみであれば、残りのものによる救いへの能力である。

6. しかし幼児の善にいる者らは、そのとき信仰は芽生えに過ぎず、仁愛は極めて僅かだが、持っている霊的生命の性質もまた小さい、なぜなら情愛へ結合している真理が僅かだからである。そして更に小さければ、情愛のみとなり、真理は無い。

7. そして知恵の善にいる者らの許では、諸試誘の全行程の帰結、生命の性質は、真理が豊富で善と結合されるときであり、彼らが真理により愛から行動するところの新しい状態である。しかし善に結合している真理が殆ど無いときは、それらの性質は残りのものの十全な状態からのものである。

第 27 章

8. しかしもし彼が汝(なんじ)の評価よりも貧しいなら、そのとき彼は祭司の前に立たせられるものとし、祭司は彼を値踏(ねぶ)みするものとする。誓願した者の能力に従い*5 祭司は彼を値踏(ねぶ)みするものとする。

9. そして人らが捧げ物を主へ奉納する処(ところ)のそれが、もし獣であるなら、如何(いか)なる人であれその様なものから主へ与える処(ところ)の全てのものは聖なるものとする。

10. 彼はそれを代えず、良きものを悪(あ)しきものに、あるいは悪しきものを良きものにそれを変えざるものとする。そしてもし彼が苟(いやしく)も獣を獣に変えようとするなら、その時それとそれに変えられたもの双方とも聖なるものとする。

8. しかし真理由来の性質を全く持たぬ者らは、彼らの善の状態から考慮されるべきである。何となれば善が、それの性質を表現する諸真理を生み出すからである。そして主に献身する者の許(もと)での善からの真理に従い、そのような人物は評価されるべきである。

9. また自らの内的な自然的な諸情愛を、それらがその御方(おかた)からのものであると承認する事により主の奉仕へ奉献する者らもまた、それに拠(よ)り聖性の状態の中へ入る。

10. そのような人物には、善や真理の行き亘(わた)った状態から、悪や虚偽の蔓延(はびこ)った状態へ通ることもまた許されてはいない。また内的な統制する情愛から礼拝する者は、外的であるものに下(くだ)ることも出来ない。また外的な統制する情愛から彼は内的なものに上がる事も出来ない。しかしもし彼が彼自(みずか)らの意志に反して試誘(しゅう)の行程で善と悪との間で揺(ゆ)れ動くなら、そのとき勝利により善は確固とされ悪は拒絶され、確固と拒絶双方の状態は聖なるものである。

632

第27章

11. そして彼らが主へ捧げ物を奉納せぬ処のそれが、もし何か穢れた獣であるなら、そのとき彼は獣を祭司の前に立たせるものとする。

12. また祭司はそれを、良し悪しを値踏みするものとする。汝祭司がそれを値踏みする如く*6、それが然う成るものとする。

13. しかしもし彼がそれを真に買い戻そうとするなら、そのとき彼はそれの5分の1を汝の評価に加えるものとする。

14. そして人がその家を主に聖なるべく聖化せんとするとき、そのとき祭司はそれを、良し悪しを評価するものとする。祭司がそれを評価する如く、それは立つものとする。

15. そして仮にそれを聖化した者が彼の家を買い戻さんとする

11. しかしもし誰かが彼の内的な自然的な諸情愛を主へ奉献しようとし、それらが依然不純なら、そのとき彼は主の御前に彼の不純性を彼の善の行き亘る状態から承認するはずである。

12. そこからまた、彼は不純な自然的な諸情愛の性質を知るであろう。そして同時に彼の礼拝の誠実性を評価できるのである。

13. そしてもし彼が、礼拝のその状態に従い、真実に悔い改めの業を行うなら、彼は残りのものの某かの善からの承認の内にいるのが良かろう。

14. 或る人物が礼拝において、善の容器である処の彼の外的な自然的な諸情愛を主へ奉献する時もまた、その時それらの諸情愛の性質は、善について行き亘った彼の状態に再び従う。なぜならそれが礼拝の性質に関し決定付ける当の事柄だからである。

15. そしてもし礼拝者が主から進んで悔い改めの業を行おうと

第 27 章

なら、そのとき彼は汝の評価の銭*7の5分の1をそれに加えるものとし、それは彼のものとする。

するなら、彼は、善の残りのものに就いての彼の状態からの某かの承認により、加うるに、彼が悪の内にいると言う承認へと、これを行うであろう。斯くて彼は善を彼自身からのものとして固有のものとするであろう。

16. そしてもし人がその所有の畑の一部を主に聖化せんとするなら、そのとき汝の評価はそれの種播きに従う*8ものとする。大麦1ホメルの種播きは銀50シェケルに値踏みされるものとする。

16. そして如何なる者も主の奉仕に、真理について外的な自然的な人を奉献することにより、この御方を礼拝するとき、その時その様な礼拝の性質は善における真理の受け入れに従い、あるいは真理の善に従い、そして状態はその善に従い十全となろう。

17. もし彼がその畑をヨベルの年から聖化するなら、汝の評価に従いそれが立つものとする。

17. そして更に、もしこの礼拝の状態が彼の生命の内奥における善と真理との結婚に由来するなら、その時それは確固とされるであろう、そして善の状態は恒久となろう。

18. しかしもし彼がその畑をヨベルのあと聖化するなら、そのとき祭司はヨベルの年への残る年数に従い*8彼に銭*7を計算するものとし、汝の評価から減価が為されるものとする。

18. しかしもし礼拝のこの状態がその様な内奥の結合から由来せず、それを期待するなら、そのとき善からそれの性質は、再生の行程中、善の内に植え付けられ獲得された真理に従うであろう。そ

第27章

19. またもし畑を聖化した者が実にそれを買い戻さんとするなら、その時彼は汝の評価の銭*7の5分の1をそれに加えるものとし、それは彼に保証される*9ものとする。

20. そしてもし彼が畑を買い戻そうとせぬなら、あるいは彼が畑を他人へ売って終ったなら、それは最早買い戻されぬものとする。

21. しかし畑は、それがヨベルに出て行くとき、奉献された畑の如く、主へ聖なるものとする。それの所有は祭司のものとする。

の結果初めは、より不完全となろう。

19. しかしもし礼拝者が彼の善の状態から悔い改めの業を弛まず行おうと努めるなら、そのとき彼は悔い改めの善から主を礼拝するのみならず、残りのものの某かの善から以下を承認するであろう。即ち彼は主から継続的に新しい生命を受け、そして彼の善の状態は確固とされるであろう事を。

20. しかし仮にその様な礼拝が只一時的なもので、悔い改めが後続しなければ、あるいはもし彼の善が悪における確証〔確固〕を介して疎んじられるなら、そのとき彼の買い戻しは不可能である。

21. しかし**審判**にあって人間の許での真理の善からの礼拝の凡ゆる状態は、ここまでは、彼の有利となろう。なぜならそれは真理と善双方について聖なる状態だからである。何となれば全てのその様な諸状態は主からのものだからである。

第 27 章

22. そして彼が、その所有の畑ではなく、彼が買った畑を主に聖化する場合。

22. その上更に、そのような礼拝の状態が、正真の善ではなく、単に外なる諸動機から仕立てられ、あるいは獲得されるだけの場合。

23. そのとき祭司は彼にヨベルの年までの汝の評価の価値を計算するものとする。そして彼は汝の評価をその日に、主への聖なるものとして与えるものとする。

23. その時その様な礼拝の性質は、礼拝者の内奥の状態が現在あるいは将来**審判**において何たるかに関係し、神的真理に従い善から見極められるであろう。そして彼は、正真の善が不足していた事を承認せずには措かないであろう。

24. ヨベルの年には畑は、それが買われた処の者に、正に地の所有が属する者に戻るものとする。

24. そして**審判**に於いてそれが主からのもので在ると理解されよう。その御方から、それを再生により獲得した者の許に、善全てが存在するのである。

25. そして全ての汝の諸評価*10 は聖所のシェケルに従うものとする。20 ゲラをシェケルとする。

25. そして人間の状態に関し、神的真理の評価は、善から由来した真理に従う。

26. 主へ初子とされている獣らの中の初子だけは、何人もそれを聖化せぬものとする。もしそれが雄牛*11 であれもし羊であれ、それは主のものである。

26. そして真理に先立ち、主に帰されるべき善は、何人も彼自らのものとして要求してはならない。それが自然的な善であれ霊的な善であれ、それは主からのもの

636

第 27 章

である。

27．そして仮にそれが穢れた獣であれば、そのとき彼は汝の評価に従いそれを身請けするものとし、それの5分の1をそれに加えるものとする。あるいは仮にそれが買い戻されねば、その時それは汝の評価に従い売られるものとする。

27．しかし主からでない不純な自然的な善は、神的真理を介して正真の善に取って代えられるべきである。そしてこの方法で、善は自然的な人の中に残りのものから 某 かの承認により獲得されるべきである。そしてもし悔い改めの業が果たされねば、単に自然的な善はそのとき拒絶される、なぜならそれは神的真理に調和しないからである。

28．それにも拘らず、人間*12や獣からであれ、彼の所有の畑からであれ、人が持っているもの全てから主へ奉献する奉献物は決して売られず、または買い戻されぬものとする。凡ゆる奉献物は主への最も聖なるものである。

28．その上、人が自らのものと思われる処の、あるいは彼自らの采配におけるその生命から、主に奉献する情愛や力は、それが内なるもの、内的であれ、外なるものであれ、決して疎んじられ、利己的並びに世俗的な諸目的に適用されるべきではない。それは主に十全に帰されるべきである。

29．人間*12から奉献されるものは、決して身請けされぬものとする。彼は必ず死に至らしむものとする。

29．そして、要するに、内なる承認から主に奉献される何ものも、利己的な愛により疎んじられ得ない。それは真理と善との結合により主に十全に帰される。そしてそれ故古き生命は拒絶されね

第 27 章

ばならず、新しき生命は永遠たらねばならない。

30. そして地の 10 分の 1 税全ては、地の種からであれ、木の果実からであれ、主のものである。それは主に聖なるものである。

30. そして又、人間の許にある残りのもの全ては、真理の残りのものであれ、善のそれであれ、主からのものである。それらは神的慈悲から人間の中に蓄えられている。

31. そしてもし人が彼の 10 分の 1 税から某かを買い戻そうとするなら、彼はそれの 5 分の 1 をそれに加えるものとする。

31. そして人間が、悔い改めの業により、善を恰も彼自らのものの如く彼自身に固有のものとする為には、彼は残りのものの某かの善から、それが全的に主からのものであると承認せねばならない。

32. そして牛の群れや小家畜の群れの 10 分の 1 税全ては、杖の下を通るものは何であれ、10 番目は主に聖なるものである。

32. そしてそれ故、当の真理の力により、人間が彼自身から行動する事により、獲得されている自然的並びに霊的善全ては、主からであると残りのものにより承認されるべきである。

33. 彼はその善悪を探らぬものとし、また彼はそれを替えぬものとする。そしてもし彼がそれを苟も替えるなら、その時それとそれに替えたもの双方とも聖なる

33. 何となれば人は、彼の自己由来の知性からは、善や悪について彼自らの性質を評価せぬかも知れぬから。また善から悪に戻ることも甘んじはしない。諸試誘の

ものとする。それは買い戻されぬものとする。

動揺にあって、もし彼が悪に陥(おちい)るなら、彼は悪への抵抗と善への決意双方により主を礼拝しなければならない。そしてこの場合、双方の状態は聖化されている。又(また)そのとき人間は善と真理の状態から悪と虚偽の状態へ通過することも出来ない。

34. これらは、主がイスラエルの子供らのためにシナイ山でモーセに命じられた諸命令である。

34. そしてこれら全ては、神的善の神的真理の中への流入からの神的秩序の諸法則であり、霊的な人のためであり、主の純粋な愛と慈悲から出たものである。

参照と注解

1. これは明らかである、なぜならイェホヴァにより御自身の愛について神的存在が示されているからである(2001)。語ることにより流入が示されている(2951)。モーセにより神的真理あるいは聖言(せいげん)が表象されている(7010)。そして曰(いわ)く、により覚知が示されているからである(1791, 1822)。

2. イスラエルの子供らに語り、そして彼らに言うことは、霊的な人は教示されねばならない事を示している(3654, 7304)。或る人が誓願を成し遂(と)げることは、意志と理解と共に同意の上意図して主に献身する者を示している

(3732, 3880)。「汝の評価」により人達が主のためである事は、そのような者は主からの真理における善の受け入れに就いて彼の性質か状態に従って評価されることを示している(2001, 7010)。

　ここでは以下が理解されなくてはならない。即ち、最高の意味において、神的真理のみが凡ゆる者の礼拝の現実の性質を見極めるのであり、より低次の意味では、善が凡ゆる再生した人間の生命の本質である一方、真理は生命の形であり、よってその性質を啓示しているのである。

3. 男の評価(725)、20歳は、真理と善の知性にいる者らを示している(2280, 10225)。正に60歳までは、それらを介して諸試誘に堪える能力の内にいることを示している(3306, 8888)。正に汝の評価は、神的真理に従うことを示している(7010)。銀50シェケルは真理の受け入れについて十全な状態を示している(2261, 425#, 2959)。そして聖所のシェケルに倣うことは、「試誘により善と結合されるべき処のもの」を示している(2959, 3210)。

4. もしそれが女であれば評価が30シェケルであることは、知識無しに真理の情愛からそれの知性にいる者らには、諸試誘に堪える能力はより少なく、然う完全に主を礼拝できない事を示している(725, 2276)。

5. 5歳から20歳までは、真理と善について無知の状態にあって、主を礼拝し或いはこの御方に献身する者らを示している(2280)。汝の評価は神的真理に従うことを示している(7010)。男のために20シェケルは、闘争には不十分ながら何らかの真理を伴う、善のための救いを示している(2280, 725)。そして女には10シェケルは、その性質は、もし善の情愛の内にのみであれば、残りのものによる救いへの能力である事を示している(2280, 725)。

6. それが1ヶ月齢から正に5歳までである事は、幼児の善にいる者らとはそのとき信仰が芽生えに過ぎず、仁愛が極めて僅かである事を示している(2280, 10225)。汝の評価は神的真理に従うことを示している(7010)。男に

第27章

は銀5シェケルは、小さい霊的生命の性質、なぜなら情愛へ結合している真理が僅かだからである、を示している(725, 649, 10225)。そして女には銀3シェケルは、更に小さいとき、情愛のみとなり、真理は無いことを示している(725, 4495³, 10225#)。

7. それが60歳から上であることは、知恵の善にいる者らの許での諸試誘の全行程の帰結を示している(10225)。汝の評価は神的真理に従うことを示している(7010)。何となれば、男のための15シェケルは、彼らがその中で真理により愛から行動するところの新しい状態において、真理が豊富で善と結合されるときの生命の性質を示しているからである(10225#, 8400, 9296⁵)。そして女のための10シェケルは、善に結合している真理が殆ど無いときは、それらの性質は残りのものの十全な状態からのものである事を示している(10225, 576)。

8. もし彼が汝の評価よりも貧しく、祭司の前に立たせられる事は、真理由来の性質を全く持たぬ者らは、彼らの善の状態から考慮されるべき事を示している(7010, 4459⁴, 9946)。祭司が彼を値踏みすることは、善がそれの性質を表現する諸真理を生み出すことを示している(4985#)。そして誓願した者の能力に従い祭司が彼を値踏みすることは、主に献身する者の許での善からの真理に従い、そのような人物は評価されるべき事を示している(8304#, 3732, 3880, 9946)。

9. 獣により、人間あるいは「魂」に関して内的な自然的な情愛*¹³が示されている(1823)。捧げ物を奉納することにより、それが主からである事が示されている(349, 5619)。そして如何なる人もその様なものから主へ与えるところの全てのものが聖なるものである事により、礼拝における真実の承認からの聖性の状態が示されている(8042)。

10. それを代えず、又それを変えぬことは、そのような人物には善や真理の行き亘った状態から悪や虚偽の蔓延った状態へ通ることが許されない事

を示している(1463#, 683#)。良きものを悪しきものに、また悪しきものを良きものに変えぬことは、内的な統制する情愛から礼拝する者は、外的であるものに下ることは出来ないことを示している、そしてその逆も(1276#, 1377#)。そしてもし彼が苟も獣を獣に変えようとするなら、それとそれに変えられたもの双方とも聖なるものである事は、以下を示している。即ち、もし彼が彼自らの意志に反して試誘の行程で善と悪との間で揺れ動くなら、そのとき勝利により善は確固とされ悪は拒絶され、確固と拒絶双方の状態は聖である(1823, 8042, 847)。

11. 彼らが主へ捧げ物を奉納せぬ処のそれが何か穢れた獣であり、獣を祭司の前に立たせることは、以下を示している。即ち、もし誰かが彼の内的な自然的な諸情愛を主へ奉献しようとし、それらが依然不純なら、そのとき彼は主の御前にその善が行き亘り或いは統制する状態から、彼の不純性を承認するはずである(10130, 9946)。

12. 祭司がそれを、良し悪しを値踏みすることは、そこからまた彼は不純な自然的な諸情愛の性質を、即ち彼の善の状態から知るであろう事を示している(9946, 10217)。そして「汝祭司がそれを値踏みする如く、それが然う成るものとする」は、同時に彼は彼の礼拝の誠実性を評価できるであろう事を示している(9946, 10217)。

13. もし彼がそれを真に買い戻そうとするなら、彼がそれの5分の1を汝の評価に加えることは、以下を示している。即ち、もし彼が礼拝のその状態に従い真実に悔い改めの業を行うなら、彼は残りのものの某かの善からの承認の内にいるのが良いであろう(2966, 6156)。

14. 彼の家を主に聖化することは、礼拝において、善の容器であるところの彼の外的な自然的な諸情愛を主へ奉献することを示している(1488, 8042)。祭司がそれの良し悪しを評価することは、それらの諸情愛の性質が善について行き亘った彼の状態に依然従っている事を示している(9946)。そ

して祭司がそれを評価する如くそれが立つことは、「なぜならそれが礼拝の性質に関し決定付ける当の事柄だからである」を示している(7724[#], 10217)。

15. それを聖化した者が彼の家を買い戻し、そして汝の評価の銭の5分の1をそれに加え、そしてそれが彼のものとなる事は、以下を示している。即ち、もし礼拝者が主から進んで悔い改めの業を行おうとするなら(2966)、彼は、彼の善の残りのものに就いての状態からの某かの承認により、加うるに、彼が悪の内にいると言う承認へと、これを行うであろう(6156)。そしてそれが彼のものである事は、斯く彼は善を彼自身からのものとして固有のものとするであろう事を示している(1488)。

16. 人がその所有の畑の一部を主に聖化することは、如何なる者も主の奉仕に、真理について外的な自然的な人を奉献する事によりこの御方を礼拝するとき、を示している(4982, 8042)。この*14評価は神的真理に従うことを示している(7010)。それの種播きに従うことは、その様な礼拝の性質は善における真理の受け入れに就いてである事を示している(9272)。大麦1ホメルの種播きは銀50シェケルに値踏みされる事は、真理の善に従い、そして状態はその善に従い十全となろう事を示している(9272, 10262[#], 7602, 2261, 425[#], 2959)。

17. 「もし彼がその畑をヨベルの年から聖化するなら、汝の評価に従いそれが立つものとする」は、以下を示している。即ち、もしこの礼拝の状態が彼の生命の内奥における善と真理との結婚に由来するなら、その時それは確固とされるであろう、そして善の状態は恒久となろう(4982, 8042, 8802, 7010, 4926[#])。

18. 彼の畑をヨベルの後聖化することは、その様な内奥の結合から由来せず、それを期待している礼拝の或る状態を示している(8802)。祭司がヨベルの年への残る年数に従い彼に銭を計算することは、善からそれの性質は、再生の行程中、善の内に植え付けられ獲得された真理に従うであろう事を示し

第27章

ている(9946, 10217, 725#, 2966)。 ＊15

19. 畑を聖化した者が実にそれを買い戻すこと、評価の5分の1をそれに加えること、そしてそれが彼に保証されることは、以下を示している。即ち、もし礼拝者が彼の善の状態から悔い改めの業を弛まず行おうと努めるなら、そのとき彼は悔い改めの善から主を礼拝するのみならず、残りのものの某(なにがし)かの善から次の事を承認するであろう。即ち、彼は主から継続的に新しい生命を受け、そして彼の善の状態は確固とされるであろうこと(4982, 8042, 2966#, 6156, 4926#)。

20. 畑を買い戻さぬことは、そのような礼拝は只一時的なもので、悔い改めが後続しない事を示している(2966)。畑を他人へ売ることは、彼の善が悪における確固の結果疎んじられる事を示している(4758)。そして畑が最早(もはや)買い戻されぬことは、悪における確証〔確固〕が存在するが、一方買い戻しが未(いま)だ可能であろう事を示している(4747#)。

21. 畑が、それがヨベルに出て行くとき、主へ聖なるものである事は、**審判**にあって真理の善からの礼拝の凡(あら)ゆる状態は、ここまでは、礼拝者の有利となろう事を示している(4982, 8042, 8802)。「奉献された畑の如(ごと)く」は、対立する意味で、虚偽と悪における確証〔確固〕から徹底して定罪されたものを示している(9193#)。しかし最善の意味では、それが真理と善からの礼拝であった為(ため)に聖なるものを示している(8042)。そしてそれの所有が祭司のものである事は、全てのその様な諸状態は主からのものである事を示している(9946)。

22. 彼の所有の畑ではなく、彼が買った畑を主に聖化することは、そのような礼拝の状態が、正真(しょうしん)の善ではなく、単に外なる諸動機から仕立てられ、あるいは獲得されるだけである事を示している(8042, 4982, 2967, 4397)。

23. 祭司は彼に汝の評価を計算することは、そのような礼拝の性質は神的

第27章

真理に従い、善から見極められるであろう事を示している(9946, 10217, 7010)。ヨベルの年までは、礼拝者が彼の内奥の状態について現在あるいは将来、**審判**において何たるかに関係して、を示している(8802)。そして汝の評価をその日に、主への聖なるものとして与えることは、彼は、その状態において正真の善が不足していた事を承認せずには措かないであろう事を示している(2966, 8802, 7010, 2119#)。

24. ヨベルの年には畑がそれが買われたところの者に正に地の所有が属する者に戻ることは、以下を示している。即ち、審判*16 において正真の善が主からのもので在ると理解されよう。そしてその御方から、それを再生により獲得した者の許に善全てが存在する(8802, 4982, 2028#, 2029, 7833, 3239)。

25. 全ての「汝の評価」が聖所のシェケルに従うことは、人間の状態に関し神的真理の評価は善から由来した真理に従うことを示している(10221, 2959)。そして 20 ゲラがシェケルであることは、善の残りのもの全てを示している(10222)。

26. 獣らの中の初子は、真理に先立つ善を示している(3325⁸#)。主へ初子とされているは、主に帰されることを示している事は明らかである(5619#)。何人(イシュ〔אִישׁ〕)もそれを聖化せぬことは、単なる真理の知識が聖性の状態を生みはしない事と同じく、何者も彼自らのものとしてそれを要求してはならない事を示している(3325⁸#)。そしてそれが雄牛であれ羊であれ、それが主のものである事は、それが自然的な善であれ霊的な善であれ、それは主からのものである事を示している(5913, 6126)。

27. 穢れた獣は不純な自然的な善を示している(46, 10130#)。汝の評価に従いそれを身請けすることは、それが神的真理を介して正真の善に取って代えられるべき事を示している(8078, 7010)。それの5分の1を加えることは、この方法で善は自然的な人の中に残りのものから 某 かの承認により獲得

第 27 章

されるべき事を示している(6156)。それが買い戻されぬことは、もし悔い改めの業が果たされねば、を示している(2966, 8078)。そしてそれが汝の評価に従い売られる事は、単に自然的な善は、それが神的真理に調和しない故そのとき拒絶される事を示している(46#, 4758, 7010)。

28. 人間や獣からであれ、彼の所有の畑からであれ、人が持っているもの全てから主へ奉献する奉献物は決して売られず又は買い戻されぬ事は、以下を示している。即ち、人が自らのものと思われるところの、あるいは彼自らの采配に於けるその生命から、主に奉献する情愛や力は、それが内なるものであれ、内的であれ、外なるものであれ、決して疎んじられ、利己的並びに世俗的な諸目的に適用されるべきではない(9193#, 8042, 2001, 7424, 4982, 4758, 2966, 8078)。そして如何なる奉献物も主への最も聖なるものである事は、それが主に十全に帰されるべきである事を示している(8042)。

29. 人間から奉献されるものは、決して身請けされず必ず死に至らしむことは、以下を示している。即ち、内なる承認から主に奉献される何ものも、利己的な愛により疎んじられ得ない。それは真理と善との結合により主に十全に帰される。そしてそれ故古き生命は拒絶されねばならず、新しき生命は永遠たらねばならない(9193#, 683#, 2966, 4758, 1408, 1854#)。

30. 地の10分の1税全ては、地の種からであれ、木の果実からであれ、主のものであり、そして主に聖なるものである事は、以下を示している。即ち、人間の許にある残りのもの全ては、真理の残りのものであれ、善のそれであれ、主からのものであり、神的慈悲から人間の中に蓄えられている(576, 57, 8042)。

31. 人が彼の10分の1税から某かを買い戻そうとし5分の1を加えることは、以下を示している。即ち、人間が、悔い改めの業により、善を恰も彼自らのものの如く彼自身に固有のものとする為には、彼は残りのものの某かの善から、それが全的に主からのものであると承認せねばならない

(2966, 6156)。

32. 牛の群れや小家畜の群れの10分の1税全ては、杖の下を通るものは何であれ、10番目は主に聖なるものである事は、以下を示している。即ち、それ故、当の真理の力により、人間が彼自身から行動する事により、獲得されている自然的並びに霊的善全ては、主からであると残りのものにより承認されるべきである(576, 5913, 6126, 4876, 2001)。

33. それが善であれ悪であれ探らぬものとし、またそれを替えぬことは、人間は彼の自己由来の知性からは善や悪について彼自らの性質を評価せぬかも知れず、また善から悪に戻ることも甘んじはしない事を示している(4162, 1276#, 1377#)。もし彼がそれを苟も替えるなら、その時それとそれに替えたもの双方とも聖なるものである事は、諸試誘の動揺にあって、もし彼が悪に陥るなら、彼は悪への抵抗と善への決意双方により主を礼拝しなければならない事を示している(1823#, 847#, 8042)。そしてそれが買い戻されぬことは、又そのとき人間は善と真理の状態から悪と虚偽の状態へ通過することも出来ないこと、あるいは換言すれば、買い戻しの業により、人間は全体的に主からである処の残りのものの善と真理を、彼自らのものとして要求できない事を示している(2966)。

34. これらが、主がイスラエルの子供らのためにシナイ山でモーセに命じられた諸命令であることは、以下を示している。即ち、これら全ては神的善の神的真理の中への流入からの神的秩序の諸法則であり、霊的な人の為であり、主の純粋な愛と慈悲から出たものである(2634, 2951, 2001, 7010, 3654, 8753)。

我々は、聖言の字義が与えられている秩序の中にこそ非常に良き道理が存在すると言うことに、依り頼むかも知れない。しかし幾つかの場合我々は

第 27 章

如何なる道理も見出せないし、しかし別の場合では多かれ少なかれ確信をもって然う出来るかも知れない。しかし文字や歴史的な意味だけからは、なぜ或る部分が他のものよりも前後しているのか、また聖言の何の書が他のものと前後すべきかを我々は語ることは出来ないのである。我々には今日聖言が書として存在し、書の諸々の部分が確かな秩序の内に配列されている事を知っている。一方聖書批評と呼ばれる確定した研究様式があり、それは聖言の諸書が恰も単なる人間の文学として考察するもので、それらの諸書が我々が抱いている秩序に従って書かれ構成されたものでは無い、と言うことを明示して行くものである。事実、聖書批評は、通常モーセに帰されている五つの書が全て彼によって書かれたものではなく、数百年後に誰かがそれらの一つかそれ以上を記したものであると結論している。時代から時代へ続いた全般的な信念に重要性があるものとされ、確かにそれがこれら諸書に関して聖言そのものの中で言われている諸々の事柄に申し分なく見出されている事は疑いない。そして今我々がこの問題を言及したのは、章の最後の節が丁度終わった為で、本章の最後の節はそれらの事柄の一つであり、その証は、レヴィの書がシナイ山にてモーセに渡された神的諸法則の敷衍として彼により記されたと言うことである。これが事実であることは、「主はモーセに語って、曰く」という言葉の頻繁な繰り返しからまた明らかであり、レヴィ記の冒頭が明らかに出エジプト記の敷衍であるという事実と繋がって、主は会見の幕屋から諸々の犠牲に関した諸律法を渡したのである。それでモーセ自身が神的な霊感と導きの下レヴィと出エジプトの両書を記したものと斯くも明瞭に窺われ、これは出エジプト記の 17: 14 と 24: 4, 7 に言われている事からも確認される。しかしここで民数記 33: 2 を調べれば、イスラエル人のエジプトから約束の地への旅の記事を、モーセが主の命令にあって記し、斯くて民数記の著者であったと言う所説を見出すのである。一方申命記 31: 24～26 を調べれば、彼はまた申命記を、正確には五書全体を記したことを見出す、なぜなら「律法の書」はまたアブラハム、イサクとヤコブの許で「契約の書」とも呼ばれ、それ故創世記を含んでいたからである（第 26 章 42～45、第 2 列王記 23: 2, 21）。

　それで我々は以下のことを斯く理解するのである。即ち、聖言そのものは、

第 27 章

　旧約聖書では、モーセが一般的に彼に帰されているそれらの書全ての著者であることを明白に肯定しており、事実それらは唯一完全な作品を構成しているのである。それ故新約聖書がこれら全てをモーセの律法の一部として語っていることは驚くに足りない。例えばマタイ 19: 4~8、ルカ 20: 37、マタイ 8: 4、ルカ 16: 31 を見られたし。

　さて目下の主題に移ろう、我々はそれがモーセと祭司等により或る人達と諸事の評価や値踏みに関するものである事に気付く。斯くて字義的にはそれは限局した評価である。しかし霊的には然うではない。何となれば内意は普遍的な意味であり、全般的に人類に言及しており、一個の民族、あるいは民族の中での個人らには言及していないのである。それ故モーセの評価は凡ゆる者についての主の神的真理による御自身の評価である。そして如何なる者についても主の評価には些かの誤りも存在しない。そして更に、凡ゆる人物は主の評価に従い永遠に彼に割り当てられた地位を持つ事となろう。そしてこの事は確かである、即ち、地位は我々がその中へ生まれた世における我々の生命に従い、天界や地獄で決定され固定される。なぜならこの世は我々各々の生命が立てられる処の基礎や土台だからである。そしてこの考えが我々がここで学ばねばならないものの重要性を明示している。

　然しながら、次に、評価が主のもので在るにしても人間がそれを理解すべく意図されている事が看取されねばならない。シェケルの或る数が、殊に人間にとって価値あることは、些か奇妙に思われる。しかし数定め、測定そして計量が内意では愛と知性についての我々自らの性質の発見に関与することを思い出せば、主からの力を手段として然う正しく行うよう、我々自身と他人とを評価することは最も価値ある成果であることを我々は理解するのである。何となれば全ての評価がそこから、そしてそれによって生じる処のものは、主と聖言であるものの、尚も実際自らの運命を固定するのは人間自身であり、最終的に何になろうとも常に彼はそれに完全に満足するだろうから。そしてこれが、「我らに我らが知恵の心を得んため、我らの日々の数を定めるよう我らに然う教え給え」(詩編 90: 12)と記されている理由である。今や我ら全てこれを理解しており、照応と呼ばれている決定的な知識なしでも、我々が為すべきものの広大さと引力を感じている。正にこの自然界

第 27 章

にあって諸々の人達と事柄を主から評価できることは、殊のほか貴重である。この事を最も上出来に行い、それらの知識を適切に適用できる人間は、最善の人間である。そして相対的に、この事を出来ない者らの貴重さは劣る。しかし如何なる事情の下でも、一人の人間の価値は他の凡ゆるものに比し優っているため、主は如何なる人間をも言葉の絶対的な意味において失われる儘にはしないのである。天使と地獄の者の間には大きな相違が存在する、なぜなら彼らは、善と真理、そして真理と虚偽のように対立しているからである。しかし主の御目には、最悪の霊でも大事にすることは全く同じなのである。勿論、好まずして何人たりとも悪霊に成るよう強いられる者はいない。また我々は**無限**の観点からは物事を決して理解しないことを、我々は知っている。しかし我々の有限の能力の許では、主から以下を確信できる。即ち、何人も彼が自由に選んだ生活に満足せずには、そして又その内包されている不可避な制約なしには、永遠の存在の中で生きることは出来ないであろうと。

　問題の主題に連関した全般的な諸真理を考察したので、今我々はこの興味深い記述内容についても全般的な見解を取って良かろう。初めのセクションで記述されている四つの状態がその箇所で、即ち 10225 に参照されている箇所で、全て説明されている事が学生により気付かされている事であろう。そしてこの説明は非常に明瞭なので、実践的な特性を一、二考察する以上にそれに就いて更に詳述する要もない。それで初めに、再生における進捗が漸進的であり、人間の自然的生命の異なる諸期間により記述されていると言う事実が存在する。さて再生は聖言の異なる部分では異なって記述されている。何となればそれは或る場所から別の場所への旅のようであり、あるいは土地の耕作に喩えられるからである。或る箇所ではそれは創造の業と呼ばれ、あるいは別の箇所では新たな誕生であると言われている。そしてこれら異なる記述によりそれに関する種々の諸真理は聖言の霊的意味において判然と為されている。しかしそれは凡ゆる場合で漸進的である。我々は先ず葉を、次に穂を、そしてその後で穂の中に十分な穀物を持つ。そしてそれは、我々が一歩ずつ進むことにより天界の王国へ到達せねばならない事を知るべく慰めを与えるのである。然しながら、本章の最初のセクションで気付かれねばならない事が一つある。我々は、凡ゆる者が幼児から高齢へ前進するよ

うに正確に再生していると理解すべきではない。恐らく我々は、これが或る事例では事実であろうと考えるかも知れない。しかし観察や経験により実際の過程が人生で早晩始まるかも知れないし、また或る者らの許では全く起こらない事が証明される。斯くて、或る人達は、実際には40歳であっても、幼児から5乃至10歳までの自然的生命の期間により象徴された導入の状態のみにいるかも知れず、尚も、幼児と呼ばれている自然的状態の照応に対しては、再生の状態の照応では依然善が維持されるであろうし維持されているのである。そして我々にとってこれを覚えておく事が必要なのは明らかである。

そしてもう一つの点は、人生の異なる諸期間がここでは整然とした順序で言及されてはおらず、第3から系列が始まり、第2に続き、第1と第4が、モーセではなく祭司らによる貧者の評価をもってセクションが閉じている。さて、これは何故か。それは以下のように思われる。即ち、章全体の全般的主題が**霊的教会**の状態であるため、それ故霊的な事柄に関係するものが優先され、第3と第2の期間によりそれらの内なるものについて、次いでそれらの外なる諸状態について記述され、一方天的な諸事に関係するものが後続し、先ず無垢の無知について、次に知恵の無垢について記述され、それぞれ第1と第4の諸期間により示されている。しかし貧しい者らは凡ゆる階級の人達を意味し、彼らは彼らの状態から、善について、そしてそこから発出する真理について評価され得るのみである。又それ故今や、内的及び外的な自然的な諸情愛に、そしてまた自然的知能の諸々の力に、あるいは自然的な諸歓喜と同じく知識への諸情愛に、それらに関係するものが整然と後続するのである。そして第4のセクションで所与の個別的なものらを省察してみると、主の聖言、それによって凡ゆる者がその生命に従い厳密に裁かれ評価されるのであるが、その特性を探求すること、そして正しく最善かつ最高の諸動機からの正真の悔い改めが絶対的に必要である事を思わざるを得ない。そしてこの連関から、我々は以下の詩編の言葉を自身へ有益に適用する事となろう、「おお神よ、我を究め、我が心を知り給え。我を試し、我が諸々の思いを知り給え。我が内に邪悪な道が有るか否かを見、永久の道の内に導き給え」(詩編 139: 23, 24)。

第 27 章

　そして最後になるが、最後の二つのセクションに含まれている霊的諸真理を一瞥しただけで、それらが実践的に絶大な重要性があることを誰が理解しないものか。何となれば、人生の変動する諸状態の間中、力の全てが来るのは主からであるのを忘れ、我々が行う善を我々自らの知性と分別に帰すのみならず、現実の善なるものに我々が情けを持ち寛容たるべく単なる自然的な衝動を抱き勝ちになる、と言うことに我々全て何と甚だしく然うなり易いことか。然しながら、聖言のこれらの教えから以下のことを我々は学ぶのである。即ち、我々は当然ながら適切に弁え、主に叶うべきであり、それは、如何なる功績をも求める事なく現実に善を行うと同じく、単なる自然的な諸情愛の性質を覚知してそれらを拒絶すべく再生の内に前進する如き能力を獲得する為であると言うことだ。そして神的諸真理の啓蒙された受け入れとそれらの日々の生活の目的への適用とを兼ねて、丁度我々の主の承認が益々衷心からであるに比例してこの能力が我々の許に来るであろう、正にその事を我々が確信する為なのである。

訳者のノート

＊1.　2節「成し遂げん」。原本 'accomplish'、ヘブル語原文 ヤフリー יַפְלִא「驚くことをする(異なることをする)」。

＊2.　2節「人ら」。原本 'persons'、ヘブル語原文「魂ら」。

＊3.　3～7節「男」「女」。原本 'male' 'female'、ヘブル語原文は ザーハール זָכָר「雄」と ネケーヴァー נְקֵבָה「雌」。

＊4.　3, 5～7節「歳」「齢」。原本 'old'、ヘブル語原文「～の息子」。

＊5.　8節「誓願した者の能力に従い」。原本 'according to the ability of him that vowed'、ヘブル語原文「誓願する者の手が至るところの口の上に」。

＊6.　12節「汝祭司がそれを値踏みする如く」。原本 'as thou the priest valuest it'、ヘブル語原文「祭司の汝の値踏みの如く」。

＊7.　15, 18, 19節「銭」。原本 'money'、ヘブル語原文「銀」。

＊8.　16節「従う」18節「従い」。原本いずれも 'according to'、ヘブル語原文は前者

第 27 章

が「〜の口に」、後者が「〜の口の上に」。

*9. 19 節「保証される」。原本 'be assured'、ヘブル語原文「立つ」。
*10. 25 節「諸評価」。原本 'estimations'、ヘブル語原文は単数。
*11. 26 節「雄牛」。原本 'ox'、ヘブル語原文 ショール שׁוֹר。第 4 章の訳者のノート参照。
*12. 28 節「人間」。原本 'man'、ヘブル語原文 アーダーム אָדָם。本章で「人」は イーシュ אִישׁ。
*13. 注解 9 節「情愛」。コラムでは複数。「獣」はヘブル語も単数なので此方(こちら)が妥当か？
*14. 注解 16 節「この」。原本 'this'、コラムでは 'thy'「汝の」、との誤植と思われる。
*15. 注解 18 節終わり。「汝(なんじ)の評価」以下の解説が脱落。
*16. 注解 24 節「審判」。コラムでは大文字。
『天界の秘義』の各々の節には当該内容の記載がないか、参照としては飛躍？

而（しか）して学び多きは、肉の疲れなり。
　　　　（コヘレト 12：12）

訳者後記

　原本で用いられている聖書、欽定訳の改訂版は1885年に刊行された。先立つ欽定訳初版（欽定版）はイングランド王ジェームス１世が作らせたもので1611年に刊行されている。欽定版とその改訂版は、少なくともレヴィ記においては、幾つかの単語と語句が入れ替わっているのみで両者の構文に殆ど差はない。欽定訳の旧約聖書はその新約聖書と異なり、利用された校定本に問題は指摘されていないようで、ヘブル語原文を良く意識され訳されているものと感じられた。聖言の内意と呼ばれる霊的意味を意識する場合、意訳するとその意味が雲散してしまうため、本書の聖句にあっては可能な限り語句を逐語的に訳した。そのため敢えて読み易さを捨て、日本語らしからぬ文章になるのも已む無しとした次第である。しかし英訳原本(改訂版)もヘブル語原文の各単語に一対一対応で完全に訳語を与えている訳ではない。原本では当然英訳の聖句を元に霊的意義が解説されているため、原本のそれを優先して逐語訳した。ヘブル語原文と齟齬がある場合、要時それに就いて「訳者のノート」に略記した。

　本書の原本は1912年に出版されているので、謂わば、仙台の慶長津波（1611年）の時代に英訳出版された聖書を、明治時代に僅かに手直し、大正時代直前の文体で注解を附したもの、という事になる。江戸時代初期の慶長の書は、その道の学者を除き一般の我々には到底読めるものではなく、1880年刊行のヘボンの新約聖書に至って辛うじて読める程度であろう。そういう事もあり本書は、多少古めかしい言い回しで訳したが、その雰囲気を些少ながら味わって貰えれば幸いである。副題にあるように、本書は信徒のための信仰書ではなく、神学生や教師の学びの為のものである。彼らにあっては、実は、古い書籍あるいは本書のような乱文をも然程抵抗無く読めるで

あろうという期待と、またそうあって欲しいという若干の甘えが訳者にはある。

　本書の邦訳を始めた契機は、個人的な理解のためであった。民数記や申命記と同様レヴィ記も、内容が豊富なだけでなく、類似の記事が細部を変えながら複雑に繰り返されるため、注解書を読んでさえも屢々混乱してしまう。そこで自ら訳し文字に起こすことで、この複雑な内容を記憶に留めることが出来るに違いないと思ったのである。ところが、いざ訳し終えてみると期待とおりではなかった。やはり内容が豊富で覚えられないのだ。とは言え、既に訳されていれば、必要な時に読み慣れた日本語で確認することが出来よう。抑抑このような注解書を読む者は、英語の原本を読めば事足りるであろうが、原本はピリオドまでの一文が長く挿入句も交錯して多用されているため、些か煩雑で読みにくい。読者の中には訳者のように億劫と感じる者もいるかも知れず、その様な人のために本書が役立てられれば幸甚である。

　この度、東日本大震災・津波（2011年3月11日）被災地である地元仙台の書店の協力を得て、細やかながら上梓に至れることは主の御許しが賜ったものとして誠に感謝している。またこれに先立ちスヴェーデンボリ出版の関係者らから幾つかの助言を頂いたことに謝意を表する。

2019年10月

岩渕　悟

レヴィ記講解

令和元年11月10日　初　版

訳　　者	岩　渕　　　悟	
発　行　者	藤　原　　　直	
発　行　所	株式会社金港堂出版部	
	仙台市青葉区一番町二丁目3-26	
	電話 仙台　(022)397-7682	
	FAX 仙台　(022)397-7683	
印　刷　所	株式会社ソノベ	

©2019 IWABUCHI Satoru　　落丁本、乱丁本はお取りかえいたします。